2013

国际统计年鉴

INTERNATIONAL STATISTICAL YEARBOOK

中华人民共和国国家统计局 编
Compiled by National Bureau of Statistics of China

中国统计出版社
China Statistics Press

图书在版编目（CIP）数据

国际统计年鉴. 2013 : 汉英对照 / 中华人民共和国国家统计局编. -- 北京 : 中国统计出版社, 2013.2
ISBN 978-7-5037-6779-1

Ⅰ. ①国… Ⅱ. ①中… Ⅲ. ①统计资料－世界－2013－年鉴－汉、英 Ⅳ. ①C831-54

中国版本图书馆CIP数据核字(2013)第031526号

国际统计年鉴－2013

作　　者／ 中华人民共和国国家统计局
责任编辑／ 郭　栋
E-mail: yearbook@gj.stats.cn
封面设计／ 张　冰　李雪燕
出版发行／ 中国统计出版社
通信地址／ 北京市丰台区西三环南路甲 6 号　邮政编码／100073
Address: No.75 Yuetan Nanjie, Sanlihe, Beijing 100826
电　　话／ 邮购（010）63376909　书店（010）68783171
网　　址／ http://csp.stats.gov.cn
印　　刷／ 河北天普润印刷厂
经　　销／ 新华书店
开　　本／ 880 × 1230 mm　1/16
字　　数／ 840 千字
印　　张／ 28.25
版　　别／ 2013 年 2 月第 1 版
版　　次／ 2013 年 2 月第 1 次印刷
定　　价／ 498.00 元　　Price: 498.00 yuan (RMB)

本书附同版本CD-ROM一张，光盘内容以书面文字为准。
如有印装差错，由本社发行部调换。

《国际统计年鉴－2013》

编委会和编辑出版人员

International Statistical Yearbook - **2013**

EDITORIAL BOARD AND EDITORIAL STAFF

编 者 说 明

一、《国际统计年鉴-2013》是一部综合性的国际经济社会统计资料年刊，收录了世界200多个国家和地区的统计数据，并对其中40多个主要国家和地区的经济社会发展指标及国际组织发布的主要综合评价指标进行了更为详细的收集。

二、本年鉴包括17个部分：1.中国在世界的地位；2.自然资源和环境；3.国民经济核算；4.人口；5.就业人员和劳动报酬；6.投资环境；7.能源；8.财政和金融；9.价格指数；10.居民收支和贫困；11.农业；12.工业和建筑业；13.运输和通讯；14.对外贸易和旅游；15.国际收支和外债；16.教育、科技、文化和卫生；17.经济社会综合评价指标。

三、国外的大部分数据经过联合国等国际组织的调整，口径基本可比。

四、许多国家的最新数据是初步数或预计数。

五、中国数据除国土面积外，均未包括中国台湾地区、香港特别行政区和澳门特别行政区。

六、数据取自有关国际组织的数据库、光盘、年报、月报。每张表前均附有资料来源。

七、个别数据的合计项或相对数，因受进位的影响，不一定等于分项累计数。

八、本年鉴所跨年度内，一些国家的名称和疆域有所改变，除非特别注明，本年鉴中所列国家均为现国家名称及其疆域范围。

九、本年鉴中使用的符号含义如下："…"表示数据不够本表最小单位数；"空格"表示无该项数据或该项统计数据不详；"#"表示其中的主要项；"|"表示因统计口径调整，前后数据不可比。

PREFACE

I. *International Statistical Yearbook 2013* is an annual comprehensive reference publication on international economic and social statistics. It contains data from as much as 200 countries, regions and territories over the world. More detailed information on the economic and social development of over 40 countries and main comprehensive evaluation indexes of international organizations are also included in the Yearbook.

II. The Yearbook contains the following 17 chapters: China in the World; Geography, Natural Resources and Environmental; National Accounts; Population; Employment and Earnings; Investment Environment; Energy; Government Finance and Banking; Price Index; Household Income and Expenditure and Poverty; Agriculture; Industry and Construction; Transportation and Communication; External Trade and Tourism; Balance of Payments and External Debts; Education, Science and Technology, Culture and Health; Main Comprehensive evaluation indicators.

III. Data for most of the foreign countries or territories have been adjusted by international organizations such as the United Nations, and the scope and coverage is therefore comparable.

IV. The latest data for many countries are preliminary or estimated statistics.

V. All data of China do not cover Taiwan Province, Hong Kong SAR and Macao SAR except data for the surface area.

VI. The data are from the databases, CD-ROMs, yearbooks and monthly publications of international organizations. The sources of data are given at the top of each table in the Yearbook.

VII. Several aggregations or rates may not add up to the sum of the series because of rounding.

VIII. Unless otherwise indicated, the countries included in the Yearbook are the countries under their present names with the present territories, although the names or the boundaries may have changed during the period covered by the Yearbook.

IX. The meanings of the symbols used in the Yearbook are as following,

"..." indicates that the figure is not large enough to be measured with the smallest unit in the table;

"(blank)" indicates that data are not available;

"#" indicates the major items of the total;

"|" indicates that the data to the left are not comparable with those to the right because of the adjustment of scope and coverage.

目 录

CONTENTS

一、中国在世界的地位
China in the World

二、自然资源和环境
Natural Resource and Environment

三、国民经济核算
National Accounts

四、人口
Population

六、投资环境
Investment Environment

七、能源
Energy

八、财政和金融
Government Finance and Banking

九、价格指数
Price Indices

十、居民收支和贫困
Household Income and Expenditure and Poverty

十一、农业
Agriculture

十二、工业和建筑业
Industry and Construction

十三、运输和通讯
Transportation and Communication

十四、对外贸易和旅游
External Trade and Tourism

十五、国际收支和外债
Balance of Payments and External Debts

十六、教育、科技、文化和卫生
Education, Science and Technology, Culture and Health

十七、经济社会综合评价指标
Comprehensive Evaluation Indicators

附　录
Appendix

中国在世界的地位

China in the World

1-1　中国主要指标居世界的位次

Ranking of China in the World in Terms of Main Indicators

资料来源：联合国FAO数据库、联合国贸发会议数据库、世界贸易组织数据库、世界银行WDI数据库、国际货币基金组织数据库。
Source: FAO Database;UNCTAD Database;WTO Database;World Bank WDI Database;IMF Database.

指　标	Indicator	1978	1980	1990	2000	2005	2010	2011
国土面积	Country Area	4	4	4	4	4	4	4
人　口	Population	1	1	1	1	1	1	1
国内生产总值	Gross Domestic Product	10	11	11	6	5	2	2
人均国民总收入①	GNI per capita ①	175(188)	177(188)	178(200)	141(207)	128(208)	120(215)	114(214)
进出口贸易总额	Foreign Trade Total	29	26	15	8	3	2	2
出口额	Exports	30	28	14	7	3	1	1
进口额	Imports	27	22	17	9	3	2	2
外商直接投资	Foreign Direct Investment Inflow		60	12	9	4	2	2
外汇储备	Foreign Exchange Reserves	38	37	7	2	2	1	1

注：①括号中所列为参加排序的国家和地区数。
Note: ① The number in the parentheses indicates the number of countries or territories the order based on.

1-2　中国主要指标占世界的比重

Major Chinese Indicators as Percentage of the World

资料来源：联合国FAO数据库、联合国统计司数据库、世界银行WDI数据库、国际货币基金组织数据库。
Source: FAO Database; UNSD Database; World Bank WDI Database; IMF Database.
单位：%　　(%)

指　标	Indicator	1978	1980	1990	2000	2005	2010	2011
国土面积	Country Area	7.2	7.2	7.2	7.2	7.2	7.2	7.2
人　口	Population	22.3	22.1	21.4	20.6	20.1	19.4	19.3
国内生产总值	Gross Domestic Product	1.8	1.7	1.6	3.7	4.9	9.4	10.5
进出口贸易总额	Foreign Trade Total	0.8	0.9	1.7	3.6	6.7	9.7	9.9
出口额	Exports	0.8	0.9	1.8	3.9	7.3	10.3	10.4
进口额	Imports	0.8	1.0	1.5	3.4	6.1	9.0	9.5
外商直接投资	Foreign Direct Investment Inflow		0.1	1.7	2.9	7.4	8.8	8.1
外汇储备	Foreign Exchange Reserves				8.6	19.0	30.7	31.2
稻谷产量	Rice Production	36.4	36.0	37.0	31.7	28.7	28.3	28.0
小麦产量	Wheat Production	12.1	12.5	16.6	17.0	15.5	17.6	16.7
玉米产量	Maize Production	14.2	15.8	20.1	17.9	19.6	21.1	21.8
大豆产量	Soybeans Production	10.1	9.8	10.2	9.6	7.6	5.7	5.6

1-3 中国农业主要产品产量居世界的位次

Ranking of China in the World in Terms of Major Agricultural Products

资料来源：联合国FAO数据库。
Source: United Nations FAO Database.

项　目	Item	1978	1980	1990	2000	2005	2009	2010	2011
谷　物	Cereals	2	1	1	1	1	1	1	1
肉　类①	Meat①	3	3	1	1	1	1	1	1
籽　棉	Seed Cotton	3	2	1	1	1	1	1	1
大　豆	Soybeans	3	3	3	4	4	4	4	4
花　生	Groundnuts in Shell	2	2	2	1	1	1	1	1
油菜籽	Rapeseed	2	2	1	1	1	1	1	2
甘　蔗	Sugar Cane	7	9	4	3	3	3	3	3
茶　叶	Tea	2	2	2	2	1	1	1	1
水　果②	Fruit②	9	10	4	1	1	1	1	1

注：①1990年以前为猪、牛、羊肉产量的位次。②不包括瓜类。
Note: ①Data refer to pork,beef and mutton prior to 1990.②Excluding melons.

1-4 中国工业主要产品产量居世界的位次

Ranking of China in the World in Terms of Major Industrial Products

资料来源：联合国统计月报数据库、联合国FAO数据库。
Source: United Nations MBS Database; FAO Database.

项　目	Item	1978	1980	1990	2000	2005	2009	2010	2011
粗　钢	Crude Steel	5	5	4	2	1	1	1	1
煤	Coal	3	3	1	1	1	1	1	1
原　油	Crude Petroleum	8	6	5	5	5	4	4	4
发电量	Electricity	7	6	4	2	2	2	1	1
水　泥	Cement	4	4	1	1	1	1	1	1
化　肥	Fertilizer	3	3	3	1	1	1	1	
棉　布	Woven Cotton Fabrics	1	1	1	2	2	1	1	1

自然资源和环境

Natural Resource and Environment

2-1 国土面积与人口密度
Surface Area and Population Density

资料来源：世界银行WDI数据库。
Source: World Bank WDI Database.

国家和地区	Country or Area	国土面积（万平方公里）Surface Area (10 000 sq.km)	人口密度（人/平方公里）Population Density (persons/sq.km)		
		2010	2000	2005	2010
世　界	World	13426.9	47.2	50.1	53.2
中　国	China	960.0	135.4	139.8	143.4
中国香港	Hong Kong, China	0.1	6396.4	6538.6	6782.9
中国澳门	Macao, China	…	15423.8	17192.5	19416.3
孟加拉国	Bangladesh	14.4	995.6	1080.0	1142.3
文　莱	Brunei Darussalam	0.6	62.1	68.9	75.7
柬埔寨	Cambodia	18.1	70.5	75.7	80.1
印　度	India	328.7	354.5	383.4	411.9
印度尼西亚	Indonesia	190.5	117.8	125.5	132.4
伊　朗	Iran	174.5	40.1	42.8	45.4
以色列	Israel	2.2	290.6	320.2	352.3
日　本	Japan	37.8	348.1	350.5	349.7
哈萨克斯坦	Kazakhstan	272.5	5.5	5.6	6.0
韩　国	Korea, Rep.	10.0	476.1	497.0	508.9
老　挝	Laos	23.7	23.0	24.9	26.9
马来西亚	Malaysia	33.1	71.3	79.4	86.4
蒙　古	Mongolia	156.4	1.6	1.6	1.8
缅　甸	Myanmar	67.7	68.8	70.9	73.4
巴基斯坦	Pakistan	79.6	187.5	205.8	225.2
菲律宾	Philippines	30.0	259.3	286.9	312.8
新加坡	Singapore	0.1	6011.8	6273.2	7252.4
斯里兰卡	Sri Lanka	6.6	304.6	313.3	329.3
泰　国	Thailand	51.3	123.6	130.6	135.3
越　南	Viet Nam	33.1	249.6	265.7	280.3
埃　及	Egypt	100.1	68.0	74.5	81.5
尼日利亚	Nigeria	92.4	135.8	153.5	173.9
南　非	South Africa	121.9	36.2	38.9	41.2
加拿大	Canada	998.5	3.4	3.6	3.8
墨西哥	Mexico	196.4	51.4	54.8	58.3
美　国	United States	983.2	30.8	32.3	33.8
阿根廷	Argentina	278.0	13.5	14.1	14.8
巴　西	Brazil	851.5	20.6	22.0	23.0
委内瑞拉	Venezuela	91.2	27.6	30.1	32.7
捷　克	Czech Rep.	7.9	132.9	132.5	136.2
法　国	France	54.9	111.2	115.4	118.8
德　国	Germany	35.7	235.6	236.5	234.6
意大利	Italy	30.1	193.6	199.2	205.6
荷　兰	Netherlands	4.2	471.7	483.4	492.6
波　兰	Poland	31.3	126.3	124.6	125.5
俄罗斯联邦	Russian Fed.	1709.8	8.9	8.7	8.7
西班牙	Spain	50.5	80.7	87.0	92.4
土耳其	Turkey	78.4	82.7	88.5	94.5
乌克兰	Ukraine	60.4	84.9	81.3	79.2
英　国	United Kingdom	24.4	243.4	248.9	257.2
澳大利亚	Australia	774.1	2.5	2.7	2.9
新西兰	New Zealand	26.8	14.7	15.7	16.6

2-2 土地利用(2010年)
Land Utilization(2010)

资料来源：世界银行WDI数据库。
Source: World Bank WDI Database.
单位：万公顷 (10 000 hectares)

国家和地区	Country or Area	陆地面积 Land Area	耕地面积① Arable Area	多年生作物面积① Permanent Crop Area	森林面积 Forest Area
世 界	**World**	**1297103**	**138120**	**15280**	**402042**
中 国	China	93275	11000	1432	20686
孟加拉国	Bangladesh	1302	757	98	144
文 莱	Brunei Darussalam	53	…	1	38
柬埔寨	Cambodia	1765	390	15	1009
印 度	India	29732	15792	1170	6843
印度尼西亚	Indonesia	18116	2360	1900	9443
伊 朗	Iran	16286	1721	179	1108
以色列	Israel	216	30	8	15
日 本	Japan	3645	429	31	2498
哈萨克斯坦	Kazakhstan	26997	2340	8	331
韩 国	Korea, Rep.	971	160	20	622
老 挝	Laos	2308	136	11	1575
马来西亚	Malaysia	3286	180	579	2046
蒙 古	Mongolia	15536	96	…	1090
缅 甸	Myanmar	6535	1104	110	3177
巴基斯坦	Pakistan	7709	2043	85	169
菲律宾	Philippines	2982	540	505	767
新加坡	Singapore	7	…	…	…
斯里兰卡	Sri Lanka	627	120	97	186
泰 国	Thailand	5109	1530	369	1897
越 南	Viet Nam	3101	628	335	1380
埃 及	Egypt	9955	288	81	7
尼日利亚	Nigeria	9108	3400	300	904
南 非	South Africa	12145	1435	95	567
加拿大	Canada	90935	4510	705	31013
墨西哥	Mexico	19440	2513	270	6480
美 国	United States	91474	16275	270	30402
阿根廷	Argentina	27367	3100	100	2940
巴 西	Brazil	84594	6120	730	51952
委内瑞拉	Venezuela	8821	275	65	4628
捷 克	Czech Rep.	773	318	8	266
法 国	France	5477	1835	105	1595
德 国	Germany	3486	1195	20	1108
意大利	Italy	2941	688	260	915
荷 兰	Netherlands	337	105	4	37
波 兰	Poland	3042	1254	40	934
俄罗斯联邦	Russian Fed.	163769	12175	179	80909
西班牙	Spain	4988	1250	472	1817
土耳其	Turkey	7696	2135	294	1133
乌克兰	Ukraine	5793	3248	90	971
英 国	United Kingdom	2419	605	4	288
澳大利亚	Australia	76823	4716	35	14930
新西兰	New Zealand	2633	47	7	827

注：①2009年数据。
Note:①Data refer to 2009.

2-3 淡水资源(2009年)

Freshwater(2009)

资料来源：世界银行WDI数据库。
Source: World Bank WDI Database.

国家和地区	Country or Area	人均可再生淡水资源(立方米) Renewable Internal Freshwater Resources per Capita(cu.m.)	淡水消费量 Freshwater Withdrawals			
			占水资源总量的比重(%) % of Internal Resources	农业用水 % for Agriculture	工业用水 % for Industry	生活用水 % for Domestic
世　界	**World**	**6266**	**7.3**	**70.3**	**18.1**	**11.7**
高收入国家	**High Income**	**8302**	**9.4**	**41.0**	**42.2**	**16.8**
中等收入国家	**Middle Income**	**5959**	**7.1**	**78.6**	**11.1**	**10.2**
低收入国家	**Low Income**	**5358**	**4.3**	**90.1**	**2.4**	**7.5**
中　国	China	2113	19.5	64.6	23.2	12.2
孟加拉国	Bangladesh	714	2.9	87.8	2.2	10.0
柬埔寨	Cambodia	8628	0.5	94.0	1.5	4.5
印　度	India	1197	39.8	90.4	2.2	7.4
印度尼西亚	Indonesia	8504	5.6	81.9	6.5	11.6
伊　朗	Iran	1757	67.7	92.2	1.2	6.7
以色列	Israel	100	101.9	57.8	5.8	36.4
日　本	Japan	3371	20.9	63.1	17.6	19.3
哈萨克斯坦	Kazakhstan	4686	28.9	86.6	12.1	1.2
韩　国	Korea, Rep.	1319	36.5	62.0	12.0	26.0
老　挝	Laos	31151	1.3	93.0	4.0	3.1
马来西亚	Malaysia	20752	2.3	34.2	36.3	29.5
蒙　古	Mongolia	12833	1.4	44.4	31.8	23.8
缅　甸	Myanmar	21071	2.9	89.0	1.0	10.0
巴基斯坦	Pakistan	323	79.5	94.0	0.8	5.3
菲律宾	Philippines	5223	17.0	82.2	10.1	7.7
斯里兰卡	Sri Lanka	2582	24.5	87.3	6.4	6.2
泰　国	Thailand	3268	13.1	90.4	4.9	4.8
越　南	Viet Nam	4178	9.3	94.8	3.8	1.5
埃　及	Egypt	23	119.0	86.4	5.9	7.8
尼日利亚	Nigeria	1431	3.6	53.4	15.1	31.5
南　非	South Africa	908	25.0	62.7	6.1	31.2
加拿大	Canada	84495	1.6	11.8	68.7	19.6
墨西哥	Mexico	3651	17.5	76.7	9.3	14.0
美　国	United States	9186	15.6	40.2	46.1	13.7
阿根廷	Argentina	6889	4.0	66.1	12.2	21.7
巴　西	Brazil	28037	0.7	54.6	17.5	28.0
委内瑞拉	Venezuela	25451	0.7	43.8	7.5	48.7
捷　克	Czech Rep.	1254	13.3	1.8	56.5	41.7
法　国	France	3090	15.0	12.4	69.3	18.3
德　国	Germany	1306	21.0	0.3	83.9	15.9
意大利	Italy	3032	23.7	44.1	35.9	20.1
荷　兰	Netherlands	665	11.7	0.7	87.5	11.8
波　兰	Poland	1405	19.4	9.7	59.6	30.7
俄罗斯联邦	Russian Fed.	30393	1.5	19.9	59.8	20.2
西班牙	Spain	2422	29.0	60.5	21.7	17.8
土耳其	Turkey	3160	18.8	73.8	10.7	15.5
乌克兰	Ukraine	1153	27.6	51.2	36.4	12.5
英　国	United Kingdom	2346	8.8	9.9	33.0	57.1
澳大利亚	Australia	22413	4.6	73.8	10.6	15.6
新西兰	New Zealand	75768	1.5	74.3	4.2	21.5

2-4 森林资源
Forestation

资料来源：世界银行WDI数据库。
Source: World Bank WDI Database.
单位：%

(%)

国家和地区	Country or Area	森林平均消失率① Average Annual Deforestation Rate①		森林覆盖率 Forest Area as Percentage of Land Area	
		1990-2000	2000-2010	2000	2010
世　界	**World**	**0.20**	**0.13**	**31.5**	**31.1**
高收入国家	**High Income**	**-0.13**	**-0.03**	**28.4**	**28.8**
中等收入国家	**Middle Income**	**0.24**	**0.10**	**33.1**	**32.8**
低收入国家	**Low Income**	**0.63**	**0.61**	**29.4**	**27.6**
中　国	China	-1.20	-1.57	19.0	22.2
孟加拉国	Bangladesh	0.18	0.18	11.3	11.1
文　莱	Brunei Darussalam			75.3	72.1
柬埔寨	Cambodia	1.14	1.33	65.4	57.2
印　度	India	-0.22	-0.46	22.0	23.0
印度尼西亚	Indonesia	1.75	0.51	54.9	52.1
伊　朗	Iran			6.8	6.8
以色列	Israel	-1.49	-0.07	7.1	7.1
日　本	Japan	0.03	-0.04	68.3	68.5
哈萨克斯坦	Kazakhstan	0.17	0.17	1.3	1.2
韩　国	Korea, Rep.	0.13	-0.11	63.7	64.2
老　挝	Laos	0.46	0.48	71.6	68.3
马来西亚	Malaysia	0.36	0.54	65.7	62.3
蒙　古	Mongolia	0.67	0.72	7.5	7.0
缅　甸	Myanmar	1.17	0.93	53.4	48.6
巴基斯坦	Pakistan	1.76	2.24	2.8	2.2
菲律宾	Philippines	-0.80	-0.74	23.9	25.7
新加坡	Singapore			3.0	2.9
斯里兰卡	Sri Lanka	1.20	1.12	33.2	29.7
泰　国	Thailand	0.28	0.02	37.2	37.1
越　南	Viet Nam	-2.28	-1.64	37.7	44.5
埃　及	Egypt	-2.98	-1.72	0.1	0.1
尼日利亚	Nigeria	2.68	3.67	14.4	9.9
南　非	South Africa	1.67	2.00	5.7	4.7
加拿大	Canada			34.1	34.1
墨西哥	Mexico	0.52	0.30	34.3	33.3
美　国	United States	-0.13	-0.13	32.8	33.2
阿根廷	Argentina	0.88	0.80	11.6	10.7
巴　西	Brazil	0.51	0.49	64.5	61.4
委内瑞拉	Venezuela	0.57	0.60	55.7	52.5
捷　克	Czech Rep.	-0.03	-0.08	34.1	34.4
法　国	France	-0.55	-0.38	28.0	29.1
德　国	Germany	-0.31		31.7	31.8
意大利	Italy	-0.98	-0.90	28.5	31.1
荷　兰	Netherlands	-0.43	-0.14	10.7	10.8
波　兰	Poland	-0.20	-0.30	29.8	30.7
俄罗斯联邦	Russian Fed.			49.4	49.4
西班牙	Spain	-2.09	-0.68	34.0	36.4
土耳其	Turkey	-0.47	-1.11	13.2	14.7
乌克兰	Ukraine	-0.25	-0.20	16.4	16.8
英　国	United Kingdom	-0.68	-0.31	11.6	11.9
澳大利亚	Australia	-0.03	0.37	20.2	19.4
新西兰	New Zealand	-0.69		31.4	31.4

注：①负值表示森林面积的增长。
Note:①The negative represents the forest area increased.

2-5　二氧化碳排放量

Emissions of Carbon Dioxide

资料来源：世界银行WDI数据库。
Source: World Bank WDI Database.

单位：百万吨　(million metric tons)

国家和地区	Country or Area	二氧化碳排放总量（百万吨）Total Emissions of Carbon Dioxide (million metric tons)			人均二氧化碳排放量（吨）Emissions of Carbon Dioxide per Capita (ton)		
		1990	2000	2009	1990	2000	2009
世　界	**World**	**22274.2**	**24810.9**	**32042.3**	**4.2**	**4.1**	**4.7**
中　国	China	2460.7	3405.2	7687.1	2.2	2.7	5.8
中国香港	Hong Kong, China	27.7	40.5	37.0	4.9	6.1	5.3
中国澳门	Macao, China	1.0	1.6	1.5	2.9	3.8	2.8
孟加拉国	Bangladesh	15.5	27.9	51.0	0.2	0.2	0.4
文　莱	Brunei Darussalam	6.4	6.5	9.3	25.5	20.0	23.7
柬埔寨	Cambodia	0.5	2.3	4.6	0.1	0.2	0.3
印　度	India	690.6	1186.7	1979.4	0.8	1.1	1.6
印度尼西亚	Indonesia	149.6	263.4	451.8	0.8	1.2	1.9
伊　朗	Iran	211.1	372.7	602.1	3.9	5.7	8.2
以色列	Israel	33.5	62.7	67.2	7.2	10.0	9.0
日　本	Japan	1094.6	1219.6	1101.1	8.9	9.6	8.6
哈萨克斯坦	Kazakhstan	294.6	127.8	225.8	18.0	8.6	14.0
韩　国	Korea, Rep.	246.9	447.6	509.4	5.8	9.5	10.4
老　挝	Laos	0.2	1.0	1.8	0.1	0.2	0.3
马来西亚	Malaysia	56.6	126.6	198.4	3.1	5.4	7.1
蒙　古	Mongolia	10.0	7.5	14.5	4.6	3.1	5.4
缅　甸	Myanmar	4.3	8.9	11.1	0.1	0.2	0.2
巴基斯坦	Pakistan	68.6	106.5	161.2	0.6	0.7	1.0
菲律宾	Philippines	41.8	67.7	68.6	0.7	0.9	0.8
新加坡	Singapore	46.9	47.6	31.9	15.4	11.8	6.4
斯里兰卡	Sri Lanka	3.8	10.2	12.7	0.2	0.5	0.6
泰　国	Thailand	95.8	201.6	271.7	1.7	3.2	4.0
越　南	Viet Nam	21.4	53.1	142.3	0.3	0.7	1.7
埃　及	Egypt	75.9	141.3	216.1	1.3	2.1	2.7
尼日利亚	Nigeria	45.4	79.2	70.2	0.5	0.6	0.5
南　非	South Africa	333.5	368.6	499.0	9.5	8.4	10.1
加拿大	Canada	450.1	534.5	513.9	16.2	17.4	15.2
墨西哥	Mexico	314.4	381.5	446.2	3.7	3.8	4.0
美　国	United States	4879.4	5713.5	5299.6	19.6	20.3	17.3
阿根廷	Argentina	112.6	141.1	174.7	3.5	3.8	4.4
巴　西	Brazil	208.9	328.0	367.2	1.4	1.9	1.9
委内瑞拉	Venezuela	122.2	152.4	184.8	6.2	6.3	6.5
捷　克	Czech Rep.	162.6	124.7	108.1	15.7	12.1	10.3
法　国	France	399.0	365.6	363.4	6.9	6.0	5.6
德　国	Germany	980.6	832.1	734.6	12.4	10.1	9.0
意大利	Italy	425.3	448.1	400.8	7.5	7.9	6.7
荷　兰	Netherlands	164.1	165.4	169.7	11.0	10.4	10.3
波　兰	Poland	366.8	301.7	298.9	9.6	7.9	7.8
俄罗斯联邦	Russian Fed.	2339.0	1558.1	1574.4	15.8	10.7	11.1
西班牙	Spain	218.9	294.4	288.2	5.6	7.3	6.3
土耳其	Turkey	145.9	216.2	277.8	2.7	3.4	3.9
乌克兰	Ukraine	689.3	320.8	272.2	13.3	6.5	5.9
英　国	United Kingdom	570.2	543.7	474.6	10.0	9.2	7.7
澳大利亚	Australia	287.3	329.6	400.2	16.8	17.2	18.2
新西兰	New Zealand	23.7	32.7	32.1	7.1	8.5	7.4

2-6 每立方米空气中颗粒物含量(直径不足10微米的颗粒物)

Particulate Matter Content per Cubic Meter in the Air (PM Diameter Less Than 10 Microns)

资料来源：世界银行WDI数据库。
Source: World Bank WDI Database.
单位：微克/立方米 (micrograms per cubic meter)

国家和地区	Country or Area	2000	2005	2006	2007	2008	2009
世　界	**World**	**63.32**	**52.21**	**49.84**	**46.88**	**45.67**	**43.01**
中　国	China	87.94	77.61	74.71	68.88	65.80	60.24
孟加拉国	Bangladesh	161.77	141.24	138.43	132.41	130.91	120.87
文　莱	Brunei Darussalam	62.64	56.00	51.76	52.11	52.76	48.05
柬 埔 寨	Cambodia	48.34	47.06	46.15	43.62	42.00	36.99
印　度	India	91.56	66.27	63.41	58.72	58.28	57.13
印度尼西亚	Indonesia	119.80	90.27	83.31	76.64	73.83	68.11
伊　朗	Iran	92.85	61.57	55.13	53.54	60.01	55.34
以 色 列	Israel	47.79	32.30	29.71	30.40	28.47	23.50
日　本	Japan	32.93	30.19	29.04	28.81	27.10	24.91
哈萨克斯坦	Kazakhstan	26.99	18.80	22.50	20.45	16.67	16.71
韩　国	Korea, Rep.	45.28	35.28	33.29	32.27	30.89	32.51
老　挝	Laos	54.62	49.57	47.48	47.18	44.96	44.62
马来西亚	Malaysia	25.11	23.09	21.20	20.91	19.90	18.64
蒙　古	Mongolia	123.60	106.43	103.78	107.82	108.58	100.88
缅　甸	Myanmar	74.82	57.69	52.95	48.63	44.32	41.20
巴基斯坦	Pakistan	177.35	117.14	117.95	115.94	109.24	100.80
菲 律 宾	Philippines	42.28	23.78	21.22	18.73	17.88	17.08
新 加 坡	Singapore	33.60	29.28	29.41	23.07	21.89	23.21
斯里兰卡	Sri Lanka	96.87	93.43	81.57	80.18	73.03	70.61
泰　国	Thailand	69.82	67.07	61.48	55.63	54.33	52.62
越　南	Viet Nam	67.43	58.92	55.38	55.27	51.82	50.42
埃　及	Egypt	127.09	119.02	110.88	102.89	98.90	88.12
尼日利亚	Nigeria	92.64	61.86	48.85	41.10	45.87	41.62
南　非	South Africa	30.30	25.15	22.97	26.97	26.61	26.37
加 拿 大	Canada	21.40	18.59	17.47	17.11	16.35	15.65
墨 西 哥	Mexico	43.47	37.87	34.86	33.69	32.04	32.58
美　国	United States	23.81	21.66	20.71	20.23	19.11	18.02
阿 根 廷	Argentina	68.11	74.52	74.60	68.76	67.86	59.96
巴　西	Brazil	31.56	24.68	22.66	21.39	20.85	19.46
委内瑞拉	Venezuela	11.91	10.98	10.97	9.97	9.69	8.93
捷　克	Czech Rep.	24.85	21.45	20.24	19.22	18.59	17.10
法　国	France	15.92	14.17	13.72	13.16	12.78	12.45
德　国	Germany	22.47	18.51	18.06	16.00	16.34	15.78
意 大 利	Italy	32.90	26.99	26.12	25.01	23.40	21.28
荷　兰	Netherlands	37.15	32.91	31.47	32.11	30.40	29.55
波　兰	Poland	39.95	36.53	36.89	35.10	35.10	33.58
俄罗斯联邦	Russian Fed.	27.38	18.61	17.34	15.62	16.00	15.58
西 班 牙	Spain	40.14	33.12	30.64	29.16	27.58	25.42
土 耳 其	Turkey	52.95	40.49	40.23	39.58	37.87	36.67
乌 克 兰	Ukraine	30.42	22.62	19.78	19.00	17.42	16.58
英　国	United Kingdom	17.17	14.36	14.15	12.94	12.58	12.67
澳大利亚	Australia	17.76	14.78	14.54	13.74	14.20	13.91
新 西 兰	New Zealand	15.72	12.94	12.96	11.86	11.85	11.66

2-7 国家保护区面积和濒危物种(2011年)

National Protected Areas and Threatened Species(2011)

资料来源：世界银行WDI数据库。
Source: World Bank WDI Database.

国家和地区	Country or Area	国家保护区① National Protected Areas		濒危物种(种) Threatened Species(number)			
		陆地保护区面积占陆地面积比重 Terrestrial protected areas (% of total land area)	海洋保护区面积占领海面积比重 Marine protected areas (% of territorial waters)	哺乳动物 Mammals	鸟类 Birds	鱼类 Fish	高植株植物 Higher Plants
中　　国	China	16.6	1.3	75	86	113	374
中国香港	Hong Kong, China	41.8		2	20	13	6
中国澳门	Macao, China				4	5	
孟加拉国	Bangladesh	1.8	0.8	34	30	18	15
文　　莱	Brunei Darussalam	44	1.4	34	24	7	98
柬 埔 寨	Cambodia	25.8	0.4	37	24	42	29
印　　度	India	5	1.7	94	78	212	291
印度尼西亚	Indonesia	14.2	2.0	184	119	140	385
伊　　朗	Iran	7.1	1.7	16	20	29	1
以 色 列	Israel	17.8	0.4	15	13	36	
日　　本	Japan	16.5	5.6	28	39	64	6
哈萨克斯坦	Kazakhstan	2.5		16	20	14	16
韩　　国	Korea, Rep.	2.4	3.9	9	29	19	3
老　　挝	Laos	16.6		45	23	46	17
马来西亚	Malaysia	18.1	2.0	70	45	64	674
蒙　　古	Mongolia	13.4		11	20	1	
缅　　甸	Myanmar	6.3	0.3	45	43	39	37
巴基斯坦	Pakistan	10.1	1.8	23	27	34	2
菲 律 宾	Philippines	10.9	2.5	38	74	71	210
新 加 坡	Singapore	5.4	1.4	11	15	25	57
斯里兰卡	Sri Lanka	21.5	1.1	29	15	44	282
泰　　国	Thailand	20.1	4.4	57	46	97	86
越　　南	Viet Nam	6.2	1.7	54	43	68	119
埃　　及	Egypt	5.9	9.3	17	9	39	2
尼日利亚	Nigeria	12.8	0.2	26	14	59	171
南　　非	South Africa	6.9	6.5	24	40	87	65
加 拿 大	Canada	7.5	1.2	12	15	35	1
墨 西 哥	Mexico	11.1	16.7	100	56	152	191
美　　国	United States	12.4	28.6	37	76	183	219
阿 根 廷	Argentina	5.5	1.1	38	49	37	35
巴　　西	Brazil	26.3	16.5	81	122	84	389
委内瑞拉	Venezuela	53.8	15.3	32	27	37	68
捷　　克	Czech Rep.	15.1		2	5	2	8
法　　国	France	16.5	21.3	9	6	44	27
德　　国	Germany	42.4	40.3	6	5	23	13
意 大 利	Italy	15.1	17.4	7	7	47	61
荷　　兰	Netherlands	12.4	22.1	4	2	13	
波　　兰	Poland	22.4	4.1	5	6	7	8
俄罗斯联邦	Russian Fed.	9.1	10.8	32	49	35	8
西 班 牙	Spain	8.6	3.5	16	9	71	205
土 耳 其	Turkey	1.9	2.4	17	14	70	5
乌 克 兰	Ukraine	3.5	4.9	11	11	21	16
英　　国	United Kingdom	26.4	5.7	5	2	43	11
澳大利亚	Australia	10.6	28.3	55	52	103	27
新 西 兰	New Zealand	26.2	10.8	9	70	23	19

注：①2010年数据。
Note:①Data refer to 2010.

2-8 有机水污染物排放量
Emissions of Organic Water Pollutants

资料来源：世界银行WDI数据库。
Source: World Bank WDI Database.

国家和地区	Country or Area	有机水污染物排放量(千克/天) Emissions of Organic Water Pollutants (kg/per day)			分行业有机水污染物排放量占排放总量的比重(%) Industry Shares of Emissions of Organic Water Pollutants of Total(%) 化工行业 Chemicals		
		2000	2005	2007	2000	2005	2007
印度尼西亚	Indonesia	747563	764028	882985①	12.0	13.0	12.0①
伊　朗	Iran	140591	160776		12.9	12.8	
以色列	Israel	54122			12.6		
日　本	Japan	1334914	1126863		10.3	11.2	
哈萨克斯坦	Kazakhstan	102966	95402	97379	9.6	8.9	8.9
韩　国	Korea, Rep.	309138	316969	319604①	11.8	12.3	12.1①
马来西亚	Malaysia	184365	208441	208312①	14.3	16.2	16.5①
蒙　古	Mongolia		7671	8779		2.3	3.3
巴基斯坦	Pakistan			153680①			9.1①
菲律宾	Philippines	164740②	144629		8.6②	9.5	
新加坡	Singapore	32707	35102	38314	12.0	11.9	11.9
斯里兰卡	Sri Lanka			266109①			9.0①
泰　国	Thailand	356012		581425①	12.3		12.4①
越　南	Viet Nam	260430	470233	544779	7.1	6.6	6.8
尼日利亚	Nigeria						
南　非	South Africa	229388	191929	229582	15.0	11.2	10.6
加拿大	Canada	307538			9.9		
美　国	United States	2543653	1889365	1850753①	12.0	13.1	13.1①
阿根廷	Argentina	173051			14.7		
捷　克	Czech Rep.	142492	148863	146529①	8.6	10.0	10.9①
法　国	France	611527	578173	569353①	14.1	15.0	15.0①
德　国	Germany	1024225	954219	936197①	12.0	12.0	12.4①
意大利	Italy	494014	475760	479216①	10.5	10.5	10.3①
荷　兰	Netherlands	146863	122052	128220①	13.8	14.8	14.1①
波　兰	Poland	369032	364549	359697①	9.4	11.1	11.3①
俄罗斯联邦	Russian Fed.	1579064	1425913	1381683	10.9	11.7	11.6
西班牙	Spain	371366	379728	378844①	10.4	10.8	10.8①
土耳其	Turkey	184655	334082	346374①	9.6	8.6	8.6①
乌克兰	Ukraine	578758	527203	498168	8.7	10.3	11.2
英　国	United Kingdom	633273	521716		13.1	13.5	
新西兰	New Zealand	59499	64354	61597	7.7	8.3	8.6

2-8 续表 1 continued

国家和地区	Country or Area	分行业有机水污染物排放量占排放总量的比重(%) Industry Shares of Emissions of Organic Water Pollutants of Total(%)					
		黏土和玻璃行业 Clay and Glass			食品行业 Food		
		2000	2005	2007	2000	2005	2007
印度尼西亚	Indonesia		3.9	4.0①	19.9	21.5	23.1①
伊　朗	Iran	13.8	13.8		15.1	16.1	
以 色 列	Israel	3.1			15.9		
日　本	Japan	3.9	3.6		13.5	15.0	
哈萨克斯坦	Kazakhstan	4.3	6.5	9.3	17.6	18.4	18.7
韩　国	Korea, Rep.	3.2	3.1	3.0①	6.8	6.5	6.3①
马来西亚	Malaysia	3.7	3.9	3.8①	8.6	9.5	9.1①
蒙　古	Mongolia		5.2	9.5		26.1	27.2
巴基斯坦	Pakistan			4.3①			15.1①
菲 律 宾	Philippines	4.8②	2.7		16.6②	14.4	
新 加 坡	Singapore	1.8	1.4	1.3	4.4	5.2	5.3
斯里兰卡	Sri Lanka			6.3①			22.4①
泰　国	Thailand	5.6		4.7①	17.4		16.4①
越　南	Viet Nam	8.1	7.1	6.4	18.0	14.3	12.7
尼日利亚	Nigeria						
南　非	South Africa	3.3	5.3	5.2	14.3	15.5	15.7
加 拿 大	Canada	2.6			13.4		
美　国	United States	3.2	3.7	3.9①	9.5	12.0	12.0①
阿 根 廷	Argentina	4.1			29.2		
捷　克	Czech Rep.	7.3	6.3	6.4①	10.2	10.6	10.9①
法　国	France	3.7	3.8	3.8①	14.9	16.2	16.6①
德　国	Germany	3.9	3.4	3.4①	11.7	11.8	11.4①
意 大 利	Italy	5.1	5.5	5.4①	8.2	9.0	9.3①
荷　兰	Netherlands	4.2	4.1	4.0①	17.9	18.4	18.2①
波　兰	Poland	6.2	5.4	5.5①	18.5	18.8	18.1①
俄罗斯联邦	Russian Fed.	7.7	7.9	8.3	16.9	17.5	17.9
西 班 牙	Spain	7.2	7.9	7.9①	14.5	15.2	15.3①
土 耳 其	Turkey	6.5	6.2	6.6①	15.4	12.2	12.4①
乌 克 兰	Ukraine	6.9	6.4	6.8	18.4	19.0	19.7
英　国	United Kingdom	3.6	3.6		13.3	14.9	
新 西 兰	New Zealand	3.0	3.0	3.1	28.6	29.9	31.1

2-8 续表 2 continued

国家和地区	Country or Area	分行业有机水污染物排放量占排放总量的比重(%) Industry Shares of Emissions of Organic Water Pollutants of Total(%)								
		纸及纸浆行业 Paper and Pulp			纺织行业 Textiles			木材行业 Wood		
		2000	2005	2007	2000	2005	2007	2000	2005	2007
印度尼西亚	Indonesia	1.4	1.3	1.4①	19.3	19.8	19.9①	3.9	4.0	4.1①
伊　朗	Iran	7.9	7.1		28.8	35.5		2.8	2.8	
以色列	Israel	1.6			46.5			8.5		
日　本	Japan	3.2	3.3		51.9	52.5		8.2	7.0	
哈萨克斯坦	Kazakhstan	34.5	33.8	33.3	24.6	24.7	23.0	1.9	2.2	2.3
韩　国	Korea, Rep.	4.1	4.3	4.2①	51.7	57.2	58.9①	5.3	5.5	5.4①
马来西亚	Malaysia	2.7	2.9	2.8①	49.9	47.5	48.5①	4.4	5.2	4.9①
蒙　古	Mongolia		2.2	3.7		3.2	4.1		3.5	5.1
巴基斯坦	Pakistan			2.2①			11.2①			1.9①
菲律宾	Philippines	3.5②	2.6		38.3②	42.9		4.5②	4.2	
新加坡	Singapore	0.6	0.5	0.5	70.8	72.0	72.7	6.7	5.9	5.5
斯里兰卡	Sri Lanka			2.6①			9.3①			4.3①
泰　国	Thailand	1.7		1.9①	35.9		37.2①	3.8		4.2①
越　南	Viet Nam	1.9	1.4	1.4	16.0	22.9	25.8	3.7	3.7	3.5
尼日利亚	Nigeria									
南　非	South Africa	7.2	5.9	9.9	29.5	38.8	37.4	8.0	6.5	6.6
加拿大	Canada	4.9			45.1			9.2		
美　国	United States	3.5	3.4	3.5①	50.1	50.6	51.1①	12.2	8.3	8.1①
阿根廷	Argentina	3.7			23.3			8.2		
捷　克	Czech Rep.	7.0	5.2	5.4①	46.6	52.1	49.8①	3.1	4.5	4.8①
法　国	France	3.5	3.3	3.2①	46.8	46.9	46.9①	7.8	7.4	7.4①
德　国	Germany	3.6	3.8	3.8①	55.9	57.4	57.6①	7.3	7.2	7.1①
意大利	Italy	3.4	3.5	3.5①	48.0	49.2	49.6①	5.3	5.2	5.2①
荷　兰	Netherlands	3.1	1.2	3.1①	40.8	42.5	42.5①	14.2	13.8	13.4①
波　兰	Poland	4.5	3.1	3.3①	37.8	40.6	41.5①	4.7	5.2	5.1①
俄罗斯联邦	Russian Fed.	9.2	9.8	8.4	38.3	37.3	38.4	3.3	4.8	4.9
西班牙	Spain	3.0	3.1	3.1①	40.9	42.4	42.7①	7.9	7.9	8.0①
土耳其	Turkey	5.5	3.7	3.8①	24.5	29.8	30.9①	3.1	4.1	3.8①
乌克兰	Ukraine	12.1	14.6	13.9	39.8	36.8	36.5	3.1	4.1	4.3
英　国	United Kingdom	3.0	2.7		46.8	46.1		11.4	12.5	
新西兰	New Zealand	2.1	2.3	2.0	27.5	28.8	29.3	15.5	13.3	12.2

2-8 续表 3 continued

国家和地区	Country or Area	分行业有机水污染物排放量占排放总量的比重(%) Industry Shares of Emissions of Organic Water Pollutants of Total(%) 金属行业 Metal			其他行业 Other		
		2000	2005	2007	2000	2005	2007
印度尼西亚	Indonesia	34.0	29.0	29.2①	9.4	7.4	6.3①
伊朗	Iran	17.8	11.2		1.0	0.7	
以色列	Israel	10.7			1.0		
日本	Japan	6.8	5.3		2.2	2.0	
哈萨克斯坦	Kazakhstan	6.8	5.0	3.9	0.9	0.5	0.6
韩国	Korea, Rep.	16.1	10.2	9.3①	1.0	0.9	0.9①
马来西亚	Malaysia	8.2	6.8	6.6①	8.1	7.9	7.8①
蒙古	Mongolia		54.8	41.6		2.8	5.4
巴基斯坦	Pakistan			55.6①			0.4①
菲律宾	Philippines	21.8②	21.6		1.9②	2.1	
新加坡	Singapore	3.2	2.6	2.3	0.5	0.5	0.5
斯里兰卡	Sri Lanka			43.6①			2.5①
泰国	Thailand	21.0		20.5①	2.3		2.8①
越南	Viet Nam	41.3	40.3	40.2	3.9	3.7	3.3
尼日利亚	Nigeria						
南非	South Africa	16.5	12.6	10.4	6.2	4.3	4.2
加拿大	Canada	8.2			6.7		
美国	United States	6.5	4.7	4.3①	3.1	4.1	4.1①
阿根廷	Argentina	14.6			2.1		
捷克	Czech Rep.	12.6	7.4	7.4①	4.7	3.9	4.4①
法国	France	6.8	5.1	4.8①	2.3	2.3	2.4①
德国	Germany	3.2	2.5	2.4①	2.3	2.0	1.9①
意大利	Italy	16.7	14.2	13.6①	2.8	2.9	2.9①
荷兰	Netherlands	3.6	2.6	2.1①	2.4	2.5	2.6①
波兰	Poland	14.0	11.0	10.3①	4.9	4.8	4.9①
俄罗斯联邦	Russian Fed.	8.5	6.8	6.3	5.3	4.3	4.2
西班牙	Spain	12.2	9.0	8.4①	3.9	3.7	3.8①
土耳其	Turkey	34.3	33.6	32.2①	1.0	1.7	1.7①
乌克兰	Ukraine	8.9	6.6	5.6	2.1	2.2	2.1
英国	United Kingdom	6.9	4.3		2.0	2.5	
新西兰	New Zealand	8.0	6.5	5.8	7.7	7.8	8.0

注：①2006年数据。②1999年数据。
Note:①Data refer to 2006.②Data refer to 1999.

2-9 世界主要城市空气污染状况
Air Pollution in Major Cities of the World

资料来源：世界银行《世界发展指标》2012年。
Source:World Bank World Development Indicators 2012.

国家和地区	Country or Area	城市	City	城市人口（万人）Urban Population (10 000 persons)		总悬浮颗粒物（微克/立方米）Total Suspended Particulates (microgram per cubic meter)		
				2009	2010	1990	2008	2009
中　国	China	上 海	Shanghai	1634	1658	115	65	60
		北 京	Beijing	1221	1239	141	80	73
		天 津	Tianjin	776	788	198	112	103
印　度	India	孟 买	Mumbai	1970	2004	95	51	50
		德 里	Delhi	2172	2216	227	122	118
		加尔各答	Kolkata	1529	1555	193	104	104
印度尼西亚	Indonesia	雅加达	Jakarta	912	921	137	74	70
伊　朗	Iran	德黑兰	Tehran	719	724	92	55	55
日　本	Japan	东 京	Tokyo	3651	3667	54	35	32
		大 阪	Osaka-Kobe	1133	1134	48	31	28
		横 滨	Yokohama	365	365	42	27	25
韩　国	Korea Rep.	汉 城	Seoul	978	977	55	33	35
		大 丘	Taegu	246	246	59	36	38
		釜 山	Pusan	344	343	52	31	33
马来西亚	Malaysia	吉隆坡	Kuala Lumpur	149	152	36	20	19
菲律宾	Philippines	马尼拉	Manila	1145	1163	78	26	24
新加坡	Singapore	新加坡	Singapore	474	484	108	31	23
泰　国	Thailand	曼 谷	Bangkok	690	698	88	63	60
土耳其	Turkey	伊斯坦布尔	Istanbul	1038	1053	88	42	42
		安卡拉	Ankara	385	391	75	36	35
埃　及	Egypt	开 罗	Cairo	1090	1100	274	124	112
南　非	South Africa	开普敦	Cape Town	335	341	24	13	16
		德 班	Durban	284	288	47	27	32
		约翰内斯堡	Johannesburg	361	367	49	28	33
加拿大	Canada	多伦多	Toronto	538	545	29	17	18
		蒙特利尔	Montreal	375	378	24	15	15
		温哥华	Vancouver	220	222	17	10	11

2-9 续表 continued

国家和地区	Country Area	城 市	City	城市人口(万人) Urban Population (10 000 persons)		总悬浮颗粒物(微克/立方米) Total Suspended Particulates (microgram per cubic meter)		
				2009	2010	1990	2008	2009
墨西哥	Mexico	墨西哥城	Mexico City	1932	1946	88	43	43
美国	United States	纽约	New York	1930	1943	28	18	17
		洛杉矶	Los Angeles	1268	1276	46	29	28
		芝加哥	Chicago	913	920	33	21	20
阿根廷	Argentina	科尔多瓦	C rdoba City	148	149	78	51	45
巴西	Brazil	圣保罗	S o Paulo	1996	2026	57	30	28
		里约热内卢	Rio de Janeiro	1184	1195	50	26	25
委内瑞拉	Venezuela	加拉加斯	Caracas	305	309	31	14	13
保加利亚	Bulgaria	索非亚	Sofia	119	120	118	55	49
捷克	Czech Republic	布拉格	Prague	116	116	42	19	17
法国	France	巴黎	Paris	1040	1049	14	10	10
德国	Germany	法兰克福	Frankfurt	68	68	27	16	16
		柏林	Berlin	344	345	30	18	18
		慕尼黑	Munich	133	135	27	16	16
意大利	Italy	米兰	Milan	296	297	46	26	24
		都灵	Turin	166	167	66	38	35
		罗马	Rome	336	336	44	25	23
荷兰	Netherlands	阿姆斯特丹	Amsterdam	104	105	45	31	30
波兰	Poland	华沙	Warsaw	171	171	65	39	38
		罗兹	Lodz	74	74	60	36	34
罗马尼亚	Romania	布加勒斯特	Bucharest	193	193	47	14	16
俄罗斯联邦	Russian Fed.	莫斯科	Moscow	1052	1055	42	16	16
		鄂木斯克	Omsk	113	112	44	17	17
西班牙	Spain	马德里	Madrid	576	585	37	25	23
		巴塞罗那	Barcelona	503	508	43	29	27
乌克兰	Ukraine	基辅	Kiev	278	281	91	22	21
英国	United Kingdom	伦敦	London	861	863	27	17	17
		伯明翰	Birmingham	230	230	33	11	20
		曼彻斯特	Manchester	245	225	24	12	12
澳大利亚	Australia	悉尼	Sydney	440	443	27	18	17
		墨尔本	Melbourne	381	385	17	11	11
		帕斯	Perth	158	160	16	11	11
新西兰	New Zealand	奥克兰	Auckland	136	140	13	11	11

主要统计指标解释

国土面积 是一个国家包括陆地面积和内陆水域在内的总面积，不包括离岸的领海面积。

陆地面积 是一个国家扣除内陆水域面积、国家宣称拥有的大陆架和专属经济区之后的总面积，内陆水域一般包括主要的河流和湖泊。

人口密度 是特定年份每一平方公里国土面积上的人口数量。

耕地面积 是指种植短期作物的土地（种植两季作物的土地面积只计算一次），割草或放牧的短期性草场，供应市场和自用菜园，以及暂时休耕地，不包括因轮垦而抛荒的土地面积。

多年生作物面积 是几年内不需要再重新种植的长期生长作物的土地面积，如可可和咖啡。它包括花卉型的树木和灌木（如玫瑰和茉莉）及苗圃，但不包括归入森林类的树木、多年生草场和牧场。

林业面积 是指天然的或人工种植林木的面积，与林木是否有生产价值无关。

可再生淡水资源 指国内可再生的淡水资源流量，包括国内江河水流量、降水补给的地下水量。

年度淡水抽取量 指水源总抽取量，不计水库的水蒸发量。在淡化水是水资源的重要来源的国家，水资源抽取量还包括来自淡化水厂的水量。抽取量占可再生资源比重可超过百分之百，更多的抽取量来自一次性的含水层、海水淡化厂或此地有较强的水资源再使用能力。工农业的抽取量指用于灌溉、畜牧生产以及工业直接使用的总抽取量(包括热电厂冷却用水抽取量)。民用抽取量包括饮用水、市政用水或供水、公共设施用水、商业机构用水和家庭用水。

森林消失面积 是指林区永久转换作其他用途，包括农业、畜牧、定居点和基础设施。但不包括为重新种植而砍伐的林区或同为薪材、酸雨和森林火灾而减少的林区。

国家级保护区 指总面积或部分面积不少于 1000 公顷的全部或部分被保护区域：限制公众进入的科学保护地、国家公园、自然遗址、自然保护区、野生动植物栖息地、受保护的陆地景观及为可持续使用的管理的区域。不包括海洋保护地区、未分类地区、海滨地区和地方法律法规保护地。

濒危物种 是国际自然与自然资源保护联合会划分的有灭绝危险的、脆弱的、稀少的、不确定的、脱离危险的或未充分认知的物种。

高植株植物 形态上有根、茎、叶分化，又称茎叶体植物（仅指开花植物）。

二氧化碳排放量 是指矿物燃料燃烧以及水泥制造等过程中排放的二氧化碳，包括使用固体、液体、气体燃料以及燃烧天然气时产生的二氧化碳。

可吸入颗粒物浓度 是指每平方米内悬浮的、直径小于 10 微米的颗粒物的含量。

有机水污染物排放量 该指标用生化需氧量来度量 (BOD，是指在分解污水过程中水中的微生物消耗的氧气数量)。分行业污水排放的比重是指由于从事制造业生产活动所产生的污水排放量。

Explanatory Notes on Main Statistical Indicators

Surface Area is a country total area including land area and inland water bodies, but excluding offshore territorial waters.

Land Area is a country's total area, excluding area under inland water bodies, national claims to continental shelf, and exclusive economic zones. In most cases the definition of inland water bodies includes major rivers and lakes.

Population Density is number of persons in the total population for a given year per square kilometre of total surface area.

Arable Area includes land defined by the FAO as land under temporary crops (double-cropped areas are counted once), temporary meadows for mowing or for pasture, land under market or kitchen gardens, and land temporarily fallow. Land abandoned as a result of shifting cultivation is excluded. Data for "Arable land" are not meant to indicate the amount of land that is potentially cultivable.

Permanent Crop Area is the land cultivated with long-term crops which do not have to be replanted for several years (such as cocoa and coffee); land under trees and shrubs producing flowers, such as roses and jasmine; and nurseries (except those for forest trees, which should be classified under "forest"). Permanent meadows and pastures are excluded from land under permanent crops.

Forest Area is land under natural or planted stands of trees, whether productive or not.

Renewable Internal Freshwater Resources Flows refer to internal renewable resources (internal river flows and groundwater from rainfall) in the country.

Annual Freshwater Withdrawals refer to total water withdrawals, not counting evaporation losses from storage basins. Withdrawals also include water from desalination plants in countries where they are a significant source. Withdrawals can exceed 100 percent of total renewable resources where extraction from nonrenewable aquifers or desalination plants is considerable or where there is significant water reuse. Withdrawals for agriculture and industry are total withdrawals for irrigation and livestock production and for direct industrial use (including withdrawals for cooling thermoelectric plants). Withdrawals for domestic uses include drinking water, municipal use or supply, and use for public services, commercial establishments, and homes.

Deforested Area is the permanent conversion of natural forest area to other uses, including agriculture, ranching, settlements, and infrastructure. Deforested areas do not include areas logged but intended for regeneration or areas degraded by fuel-wood gathering, acid precipitation, or forest fires.

National Protected Areas are totally or partially protected areas of at least 1,000 hectares that are designated as scientific reserves with limited public access, national parks, natural monuments, nature reserves or wildlife sanctuaries, protected landscapes, and areas managed mainly for sustainable use. Marine areas, unclassified areas, and littoral (intertidal) areas are excluded. The data also do not include sites protected under local or provincial law.

Threatened Species are the number of species classified by the IUCN as endangered, vulnerable, rare, indeterminate, out of danger, or insufficiently known.

Higher Plants are native vascular plant species (flowering plants only).

Carbon Dioxide Emissions are those stemming from the burning of fossil fuels and the manufacture of cement. They include carbon dioxide produced during consumption of solid, liquid, and gas fuels and gas flaring.

Particulate Matter Concentrations refer to the concentrations of fine suspended particulates less than 10 microns in diameter (PM10) per cubic meter.

Emissions of organic water pollutants are measured as biochemical oxygen demand, or the amount of oxygen that bacteria in water will consume in breaking down waste, a standard water treatment test for the presence of organic pollutants. Industry shares of emissions of organic water pollutants are emissions from manufacturing activities.

国民经济核算

National Accounts

3-1 国内生产总值
Gross Domestic Product

资料来源：世界银行WDI数据库。
Source: World Bank WDI Database.
单位：亿美元 (100 million USD)

国家和地区	Country or Area	1990	2000	2005	2009	2010	2011
世　界	**World**	**219769**	**323293**	**456753**	**578767**	**631360**	**699937**
高收入国家	**High Income**	**182734**	**264422**	**359145**	**411975**	**431195**	**466435**
经合组织高收入国家	**High Income: OECD**	**176812**	**253122**	**343245**	**391877**	**408271**	**439313**
非经合组织高收入国家	**High Income: nonOECD**	**5906**	**11333**	**15956**	**20179**	**23063**	**27516**
中等收入国家	**Middle Income**	**35622**	**57201**	**95212**	**163003**	**196554**	**229755**
中等偏下收入国家	**Lower Middle Income**	**8682**	**12640**	**20715**	**34676**	**41813**	**47533**
中等偏上收入国家	**Upper Middle Income**	**26933**	**44560**	**74487**	**128303**	**154712**	**182215**
中低收入国家	**Low and Middle Income**	**37029**	**58886**	**97690**	**167057**	**201014**	**234763**
东亚和太平洋	**East Asia and Pacific**	**6708**	**17272**	**30729**	**63662**	**76364**	**93039**
欧洲和中亚	**Europe and Central Asia**	**9518**	**7099**	**17015**	**26099**	**30633**	**36159**
拉丁美洲和加勒比	**Latin America and Caribbean**	**11163**	**20541**	**26738**	**40567**	**50386**	**56502**
中东和北非国家	**Middle East and North Africa**	**2663**	**4335**	**6343**	**10620**	**12045**	
南　亚	**South Asia**	**4117**	**6228**	**10453**	**16846**	**20480**	**22718**
撒哈拉以南非洲	**Sub-Saharan Africa**	**3003**	**3418**	**6438**	**9415**	**11033**	**12457**
低收入国家	**Low Income**	**1452**	**1667**	**2412**	**3915**	**4251**	**4744**
最不发达地区	**Least Developed Countries**	**1593**	**1865**	**3140**	**5515**	**6161**	**6804**
重债穷国	**Heavily Indebted Poor Countries**	**1319**	**1398**	**2290**	**3910**	**4308**	**4680**
中　国	China	3569	11985	22569	49913	59305	73185
中国香港	Hong Kong, China	769	1691	1778	2093	2245	2437
中国澳门	Macao, China	30	61	118	213	283	364
阿富汗	Afghanistan			68	142	172	203
阿尔巴尼亚	Albania	21	37	84	121	119	130
阿尔及利亚	Algeria	620	548	1023	1381	1620	1887
安哥拉	Angola	103	91	282	755	825	1010
安提瓜和巴布达	Antigua and Barbuda	4	8	10	12	12	11
阿根廷	Argentina	1414	2842	1832	3071	3687	4460
亚美尼亚	Armenia	23	19	49	86	94	102
澳大利亚	Australia	3141	4169	6965	9242	11316	13718
奥地利	Austria	1648	1921	3050	3818	3766	4185
阿塞拜疆	Azerbaijan	89	53	132	443	529	634
巴哈马	Bahamas	32	63	77	77	78	78
巴　林	Bahrain	42	80	135	193	229	
孟加拉国	Bangladesh	301	471	603	894	1004	1106
巴巴多斯	Barbados	17	26	30	36	41	37
白俄罗斯	Belarus	174	127	302	493	552	551
比利时	Belgium	2028	2327	3774	4734	4667	5115
伯利兹	Belize	4	8	11	13	14	15
贝　宁	Benin	18	23	43	66	66	73
百慕大	Bermuda	16	35	49	58	58	
不　丹	Bhutan	3	4	8	13	15	17
玻利维亚	Bolivia	49	84	95	173	196	244
波　黑	Bosnia and Herzegovinian		55	109	171	166	181
博茨瓦纳	Botswana	38	56	103	115	149	176
巴　西	Brazil	4620	6447	8822	16217	21430	24767
文　莱	Brunei Darussalam	35	60	95	107	124	
保加利亚	Bulgaria	207	129	289	486	477	535
布基纳法索	Burkina Faso	31	26	55	83	88	102
布隆迪	Burundi	11	8	11	18	20	23
柬埔寨	Cambodia		37	63	104	112	129
喀麦隆	Cameroon	112	101	166	222	225	255

3-1 续表 1 continued

单位：亿美元 (100 million USD)

国家和地区	Country or Area	1990	2000	2005	2009	2010	2011
加拿大	Canada	5827	7249	11338	13376	15770	17361
佛得角	Cape Verde	3	5	10	16	17	19
中非	Central African Rep.	15	10	14	20	20	22
乍得	Chad	17	14	53	71	85	95
智利	Chile	316	752	1231	1726	2163	2486
哥伦比亚	Colombia	403	1004	1465	2362	2888	3317
科摩罗	Comoros	3	2	4	5	5	6
刚果(金)	Congo, Dem. Rep.	93	43	72	112	131	156
刚果(布)	Congo, Rep.	28	32	61	96	120	147
哥斯达黎加	Costa Rica	74	159	200	294	362	410
科特迪瓦	Cote D'Ivoire	108	104	164	230	229	241
克罗地亚	Croatia	248	215	448	634	609	639
古巴	Cuba	286	306	426			
塞浦路斯	Cyprus	56	93	170	235	231	247
捷克	Czech Rep.	387	588	1301	1962	1977	2152
丹麦	Denmark	1358	1601	2577	3111	3122	3327
吉布提	Djibouti	5	6	7	10		
多米尼克	Dominica	2	3	4	5	5	5
多米尼加	Dominican Rep.	71	240	340	468	516	556
厄瓜多尔	Ecuador	104	159	369	520	580	670
埃及	Egypt	431	998	897	1890	2189	2295
萨尔瓦多	El Salvador	48	131	171	207	214	231
赤道几内亚	Equatorial Guinea	1	13	82	122	145	198
厄立特里亚	Eritrea		6	11	19	21	26
爱沙尼亚	Estonia	50	57	139	192	188	222
埃塞俄比亚	Ethiopia	121	82	123	320	297	317
法罗群岛	Faeroe Islands		11	17	22		
斐济	Fiji	13	17	30	29	32	38
芬兰	Finland	1389	1218	1958	2397	2365	2661
法国	France	12442	13263	21366	26197	25490	27730
加蓬	Gabon	60	51	87	109	132	171
冈比亚	Gambia	3	8	6	10	11	11
格鲁吉亚	Georgia	77	31	64	108	116	144
德国	Germany	17145	18864	27663	32986	32589	35706
加纳	Ghana	59	50	107	260	322	392
希腊	Greece	933	1244	2401	3218	2991	2987
格陵兰	Greenland	10	11	17	13		
格林纳达	Grenada	2	5	7	8	8	8
危地马拉	Guatemala	77	193	272	377	413	469
几内亚	Guinea	27	31	29	42	47	51
几内亚比绍	Guinea-Bissau	2	2	6	8	8	10
圭亚那	Guyana	4	7	8	20	23	
海地	Haiti	29	37	42	65	66	73
洪都拉斯	Honduras	30	71	97	141	153	173
匈牙利	Hungary	331	464	1103	1266	1286	1400
冰岛	Iceland	64	87	163	121	126	141
印度	India	3266	4747	8342	13611	16843	18480
印度尼西亚	Indonesia	1144	1650	2859	5396	7080	8468
伊朗	Iran	1160	1013	1920	3310		
伊拉克	Iraq		259	313	642	811	1154
爱尔兰	Ireland	478	975	2033	2231	2053	2173
马恩岛	Isle of Man		16	29			
以色列	Israel	525	1249	1340	1949	2174	2429
意大利	Italy	11334	11040	17863	21111	20436	21948
牙买加	Jamaica	46	90	113	124	139	151
日本	Japan	31037	47312	45719	50351	54884	58672

3-1 续表 2 continued

单位：亿美元 (100 million USD)

国家和地区	Country or Area	1990	2000	2005	2009	2010	2011
约　旦	Jordan	40	85	126	238	264	288
哈萨克斯坦	Kazakhstan	269	183	571	1153	1480	1862
肯尼亚	Kenya	86	127	187	306	322	336
基里巴斯	Kiribati		1	1	1	2	2
韩　国	Korea, Rep.	2638	5334	8449	8341	10149	11162
科威特	Kuwait	184	377	808	1059	1243	1766
吉尔吉斯斯坦	Kyrgyzstan	27	14	25	47	48	59
老　挝	Laos	9	17	27	58	72	83
拉脱维亚	Latvia	74	78	160	259	240	283
黎巴嫩	Lebanon	28	173	219	349	390	422
莱索托	Lesotho	5	7	14	17	22	24
利比里亚	Liberia	4	5	5	9	10	12
利比亚	Libya	289	339	440	624		
列支敦士登	Liechtenstein	14	25	37	48		
立陶宛	Lithuania	105	114	260	368	363	427
卢森堡	Luxemburg	127	203	377	519	530	595
前南马其顿	Macedonia, FYR	45	36	60	93	91	102
马达加斯加	Madagascar	31	39	50	85	87	99
马拉维	Malawi	19	17	28	47	51	57
马来西亚	Malaysia	440	938	1380	1929	2378	2787
马尔代夫	Maldives	2	6	10	19	21	21
马　里	Mali	24	24	53	90	94	106
马耳他	Malta	25	40	60	81	82	89
马绍尔群岛	Marshall Islands	1	1	1	2	2	2
毛里塔尼亚	Mauritania	10	13	22	30	36	41
毛里求斯	Mauritius	27	46	63	88	97	113
墨西哥	Mexico	2627	5814	8489	8824	10359	11553
密克罗尼西亚	Micronesia, Fed.	1	2	3	3	3	3
摩尔多瓦	Moldova	36	13	30	54	58	70
摩纳哥	Monaco	25	26	43	61		
蒙　古	Mongolia	26	11	25	46	62	86
黑　山	Montenegro		10	23	41	41	46
摩洛哥	Morocco	258	370	595	909	908	1002
莫桑比克	Mozambique	25	42	66	97	92	128
纳米比亚	Namibia	24	39	73	89	111	123
尼泊尔	Nepal	36	55	81	129	160	189
荷　兰	Netherlands	2949	3851	6385	7934	7742	8363
新西兰	New Zealand	445	516	1131	1174	1425	
尼加拉瓜	Nicaragua	10	39	49	62	66	73
尼日尔	Niger	25	18	34	53	54	60
尼日利亚	Nigeria	285	460	1122	1686	1968	2359
挪　威	Norway	1176	1683	3041	3748	4178	4858
阿　曼	Oman	117	199	309	469	578	718
巴基斯坦	Pakistan	400	740	1096	1618	1769	2111
帕　劳	Palau	1	1	1	2	2	2
巴拿马	Panama	53	116	155	241	268	307
巴布亚新几内亚	Papua New Guinea	32	35	49	79	95	129
巴拉圭	Paraguay	53	71	75	143	183	239
秘　鲁	Peru	263	533	794	1269	1539	1767
菲律宾	Philippines	443	810	1031	1683	1996	2248
波　兰	Poland	645	1713	3039	4309	4698	5145
葡萄牙	Portugal	777	1173	1918	2341	2272	2375
波多黎各	Puerto Rico	306	617	828	952	963	
卡塔尔	Qatar	74	178	430	976	1273	1730
罗马尼亚	Romania	383	371	989	1611	1616	1798

3-1 续表 3 continued

单位：亿美元 (100 million USD)

国家和地区	Country or Area	1990	2000	2005	2009	2010	2011
俄罗斯联邦	Russian Fed.	5168	2597	7640	12226	14875	18578
卢 旺 达	Rwanda	26	17	26	53	56	64
圣基茨和尼维斯	Saint Kitts and Nevis	2	4	5	7	7	7
圣卢西亚	Saint Lucia	4	7	9	11	12	12
圣文森特和格林纳丁斯	Saint Vincent and the Grenadines	2	4	6	7	7	7
萨 摩 亚	Samoa	1	2	4	5	6	6
圣马力诺	San Marino		8	14			
圣多美和普林西比	Sao Tome and Principe			1	2	2	2
沙特阿拉伯	Saudi Arabia	1168	1884	3156	3767	4508	5768
塞内加尔	Senegal	57	47	87	128	129	143
塞尔维亚	Serbia		61	252	401	384	450
塞 舌 尔	Seychelles	4	6	9	8	10	10
塞拉利昂	Sierra Leone	6	6	12	19	19	22
新 加 坡	Singapore	361	959	1235	1759	2132	2397
斯洛伐克	Slovakia	117	287	613	872	871	960
斯洛文尼亚	Slovenia	174	200	357	491	469	495
所罗门群岛	Solomon Islands	3	4	4	6	7	8
南 非	South Africa	1120	1329	2471	2830	3635	4082
西 班 牙	Spain	5210	5803	11308	14556	13833	14908
斯里兰卡	Sri Lanka	80	163	244	421	496	592
苏 丹	Sudan	124	124	274	546	670	551
苏 里 南	Suriname	4	9	18	39	44	
斯威士兰	Swaziland	11	15	26	29	37	40
瑞 典	Sweden	2444	2473	3706	4058	4619	5381
瑞 士	Switzerland	2382	2499	3725	4923	5294	6357
叙 利 亚	Syrian Arab Republic	123	193	289	539	591	
塔吉克斯坦	Tajikistan	26	9	23	50	56	65
坦桑尼亚	Tanzania	43	102	141	214	229	237
泰 国	Thailand	853	1227	1764	2635	3189	3456
东 帝 汶	Timor-Leste		3	5	8	9	11
多 哥	Togo	16	13	21	32	32	36
汤 加	Tonga	1	2	3	3	4	4
特立尼达和多巴哥	Trinidad And Tobago	51	82	161	197	209	225
突 尼 斯	Tunisia	123	215	323	435	442	459
土 耳 其	Turkey	1507	2666	4830	6146	7311	7731
土库曼斯坦	Turkmenistan	32	29	81	187	200	241
乌 干 达	Uganda	43	62	92	158	172	168
乌 克 兰	Ukraine	815	313	861	1172	1364	1652
阿 联 酋	United Arab Emirates	507	1043	1806	2703	2976	3602
英 国	United Kingdom	10126	14772	22805	21714	22519	24316
美 国	United States	57508	98988	125643	138636	144471	150940
乌 拉 圭	Uruguay	93	228	174	305	394	467
乌兹别克斯坦	Uzbekistan	134	138	143	328	393	454
瓦努阿图	Vanuatu	2	3	4	6	7	8
委内瑞拉	Venezuela	470	1171	1455	3294	3938	3165
越 南	Viet Nam	65	312	529	972	1064	1240
也 门	Yemen	56	96	168	251	310	338
赞 比 亚	Zambia	33	32	72	128	162	192
津巴布韦	Zimbabwe	88	67	58	58	75	99

3-2 人均国内生产总值
GDP per Capita

资料来源：世界银行WDI数据库。
Source: World Bank WDI Database.
单位：美元 (USD)

国家和地区	Country or Area	1990	2000	2005	2009	2010	2011
世　界	**World**	**4139**	**5284**	**7024**	**8491**	**9158**	**10037**
高收入国家	**High Income**	**18618**	**25189**	**33049**	**36761**	**38229**	**41095**
经合组织高收入国家	**High Income: OECD**	**19301**	**25990**	**34200**	**38098**	**39487**	**42262**
非经合组织高收入国家	**High Income: nonOECD**	**9038**	**14951**	**19211**	**21914**	**24543**	**28811**
中等收入国家	**Middle Income**	**932**	**1294**	**2028**	**3319**	**3957**	**4575**
中等偏下收入国家	**Lower Middle Income**	**491**	**594**	**897**	**1412**	**1676**	**1877**
中等偏上收入国家	**Upper Middle Income**	**1317**	**1943**	**3121**	**5225**	**6257**	**7321**
中低收入国家	**Low and Middle Income**	**856**	**1162**	**1804**	**2933**	**3486**	**4021**
东亚和太平洋	**East Asia and Pacific**	**418**	**952**	**1624**	**3268**	**3894**	**4713**
欧洲和中亚	**Europe and Central Asia**	**2429**	**1781**	**4264**	**6465**	**7551**	**8872**
拉丁美洲和加勒比	**Latin America and Caribbean**	**2557**	**3995**	**4865**	**7043**	**8650**	**9593**
中东和北非国家	**Middle East and North Africa**	**1181**	**1563**	**2089**	**3263**	**3639**	
南　亚	**South Asia**	**351**	**445**	**689**	**1047**	**1254**	**1371**
撒哈拉以南非洲	**Sub-Saharan Africa**	**588**	**513**	**853**	**1131**	**1293**	**1424**
低收入国家	**Low Income**	**285**	**258**	**334**	**500**	**532**	**581**
最不发达地区	**Least Developed Countries**	**309**	**283**	**424**	**683**	**747**	**806**
重债穷国	**Heavily Indebted Poor Countries**	**359**	**292**	**419**	**646**	**695**	**735**
中　国	China	314	949	1731	3749	4433	5445
中国香港	Hong Kong, China	13478	25374	26092	29882	31758	34457
中国澳门	Macao, China	8313	14129	24493	40121	51999	65550
阿富汗	Afghanistan			228	425	501	576
阿尔巴尼亚	Albania	639	1200	2666	3796	3701	4030
阿尔及利亚	Algeria	2452	1794	3112	3952	4567	5244
安道尔	Andorra	19498	17539	32608			
安哥拉	Angola	993	656	1712	4069	4322	5148
安提瓜和巴布达	Antigua and Barbuda	6295	10334	12193	13830	13006	12596
阿根廷	Argentina	4330	7696	4736	7665	9124	10941
亚美尼亚	Armenia	637	621	1598	2803	3031	3305
澳大利亚	Australia	18405	21766	34149	42101	50746	60642
奥地利	Austria	21470	23974	37067	45638	44885	49707
阿塞拜疆	Azerbaijan	1237	655	1578	4950	5843	6916
巴哈马	Bahamas	12361	21258	24130	22807	22665	22431
巴　林	Bahrain	8582	12489	18571	16518	18184	
孟加拉国	Bangladesh	286	364	429	608	675	735
巴巴多斯	Barbados	6591	9565	11109	13181	15035	13453
白俄罗斯	Belarus	1705	1273	3090	5183	5819	5820
比利时	Belgium	20350	22697	36011	43849	42833	46469
伯利兹	Belize	2185	3331	3821	4049	4064	4133
贝　宁	Benin	387	346	562	766	741	802
百慕大	Bermuda	26321	56042	76543	90161	89739	
不　丹	Bhutan	504	749	1242	1772	2088	2288
玻利维亚	Bolivia	731	1011	1044	1774	1979	2421
波　黑	Bosnia and Herzegovinian		1491	2896	4534	4427	4821
博茨瓦纳	Botswana	2743	3204	5468	5822	7427	8680
巴　西	Brazil	3087	3696	4743	8392	10993	12594
文　莱	Brunei Darussalam	13964	18350	26248	27390	31008	
保加利亚	Bulgaria	2377	1579	3733	6403	6335	7158
布基纳法索	Burkina Faso	333	212	385	522	536	600
布隆迪	Burundi	202	131	154	222	242	271
柬埔寨	Cambodia		294	471	744	795	900
喀麦隆	Cameroon	916	643	945	1157	1147	1271

3-2 续表 1 continued

单位：美元 (USD)

国家和地区	Country or Area	1990	2000	2005	2009	2010	2011
加拿大	Canada	20968	23560	35088	39656	46212	50345
佛得角	Cape Verde	973	1233	2055	3256	3345	3798
中非	Central African Rep.	507	259	336	459	451	483
乍得	Chad	289	168	542	648	761	823
智利	Chile	2393	4878	7549	10179	12640	14394
哥伦比亚	Colombia	1213	2524	3404	5173	6238	7067
科摩罗	Comoros	571	359	602	748	736	809
刚果(金)	Congo, Dem. Rep.	257	87	125	175	199	231
刚果(布)	Congo, Rep.	1172	1027	1723	2434	2970	3563
哥斯达黎加	Costa Rica	2411	4069	4633	6404	7774	8676
科特迪瓦	Cote D'Ivoire	862	628	908	1191	1161	1195
克罗地亚	Croatia	5185	4862	10090	14323	13774	14488
古巴	Cuba	2710	2753	3789			
塞浦路斯	Cyprus	9642	13422	22431	29428	28779	30670
捷克	Czech Rep.	3375	5725	12706	18707	18789	20407
丹麦	Denmark	26423	29980	47547	56330	56278	59684
吉布提	Djibouti	804	753	877	1203		
多米尼克	Dominica	2345	4718	5341	7085	6964	7126
多米尼加	Dominican Rep.	983	2793	3670	4776	5195	5530
厄瓜多尔	Ecuador	1009	1291	2751	3648	4008	4569
埃及	Egypt	759	1476	1209	2371	2698	2781
萨尔瓦多	El Salvador	900	2211	2825	3354	3460	3702
赤道几内亚	Equatorial Guinea	353	2410	13521	17960	20703	27478
厄立特里亚	Eritrea		173	245	364	403	482
爱沙尼亚	Estonia	3193	4144	10330	14345	14045	16556
埃塞俄比亚	Ethiopia	250	125	166	394	358	374
斐济	Fiji	1836	2075	3655	3377	3687	4391
芬兰	Finland	27852	23530	37319	44890	44091	49391
法国	France	21384	21775	33819	40477	39170	42377
加蓬	Gabon	6407	4103	6322	7409	8768	11114
冈比亚	Gambia	328	606	423	585	608	625
格鲁吉亚	Georgia	1611	692	1470	2441	2614	3203
德国	Germany	21584	22946	33543	40275	39852	43689
加纳	Ghana	398	260	495	1090	1319	1570
希腊	Greece	9190	11396	21621	28521	26433	26427
格陵兰	Greenland	18327	19004	29903	22508		
格林纳达	Grenada	2298	5120	6788	7450	7500	7780
危地马拉	Guatemala	857	1717	2140	2689	2873	3178
几内亚	Guinea	463	373	325	427	474	502
几内亚比绍	Guinea-Bissau	240	174	419	562	551	629
圭亚那	Guyana	547	972	1105	2690	2994	
海地	Haiti	403	424	444	656	664	726
洪都拉斯	Honduras	624	1143	1412	1896	2019	2226
匈牙利	Hungary	3186	4543	10937	12635	12863	14044
冰岛	Iceland	25009	30929	54885	37974	39463	44072
印度	India	363	450	732	1127	1375	1489
印度尼西亚	Indonesia	621	773	1258	2273	2952	3495
伊朗	Iran	2115	1550	2754	4526		
伊拉克	Iraq		1063	1135	2066	2532	3501
爱尔兰	Ireland	13604	25629	48866	50034	45873	48423
以色列	Israel	11264	19859	19330	26032	28522	31282
意大利	Italy	19983	19388	30479	35073	33788	36116
牙买加	Jamaica	1921	3479	4263	4615	5133	5562
日本	Japan	24754	37292	35781	39473	43063	45903

3-2 续表 2 continued

单位：美元 (USD)

国家和地区	Country or Area	1990	2000	2005	2009	2010	2011
约　旦	Jordan	1268	1764	2326	4027	4370	4666
哈萨克斯坦	Kazakhstan	1647	1229	3771	7165	9070	11245
肯尼亚	Kenya	366	406	526	775	795	808
基里巴斯	Kiribati	395	812	1184	1306	1519	1760
韩　国	Korea, Rep.	6153	11347	17551	16959	20540	22424
科威特	Kuwait	8827	19434	35688	40023	45437	62664
吉尔吉斯斯坦	Kyrgyzstan	609	280	476	871	880	1075
老　挝	Laos	206	326	475	954	1158	1320
拉脱维亚	Latvia	2796	3301	6973	11476	10723	12726
黎巴嫩	Lebanon	963	4612	5394	8321	9227	9904
莱索托	Lesotho	330	380	662	796	1004	1106
利比里亚	Liberia	181	186	170	229	247	281
利比亚	Libya	6669	6480	7626	9957		
列支敦士登	Liechtenstein	49041	75606	105440	134915		
立陶宛	Lithuania	2841	3267	7604	11034	11046	13339
卢森堡	Luxemburg	33182	46458	80960	104354	104512	115038
前南马其顿	Macedonia, FYR	2342	1785	2937	4528	4434	4925
马达加斯加	Madagascar	273	252	282	422	421	467
马拉维	Malawi	200	155	215	327	339	371
马来西亚	Malaysia	2418	4006	5286	6902	8373	9656
马尔代夫	Maldives	980	2285	3362	6230	6570	6405
马　里	Mali	279	214	403	601	613	669
马耳他	Malta	7192	10377	14810	19564	19625	21209
马绍尔群岛	Marshall Islands	1660	2127	2643	2838	3015	3169
毛里塔尼亚	Mauritania	511	490	717	896	1045	1151
毛里求斯	Mauritius	2506	3861	5054	6922	7584	8797
墨西哥	Mexico	3116	5817	7973	7876	9133	10064
密克罗尼西亚	Micronesia, Fed.	1528	2181	2285	2528	2678	2852
摩尔多瓦	Moldova	972	354	831	1526	1632	1967
摩纳哥	Monaco	80312	75382	121386	172676		
蒙　古	Mongolia	1168	471	991	1690	2250	3056
黑　山	Montenegro		1556	3601	6569	6510	7197
摩洛哥	Morocco	1033	1272	1931	2828	2795	3054
莫桑比克	Mozambique	182	233	317	423	394	535
纳米比亚	Namibia	1661	2062	3491	3983	4876	5293
尼泊尔	Nepal	190	225	298	438	535	619
荷　兰	Netherlands	19722	24180	39122	47998	46597	50087
新西兰	New Zealand	12907	13376	27354	27197	32620	
尼加拉瓜	Nicaragua	245	776	898	1088	1139	1243
尼日尔	Niger	319	165	262	351	349	374
尼日利亚	Nigeria	292	372	803	1091	1242	1452
挪　威	Norway	27732	37473	65767	77610	85443	98102
阿　曼	Oman	6255	8775	12721	17280	20791	25221
巴基斯坦	Pakistan	358	512	691	949	1019	1194
帕　劳	Palau	5096	6252	7306	8095	8370	8730
巴拿马	Panama	2199	3931	4776	6956	7614	8590
巴布亚新几内亚	Papua New Guinea	774	655	804	1181	1382	1845
巴拉圭	Paraguay	1241	1323	1267	2254	2840	3635
秘　鲁	Peru	1213	2061	2881	4412	5292	6009
菲律宾	Philippines	719	1048	1205	1836	2140	2370
波　兰	Poland	1694	4454	7963	11294	12303	13463
葡萄牙	Portugal	7779	11471	18186	22016	21358	22330
波多黎各	Puerto Rico	8652	16192	21670	25455	25863	
卡塔尔	Qatar	15537	30053	52425	61075	72398	92501
罗马尼亚	Romania	1651	1651	4572	7500	7539	8405

3-2 续表 3 continued

单位: 美元 (USD)

国家和地区	Country or Area	1990	2000	2005	2009	2010	2011
俄罗斯联邦	Russian Fed.	3485	1775	5337	8616	10481	13089
卢 旺 达	Rwanda	364	214	281	509	529	583
圣基茨和尼维斯	Saint Kitts and Nevis	3788	8599	10394	13307	12847	13364
圣卢西亚	Saint Lucia	2962	4622	5361	6413	6890	7001
圣文森特和格林纳丁斯	Saint Vincent and the Grenadines	1845	3684	5070	6153	6172	6291
萨 摩 亚	Samoa	695	1391	2287	2880	3249	3532
圣多美和普林西比	Sao Tome and Principe			746	1209	1215	1473
沙特阿拉伯	Saudi Arabia	7236	9401	13127	14051	16423	20540
塞内加尔	Senegal	789	494	802	1055	1034	1119
塞尔维亚	Serbia		809	3391	5484	5273	6203
塞 舌 尔	Seychelles	5265	7579	11061	9637	11130	11711
塞拉利昂	Sierra Leone	163	153	240	323	325	374
新 加 坡	Singapore	11845	23815	28953	35274	41987	46241
斯洛伐克	Slovakia	2211	5330	11385	16100	16036	17646
斯洛文尼亚	Slovenia	8699	10045	17855	24051	22898	24142
所罗门群岛	Solomon Islands	977	1065	881	1147	1261	1517
南 非	South Africa	3182	3020	5235	5738	7272	8070
西 班 牙	Spain	13410	14414	26056	31707	30026	32244
斯里兰卡	Sri Lanka	463	855	1242	2057	2400	2835
苏 丹	Sudan	468	362	713	1286	1538	1234
苏 里 南	Suriname	981	1911	3593	7486	8292	
斯威士兰	Swaziland	1292	1508	2540	2827	3503	3725
瑞 典	Sweden	28557	27869	41041	43640	49257	56927
瑞 士	Switzerland	35472	34787	50083	63568	67644	80391
叙 利 亚	Syrian Arab Republic	999	1209	1561	2692	2893	
塔吉克斯坦	Tajikistan	496	139	358	734	820	935
坦桑尼亚	Tanzania	172	308	375	506	527	529
泰 国	Thailand	1495	1943	2644	3835	4614	4972
东 帝 汶	Timor-Leste		381	462	710	766	896
多 哥	Togo	444	270	391	535	527	584
汤 加	Tonga	1194	1926	2573	3072	3435	4168
特立尼达和多巴哥	Trinidad And Tobago	4170	6311	12231	14772	15614	16699
突 尼 斯	Tunisia	1507	2245	3219	4169	4194	4297
土 耳 其	Turkey	2784	4189	7088	8554	10050	10498
土库曼斯坦	Turkmenistan	881	645	1707	3745	3967	4722
图 瓦 卢	Tuvalu	980	1480	2289	2664	3190	3634
乌 干 达	Uganda	243	256	325	488	515	487
乌 克 兰	Ukraine	1570	636	1829	2545	2974	3615
阿 联 酋	United Arab Emirates	28033	34395	44385	38960	39625	45653
英 国	United Kingdom	17688	25083	37867	35129	36186	38818
美 国	United States	23038	35082	42516	45192	46702	48442
乌 拉 圭	Uruguay	2991	6914	5252	9117	11742	13866
乌兹别克斯坦	Uzbekistan	651	558	547	1182	1377	1546
瓦努阿图	Vanuatu	1080	1470	1862	2526	2875	3335
委内瑞拉	Venezuela	2381	4819	5475	11606	13658	10810
越 南	Viet Nam	98	402	642	1130	1224	1411
也 门	Yemen	473	544	811	1077	1291	1361
赞 比 亚	Zambia	418	317	626	1006	1253	1425
津巴布韦	Zimbabwe	839	535	458	468	595	776

3-3 人均国民总收入
GNI per Capita

资料来源：世界银行WDI数据库。
Source: World Bank WDI Database.

单位：美元 (USD)

国家和地区	Country or Area	1990	2000	2005	2009	2010	2011
世　界	**World**	**4080**	**5278**	**7104**	**8674**	**9067**	**9491**
高收入国家	**High Income**	**18375**	**25324**	**34000**	**37800**	**38765**	**39783**
经合组织高收入国家	**High Income: OECD**	**19059**	**26218**	**35292**	**39150**	**40142**	**41144**
非经合组织高收入国家	**High Income: nonOECD**	**8538**	**13895**	**18474**	**22890**	**23782**	**25372**
中等收入国家	**Middle Income**	**892**	**1252**	**1921**	**3349**	**3722**	**4125**
中等偏下收入国家	**Lower Middle Income**	**520**	**575**	**897**	**1462**	**1596**	**1760**
中等偏上收入国家	**Upper Middle Income**	**1207**	**1881**	**2912**	**5233**	**5865**	**6530**
中低收入国家	**Low and Middle Income**	**820**	**1127**	**1712**	**2959**	**3283**	**3631**
东亚和太平洋	**East Asia and Pacific**	**425**	**902**	**1617**	**3166**	**3670**	**4243**
欧洲和中亚	**Europe and Central Asia**		**1780**	**3711**	**6851**	**7260**	**7610**
拉丁美洲和加勒比	**Latin America and Caribbean**	**2254**	**3817**	**4415**	**7023**	**7821**	**8544**
中东和北非国家	**Middle East and North Africa**	**1296**	**1645**	**2195**	**3679**	**3869**	
南　亚	**South Asia**	**377**	**442**	**692**	**1069**	**1167**	**1299**
撒哈拉以南非洲	**Sub-Saharan Africa**	**587**	**491**	**768**	**1132**	**1178**	**1255**
低收入国家	**Low Income**	**287**	**267**	**343**	**496**	**534**	**567**
最不发达地区	**Least Developed Countries**	**310**	**280**	**405**	**676**	**720**	**754**
重债穷国	**Heavily Indebted Poor Countries**	**358**	**291**	**401**	**634**	**668**	**694**
中　国	China	330	930	1740	3620	4240	4940
中国香港	Hong Kong, China	12660	26570	28150	31410	32780	35160
中国澳门	Macao, China	8530	14640	23410	36000	45460	
阿富汗	Afghanistan			230	370	410	
阿尔巴尼亚	Albania	680	1170	2580	3970	3970	3980
阿尔及利亚	Algeria	2420	1600	2720	4470	4390	4470
安哥拉	Angola	740	420	1270	3880	3960	4060
安提瓜和巴布达	Antigua and Barbuda	5710	8490	12000	13500	12450	12060
阿根廷	Argentina	3180	7460	4480	7580	8620	9740
亚美尼亚	Armenia		660	1470	3050	3200	3360
澳大利亚	Australia	17420	21260	30440	43860	46200	
奥地利	Austria	20080	26000	37210	46630	46920	48300
阿塞拜疆	Azerbaijan		610	1270	4800	5380	5290
巴哈马	Bahamas	12000	20350	24410	23420	21970	
巴　林	Bahrain	7260	10940	17400	15880	15920	
孟加拉国	Bangladesh	290	380	480	640	700	770
巴巴多斯	Barbados	6570	9090	11000	12660		
白俄罗斯	Belarus		1380	2780	5590	5990	5830
比利时	Belgium	18960	25430	36610	44700	45780	46160
伯利兹	Belize	2210	3110	3580	3820	3640	3690
贝　宁	Benin	360	370	570	780	780	780
不　丹	Bhutan	580	720	1070	1710	1870	2070
玻利维亚	Bolivia	740	1000	1030	1640	1810	2040
波　黑	Bosnia and Herzegovinian		1510	3020	4760	4740	4780
博茨瓦纳	Botswana	2540	3120	5070	6270	6750	7480
巴　西	Brazil	2700	3860	3960	8150	9540	10720
文　莱	Brunei Darussalam	12790	14960	23210	31800		
保加利亚	Bulgaria	2260	1620	3640	6080	6320	6550
布基纳法索	Burkina Faso	310	230	390	520	550	570
布隆迪	Burundi	210	130	140	210	230	250
柬埔寨	Cambodia		290	460	700	750	830
喀麦隆	Cameroon	910	630	930	1210	1200	1210

3-3 续表 1 continued

单位: 美元 (USD)

国家和地区	Country or Area	1990	2000	2005	2009	2010	2011
加拿大	Canada	20150	22130	33110	41890	43250	45560
佛得角	Cape Verde	960	1330	2080	3180	3280	3540
中非	Central African Rep.	470	280	340	450	470	470
乍得	Chad	260	180	430	650	710	690
智利	Chile	2250	4840	5970	9970	10750	12280
哥伦比亚	Colombia	1260	2350	2940	5060	5520	6110
科摩罗	Comoros	530	380	610	740	750	770
刚果(金)	Congo, Dem. Rep.	230	90	120	170	180	190
刚果(布)	Congo, Rep.	910	560	980	1980	2240	2270
哥斯达黎加	Costa Rica	2340	3710	4680	6200	6860	7660
科特迪瓦	Cote D'Ivoire	740	650	870	1160	1170	1100
克罗地亚	Croatia		5220	9690	13810	13890	13850
古巴	Cuba	2660	2620	3960			
塞浦路斯	Cyprus	9510	13440	21490	29710	29450	
捷克	Czech Rep.		5800	11890	17860	18490	18520
丹麦	Denmark	24120	31830	48590	58330	59410	60390
吉布提	Djibouti		750	990	1270		
多米尼克	Dominica	2300	3500	5210	6830	6900	7090
多米尼加	Dominican Rep.	870	2620	2900	4690	5020	5240
厄瓜多尔	Ecuador	900	1330	2620	3630	3850	4140
埃及	Egypt	750	1440	1250	2160	2420	2600
萨尔瓦多	El Salvador	890	2110	2820	3310	3370	3480
赤道几内亚	Equatorial Guinea	330	1270	5220	16710	13720	14540
厄立特里亚	Eritrea		170	250	290	340	430
爱沙尼亚	Estonia	3190	4220	9730	14360	14180	15200
埃塞俄比亚	Ethiopia	250	130	160	350	390	400
斐济	Fiji	1790	2230	3590	3890	3610	3680
芬兰	Finland	25220	25440	38550	46620	47460	48420
法国	France	20160	24270	34850	42380	42190	42420
加蓬	Gabon	4930	3080	5110	7620	7680	7980
冈比亚	Gambia	300	630	390	590	610	610
格鲁吉亚	Georgia		750	1360	2540	2680	2860
德国	Germany	20630	25300	34780	42400	42970	43980
加纳	Ghana	400	340	460	1190	1250	1410
希腊	Greece	8590	12460	21400	28020	26890	25030
格陵兰	Greenland	15690	20290	29690	26020		
格林纳达	Grenada	2250	4150	6570	6910	7010	7220
危地马拉	Guatemala	950	1730	2070	2660	2740	2870
几内亚	Guinea	450	400	420	380	390	440
几内亚比绍	Guinea-Bissau	220	180	410	550	580	600
圭亚那	Guyana	390	890	1090	2640	2900	
海地	Haiti	350	470	400	670	650	700
洪都拉斯	Honduras	700	940	1400	1780	1870	1970
匈牙利	Hungary	2880	4580	10220	12980	12860	12730
冰岛	Iceland	24150	30800	49620	39140	33890	35020
印度	India	390	450	730	1150	1260	1410
印度尼西亚	Indonesia	600	560	1220	2160	2500	2940
伊朗	Iran	2450	1630	2550	4520		
伊拉克	Iraq				2310	2380	2640
爱尔兰	Ireland	12200	23480	42380	44870	41720	38580
以色列	Israel	10860	17830	20180	25510	27270	28930
意大利	Italy	17900	21010	30880	35570	35530	35330
牙买加	Jamaica	1790	3310	3920	4610	4700	4980
日本	Japan	27090	35040	39140	37580	42050	45180

3-3 续表 2 continued

单位：美元 (USD)

国家和地区	Country or Area	1990	2000	2005	2009	2010	2011
约　旦	Jordan	1390	1790	2490	3900	4140	4380
哈萨克斯坦	Kazakhstan		1260	2950	6780	7500	8220
肯尼亚	Kenya	380	420	520	780	810	820
基里巴斯	Kiribati	730	1380	1780	1840	2010	2110
韩　国	Korea, Rep.	6000	9910	16900	19650	19720	20870
科威特	Kuwait		18950	34650	48980	48900	
吉尔吉斯斯坦	Kyrgyzstan		280	450	860	840	920
老　挝	Laos	200	280	460	900	1010	1130
拉脱维亚	Latvia	2790	3210	6810	12390	11850	12350
黎巴嫩	Lebanon	1240	4730	5710	7870	8750	9110
莱索托	Lesotho	540	530	840	1080	1100	1220
利比里亚	Liberia		190	120	210	210	240
利比亚	Libya			6460	12320		
列支敦士登	Liechtenstein	45170	79660	92780	137070		
立陶宛	Lithuania		3200	7380	11700	11620	12280
卢森堡	Luxemburg	29530	43660	69300	71920	76820	78130
前南马其顿	Macedonia, FYR		1830	2900	4540	4600	4730
马达加斯加	Madagascar	250	250	300	420	430	430
马拉维	Malawi	180	160	220	310	330	340
马来西亚	Malaysia	2370	3420	5110	7230	7760	8420
马尔代夫	Maldives		2140	3370	5660	6150	6530
马　里	Mali	260	230	390	560	600	610
马耳他	Malta	7470	10510	14380	18220	18620	
马绍尔群岛	Marshall Islands		2850	3560	3640	3640	3910
毛里塔尼亚	Mauritania	550	530	720	1030	1000	1000
毛里求斯	Mauritius	2440	3870	5360	7260	7780	8240
墨西哥	Mexico	2790	5010	7820	8670	8930	9240
密克罗尼西亚	Micronesia, Fed.		2220	2510	2640	2730	2900
摩尔多瓦	Moldova		370	890	1570	1820	1980
摩纳哥	Monaco	75810	82960	123100	183150		
蒙　古	Mongolia	1430	460	890	1760	1870	2320
黑　山	Montenegro			3580	6580	6740	7060
摩洛哥	Morocco	990	1310	1960	2770	2850	2970
莫桑比克	Mozambique	170	230	300	430	440	470
纳米比亚	Namibia	1720	1950	3300	4060	4250	4700
尼泊尔	Nepal	210	220	290	440	490	540
荷　兰	Netherlands	18810	26580	39880	48530	48920	49730
新西兰	New Zealand	12970	13760	24990	28740	29350	
尼加拉瓜	Nicaragua	310	730	890	1050	1100	1170
尼日尔	Niger	300	180	260	340	360	360
尼日利亚	Nigeria	260	270	630	1160	1170	1200
挪　威	Norway	26010	35860	62490	85760	86390	88890
阿　曼	Oman	5540	7130	11190	18170	19260	
巴基斯坦	Pakistan	410	470	710	990	1050	1120
帕　劳	Palau		6250	7770	6230	6560	7250
巴拿马	Panama	2210	3730	4640	6540	7010	7910
巴布亚新几内亚	Papua New Guinea	820	620	680	1190	1300	1480
巴拉圭	Paraguay	1190	1350	1220	2240	2730	2970
秘　鲁	Peru	780	2060	2710	4280	4900	5500
菲律宾	Philippines	730	1050	1210	1870	2060	2210
波　兰	Poland		4600	7270	12190	12450	12480
葡萄牙	Portugal	7050	12100	18060	21750	21830	21250
波多黎各	Puerto Rico	6220	10550	14530	16300	16560	
卡塔尔	Qatar				69750	73060	80440
罗马尼亚	Romania	1710	1690	3920	8320	7850	7910

3-3 续表 3 continued

单位: 美元 (USD)

国家和地区	Country or Area	1990	2000	2005	2009	2010	2011
俄罗斯联邦	Russian Fed.		1710	4460	9290	9880	10400
卢 旺 达	Rwanda	360	250	270	480	520	570
圣基茨和尼维斯	Saint Kitts and Nevis	3610	6880	10130	12990	12360	12480
圣卢西亚	Saint Lucia	2810	4170	5130	5630	6200	6680
圣文森特和格林纳丁斯	Saint Vincent and the Grenadines	1740	3130	4980	6220	6030	6100
萨 摩 亚	Samoa	1070	1420	2090	2870	3030	3190
圣多美和普林西比	Sao Tome and Principe			740	1170	1250	1360
沙特阿拉伯	Saudi Arabia	7330	8390	12230	16250	16610	17820
塞内加尔	Senegal	740	530	800	1070	1080	1070
塞尔维亚	Serbia		1400	3430	5740	5630	5680
塞 舌 尔	Seychelles	5020	7420	9820	10390	10460	11130
塞拉利昂	Sierra Leone	200	150	230	340	340	340
新 加 坡	Singapore	11450	24500	27240	36030	39410	42930
斯洛伐克	Slovakia	2060	5440	11040	15820	16030	16070
斯洛文尼亚	Slovenia		11150	18070	23750	23910	23610
所罗门群岛	Solomon Islands	710	1020	890	960	1030	1110
南 非	South Africa	3390	3050	4850	5730	6090	6960
西 班 牙	Spain	11890	15420	25450	32020	31460	30990
斯里兰卡	Sri Lanka	460	860	1210	1970	2260	2580
苏 丹	Sudan	510	320	610	1230	1300	
苏 里 南	Suriname	1480	1930	3320	7020	7640	
斯威士兰	Swaziland	1150	1600	2600	2880	2930	3300
瑞 典	Sweden	26360	29490	42920	48820	50580	53230
瑞 士	Switzerland	34240	40270	56870	65040	71590	76380
叙 利 亚	Syrian Arab Republic	920	990	1500	2570	2750	
塔吉克斯坦	Tajikistan		170	340	750	810	870
坦桑尼亚	Tanzania	200	310	380	500	530	540
泰 国	Thailand	1480	1930	2560	3720	4150	4420
东 帝 汶	Timor-Leste			740	2250	2730	
多 哥	Togo	410	300	370	520	550	560
汤 加	Tonga	1220	2030	2470	3300	3340	3580
特立尼达和多巴哥	Trinidad And Tobago	3720	5200	11160	16370	15840	15040
突 尼 斯	Tunisia	1430	2300	3200	4100	4140	4070
土 耳 其	Turkey	2300	4170	6480	9060	9890	10410
土库曼斯坦	Turkmenistan	830	650	1650	3460	3790	4110
图 瓦 卢	Tuvalu			3780	5260	4600	5010
乌 干 达	Uganda	320	260	300	470	500	510
乌 克 兰	Ukraine	1610	700	1540	2840	2990	3120
阿 联 酋	United Arab Emirates	20720	20630	42280	41940	39640	40760
英 国	United Kingdom	16600	26010	38850	40970	38140	37780
美 国	United States	23260	34890	44670	46080	47350	48450
乌 拉 圭	Uruguay	2840	7100	4740	8640	10290	11860
乌兹别克斯坦	Uzbekistan		630	530	1130	1300	1510
瓦努阿图	Vanuatu	1200	1430	1760	2520	2630	2870
委内瑞拉	Venezuela	2570	4100	4950	10230	11660	11920
越 南	Viet Nam	130	390	630	1030	1160	1260
也 门	Yemen		420	690	1070	1160	1070
赞 比 亚	Zambia	440	310	500	990	1070	1160
津巴布韦	Zimbabwe	860	490	440	400	480	640

3-4 按购买力平价法计算的国民经济核算主要指标(2011年)
Main Economic Indicators of National Accounts Based on PPP(2011)

资料来源：世界银行WDI数据库。
Source: World Bank WDI Database.

国家和地区	Country or Area	国内生产总值(现价亿国际元) GDP(100 million international $)	人均国内生产总值(现价国际元) GDP per Capita (current price internationa $)	国民总收入(现价亿国际元) GNI (100 million international $)	人均国民总收入(现价国际元) GNI per capita (current price iternational $)
世　界	**World**	**811767**	**11640**	**807134**	**11574**
高收入国家	**High Income**	**436265**	**38437**	**437790**	**38572**
经合组织高收入国家	**High Income: OECD**	**401943**	**38667**	**404080**	**38873**
非经合组织高收入国家	**High Income: nonOECD**	**35356**	**37019**	**35107**	**36758**
中等收入国家	**Middle Income**	**366350**	**7295**	**363001**	**7228**
中等偏下收入国家	**Lower Middle Income**	**95226**	**3760**	**97084**	**3833**
中等偏上收入国家	**Upper Middle Income**	**271087**	**10891**	**266470**	**10705**
中低收入国家	**Low and Middle Income**	**377479**	**6465**	**374283**	**6410**
东亚和太平洋	**East Asia and Pacific**	**145343**	**7362**	**144358**	**7312**
欧洲和中亚	**Europe and Central Asia**	**60382**	**14815**	**57785**	**14178**
拉丁美洲和加勒比	**Latin America and Caribbean**	**69846**	**11858**	**68248**	**11587**
南　亚	**South Asia**	**55018**	**3321**	**54980**	**3319**
撒哈拉以南非洲	**Sub-Saharan Africa**	**20422**	**2334**	**19532**	**2233**
低收入国家	**Low Income**	**11084**	**1357**	**11293**	**1383**
最不发达地区	**Least Developed Countries**	**13300**	**1576**	**13240**	**1569**
重债穷国	**Heavily Indebted Poor Countries**	**9027**	**1419**	**8839**	**1389**
中　国	China	113792	8466	113607	8450
孟加拉国	Bangladesh	2691	1788	2915	1940
柬埔寨	Cambodia	339	2372	324	2260
印　度	India	45339	3652	44911	3620
印度尼西亚	Indonesia	11312	4668	10989	4530
以色列	Israel	2162	27835	2106	27120
日　本	Japan	43833	34294	45411	35530
哈萨克斯坦	Kazakhstan	2184	13189	1873	11310
韩　国	Korea, Rep.	15060	30254	15101	30340
老　挝	Laos	177	2809	163	2600
马来西亚	Malaysia	4499	15589	4383	15190
蒙　古	Mongolia	133	4764	122	4360
巴基斯坦	Pakistan	4884	2763	5096	2880
菲律宾	Philippines	3927	4140	3949	4160
新加坡	Singapore	3167	61103	3099	59790
斯里兰卡	Sri Lanka	1173	5620	1160	5560
泰　国	Thailand	6050	8703	5833	8390
越　南	Viet Nam	3017	3435	2866	3260
埃　及	Egypt	5220	6324	5082	6160
尼日利亚	Nigeria	4114	2532	3741	2300
南　非	South Africa	5582	11035	5457	10790
加拿大	Canada	13945	40440	13700	39730
墨西哥	Mexico	17529	15270	17283	15060
美　国	United States	150940	48442	152324	48890
阿根廷	Argentina	7205	17674	7033	17250
巴　西	Brazil	23046	11719	22611	11500
委内瑞拉	Venezuela	3758	12836	3695	12620
捷　克	Czech Rep.	2747	26046	2560	24280
法　国	France	22898	34993	23330	35650
德　国	Germany	32046	39211	32665	39970
意大利	Italy	20010	32928	19877	32710
荷　兰	Netherlands	7152	42834	7223	43260
波　兰	Poland	8144	21310	7826	20480
俄罗斯联邦	Russian Fed.	30157	21248	28305	19940
西班牙	Spain	14991	32424	14638	31660
土耳其	Turkey	12886	17499	12766	17340
乌克兰	Ukraine	3314	7251	3238	7080
英　国	United Kingdom	22234	35494	22512	35940

3-5 国内生产总值增长率
Growth Rate of GDP

资料来源：世界银行WDI数据库。
Source: World Bank WDI Database.
单位：% (%)

国家和地区	Country or Area	1990	2000	2005	2009	2010	2011
世　界	**World**	**2.95**	**4.20**	**3.46**	**-2.24**	**4.34**	**2.73**
高收入国家	**High Income**	**3.15**	**3.93**	**2.53**	**-3.75**	**3.28**	**1.54**
经合组织高收入国家	**High Income: OECD**	**3.02**	**3.83**	**2.39**	**-3.88**	**3.06**	**1.32**
非经合组织高收入国家	**High Income: nonOECD**	**7.24**	**6.41**	**5.51**	**-1.28**	**7.33**	**5.64**
中等收入国家	**Middle Income**	**1.91**	**5.43**	**7.24**	**2.64**	**7.71**	**6.33**
中等偏下收入国家	**Lower Middle Income**	**3.76**	**4.03**	**6.79**	**5.14**	**7.30**	**5.51**
中等偏上收入国家	**Upper Middle Income**	**1.39**	**5.83**	**7.37**	**1.96**	**7.83**	**6.56**
中低收入国家	**Low and Middle Income**	**1.94**	**5.38**	**7.24**	**2.69**	**7.67**	**6.32**
东亚和太平洋	**East Asia and Pacific**	**5.49**	**7.53**	**9.76**	**7.46**	**9.70**	**8.29**
欧洲和中亚	**Europe and Central Asia**	**-1.09**	**7.56**	**7.24**	**-6.01**	**5.84**	**5.74**
拉丁美洲和加勒比	**Latin America and Caribbean**	**0.25**	**3.99**	**4.88**	**-1.63**	**6.24**	**4.67**
中东和北非国家	**Middle East and North Africa**	**7.39**	**3.37**	**4.69**	**3.60**	**4.18**	
南　亚	**South Asia**	**5.43**	**4.23**	**8.71**	**7.43**	**8.69**	**6.42**
撒哈拉以南非洲	**Sub-Saharan Africa**	**1.16**	**3.60**	**5.99**	**2.11**	**5.02**	**4.12**
低收入国家	**Low Income**	**2.86**	**3.51**	**7.00**	**4.66**	**6.05**	**5.98**
最不发达地区	**Least Developed Countries**	**1.50**	**4.52**	**7.90**	**4.51**	**5.69**	**4.17**
重债穷国	**Heavily Indebted Poor Countries**	**-0.51**	**3.03**	**6.63**	**3.72**	**5.40**	**3.96**
中　国	China	3.80	8.40	11.30	9.20	10.40	9.30
中国香港	Hong Kong, China	3.90	7.95	7.08	-2.66	6.97	5.16
中国澳门	Macao, China	8.00	5.70	8.54	1.73	27.04	20.74
阿富汗	Afghanistan			14.52	20.40	8.20	
阿尔巴尼亚	Albania	-9.58	7.30	5.50	3.30	3.50	3.00
阿尔及利亚	Algeria	0.80	2.20	5.10	2.40	3.30	2.50
安哥拉	Angola	-0.30	3.01	18.26	2.41	3.41	3.40
安提瓜和巴布达	Antigua and Barbuda	2.55	1.48	4.19	-10.35	-8.88	-4.17
阿根廷	Argentina	-2.40	-0.79	9.18	0.85	9.16	8.87
荷　兰	Netherlands	4.18	3.94	2.05	-3.54	1.69	1.17
亚美尼亚	Armenia		5.90	13.87	-14.15	2.10	4.60
澳大利亚	Australia	3.58	3.95	2.96	1.45	2.26	1.85
奥地利	Austria	4.17	3.67	2.40	-3.81	2.32	3.11
阿塞拜疆	Azerbaijan	-11.70	11.10	26.40	9.30	5.00	1.00
巴哈马	Bahamas	-1.60	4.15	3.40	-4.86	0.18	1.63
巴　林	Bahrain	4.44	5.30	7.80	3.10	4.50	
孟加拉国	Bangladesh	5.94	5.95	5.96	5.74	6.07	6.66
巴巴多斯	Barbados	-4.81	2.31	3.18	-5.30		
白俄罗斯	Belarus		5.80	9.44	0.16	7.70	5.30
比利时	Belgium	3.14	3.67	1.76	-2.80	2.24	1.92
贝　宁	Benin	3.21	5.80	2.90	3.80	3.00	3.10
百慕大	Bermuda	0.02	9.32	1.98	-4.83	-1.90	
不　丹	Bhutan	9.10	7.52	8.77	6.73	7.44	8.41
玻利维亚	Bolivia	4.64	2.51	4.42	3.36	4.13	5.09
波　黑	Bosnia and Herzegovinian		5.50	5.00	-2.91	0.80	1.71
博茨瓦纳	Botswana	6.77	5.89	1.64	-4.82	7.01	5.05
巴　西	Brazil	-4.30	4.31	3.16	-0.33	7.53	2.73
文　莱	Brunei Darussalam	1.09	2.85	0.39	-1.76	2.60	
保加利亚	Bulgaria	-9.12	5.73	6.36	-5.50	0.40	1.70
布基纳法索	Burkina Faso	-0.60	1.85	8.65	2.97	7.89	4.16
布隆迪	Burundi	3.50	-0.86	0.90	3.47	3.79	4.19
柬埔寨	Cambodia		8.77	13.25	0.09	5.96	6.93
喀麦隆	Cameroon	-6.11	4.20	2.30	2.00	3.20	3.80

3-5 续表 1 continued

单位：% (%)

国家和地区	Country or Area	1990	2000	2005	2009	2010	2011
加拿大	Canada	0.19	5.23	3.02	-2.77	3.22	2.46
佛得角	Cape Verde	0.70	7.27	6.52	3.71	5.21	5.05
中非	Central African Rep.	-2.15	2.30	2.40	1.70	3.30	3.10
乍得	Chad	-4.18	-0.88	17.33	-1.20	13.00	3.10
智利	Chile	3.70	4.49	4.27	-1.04	6.10	5.99
哥伦比亚	Colombia	6.04	4.42	4.71	1.65	4.00	5.93
科摩罗	Comoros	5.09	1.42	4.23	1.81	2.10	2.23
刚果(金)	Congo, Dem. Rep.	-6.57	-6.90	7.79	2.83	7.17	6.88
刚果(布)	Congo, Rep.	1.00	7.60	7.80	7.47	8.75	4.46
哥斯达黎加	Costa Rica	3.91	1.80	5.89	-1.01	4.68	4.16
科特迪瓦	Cote D'Ivoire	-1.10	-3.70	1.26	3.80	2.40	-4.70
克罗地亚	Croatia		3.75	4.28	-5.99	-1.19	-0.04
古巴	Cuba	-2.95	5.92	11.20	1.45	2.07	
塞浦路斯	Cyprus	7.40	5.04	3.91	-1.67	1.14	0.48
捷克	Czech Rep.		4.19	6.75	-4.69	2.74	1.66
丹麦	Denmark	1.61	3.53	2.44	-5.83	1.30	1.00
多米尼克	Dominica	5.26	-2.25	-0.43	-0.74	0.34	1.06
多米尼加	Dominican Rep.	-5.45	5.66	9.26	3.45	7.75	4.48
厄瓜多尔	Ecuador	2.68	2.80	5.74	0.36	3.58	4.80
埃及	Egypt	5.70	5.37	4.47	4.69	5.15	1.80
萨尔瓦多	El Salvador	4.83	2.15	3.56	-3.13	1.37	1.47
赤道几内亚	Equatorial Guinea	3.26	13.48	9.75	5.73	-0.75	7.09
厄立特里亚	Eritrea		-13.12	2.57	3.88	2.20	8.72
爱沙尼亚	Estonia	-7.06	9.70	8.85	-14.26	2.26	7.64
埃塞俄比亚	Ethiopia	2.73	6.07	11.82	8.80	9.94	7.30
斐济	Fiji	5.80	-1.70	0.70	-1.27	-0.20	2.00
芬兰	Finland	0.51	5.32	2.92	-8.35	3.73	2.86
法国	France	2.62	3.68	1.83	-3.15	1.66	1.70
加蓬	Gabon	5.19	-1.88	3.02	-1.41	6.61	4.81
冈比亚	Gambia	3.56	5.50	0.27	6.65	6.12	4.97
格鲁吉亚	Georgia	-14.79	1.84	9.60	-3.78	6.25	6.95
德国	Germany	5.26	3.06	0.69	-5.13	3.69	3.00
加纳	Ghana	3.33	3.70	5.90	3.99	8.01	14.39
希腊	Greece		4.48	2.28	-3.25	-3.52	-6.91
格林纳达	Grenada	5.20	12.62	12.04	-5.68	-1.27	1.11
危地马拉	Guatemala	3.10	3.61	3.26	0.53	2.91	3.87
几内亚	Guinea	4.32	1.88	37.76	-0.28	1.94	3.59
几内亚比绍	Guinea-Bissau	6.10	7.50	3.46	3.00	3.47	5.30
圭亚那	Guyana	-3.04	-1.38	-1.96	3.32	4.37	
海地	Haiti		0.87	1.80	2.88	-5.42	5.59
洪都拉斯	Honduras	0.10	5.75	6.05	-2.13	2.77	3.40
匈牙利	Hungary	-3.50	4.22	3.96	-6.80	1.26	1.69
冰岛	Iceland	1.17	4.33	7.23	-6.81	-4.02	3.05
印度	India	5.53	3.98	9.29	8.24	9.55	6.86
印度尼西亚	Indonesia	9.00	4.92	5.69	4.63	6.20	6.46
伊朗	Iran	13.69	5.14	4.62	1.80		
伊拉克	Iraq		-4.30	-0.70	4.20	0.84	9.90
爱尔兰	Ireland	8.47	9.24	5.34	-6.99	-0.43	-0.70
以色列	Israel	6.84	9.26	4.94	0.84	4.85	4.71
意大利	Italy	2.05	3.65	0.93	-5.49	1.80	0.43
牙买加	Jamaica	4.20	0.88	1.03	-2.60	-0.60	1.30
日本	Japan	5.20	2.26	1.30	-5.53	4.43	-0.70

3-5 续表 2 continued

单位：% (%)

国家和地区	Country or Area	1990	2000	2005	2009	2010	2011
约　旦	Jordan	0.97	4.25	8.12	5.48	2.31	2.59
哈萨克斯坦	Kazakhstan		9.80	9.70	1.20	7.30	7.50
肯 尼 亚	Kenya	4.19	0.60	5.91	2.65	5.55	4.50
基里巴斯	Kiribati	2.13	7.24	0.30	-0.65	1.80	1.80
韩　国	Korea, Rep.	9.15	8.49	3.96	0.32	6.32	3.63
科 威 特	Kuwait		4.70	10.60	-5.15	3.41	8.19
吉尔吉斯斯坦	Kyrgyzstan	5.70	5.43	-0.18	2.89	-1.36	7.00
老　挝	Laos	6.71	5.80	7.11	7.50	8.53	8.04
拉脱维亚	Latvia	-7.94	6.91	10.60	-17.95	-0.34	5.47
黎 巴 嫩	Lebanon	26.53	1.34	1.00	8.50	7.00	3.00
莱 索 托	Lesotho	6.47	5.66	2.70	2.86	5.61	5.79
利比里亚	Liberia	-51.03	25.70	9.48	13.06	10.29	8.48
利 比 亚	Libya		3.70	9.90	2.10		
立 陶 宛	Lithuania		3.25	7.80	-14.74	1.33	5.87
卢 森 堡	Luxemburg	5.32	8.44	5.43	-5.30	2.68	1.55
前南马其顿	Macedonia, FYR		4.55	4.35	-0.92	1.78	3.04
马达加斯加	Madagascar	3.13	4.76	4.60	-4.58	1.57	0.99
马 拉 维	Malawi	5.69	1.58	2.60	9.03	6.51	4.51
马来西亚	Malaysia	9.01	8.86	5.33	-1.64	7.19	5.14
马尔代夫	Maldives		4.77	-6.84	-4.74	5.72	7.47
马　里	Mali	-1.85	3.20	6.08	4.50	5.80	2.70
马 耳 他	Malta	6.29	6.77	3.67	-2.65	2.71	2.10
马绍尔群岛	Marshall Islands	2.68	5.89	2.62	-1.33	5.20	5.00
毛里塔尼亚	Mauritania	-1.77	-0.43	8.97	-1.22	5.19	4.75
毛里求斯	Mauritius	7.19	9.03	1.24	3.03	4.13	4.11
墨 西 哥	Mexico	5.07	6.60	3.21	-6.24	5.52	3.94
密克罗尼西亚	Micronesia, Fed.	3.74	4.48	2.10	0.67	3.13	1.40
摩尔多瓦	Moldova	-2.40	2.10	7.50	-5.99	7.10	6.40
蒙　古	Mongolia	-3.18	1.15	7.25	-1.27	6.37	17.26
黑　山	Montenegro		3.10	4.20	-5.70	2.50	2.54
摩 洛 哥	Morocco	4.03	1.59	2.98	4.76	3.68	4.55
莫桑比克	Mozambique	1.00	1.09	9.57	6.34	6.80	7.10
缅　甸	Myanmar	2.82	13.75	13.49	10.58	10.42	
纳米比亚	Namibia	2.50	3.49	2.53	-0.43	6.60	3.80
尼 泊 尔	Nepal	4.64	6.20	3.48	4.53	4.82	3.88
新 西 兰	New Zealand	0.04	2.62	3.30	-0.47	1.90	
尼加拉瓜	Nicaragua	-0.09	4.10	4.28	-1.47	4.48	4.66
尼 日 尔	Niger	-1.28	-1.41	4.50	-0.90	8.00	2.30
尼日利亚	Nigeria	8.20	5.40	5.40	7.00	7.82	6.67
挪　威	Norway	1.93	3.25	2.59	-1.67	0.68	1.45
阿　曼	Oman	-0.13	5.40	3.99	1.10	4.00	5.50
巴基斯坦	Pakistan	4.46	4.26	7.67	3.60	4.14	2.36
帕　劳	Palau		0.30	5.50	-2.10	2.00	5.80
巴 拿 马	Panama	8.10	2.72	7.19	3.20	8.30	10.60
巴布亚新几内亚	Papua New Guinea	-3.01	-2.49	3.60	5.50	8.00	9.00
巴 拉 圭	Paraguay	3.09	-3.35	2.86	-3.85	15.05	4.04
秘　鲁	Peru	-5.14	2.95	6.83	0.84	8.82	6.91
菲 律 宾	Philippines	3.04	4.41	4.78	1.15	7.63	3.72
波　兰	Poland		4.26	3.62	1.63	3.90	4.35
葡 萄 牙	Portugal	3.95	3.92	0.78	-2.91	1.40	-1.61
波多黎各	Puerto Rico	3.78	3.27	0.83	-2.27	-2.07	
卡 塔 尔	Qatar			7.60	12.00	16.60	18.80
罗马尼亚	Romania	-5.60	2.10	4.17	-8.50	0.95	-0.37

3-5 续表 3 continued

单位：% (%)

国家和地区	Country or Area	1990	2000	2005	2009	2010	2011
俄罗斯联邦	Russian Fed.	-3.00	10.00	6.38	-7.83	4.30	4.30
卢 旺 达	Rwanda	-2.40	8.10	9.30	4.10	7.20	8.60
圣基茨和尼维斯	Saint Kitts and Nevis	2.27	2.79	5.61	-5.59	-2.69	-0.09
圣卢西亚	Saint Lucia	23.55		4.34	-16.93	4.40	0.70
圣文森特和格林纳丁斯	Saint Vincent and the Grenadines	5.05	1.80	2.13	-2.30	-1.83	0.04
萨 摩 亚	Samoa	-4.42	7.03	4.15	-1.72	1.71	2.10
圣多美和普林西比	Sao Tome and Principe			-1.41	4.02	4.51	4.94
沙特阿拉伯	Saudi Arabia	8.33	4.87	5.55	0.10	4.64	6.77
塞内加尔	Senegal	-0.68	3.20	5.63	2.09	4.13	2.63
塞尔维亚	Serbia	-8.00	5.34	5.40	-3.50	0.95	1.78
塞 舌 尔	Seychelles	7.00	4.25	7.47	0.52	6.71	4.95
塞拉利昂	Sierra Leone	3.35	3.81	7.18	3.20	4.95	6.00
新 加 坡	Singapore	10.11	9.04	7.37	-0.98	14.76	4.89
斯洛伐克	Slovakia	-2.67	1.37	6.66	-4.93	4.18	3.35
斯洛文尼亚	Slovenia		4.27	4.01	-8.01	1.38	-0.17
所罗门群岛	Solomon Islands		-14.27	5.42	-1.20	7.00	9.00
南 非	South Africa	-0.32	4.16	5.28	-1.54	2.89	3.12
西 班 牙	Spain	3.78	5.05	3.58	-3.74	-0.07	0.71
斯里兰卡	Sri Lanka	6.40	6.00	6.24	3.54	8.02	8.25
苏 丹	Sudan	-5.47	8.38	6.33	3.96	4.45	-4.90
苏 里 南	Suriname	-0.49	-0.06	4.56	3.01	4.11	
斯威士兰	Swaziland	21.02	1.76	2.46	1.21	2.00	1.30
瑞 典	Sweden	1.01	4.45	3.16	-5.03	6.15	3.92
瑞 士	Switzerland	3.68	3.58	2.64	-1.88	2.71	2.10
叙 利 亚	Syrian Arab Republic	7.64	2.74	6.20	6.00	3.20	
塔吉克斯坦	Tajikistan	-0.60	8.30	10.49	3.90	6.50	7.40
坦桑尼亚	Tanzania	7.05	4.93	7.37	6.02	7.04	6.32
泰 国	Thailand	11.17	4.75	4.61	-2.33	7.81	0.05
东 帝 汶	Timor-Leste		13.66	6.22	12.77	9.47	10.60
多 哥	Togo	-0.24	-0.78	1.18	3.23	3.71	3.91
汤 加	Tonga	-2.04	3.37	-0.95	-0.13	-0.48	1.16
特立尼达和多巴哥	Trinidad and Tobago	1.51	6.13	5.77	-3.30	-0.02	-1.40
突 尼 斯	Tunisia	7.95	4.30	4.00	3.10	3.00	-1.80
土 耳 其	Turkey	9.27	6.77	8.40	-4.83	9.16	8.49
土库曼斯坦	Turkmenistan	0.74	18.59	13.00	6.10	9.20	9.90
图 瓦 卢	Tuvalu		-0.97	-4.10	-1.73	-5.00	1.00
乌 干 达	Uganda	6.47	3.14	6.33	7.25	5.90	6.70
乌 克 兰	Ukraine	-6.34	5.90	2.70	-14.80	4.10	5.20
阿 联 酋	United Arab Emirates	18.33	10.85	4.86	-1.61	1.43	4.90
英 国	United Kingdom	0.78	4.46	2.09	-4.37	2.09	0.66
美 国	United States	1.86	4.17	3.08	-3.53	3.02	1.7
乌 拉 圭	Uruguay	0.30	-1.93	7.46	2.42	8.90	5.70
乌兹别克斯坦	Uzbekistan	1.60	3.80	7.00	8.10	8.50	8.30
瓦努阿图	Vanuatu	11.71	5.92	5.25	3.45	3.05	4.30
委内瑞拉	Venezuela	6.47	3.69	10.32	-3.20	-1.49	4.18
越 南	Viet Nam	5.10	6.79	8.44	5.32	6.78	5.89
也 门	Yemen		6.18	5.59	3.87	7.70	-10.48
赞 比 亚	Zambia	-0.48	3.58	5.34	6.40	7.61	5.90
津巴布韦	Zimbabwe	6.99	-3.06	-5.71	5.98	9.01	9.30

3-6 人均国内生产总值增长率
Growth Rate of GDP per Capita

资料来源：世界银行WDI数据库。
Source: World Bank WDI Database.

单位：% (%)

国家和地区	Country or Area	1990	2000	2005	2009	2010	2011
世　　界	**World**	**1.25**	**2.84**	**2.24**	**-3.37**	**3.15**	**1.56**
高收入国家	**High Income**	**2.36**	**3.27**	**1.79**	**-4.43**	**2.62**	**0.91**
经合组织高收入国家	**High Income: OECD**	**2.31**	**3.22**	**1.78**	**-4.42**	**2.53**	**0.78**
非经合组织高收入国家	**High Income: nonOECD**	**5.20**	**5.02**	**3.19**	**-3.61**	**5.18**	**3.94**
中等收入国家	**Middle Income**	**0.11**	**4.04**	**6.01**	**1.50**	**6.52**	**5.16**
中等偏下收入国家	**Lower Middle Income**	**1.57**	**2.27**	**5.12**	**3.54**	**5.67**	**3.90**
中等偏上收入国家	**Upper Middle Income**	**-0.10**	**4.81**	**6.57**	**1.24**	**7.09**	**5.85**
中低收入国家	**Low and Middle Income**	**0.04**	**3.87**	**5.86**	**1.41**	**6.34**	**5.00**
东亚和太平洋	**East Asia and Pacific**	**3.83**	**6.48**	**8.89**	**6.71**	**8.96**	**7.58**
欧洲和中亚	**Europe and Central Asia**	**-1.73**	**7.35**	**7.13**	**-6.43**	**5.33**	**5.25**
拉丁美洲和加勒比	**Latin America and Caribbean**	**-1.58**	**2.48**	**3.58**	**-2.74**	**5.05**	**3.51**
中东和北非	**Middle East and North Africa**	**4.70**	**1.44**	**2.86**	**1.86**	**2.44**	
南　　亚	**South Asia**	**3.14**	**2.39**	**7.04**	**5.88**	**7.14**	**4.91**
撒哈拉以南非洲	**Sub-Saharan Africa**	**-1.56**	**0.97**	**3.41**	**-0.38**	**2.46**	**1.55**
低收入国家	**Low Income**	**0.25**	**1.16**	**4.74**	**2.52**	**3.86**	**3.77**
最不发达地区	**Least Developed Countries**	**-1.14**	**2.04**	**5.48**	**2.27**	**3.42**	**1.87**
重债穷国	**Heavily Indebted Poor Countries**	**-3.18**	**0.35**	**3.90**	**1.13**	**2.79**	**1.33**
中　　国	China	2.29	7.55	10.65	8.65	9.87	8.79
中国香港	Hong Kong, China	3.57	7.00	6.62	-3.02	6.00	5.11
中国澳门	Macao, China	4.62	3.85	6.00	-0.71	24.12	18.12
阿 富 汗	Afghanistan			11.31	17.09	5.22	
阿尔巴尼亚	Albania	-10.50	7.33	4.93	2.93	3.13	2.63
阿尔及利亚	Algeria	-1.71	0.75	3.53	0.87	1.79	1.04
安 哥 拉	Angola	-3.02	-0.06	14.45	-0.44	0.55	0.57
安提瓜和巴布达	Antigua and Barbuda	2.53	-0.70	2.85	-11.29	-9.81	-5.14
阿 根 廷	Argentina	-3.76	-1.84	8.22	-0.03	8.22	7.93
荷　　兰	Netherlands	3.47	3.20	1.81	-4.03	1.17	0.69
亚美尼亚	Armenia		6.40	13.74	-14.31	1.86	4.33
澳大利亚	Australia	2.05	2.72	1.61	-0.65	0.66	0.40
奥 地 利	Austria	3.38	3.42	1.71	-4.14	2.02	2.75
阿塞拜疆	Azerbaijan	-12.61	10.19	25.11	7.05	3.76	-0.25
巴 哈 马	Bahamas	-3.31	2.87	1.90	-6.18	-1.14	0.37
巴　　林	Bahrain	1.28	3.41	-0.09	-7.23	-3.14	
孟加拉国	Bangladesh	3.35	4.00	4.48	4.63	4.88	5.39
白俄罗斯	Belarus		6.12	9.99	1.16	7.89	5.49
比 利 时	Belgium	2.83	3.42	1.20	-3.58	1.31	0.88
伯 利 兹	Belize	7.23	10.01	-0.22	-3.33	-0.53	-1.40
贝　　宁	Benin	0.06	2.74	-0.28	0.83	0.11	0.27
百 慕 大	Bermuda	-1.47	9.14	1.50	-5.12	-1.65	
不　　丹	Bhutan	8.05	4.53	5.99	4.89	5.63	6.60
玻利维亚	Bolivia	2.28	0.43	2.55	1.72	2.49	3.44
波　　黑	Bosnia and Herzegovinian		2.87	5.01	-2.74	1.00	1.93
博茨瓦纳	Botswana	3.62	4.09	0.37	-6.11	5.66	3.82
巴　　西	Brazil	-5.94	2.82	1.99	-1.21	6.60	1.84
文　　莱	Brunei Darussalam	-1.72	0.53	-1.60	-3.56	0.78	
保加利亚	Bulgaria	-7.46	6.25	6.93	-5.02	1.08	2.49
布基纳法索	Burkina Faso	-3.24	-0.99	5.52	-0.06	4.71	1.10
布 隆 迪	Burundi	1.02	-2.27	-2.05	0.59	1.16	1.86
柬 埔 寨	Cambodia		6.82	11.86	-1.02	4.76	5.68
喀 麦 隆	Cameroon	-8.77	1.85	0.03	-0.21	0.97	1.56

3-6 续表 1 continued

单位：% (%)

国家和地区	Country or Area	1990	2000	2005	2009	2010	2011
加拿大	Canada	-1.29	4.31	2.01	-3.95	2.02	1.40
佛得角	Cape Verde	-0.89	5.31	5.15	2.82	4.28	4.08
中　非	Central African Rep.	-4.36	0.38	0.73	-0.19	1.35	1.13
乍　得	Chad	-7.11	-4.20	13.60	-3.76	10.08	0.43
智　利	Chile	1.88	3.21	3.19	-1.97	5.12	5.03
哥伦比亚	Colombia	3.98	2.68	3.11	0.21	2.56	4.50
科摩罗	Comoros	2.58	-1.22	1.46	-0.85	-0.54	-0.37
刚果(金)	Congo, Dem. Rep.	-9.87	-9.14	4.66	0.06	4.31	4.05
刚果(布)	Congo, Rep.	-1.70	4.84	5.13	4.60	6.02	2.02
哥斯达黎加	Costa Rica	1.30	-0.48	4.07	-2.49	3.15	2.67
科特迪瓦	Cote D'Ivoire	-4.39	-5.67	-0.37	1.85	0.39	-6.66
克罗地亚	Croatia		6.75	4.21	-5.88	-0.94	0.21
古　巴	Cuba	-3.84	5.57	11.01	1.49	2.11	
塞浦路斯	Cyprus	5.14	3.93	1.44	-2.52	0.66	0.33
捷　克	Czech Rep.		4.30	6.55	-5.27	2.42	1.40
丹　麦	Denmark	1.44	3.18	2.16	-6.34	0.85	0.52
吉布提	Djibouti		-2.38	1.30	3.02		
多米尼克	Dominica	5.72	-1.79	-0.19	-0.39	0.58	1.19
多米尼加	Dominican Rep.	-7.35	4.01	7.68	2.06	6.34	3.14
厄瓜多尔	Ecuador	0.35	1.16	4.03	-1.08	2.13	3.36
埃　及	Egypt	3.52	3.51	2.56	2.86	3.33	0.05
萨尔瓦多	El Salvador	3.37	1.65	3.19	-3.62	0.83	0.91
赤道几内亚	Equatorial Guinea	0.07	9.91	6.51	2.82	-3.49	4.15
厄立特里亚	Eritrea		-16.14	-1.27	0.81	-0.82	5.47
爱沙尼亚	Estonia	-7.12	10.19	9.11	-14.23	2.27	7.65
埃塞俄比亚	Ethiopia	-0.64	3.31	9.20	6.47	7.60	5.04
斐　济	Fiji	5.22	-2.28	0.28	-2.28	-1.16	1.09
芬　兰	Finland	0.06	5.11	2.56	-8.79	3.26	2.40
法　国	France	2.11	2.97	1.06	-3.67	1.11	1.14
加　蓬	Gabon	1.87	-4.14	1.03	-3.22	4.63	2.85
冈比亚	Gambia	-0.54	2.51	-2.61	3.76	3.25	2.15
格鲁吉亚	Georgia	-14.76	2.63	8.52	-4.37	5.25	6.16
德　国	Germany	4.35	2.92	0.74	-4.89	3.85	3.06
加　纳	Ghana	0.53	1.27	3.36	1.55	5.50	11.76
希　腊	Greece	-0.66	4.14	1.89	-3.64	-3.80	-6.81
格林纳达	Grenada	5.84	12.43	11.74	-6.02	-1.64	0.72
危地马拉	Guatemala	0.77	1.19	0.72	-1.93	0.37	1.27
几内亚	Guinea	-0.26	0.44	35.44	-2.35	-0.31	1.15
几内亚比绍	Guinea-Bissau	4.00	5.44	1.43	0.89	1.35	3.13
圭亚那	Guyana	-2.61	-1.59	-2.28	3.12	4.17	
海　地	Haiti	-2.13	-0.88	0.33	1.54	-6.64	4.23
洪都拉斯	Honduras	-2.69	3.57	3.95	-4.06	0.74	1.34
匈牙利	Hungary	-2.49	4.50	4.17	-6.65	1.49	1.99
冰　岛	Iceland	0.39	2.91	5.55	-7.12	-3.89	2.74
印　度	India	3.35	2.24	7.65	6.73	8.04	5.40
印度尼西亚	Indonesia	7.14	3.55	4.44	3.54	5.11	5.38
伊　朗	Iran	10.72	3.43	3.37	0.62		
伊拉克	Iraq		-7.15	-3.18	1.14	-2.12	6.80
爱尔兰	Ireland	8.38	7.79	3.07	-7.69	-0.77	-0.98
以色列	Israel	3.58	6.41	3.11	-1.54	2.95	2.79
意大利	Italy	1.97	3.61	0.19	-6.06	1.32	-0.04
牙买加	Jamaica	3.54	0.29	0.56	-2.90	-0.85	1.04
日　本	Japan	4.84	2.08	1.29	-5.42	4.52	-0.98

3-6 续表 2 continued

单位：% (%)

国家和地区	Country or Area	1990	2000	2005	2009	2010	2011
约　　旦	Jordan	-2.66	1.70	5.69	3.20	0.07	0.36
哈萨克斯坦	Kazakhstan		10.13	8.73	-1.44	5.79	5.97
肯 尼 亚	Kenya	0.72	-1.95	3.19	0.03	2.82	1.75
基里巴斯	Kiribati	0.72	5.34	-1.43	-2.17	0.25	0.24
韩　　国	Korea, Rep.	7.91	7.58	3.74	-0.16	5.83	2.87
科 威 特	Kuwait		0.19	6.96	-8.66	-0.01	5.07
吉尔吉斯斯坦	Kyrgyzstan	4.47	4.18	-1.29	1.65	-2.53	5.85
老　　挝	Laos	3.74	3.89	5.50	5.92	6.97	6.54
拉脱维亚	Latvia	-7.81	7.70	11.19	-17.55	0.36	6.37
黎 巴 嫩	Lebanon	24.58	-0.07	-0.35	7.72	6.23	2.23
莱 索 托	Lesotho	4.54	4.07	1.77	1.82	4.53	4.71
利比里亚	Liberia	-50.29	19.68	6.39	7.83	5.92	4.95
利 比 亚	Libya		1.78	7.67	0.26		
立 陶 宛	Lithuania		3.98	8.47	-14.26	2.95	8.64
卢 森 堡	Luxemburg	4.01	7.00	3.83	-7.04	0.82	-0.42
前南马其顿	Macedonia, FYR		4.14	4.09	-1.12	1.59	2.87
马达加斯加	Madagascar	0.14	1.54	1.52	-7.32	-1.33	-1.86
马 拉 维	Malawi	1.98	-1.20	-0.20	5.73	3.23	1.25
马来西亚	Malaysia	5.99	6.32	3.28	-3.21	5.49	3.47
马尔代夫	Maldives		2.99	-8.18	-5.99	4.34	6.06
马　　里	Mali	-3.66	0.23	2.82	1.35	2.63	-0.35
马 耳 他	Malta	5.26	6.21	3.01	-3.13	2.22	1.37
马绍尔群岛	Marshall Islands	-0.55	5.76	2.49	-2.28	3.95	3.51
毛里塔尼亚	Mauritania	-4.36	-3.26	6.01	-3.63	2.69	2.33
毛里求斯	Mauritius	6.19	7.96	0.44	2.51	3.65	3.70
墨 西 哥	Mexico	3.02	5.06	1.94	-7.42	4.23	2.70
密克罗尼西亚	Micronesia, Fed.	1.36	4.61	1.64	0.39	2.77	0.97
摩尔多瓦	Moldova	-2.80	2.31	7.76	-5.87	7.21	6.49
蒙　　古	Mongolia	-5.11	0.20	5.87	-2.88	4.65	15.42
黑　　山	Montenegro		3.60	4.23	-5.89	2.33	2.42
摩 洛 哥	Morocco	2.05	0.32	1.86	3.69	2.61	3.47
莫桑比克	Mozambique	-0.26	-1.49	6.80	3.89	4.37	4.69
缅　　甸	Myanmar	1.23	12.58	12.88	9.77	9.58	
纳米比亚	Namibia	-1.43	1.04	0.72	-2.28	4.68	1.98
尼 泊 尔	Nepal	2.13	3.70	1.34	2.66	2.97	2.09
新 西 兰	New Zealand	-1.41	2.02	2.14	-1.55	0.69	
尼加拉瓜	Nicaragua	-2.31	2.48	2.97	-2.76	3.07	3.20
尼 日 尔	Niger	-4.24	-4.79	0.91	-4.36	4.24	-1.25
尼日利亚	Nigeria	5.51	2.93	2.82	4.35	5.15	4.02
挪　　威	Norway	1.58	2.59	1.89	-2.90	-0.57	0.16
阿　　曼	Oman	-3.94	5.18	1.80	-1.70	1.37	3.14
巴基斯坦	Pakistan	1.45	1.91	5.78	1.74	2.29	0.53
帕　　劳	Palau		-1.25	4.95	-2.67	1.37	5.10
巴 拿 马	Panama	5.91	0.75	5.33	1.54	6.61	8.92
巴布亚新几内亚	Papua New Guinea	-5.35	-5.00	1.09	3.08	5.56	6.58
巴 拉 圭	Paraguay	0.41	-5.33	0.92	-5.54	13.04	2.24
秘　　鲁	Peru	-7.08	1.43	5.60	-0.22	7.66	5.74
菲 律 宾	Philippines	0.49	2.20	2.81	-0.54	5.84	1.98
波　　兰	Poland		4.82	3.66	1.56	3.81	4.26
葡 萄 牙	Portugal	4.18	3.37	0.32	-3.00	1.36	-1.61
波多黎各	Puerto Rico	2.86	2.99	0.97	-1.74	-1.59	
卡 塔 尔	Qatar			-6.27	-2.14	5.93	11.73
罗马尼亚	Romania	-5.76	2.23	4.42	-8.36	1.15	-0.14

3-6 续表 3 continued

单位：% (%)

国家和地区	Country or Area	1990	2000	2005	2009	2010	2011
俄罗斯联邦	Russian Fed.	-3.37	10.01	6.90	-7.81	4.29	4.29
卢旺达	Rwanda	-2.19	1.22	7.02	1.00	4.04	5.44
圣基茨和尼维斯	Saint Kitts and Nevis	2.62	-1.92	4.26	-6.78	-3.90	-1.31
圣卢西亚	Saint Lucia	21.79	-1.47	3.13	-17.91	3.42	-0.44
萨摩亚	Samoa	-5.08	6.19	3.84	-2.04	1.33	1.66
圣多美和普林西比	Sao Tome and Principe			-2.91	2.32	2.69	3.00
沙特阿拉伯	Saudi Arabia	4.71	2.42	1.92	-2.30	2.21	4.36
塞内加尔	Senegal	-3.61	0.59	2.80	-0.60	1.40	-0.05
塞尔维亚	Serbia	-8.06	5.68	5.72	-3.11	1.36	2.21
塞舌尔	Seychelles	6.06	3.33	6.95	0.13	7.66	5.59
塞拉利昂	Sierra Leone	2.06	0.93	2.99	0.91	2.66	3.70
新加坡	Singapore	5.92	7.17	4.88	-3.92	12.75	2.72
斯洛伐克	Slovakia	-3.10	1.51	6.57	-5.14	3.96	3.16
斯洛文尼亚	Slovenia		3.96	3.83	-8.84	0.94	-0.34
所罗门群岛	Solomon Islands	-1.04	-16.60	2.53	-3.82	4.21	6.21
南非	South Africa	-2.33	1.61	4.09	-2.59	1.51	1.91
西班牙	Spain	3.62	4.17	1.90	-4.48	-0.42	0.35
斯里兰卡	Sri Lanka	5.09	5.75	5.11	2.36	6.95	7.13
苏丹	Sudan	-7.68	5.78	3.82	1.36	1.88	-7.20
斯威士兰	Swaziland	16.96	1.63	2.33	0.07	0.84	0.14
瑞典	Sweden	0.23	4.29	2.75	-5.83	5.25	3.09
瑞士	Switzerland	2.62	3.00	1.99	-3.10	1.63	1.06
叙利亚	Syrian Arab Republic	4.51	0.07	3.45	3.88	1.14	
塔吉克斯坦	Tajikistan	-3.09	7.10	9.42	2.49	5.03	5.89
坦桑尼亚	Tanzania	3.79	2.35	4.50	2.97	3.91	3.17
泰国	Thailand	9.63	3.51	3.60	-2.95	7.16	-0.52
东帝汶	Timor-Leste		12.74	5.24	9.50	6.36	7.46
多哥	Togo	-2.73	-3.74	-1.06	1.04	1.54	1.76
汤加	Tonga	-2.26	2.84	-1.58	-0.72	-0.99	0.72
特立尼达和多巴哥	Trinidad and Tobago	0.88	5.71	5.38	-3.68	-0.40	-1.76
突尼斯	Tunisia	5.36	3.13	3.00	2.00	1.93	-2.95
土耳其	Turkey	7.39	5.21	6.96	-6.05	7.80	7.18
土库曼斯坦	Turkmenistan	-1.93	17.22	11.79	4.79	7.85	8.54
图瓦卢	Tuvalu		-1.44	-4.57	-1.93	-5.20	0.80
乌干达	Uganda	2.80	0.03	2.93	3.84	2.55	3.35
乌克兰	Ukraine	-6.56	6.97	3.46	-14.42	4.51	5.58
阿联酋	United Arab Emirates	11.82	5.87	-5.74	-11.99	-6.30	-0.14
英国	United Kingdom	0.48	4.09	1.48	-5.02	1.40	
美国	United States	0.71	3.02	2.13	-4.37	2.16	0.97
乌拉圭	Uruguay	-0.38	-2.29	7.33	2.08	8.52	5.32
乌兹别克斯坦	Uzbekistan	-0.76	2.37	5.76	6.29	5.48	5.43
瓦努阿图	Vanuatu	8.82	3.73	2.45	0.91	0.53	1.77
委内瑞拉	Venezuela	4.01	1.79	8.45	-4.73	-3.03	2.60
越南	Viet Nam	3.12	5.37	7.18	4.22	5.68	4.79
也门	Yemen		3.10	2.41	0.74	4.46	-13.18
赞比亚	Zambia	-3.17	0.98	2.86	3.53	5.92	1.59
津巴布韦	Zimbabwe	3.92	-3.87	-5.51	5.79	8.16	7.73

3-7 资本形成率
Capital Formation Rate

资料来源：世界银行WDI数据库。
Source: World Bank WDI Database.
单位：% (%)

国家和地区	Country or Area	1990	2000	2005	2009	2010	2011
世　界	**World**	**23.4**	**22.3**	**21.8**	**19.1**	**19.9**	
高收入国家	**High Income**	**22.9**	**22.0**	**20.8**	**17.3**	**18.1**	
经合组织高收入国家	**High Income: OECD**	**22.9**	**22.0**	**20.8**	**17.2**	**17.9**	
非经合组织高收入国家	**High Income: nonOECD**	**23.1**	**23.9**	**20.8**	**21.1**	**22.2**	
中等收入国家	**Middle Income**	**26.2**	**23.9**	**27.0**	**28.4**	**29.4**	**29.7**
中等偏下收入国家	**Lower Middle Income**	**24.7**	**22.2**	**27.7**	**28.8**	**28.5**	**28.7**
中等偏上收入国家	**Upper Middle Income**	**26.6**	**24.4**	**26.8**	**28.3**	**29.7**	**29.9**
中低收入国家	**Low and Middle Income**	**25.9**	**23.8**	**26.8**	**28.2**	**29.3**	**29.5**
东亚和太平洋	**East Asia and Pacific**	**34.6**	**31.4**	**37.4**	**40.9**	**41.9**	**43.1**
欧洲和中亚	**Europe and Central Asia**	**28.1**	**19.7**	**21.7**	**19.6**	**22.8**	**23.9**
拉丁美洲和加勒比	**Latin America and Caribbean**	**19.4**	**19.9**	**20.2**	**20.5**	**22.1**	**21.9**
中东和北非国家	**Middle East and North Africa**	**28.6**	**24.4**	**24.8**			
南　亚	**South Asia**	**24.3**	**23.6**	**31.9**	**33.1**	**31.8**	**32.2**
撒哈拉以南非洲	**Sub-Saharan Africa**	**17.9**	**17.1**	**19.1**	**20.8**	**20.5**	**21.1**
低收入国家	**Low Income**	**17.6**	**19.0**	**21.7**	**23.4**	**23.2**	**24.1**
最不发达地区	**Least Developed Countries**	**16.3**	**19.4**	**23.1**	**24.1**	**23.5**	**24.9**
重债穷国	**Heavily Indebted Poor Countries**	**15.5**	**18.4**	**21.9**	**22.5**	**22.5**	**23.1**
中　国	China	36.1	35.1	42.1	48.2	48.2	48.5
中国香港	Hong Kong, China	27.0	27.5	20.6	21.3	23.7	
中国澳门	Macao, China	25.0	11.6	26.5	18.9	13.3	13.2
孟加拉国	Bangladesh	17.1	23.0	24.5	24.4	24.4	24.7
文　莱	Brunei Darussalam	18.7	13.1	11.4	17.6	15.9	
柬埔寨	Cambodia		17.5	18.5	21.4	17.4	
印　度	India	26.0	24.4	34.7	36.6	35.1	35.5
伊　朗	Iran	37.2	33.0	32.7			
以色列	Israel	25.1	20.5	18.9	16.7	16.0	14.6
日　本	Japan	32.5	25.1	22.5	19.7	19.8	
哈萨克斯坦	Kazakhstan		18.5	30.1	29.4	25.1	23.9
韩　国	Korea, Rep.	37.5	30.6	29.7	26.3	29.1	
老　挝	Laos		13.9	23.1	30.3	24.3	27.4
马来西亚	Malaysia	32.4	26.9	20.0	14.5	21.4	
蒙　古	Mongolia	29.1	29.0	37.5	34.4	40.8	58.5
巴基斯坦	Pakistan	18.9	17.2	19.1	18.2	15.4	13.4
菲律宾	Philippines	24.2	18.4	21.6	16.6	20.5	15.9
新加坡	Singapore	35.1	33.2	20.0	23.3	22.1	22.4
斯里兰卡	Sri Lanka	22.2	28.0	26.8	24.4	27.8	36.5
泰　国	Thailand	41.4	22.8	31.4	21.2	25.9	26.0
越　南	Viet Nam	12.6	29.6	35.6	38.1	38.9	35.0
埃　及	Egypt	28.8	19.6	18.0	19.2	18.9	19.7
南　非	South Africa	17.7	15.9	18.0	19.5	19.3	19.7
加拿大	Canada	20.9	20.2	22.1	20.9	22.2	
墨西哥	Mexico	23.1	23.9	23.7	23.4	25.0	25.1
美　国	United States	17.7	20.6	19.9	14.1	15.2	
阿根廷	Argentina	14.0	16.2	21.5	20.9	22.0	22.6
巴　西	Brazil	20.2	18.3	16.2	17.8	20.2	19.7
委内瑞拉	Venezuela	10.2	24.2	23.0	24.5	20.7	17.0
捷　克	Czech Rep.	23.8	29.9	26.5	24.0	25.1	24.5
法　国	France	21.7	19.9	20.0	19.0	19.3	20.6
德　国	Germany	23.2	22.3	17.3	16.5	17.3	18.2
意大利	Italy	22.6	20.8	20.9	18.9	20.3	19.6
荷　兰	Netherlands	23.5	22.0	19.0	18.7	18.7	18.9
波　兰	Poland	24.3	24.9	19.3	20.4	20.9	
俄罗斯联邦	Russian Fed.	30.1	18.7	20.1	18.9	22.7	24.6
西班牙	Spain	26.1	26.3	29.5	24.4	23.3	22.1
土耳其	Turkey	24.6	20.8	20.0	14.9	20.0	21.0
乌克兰	Ukraine	27.5	19.6	22.6	17.1	19.6	18.8
英　国	United Kingdom	20.2	17.7	17.0	14.2	15.4	14.9
澳大利亚	Australia	28.5	26.1	27.2	28.3	28.0	27.5
新西兰	New Zealand	19.8	21.3	24.7	18.9	19.6	

3-8 居民消费率

Household Final Consumption Rate

资料来源：世界银行WDI数据库。
Source: World Bank WDI Database.
单位：% (%)

国家和地区	Country or Area	1990	2000	2005	2009	2010	2011
中　　国	China	46.7	46.7	38.1	33.9	34.6	34.4
中国香港	Hong Kong, China	57.1	59.0	58.2	62.4	62.2	
中国澳门	Macao, China	39.2	40.2	31.1	26.8	22.7	20.7
孟加拉国	Bangladesh	86.2	77.7	76.4	77.5	76.8	78.3
文　　莱	Brunei Darussalam	34.8	29.6	27.4	22.2	13.2	
柬 埔 寨	Cambodia		89.2	86.1	79.2	81.7	
印　　度	India	64.6	64.8	57.6	57.3	56.5	58.0
印度尼西亚	Indonesia	58.9	60.7	62.7	56.6	56.9	56.1
伊　　朗	Iran	59.3	47.9	45.9			
以 色 列	Israel	55.6	53.9	55.8	56.9	58.2	62.4
日　　本	Japan	53.3	56.5	57.8	60.1	59.3	
哈萨克斯坦	Kazakhstan		61.9	49.9	50.7	49.3	49.4
韩　　国	Korea, Rep.	51.8	54.6	53.7	54.0	52.7	
老　　挝	Laos		93.5	81.2	68.2	68.6	69.0
马来西亚	Malaysia	51.7	43.8	44.8	49.9	48.0	
蒙　　古	Mongolia	68.7	69.6	55.2	58.1	53.1	50.2
巴基斯坦	Pakistan	73.8	75.4	77.0	81.2	81.9	82.4
菲 律 宾	Philippines	71.5	72.2	75.0	74.7	71.6	77.9
新 加 坡	Singapore	45.3	43.1	40.1	38.2	38.9	40.6
斯里兰卡	Sri Lanka	75.9	72.1	69.0	64.5	65.8	68.1
泰　　国	Thailand	56.8	57.2	57.8	54.8	53.7	53.6
越　　南	Viet Nam	84.3	66.4	62.5	65.9	64.9	65.8
埃　　及	Egypt	72.6	75.9	71.6	76.1	74.7	75.8
南　　非	South Africa	57.1	63.0	63.1	60.3	59.4	59.4
加 拿 大	Canada	56.7	55.4	55.3	58.7	57.9	
墨 西 哥	Mexico	69.6	67.0	67.0	66.1	64.8	64.1
美　　国	United States	66.6	69.0	70.1	71.2	70.9	
阿 根 廷	Argentina	77.1	70.7	60.8	58.5	59.8	61.3
巴　　西	Brazil	59.3	64.4	60.3	61.1	59.6	60.3
委内瑞拉	Venezuela	62.1	51.8	46.8	64.5	57.1	64.3
捷　　克	Czech Rep.	50.3	51.9	49.3	50.3	50.3	50.5
法　　国	France	57.5	56.2	56.9	58.1	58.0	57.7
德　　国	Germany	57.7	58.4	58.8	58.4	57.5	57.3
意 大 利	Italy	57.0	59.9	59.0	60.3	60.6	61.3
荷　　兰	Netherlands	49.7	50.4	48.8	45.9	45.4	44.9
波　　兰	Poland	48.3	64.1	63.4	61.2	61.4	
俄罗斯联邦	Russian Fed.	48.9	46.2	49.4	52.5	49.6	52.1
西 班 牙	Spain	60.5	59.7	57.8	56.1	57.7	58.3
土 耳 其	Turkey	68.7	70.5	71.7	71.5	71.2	79.0
乌 克 兰	Ukraine	57.1	54.4	57.9	64.5	62.9	66.9
英　　国	United Kingdom	62.2	65.6	65.0	64.2	64.0	64.4
澳大利亚	Australia	56.6	58.4	58.0	53.5	54.1	53.0
新 西 兰	New Zealand	61.0	59.7	59.5	59.3	58.6	

3-9 国内生产总值产业构成
Composition of Gross Domestic Product by Industry

资料来源：世界银行WDI数据库。
Source: World Bank WDI Database.

单位：%　　　　(%)

国家和地区	Country or Area	农业增加值占国内生产总值比重 Agriculture as Percentage of GDP		工业增加值占国内生产总值比重 Industry as Percentage of GDP		服务业增加值占国内生产总值比重 Services as Percentage of GDP	
		2000	2011	2000	2011	2000	2011
世　界	**World**	**3.5**	**2.8①**	**28.7**	**26.3①**	**67.7**	**70.9①**
高收入国家	**High Income**	**1.8**	**1.3①**	**27.5**	**24.4①**	**70.8**	**74.3①**
经合组织高收入国家	**High Income: OECD**	**1.8**	**1.3①**	**27.2**	**23.8①**	**71.1**	**74.9①**
非经合组织高收入国家	**High Income: nonOECD**	**2.0**	**1.6①**	**34.8**	**40.8①**	**63.2**	**57.6①**
中等收入国家	**Middle Income**	**11.4**	**9.7**	**35.5**	**34.7**	**53.1**	**55.6**
中等偏下收入国家	**Lower Middle Income**	**20.1**	**17.1**	**33.2**	**30.9**	**46.7**	**52.1**
中等偏上收入国家	**Upper Middle Income**	**8.9**	**7.4**	**36.2**	**35.9**	**54.9**	**56.7**
中低收入国家	**Low and Middle Income**	**12.0**	**10.0**	**35.1**	**34.4**	**52.9**	**55.5**
东亚和太平洋	**East Asia and Pacific**	**14.9**	**11.3**	**44.5**	**45.1**	**40.6**	**43.6**
欧洲和中亚	**Europe and Central Asia**	**10.7**	**7.2①**	**34.5**	**32.3①**	**54.7**	**60.6①**
拉丁美洲和加勒比	**Latin America and Caribbean**	**5.6**	**6.3**	**29.6**	**30.1**	**64.8**	**63.6**
中东和北非国家	**Middle East and North Africa**	**12.6**	**11.6②**	**43.4**	**40.6②**	**44.1**	**47.9②**
南　亚	**South Asia**	**23.7**	**17.9**	**25.7**	**26.4**	**50.6**	**55.7**
撒哈拉以南非洲	**Sub-Saharan Africa**	**16.2**	**10.8**	**29.4**	**30.8**	**54.4**	**58.8**
低收入国家	**Low Income**	**33.8**	**24.7①**	**20.9**	**25.3①**	**45.3**	**50.0①**
最不发达地区	**Least Developed Countries**	**32.2**	**22.7①**	**24.0**	**28.3①**	**43.8**	**48.9①**
重债穷国	**Heavily Indebted Poor Countries**	**30.6**	**24.2①**	**24.3**	**27.9①**	**45.1**	**47.8①**
中　国	China	15.1	10.0	45.9	46.6	39.0	43.3
中国香港	Hong Kong, China	0.1	0.1③	11.6	7.4③	88.3	92.6③
孟加拉国	Bangladesh	25.5	18.4	25.3	28.6	49.2	53.0
文　莱	Brunei Darussalam	1.0	0.8①	63.7	66.8①	35.3	32.5①
柬埔寨	Cambodia	37.8	36.0①	23.0	23.3①	39.1	40.7①
印　度	India	23.1	17.2	26.1	26.4	50.8	56.4
印度尼西亚	Indonesia	15.6	16.9	45.9	44.9	38.5	38.3
伊　朗	Iran	13.7	10.1②	36.7	44.9②	49.5	45.0②
日　本	Japan	1.5	1.2①	31.1	27.4①	67.4	71.5①
哈萨克斯坦	Kazakhstan	8.7	5.3	40.5	44.3	50.8	50.4
韩　国	Korea, Rep.	4.6	2.6①	38.1	39.3①	57.3	58.2①
老　挝	Laos	45.2	30.8	16.6	34.7	38.2	34.5
马来西亚	Malaysia	8.6	10.6①	48.3	44.4①	43.1	45.0①
蒙　古	Mongolia	30.9	15.3	25.0	36.3	44.1	48.3
缅　甸	Myanmar	57.2	36.4①	9.7	26.0①	33.1	37.6①
巴基斯坦	Pakistan	25.9	21.6	23.3	25.3	50.7	53.1
菲律宾	Philippines	14.0	13.0	34.5	30.0	51.6	56.9
新加坡	Singapore	0.1		34.5	26.6	65.4	73.4
斯里兰卡	Sri Lanka	19.9	13.7	27.3	27.8	52.8	58.5
泰　国	Thailand	9.0	12.4	42.0	43.5	49.0	44.1
越　南	Viet Nam	24.5	19.7	36.7	40.6	38.7	39.7
埃　及	Egypt	16.7	13.9	33.1	36.7	50.1	49.3
南　非	South Africa	3.3	2.4	31.8	30.6	64.9	67.0
加拿大	Canada	2.3	1.9②	33.2	32.0②	64.5	66.1②
墨西哥	Mexico	4.2	3.7	28.0	34.1	67.8	62.2
美　国	United States	1.2	1.2①	23.4	20.0①	75.4	78.8①
阿根廷	Argentina	5.0	9.1	27.6	26.3	67.4	64.6
巴　西	Brazil	5.6	5.5	27.7	27.5	66.7	67.0
捷　克	Czech Rep.	3.9	2.4①	38.1	37.6①	58.0	60.0①
法　国	France	2.8	1.8③	22.9	19.1③	74.2	79.2③
德　国	Germany	1.3	0.9①	30.5	28.2①	68.2	71.0①
意大利	Italy	2.8	1.9①	28.2	25.2①	69.0	72.9①
荷　兰	Netherlands	2.6	2.0①	24.9	23.9①	72.4	74.1①
波　兰	Poland	5.0	3.5①	31.7	31.6①	63.3	64.8①
俄罗斯联邦	Russian Fed.	6.4	4.0①	37.9	36.7①	55.6	59.3①
西班牙	Spain	4.4	2.7①	29.3	26.0①	66.3	71.3①
土耳其	Turkey	11.3	9.2	31.5	27.1	57.2	63.8
乌克兰	Ukraine	17.1	8.3	36.3	31.4	46.6	60.3
英　国	United Kingdom	1.0	0.7①	27.3	21.7①	71.7	77.6①
澳大利亚	Australia	3.5	2.3①	26.9	19.8①	69.6	77.9①

注：①2010年数据。②2008年数据。③2009年数据。
Note:①Data refer to 2010.②Data refer to 2008.③Data refer to 2009.

3-10 生产法国内生产总值

Gross Domestic Product by Production Approach

资料来源：联合国NAOCD数据库。
Source:UN NAOCD Database.

单位：亿本币 (100 million local currency units)

国家和地区	Country or Area	2000	2005	2008	2009	2010
中　国	**China**					
按当年价格计算	at Current Prices	99215	184937	314045	340903	401513
农业、狩猎业、林业和渔业	Agriculture, Hunting, Forestry; Fishing	14945	22420	33702	35226	40534
采掘业	Mining and Quarrying	40034	10318	19629	16726	20937
制造业	Manufacturing		60118	102540	110119	130325
电、煤气和水供应业	Electricity, Gas and Water Supply		6795	8091	8395	9461
建筑业	Construction	5522	10367	18743	22399	26661
批发、零售贸易；机动车及个人、家庭用品修理业	Wholesale, Retail Trade, Repair of Motor Vehicles, Motorcycles and Personal and Household Goods	8159	13966	26182	28985	35746
旅馆和饭店业	Hotels and Restaurants	2146	4196	6616	7118	8069
运输、仓储和通讯	Transport, Storage and Communications	6161	10666	16363	16727	19132
金融中介	Financial Intermediation	4087	6087	14863	17768	20981
房地产、租赁及商务活动	Real Estate, Renting and Business Activities		11646	20347	24846	30567
教育	Education		5760	8888	10482	12042
增加值总额(按基本价格计算)	Equals: Value Added, Gross, in basic prices	99215	184937	314045	340903	401513
按2005年价格计算	At Constant Prices of 2005		184937	260813	284845	314603
农业、狩猎业、林业和渔业	Agriculture, Hunting, Forestry; Fishing		22420	25736	26813	27958
采掘业	Mining and Quarrying		10318	13214	13146	13755
制造业	Manufacturing		60118	89698	99336	112504
电、煤气和水供应业	Electricity, Gas and Water Supply		6795	7206	7250	7916
建筑业	Construction		10367	15462	18331	20800
批发、零售贸易；机动车及个人、家庭用品修理业	Wholesale, Retail Trade, Repair of Motor Vehicles, Motorcycles and Personal and Household Goods		13966	23237	26049	29772
旅馆和饭店业	Hotels and Restaurants		4196	5674	5985	6584
运输、仓储和通讯	Transport, Storage and Communications		10666	14074	14662	16098
金融中介	Financial Intermediation		6087	11081	13100	14415
房地产、租赁及商务活动	Real Estate, Renting and Business Activities		11646	16339	17749	19186
增加值总额(按基本价格计算)	Equals: Value Added, Gross, in basic prices		184937	260813	284845	314603
中国香港	**Hong Kong, China**					
按当年价格计算	at Current Prices	13177	13826	16770	16225	17417
农业、狩猎业、林业和渔业	Agriculture, Hunting, Forestry; Fishing	9	9	8	10	9
采掘业	Mining and Quarrying	2	1	1	1	1
制造业	Manufacturing	611	391	310	282	300
电、煤气和水供应业	Electricity, Gas and Water Supply	376	407	396	350	345
建筑业	Construction	625	390	484	501	563
批发、零售贸易；机动车及个人、家庭用品修理业	Wholesale, Retail Trade, Repair of Motor Vehicles, Motorcycles and Personal and Household Goods	2765	3552	3939	3659	4084
旅馆和饭店业	Hotels and Restaurants	378	375	536	488	564
运输、仓储和通讯	Transport, Storage and Communications	1400	1601	1465	1459	1921
金融中介	Financial Intermediation	1508	1721	2556	2356	2620
房地产、租赁及商务活动	Real Estate, Renting and Business Activities	1181	1217	1656	1736	1879
公共管理和国防；社会基本保障	Public Administration and Defence; Compulsory Social Security	2388	2438	2696	2795	2856
雇人的私人住户	Private Households with Employed Persons	1461	1490	1882	1873	1890
增加值总额(按基本价格计算)	Equals: Value Added, Gross, in basic prices	12705	13592	15929	15509	17030
加：税减产品补贴	Plus: Taxes Less Subsidies on Products	312	353	599	560	687

3-10 续表 1 continued

单位：亿本币 (100 million local currency units)

国家和地区	Country or Area	2000	2005	2008	2009	2010
孟加拉国	**Bangladesh**					
按当年价格计算	at Current Prices	23709	37071	54582	61480	69432
农业、狩猎业和林业	Agriculture, Hunting, Forestry	4469	5617	8020	8943	10059
渔业	Fishing	1367	1546	1979	2181	2422
采掘业	Mining and Quarrying	231	404	615	709	811
制造业	Manufacturing	3484	5880	9390	10645	12011
电、煤气和水供应业	Electricity, Gas and Water Supply	307	491	607	654	719
建筑业	Construction	1762	2906	4385	5013	5566
批发、零售贸易；机动车及个人、家庭用品修理业	Wholesale, Retail Trade, Repair of Motor Vehicles, Motorcycles and Personal and Household Goods	2920	5028	7822	8828	10029
旅馆和饭店业	Hotels and Restaurants	146	251	389	446	515
运输、仓储和通讯	Transport, Storage and Communications	1974	3829	5691	6428	7188
金融中介	Financial Intermediation	365	593	895	1025	1230
房地产、租赁及商务活动	Real Estate, Renting and Business Activities	2114	2974	3806	4162	4568
公共管理和国防；社会基本保障	Public Administration and Defence; Compulsory Social Security	623	964	1443	1636	1876
教育	Education	539	879	1353	1549	1791
卫生和社会工作	Health and Social Work	538	810	1182	1339	1514
其他团体、社会和个人服务活动	Other Community, Social and Personal Services	2036	3388	5020	5836	6847
增加值总额(按基本价格计算)	Equals: Value Added, Gross, in basic prices	22876	35559	52598	59392	67147
加：税减产品补贴	Plus: Taxes Less Subsidies on Products	833	1511	1985	2087	2286
按1996年价格计算	At Constant Prices of 1996	20493	26697	32173	34020	36084
农业、狩猎业和林业	Agriculture, Hunting, Forestry	3843	4423	5016	5222	5512
渔业	Fishing	1200	1281	1443	1503	1565
采掘业	Mining and Quarrying	203	291	375	412	448
制造业	Manufacturing	3037	4227	5508	5875	6257
电、煤气和水供应业	Electricity, Gas and Water Supply	283	419	492	521	559
建筑业	Construction	1546	2312	2832	2993	3173
批发、零售贸易；机动车及个人、家庭用品修理业	Wholesale, Retail Trade, Repair of Motor Vehicles, Motorcycles and Personal and Household Goods	2633	3616	4454	4731	5009
旅馆和饭店业	Hotels and Restaurants	125	175	218	234	252
运输、仓储和通讯	Transport, Storage and Communications	1814	2555	3236	3495	3764
金融中介	Financial Intermediation	310	434	560	610	681
房地产、租赁及商务活动	Real Estate, Renting and Business Activities	1750	2080	2322	2411	2504
公共管理和国防；社会基本保障	Public Administration and Defence; Compulsory Social Security	503	686	854	914	991
教育	Education	434	626	801	866	946
卫生和社会工作	Health and Social Work	433	577	716	768	830
其他团体、社会和个人服务活动	Other Community, Social and Personal Services	1603	1908	2173	2275	2383
增加值总额(按基本价格计算)	Equals: Value Added, Gross, in basic prices	19716	25609	30999	32829	34873
加：税减产品补贴	Plus: Taxes Less Subsidies on Products	777	1088	1173	1190	1212
文　莱	**Brunei Darussalam**					
按当年价格计算	at Current Prices	103	159	204	156	169
农业、狩猎业和林业	Agriculture, Hunting, Forestry	1	1	1	1	1
渔业	Fishing	…	1	…	1	1
采掘业	Mining and Quarrying	46	89	117	74	86
制造业	Manufacturing	16	20	28	22	20
电、煤气和水供应业	Electricity, Gas and Water Supply	1	1	1	1	1
建筑业	Construction	3	4	5	5	5

3-10 续表 2 continued

单位：亿本币 (100 million local currency units)

国家和地区	Country or Area	2000	2005	2008	2009	2010
文　莱(续)	**Brunei Darussalam(continued)**					
批发、零售贸易；机动车及个人、家庭用品修理业	Wholesale, Retail Trade, Repair of Motor Vehicles, Motorcycles and Personal and Household Goods	4	5	6	6	6
旅馆和饭店业	Hotels and Restaurants	1	1	1	1	1
运输、仓储和通讯	Transport, Storage and Communications	4	5	5	6	6
金融中介	Financial Intermediation	3	5	6	6	6
房地产、租赁及商务活动	Real Estate, Renting and Business Activities	4	4	4	4	4
公共管理和国防；社会基本保障	Public Administration and Defence; Compulsory Social Security	16	18	22	22	23
教育	Education	…	1	1	1	1
其他团体、社会和个人服务活动	Other Community, Social and Personal Services	4	5	7	7	7
雇人的私人住户	Private Households with Employed Persons	…	1	1	1	1
增加值总额(按基本价格计算)	Equals: Value Added, Gross, in basic prices	103	159	204	156	169
按2000年价格计算	At Constant Prices of 2000	103	115	118	115	118
农业、狩猎业和林业	Agriculture, Hunting, Forestry	1	1	1	1	1
渔业	Fishing	…	1	…	…	…
采掘业	Mining and Quarrying	46	48	42	40	41
制造业	Manufacturing	16	17	17	15	16
电、煤气和水供应业	Electricity, Gas and Water Supply	1	1	1	1	1
建筑业	Construction	3	5	5	5	5
批发、零售贸易；机动车及个人、家庭用品修理业	Wholesale, Retail Trade, Repair of Motor Vehicles, Motorcycles and Personal and Household Goods	4	5	6	6	6
旅馆和饭店业	Hotels and Restaurants	1	…	…	1	1
运输、仓储和通讯	Transport, Storage and Communications	4	4	5	6	6
金融中介	Financial Intermediation	3	4	5	5	5
房地产、租赁及商务活动	Real Estate, Renting and Business Activities	4	4	4	4	4
公共管理和国防；社会基本保障	Public Administration and Defence; Compulsory Social Security	16	18	23	23	24
教育	Education	…	1	1	1	1
其他团体、社会和个人服务活动	Other Community, Social and Personal Services	4	5	7	7	7
增加值总额(按基本价格计算)	Equals: Value Added, Gross, in basic prices	103	115	118	115	118
柬 埔 寨	**Cambodia**					
按当年价格计算	at Current Prices	140826	257543	419684	430567	470480
农业、狩猎业和林业	Agriculture, Hunting, Forestry	35424	60170	106287	111185	123892
渔业	Fishing	15159	18922	31163	33015	35491
采掘业	Mining and Quarrying	335	967	1646	1959	2795
制造业	Manufacturing	22548	45855	64411	62076	69132
电、煤气和水供应业	Electricity, Gas and Water Supply	581	1236	2119	2297	2516
建筑业	Construction	7316	16305	25715	26937	28445
批发、零售贸易；机动车及个人、家庭用品修理业	Wholesale, Retail Trade, Repair of Motor Vehicles, Motorcycles and Personal and Household Goods	15120	23643	37198	38781	43784
旅馆和饭店业	Hotels and Restaurants	5209	11167	18990	19335	21017
运输、仓储和通讯	Transport, Storage and Communications	9301	19038	31020	32236	35653

3-10 续表 3 continued

单位：亿本币 (100 million local currency units)

国家和地区	Country or Area	2000	2005	2008	2009	2010
柬 埔 寨(续)	**Cambodia(continued)**					
金融中介	Financial Intermediation	1751	2941	5495	5941	6701
房地产、租赁及商务活动	Real Estate, Renting and Business Activities	8550	17007	27032	26410	25803
公共管理和国防；社会基本保障	Public Administration and Defence; Compulsory Social Security	3766	4639	7678	7685	8069
教育；卫生和社会工作；其他团体、社会和个人服务活动	Education; Health and Social Work; Other Community, Social and Personal Services	8612	22205	35598	36628	39192
增加值总额(按基本价格计算)	Equals: Value Added, Gross, in basic prices	133672	244097	390144	399255	436662
加：税减产品补贴	Plus: Taxes Less Subsidies on Products	8702	15975	29539	31313	33818
按2000年价格计算	At Constant Prices of 2000	140826	220091	286675	286924	304033
农业、狩猎业和林业	Agriculture, Hunting, Forestry	35424	47702	56837	59806	62486
渔业	Fishing	15159	17053	19001	20141	20624
采掘业	Mining and Quarrying	335	870	1259	1511	1934
制造业	Manufacturing	22548	43086	56811	47999	62188
电、煤气和水供应业	Electricity, Gas and Water Supply	581	1030	1641	1780	1908
建筑业	Construction	7316	14011	18988	19937	14853
批发、零售贸易；机动车及个人、家庭用品修理业	Wholesale, Retail Trade, Repair of Motor Vehicles, Motorcycles and Personal and Household Goods	15120	19128	24549	25580	27498
旅馆和饭店业	Hotels and Restaurants	5209	9531	13116	13352	14848
运输、仓储和通讯	Transport, Storage and Communications	9301	14911	17486	18168	19622
金融中介	Financial Intermediation	1751	2515	4540	4904	5566
房地产、租赁及商务活动	Real Estate, Renting and Business Activities	8550	16735	21579	21039	17715
公共管理和国防；社会基本保障	Public Administration and Defence; Compulsory Social Security	3766	3371	3486	3521	3926
教育;卫生和社会工作;其他团体、社会和个人服务活动	Education; Health and Social Work; Other Community, Social and Personal Services	8612	18645	27418	28213	29398
增加值总额(按基本价格计算)	Equals: Value Added, Gross, in basic prices	133672	208587	263292	262123	277992
加：税减产品补贴	Plus: Taxes Less Subsidies on Products	8702	13666	23383	24801	26041
印　　度	**India**					
按当年价格计算	at Current Prices	210231	369337	563006	645735	767415
农业、狩猎业和林业	Agriculture, Hunting, Forestry	43241	61222	90679	103603	121867
渔业	Fishing	2147	3192	4437	5270	6301
采掘业	Mining and Quarrying	4638	9513	14221	16021	19477
制造业	Manufacturing	30842	53819	84112	93250	107194
电、煤气和水供应业	Electricity, Gas and Water Supply	4900	7302	9671	11896	13204
建筑业	Construction	11222	27032	45393	50560	58962
批发、零售贸易；机动车及个人、家庭用品修理业	Wholesale, Retail Trade, Repair of Motor Vehicles, Motorcycles and Personal and Household Goods	25670	51579	81789	92568	110906
旅馆和饭店业	Hotels and Restaurants	2513	5432	8289	8908	10577
运输、仓储和通讯	Transport, Storage and Communications	15030	28288	42092	48312	55679
金融中介	Financial Intermediation	10625	18465	29959	33238	41264
房地产、租赁及商务活动	Real Estate, Renting and Business Activities	15386	32063	56274	64868	78144
公共管理和国防；社会基本保障	Public Administration and Defence; Compulsory Social Security	13260	19784	31735	41797	46779
教育；卫生和社会工作；其他团体、社会和个人服务活动	Education; Health and Social Work; Other Community, Social and Personal Services	15952	27119	40104	48405	57440
增加值总额(按基本价格计算)	Equals: Value Added, Gross, in basic prices	195428	344809	538756	618695	727794
加：税减产品补贴	Plus: Taxes Less Subsidies on Products	14804	24528	24251	27040	39621

3-10 续表 4 continued

单位：亿本币 (100 million local currency units)

国家和地区	Country or Area	2000	2005	2008	2009	2010
印　度(续)	**India (continued)**					
按2004年价格计算	At Constant Prices of 2004		354324	441635	478018	523682
农业、狩猎业和林业	Agriculture, Hunting, Forestry		57163	62842	63491	68147
渔业	Fishing		2896	3355	3457	3564
采掘业	Mining and Quarrying		8678	9993	10632	11184
制造业	Manufacturing		51485	67430	73870	79561
电、煤气和水供应业	Electricity, Gas and Water Supply		7087	8750	9306	9638
建筑业	Construction		25975	33462	35826	38715
批发、零售贸易；机动车及个人、家庭用品修理业	Wholesale, Retail Trade, Repair of Motor Vehicles, Motorcycles and Personal and Household Goods		48696	63209	68455	74722
旅馆和饭店业	Hotels and Restaurants		5148	6438	6625	7148
运输、仓储和通讯	Transport, Storage and Communications		28308	39722	45564	52268
金融中介	Financial Intermediation		19866	31835	35442	40574
房地产、租赁及商务活动	Real Estate, Renting and Business Activities		30534	39867	42953	46025
公共管理和国防；社会基本保障	Public Administration and Defence; Compulsory Social Security		18989	24779	29208	29714
教育；卫生和社会工作；其他团体、社会和个人服务活动	Education; Health and Social Work; Other Community, Social and Personal Services		26000	30814	33046	35519
增加值总额(按基本价格计算)	Equals: Value Added, Gross, in basic prices		330824	422496	457875	496779
加：税减产品补贴	Plus: Taxes Less Subsidies on Products		23500	19139	20143	26903
印度尼西亚①	**Indonesia①**					
按当年价格计算	at Current Prices	1390	2774	4949	5606	6436
农业、狩猎业和林业	Agriculture, Hunting, Forestry	186	305	579	681	786
渔业	Fishing	30	60	137	177	199
采掘业	Mining and Quarrying	168	309	541	592	716
制造业	Manufacturing	386	760	1380	1480	1590
电、煤气和水供应业	Electricity, Gas and Water Supply	8	27	41	47	50
建筑业	Construction	77	195	420	555	661
批发、零售贸易；机动车及个人、家庭用品修理业	Wholesale, Retail Trade, Repair of Motor Vehicles, Motorcycles and Personal and Household Goods	185	339	551	586	702
旅馆和饭店业	Hotels and Restaurants	39	93	140	158	179
运输、仓储和通讯	Transport, Storage and Communications	65	181	312	352	417
金融中介	Financial Intermediation	64	111	170	183	206
房地产、租赁及商务活动	Real Estate, Renting and Business Activities	51	120	198	221	257
公共管理和国防；社会基本保障	Public Administration and Defence; Compulsory Social Security	69	135	258	319	354
教育；卫生和社会工作；其他团体、社会和个人服务活动	Education; Health and Social Work; Other Community, Social and Personal Services	60	141	224	256	301
增加值总额(按基本价格计算)	Equals: Value Added, Gross, in basic prices	1390	2770	4950	5600	6420
按2000年价格计算	At Constant Prices of 2000	1390	1750	2080	2180	2310
农业、狩猎业和林业	Agriculture, Hunting, Forestry	186	215	239	248	254
渔业	Fishing	30	39	46	48	51
采掘业	Mining and Quarrying	168	165	172	180	186
制造业	Manufacturing	386	492	558	570	595
电、煤气和水供应业	Electricity, Gas and Water Supply	8	12	15	17	18
建筑业	Construction	77	104	131	140	150
批发、零售贸易；机动车及个人、家庭用品修理业	Wholesale, Retail Trade, Repair of Motor Vehicles, Motorcycles and Personal and Household Goods	185	242	302	302	331
旅馆和饭店业	Hotels and Restaurants	39	52	62	66	69
运输、仓储和通讯	Transport, Storage and Communications	65	109	166	192	217
金融中介	Financial Intermediation	63	84	102	105	111
房地产、租赁及商务活动	Real Estate, Renting and Business Activities	52	77	97	104	110
公共管理和国防；社会基本保障	Public Administration and Defence; Compulsory Social Security	69	74	84	89	93
教育；卫生和社会工作；其他团体、社会和个人服务活动	Education; Health and Social Work; Other Community, Social and Personal Services	60	87	109	117	125
增加值总额(按基本价格计算)	Equals: Value Added, Gross, in basic prices	1390	1750	2080	2180	2310

3-10 续表 5 continued

单位：亿本币 (100 million local currency units)

国家和地区	Country or Area	2000	2005	2008	2009	2010
以色列	**Israel**					
按当年价格计算	at Current Prices	5092	6012	7236	7663	8130
农业、狩猎业、林业和渔业	Agriculture, Hunting, Forestry; Fishing	78	112	129	155	144
制造业	Manufacturing	787	819	988	1006	1049
电、煤气和水供应业	Electricity, Gas and Water Supply	74	95	100	122	114
建筑业	Construction	262	250	329	345	372
批发、零售贸易；机动车及个人、家庭用品修理业；旅馆和饭店业	Wholesale, Retail Trade, Repair of Motor Vehicles, Motorcycles and Personal and Households Goods; Hotels and Restaurants	448	555	700	676	722
运输、仓储和通讯	Transport, Storage and Communications	368	415	480	501	529
金融中介；房地产、租赁及商务活动	Financial Intermediation; Real Estate, Renting and Business Activities	1413	1889	2361	2569	2775
公共管理和国防；社会基本保障	Public Administration and Defence; Compulsory Social Security	344	406	453	474	501
教育	Education	334	390	446	466	501
卫生和社会工作	Health and Social Work	281	351	410	441	465
其他团体、社会和个人服务活动	Other Community, Social and Personal Services	164	199	246	251	266
增加值总额(按基本价格计算)	Equals: Value Added, Gross, in basic prices	4552	5480	6642	7007	7438
加：税减产品补贴	Plus: Taxes Less Subsidies on Products	561	685	823	855	958
按2005年价格计算	At Constant Prices of 2005	5426	6012	6967	7025	7366
农业、狩猎业、林业和渔业	Agriculture, Hunting, Forestry; Fishing	85	112	108	123	112
制造业	Manufacturing	819	819	996	945	1036
电、煤气和水供应业	Electricity, Gas and Water Supply	82	95	126	120	120
建筑业	Construction	290	250	299	302	329
批发、零售贸易；机动车及个人、家庭用品修理业；旅馆和饭店业	Wholesale, Retail Trade, Repair of Motor Vehicles, Motorcycles and Personal and Households Goods; Hotels and Restaurants	472	555	640	631	671
运输、仓储和通讯	Transport, Storage and Communications	338	415	511	502	538
金融中介；房地产、租赁及商务活动	Financial Intermediation; Real Estate, Renting and Business Activities	1588	1889	2158	2208	2294
公共管理和国防；社会基本保障	Public Administration and Defence; Compulsory Social Security	384	406	434	443	439
教育	Education	370	390	435	454	481
卫生和社会工作	Health and Social Work	315	351	391	400	395
其他团体、社会和个人服务活动	Other Community, Social and Personal Services	195	199	239	240	252
增加值总额(按基本价格计算)	Equals: Value Added, Gross, in basic prices	4938	5480	6337	6366	6666
加：税减产品补贴	Plus: Taxes Less Subsidies on Products	619	685	794	801	840
日　本①	**Japan①**					
按当年价格计算	at Current Prices	503	502	504	471	
农业、狩猎业和林业	Agriculture, Hunting, Forestry	9	8			
渔业	Fishing	1	…			
采掘业	Mining and Quarrying	1	…			
制造业	Manufacturing	111	108			
电、煤气和水供应业	Electricity, Gas and Water Supply	14	12			
建筑业	Construction	37	32			
批发、零售贸易；机动车及个人、家庭用品修理业；旅馆和饭店业	Wholesale, Retail Trade, Repair of Motor Vehicles, Motorcycles and Personal and Households Goods; Hotels and Restaurants	71	69			
运输、仓储和通讯	Transport, Storage and Communications	35	34			
金融中介	Financial Intermediation	30	35			
房地产、租赁及商务活动	Real Estate, Renting and Business Activities	58	60			
公共管理和国防；社会基本保障	Public Administration and Defence; Compulsory Social Security	27	28			
教育；卫生和社会工作；其他团体、社会和个人服务活动	Education; Health and Social Work; Other Community, Social and Personal Services	130	136			
增加值总额(按基本价格计算)	Equals: Value Added, Gross, in basic prices	523	522	517	481	
加：税减产品补贴	Plus: Taxes Less Subsidies on Products	1	2	2	2	

3-10 续表 6 continued

单位：亿本币 (100 million local currency units)

国家和地区	Country or Area	2000	2005	2008	2009	2010
日本(续)①	**Japan(continued)①**					
按2000年价格计算	At Constant Prices of 2000	503	537	554	519	
农业、狩猎业和林业	Agriculture, Hunting, Forestry	8	7			
渔业	Fishing	1	1			
采掘业	Mining and Quarrying	1	1			
制造业	Manufacturing	111	119			
电、煤气和水供应业	Electricity, Gas and Water Supply	14	15			
建筑业	Construction	37	33			
批发、零售贸易；机动车及个人、家庭用品修理业；旅馆和饭店业	Wholesale, Retail Trade, Repair of Motor Vehicles, Motorcycles and Personal and Households Goods; Hotels and Restaurants	71	71			
运输、仓储和通讯	Transport, Storage and Communications	35	38			
金融中介	Financial Intermediation	30	35			
房地产、租赁及商务活动	Real Estate, Renting and Business Activities	100	112			
公共管理和国防；社会基本保障	Public Administration and Defence; Compulsory Social Security	27	30			
教育;卫生和社会工作;其他团体、社会和个人服务活动	Education; Health and Social Work; Other Community, Social and Personal Services	88	96			
增加值总额(按基本价格计算)	Equals: Value Added, Gross, in basic prices	523	559	568	526	
加：税减产品补贴	Plus: Taxes Less Subsidies on Products	1	1	…	1	
哈萨克斯坦	**Kazakhstan**					
按当年价格计算	at Current Prices	25999	75906	160529	170076	
农业、狩猎业和林业	Agriculture, Hunting, Forestry	2069	4774	8408	10348	
渔业	Fishing	40	60	125	106	
采掘业	Mining and Quarrying	3391	11989	30036	30363	
制造业	Manufacturing	4289	9140	18901	18491	
电、煤气和水供应业	Electricity, Gas and Water Supply	796	1483	2689	3094	
建筑业	Construction	1346	5950	12987	13415	
批发、零售贸易；机动车及个人、家庭用品修理业	Wholesale, Retail Trade, Repair of Motor Vehicles, Motorcycles and Personal and Household Goods	3235	8979	19657	20760	
旅馆和饭店业	Hotels and Restaurants	148	681	1320	1433	
运输、仓储和通讯	Transport, Storage and Communications	2985	8968	17691	18744	
金融中介	Financial Intermediation	807	2458	8485	8440	
房地产、租赁及商务活动	Real Estate, Renting and Business Activities	2809	11428	24048	27074	
公共管理和国防；社会基本保障	Public Administration and Defence; Compulsory Social Security	607	1579	2723	3486	
教育	Education	962	2635	4522	5507	
卫生和社会工作	Health and Social Work	525	1298	2374	3049	
其他团体、社会和个人服务活动	Other Community, Social and Personal Services	492	1359	2689	3203	
雇人的私人住户	Private Households with Employed Persons	9	104	133	138	
增加值总额(按基本价格计算)	Equals: Value Added, Gross, in basic prices	24509	72884	156790	167650	
加：税减产品补贴	Plus: Taxes Less Subsidies on Products	1727	4678	11253	7823	

3-10 续表 7 continued

单位：亿本币 (100 million local currency units)

国家和地区	Country or Area	2000	2005	2008	2009	2010
哈萨克斯坦(续)	**Kazakhstan(continued)**					
按上年价格计算	At the Prices of Preceding Year	22150	64395	132720	162472	
农业、狩猎业和林业	Agriculture, Hunting, Forestry	1904	4424	6725	9560	
渔业	Fishing	25	56	98	98	
采掘业	Mining and Quarrying	2543	8187	20412	32289	
制造业	Manufacturing	3239	8370	14323	18371	
电、煤气和水供应业	Electricity, Gas and Water Supply	791	1454	2356	2660	
建筑业	Construction	1091	4964	12617	12571	
批发、零售贸易；机动车及个人、家庭用品修理业	Wholesale, Retail Trade, Repair of Motor Vehicles, Motorcycles and Personal and Household Goods	2876	7996	16258	19224	
旅馆和饭店业	Hotels and Restaurants	128	618	1199	1260	
运输、仓储和通讯	Transport, Storage and Communications	2889	7689	16008	17650	
金融中介	Financial Intermediation	591	2323	7517	7221	
房地产、租赁及商务活动	Real Estate, Renting and Business Activities	2549	9833	20035	24320	
公共管理和国防；社会基本保障	Public Administration and Defence; Compulsory Social Security	557	1349	2560	2846	
教育	Education	899	2380	4311	4649	
卫生和社会工作	Health and Social Work	490	1156	2206	2459	
其他团体、社会和个人服务活动	Other Community, Social and Personal Services	474	1189	2418	2654	
雇人的私人住户	Private Households with Employed Persons	8	69	117	117	
增加值总额(按基本价格计算)	Equals: Value Added, Gross, in basic prices	21056	62058	129160	157951	
加：税减产品补贴	Plus: Taxes Less Subsidies on Products	1296	3979	9509	10818	
韩　国①	**Korea, Rep.①**					
按当年价格计算	at Current Prices	603	865	1026	1065	1173
农业、狩猎业和林业	Agriculture, Hunting, Forestry	23	24	22		
渔业	Fishing	2	2	2		
采掘业	Mining and Quarrying	2	2	2		
制造业	Manufacturing	160	224	268		
电、煤气和水供应业	Electricity, Gas and Water Supply	14	18	12		
建筑业	Construction	37	59	65		
批发、零售贸易；机动车及个人、家庭用品修理业	Wholesale, Retail Trade, Repair of Motor Vehicles, Motorcycles and Personal and Household Goods	54	67	81		
旅馆和饭店业	Hotels and Restaurants	15	18	23		
运输、仓储和通讯	Transport, Storage and Communications	37	54	61		
金融中介	Financial Intermediation	31	53	65		
房地产、租赁及商务活动	Real Estate, Renting and Business Activities	74	104	126		
公共管理和国防；社会基本保障	Public Administration and Defence; Compulsory Social Security	30	48	59		
教育	Education	28	47	61		
卫生和社会工作	Health and Social Work	15	29	38		
其他团体、社会和个人服务活动	Other Community, Social and Personal Services	17	27	33		
雇人的私人住户	Private Households with Employed Persons	0	0	0		
增加值总额(按基本价格计算)	Equals: Value Added, Gross, in basic prices	539	776	920	959	1060
加：税减产品补贴	Plus: Taxes Less Subsidies on Products	65	89	107	106	116

3-10 续表 8 continued

单位：亿本币 (100 million local currency units)

国家和地区	Country or Area	2000	2005	2008	2009	2010
韩国(续)①	**Korea(continued)①**					
按2005年价格计算	At Constant Prices of 2005	695	865	978	982	1040
农业、狩猎业和林业	Agriculture, Hunting, Forestry	23	24	26	27	
渔业	Fishing	2	2	3	3	
采掘业	Mining and Quarrying	2	2	2	2	
制造业	Manufacturing	159	216	257	253	
电、煤气和水供应业	Electricity, Gas and Water Supply	13	18	20	21	
建筑业	Construction	49	59	61	62	
批发、零售贸易；机动车及个人、家庭用品修理业	Wholesale, Retail Trade, Repair of Motor Vehicles, Motorcycles and Personal and Household Goods	62	67	74	74	
旅馆和饭店业	Hotels and Restaurants	16	18	20	20	
运输、仓储和通讯	Transport, Storage and Communications	38	54	62	61	
金融中介	Financial Intermediation	38	53	65	67	
房地产、租赁及商务活动	Real Estate, Renting and Business Activities	95	112	122	122	
公共管理和国防；社会基本保障	Public Administration and Defence; Compulsory Social Security	43	48	53	55	
教育	Education	38	47	52	52	
卫生和社会工作	Health and Social Work	23	29	34	37	
其他团体、社会和个人服务活动	Other Community, Social and Personal Services	21	27	31	31	
雇人的私人住户	Private Households with Employed Persons	0	0	0	0	
增加值总额(按基本价格计算)	Equals: Value Added, Gross, in basic prices	621	776	881	886	941
加：税减产品补贴	Plus: Taxes Less Subsidies on Products	74	89	97	96	101
老挝	**Laos**					
按当年价格计算	at Current Prices	136695	289478	462147	475623	556940
农业、狩猎业和林业	Agriculture, Hunting, Forestry		87461	123345	128694	142207
渔业	Fishing		12073	15547	16414	18322
采掘业	Mining and Quarrying	670	16748	45950	32894	51580
制造业	Manufacturing	23058	23413	39988	48332	54409
电、煤气和水供应业	Electricity, Gas and Water Supply	4233	10273	11729	12809	21353
建筑业	Construction	3093	13352	21873	22654	28841
批发、零售贸易；机动车及个人、家庭用品修理业	Wholesale, Retail Trade, Repair of Motor Vehicles, Motorcycles and Personal and Household Goods	12840	55278	87418	93332	105319
旅馆和饭店业	Hotels and Restaurants	3090	2066	3011	3305	3582
运输、仓储和通讯	Transport, Storage and Communications	7940	14503	21200	23096	25798
金融中介	Financial Intermediation	1052	4231	14835	16199	18565
房地产、租赁及商务活动	Real Estate, Renting and Business Activities	4062	10934	14569	14938	16235
公共管理和国防；社会基本保障	Public Administration and Defence; Compulsory Social Security	3927	16649	30847	34720	41191
教育；卫生和社会工作；其他团体、社会和个人服务活动	Education; Health and Social Work; Other Community, Social and Personal Services	387	5534	7553	8174	8872
雇人的私人住户	Private Households with Employed Persons		2048	2994	3436	3808
增加值总额(按基本价格计算)	Equals: Value Added, Gross, in basic prices	135627	274564	440860	458997	540083
加：税减产品补贴	Plus: Taxes Less Subsidies on Products	1068	18304	30897	29628	32778
按2002年价格计算	At Constant Prices of 2002		214586	270992	291322	315009
农业、狩猎业和林业	Agriculture, Hunting, Forestry		67366	78369	80478	82570
渔业	Fishing		8713	9457	9834	10619
采掘业	Mining and Quarrying		8539	13415	20031	22547
制造业	Manufacturing		18822	26008	27776	29720
电、煤气和水供应业	Electricity, Gas and Water Supply		7800	8419	7798	12715
建筑业	Construction		9361	10733	13791	16550
批发、零售贸易；机动车及个人、家庭用品修理业	Wholesale, Retail Trade, Repair of Motor Vehicles, Motorcycles and Personal and Household Goods		42104	53203	56820	60514
旅馆和饭店业	Hotels and Restaurants		1546	1879	2012	2135

3-10 续表 9 continued

单位：亿本币 (100 million local currency units)

国家和地区	Country or Area	2000	2005	2008	2009	2010
老　挝(续)	**Laos(continued)**					
运输、仓储和通讯	Transport, Storage and Communications		10551	13328	14061	15003
金融中介	Financial Intermediation		3095	9081	9862	10749
房地产、租赁及商务活动	Real Estate, Renting and Business Activities		7998	8872	9094	9410
公共管理和国防；社会基本保障	Public Administration and Defence; Compulsory Social Security		12105	18636	21138	23873
教育；卫生和社会工作；其他团体、社会和个人服务活动	Education; Health and Social Work; Other Community, Social and Personal Services		4051	4684	4976	5285
雇人的私人住户	Private Households with Employed Persons		1626	1946	2092	2196
增加值总额(按基本价格计算)	Equals: Value Added, Gross, in basic prices		203677	258029	279763	303886
加：税减产品补贴	Plus: Taxes Less Subsidies on Products		13389	18816	19474	20351
马来西亚	**Malaysia**					
按当年价格计算	at Current Prices	3564	5436	7699	7129	7950
农业、狩猎业和林业	Agriculture, Hunting, Forestry	256	394	694	579	737
渔业	Fishing	51	55	74	78	89
采掘业	Mining and Quarrying	376	721	1202	813	865
制造业	Manufacturing	1100	1498	1891	1697	1953
电、煤气和水供应业	Electricity, Gas and Water Supply	106	141	169	179	190
建筑业	Construction	140	161	212	232	259
批发、零售贸易；机动车及个人、家庭用品修理业	Wholesale, Retail Trade, Repair of Motor Vehicles, Motorcycles and Personal and Household Goods	400	629	966	960	1066
旅馆和饭店业	Hotels and Restaurants	80	117	176	192	214
运输、仓储和通讯	Transport, Storage and Communications	249	364	465	469	511
金融中介	Financial Intermediation	326	407	553	575	617
房地产、租赁及商务活动	Real Estate, Renting and Business Activities	157	253	347	368	400
公共管理和国防；社会基本保障	Public Administration and Defence; Compulsory Social Security	226	357	547	566	600
教育	Education	16	29	46	52	57
卫生和社会工作	Health and Social Work	15	36	49	54	59
其他团体、社会和个人服务活动	Other Community, Social and Personal Services	175	200	224	234	244
雇人的私人住户	Private Households with Employed Persons	7	9	11	12	12
增加值总额(按基本价格计算)	Equals: Value Added, Gross, in basic prices	3679	5372	7624	7059	7874
加：税减产品补贴	Plus: Taxes Less Subsidies on Products	58	64	75	70	77
按2005年价格计算	At Constant Prices of 2005		5436	6396	6299	6749
农业、狩猎业和林业	Agriculture, Hunting, Forestry		394	433	429	436
渔业	Fishing		55	67	72	77
采掘业	Mining and Quarrying		721	710	664	661
制造业	Manufacturing		1498	1671	1522	1703
电、煤气和水供应业	Electricity, Gas and Water Supply		141	159	162	174
建筑业	Construction		161	182	193	204
批发、零售贸易；机动车及个人、家庭用品修理业	Wholesale, Retail Trade, Repair of Motor Vehicles, Motorcycles and Personal and Household Goods		629	866	880	953
旅馆和饭店业	Hotels and Restaurants		117	148	154	165
运输、仓储和通讯	Transport, Storage and Communications		364	449	455	491
金融中介	Financial Intermediation		407	543	567	614
房地产、租赁及商务活动	Real Estate, Renting and Business Activities		253	328	340	364
公共管理和国防；社会基本保障	Public Administration and Defence; Compulsory Social Security		357	446	461	488
教育	Education		29	45	49	52
卫生和社会工作	Health and Social Work		36	45	47	50
其他团体、社会和个人服务活动	Other Community, Social and Personal Services		200	218	224	232
雇人的私人住户	Private Households with Employed Persons		9	10	10	10
增加值总额(按基本价格计算)	Equals: Value Added, Gross, in basic prices		5372	6320	6229	6673
加：税减产品补贴	Plus: Taxes Less Subsidies on Products		64	75	70	77

3-10 续表 10 continued

单位：亿本币 (100 million local currency units)

国家和地区	Country or Area	2000	2005	2008	2009	2010
蒙　古	**Mongolia**					
按当年价格计算	at Current Prices	12241	30414	65556	65906	
农业、狩猎业和林业	Agriculture, Hunting, Forestry	3356	6020	12596	11774	
渔业	Fishing	1	1			
采掘业	Mining and Quarrying	1186	6182	12775	12448	
制造业	Manufacturing	823	1782	4400	4318	
电、煤气和水供应业	Electricity, Gas and Water Supply	296	859	1347	1744	
建筑业	Construction	273	814	1221	862	
批发、零售贸易；机动车及个人家庭用品修理业	Wholesale, Retail Trade, Repair of Motor Vehicles, Motorcycles and Personal and Household Goods	1159	2275	4718	4329	
旅馆和饭店业	Hotels and Restaurants	108	193	390	437	
运输、仓储和通讯	Transport, Storage and Communications	1271	3444	6019	7177	
金融中介	Financial Intermediation	308	1123	2363	2127	
房地产、租赁及商务活动	Real Estate, Renting and Business Activities	872	2358	5709	6823	
公共管理和国防；社会基本保障	Public Administration and Defence; Compulsory Social Security	472	669	2477	2672	
教育	Education	484	865	2726	3121	
卫生和社会工作	Health and Social Work	192	407	1254	1292	
其他团体、社会和个人服务活动	Other Community, Social and Personal Services	71	303	832	864	
增加值总额(按基本价格计算)	Equals: Value Added, Gross, in basic prices	10872	27297	58828	59989	
加：税减产品补贴	Plus: Taxes Less Subsidies on Products	1369	3117	6728	5918	
按2005年价格计算	At Constant Prices of 2005	20304	27796	36227		
农业、狩猎业和林业	Agriculture, Hunting, Forestry	6212	6082	8012		
渔业	Fishing	1	1			
采掘业	Mining and Quarrying	4162	6082	6459		
制造业	Manufacturing	662	1020	1547		
电、煤气和水供应业	Electricity, Gas and Water Supply	701	800	982		
建筑业	Construction	257	588	585		
批发、零售贸易；机动车及个人家庭用品修理业	Wholesale, Retail Trade, Repair of Motor Vehicles, Motorcycles and Personal and Household Goods	1579	2270	3247		
旅馆和饭店业	Hotels and Restaurants	150	191	261		
运输、仓储和通讯	Transport, Storage and Communications	1505	3091	5286		
金融中介	Financial Intermediation	368	1000	1510		
房地产、租赁及商务活动	Real Estate, Renting and Business Activities	1609	2171	2691		
公共管理和国防；社会基本保障	Public Administration and Defence; Compulsory Social Security	681	668	731		
教育	Education	992	849	973		
卫生和社会工作	Health and Social Work	358	380	486		
其他团体、社会和个人服务活动	Other Community, Social and Personal Services	148	283	373		
增加值总额(按基本价格计算)	Equals: Value Added, Gross, in basic prices	18478	24678	31425		
加：税减产品补贴	Plus: Taxes Less Subsidies on Products	1826	3117	4802		

3-10 续表 11 continued

单位：亿本币 (100 million local currency units)

国家和地区	Country or Area	2000	2005	2008	2009	2010
菲律宾(续)	**Philippines(continued)**					
按2000年价格计算	At Constant Prices of 2000	35807	44813	52371	52972	57015
农业、狩猎业、林业和渔业	Agriculture, Hunting, Forestry; Fishing	5001	5967	6685	6637	6627
采掘业	Mining and Quarrying	225	436	509	591	659
制造业	Manufacturing	8761	10626	11949	11375	12645
电、煤气和水供应业	Electricity, Gas and Water Supply	1312	1609	1866	1849	2033
建筑业	Construction	2039	1982	2668	2850	3258
批发、零售贸易；机动车及个人、家庭用品修理业；旅馆和饭店业	Wholesale, Retail Trade, Repair of Motor Vehicles, Motorcycles and Personal and Households Goods; Hotels and Restaurants	5655	7403	8637	8756	9487
运输、仓储和通讯	Transport, Storage and Communications	2192	3609	4240	4234	4278
金融中介	Financial Intermediation	1871	2573	3227	3403	3747
房地产、租赁及商务活动	Real Estate, Renting and Business Activities	3337	4195	5261	5479	5889
公共管理和国防；社会基本保障	Public Administration and Defence; Compulsory Social Security	1845	2121	2272	2410	2551
教育；卫生和社会工作；其他团体、社会和个人服务活动	Education; Health and Social Work; Other Community, Social and Personal Services	3567	4292	5057	5387	5841
增加值总额(按基本价格计算)	Equals: Value Added, Gross, in basic prices	35807	44813	52371	52972	57015
加：税减产品补贴	Plus: Taxes Less Subsidies on Products					
新加坡	**Singapore**					
按当年价格计算	at Current Prices	1626	2088	2680	2667	3037
农业、狩猎业、林业和渔业	Agriculture, Hunting, Forestry; Fishing	2	1	1	1	1
制造业	Manufacturing	407	535	525	541	635
电、煤气和水供应业	Electricity, Gas and Water Supply	27	32	39	38	44
建筑业	Construction	89	63	113	137	130
批发、零售贸易；机动车及个人、家庭用品修理业	Wholesale, Retail Trade, Repair of Motor Vehicles, Motorcycles and Personal and Household Goods	204	344	444	415	472
旅馆和饭店业	Hotels and Restaurants	35	41	60	55	63
运输、仓储和通讯	Transport, Storage and Communications	212	288	352	312	348
金融中介	Financial Intermediation	157	214	306	311	342
房地产、租赁及商务活动	Real Estate, Renting and Business Activities	167	208	344	351	400
教育；卫生和社会工作；其他团体、社会和个人服务活动	Education; Health and Social Work; Other Community, Social and Personal Services	156	205	247	254	307
雇人的私人住户	Private Households with Employed Persons	58	61	106	112	118
增加值总额(按基本价格计算)	Equals: Value Added, Gross, in basic prices	1513	1993	2537	2528	2859
加：税减产品补贴	Plus: Taxes Less Subsidies on Products	112	95	142	139	177
按2005年价格计算	At Constant Prices of 2005		2088	2505	2486	2846
农业、狩猎业、林业和渔业	Agriculture, Hunting, Forestry; Fishing		1	1	1	1
制造业	Manufacturing		535	607	582	755
电、煤气和水供应业	Electricity, Gas and Water Supply		32	37	37	39
建筑业	Construction		63	90	105	112
批发、零售贸易；机动车及个人、家庭用品修理业	Wholesale, Retail Trade, Repair of Motor Vehicles, Motorcycles and Personal and Household Goods		344	420	394	454
旅馆和饭店业	Hotels and Restaurants		41	48	47	51
运输、仓储和通讯	Transport, Storage and Communications		288	342	321	337
金融中介	Financial Intermediation		214	290	302	339
房地产、租赁及商务活动	Real Estate, Renting and Business Activities		208	280	293	310
教育；卫生和社会工作；其他团体、社会和个人服务活动	Education; Health and Social Work; Other Community, Social and Personal Services		205	225	237	271
雇人的私人住户	Private Households with Employed Persons		61	62	62	61
增加值总额(按基本价格计算)	Equals: Value Added, Gross, in basic prices		1993	2402	2381	2730
加：税减产品补贴	Plus: Taxes Less Subsidies on Products		95	103	105	115

3-10 续表 12 continued

单位：亿本币 (100 million local currency units)

国家和地区	Country or Area	2000	2005	2008	2009	2010
斯里兰卡	**Sri Lanka**					
按当年价格计算	at Current Prices	12873	24528	44107	48353	56023
农业、狩猎业、林业和渔业	Agriculture, Hunting, Forestry; Fishing	2021	2899	5901	6137	7169
采掘业	Mining and Quarrying	172	359	718	792	891
制造业	Manufacturing	2241	4786	7919	8756	10090
电、煤气和水供应业	Electricity, Gas and Water Supply	217	579	1047	1137	1276
建筑业	Construction	812	1680	3271	3662	4234
批发、零售贸易；机动车及个人、家庭用品修理业	Wholesale, Retail Trade, Repair of Motor Vehicles, Motorcycles and Personal and Household Goods		5693	9494	9484	10963
旅馆和饭店业	Hotels and Restaurants		142	206	250	332
运输、仓储和通讯	Transport, Storage and Communications	1348	2875	5310	5999	7094
金融中介	Financial Intermediation		2053	4133	4993	5975
房地产、租赁及商务活动	Real Estate, Renting and Business Activities		888	1418	1615	1719
公共管理和国防；社会基本保障	Public Administration and Defence; Compulsory Social Security	737	1407	2637	3183	3475
教育	Education		424	793	926	950
卫生和社会工作	Health and Social Work		233	378	347	580
雇人的私人住户	Private Households with Employed Persons		509	883	1072	1274
增加值总额(按基本价格计算)	Equals: Value Added, Gross, in basic prices	11501	24528	44107	48353	56023
加：税减产品补贴	Plus: Taxes Less Subsidies on Products	1372	2580	3435	3053	4260
按2002年价格计算	At Constant Prices of 2002		19417	23655	24493	26454
农业、狩猎业、林业和渔业	Agriculture, Hunting, Forestry; Fishing		2419	2859	2951	3156
采掘业	Mining and Quarrying		288	481	520	601
制造业	Manufacturing		3509	4137	4273	4587
电、煤气和水供应业	Electricity, Gas and Water Supply		461	568	590	636
建筑业	Construction		1202	1542	1628	1779
批发、零售贸易；机动车及个人、家庭用品修理业	Wholesale, Retail Trade, Repair of Motor Vehicles, Motorcycles and Personal and Household Goods		4804	5719	5707	6133
旅馆和饭店业	Hotels and Restaurants		92	87	99	138
运输、仓储和通讯	Transport, Storage and Communications		2306	3100	3296	3687
金融中介	Financial Intermediation		1639	2060	2178	2343
房地产、租赁及商务活动	Real Estate, Renting and Business Activities		707	731	741	747
公共管理和国防；社会基本保障	Public Administration and Defence; Compulsory Social Security		981	1346	1403	1487
教育	Education		293	303	337	355
卫生和社会工作	Health and Social Work		265	162	177	180
雇人的私人住户	Private Households with Employed Persons		452	559	592	626
增加值总额(按基本价格计算)	Equals: Value Added, Gross, in basic prices		19417	23655	24492	26454
加：税减产品补贴	Plus: Taxes Less Subsidies on Products		2145	3435	3053	4260
泰　国	**Thailand**					
按当年价格计算	at Current Prices	50600	75863	96587	95715	108075
农业、狩猎业和林业	Agriculture, Hunting, Forestry	3127	5943	8812	8432	10462
渔业	Fishing	1184	1061	968	1163	1275
采掘业	Mining and Quarrying	1188	2221	3147	3053	3405
制造业	Manufacturing	14496	22686	29770	28558	34072
电、煤气和水供应业	Electricity, Gas and Water Supply	1470	2224	2654	2829	2996

3-10 续表 13 continued

单位：亿本币 (100 million local currency units)

国家和地区	Country or Area	2000	2005	2008	2009	2010
泰　国(续)	**Thailand(continued)**					
建筑业	Construction	1523	2267	2666	2605	2869
批发、零售贸易；机动车及个人、家庭用品修理业	Wholesale, Retail Trade, Repair of Motor Vehicles, Motorcycles and Personal and Household Goods	8683	11352	13858	14093	15827
旅馆和饭店业	Hotels and Restaurants	1990	2313	2983	2856	3097
运输、仓储和通讯	Transport, Storage and Communications	4179	5668	7013	7111	7404
金融中介	Financial Intermediation	1932	4172	5336	5396	5639
房地产、租赁及商务活动	Real Estate, Renting and Business Activities	3759	5635	6659	6416	7076
公共管理和国防；社会基本保障	Public Administration and Defence; Compulsory Social Security	3000	4380	5762	6090	6458
教育	Education	2034	2892	3721	3910	4101
卫生和社会工作	Health and Social Work	782	1253	1498	1519	1552
其他团体、社会和个人服务活动	Other Community, Social and Personal Services	1183	1710	1644	1583	1741
雇人的私人住户	Private Households with Employed Persons	70	85	97	101	101
增加值总额(按基本价格计算)	Equals: Value Added, Gross, in basic prices	50600	75863	96587	95715	108075
加：税减产品补贴	Plus: Taxes Less Subsidies on Products	4765	7744	8694	9252	10925
按2002年价格计算	At Constant Prices of 2002	52459	68369	76897	76036	81762
农业、狩猎业和林业	Agriculture, Hunting, Forestry	3733	4268	4621	4583	4443
渔业	Fishing	1112	1313	1484	1457	1483
采掘业	Mining and Quarrying	1264	1721	1977	1979	2086
制造业	Manufacturing	14932	20438	23662	22970	25668
电、煤气和水供应业	Electricity, Gas and Water Supply	1509	2081	2398	2488	2661
建筑业	Construction	1570	2041	2029	2105	2307
批发、零售贸易；机动车及个人、家庭用品修理业	Wholesale, Retail Trade, Repair of Motor Vehicles, Motorcycles and Personal and Household Goods	8881	10441	11735	11172	12509
旅馆和饭店业	Hotels and Restaurants	2036	2351	2780	2740	2971
运输、仓储和通讯	Transport, Storage and Communications	4132	5770	6898	6882	7291
金融中介	Financial Intermediation	2273	3464	3595	3831	3969
房地产、租赁及商务活动	Real Estate, Renting and Business Activities	3653	5621	6315	6039	6503
公共管理和国防；社会基本保障	Public Administration and Defence; Compulsory Social Security	3142	3686	4214	4426	4542
教育	Education	2114	2448	2657	2728	2843
卫生和社会工作	Health and Social Work	810	1115	1235	1243	1242
其他团体、社会和个人服务活动	Other Community, Social and Personal Services	1199	1599	1404	1353	1454
雇人的私人住户	Private Households with Employed Persons	73	80	81	83	82
增加值总额(按基本价格计算)	Equals: Value Added, Gross, in basic prices	52459	68369	76897	76036	81762
加：税减产品补贴	Plus: Taxes Less Subsidies on Products					
越　南①	**Viet Nam①**					
按当年价格计算	at Current Prices	442	839	1485	1658	1981
农业、狩猎业和林业	Agriculture, Hunting, Forestry	93	143	271	285	334
渔业	Fishing	15	33	58	62	74
采掘业	Mining and Quarrying	43	89	147	165	215
制造业	Manufacturing	82	173	302	333	390
电、煤气和水供应业	Electricity, Gas and Water Supply	14	29	47	59	70
建筑业	Construction	24	53	96	110	139
批发、零售贸易；机动车及个人、家庭用品修理业	Wholesale, Retail Trade, Repair of Motor Vehicles, Motorcycles and Personal and Household Goods	63	114	212	245	289
旅馆和饭店业	Hotels and Restaurants	14	29	57	67	81
运输、仓储和通讯	Transport, Storage and Communications	17	37	66	72	85
金融中介	Financial Intermediation	8	15	27	32	37
房地产、租赁及商务活动	Real Estate, Renting and Business Activities	19	34	54	60	71
公共管理和国防；社会基本保障	Public Administration and Defence; Compulsory Social Security	12	23	41	47	55
教育	Education	15	27	38	43	50
卫生和社会工作	Health and Social Work	6	12	19	22	24
其他团体、社会和个人服务活动	Other Community, Social and Personal Services	15	27	46	53	63
雇人的私人住户	Private Households with Employed Persons	1	1	3	3	3
增加值总额(按基本价格计算)	Equals: Value Added, Gross, in basic prices	442	839	1490	1660	1980

3-10 续表 14 continued

单位：亿本币 (100 million local currency units)

国家和地区	Country or Area	2000	2005	2008	2009	2010
越　南(续)①	**Viet Nam(continued)①**					
按1994年价格计算	At Constant Prices of 1994	274	393	490	517	552
农业、狩猎业和林业	Agriculture, Hunting, Forestry	57	67	74	75	77
渔业	Fishing	7	10	13	13	14
采掘业	Mining and Quarrying	18	23	21	23	22
制造业	Manufacturing	51	90	125	128	139
电、煤气和水供应业	Electricity, Gas and Water Supply	6	11	15	16	18
建筑业	Construction	21	34	43	48	52
批发、零售贸易；机动车及个人、家庭用品修理业	Wholesale, Retail Trade, Repair of Motor Vehicles, Motorcycles and Personal and Household Goods	45	64	81	87	94
旅馆和饭店业	Hotels and Restaurants	9	13	19	19	21
运输、仓储和通讯	Transport, Storage and Communications	11	15	21	23	25
金融中介	Financial Intermediation	6	8	11	12	13
房地产、租赁及商务活动	Real Estate, Renting and Business Activities	12	15	16	17	17
公共管理和国防；社会基本保障	Public Administration and Defence; Compulsory Social Security	8	10	13	14	15
教育	Education	9	13	17	18	19
卫生和社会工作	Health and Social Work	4	6	7	8	8
其他团体、社会和个人服务活动	Other Community, Social and Personal Services	9	13	16	17	18
雇人的私人住户	Private Households with Employed Persons	1	1	1	1	1
增加值总额(按基本价格计算)	Equals: Value Added, Gross, in basic prices	274	393	490	517	552
埃　及	**Egypt**					
按当年价格计算	at Current Prices	3458	5682	8955	10423	12055
农业、狩猎业、林业和渔业	Agriculture, Hunting, Forestry; Fishing	520	899	1131	1356	1610
采掘业	Mining and Quarrying	282	745	1337	1480	1657
制造业	Manufacturing	563	903	1390	1645	1943
电、煤气和水供应业	Electricity, Gas and Water Supply	62	86	148	168	191
建筑业	Construction	154	225	368	440	526
批发、零售贸易；机动车及个人、家庭用品修理业；旅馆和饭店业	Wholesale, Retail Trade, Repair of Motor Vehicles, Motorcycles and Personal and Households Goods; Hotels and Restaurants	578	791	1258	1478	1738
运输、仓储和通讯	Transport, Storage and Communications	257	574	924	1011	1104
金融中介；房地产、租赁及商务活动	Financial Intermediation; Real Estate, Renting and Business Activities	514	641	865	984	1130
公共管理和国防；社会基本保障	Public Administration and Defence; Compulsory Social Security	326	527	797	986	1149
教育；卫生和社会工作；其他团体、社会和个人服务活动	Education; Health and Social Work; Other Community, Social and Personal Services	288	451	335	395	457
增加值总额(按基本价格计算)	Equals: Value Added, Gross, in basic prices	3546	5843	8554	9942	11506
加：税减产品补贴	Plus: Taxes Less Subsidies on Products	93	83	139	142	147
尼日利亚	**Nigeria**					
按当年价格计算	at Current Prices	47173	147353	246652	252251	
农业、狩猎业和林业	Agriculture, Hunting, Forestry	11389	46033	73921	85053	
渔业	Fishing	540	1699	2436	2779	
采掘业	Mining and Quarrying	21913	56822	87406	71336	
制造业	Manufacturing	1680	4127	5687	5947	
电、煤气和水供应业	Electricity, Gas and Water Supply	22	294	724	854	
建筑业	Construction	306	2158	3047	3454	
批发、零售贸易；机动车及个人、家庭用品修理业	Wholesale, Retail Trade, Repair of Motor Vehicles, Motorcycles and Personal and Household Goods	5275	18683	33482	38996	
旅馆和饭店业	Hotels and Restaurants	65	461	865	994	
运输、仓储和通讯	Transport, Storage and Communications	1307	4267	16712	17274	
金融中介	Financial Intermediation	438	1307	4071	4611	
房地产、租赁及商务活动	Real Estate, Renting and Business Activities	1678	7128	10230	11652	

3-10 续表 15 continued

单位：亿本币 (100 million local currency units)

国家和地区	Country or Area	2000	2005	2008	2009	2010
尼日利亚(续)	**Nigeria(continued)**					
公共管理和国防；社会基本保障	Public Administration and Defence; Compulsory Social Security	618	1152	1663	1884	
教育	Education	140	260	376	450	
卫生和社会工作	Health and Social Work	37	68	95	106	
其他团体、社会和个人服务活动	Other Community, Social and Personal Services	414	1263	2249	2554	
雇人的私人住户	Private Households with Employed Persons	1	2	2		
增加值总额(按基本价格计算)	Equals: Value Added, Gross, in basic prices	45821	145722	242963	247942	
加：税减产品补贴	Plus: Taxes Less Subsidies on Products	1352	1631	3689	4309	
按1990年价格计算	At Constant Prices of 1990	4123	5604	6923	7398	
农业、狩猎业和林业	Agriculture, Hunting, Forestry	1124	2233	2739	2900	
渔业	Fishing	55	76	92	98	
采掘业	Mining and Quarrying	1078	1379	1187	1195	
制造业	Manufacturing	140	213	278	300	
电、煤气和水供应业	Electricity, Gas and Water Supply	14	201	230	237	
建筑业	Construction	64	85	123	138	
批发、零售贸易；机动车及个人、家庭用品修理业	Wholesale, Retail Trade, Repair of Motor Vehicles, Motorcycles and Personal and Household Goods	432	765	1170	1304	
旅馆和饭店业	Hotels and Restaurants	7	21	31	35	
运输、仓储和通讯	Transport, Storage and Communications	82	235	383	463	
金融中介	Financial Intermediation	171	228	256	266	
房地产、租赁及商务活动	Real Estate, Renting and Business Activities	63	78	118	130	
公共管理和国防；社会基本保障	Public Administration and Defence; Compulsory Social Security	30	41	47	49	
教育	Education	7	10	13	14	
卫生和社会工作	Health and Social Work	2	2	3	3	
其他团体、社会和个人服务活动	Other Community, Social and Personal Services	24	37	51	56	
增加值总额(按基本价格计算)	Equals: Value Added, Gross, in basic prices	3292	5604	6722	7190	
加：税减产品补贴	Plus: Taxes Less Subsidies on Products			201	209	
南　非	**South Africa**					
按当年价格计算	at Current Prices	9221	15711	22625	23982	26614
农业、狩猎业和林业	Agriculture, Hunting, Forestry	268	362	584	614	562
渔业	Fishing	6	12	22	23	25
采掘业	Mining and Quarrying	634	1060	1965	1965	2271
制造业	Manufacturing	1591	2591	3406	3317	3325
电、煤气和水供应业	Electricity, Gas and Water Supply	228	330	459	604	714
建筑业	Construction	211	386	722	865	1028
批发、零售贸易；机动车及个人、家庭用品修理业；旅馆和饭店业	Wholesale, Retail Trade, Repair of Motor Vehicles, Motorcycles and Personal and Households Goods; Hotels and Restaurants	1227	1950	2715	2985	3428
运输、仓储和通讯	Transport, Storage and Communications	809	1395	1898	1993	2037
金融中介	Financial Intermediation	686	1310	2151	2046	2297
房地产、租赁及商务活动	Real Estate, Renting and Business Activities	876	1645	2235	2603	2953
公共管理和国防；社会基本保障	Public Administration and Defence; Compulsory Social Security	1332	2086	2987	3389	3853
教育；卫生和社会工作；其他团体、社会和个人服务活动	Education; Health and Social Work; Other Community, Social and Personal Services	282	545	740	850	1100
雇人的私人住户	Private Households with Employed Persons	232	340	448	492	563
增加值总额(按基本价格计算)	Equals: Value Added, Gross, in basic prices	8382	14011	20332	21745	24125
加：税减产品补贴	Plus: Taxes Less Subsidies on Products	839	1700	2293	2236	2489

3-10 续表 16 continued

单位：亿本币 (100 million local currency units)

国家和地区	Country or Area	2000	2005	2008	2009	2010
南 非(续)	**South Africa(continued)**					
按2005年价格计算	At Constant Prices of 2005	13018	15711	18145	17866	18383
农业、狩猎业、林业和渔业	Agriculture, Hunting, Forestry; Fishing	348	374	421	415	417
采掘业	Mining and Quarrying	991	1060	994	941	992
制造业	Manufacturing	2227	2591	2979	2677	2822
电、煤气和水供应业	Electricity, Gas and Water Supply	286	330	342	337	343
建筑业	Construction	264	386	531	573	578
批发、零售贸易；机动车及个人、家庭用品修理业；旅馆和饭店业	Wholesale, Retail Trade, Repair of Motor Vehicles, Motorcycles and Personal and Households Goods; Hotels and Restaurants	1616	1950	2197	2171	2247
运输、仓储和通讯	Transport, Storage and Communications	1028	1395	1625	1640	1673
金融中介；房地产、租赁及商务活动	Financial Intermediation; Real Estate, Renting and Business Activities	2167	2955	3753	3790	3867
公共管理和国防；社会基本保障	Public Administration and Defence; Compulsory Social Security	1913	2086	2333	2423	2488
教育；卫生和社会工作；其他团体、社会和个人服务活动	Education; Health and Social Work; Other Community, Social and Personal Services	484	545	631	626	617
雇人的私人住户	Private Households with Employed Persons	275	340	390	387	394
增加值总额(按基本价格计算)	Equals: Value Added, Gross, in basic prices	11582	14011	16197	15979	16438
加：税减产品补贴	Plus: Taxes Less Subsidies on Products	1441	1700	1948	1888	1944
加 拿 大	**Canada**					
按2002年价格计算	At Constant Prices of 2002	11005	12478	13203	12837	13250
农业、狩猎业和林业	Agriculture, Hunting, Forestry	260	277	278	250	
渔业	Fishing	11	13	15	15	
采掘业	Mining and Quarrying	522	564	568	518	
制造业	Manufacturing	1963	1936	1760	1528	
电、煤气和水供应业	Electricity, Gas and Water Supply	298	335	345	332	
建筑业	Construction	517	662	739	690	
批发、零售贸易；机动车及个人、家庭用品修理业	Wholesale, Retail Trade, Repair of Motor Vehicles, Motorcycles and Personal and Household Goods	1106	1388	1573	1509	
旅馆和饭店业	Hotels and Restaurants	246	260	272	267	
运输、仓储和通讯	Transport, Storage and Communications	724	851	910	884	
金融中介	Financial Intermediation	613	704	817	818	
房地产、租赁及商务活动	Real Estate, Renting and Business Activities	1963	2352	2589	2619	
公共管理和国防；社会基本保障	Public Administration and Defence; Compulsory Social Security	581	650	705	721	
教育	Education	505	554	604	614	
卫生和社会工作	Health and Social Work	660	727	792	812	
其他团体、社会和个人服务活动	Other Community, Social and Personal Services	303	345	370	373	
增加值总额(按基本价格计算)	Equals: Value Added, Gross, in basic prices	10256	11620	12307	11920	12349
美 国	**United States**					
按当年价格计算	at Current Prices	98988	125643	142193	138636	144471
农业、狩猎业、林业和渔业	Agriculture, Hunting, Forestry; Fishing	956	1271	1632		
采掘业	Mining and Quarrying	1089	1920	3072		
制造业	Manufacturing	15159	17192	18151		
电、煤气和水供应业	Electricity, Gas and Water Supply	1739	2057	2552		
建筑业	Construction	4673	6117	6393		
批发、零售贸易；机动车及个人、家庭用品修理业	Wholesale, Retail Trade, Repair of Motor Vehicles, Motorcycles and Personal and Household Goods	13039	15641	16870		
旅馆和饭店业	Hotels and Restaurants	2830	3643	4074		
运输、仓储和通讯	Transport, Storage and Communications	6215	7442	8133		
金融中介	Financial Intermediation	7620	10285	12000		

3-10 续表 17 continued

单位：亿本币 (100 million local currency units)

国家和地区	Country or Area	2000	2005	2008	2009	2010
美　国(续)	**United States(continued)**					
房地产、租赁及商务活动	Real Estate, Renting and Business Activities	23501	30761	36208		
公共管理和国防；社会基本保障	Public Administration and Defence; Compulsory Social Security	7020	9463	11136		
教育	Education	4833	6379	7505		
卫生和社会工作	Health and Social Work	5921	8333	9915		
其他团体、社会和个人服务活动	Other Community, Social and Personal Services	4256	5140	5864		
雇人的私人住户	Private Households with Employed Persons	138	153	190		
增加值总额(按基本价格计算)	Equals: Value Added, Gross, in basic prices	92361	116950	132336	129054	
加：税减产品补贴	Plus: Taxes Less Subsidies on Products	6627	8693	9857	9582	9967
按2005年价格计算	At Constant Prices of 2005	111581	125643	130972	126352	130170
农业、狩猎业、林业和渔业	Agriculture, Hunting, Forestry; Fishing	1037	1271	1323		
采掘业	Mining and Quarrying	2325	1920	1990		
制造业	Manufacturing	14972	17192	17903		
电、煤气和水供应业	Electricity, Gas and Water Supply	2229	2057	2212		
建筑业	Construction	6550	6117	5518		
批发、零售贸易；机动车及个人、家庭用品修理业	Wholesale, Retail Trade, Repair of Motor Vehicles, Motorcycles and Personal and Household Goods	13571	15641	15852		
旅馆和饭店业	Hotels and Restaurants	3278	3643	3695		
运输、仓储和通讯	Transport, Storage and Communications	6129	7442	8072		
金融中介	Financial Intermediation	8411	10285	11166		
房地产、租赁及商务活动	Real Estate, Renting and Business Activities	26793	30761	33189		
公共管理和国防；社会基本保障	Public Administration and Defence; Compulsory Social Security	8809	9463	9909		
教育	Education	6044	6379	6622		
卫生和社会工作	Health and Social Work	7089	8333	9118		
其他团体、社会和个人服务活动	Other Community, Social and Personal Services	5179	5140	5302		
雇人的私人住户	Private Households with Employed Persons	160	153	170		
增加值总额(按基本价格计算)	Equals: Value Added, Gross, in basic prices	105095	116950	121520	117013	120579
阿 根 廷	**Argentina**					
按当年价格计算	at Current Prices	2842	5319	10328	11455	14427
农业、狩猎业和林业	Agriculture, Hunting, Forestry	127	448	908	772	1299
渔业	Fishing	6	16	24	22	25
采掘业	Mining and Quarrying	71	288	357	385	477
制造业	Manufacturing	469	1141	2012	2242	2717
电、煤气和水供应业	Electricity, Gas and Water Supply	66	85	123	135	157
建筑业	Construction	133	241	566	602	742
批发、零售贸易；机动车及个人、家庭用品修理业	Wholesale, Retail Trade, Repair of Motor Vehicles, Motorcycles and Personal and Household Goods	361	580	1125	1288	1613
旅馆和饭店业	Hotels and Restaurants	78	126	251	273	335
运输、仓储和通讯	Transport, Storage and Communications	241	444	803	867	1073
金融中介	Financial Intermediation	115	214	486	598	766
房地产、租赁及商务活动	Real Estate, Renting and Business Activities	445	536	1042	1210	1403
公共管理和国防；社会基本保障	Public Administration and Defence; Compulsory Social Security	178	266	582	732	916
教育	Education	136	209	521	638	767
卫生和社会工作	Health and Social Work	105	135	289	334	391
其他团体、社会和个人服务活动	Other Community, Social and Personal Services	111	162	332	422	488
雇人的私人住户	Private Households with Employed Persons	34	38	51	56	62
增加值总额(按基本价格计算)	Equals: Value Added, Gross, in basic prices	2675	4928	9472	10576	13232
加：税减产品补贴	Plus: Taxes Less Subsidies on Products	210	422	933	985	1316

3-10 续表 18 continued

单位：亿本币 (100 million local currency units)

国家和地区	Country or Area	2000	2005	2008	2009	2010
阿根廷(续)	**Argentina(continued)**					
按1993年价格计算	At Constant Prices of 1993	2762	3048	3834	3867	4221
农业、狩猎业和林业	Agriculture, Hunting, Forestry	146	170	185	156	200
渔业	Fishing	4	3	5	4	5
采掘业	Mining and Quarrying	49	51	52	52	51
制造业	Manufacturing	439	505	618	615	675
电、煤气和水供应业	Electricity, Gas and Water Supply	73	86	99	100	106
建筑业	Construction	143	176	236	227	239
批发、零售贸易；机动车及个人、家庭用品修理业	Wholesale, Retail Trade, Repair of Motor Vehicles, Motorcycles and Personal and Household Goods	364	385	499	498	562
旅馆和饭店业	Hotels and Restaurants	72	75	94	95	102
运输、仓储和通讯	Transport, Storage and Communications	235	291	421	449	496
金融中介	Financial Intermediation	174	119	203	204	222
房地产、租赁及商务活动	Real Estate, Renting and Business Activities	405	422	489	509	530
公共管理和国防；社会基本保障	Public Administration and Defence; Compulsory Social Security	144	149	168	176	185
教育	Education	120	136	152	158	165
卫生和社会工作	Health and Social Work	101	110	130	136	143
其他团体、社会和个人服务活动	Other Community, Social and Personal Services	118	140	173	180	185
雇人的私人住户	Private Households with Employed Persons	39	35	40	41	42
增加值总额(按基本价格计算)	Equals: Value Added, Gross, in basic prices	2625	2854	3565	3600	3909
加：税减产品补贴	Plus: Taxes Less Subsidies on Products	220	220	313	310	355
巴　西	**Brazil**					
按当年价格计算	at Current Prices	11795	21472	30322	32394	37701
农业、狩猎业、林业和渔业	Agriculture, Hunting, Forestry; Fishing	572	1052	1526	1572	1712
采掘业	Mining and Quarrying	163	454	835	511	959
制造业	Manufacturing	1759	3333	4291	4653	5236
电、煤气和水供应业	Electricity, Gas and Water Supply	348	704	809	866	1039
建筑业	Construction	564	902	1266	1468	1825
批发、零售贸易；机动车及个人、家庭用品修理业	Wholesale, Retail Trade, Repair of Motor Vehicles, Motorcycles and Personal and Household Goods	1692	3084	4770	5171	
旅馆和饭店业	Hotels and Restaurants	182	300	458	544	
运输、仓储和通讯	Transport, Storage and Communications	866	1647	2270	2340	2659
金融中介	Financial Intermediation	609	1299	1754	2022	2424
房地产、租赁及商务活动	Real Estate, Renting and Business Activities	1154	1659	2103	2338	2528
公共管理和国防；社会基本保障	Public Administration and Defence; Compulsory Social Security	964	1838	2558	2858	
教育	Education	536	822	1274	1446	
卫生和社会工作	Health and Social Work	399	657	1004	1136	
其他团体、社会和个人服务活动	Other Community, Social and Personal Services	411	672	888	1020	
增加值总额(按基本价格计算)	Equals: Value Added, Gross, in basic prices	10216	18423	25804	27944	32272
加：税减产品补贴	Plus: Taxes Less Subsidies on Products	1578	3050	4518	4450	5429
按上年价格计算	At the Prices of Preceding Year	11109	20028	27990	30222	
农业、狩猎业、林业和渔业	Agriculture, Hunting, Forestry; Fishing	522	1155	1353	1479	
采掘业	Mining and Quarrying	99	350	556	808	
制造业	Manufacturing	1581	3242	4012	3916	
电、煤气和水供应业	Electricity, Gas and Water Supply	311	666	854	816	
建筑业	Construction	533	864	1200	1256	
批发、零售贸易；机动车及个人、家庭用品修理业	Wholesale, Retail Trade, Repair of Motor Vehicles, Motorcycles and Personal and Household Goods		2870	4346	4777	
旅馆和饭店业	Hotels and Restaurants		283	442	474	
运输、仓储和通讯	Transport, Storage and Communications	587	1478	2129	2233	
金融中介	Financial Intermediation	693	1020	1978	1891	
房地产、租赁及商务活动	Real Estate, Renting and Business Activities	1177	1583	1979	2158	
公共管理和国防；社会基本保障	Public Administration and Defence; Compulsory Social Security	1438	1620	2283	2661	
教育	Education		771	1077	1271	
卫生和社会工作	Health and Social Work		643	937	1035	
其他团体、社会和个人服务活动	Other Community, Social and Personal Services		610	823	940	
增加值总额(按基本价格计算)	Equals: Value Added, Gross, in basic prices	9636	17156	23970	25716	
加：税减产品补贴	Plus: Taxes Less Subsidies on Products	1473	2872	4020	4506	

3-10 续表 19 continued

单位：亿本币 (100 million local currency units)

国家和地区	Country or Area	2000	2005	2008	2009	2010
委内瑞拉①	**Venezuela①**					
按当年价格计算	at Current Prices	80	304	678	707	1017
农业、狩猎业、林业和渔业	Agriculture, Hunting, Forestry; Fishing	3	11	28	40	55
采掘业	Mining and Quarrying	14	92	184	110	274
制造业	Manufacturing	15	46	95	101	131
电、煤气和水供应业	Electricity, Gas and Water Supply	2	4	5	4	4
建筑业	Construction	6	20	60	74	82
批发、零售贸易；机动车及个人、家庭用品修理业	Wholesale, Retail Trade, Repair of Motor Vehicles, Motorcycles and Personal and Household Goods	6	26	67	84	105
旅馆和饭店业	Hotels and Restaurants	1	6	26	36	44
运输、仓储和通讯	Transport, Storage and Communications	5	16	39	45	55
金融中介	Financial Intermediation	2	5	18	20	23
房地产、租赁及商务活动	Real Estate, Renting and Business Activities	8	19	35	42	52
公共管理和国防；社会基本保障	Public Administration and Defence; Compulsory Social Security	4	13	30	36	42
教育	Education	5	15	31	39	46
卫生和社会工作	Health and Social Work	2	6	19	25	32
其他团体、社会和个人服务活动	Other Community, Social and Personal Services	1	4	13	15	18
增加值总额(按基本价格计算)	Equals: Value Added, Gross, in basic prices	76	284	649	671	965
加：税减产品补贴	Plus: Taxes Less Subsidies on Products	5	25	44	54	73
按1997年价格计算	At Constant Prices of 1997	41	47	59	57	56
农业、狩猎业、林业和渔业	Agriculture, Hunting, Forestry; Fishing	2	2	3	3	3
采掘业	Mining and Quarrying	6	6	6	6	6
制造业	Manufacturing	8	9	10	9	9
电、煤气和水供应业	Electricity, Gas and Water Supply	1	1	1	1	1
建筑业	Construction	3	2	4	4	4
批发、零售贸易；机动车及个人、家庭用品修理业	Wholesale, Retail Trade, Repair of Motor Vehicles, Motorcycles and Personal and Household Goods	3	4	6	6	5
旅馆和饭店业	Hotels and Restaurants	…	1	1	1	1
运输、仓储和通讯	Transport, Storage and Communications	3	3	5	5	6
金融中介	Financial Intermediation	1	2	2	2	2
房地产、租赁及商务活动	Real Estate, Renting and Business Activities	4	5	6	6	5
公共管理和国防；社会基本保障	Public Administration and Defence; Compulsory Social Security	2	3	3	3	4
教育	Education	2	3	3	3	4
卫生和社会工作	Health and Social Work	1	1	2	2	2
其他团体、社会和个人服务活动	Other Community, Social and Personal Services	1	1	1	1	1
增加值总额(按基本价格计算)	Equals: Value Added, Gross, in basic prices	38	44	54	53	52
加：税减产品补贴	Plus: Taxes Less Subsidies on Products	4	5	7	6	6
白俄罗斯	**Belarus**					
按当年价格计算	at Current Prices	91338	650671	1297908	1374422	1644761
农业、狩猎业、林业和渔业	Agriculture, Hunting, Forestry; Fishing	11000	54700	108000	113000	
制造业	Manufacturing	24700	189000	371000	353000	
电、煤气和水供应业	Electricity, Gas and Water Supply	1600	11000	18600	21300	
建筑业	Construction	5880	45000	121000	147000	
批发、零售贸易；机动车及个人、家庭用品修理业；旅馆和饭店业	Wholesale, Retail Trade, Repair of Motor Vehicles, Motorcycles and Personal and Households Goods; Hotels and Restaurants	9910	64400	144000	151000	

3-10 续表 20 continued

单位：亿本币 (100 million local currency units)

国家和地区	Country or Area	2000	2005	2008	2009	2010
白俄罗斯(续)	**Belarus(continued)**					
运输、仓储和通讯	Transport, Storage and Communications	10100	61700	113000	123000	
金融中介	Financial Intermediation	2180	16400	37100	58900	
房地产、租赁及商务活动	Real Estate, Renting and Business Activities	3930	35900	66000	83700	
公共管理和国防；社会基本保障	Public Administration and Defence; Compulsory Social Security	2810	28300	50100	54600	
教育	Education	4090	32800	52300	56300	
卫生和社会工作	Health and Social Work	2830	23100	40900	43000	
其他团体、社会和个人服务活动	Other Community, Social and Personal Services	601	4780	8360	9200	
增加值总额(按基本价格计算)	Equals: Value Added, Gross, in basic prices	79700	567000	1130000	1210000	
加：税减产品补贴	Plus: Taxes Less Subsidies on Products	13300	91200	188000	193000	
按上年价格计算	At the Prices of Preceding Year	32000	546848	1071197	1299866	1480813
农业、狩猎业和林业	Agriculture, Hunting, Forestry	4200	44066	86376	111390	116810
渔业	Fishing		524	1201	1407	997
采掘业	Mining and Quarrying		6007	8791	11808	17253
制造业	Manufacturing	9260	143291	277580	332428	363504
电、煤气和水供应业	Electricity, Gas and Water Supply	453	25309	36430	37311	45887
建筑业	Construction	1720	37135	92907	124023	144875
批发、零售贸易；机动车及个人、家庭用品修理业	Wholesale, Retail Trade, Repair of Motor Vehicles, Motorcycles and Personal and Household Goods		55509	112405	139244	176966
旅馆和饭店业	Hotels and Restaurants		6695	11878	12115	15488
运输、仓储和通讯	Transport, Storage and Communications	3540	44067	85089	90397	115355
金融中介	Financial Intermediation	862	14640	36706	48481	62050
房地产、租赁及商务活动	Real Estate, Renting and Business Activities	1843	26180	58569	76850	92856
公共管理和国防；社会基本保障	Public Administration and Defence; Compulsory Social Security	927	21723	43576	50735	53227
教育	Education	1400	25506	40467	48088	50569
卫生和社会工作	Health and Social Work	1030	17271	29966	36748	39599
其他团体、社会和个人服务活动	Other Community, Social and Personal Services	177	8597	17826	25793	31111
增加值总额(按基本价格计算)	Equals: Value Added, Gross, in basic prices	28600	476521	939767	1146816	1326547
加：税减产品补贴	Plus: Taxes Less Subsidies on Products	4070	77095	151357	185304	196123
捷　　克	**Czech Rep.**					
按当年价格计算	at Current Prices	22697	31161	38484	37392	37752
农业、狩猎业和林业	Agriculture, Hunting, Forestry	766	804	841		
渔业	Fishing	6	6	4		
采掘业	Mining and Quarrying	291	364	502		
制造业	Manufacturing	5321	7049	8190		
电、煤气和水供应业	Electricity, Gas and Water Supply	660	1038	1604		
建筑业	Construction	1280	1680	2193		
批发、零售贸易；机动车及个人、家庭用品修理业	Wholesale, Retail Trade, Repair of Motor Vehicles, Motorcycles and Personal and Household Goods	2740	3424	4291		
旅馆和饭店业	Hotels and Restaurants	434	528	603		
运输、仓储和通讯	Transport, Storage and Communications	1950	2680	3493		
金融中介	Financial Intermediation	563	815	1226		
房地产、租赁及商务活动	Real Estate, Renting and Business Activities	2654	3669	4709		
公共管理和国防；社会基本保障	Public Administration and Defence; Compulsory Social Security	1071	1555	1820		
教育	Education	787	1151	1371		
卫生和社会工作	Health and Social Work	698	1091	1323		
其他团体、社会和个人服务活动	Other Community, Social and Personal Services	613	894	1040		
雇人的私人住户	Private Households with Employed Persons	3	4	4		
增加值总额(按基本价格计算)	Equals: Value Added, Gross, in basic prices	20650	28078	34799	33705	34047
加：税减产品补贴	Plus: Taxes Less Subsidies on Products	2047	3082	3685	3687	3706

3-10 续表 21 continued

单位：亿本币 (100 million local currency units)

国家和地区	Country or Area	2000	2005	2008	2009	2010
法　国	**France**					
按当年价格计算	at Current Prices	14396	17180	19332	18892	19328
农业、狩猎业和林业	Agriculture, Hunting, Forestry	352	338	344	289	
渔业	Fishing	14	15	13	11	
采掘业	Mining and Quarrying	21	23	29	25	
制造业	Manufacturing	2067	2049	2081	1826	
电、煤气和水供应业	Electricity, Gas and Water Supply	203	254	275	283	
建筑业	Construction	666	875	1165	1110	
批发、零售贸易；机动车及个人、家庭用品修理业	Wholesale, Retail Trade, Repair of Motor Vehicles, Motorcycles and Personal and Household Goods	1357	1615	1775	1723	
旅馆和饭店业	Hotels and Restaurants	302	367	408	416	
运输、仓储和通讯	Transport, Storage and Communications	776	998	1117	1131	
金融中介	Financial Intermediation	664	753	809	873	
房地产、租赁及商务活动	Real Estate, Renting and Business Activities	3296	4226	5035	4934	
公共管理和国防；社会基本保障	Public Administration and Defence; Compulsory Social Security	1009	1182	1300	1348	
教育	Education	722	842	912	938	
卫生和社会工作	Health and Social Work	972	1304	1514	1576	
其他团体、社会和个人服务活动	Other Community, Social and Personal Services	422	546	626	633	
雇人的私人住户	Private Households with Employed Persons	66	88	102	103	
增加值总额(按基本价格计算)	Equals: Value Added, Gross, in basic prices	12891	15399	17351	17046	17380
加：税减产品补贴	Plus: Taxes Less Subsidies on Products	1505	1782	1981	1847	1948
按2005年价格计算	At Constant Prices of 2005	15866	17180	17992	17501	17760
增加值总额(按基本价格计算)	Equals: Value Added, Gross, in basic prices	14268	15399	16183	15789	16000
加：税减产品补贴	Plus: Taxes Less Subsidies on Products	1598	1782	1811	1714	1762
德　国	**Germany**					
按当年价格计算	at Current Prices	20625	22422	24812	23971	24988
农业、狩猎业和林业	Agriculture, Hunting, Forestry	232	173	200		
渔业	Fishing	2	2	2		
采掘业	Mining and Quarrying	52	39	57		
制造业	Manufacturing	4260	4587	5175		
电、煤气和水供应业	Electricity, Gas and Water Supply	341	471	495		
建筑业	Construction	962	801	952		
批发、零售贸易；机动车及个人、家庭用品修理业	Wholesale, Retail Trade, Repair of Motor Vehicles, Motorcycles and Personal and Household Goods	2053	2082	2314		
旅馆和饭店业	Hotels and Restaurants	301	331	380		
运输、仓储和通讯	Transport, Storage and Communications	1018	1162	1280		
金融中介	Financial Intermediation	778	958	842		
房地产、租赁及商务活动	Real Estate, Renting and Business Activities	4332	4980	5750		
公共管理和国防；社会基本保障	Public Administration and Defence; Compulsory Social Security	1180	1217	1269		
教育	Education	834	928	981		
卫生和社会工作	Health and Social Work	1241	1468	1585		
其他团体、社会和个人服务活动	Other Community, Social and Personal Services	912	973	1037		
雇人的私人住户	Private Households with Employed Persons	62	68	73		
增加值总额(按基本价格计算)	Equals: Value Added, Gross, in basic prices	18562	20239	22248	21406	22396
加：税减产品补贴	Plus: Taxes Less Subsidies on Products	2063	2183	2564	2565	2593

3-10 续表 22 continued

单位：亿本币 (100 million local currency units)

国家和地区	Country or Area	2000	2005	2008	2009	2010
德　国(续)	**Germany(continued)**					
按2000年价格计算	At Constant Prices of 2000	20625	21246	22768	21693	22481
农业、狩猎业和林业	Agriculture, Hunting, Forestry	232	241	238		
渔业	Fishing	2	1	1		
采掘业	Mining and Quarrying	52	31	30		
制造业	Manufacturing	4260	4518	4964		
电、煤气和水供应业	Electricity, Gas and Water Supply	341	393	339		
建筑业	Construction	962	763	788		
批发、零售贸易；机动车及个人、家庭用品修理业	Wholesale, Retail Trade, Repair of Motor Vehicles, Motorcycles and Personal and Household Goods	2053	2161	2219		
旅馆和饭店业	Hotels and Restaurants	301	293	324		
运输、仓储和通讯	Transport, Storage and Communications	1018	1149	1305		
金融中介	Financial Intermediation	778	644	761		
房地产、租赁及商务活动	Real Estate, Renting and Business Activities	4332	4809	5253		
公共管理和国防；社会基本保障	Public Administration and Defence; Compulsory Social Security	1180	1157	1181		
教育	Education	834	825	837		
卫生和社会工作	Health and Social Work	1241	1425	1605		
其他团体、社会和个人服务活动	Other Community, Social and Personal Services	912	896	917		
雇人的私人住户	Private Households with Employed Persons	62	62	66		
增加值总额(按基本价格计算)	Equals: Value Added, Gross, in basic prices	18562	19332	20845	19741	20524
加：税减产品补贴	Plus: Taxes Less Subsidies on Products	2063	1917	1940	1947	1963
意 大 利	**Italy**					
按当年价格计算	at Current Prices	11911	14295	15678	15197	15488
农业、狩猎业和林业	Agriculture, Hunting, Forestry	285	268	271		
渔业	Fishing	13	15	13		
采掘业	Mining and Quarrying	52	48	51		
制造业	Manufacturing	2230	2370	2580		
电、煤气和水供应业	Electricity, Gas and Water Supply	210	258	313		
建筑业	Construction	532	772	870		
批发、零售贸易；机动车及个人、家庭用品修理业	Wholesale, Retail Trade, Repair of Motor Vehicles, Motorcycles and Personal and Household Goods	1350	1510	1550		
旅馆和饭店业	Hotels and Restaurants	416	483	541		
运输、仓储和通讯	Transport, Storage and Communications	777	978	1030		
金融中介	Financial Intermediation	498	619	764		
房地产、租赁及商务活动	Real Estate, Renting and Business Activities	2130	2830	3180		
公共管理和国防；社会基本保障	Public Administration and Defence; Compulsory Social Security	631	837	913		
教育	Education	523	624	679		
卫生和社会工作	Health and Social Work	572	738	829		
其他团体、社会和个人服务活动	Other Community, Social and Personal Services	322	366	395		
雇人的私人住户	Private Households with Employed Persons	92	120	147		
增加值总额(按基本价格计算)	Equals: Value Added, Gross, in basic prices	10600	12800	14100	13700	
加：税减产品补贴	Plus: Taxes Less Subsidies on Products	1270	1450	1590	1530	
按2000年价格计算	At Constant Prices of 2000	11911	12448	12719	12055	12212
农业、狩猎业和林业	Agriculture, Hunting, Forestry	285	281	285		
渔业	Fishing	13	9	8		
采掘业	Mining and Quarrying	52	45	44		
制造业	Manufacturing	2231	2150	2162		
电、煤气和水供应业	Electricity, Gas and Water Supply	210	236	263		
建筑业	Construction	532	610	613		
批发、零售贸易；机动车及个人、家庭用品修理业	Wholesale, Retail Trade, Repair of Motor Vehicles, Motorcycles and Personal and Household Goods	1354	1359	1356		
旅馆和饭店业	Hotels and Restaurants	416	395	416		

3-10 续表 23 continued

单位：亿本币 (100 million local currency units)

国家和地区	Country or Area	2000	2005	2008	2009	2010
意大利(续)	**Italy(continued)**					
运输、仓储和通讯	Transport, Storage and Communications	777	921	949		
金融中介	Financial Intermediation	498	531	642		
房地产、租赁及商务活动	Real Estate, Renting and Business Activities	2134	2325	2394		
公共管理和国防；社会基本保障	Public Administration and Defence; Compulsory Social Security	631	683	689		
教育	Education	523	539	543		
卫生和社会工作	Health and Social Work	572	641	658		
其他团体、社会和个人服务活动	Other Community, Social and Personal Services	322	299	306		
雇人的私人住户	Private Households with Employed Persons	92	106	118		
增加值总额(按基本价格计算)	Equals: Value Added, Gross, in basic prices	10640	11133	11405	10761	10920
加：税减产品补贴	Plus: Taxes Less Subsidies on Products	1270	1313	1313	1294	1289
荷　兰	**Netherlands**					
按当年价格计算	at Current Prices	4180	5134	5962	5720	5915
农业、狩猎业和林业	Agriculture, Hunting, Forestry	96	93	93		
渔业	Fishing	3	2	2		
采掘业	Mining and Quarrying	91	126	216		
制造业	Manufacturing	581	652	718		
电、煤气和水供应业	Electricity, Gas and Water Supply	50	79	108		
建筑业	Construction	209	246	306		
批发、零售贸易；机动车及个人、家庭用品修理业	Wholesale, Retail Trade, Repair of Motor Vehicles, Motorcycles and Personal and Household Goods	520	592	668		
旅馆和饭店业	Hotels and Restaurants	76	85	90		
运输、仓储和通讯	Transport, Storage and Communications	266	332	350		
金融中介	Financial Intermediation	227	351	327		
房地产、租赁及商务活动	Real Estate, Renting and Business Activities	791	906	1170		
公共管理和国防；社会基本保障	Public Administration and Defence; Compulsory Social Security	261	325	362		
教育	Education	162	213	240		
卫生和社会工作	Health and Social Work	272	400	466		
其他团体、社会和个人服务活动	Other Community, Social and Personal Services	114	140	154		
雇人的私人住户	Private Households with Employed Persons	15	20	22		
增加值总额(按基本价格计算)	Equals: Value Added, Gross, in basic prices	3734	4562	5293	5096	5291
加：税减产品补贴	Plus: Taxes Less Subsidies on Products	445	572	669	624	623
按2000年价格计算	At Constant Prices of 2000	4180	4463	4885	4694	4777
农业、狩猎业和林业	Agriculture, Hunting, Forestry	96	99	103		
渔业	Fishing	3	2	2		
采掘业	Mining and Quarrying	91	87	91		
制造业	Manufacturing	581	605	642		
电、煤气和水供应业	Electricity, Gas and Water Supply	50	66	67		
建筑业	Construction	209	196	223		
批发、零售贸易；机动车及个人、家庭用品修理业	Wholesale, Retail Trade, Repair of Motor Vehicles, Motorcycles and Personal and Household Goods	520	579	669		
旅馆和饭店业	Hotels and Restaurants	76	67	67		
运输、仓储和通讯	Transport, Storage and Communications	266	321	350		
金融中介	Financial Intermediation	227	270	320		
房地产、租赁及商务活动	Real Estate, Renting and Business Activities	791	807	904		
公共管理和国防；社会基本保障	Public Administration and Defence; Compulsory Social Security	261	278	285		
教育	Education	162	165	165		
卫生和社会工作	Health and Social Work	272	321	349		
其他团体、社会和个人服务活动	Other Community, Social and Personal Services	114	120	127		
雇人的私人住户	Private Households with Employed Persons	15	16	16		
增加值总额(按基本价格计算)	Equals: Value Added, Gross, in basic prices	3734	4000	4386	4235	4323
加：税减产品补贴	Plus: Taxes Less Subsidies on Products	445	463	501	462	459

3-10 续表 24 continued

单位：亿本币 (100 million local currency units)

国家和地区	Country or Area	2000	2005	2008	2009	2010
俄罗斯联邦	**Russian Fed.**					
按当年价格计算	at Current Prices	73056	216098	412768	388072	451727
农业、狩猎业和林业	Agriculture, Hunting, Forestry	4364	8642	14866	15044	14732
渔业	Fishing		555	627	806	815
采掘业	Mining and Quarrying		20643	32846	28854	38374
制造业	Manufacturing	20836	33885	61639	50053	58278
电、煤气和水供应业	Electricity, Gas and Water Supply	872	6084	10340	13887	15008
建筑业	Construction	4288	9899	22253	21015	26068
批发、零售贸易；机动车及个人、家庭用品修理业	Wholesale, Retail Trade, Repair of Motor Vehicles, Motorcycles and Personal and Household Goods		36105	71377	60605	73738
旅馆和饭店业	Hotels and Restaurants		1678	3580	3437	3886
运输、仓储和通讯	Transport, Storage and Communications	5929	18970	32583	32496	37268
金融中介	Financial Intermediation	912	7012	15378	17072	17545
房地产、租赁及商务活动	Real Estate, Renting and Business Activities	6157	18288	39594	42206	47767
公共管理和国防；社会基本保障	Public Administration and Defence; Compulsory Social Security	3058	9591	18844	22032	23382
教育	Education	1794	4932	9707	11342	11575
卫生和社会工作	Health and Social Work	1460	5647	11978	13603	14396
其他团体、社会和个人服务活动	Other Community, Social and Personal Services	100	3247	6215	5860	5879
增加值总额(按基本价格计算)	Equals: Value Added, Gross, in basic prices	65304	185177	351827	338313	388711
加：税减产品补贴	Plus: Taxes Less Subsidies on Products	8334	30921	60942	49759	63017
按2003年价格计算	At Constant Prices of 2003		150967	185524		
农业、狩猎业和林业	Agriculture, Hunting, Forestry		7597	8775		
渔业	Fishing		635	649		
采掘业	Mining and Quarrying		8512	8040		
制造业	Manufacturing		22347	26251		
电、煤气和水供应业	Electricity, Gas and Water Supply		4421	4736		
建筑业	Construction		8725	12557		
批发、零售贸易；机动车及个人、家庭用品修理业	Wholesale, Retail Trade, Repair of Motor Vehicles, Motorcycles and Personal and Household Goods		30933	43016		
旅馆和饭店业	Hotels and Restaurants		1105	1519		
运输、仓储和通讯	Transport, Storage and Communications		14847	18071		
金融中介	Financial Intermediation		4889	6467		
房地产、租赁及商务活动	Real Estate, Renting and Business Activities		14562	21249		
公共管理和国防；社会基本保障	Public Administration and Defence; Compulsory Social Security		6601	7283		
教育	Education		3209	3286		
卫生和社会工作	Health and Social Work		3872	4060		
其他团体、社会和个人服务活动	Other Community, Social and Personal Services		2533	3079		
增加值总额(按基本价格计算)	Equals: Value Added, Gross, in basic prices		134405	164799		
加：税减产品补贴	Plus: Taxes Less Subsidies on Products		19125	24124		

3-10 续表 25 continued

单位：亿本币 (100 million local currency units)

国家和地区	Country or Area	2000	2005	2008	2009	2010
西 班 牙	**Spain**					
按当年价格计算	at Current Prices	6303	9088	10881	10539	10626
农业、狩猎业和林业	Agriculture, Hunting, Forestry	235	244	240		
渔业	Fishing	15	16	17		
采掘业	Mining and Quarrying	18	24	24		
制造业	Manufacturing	1061	1288	1453		
电、煤气和水供应业	Electricity, Gas and Water Supply	113	167	216		
建筑业	Construction	476	938	1136		
批发、零售贸易；机动车及个人、家庭用品修理业	Wholesale, Retail Trade, Repair of Motor Vehicles, Motorcycles and Personal and Household Goods	640	871	1061		
旅馆和饭店业	Hotels and Restaurants	434	610	722		
运输、仓储和通讯	Transport, Storage and Communications	418	563	663		
金融中介	Financial Intermediation	263	377	534		
房地产、租赁及商务活动	Real Estate, Renting and Business Activities	848	1341	1754		
公共管理和国防；社会基本保障	Public Administration and Defence; Compulsory Social Security	355	485	616		
教育	Education	279	389	482		
卫生和社会工作	Health and Social Work	290	449	589		
其他团体、社会和个人服务活动	Other Community, Social and Personal Services	204	305	376		
雇人的私人住户	Private Households with Employed Persons	58	71	79		
增加值总额(按基本价格计算)	Equals: Value Added, Gross, in basic prices	5706	8138	9960	9797	9724
加：税减产品补贴	Plus: Taxes Less Subsidies on Products	597	950	921	742	902
按2000年价格计算	At Constant Prices of 2000	6303	7401	8042	7743	7732
农业、狩猎业和林业	Agriculture, Hunting, Forestry	235	207	222		
渔业	Fishing	15	13	13		
采掘业	Mining and Quarrying	18	20	16		
制造业	Manufacturing	1061	1121	1128		
电、煤气和水供应业	Electricity, Gas and Water Supply	113	139	150		
建筑业	Construction	476	634	669		
批发、零售贸易；机动车及个人、家庭用品修理业	Wholesale, Retail Trade, Repair of Motor Vehicles, Motorcycles and Personal and Household Goods	640	734	818		
旅馆和饭店业	Hotels and Restaurants	434	476	497		
运输、仓储和通讯	Transport, Storage and Communications	418	475	519		
金融中介	Financial Intermediation	263	394	506		
房地产、租赁及商务活动	Real Estate, Renting and Business Activities	848	1018	1143		
公共管理和国防；社会基本保障	Public Administration and Defence; Compulsory Social Security	355	412	467		
教育	Education	279	323	359		
卫生和社会工作	Health and Social Work	290	359	416		
其他团体、社会和个人服务活动	Other Community, Social and Personal Services	204	251	279		
雇人的私人住户	Private Households with Employed Persons	58	67	69		
增加值总额(按基本价格计算)	Equals: Value Added, Gross, in basic prices	5706	6644	7261	7006	6992
加：税减产品补贴	Plus: Taxes Less Subsidies on Products	597	759	785	738	743

3-10 续表 26 continued

单位：亿本币 (100 million local currency units)

国家和地区	Country or Area	2000	2005	2008	2009	2010
乌 克 兰	**Ukraine**					
按当年价格计算	at Current Prices	1701	4415	9481	9133	10826
农业、狩猎业和林业	Agriculture, Hunting, Forestry	244	405	651	658	826
渔业	Fishing	2	2	2	3	3
采掘业	Mining and Quarrying	74	179	543	407	656
制造业	Manufacturing	311	869	1647	1419	1585
电、煤气和水供应业	Electricity, Gas and Water Supply	108	152	288	318	350
建筑业	Construction	57	164	292	215	325
批发、零售贸易；机动车及个人、家庭用品修理业	Wholesale, Retail Trade, Repair of Motor Vehicles, Motorcycles and Personal and Household Goods	146	560	1313	1300	1648
旅馆和饭店业	Hotels and Restaurants	8	24	97	80	103
运输、仓储和通讯	Transport, Storage and Communications	198	474	871	971	1110
金融中介	Financial Intermediation	31	198	690	667	705
房地产、租赁及商务活动	Real Estate, Renting and Business Activities	83	305	853	956	997
公共管理和国防；社会基本保障	Public Administration and Defence; Compulsory Social Security	65	205	450	469	522
教育	Education	72	209	435	492	557
卫生和社会工作	Health and Social Work	43	140	292	346	422
其他团体、社会和个人服务活动	Other Community, Social and Personal Services	19	74	182	173	190
增加值总额(按基本价格计算)	Equals: Value Added, Gross, in basic prices	1460	3960	8607	8473	10000
加：税减产品补贴	Plus: Taxes Less Subsidies on Products	258	529	1239	1169	1284
按上年价格计算	At the Prices of Preceding Year	1381	3545	7373	8081	9512
农业、狩猎业和林业	Agriculture, Hunting, Forestry	174	374	553	639	651
渔业	Fishing	1	2	2	2	2
采掘业	Mining and Quarrying		128	329	481	425
制造业	Manufacturing	381	644	1364	1302	1546
电、煤气和水供应业	Electricity, Gas and Water Supply	31	126	224	266	340
建筑业	Construction	51	125	216	168	218
批发、零售贸易；机动车及个人、家庭用品修理业	Wholesale, Retail Trade, Repair of Motor Vehicles, Motorcycles and Personal and Household Goods		380	975	1083	1399
旅馆和饭店业	Hotels and Restaurants		23	81	81	97
运输、仓储和通讯	Transport, Storage and Communications	158	462	768	808	986
金融中介	Financial Intermediation	19	191	408	548	705
房地产、租赁及商务活动	Real Estate, Renting and Business Activities	60	270	748	782	913
公共管理和国防；社会基本保障	Public Administration and Defence; Compulsory Social Security	61	141	332	471	476
教育	Education	57	163	328	439	484
卫生和社会工作	Health and Social Work	35	110	223	309	349
其他团体、社会和个人服务活动	Other Community, Social and Personal Services	11	64	146	140	170
增加值总额(按基本价格计算)	Equals: Value Added, Gross, in basic prices	1149	3203	6696	7519	8760
加：税减产品补贴	Plus: Taxes Less Subsidies on Products	243	414	892	980	1210
英 国	**United Kingdom**					
按当年价格计算	at Current Prices	9765	12541	14456	13950	14554
农业、狩猎业和林业	Agriculture, Hunting, Forestry	84	99			
渔业	Fishing	4	4			
采掘业	Mining and Quarrying	247	255			
制造业	Manufacturing	1508	1481			
电、煤气和水供应业	Electricity, Gas and Water Supply	159	250			
建筑业	Construction	460	659			
批发、零售贸易；机动车及个人、家庭用品修理业	Wholesale, Retail Trade, Repair of Motor Vehicles, Motorcycles and Personal and Household Goods	1039	1321			
旅馆和饭店业	Hotels and Restaurants	260	327			
运输、仓储和通讯	Transport, Storage and Communications	693	811			
金融中介	Financial Intermediation	461	939			
房地产、租赁及商务活动	Real Estate, Renting and Business Activities	1945	2665			

3-10 续表 27 continued

单位：亿本币 (100 million local currency units)

国家和地区	Country or Area	2000	2005	2008	2009	2010
公共管理和国防；社会基本保障	Public Administration and Defence; Compulsory Social Security	427	549			
教育	Education	481	623			
卫生和社会工作	Health and Social Work	554	815			
其他团体、社会和个人服务活动	Other Community, Social and Personal Services	382	535			
雇人的私人住户	Private Households with Employed Persons	40	53			
增加值总额(按基本价格计算)	Equals: Value Added, Gross, in basic prices	8643	11166	12957	12576	12980
加：税减产品补贴	Plus: Taxes Less Subsidies on Products	1122	1374	1499	1374	1574
按2006年价格计算	At Constant Prices of 2006	11424	12923	13631	12967	13142
增加值总额(按基本价格计算)	Equals: Value Added, Gross, in basic prices	10190	11476	12148	11568	11748
加：税减产品补贴	Plus: Taxes Less Subsidies on Products	1226	1421	1476	1380	1379
澳大利亚	**Australia**					
按当年价格计算	at Current Prices	7089	10014	12552	12847	
农业、狩猎业、林业和渔业	Agriculture, Hunting, Forestry; Fishing	251	272	296		
采掘业	Mining and Quarrying	349	664	895		
制造业	Manufacturing	791	998	1092		
电、煤气和水供应业	Electricity, Gas and Water Supply	168	228	293		
建筑业	Construction	369	668	858		
批发、零售贸易；机动车及个人、家庭用品修理业	Wholesale, Retail Trade, Repair of Motor Vehicles, Motorcycles and Personal and Household Goods	635	885	1113		
旅馆和饭店业	Hotels and Restaurants	183	238	285		
运输、仓储和通讯	Transport, Storage and Communications	590	804	1061		
金融中介	Financial Intermediation	574	919	1246		
房地产、租赁及商务活动	Real Estate, Renting and Business Activities	1313	1761	2284		
公共管理和国防；社会基本保障	Public Administration and Defence; Compulsory Social Security	359	519	613		
教育	Education	310	429	502		
卫生和社会工作	Health and Social Work	381	556	703		
其他团体、社会和个人服务活动	Other Community, Social and Personal Services	206	277	329		
增加值总额(按基本价格计算)	Equals: Value Added, Gross, in basic prices	6479	9225	11719	11978	
加：税减产品补贴	Plus: Taxes Less Subsidies on Products	610	790	833	865	
按2006年价格计算	At Constant Prices of 2006	8581	10123			
农业、狩猎业、林业和渔业	Agriculture, Hunting, Forestry; Fishing	260	281			
采掘业	Mining and Quarrying	742	756			
制造业	Manufacturing	965	1013			
电、煤气和水供应业	Electricity, Gas and Water Supply	215	221			
建筑业	Construction	436	687			
批发、零售贸易；机动车及个人、家庭用品修理业	Wholesale, Retail Trade, Repair of Motor Vehicles, Motorcycles and Personal and Household Goods	833	1010			
旅馆和饭店业	Hotels and Restaurants	173	201			
运输、仓储和通讯	Transport, Storage and Communications	538	682			
金融中介	Financial Intermediation	579	704			
房地产、租赁及商务活动	Real Estate, Renting and Business Activities	1688	2007			
公共管理和国防；社会基本保障	Public Administration and Defence; Compulsory Social Security	350	387			
教育	Education	396	424			
卫生和社会工作	Health and Social Work	482	602			
其他团体、社会和个人服务活动	Other Community, Social and Personal Services	284	330			
增加值总额(按基本价格计算)	Equals: Value Added, Gross, in basic prices	7906	9310			
加：税减产品补贴	Plus: Taxes Less Subsidies on Products	678	809			

3-11 支出法国内生产总值

Gross Domestic Product by Expenditure Approach

资料来源：世界银行WDI数据库。
Source: World Bank WDI Database.
单位：亿本币 (100 million local currency units)

国家和地区	Country or Area	1990	2000	2005	2010	2011
中　国	**China**					
按当年价格计算	At Current LCU					
居民消费支出	Household Final Consumption Expenditure	9451	45855	72653	140759	162813
政府消费支出	General Government Final Consumption Expenditure	2640	15661	26399	53356	61928
资本形成总额	Gross Capital Formation	6747	34843	77857	193604	229102
货物和服务出口	Exports Of Goods And Services	3001	23143	68577	118642	148362
货物和服务进口	Imports Of Goods And Services	2443	20753	58351	102930	129119
国内生产总值	GDP (current LCU)	18668	99215	184937	401513	472882
按2000年价格计算	At Constant Prices of 2000					
居民消费支出	Household Final Consumption Expenditure	19740	45855	62811	96502	105596
政府消费支出	General Government Final Consumption Expenditure	5503	15661	22823	36667	40223
资本形成总额	Gross capital formation	13234	34843	64760	121823	131418
货物和服务出口	Exports Of Goods And Services	5269	23143	65550	120818	131418
货物和服务进口	Imports Of Goods And Services	4044	20753	52290	89770	94069
国内生产总值	Gross domestic product	36806	99215	158017	268718	293708
中国香港	**Hong Kong, China**					
按当年价格计算	At Current LCU					
居民消费支出	Household Final Consumption Expenditure	3422	7771	8049	10853	
政府消费支出	General Government Final Consumption Expenditure	431	1202	1214	1472	
资本形成总额	Gross Capital Formation	1619	3618	2844	4135	
货物和服务出口	Exports Of Goods And Services	7824	18877	27471	38881	
货物和服务进口	Imports Of Goods And Services	7306	18291	25753	37903	
国内生产总值	GDP (current LCU)	5990	13177	13826	17439	18967
按2008年价格计算	At Constant Prices of 2008					
居民消费支出	Household Final Consumption Expenditure	5134	7789	8548	10760	
政府消费支出	General Government Final Consumption Expenditure	826	1232	1328	1467	
资本形成总额	Gross capital formation	1883	3010	2948	3860	
货物和服务出口	Exports Of Goods And Services	8019	18823	29029	36960	
货物和服务进口	Imports Of Goods And Services	7747	18954	27450	35694	
国内生产总值	Gross domestic product	7957	11685	14308	17354	18250
中国澳门	**Macao, China**					
按当年价格计算	At Current LCU					
居民消费支出	Household Final Consumption Expenditure	94	197	294	513	605
政府消费支出	General Government Final Consumption Expenditure	24	60	96	184	215
资本形成总额	Gross Capital Formation	60	57	250	301	385
货物和服务出口	Exports Of Goods And Services	264	492	894	2405	3282
货物和服务进口	Imports Of Goods And Services	201	317	589	1140	1566
国内生产总值	GDP (current LCU)	240	490	945	2262	2921
按2009年价格计算	At Constant Prices of 2009					
居民消费支出	Household Final Consumption Expenditure	131	285	364	490	540
政府消费支出	General Government Final Consumption Expenditure	43	93	118	175	191
资本形成总额	Gross capital formation	109	91	322	282	326
货物和服务出口	Exports Of Goods And Services	351	611	1083	2313	2967
货物和服务进口	Imports Of Goods And Services	224	390	670	1098	1412
国内生产总值	Gross domestic product	370	712	1237	2162	2610

3-11 续表 1 continued

单位：亿本币 (100 million local currency units)

国家和地区	Country or Area	1990	2000	2005	2010	2011
孟加拉国	**Bangladesh**					
按当年价格计算	At Current LCU					
居民消费支出	Household Final Consumption Expenditure	8321	18385	27598	51750	59010
政府消费支出	General Government Final Consumption Expenditure	421	1084	2053	3727	4311
资本形成总额	Gross Capital Formation	1711	5459	9092	16951	19479
货物和服务出口	Exports Of Goods And Services	614	3314	6147	12780	17878
货物和服务进口	Imports Of Goods And Services	1358	4559	8543	17369	24575
国内生产总值	GDP (current LCU)	10033	23709	37071	69432	78750
按1995/1996年价格计算	At Constant Prices of 1995/1996					
居民消费支出	Household Final Consumption Expenditure	11685	14974	18252	23672	24876
政府消费支出	General Government Final Consumption Expenditure	552	869	1461	1968	2129
资本形成总额	Gross capital formation	2172	4880	7278	9974	10953
货物和服务出口	Exports Of Goods And Services	916	2821	4403	6765	8818
货物和服务进口	Imports Of Goods And Services	1836	3600	5027	6619	8773
国内生产总值	Gross domestic product	12824	20493	26697	36084	38489
文　莱	**Brunei Darussalam**					
按当年价格计算	At Current LCU					
居民消费支出	Household Final Consumption Expenditure	17	26	36	39	
政府消费支出	General Government Final Consumption Expenditure	14	27	29	38	
资本形成总额	Gross Capital Formation	12	14	18	27	
货物和服务出口	Exports Of Goods And Services	39	70	111	137	
货物和服务进口	Imports Of Goods And Services	24	37	43	55	
国内生产总值	GDP (current LCU)	64	103	159	169	
按2000年价格计算	At Constant Prices of 2000					
居民消费支出	Household Final Consumption Expenditure	20	26	35	40	
政府消费支出	General Government Final Consumption Expenditure	21	27	29	41	
资本形成总额	Gross capital formation	15	14	17		
货物和服务出口	Exports Of Goods And Services	49	70	75	57	
货物和服务进口	Imports Of Goods And Services	30	37	43	55	
国内生产总值	Gross domestic product	83	103	115	118	
柬 埔 寨	**Cambodia**					
按当年价格计算	At Current LCU					
居民消费支出	Household Final Consumption Expenditure	5458	125065	221551	382462	
政府消费支出	General Government Final Consumption Expenditure	433	7369	10482	29850	
资本形成总额	Gross Capital Formation	489	24685	47557	81711	
货物和服务出口	Exports Of Goods And Services	368	70197	165046	254449	
货物和服务进口	Imports Of Goods And Services	765	86979	187355	280034	
国内生产总值	GDP (current LCU)	5983	140826	257543	470480	522545
按2004/2005年价格计算	At Constant Price of 2004/2005					
居民消费支出	Household Final Consumption Expenditure		125065	188752	257188	
政府消费支出	General Government Final Consumption Expenditure		7369	8871	18705	
资本形成总额	Gross capital formation		24685	43750	68906	
货物和服务出口	Exports Of Goods And Services		70197	153333	252984	
货物和服务进口	Imports Of Goods And Services		86980	174381	291559	
国内生产总值	Gross domestic product		140825	220091	304033	325106

3-11 续表 2 continued

单位：亿本币 (100 million local currency units)

国家和地区	Country or Area	1990	2000	2005	2010	2011
印　度	**India**					
按当年价格计算	At Current LCU					
居民消费支出	Household Final Consumption Expenditure	39214	140666	215954	433839	496159
政府消费支出	General Government Final Consumption Expenditure	6645	27340	40162	91072	103581
资本形成总额	Gross Capital Formation	13760	52830	127975	269203	314559
货物和服务出口	Exports Of Goods And Services	4064	27813	71209	174750	218171
货物和服务进口	Imports Of Goods And Services	4870	29752	81347	206600	264340
国内生产总值	GDP (current LCU)	56962	216865	369337	767415	885580
按2004/2005年价格计算	At Constant Prices of 2004/2005					
居民消费支出	Household Final Consumption Expenditure	100087	157920	208985	307212	324148
政府消费支出	General Government Final Consumption Expenditure	18349	32473	38601	59715	62762
资本形成总额	Gross capital formation	41038	63006	123693	197417	212347
货物和服务出口	Exports Of Goods And Services	10089	32329	71601	122442	141177
货物和服务进口	Imports Of Goods And Services	11509	39013	82908	154065	182521
国内生产总值	Gross domestic product	148762	255400	354324	523682	559586
印度尼西亚	**Indonesia**					
按当年价格计算	At Current LCU					
居民消费支出	Household Final Consumption Expenditure	1198020	8567983	17855964	36419965	46129255
政府消费支出	General Government Final Consumption Expenditure	186490	907797	2249806	5819213	3305065
资本形成总额	Gross Capital Formation	646690	3091640	6958288	20866288	24781826
货物和服务出口	Exports Of Goods And Services	534093	5694903	9451218	15808178	23022639
货物和服务进口	Imports Of Goods And Services	500457	4233179	8300834	14758341	18472349
国内生产总值	GDP (current LCU)	2108663	13897699	27742812	64362708	74270861
按2000年价格计算	At Constant Prices of 2000					
居民消费支出	Household Final Consumption Expenditure	4808077	8567983	10438051	13068009	13725912
政府消费支出	General Government Final Consumption Expenditure	842192	907797	1346256	1963976	2142119
资本形成总额	Gross capital formation	3170451	3091640	4270088	5609430	6246250
货物和服务出口	Exports Of Goods And Services	3017439	5694903	7936130	10713852	12231975
货物和服务进口	Imports Of Goods And Services	2559955	4233179	6397019	8309818	9589530
国内生产总值	Gross domestic product	9192410	13897699	17508151	23138380	24632420
以 色 列	**Israel**					
按当年价格计算	At Current LCU					
居民消费支出	Household Final Consumption Expenditure	647	2746	3352	4729	5063
政府消费支出	General Government Final Consumption Expenditure	317	1313	1547	1945	2077
资本形成总额	Gross Capital Formation	266	1043	1134	1298	1265
货物和服务出口	Exports Of Goods And Services	367	1900	2570	2997	3208
货物和服务进口	Imports Of Goods And Services	480	1908	2591	2839	3282
国内生产总值	GDP (current LCU)	1058	5092	6012	8130	8692
按2005年价格计算	At Constant Prices of 2005					
居民消费支出	Household Final Consumption Expenditure		2962	3352	4078	4225
政府消费支出	General Government Final Consumption Expenditure		1458	1547	1763	1827
资本形成总额	Gross capital formation		1188	1134	1332	1657
货物和服务出口	Exports Of Goods And Services		2246	2570	3123	3276
货物和服务进口	Imports Of Goods And Services		2419	2591	2958	3273
国内生产总值	Gross domestic product	3094	5426	6012	7366	7713

3-11 续表 3 continued

单位：亿本币 (100 million local currency units)

国家和地区	Country or Area	1990	2000	2005	2010	2011
日　本	**Japan**					
按当年价格计算	At Current LCU					
居民消费支出	Household Final Consumption Expenditure	2347039	2827722	2859356	2807132	
政府消费支出	General Government Final Consumption Expenditure	590250	863078	924681	953068	
资本形成总额	Gross Capital Formation	1448789	1279986	1132086	952642	
货物和服务出口	Exports Of Goods And Services	458631	554594	721219	731825	
货物和服务进口	Imports Of Goods And Services	416899	480730	650283	674192	
国内生产总值	GDP (current LCU)	4370229	5098600	5039030	4817732	4682576
按2005年价格计算	At Constant Prices of 2005					
居民消费支出	Household Final Consumption Expenditure	2406741	2738233	2911327	3002205	
政府消费支出	General Government Final Consumption Expenditure	611614	829908	924681	975405	
资本形成总额	Gross capital formation	1282454	1187520	1132086	965483	
货物和服务出口	Exports Of Goods And Services	346506	541958	721219	823083	
货物和服务进口	Imports Of Goods And Services	382336	549317	650283	653337	
国内生产总值	Gross domestic product	4244791	4748302	5039030	5112839	5077049
哈萨克斯坦	**Kazakhstan**					
按当年价格计算	At Current LCU					
居民消费支出	Household Final Consumption Expenditure		16090	37168	97925	126852
政府消费支出	General Government Final Consumption Expenditure		3140	8538	23588	26851
资本形成总额	Gross Capital Formation		4818	22831	54770	65128
货物和服务出口	Exports Of Goods And Services		14716	40642	95890	114308
货物和服务进口	Imports Of Goods And Services		12765	33950	63733	68095
国内生产总值	GDP (current LCU)		25999	75906	218155	273006
按2000年价格计算	At Constant Prices of 2000					
居民消费支出	Household Final Consumption Expenditure	29841	16192	25275	36896	39802
政府消费支出	General Government Final Consumption Expenditure	5040	3140	4620	6014	6350
资本形成总额	Gross capital formation	36376	4818	12423	18388	19371
货物和服务出口	Exports Of Goods And Services	16221	14716	20364	21486	19687
货物和服务进口	Imports Of Goods And Services	47503	12765	15483	15632	14690
国内生产总值	Gross domestic product	37450	25999	42579	57577	61895
韩　国	**Korea, Rep.**					
按当年价格计算	At Current LCU					
居民消费支出	Household Final Consumption Expenditure	949680	3303896	4654305	5983112	
政府消费支出	General Government Final Consumption Expenditure	220537	721009	1200101	1800538	
资本形成总额	Gross Capital Formation	700346	1843630	2568659	3419029	
货物和服务出口	Exports Of Goods And Services	521873	2326330	3397568	6144510	
货物和服务进口	Imports Of Goods And Services	541948	2153984	3163775	5817358	
国内生产总值	GDP (current LCU)	1866908	6032360	8652411	11732749	12371282
按2000年价格计算	At Constant Prices of 2000					
居民消费支出	Household Final Consumption Expenditure	2303400	3870351	4654305	5257728	
政府消费支出	General Government Final Consumption Expenditure	614771	962901	1200102	1529486	
资本形成总额	Gross capital formation	1415624	2199772	2568659	2724786	
货物和服务出口	Exports Of Goods And Services	500663	2124333	3397568	5140327	
货物和服务进口	Imports Of Goods And Services	776154	2176237	3163776	4416928	
国内生产总值	Gross domestic product	3849633	6946281	8652409	10436663	10815939

3-11 续表 4 continued

单位：亿本币 (100 million local currency units)

国家和地区	Country or Area	1990	2000	2005	2010	2011
老　挝	**Laos**					
按当年价格计算	At Current LCU					
居民消费支出	Household Final Consumption Expenditure		127492	236587	406663	461160
政府消费支出	General Government Final Consumption Expenditure		9150	23606	56206	65573
资本形成总额	Gross Capital Formation		18997	67259	144263	183449
货物和服务出口	Exports Of Goods And Services	694	41046	99562	210803	251954
货物和服务进口	Imports Of Goods And Services	1502	60301	135535	224836	293478
国内生产总值	GDP (current LCU)	6126	136384	291478	593099	668659
按2002年价格计算	At Constant Prices of 2002					
居民消费支出	Household Final Consumption Expenditure		146458	173414	215370	234048
政府消费支出	General Government Final Consumption Expenditure		10900	17303	29767	33280
资本形成总额	Gross capital formation		22828	49300	76402	93104
货物和服务出口	Exports Of Goods And Services		49323	72977	111642	127872
货物和服务进口	Imports Of Goods And Services		72462	99345	119074	148946
国内生产总值	Gross domestic product	86700	157860	213649	314108	339358
马来西亚	**Malaysia**					
按当年价格计算	At Current LCU					
居民消费支出	Household Final Consumption Expenditure	617	1559	2342	3680	
政府消费支出	General Government Final Consumption Expenditure	164	362	645	975	
资本形成总额	Gross Capital Formation	385	958	1044	1640	
货物和服务出口	Exports Of Goods And Services	888	4270	6137	7453	
货物和服务进口	Imports Of Goods And Services	862	3585	4944	6089	
国内生产总值	GDP (current LCU)	1191	3564	5224	7660	8527
按2000年价格计算	At Constant Prices of 2000					
居民消费支出	Household Final Consumption Expenditure	905	1559	2162	2976	
政府消费支出	General Government Final Consumption Expenditure	216	362	584	750	
资本形成总额	Gross capital formation	491	958	962	1343	
货物和服务出口	Exports Of Goods And Services	1332	4270	5543	6150	
货物和服务进口	Imports Of Goods And Services	1214	3585	4758	5624	
国内生产总值	Gross domestic product	1794	3564	4493	5596	5883
蒙　古	**Mongolia**					
按当年价格计算	At Current LCU					
居民消费支出	Household Final Consumption Expenditure	65	9194	16781	45156	55054
政府消费支出	General Government Final Consumption Expenditure	31	1874	3692	11551	15162
资本形成总额	Gross Capital Formation	37	3551	11414	34327	63323
货物和服务出口	Exports Of Goods And Services	23	6610	17874	46027	68737
货物和服务进口	Imports Of Goods And Services	52	8310	19347	52466	93278
国内生产总值	GDP (current LCU)	105	12241	30414	84145	108297
按2005年价格计算	At Constant Prices of 2005					
居民消费支出	Household Final Consumption Expenditure			16781	29103	32980
政府消费支出	General Government Final Consumption Expenditure			3692	5112	6198
资本形成总额	Gross capital formation			11414	17546	28517
货物和服务出口	Exports Of Goods And Services			17874	28411	36246
货物和服务进口	Imports Of Goods And Services			19347	38343	54876
国内生产总值	Gross domestic product	22273	22217	30414	41628	48814

3-11 续表 5 continued

单位：亿本币 (100 million local currency units)

国家和地区	Country or Area	1990	2000	2005	2010	2011
巴基斯坦	**Pakistan**					
按当年价格计算	At Current LCU					
居民消费支出	Household Final Consumption Expenditure	6314	28840	50015	112838	148891
政府消费支出	General Government Final Consumption Expenditure	1296	3307	5099	11788	14812
资本形成总额	Gross Capital Formation	1621	6591	12402	22797	24211
货物和服务出口	Exports Of Goods And Services	1330	5143	10198	20108	21494
货物和服务进口	Imports Of Goods And Services	2000	5620	12716	27840	28779
国内生产总值	GDP (current LCU)	8559	38261	64998	148365	180629
按1999/2000年价格计算	At Constant Prices of 1999/2000					
居民消费支出	Household Final Consumption Expenditure	18692	28840	36707	43554	47189
政府消费支出	General Government Final Consumption Expenditure	3092	3307	3968	5738	5561
资本形成总额	Gross capital formation	5403	6591	7805	9161	9151
货物和服务出口	Exports Of Goods And Services	3301	5143	8789	10471	8980
货物和服务进口	Imports Of Goods And Services	4565	5620	8451	8879	9422
国内生产总值	Gross domestic product	25998	38261	48818	60044	61459
菲律宾	**Philippines**					
按当年价格计算	At Current LCU					
居民消费支出	Household Final Consumption Expenditure	7671	25853	42591	64420	72854
政府消费支出	General Government Final Consumption Expenditure	1088	4090	5133	8753	9956
资本形成总额	Gross Capital Formation	2602	6577	12236	18494	15518
货物和服务出口	Exports Of Goods And Services	2964	18394	26195	31335	28223
货物和服务进口	Imports Of Goods And Services	3585	19107	29378	32967	32132
国内生产总值	GDP (current LCU)	10772	35807	56778	90035	97348
按2000年价格计算	At Constant Prices of 2000					
居民消费支出	Household Final Consumption Expenditure	17746	25853	33018	39458	42132
政府消费支出	General Government Final Consumption Expenditure	3477	4090	4169	5702	6106
资本形成总额	Gross capital formation	6577	6577	9450	11837	13486
货物和服务出口	Exports Of Goods And Services	8705	18394	22128	28861	30160
货物和服务进口	Imports Of Goods And Services	9341	19107	23952	28843	32749
国内生产总值	Gross domestic product	27001	35807	44813	57015	59135
新加坡	**Singapore**					
按当年价格计算	At Current LCU					
居民消费支出	Household Final Consumption Expenditure	319	682	838	1190	1287
政府消费支出	General Government Final Consumption Expenditure	67	177	219	326	337
资本形成总额	Gross Capital Formation	247	540	417	686	733
货物和服务出口	Exports Of Goods And Services	1249	3127	4795	6423	6829
货物和服务进口	Imports Of Goods And Services	1178	2918	4181	5542	5958
国内生产总值	GDP (current LCU)	668	1626	2088	3100	3268
按2005年价格计算	At Constant Prices of 2005					
居民消费支出	Household Final Consumption Expenditure	362	676	838	1034	1077
政府消费支出	General Government Final Consumption Expenditure	74	182	219	289	291
资本形成总额	Gross capital formation	269	536	417	614	674
货物和服务出口	Exports Of Goods And Services	1071	3024	4795	6663	6835
货物和服务进口	Imports Of Goods And Services	976	2803	4181	5689	5827
国内生产总值	Gross domestic product	829	1654	2088	2857	2996

3-11 续表 6 continued

单位：亿本币 (100 million local currency units)

国家和地区	Country or Area	1990	2000	2005	2010	2011
斯里兰卡	**Sri Lanka**					
按当年价格计算	At Current LCU					
居民消费支出	Household Final Consumption Expenditure	2443	9062	16928	36847	44546
政府消费支出	General Government Final Consumption Expenditure	314	1322	3210	8726	4877
资本形成总额	Gross Capital Formation	715	3526	6580	15568	23893
货物和服务出口	Exports Of Goods And Services	971	4907	7932	12150	15780
货物和服务进口	Imports Of Goods And Services	1225	6240	10122	17268	23670
国内生产总值	GDP (current LCU)	3218	12576	24528	56041	65427
按2002年价格计算	At Constant Prices of 2002					
居民消费支出	Household Final Consumption Expenditure	6316	10696	13255	17546	16732
政府消费支出	General Government Final Consumption Expenditure	1166	2410	2668	4062	4747
资本形成总额	Gross capital formation	2091	4126	5150	7754	11301
货物和服务出口	Exports Of Goods And Services	2632	5675	6784	7039	9046
货物和服务进口	Imports Of Goods And Services	2814	6735	8439	9947	13188
国内生产总值	Gross domestic product	9613	15983	19417	26455	28639
泰　国	**Thailand**					
按当年价格计算	At Current LCU					
居民消费支出	Household Final Consumption Expenditure	12350	27629	40604	54297	58212
政府消费支出	General Government Final Consumption Expenditure	2054	5578	8436	13100	14044
资本形成总额	Gross Capital Formation	9030	11242	22302	26207	27348
货物和服务出口	Exports Of Goods And Services	7453	32873	52181	71998	81816
货物和服务进口	Imports Of Goods And Services	9095	28623	52975	64558	74305
国内生产总值	GDP (current LCU)	21835	49227	70929	101048	105394
按1988年价格计算	At Constant Prices of 1988					
居民消费支出	Household Final Consumption Expenditure	11109	16237	21093	23612	24459
政府消费支出	General Government Final Consumption Expenditure	1719	2771	3449	4564	4727
资本形成总额	Gross capital formation	7805	6231	9790	9925	10091
货物和服务出口	Exports Of Goods And Services	7096	19471	25544	31704	34809
货物和服务进口	Imports Of Goods And Services	8070	14977	21560	24163	26871
国内生产总值	Gross domestic product	19454	30084	38580	45961	45984
越　南	**Viet Nam**					
按当年价格计算	At Current LCU					
居民消费支出	Household Final Consumption Expenditure	355590	2935070	5331410	13175880	15998230
政府消费支出	General Government Final Consumption Expenditure	51770	283460	516520	1293130	1443052
资本形成总额	Gross Capital Formation	52720	1307710	2985430	7702110	8874200
货物和服务出口	Exports Of Goods And Services	151200	2430490	5820690	15358160	20455474
货物和服务进口	Imports Of Goods And Services	189960	2539270	6171570	17393630	22094897
国内生产总值	GDP (current LCU)	419550	4416460	8392110	19809140	25350080
按1988年价格计算	At Constant Prices of 1988					
居民消费支出	Household Final Consumption Expenditure		1824200	2544840	3789580	3979059
政府消费支出	General Government Final Consumption Expenditure		182450	256200	393230	417610
资本形成总额	Gross capital formation	150618	834960	1432910	2487020	2612159
货物和服务出口	Exports Of Goods And Services	226324	1419110	3257070	4361060	4993414
货物和服务进口	Imports Of Goods And Services	304946	1519960	3501450	5406630	6167531
国内生产总值	Gross domestic product	1318442	2736660	3930310	5516090	5840731

3-11 续表 7 continued

单位: 亿本币 (100 million local currency units)

国家和地区	Country or Area	1990	2000	2005	2010	2011
埃　及	**Egypt**					
按当年价格计算	At Current LCU					
居民消费支出	Household Final Consumption Expenditure	690	2580	3853	9017	9856
政府消费支出	General Government Final Consumption Expenditure	109	381	686	1347	1550
资本形成总额	Gross Capital Formation	277	665	968	2279	2694
货物和服务出口	Exports Of Goods And Services	193	551	1634	2576	3185
货物和服务进口	Imports Of Goods And Services	315	776	1756	3153	4120
国内生产总值	GDP (current LCU)	961	3401	5385	12066	13659
按1991/1992年价格计算	At Constant Prices of 1991/1992					
居民消费支出	Household Final Consumption Expenditure	938	1366	1589	2124	2037
政府消费支出	General Government Final Consumption Expenditure	134	201	233	271	344
资本形成总额	Gross capital formation	351	475	520	798	834
货物和服务出口	Exports Of Goods And Services	339	492	922	1473	1511
货物和服务进口	Imports Of Goods And Services	447	568	872	1373	1470
国内生产总值	Gross domestic product	1318	2006	2386	3220	3278
南　非	**South Africa**					
按当年价格计算	At Current LCU					
居民消费支出	Household Final Consumption Expenditure	1768	5808	9908	15754	17373
政府消费支出	General Government Final Consumption Expenditure	570	1673	3057	5722	6364
资本形成总额	Gross Capital Formation	514	1467	2821	5131	5850
货物和服务出口	Exports Of Goods And Services	702	2570	4302	7277	8543
货物和服务进口	Imports Of Goods And Services	544	2298	4376	7330	8724
国内生产总值	GDP (current LCU)	2898	9221	15711	26614	29643
按2005年价格计算	At Constant Prices of 2005					
居民消费支出	Household Final Consumption Expenditure	6252	8003	9908	11843	12411
政府消费支出	General Government Final Consumption Expenditure	2254	2412	3057	3832	4000
资本形成总额	Gross capital formation	1297	1853	2821	3582	3844
货物和服务出口	Exports Of Goods And Services	2234	3722	4302	4216	4466
货物和服务进口	Imports Of Goods And Services	1699	2993	4376	5181	5685
国内生产总值	Gross domestic product	10869	13018	15711	18383	18957
加拿大	**Canada**					
按当年价格计算	At Current LCU					
居民消费支出	Household Final Consumption Expenditure	3854	5960	7590	9406	
政府消费支出	General Government Final Consumption Expenditure	1514	2001	2599	3536	
资本形成总额	Gross Capital Formation	1422	2178	3033	3607	
货物和服务出口	Exports Of Goods And Services	1755	4907	5194	4781	
货物和服务进口	Imports Of Goods And Services	1746	4288	4683	5087	
国内生产总值	GDP (current LCU)	6799	10766	13738	16246	17187
按2005年价格计算	At Constant Prices of 2005					
居民消费支出	Household Final Consumption Expenditure	5085	6494	7590	8834	
政府消费支出	General Government Final Consumption Expenditure	2108	2287	2599	3048	
资本形成总额	Gross capital formation	1596	2302	3033	3224	
货物和服务出口	Exports Of Goods And Services	2274	5059	5194	4624	
货物和服务进口	Imports Of Goods And Services	2081	4027	4683	5173	
国内生产总值	Gross domestic product	9087	12117	13738	14588	14947

3-11 续表 8 continued

单位：亿本币 (100 million local currency units)

国家和地区	Country or Area	1990	2000	2005	2010	2011
古　巴	**Cuba**					
按当年价格计算	At Current LCU					
居民消费支出	Household Final Consumption Expenditure	116	186	226	319	
政府消费支出	General Government Final Consumption Expenditure	67	90	143	244	
资本形成总额	Gross Capital Formation	53	38	46	76	
货物和服务出口	Exports Of Goods And Services	65	43	90	126	
货物和服务进口	Imports Of Goods And Services	88	52	78	122	
国内生产总值	GDP (current LCU)	215	306	426	642	
按2005年价格计算	At Constant Prices of 2005					
居民消费支出	Household Final Consumption Expenditure	241	197	226	282	
政府消费支出	General Government Final Consumption Expenditure	109	104	143	183	
资本形成总额	Gross capital formation		39	54	71	
货物和服务出口	Exports Of Goods And Services	42	52	90	118	
货物和服务进口	Imports Of Goods And Services	101	55	78	96	
国内生产总值	Gross domestic product	385	334	426	553	
墨 西 哥	**Mexico**					
按当年价格计算	At Current LCU					
居民消费支出	Household Final Consumption Expenditure	5141	36825	61421	84729	89093
政府消费支出	General Government Final Consumption Expenditure	619	6126	9967	15244	17292
资本形成总额	Gross Capital Formation	1710	13122	21949	32681	35983
货物和服务出口	Exports Of Goods And Services	1374	17009	25074	39644	44462
货物和服务进口	Imports Of Goods And Services	1456	18106	26417	41540	46217
国内生产总值	GDP (current LCU)	7389	54977	92517	130893	143529
按2000年价格计算	At Constant Prices of 2000					
居民消费支出	Household Final Consumption Expenditure	30741	47832	55808	60803	63055
政府消费支出	General Government Final Consumption Expenditure	7261	9076	8994	10086	10587
资本形成总额	Gross capital formation	10658	19065	17838	18489	19869
货物和服务出口	Exports Of Goods And Services	5439	19076	22803	29124	31521
货物和服务进口	Imports Of Goods And Services	5725	20161	24340	30301	33482
国内生产总值	Gross domestic product	52645	74055	81141	88200	91673
美　国	**United States**					
按当年价格计算	At CurrentLCU					
居民消费支出	Household Final Consumption Expenditure	38354	68304	88035	102456	
政府消费支出	General Government Final Consumption Expenditure	9805	14137	19814	25227	
资本形成总额	Gross Capital Formation	10165	20367	25021	21957	
货物和服务出口	Exports Of Goods And Services	5521	10932	13051	18398	
货物和服务进口	Imports Of Goods And Services	6297	14753	20278	23567	
国内生产总值	GDP (current LCU)	57572	98988	125643	144471	150940
按2003年价格计算	At Constant Prices of 2003					
居民消费支出	Household Final Consumption Expenditure	52730	76069	88035	92253	
政府消费支出	General Government Final Consumption Expenditure	15948	17319	19814	21497	
资本形成总额	Gross capital formation	11951	22711	25021	20558	
货物和服务出口	Exports Of Goods And Services	5997	11874	13051	16632	
货物和服务进口	Imports Of Goods And Services	6726	16387	20278	20850	
国内生产总值	Gross domestic product	79626	111581	125643	130170	132383

3-11 续表 9 continued

单位：亿本币 (100 million local currency units)

国家和地区	Country or Area	1990	2000	2005	2010	2011
阿 根 廷	**Argentina**					
按当年价格计算	At Current LCU					
居民消费支出	Household Final Consumption Expenditure	532	2008	3263	8268	10391
政府消费支出	General Government Final Consumption Expenditure	22	392	634	2153	2790
资本形成总额	Gross Capital Formation	96	460	1141	3174	4158
货物和服务出口	Exports Of Goods And Services	71	309	1333	3132	4020
货物和服务进口	Imports Of Goods And Services	32	327	1021	2655	3598
国内生产总值	GDP (current LCU)	689	2842	5319	14427	18420
按1993年价格计算	At Constant Prices of 1993					
居民消费支出	Household Final Consumption Expenditure		1923	2003	2744	3036
政府消费支出	General Government Final Consumption Expenditure		364	374	531	589
资本形成总额	Gross capital formation	230	495	605	964	1171
货物和服务出口	Exports Of Goods And Services	165	313	431	547	571
货物和服务进口	Imports Of Goods And Services	64	345	343	590	695
国内生产总值	Gross domestic product	1771	2762	3048	4221	4596
巴 西	**Brazil**					
按当年价格计算	At Current LCU					
居民消费支出	Household Final Consumption Expenditure		7589	12942	22486	24995
政府消费支出	General Government Final Consumption Expenditure		2261	4276	7973	8566
资本形成总额	Gross Capital Formation		2153	3480	7630	8173
货物和服务出口	Exports Of Goods And Services		1177	3248	4099	4926
货物和服务进口	Imports Of Goods And Services		1385	2474	4488	5230
国内生产总值	GDP (current LCU)		11795	21472	37701	41430
按2000年价格计算	At Constant Prices of 2000					
居民消费支出	Household Final Consumption Expenditure	5360	7589	8347	11038	11490
政府消费支出	General Government Final Consumption Expenditure	2068	2261	2621	3134	3194
资本形成总额	Gross capital formation	1461	2153	2035	3269	3423
货物和服务出口	Exports Of Goods And Services	602	1177	1936	2201	2299
货物和服务进口	Imports Of Goods And Services	531	1385	1499	3082	3382
国内生产总值	Gross domestic product	9180	11795	13531	16822	17282
委内瑞拉	**Venezuela**					
按当年价格计算	At Current LCU					
居民消费支出	Household Final Consumption Expenditure	14	412	1422	5751	8390
政府消费支出	General Government Final Consumption Expenditure	2	99	336	1095	1407
资本形成总额	Gross Capital Formation	2	193	700	2107	2303
货物和服务出口	Exports Of Goods And Services	9	237	1206	2903	2999
货物和服务进口	Imports Of Goods And Services	4	144	622	1738	1861
国内生产总值	GDP (current LCU)	22	797	3041	10168	13575
按1997年价格计算	At Constant Prices of 1997					
居民消费支出	Household Final Consumption Expenditure	190	226	285	390	402
政府消费支出	General Government Final Consumption Expenditure	56	53	74	100	107
资本形成总额	Gross capital formation	32	116	139	203	173
货物和服务出口	Exports Of Goods And Services	79	120	117	78	80
货物和服务进口	Imports Of Goods And Services	44	105	150	214	224
国内生产总值	Gross domestic product	334	410	465	558	581

3-11 续表 10 continued

单位：亿本币 (100 million local currency units)

国家和地区	Country or Area	1990	2000	2005	2010	2011
捷 克	**Czech Rep.**					
按当年价格计算	At Current LCU					
居民消费支出	Household Final Consumption Expenditure	3087	11789	15376	18996	19253
政府消费支出	General Government Final Consumption Expenditure	1435	4601	6675	8080	7949
资本形成总额	Gross Capital Formation	1575	6793	8259	9471	9315
货物和服务出口	Exports Of Goods And Services	2831	13830	20078	25619	28522
货物和服务进口	Imports Of Goods And Services	2666	14316	19227	24414	26947
国内生产总值	GDP (current LCU)	6262	22697	31161	37752	38093
按2005年价格计算	At Constant Prices of 2005					
居民消费支出	Household Final Consumption Expenditure	11665	12916	15376	17238	17154
政府消费支出	General Government Final Consumption Expenditure	6795	5709	6675	7037	6939
资本形成总额	Gross capital formation	5722	7027	8259	8984	8844
货物和服务出口	Exports Of Goods And Services	5638	12875	20078	27683	30716
货物和服务进口	Imports Of Goods And Services	5592	13045	19227	25292	27189
国内生产总值	Gross domestic product	24432	25501	31161	35596	36185
丹 麦	**Denmark**					
按当年价格计算	At Current LCU					
居民消费支出	Household Final Consumption Expenditure	4232	6167	7451	8509	8679
政府消费支出	General Government Final Consumption Expenditure	2112	3251	4025	5102	5113
资本形成总额	Gross Capital Formation	1676	2741	3218	3012	3126
货物和服务出口	Exports Of Goods And Services	3123	6018	7570	8830	9572
货物和服务进口	Imports Of Goods And Services	2737	5237	6812	7907	8625
国内生产总值	GDP (current LCU)	8406	12940	15453	17546	17865
按2005年价格计算	At Constant Prices of 2005					
居民消费支出	Household Final Consumption Expenditure	5540	6680	7451	7735	7695
政府消费支出	General Government Final Consumption Expenditure	2964	3716	4025	4393	4348
资本形成总额	Gross capital formation	1989	2971	3218	2726	2802
货物和服务出口	Exports Of Goods And Services	3709	6404	7570	8159	8712
货物和服务进口	Imports Of Goods And Services	2967	5281	6812	7614	8010
国内生产总值	Gross domestic product	11236	14518	15453	15360	15513
法 国	**France**					
按当年价格计算	At Current LCU					
居民消费支出	Household Final Consumption Expenditure	5898	8090	9777	11242	11513
政府消费支出	General Government Final Consumption Expenditure	2245	3299	4081	4818	4893
资本形成总额	Gross Capital Formation	2326	2864	3431	3732	4121
货物和服务出口	Exports Of Goods And Services	2195	4148	4529	4953	5382
货物和服务进口	Imports Of Goods And Services	2334	4005	4638	5374	5943
国内生产总值	GDP (current LCU)	10330	14396	17180	19373	19966
按2005年价格计算	At Constant Prices of 2005					
居民消费支出	Household Final Consumption Expenditure	7481	8834	9777	10440	10472
政府消费支出	General Government Final Consumption Expenditure	3198	3750	4081	4440	4448
资本形成总额	Gross capital formation	2578	3148	3431	3267	3522
货物和服务出口	Exports Of Goods And Services	2091	4087	4529	4683	4930
货物和服务进口	Imports Of Goods And Services	2222	3956	4638	5103	5355
国内生产总值	Gross domestic product	13058	15866	17180	17716	18016

3-11 续表 11 continued

单位：亿本币 (100 million local currency units)

国家和地区	Country or Area	1990	2000	2005	2010	2011
德　国	**Germany**					
按当年价格计算	At Current LCU					
居民消费支出	Household Final Consumption Expenditure	8190	11950	13070	14230	14752
政府消费支出	General Government Final Consumption Expenditure	2727	3896	4173	4888	5014
资本形成总额	Gross Capital Formation	3280	4566	3841	4296	4687
货物和服务出口	Exports Of Goods And Services	3513	6836	9191	11598	12891
货物和服务进口	Imports Of Goods And Services	3522	6773	8031	10244	11615
国内生产总值	GDP (current LCU)	14163	20475	22244	24768	25708
按2005年价格计算	At Constant Prices of 2005					
居民消费支出	Household Final Consumption Expenditure	10647	12872	13070	13390	13577
政府消费支出	General Government Final Consumption Expenditure	3326	4102	4173	4626	4678
资本形成总额	Gross capital formation	3806	4484	3841	4276	4605
货物和服务出口	Exports Of Goods And Services	3713	6782	9191	11319	12251
货物和服务进口	Imports Of Goods And Services	3590	6621	8031	9920	10691
国内生产总值	Gross domestic product	17821	21592	22244	23688	24397
意大利	**Italy**					
按当年价格计算	At Current LCU					
居民消费支出	Household Final Consumption Expenditure	4021	7181	8477	9407	9691
政府消费支出	General Government Final Consumption Expenditure	1412	2192	2894	3274	3242
资本形成总额	Gross Capital Formation	1567	2495	3001	3145	3102
货物和服务出口	Exports Of Goods And Services	1348	3208	3716	4132	4545
货物和服务进口	Imports Of Goods And Services	1335	3093	3725	4434	4777
国内生产总值	GDP (current LCU)	7014	11983	14364	15532	15802
按2005年价格计算	At Constant Prices of 2005					
居民消费支出	Household Final Consumption Expenditure	6886	8170	8477	8581	8603
政府消费支出	General Government Final Consumption Expenditure	2508	2543	2894	2960	2933
资本形成总额	Gross capital formation	2383	2820	3001	2815	2689
货物和服务出口	Exports Of Goods And Services	2022	3435	3716	3830	4045
货物和服务进口	Imports Of Goods And Services	2107	3292	3725	4007	4023
国内生产总值	Gross domestic product	11673	13678	14364	14195	14256
荷　兰	**Netherlands**					
按当年价格计算	At Current LCU					
居民消费支出	Household Final Consumption Expenditure	1211	2108	2503	2670	9691
政府消费支出	General Government Final Consumption Expenditure	561	919	1217	1676	1691
资本形成总额	Gross Capital Formation	571	921	976	1099	1140
货物和服务出口	Exports Of Goods And Services	1376	2929	3575	4592	4979
货物和服务进口	Imports Of Goods And Services	1283	2697	3137	4153	4490
国内生产总值	GDP (current LCU)	2437	4180	5134	5884	6021
按2005年价格计算	At Constant Prices of 2005					
居民消费支出	Household Final Consumption Expenditure	1766	2394	2503	2517	2490
政府消费支出	General Government Final Consumption Expenditure	888	1091	1217	1501	1504
资本形成总额	Gross capital formation	701	1018	976	1011	1073
货物和服务出口	Exports Of Goods And Services	1451	2993	3575	4239	4399
货物和服务进口	Imports Of Goods And Services	1297	2692	3137	3753	3885
国内生产总值	Gross domestic product	3521	4808	5134	5509	5574

3-11 续表 12 continued

单位：亿本币 (100 million local currency units)

国家和地区	Country or Area	1990	2000	2005	2010	2011
波　兰	**Poland**					
按当年价格计算	At Current LCU					
居民消费支出	Household Final Consumption Expenditure	269	4774	6234	8686	
政府消费支出	General Government Final Consumption Expenditure	108	1298	1778	2673	
资本形成总额	Gross Capital Formation	144	1850	1894	2966	
货物和服务出口	Exports Of Goods And Services	161	2019	3647	5984	
货物和服务进口	Imports Of Goods And Services	121	2497	3719	6155	
国内生产总值	GDP (current LCU)	560	7444	9833	14164	15247
按2005年价格计算	At Constant Prices of 2005					
居民消费支出	Household Final Consumption Expenditure	3235	5405	6234	7645	
政府消费支出	General Government Final Consumption Expenditure	1062	1502	1778	2235	
资本形成总额	Gross capital formation	1023	1961	1894	2749	
货物和服务出口	Exports Of Goods And Services	891	2401	3647	5101	
货物和服务进口	Imports Of Goods And Services	647	2874	3719	5344	
国内生产总值	Gross domestic product	5828	8448	9833	12381	12920
俄罗斯联邦	**Russian Fed.**					
按当年价格计算	At Current LCU					
居民消费支出	Household Final Consumption Expenditure	3	33743	107923	233280	266853
政府消费支出	General Government Final Consumption Expenditure	1	11025	36459	87422	92422
资本形成总额	Gross Capital Formation	2	13657	43387	102650	134137
货物和服务出口	Exports Of Goods And Services	1	32189	76073	135019	151149
货物和服务进口	Imports Of Goods And Services	1	17558	46483	97537	116435
国内生产总值	GDP (current LCU)	6	73056	216098	451727	545856
按2000年价格计算	At Constant Prices of 2000					
居民消费支出	Household Final Consumption Expenditure	36448	33743	53336		
政府消费支出	General Government Final Consumption Expenditure	14669	11025	11862		
资本形成总额	Gross capital formation	69135	13657	21590		
货物和服务出口	Exports Of Goods And Services	39265	32189	49547		
货物和服务进口	Imports Of Goods And Services	46787	17558	40414		
国内生产总值	Gross domestic product	108552	73056	98414		
西 班 牙	**Spain**					
按当年价格计算	At Current LCU					
居民消费支出	Household Final Consumption Expenditure	1928	3760	5251	6205	
政府消费支出	General Government Final Consumption Expenditure	532	1080	1634	2217	2177
资本形成总额	Gross Capital Formation	833	1656	2686	2450	2367
货物和服务出口	Exports Of Goods And Services	515	1830	2334	2839	3232
货物和服务进口	Imports Of Goods And Services	619	2027	2813	3062	3296
国内生产总值	GDP (current LCU)	3191	6299	9093	10513	10734
按2005年价格计算	At Constant Prices of 2005					
居民消费支出	Household Final Consumption Expenditure	3415	4427	5253	5419	
政府消费支出	General Government Final Consumption Expenditure	937	1280	1634	1986	
资本形成总额	Gross capital formation	1547	2105	2686	2272	
货物和服务出口	Exports Of Goods And Services	763	1984	2334	2673	
货物和服务进口	Imports Of Goods And Services	839	2068	2813	2860	
国内生产总值	Gross domestic product	5877	7745	9093	9504	9571

3-11 续表 13 continued

单位：亿本币 (100 million local currency units)

国家和地区	Country or Area	1990	2000	2005	2010	2011
瑞　典	**Sweden**					
按当年价格计算	At Current LCU					
居民消费支出	Household Final Consumption Expenditure	7081	11137	13361	16049	16641
政府消费支出	General Government Final Consumption Expenditure	3898	5855	7252	8913	9282
资本形成总额	Gross Capital Formation	3403	4223	4914	6200	6829
货物和服务出口	Exports Of Goods And Services	4407	10539	13412	16559	17505
货物和服务进口	Imports Of Goods And Services	4308	9100	11246	14474	15333
国内生产总值	GDP (current LCU)	14474	22654	27694	33306	34925
按2005年价格计算	At Constant Prices of 2005					
居民消费支出	Household Final Consumption Expenditure	9459	11953	13361	14716	15012
政府消费支出	General Government Final Consumption Expenditure	5383	6997	7252	7811	7955
资本形成总额	Gross capital formation	4096	4418	4914	5590	6111
货物和服务出口	Exports Of Goods And Services	4973	10684	13412	15136	16186
货物和服务进口	Imports Of Goods And Services	5243	9791	11246	13361	14203
国内生产总值	Gross domestic product	18419	24251	27694	29900	31071
土 耳 其	**Turkey**					
按当年价格计算	At CurrentLCU					
居民消费支出	Household Final Consumption Expenditure		1175	4654	7873	9908
政府消费支出	General Government Final Consumption Expenditure		195	765	1575	1046
资本形成总额	Gross Capital Formation		346	1297	2200	2724
货物和服务出口	Exports Of Goods And Services		335	1418	2331	2736
货物和服务进口	Imports Of Goods And Services		385	1645	2940	3789
国内生产总值	GDP (current LCU)		1667	6489	10988	12949
按1998年价格计算	At Constant Prices of 1998					
居民消费支出	Household Final Consumption Expenditure	345	494	638	732	785
政府消费支出	General Government Final Consumption Expenditure	50	79	88	113	121
资本形成总额	Gross capital formation	108	162	211	254	272
货物和服务出口	Exports Of Goods And Services	60	155	221	255	240
货物和服务进口	Imports Of Goods And Services	65	166	253	297	290
国内生产总值	Gross domestic product	507	724	905	1059	1149
乌 克 兰	**Ukraine**					
按当年价格计算	At Current LCU					
居民消费支出	Household Final Consumption Expenditure		924	2446	6932	8806
政府消费支出	General Government Final Consumption Expenditure		356	823	2201	2470
资本形成总额	Gross Capital Formation		334	997	2118	2471
货物和服务出口	Exports Of Goods And Services		1062	2273	5494	6924
货物和服务进口	Imports Of Goods And Services		976	2236	5799	7505
国内生产总值	GDP (current LCU)		1701	4415	10826	13166
按2003年价格计算	At Constant Prices of 2003					
居民消费支出	Household Final Consumption Expenditure	2247	1131	2024	2829	2791
政府消费支出	General Government Final Consumption Expenditure	574	430	496	530	563
资本形成总额	Gross capital formation	2549	455	635	476	487
货物和服务出口	Exports Of Goods And Services	2216	1281	1663	1396	1459
货物和服务进口	Imports Of Goods And Services	3494	1348	1740	1769	1899
国内生产总值	Gross domestic product	4896	2127	3078	3233	3401

3-11 续表 14 continued

单位：亿本币 (100 million local currency units)

国家和地区	Country or Area	1990	2000	2005	2010	2011
英　　国	**United Kingdom**					
按当年价格计算	At Current LCU					
居民消费支出	Household Final Consumption Expenditure	3548	6400	8150	9420	9707
政府消费支出	General Government Final Consumption Expenditure	1125	1819	2683	3374	3396
资本形成总额	Gross Capital Formation	1151	1724	2138	2257	2251
货物和服务出口	Exports Of Goods And Services	1366	2697	3311	4409	4873
货物和服务进口	Imports Of Goods And Services	1486	2877	3738	4776	5151
国内生产总值	GDP (current LCU)	5703	9763	12543	14637	15076
按2005年价格计算	At Constant Prices of 2005					
居民消费支出	Household Final Consumption Expenditure	4987	6921	8150	8197	8099
政府消费支出	General Government Final Consumption Expenditure	1887	2280	2683	2823	2825
资本形成总额	Gross capital formation	1290	1839	2138	2117	2105
货物和服务出口	Exports Of Goods And Services	1389	2729	3311	3592	3757
货物和服务进口	Imports Of Goods And Services	1432	2894	3738	3843	3889
国内生产总值	Gross domestic product	8168	10886	12543	12857	12941
澳大利亚	**Australia**					
按当年价格计算	At Current LCU					
居民消费支出	Household Final Consumption Expenditure	2241	3874	5374	6982	7367
政府消费支出	General Government Final Consumption Expenditure	697	1168	1607	2339	2504
资本形成总额	Gross Capital Formation	1119	1733	2516	3598	3827
货物和服务出口	Exports Of Goods And Services	608	1281	1671	2541	2982
货物和服务进口	Imports Of Goods And Services	688	1417	1904	2581	2773
国内生产总值	GDP (current LCU)	4087	6638	9264	12848	13913
按2009年价格计算	At Constant Prices of 2009					
居民消费支出	Household Final Consumption Expenditure	3550	4894	5967	6863	7089
政府消费支出	General Government Final Consumption Expenditure	1251	1688	1959	2247	2340
资本形成总额	Gross capital formation	1499	2139	2829	3668	3855
货物和服务出口	Exports Of Goods And Services	1053	2255	2543	2996	3001
货物和服务进口	Imports Of Goods And Services	776	1486	2135	2908	3221
国内生产总值	Gross domestic product	6808	9504	11162	12836	13073
新 西 兰	**New Zealand**					
按当年价格计算	At Current LCU					
居民消费支出	Household Final Consumption Expenditure	455	702	955	1147	
政府消费支出	General Government Final Consumption Expenditure	141	203	290	403	
资本形成总额	Gross Capital Formation	148	251	397	387	
货物和服务出口	Exports Of Goods And Services	198	412	439	558	
货物和服务进口	Imports Of Goods And Services	196	392	475	528	
国内生产总值	GDP (current LCU)	736	1175	1606	1980	
按2005/2006年价格计算	At Constant Prices of 2005/2006					
居民消费支出	Household Final Consumption Expenditure	586	765	955	1024	
政府消费支出	General Government Final Consumption Expenditure	196	238	290	342	
资本形成总额	Gross capital formation	174	265	397	357	
货物和服务出口	Exports Of Goods And Services	217	374	439	485	
货物和服务进口	Imports Of Goods And Services	193	322	475	491	
国内生产总值	Gross domestic product	991	1321	1606	1664	

3-12 收入法国内生产总值

Gross Domestic Product by Income Approach

资料来源：经合组织OLIS数据库。
Source: OECD OLIS Database.

单位：亿本币 (100 million lccal currency units)

国家和地区	Country or Area	2000	2005	2009	2010	2011
以色列	**Israel**					
劳动者报酬	Compensation of Employees	2610	2973	3745	4024	
营业盈余和混合收入	Gross Operating Surplus and Gross Mixed Income	1714	2082	2780	2851	
税减产品补贴	Taxes Less Subsidies on Production and Imports	769	958	1137	1255	
国内生产总值	Gross Domestic Product	5092	6012	7663	8130	
日本	**Japan**					
劳动者报酬	Compensation of Employees	2710757	2584518	2431723	2437892	
营业盈余和混合收入	Gross Operating Surplus and Gross Mixed Income	1909982	2025260	1910007	1994368	
税减产品补贴	Taxes Less Subsidies on Production and Imports	382942	388545	351216	366678	
统计误差	Statistical Discrepancy	26219	19021	18439	18795	
国内生产总值	Gross Domestic Product	5029899	5017344	4711387	4817732	
韩国	**Korea, Rep.**					
劳动者报酬	Compensation of Employees	2589436	3963379	4936857	5262787	5580328
营业盈余和混合收入	Gross Operating Surplus and Gross Mixed Income	2738718	3719750	4526980	5148123	5430495
税减产品补贴	Taxes Less Subsidies on Production and Imports	704206	969280	1186531	1321839	1360459
国内生产总值	Gross Domestic Product	6032360	8652409	10650368	11732749	12371282
南非	**South Africa**					
劳动者报酬	Compensation of Employees	4423	6990	10778	12020	13177
营业盈余和混合收入	Gross Operating Surplus and Gross Mixed Income	3778	6736	10638	11728	13136
税减产品补贴	Taxes Less Subsidies on Production and Imports	1021	1985	2565	2867	3330
国内生产总值	Gross Domestic Product	9221	15711	23982	26614	29643
加拿大	**Canada**					
劳动者报酬	Compensation of Employees	5452	6951	8147	8496	
营业盈余和混合收入	Gross Operating Surplus and Gross Mixed Income	4038	5240	5500	6026	
税减产品补贴	Taxes Less Subsidies on Production and Imports	1283	1553	1641	1726	
统计误差	Statistical Discrepancy	-7	-6	2	-2	
国内生产总值	Gross Domestic Product	10766	13738	15290	16246	
墨西哥	**Mexico**					
劳动者报酬	Compensation of Employees	18661	27292	34738	36796	
营业盈余和混合收入	Gross Operating Surplus and Gross Mixed Income	36123	55765	73263	81032	
税减产品补贴	Taxes Less Subsidies on Production and Imports	5441	9149	10796	12603	
国内生产总值	Gross Domestic Product	60206	92206	118797	130432	
美国	**United States**					
劳动者报酬	Compensation of Employees	57935	70715	78072	79772	83032
营业盈余和混合收入	Gross Operating Surplus and Gross Mixed Income	35765	47186	50093	54209	56200
税减产品补贴	Taxes Less Subsidies on Production and Imports	6627	8693	9635	9980	10362
统计误差	Statistical Discrepancy	-1340	-951	1183	233	319
国内生产总值	Gross Domestic Product	98988	125643	138983	144194	149913
捷克	**Czech Rep.**					
劳动者报酬	Compensation of Employees	9150	12985	15675	15892	16261
营业盈余和混合收入	Gross Operating Surplus and Gross Mixed Income	11688	15345	18665	18762	18708
税减产品补贴	Taxes Less Subsidies on Production and Imports	1858	2831	3251	3342	3445
国内生产总值	Gross Domestic Product	22697	31161	37392	37752	38093
法国	**France**					
劳动者报酬	Compensation of Employees	7495	9005	10099	10327	10675
营业盈余和混合收入	Gross Operating Surplus and Gross Mixed Income	4927	5813	6274	6530	6576
税减产品补贴	Taxes Less Subsidies on Production and Imports	1973	2362	2485	2515	2715
国内生产总值	Gross Domestic Product	14396	17180	18858	19373	19966

3-12 续表 continued

单位：亿本币 (100 million lccal currency units)

国家和地区	Country or Area	2000	2005	2009	2010	2011
德　　国	**Germany**					
劳动者报酬	Compensation of Employees	11141	11394	12324	12693	13263
营业盈余和混合收入	Gross Operating Surplus and Gross Mixed Income	7430	8764	8972	9790	9996
税减产品补贴	Taxes Less Subsidies on Production and Imports	1904	2085	2449	2479	2667
国内生产总值	Gross Domestic Product	20475	22244	23745	24768	25708
意 大 利	**Italy**					
劳动者报酬	Compensation of Employees	4698	5829	6505	6568	6676
营业盈余和混合收入	Gross Operating Surplus and Gross Mixed Income	5668	6658	6825	6973	7071
税减产品补贴	Taxes Less Subsidies on Production and Imports	1617	1877	1867	1991	2049
国内生产总值	Gross Domestic Product	11983	14364	15197	15532	15802
荷　　兰	**Netherlands**					
劳动者报酬	Compensation of Employees	2118	2546	2985	3004	3066
营业盈余和混合收入	Gross Operating Surplus and Gross Mixed Income	1612	2000	2146	2248	2328
税减产品补贴	Taxes Less Subsidies on Production and Imports	450	588	602	635	625
国内生产总值	Gross Domestic Product	4180	5134	5711	5884	6035
波　　兰	**Poland**					
劳动者报酬	Compensation of Employees	2994	3522	4958	5215	5489
营业盈余和混合收入	Gross Operating Surplus and Gross Mixed Income	3544	5054	6873	7115	7734
税减产品补贴	Taxes Less Subsidies on Production and Imports	905	1258	1614	1836	2009
国内生产总值	Gross Domestic Product	7444	9833	13445	14166	15232
俄罗斯联邦	**Russian Fed.**					
劳动者报酬	Compensation of Employees	29372	94743	204116	225337	271676
营业盈余和混合收入	Gross Operating Surplus and Gross Mixed Income	31097	78871	119211	143867	165189
税减产品补贴	Taxes Less Subsidies on Production and Imports	12495	42484	64745	82524	108991
国内生产总值	Gross Domestic Product	72980	216098	387864	449392	545856
西 班 牙	**Spain**					
劳动者报酬	Compensation of Employees	3122	4320	5246	5128	5086
营业盈余和混合收入	Gross Operating Surplus and Gross Mixed Income	2548	3765	4464	4419	4642
税减产品补贴	Taxes Less Subsidies on Production and Imports	629	1007	771	942	905
国内生产总值	Gross Domestic Product	6299	9093	10478	10513	10734
英　　国	**United Kingdom**					
劳动者报酬	Compensation of Employees	5323	6775	7776	7964	8145
营业盈余和混合收入	Gross Operating Surplus and Gross Mixed Income	3155	4255	4698	4908	5081
税减产品补贴	Taxes Less Subsidies on Production and Imports	1284	1513	1545	1793	1941
统计误差	Statistical Discrepancy					-6
国内生产总值	Gross Domestic Product	9763	12543	13939	14637	15162
澳大利亚	**Australia**					
劳动者报酬	Compensation of Employees	3536	4872	6181	6660	
营业盈余和混合收入	Gross Operating Surplus and Gross Mixed Income	2747	4076	5474	5961	
税减产品补贴	Taxes Less Subsidies on Production and Imports	806	1067	1279	1347	
统计误差	Statistical Discrepancy				44	
国内生产总值	Gross Domestic Product	7089	10014	12847	14012	
新 西 兰	**New Zealand**					
劳动者报酬	Compensation of Employees	482	693	845		
营业盈余和混合收入	Gross Operating Surplus and Gross Mixed Income	551	715	802		
税减产品补贴	Taxes Less Subsidies on Production and Imports	143	198	231		
国内生产总值	Gross Domestic Product	1175	1606	1878		

3-13 三次产业对国内生产总值增长的贡献率

Share of the Contributions of the Three Strata of Industry to the Increase of GDP

资料来源：世界银行WDI数据库。
Source: World Bank WDI Database.

单位：% (%)

国家和地区	Country or Area	第一产业对国内生产总值增长的贡献率 Contributions of the Primary Industry to the Increase of GDP		第二产业对国内生产总值增长的贡献率 Contributions of the Secondary Industry to the Increase of GDP		第三产业对国内生产总值增长的贡献率 Contributions of the Tertiary Industry to the Increase of GDP	
		2000	2011	2000	2011	2000	2011
中　　国	China	4.4	4.6	60.8	51.6	34.8	43.7
孟加拉国	Bangladesh	30.4	14.9	25.8	36.2	43.8	48.9
文　　莱	Brunei Darussalam	2.3	-2.7②	66.5	35.2②	31.2	67.5②
柬 埔 寨	Cambodia	-1.7	19.0②	64.2	58.1②	37.4	22.8②
印　　度	India	…	6.2	37.7	14.5	62.3	79.3
印度尼西亚	Indonesia	6.1	6.9	53.9	32.4	40.0	60.6
伊　　朗	Iran	10.2	11.1③	60.1	47.0③	29.7	41.9③
日　　本	Japan	1.2	-2.1②	29.8	79.9②	68.9	22.3②
哈萨克斯坦	Kazakhstan	-3.2	4.8	60.1	22.7	43.2	72.6
韩　　国	Korea, Rep.	0.7	-2.4②	50.9	69.3②	48.4	33.0②
老　　挝	Laos	38.5	1.9	26.1	63.5	35.5	34.6
马来西亚	Malaysia	6.0	2.2②	70.6	48.2②	23.4	49.6②
蒙　　古	Mongolia	316.7	0.5	-25.5	27.7	-191.3	71.7
巴基斯坦	Pakistan	39.1	10.7	7.7	-0.7	53.2	90.0
菲 律 宾	Philippines	10.8	6.9	50.1	30.6	39.1	62.5
新 加 坡	Singapore	-0.1	…	46.1	43.9	54.0	56.1
斯里兰卡	Sri Lanka	4.4	7.2	34.2	17.4	61.4	75.4
泰　　国	Thailand	15.2	677.3	49.2	1646.7	35.6	-2224.0
越　　南	Viet Nam	16.2	6.7	51.0	44.6	32.8	48.7
埃　　及	Egypt	8.9	-14.3	30.5	-10.8	60.7	125.2
尼日利亚	Nigeria		-2.6③		-1.1③		103.7③
南　　非	South Africa	1.9	0.6	21.7	15.8	76.4	83.5
加 拿 大	Canada	-0.7	1.0②	47.8	50.1②	52.9	48.9②
墨 西 哥	Mexico	0.3	0.9	32.0	37.3	67.7	61.8
美　　国	United States	3.0	-1.4②	14.9	37.3②	82.1	64.1②
阿 根 廷	Argentina	15.0	3.0	137.4	14.2	-52.4	82.8
巴　　西	Brazil	1.9	9.3	16.9	16.0	81.2	74.7
委内瑞拉	Venezuela	9.6	5.1②	50.2	100.4②	40.2	-5.6②
捷　　克	Czech Rep.	2.6	-3.7②	53.2	66.0②	44.2	37.7②
法　　国	France	-1.0	-2.5①	26.9	58.7①	74.2	43.8①
德　　国	Germany	-0.1	-.1②	38.1	56.9②	62.0	43.2②
意 大 利	Italy	-1.5	1.1②	26.5	32.8②	75.1	66.1②
荷　　兰	Netherlands	1.1	1.3②	30.7	41.0②	68.2	57.7②
波　　兰	Poland	-5.0	-1.5②	35.1	70.6②	69.9	30.9②
俄罗斯联邦	Russian Fed.	8.5	-16.7②	48.2	72.4②	43.3	44.3②
西 班 牙	Spain	6.0	-78.6②	28.3	-874.5②	65.7	1053.1②
土 耳 其	Turkey	13.7	2.4	32.1	44.3	54.1	53.3
乌 克 兰	Ukraine	22.7	22.3	49.0	53.3	28.3	24.4
英　　国	United Kingdom	-0.1	-1.0②	9.3	34.6②	90.9	66.4②
澳大利亚	Australia	4.0	19.5	25.8	11.7	70.2	68.7
新 西 兰	New Zealand	5.4	-1.1①	5.8	233.0①	88.7	-131.9①

注：①2009年数据。②2010年数据。③2008年数据。
Note:①Data refer to 2009.②Data refer to 2010.③Data refer to 2008.

3-14 资本形成总额、消费支出及净出口对国内生产总值增长的贡献率

Share of the Contributions of Gross Capital Formation, Final Consumption Expenditure and External Balance on Goods and Services to the Increase of GDP

资料来源：世界银行数据库。
Source: World Bank Database.
单位：%　(%)

国家和地区	Country or Area	资本形成总额 Gross Capital Formation		消费支出 Final Consumption Expenditure		净出口 External Balance on Goods and Services	
		2000	2011	2000	2011	2000	2011
中　国	China	22.4	48.8	65.1	55.5	12.5	-4.3
中国香港	Hong Kong, China		35.6①		59.4①		5.0①
中国澳门	Macao, China	-172.1	9.7	-73.7	14.8	345.9	75.5
文　莱	Brunei Darussalam	-122.5	25.6①	-0.5	-63.0①	223.0	137.4①
印度尼西亚	Indonesia	46.9	32.9	20.3	40.8	32.7	26.3
伊　朗	Iran	37.5		74.7		-12.2	
以色列	Israel		86.6		56.6		-43.2
日　本	Japan		62.7②		5.0②		32.4②
哈萨克斯坦	Kazakhstan	33.7	29.2	47.3	96.3	19.0	-25.5
韩　国	Korea, Rep.	51.8③	51.6①	35.8③	46.0①	12.4③	2.4①
马来西亚	Malaysia	195.8	99.1①	158.6	49.5①	-254.5	-48.6①
巴基斯坦	Pakistan		35.4④		127.1④		-62.5④
菲律宾	Philippines		70.3①		37.1①		-7.4①
新加坡	Singapore	81.9	43.1	82.1	32.9	-64.0	24.0
泰　国	Thailand	52.5	10.6	72.1	64.2	-24.6	25.3
埃　及	Egypt		30.0		47.4		22.5
南　非	South Africa	10.2		66.7		23.1	
加拿大	Canada	28.4	48.7④	53.1	439.4④	18.5	-388.1④
墨西哥	Mexico	16.1③		88.3③		-4.4③	
阿根廷	Argentina		46.8①		75.4①		-22.2①
巴　西	Brazil		64.0④		94.4④		-58.4④
委内瑞拉	Venezuela	49.8		84.1		-33.9	
捷　克	Czech Rep.		-17.2		-22.4		139.6
法　国	France	46.6		64.4		-11.0	
德　国	Germany	50.7⑤	45.0	88.5⑤	32.9	-39.2⑤	22.1
意大利	Italy	33.2	64.5②	52.6	13.7②	14.2	21.9②
荷　兰	Netherlands	7.2	92.5	58.7	-35.7	34.2	43.2
俄罗斯联邦	Russian Fed.	85.8	-911.1①	36.2	-366.1①	-22.0	1377.2①
西班牙	Spain	55.2⑤		72.6⑤		-27.8⑤	
土耳其	Turkey	68.5⑤	93.3①	-13.9⑤	55.2①	45.4⑤	-48.5①
英　国	United Kingdom	50.4③		85.2③		-35.6③	
澳大利亚	Australia	22.0	94.0	68.6	160.9	9.4	-154.9
新西兰	New Zealand	-6.1	95.6①	21.9	103.5①	84.1	-99.1①

注：①2010年数据。②2009年数据。③1998年数据。④2008年数据。⑤1999年数据。
Note:①Data refer to 2010.②Data refer to 2009.③Data refer to 1998.④Data refer to 2008.⑤Data refer to 1999.

主要统计指标解释

国内生产总值 指生产活动总成果，等于所有常住单位创造的增加值的总和(包括产出价值中未包括的产品税，不包括各项产品补贴，不包括未计入产值的产品)。等于按购买者价格计算的货物和服务最终使用价值（不包括中间消费)减去进口的货物和服务价值，或等于常住生产单位初次收入分配的总和。计算国内生产总值不扣除折旧折的资产或自然资源的枯竭和退化。

按当年价格计算的国内生产总值 是按报告期价格计算的国内生产总值，即名义国内生产总值。

不变价格国内生产总值 指国内生产总值的物量水平。不变价格国内生产总值估计值等于按基期价格衡量的价值。理论上，价格和数量是价值量的两个组成部分，价格量中的基期价格可用当期价格替代。

按市场价格计算的国内生产总值 是按市场价格计算的所有居民生产者的增加值总和加上税减产品补贴。

支出法国内生产总值 指按购买者价格计算的总支出，包括最终消费支出，总固定资本形成，库存变动，耐用品及以离岸价计算的货物和服务出口，减去货物和服务的进口。

收入法国内生产总值 指雇员报酬加上生产税减补贴，加上混合收入和营业盈余。

生产法国内生产总值 是按基本价格计算的常住居民生产者增加值合计加上各种税减产品补贴。各行业增加值分类依据国际标准产业分类（ISIC 3.1 版）。

人均国内生产总值 指国内生产总值除以年中人口。数据用现价美元表示。

国民总收入 指国内生产总值减去生产税和进口税净额，减去支付给国外的雇员报酬和财产收入，加来自国外的雇员报酬和财产收入（即国内生产总值减去支付给非常住单位的初次收入，加上收到的非常住单位的初次收入)。按市场价格计算国民总收入的另一种方法是各部门所有初次收入的总和（国民总收入即国民生产总值，后者是以往国民核算中使用的概念）。为便于比较，用本币计算的国民总收入通常用官方汇率转换成以美元为单位，尽管官方汇率作为转换比率时被认为大大偏离国际交易实际采用比率。为平抑价格和汇率的波动，世界银行采用了特别的图表集法转换。图表集法用给定年份和其前两年的平均汇率作为转换因子，该转换因子根据该国及几个主要国家的通货膨胀率差异加以调整。到 2000 年为止，这些国家指法国、德国、日本、英国和美国等 5 个国家，2001 年开始，这些国家为欧元区、日本、英国和美国。

人均国民总收入 是用世界银行图表集法转换成美元计量的国民总收入除以年中人口，即原人均国民生产总值。

按购买力平价计算的人均国民总收入 指根据购买力平价计算的人均国民总收入。购买力平价国民总收入是用购买力平价比率转换成国际元计量的国民总收入。国民总收入中一国际元的购买力等于美国一美元购买力。

增加值总额 等于总产出减去中间消耗。用于衡量单个生产者、行业或部门生产活动对国内生产总值的贡献；增加值总额是国民核算账户（SNA）中初次收入形成的来源，因此被（从生产账户）结转到初次收入分配账户中进行反映。

按基本价格计算的增加值总额 等于按基本价格计算的总产出减去按购买者价格计算的中间消耗。基本价格等于生产者出售一个单位的货物和服务得到的收入，减去由此应付的税金，加上应收的补贴。基本价格作为生产或销售的价格单位，不包括生产者开具发票时单列的运输费用。

按要素成本计算的增加值总额 等于按市场价格计算的增加值总额减间接税与产品补贴。

按生产者价格计算的增加值总额 等于按生产者价格计算的总产出减去按购买者价格计算的中间消耗。

三次产业 根据《国际标准产业分类》(ISIC）第三版划分。

第一产业，即农业，指《国际标准产业分类》第三版中第 1 类至第 5 类，包括林业、狩猎业、渔业、种植业和畜牧业。

第二产业，指《国际标准产业分类》第三版中第 10 类至第 45 类，包括制造业（第 15-37 类)。第二产业包括采掘业，制造业，电力、煤气和水的供应业以及建筑业。

第三产业，即服务业，指《国际标准产业分类》第三版中第 50 类至第 99 类。包括批发零售贸易业（包括旅馆和饭店业)、交通运输业以及政府、金融、专业服务和个人服务，例如教育、卫生、房地产服务；还包括估算的银行服务费、进口税和加工或调整数据时的统计误差。

资本形成总额 是固定资产形成总额、存货变动和贵重物品获得减处置的价值合计。

资本形成率 即投资率，指资本形成总额占国内生产总值的比重。

居民消费率 居民最终消费支出占国内生产总值的比重。居民最终消费支出是居民购买的所有商品和服务的市场价值。包括耐用商品（如汽车、洗衣机和家用计算机)；不包括购买住房支出，但包括自有住房的估算租金；还包括支付给政府的获得许可权的费用。居民消费支出包括服务于居民的非盈利机构的支出。

消费支出 是居民消费支出、政府消费支出之和。它包括资源利用与供给之间的统计误差。

政府消费支出 包括政府购买商品和服务的经常性支出（包括雇员报酬)，主要包括国家防卫和安全支出，但是不包括政府军队支出中属于政府资本形成部分。

营业盈余 指核算企业为借入或租赁金融资产或有形非生产性资产而支付利息、租金或类似支出以及企业拥有的金融资产或有形非生产性资产获得的利息、租金或类似收入前，企业生产方面的盈亏（居民拥有的非公司性企业营业盈余称为混合收入)。

Explanatory Notes on Main Statistical Indicators

Gross Domestic Product An aggregate measure of production equal to the sum of the gross values added of all resident institutional units engaged in production (plus any taxes, and minus any subsidies, on products not included in the value of their outputs). The sum of the final uses of goods and services (all uses except intermediate consumption) measured in purchasers' prices, less the value of imports of goods and services, or the sum of primary incomes distributed by resident producer units. It is calculated without making deductions for depreciation of fabricated assets or for depletion and degradation of natural resources.

Gross Domestic Product at Current Price is GDP at prices of the current reporting period. Also known as nominal GDP

Gross Domestic Product at Constant Price refers to the volume level of GDP. Constant price estimates of GDP are obtained by expressing values in terms of a base period. In theory, the price and quantity components of a value are identified and the price in the base period is substituted for that in the current period. Two main methods are adopted in practice.

Expenditure-based GDP is total final expenditure at purchasers' prices (including final consumption expenditure, gross fixed capital formation, changes in inventories, valuables and f.o.b. value of exports of goods and services), less the f.o.b. value of imports of goods and services.

Income-based GDP is compensation of employees, plus taxes less subsidies on production and imports, plus gross mixed income, plus gross operating surplus.

Output-based GDP is the sum of the gross values added of all resident producers at basic prices, plus all taxes less subsidies on products. Describes the generation of gross value added by industrial classification of economic activities according to the International Standard Industrial Classification (ISIC Rev 3.1) .

GDP at Market Prices is the sum of the gross values added of all resident producers at market prices, plus taxes less subsidies on imports.

GDP per capita is gross domestic product divided by midyear population. Data are in current U.S. dollars.

Gross National Income is GDP less net taxes on production and imports, less compensation of employees and property income payable to the rest of the world plus the corresponding items receivable from the rest of the world (in other words, GDP less primary incomes payable to non- resident units plus primary incomes receivable from non-resident units). An alternative approach to measuring GNI at market prices is as the aggregate value of the balances of gross primary incomes for all sectors (note that gross national income is identical to gross national product (GNP) as previously used in national accounts generally). GNI, calculated in national currency, is usually converted to U.S. dollars at official exchange rates for comparisons across economies, although an alternative rate is used when the official exchange rate is judged to diverge by an exceptionally large margin from the rate actually applied in international transactions. To smooth fluctuations in prices and exchange rates, a special Atlas method of conversion is used by the World Bank. This applies a conversion factor that averages the exchange rate for a given year and the two preceding years, adjusted for differences in rates of inflation between the country, and through 2000, the G-5 countries (France, Germany, Japan, the United Kingdom, and the United States). From 2001, these countries include the Euro area, Japan, the United Kingdom, and the United States.

GNI per Capita in PPP GNI per capita based on purchasing power parity (PPP). PPP GNI is gross national income (GNI) converted to international dollars using purchasing power parity rates. An international dollar has the same purchasing power over GNI as a U.S. dollar has in the United States.

Gross Value Added is the value of output less the value of intermediate consumption; it is a measure of the contribution to GDP made by an individual producer, industry or sector; gross value added is the source from which the primary incomes of the SNA are generated and is therefore carried forward into the primary distribution of income account.

Gross Value Added at Basic Prices Output valued at basic prices less intermediate consumption valued at purchasers prices. The basic price is the amount receivable by the producer from the purchaser for a unit of a good or service produced as output minus any tax payable, and plus any subsidy receivable, on that unit as a consequence of its production or sale; it excludes any transport charges invoiced separately by the producer.

Gross Value Added at Factor Cost is GVA at market prices less any indirect taxes plus any subsidies.

Gross Value Added at Producer Prices is output valued at producer prices less intermediate consumption valued at purchasers of prices.

Three Strata of Industry The origin is determined by the International Standard Industrial Classification (ISIC), revision 3.

Primary Industry named as agriculture, corresponds to ISIC divisions 1-5 and includes forestry, hunting, and fishing, as well as cultivation of crops and livestock production.

Secondary Industry corresponds to ISIC divisions 10-45 and includes manufacturing (ISIC divisions 15-37). It comprises value added in mining, manufacturing (also reported as a separate subgroup), electricity, gas and water supply, construction.

Tertiary Industry named as services, corresponds to ISIC divisions 50-99. They include value added in wholesale and retail trade (including hotels and restaurants), transport, and government, financial, professional, and personal services such as education, health care, and real estate services. Also included are imputed bank service charges, import duties, and any statistical discrepancies noted by national compilers as well as discrepancies arising from rescaling.

Gross Capital Formation is the total value of the gross fixed capital formation, changes in inventories and acquisitions less disposals of valuables.

Capital Formation Rate namely investment rate, refers to gross capital formation as percentage of gross domestic product.

Household Final Consumption Rate refers to household final consumption expenditure as percentage of gross domestic of product.

Household Final Consumption Expenditure is the market value of all goods and services, including durable products (such as cars, washing machines, and home computers), purchased by households. It excludes purchases of dwellings but includes imputed rent for owner-occupied dwellings. It also includes payments and fees to governments to obtain permits and licenses. Here, household consumption expenditure includes the expenditures of nonprofit institutions serving households, even when reported separately by the country.

Consumption Expenditure is the sum of household final consumption expenditure and general government final consumption expenditure. This estimate includes any statistical discrepancy in the use of resources relative to the supply of resources.

General Government Final Consumption Expenditure includes all government current expenditures for purchases of goods and services (including compensation of employees). It also includes most expenditure on national defense and security, but excludes government military expenditures that are part of government capital formation.

Operating Surplus measures the surplus or deficit accruing from production before taking account of any interest, rent or similar charges payable on financial or tangible non-produced assets borrowed or rented by the enterprise, or any interest, rent or similar receipts receivable on financial or tangible non-produced assets owned by the enterprise (for unincorporated enterprises owned by households, this component is called mixed income).

人 口

Population

4-1　年中人口

Mid-year Population

资料来源：世界银行WDI数据库。
Source: World Bank WDI Database.

国家和地区	Country or Area	年中人口（万人）Mid-year Population (10 000 persons)				增长率(%) Growth Rate (%)
		2000	2005	2010	2011	2011
世　界	**World**	**611813.1**	**650318.6**	**689437.8**	**697373.8**	**1.2**
高收入国家	**High Income**	**104973.5**	**108671.1**	**112791.6**	**113500.4**	**0.6**
中等收入国家	**Middle Income**	**442206.1**	**469524.9**	**496665.8**	**502192.4**	**1.1**
中低收入国家	**Low and Middle Income**	**506839.6**	**541647.5**	**576646.1**	**583873.4**	**1.3**
低收入国家	**Low Income**	**64633.5**	**72122.6**	**79980.4**	**81681.0**	**2.1**
中　国	China	126264.5	130372.0	133782.5	134413.0	0.5
中国香港	Hong Kong, China	666.5	681.3	706.8	707.2	0.1
中国澳门	Macao, China	43.2	48.1	54.4	55.6	2.2
阿富汗	Afghanistan	2595.1	2990.5	3438.5	3532.0	2.7
阿尔巴尼亚	Albania	307.2	314.2	320.4	321.6	0.4
阿尔及利亚	Algeria	3053.4	3288.8	3546.8	3598.0	1.4
美属萨摩亚	American Samoa	5.8	6.3	6.8	7.0	1.6
安道尔	Andorra	6.5	7.8	8.5	8.6	1.5
安哥拉	Angola	1392.6	1648.9	1908.2	1961.8	2.8
安提瓜和巴布达	Antigua and Barbuda	7.8	8.4	8.9	9.0	1.0
阿根廷	Argentina	3693.1	3868.1	4041.2	4076.5	0.9
亚美尼亚	Armenia	307.6	306.6	309.2	310.0	0.3
阿鲁巴岛	Aruba	9.0	10.1	10.7	10.8	0.6
澳大利亚	Australia	1915.3	2039.5	2230.0	2262.1	1.4
奥地利	Austria	801.2	822.8	839.0	841.9	0.3
阿塞拜疆	Azerbaijan	804.9	839.2	905.4	916.8	1.2
巴哈马	Bahamas	29.8	31.9	34.3	34.7	1.2
巴　林	Bahrain	63.8	72.5	126.2	132.4	4.8
孟加拉国	Bangladesh	12959.2	14058.8	14869.2	15049.4	1.2
巴巴多斯	Barbados	26.8	27.1	27.3	27.4	0.2
白俄罗斯	Belarus	1000.5	977.6	949.0	947.3	-0.2
比利时	Belgium	1025.1	1047.9	1089.6	1100.8	1.0
伯利兹	Belize	25.0	29.2	34.5	35.7	3.4
贝　宁	Benin	651.8	763.4	885.0	910.0	2.8
百慕大	Bermuda	6.2	6.4	6.4	6.5	0.7
不　丹	Bhutan	57.1	65.9	72.6	73.8	1.7
玻利维亚	Bolivia	830.7	914.7	993.0	1008.8	1.6
波　黑	Bosnia and Herzegovinian	369.4	378.1	376.0	375.2	-0.2
博茨瓦纳	Botswana	175.8	187.6	200.7	203.1	1.2
巴　西	Brazil	17442.5	18598.7	19494.6	19665.5	0.9
文　莱	Brunei Darussalam	32.7	36.3	39.9	40.6	1.7
保加利亚	Bulgaria	817.0	774.0	753.4	747.6	-0.8
布基纳法索	Burkina Faso	1229.4	1419.8	1646.9	1696.8	3.0
布隆迪	Burundi	637.4	725.1	838.3	857.5	2.3
柬埔寨	Cambodia	1244.7	1335.8	1413.8	1430.5	1.2
喀麦隆	Cameroon	1567.8	1755.4	1959.9	2003.0	2.2
加拿大	Canada	3077.0	3231.2	3412.6	3448.3	1.0
佛得角	Cape Verde	43.7	47.3	49.6	50.1	0.9
开曼群岛	Cayman Islands	4.0	5.2	5.6	5.7	0.9
中　非	Central African Rep.	370.2	401.8	440.1	448.7	1.9
乍　得	Chad	822.2	978.6	1122.7	1152.5	2.6
海峡群岛	Channel Islands	14.5	14.9	15.3	15.4	0.3
智　利	Chile	1542.0	1630.2	1711.4	1727.0	0.9

4-1 续表 1 continued

国家和地区	Country or Area	年中人口（万人） Mid-year Population (10 000 persons)				增长率(%) Growth Rate (%)
		2000	2005	2010	2011	2011
哥伦比亚	Colombia	3976.4	4304.1	4629.5	4692.7	1.4
科摩罗	Comoros	56.2	64.3	73.5	75.4	2.6
刚果(金)	Congo, Dem. Rep.	4962.6	5742.1	6596.6	6775.8	2.7
刚果(布)	Congo, Rep.	313.6	353.3	404.3	414.0	2.4
哥斯达黎加	Costa Rica	391.9	430.9	465.9	472.7	1.4
科特迪瓦	Cote D'Ivoire	1658.2	1802.1	1973.8	2015.3	2.1
克罗地亚	Croatia	442.6	444.2	441.8	440.7	-0.2
古巴	Cuba	1110.4	1125.4	1125.8	1125.4	…
塞浦路斯	Cyprus	94.3	103.3	110.4	111.7	1.2
捷克	Czech Rep.	1027.2	1023.6	1052.0	1054.6	0.2
丹麦	Denmark	534.0	541.9	554.8	557.4	0.5
吉布提	Djibouti	73.2	80.8	88.9	90.6	1.9
多米尼克	Dominica	7.0	6.9	6.8	6.8	-0.1
多米尼加	Dominican Rep.	859.2	926.4	992.7	1005.6	1.3
厄瓜多尔	Ecuador	1234.5	1342.6	1446.5	1466.6	1.4
埃及	Egypt	6764.8	7420.3	8112.1	8253.7	1.7
萨尔瓦多	El Salvador	594.0	605.1	619.3	622.7	0.6
赤道几内亚	Equatorial Guinea	52.0	60.8	70.0	72.0	2.8
厄立特里亚	Eritrea	366.8	448.6	525.4	541.5	3.0
爱沙尼亚	Estonia	137.0	134.6	134.0	134.0	…
埃塞俄比亚	Ethiopia	6557.8	7426.4	8295.0	8473.4	2.1
法罗群岛	Faeroe Islands	4.6	4.8	4.9	4.9	0.3
斐济	Fiji	81.2	82.3	86.1	86.8	0.9
芬兰	Finland	517.6	524.6	536.3	538.7	0.4
法国	France	6091.1	6317.6	6507.6	6543.7	0.6
法属波立尼西亚	French Polynesia	23.8	25.5	27.1	27.4	1.1
加蓬	Gabon	123.5	137.1	150.5	153.4	1.9
冈比亚	Gambia	129.7	150.4	172.8	177.6	2.7
格鲁吉亚	Georgia	441.8	436.1	445.3	448.6	0.7
德国	Germany	8221.2	8246.9	8177.7	8172.6	-0.1
加纳	Ghana	1916.5	2164.0	2439.2	2496.6	2.3
直布罗陀	Gibraltar	2.7	2.9	2.9		
希腊	Greece	1091.7	1110.4	1131.6	1130.4	-0.1
格陵兰	Greenland	5.6	5.7	5.7	5.7	0.4
格林纳达	Grenada	10.2	10.3	10.4	10.5	0.4
关岛	Guam	15.5	16.9	18.0	18.2	1.2
危地马拉	Guatemala	1123.7	1271.7	1438.9	1475.7	2.5
几内亚	Guinea	834.4	904.1	998.2	1022.2	2.4
几内亚比绍	Guinea-Bissau	124.1	136.8	151.5	154.7	2.1
圭亚那	Guyana	73.3	74.6	75.4	75.6	0.2
海地	Haiti	864.5	934.7	999.3	1012.4	1.3
洪都拉斯	Honduras	621.8	687.9	760.1	775.5	2.0
匈牙利	Hungary	1021.1	1008.7	1000.0	997.1	-0.3
冰岛	Iceland	28.1	29.7	31.8	31.9	0.3
印度	India	105389.8	114004.3	122461.4	124149.2	1.4
印度尼西亚	Indonesia	21339.5	22730.3	23987.1	24232.6	1.0
伊朗	Iran	6534.2	6973.2	7397.4	7479.9	1.1
伊拉克	Iraq	2431.4	2759.8	3203.1	3296.2	2.9
爱尔兰	Ireland	380.5	416.0	447.4	448.7	0.3
马恩岛	Isle of Man	7.7	8.0	8.3	8.3	0.6
以色列	Israel	628.9	693.0	762.4	776.6	1.8

4-1　续表 2　continued

国家和地区	Country or Area	年中人口（万人） Mid-year Population (10 000 persons)				增长率(%) Growth Rate (%)
		2000	2005	2010	2011	2011
意大利	Italy	5694.2	5860.7	6048.3	6077.0	0.5
牙买加	Jamaica	258.9	265.0	270.2	270.9	0.3
日　本	Japan	12687.0	12777.3	12745.0	12781.7	0.3
约　旦	Jordan	479.8	541.2	604.7	618.1	2.2
哈萨克斯坦	Kazakhstan	1488.4	1514.7	1632.3	1655.8	1.4
肯尼亚	Kenya	3125.4	3561.5	4051.3	4161.0	2.7
基里巴斯	Kiribati	8.4	9.2	10.0	10.1	1.5
朝　鲜	Korea, Dem.	2289.4	2374.6	2434.6	2445.1	0.4
韩　国	Korea, Rep.	4700.8	4813.8	4941.0	4977.9	0.7
科威特	Kuwait	194.1	226.4	273.7	281.8	2.9
吉尔吉斯斯坦	Kyrgyzstan	489.8	516.3	544.8	550.7	1.1
老　挝	Laos	531.7	575.3	620.1	628.8	1.4
拉脱维亚	Latvia	237.3	230.1	223.9	222.0	-0.9
黎巴嫩	Lebanon	374.2	405.2	422.8	425.9	0.8
莱索托	Lesotho	196.4	206.6	217.1	219.4	1.0
利比里亚	Liberia	284.7	318.3	399.4	412.9	3.3
利比亚	Libya	523.1	577.0	635.5	642.3	1.1
列支敦士登	Liechtenstein	3.3	3.5	3.6	3.6	0.8
立陶宛	Lithuania	350.0	341.4	328.7	320.3	-2.6
卢森堡	Luxemburg	43.6	46.5	50.7	51.7	2.0
前南马其顿	Macedonia, FYR	200.9	203.8	206.1	206.4	0.2
马达加斯加	Madagascar	1536.4	1788.6	2071.4	2131.5	2.9
马拉维	Malawi	1122.9	1282.3	1490.1	1538.1	3.2
马来西亚	Malaysia	2341.5	2610.0	2840.1	2885.9	1.6
马尔代夫	Maldives	27.3	29.5	31.6	32.0	1.3
马　里	Mali	1129.5	1317.7	1537.0	1584.0	3.0
马耳他	Malta	38.1	40.4	41.6	41.9	0.7
马绍尔群岛	Marshall Islands	5.2	5.2	5.4	5.5	1.4
毛里塔尼亚	Mauritania	264.3	304.7	346.0	354.2	2.3
毛里求斯	Mauritius	118.7	124.3	128.1	128.6	0.4
墨西哥	Mexico	9996.0	10648.4	11342.3	11479.3	1.2
密克罗尼西亚	Micronesia, Fed.	10.7	10.9	11.1	11.2	0.4
摩尔多瓦	Moldova	364.0	359.5	356.2	355.9	-0.1
摩纳哥	Monaco	3.5	3.5	3.5	3.5	0.1
蒙　古	Mongolia	241.1	254.7	275.6	280.0	1.6
黑　山	Montenegro	63.3	62.7	63.1	63.2	0.1
摩洛哥	Morocco	2879.3	3039.2	3195.1	3227.3	1.0
莫桑比克	Mozambique	1820.1	2077.0	2339.1	2393.0	2.3
缅　甸	Myanmar	4495.8	4632.1	4796.3	4833.7	0.8
纳米比亚	Namibia	189.6	208.0	228.3	232.4	1.8
尼泊尔	Nepal	2440.1	2728.2	2995.9	3048.6	1.7
荷　兰	Netherlands	1592.6	1632.0	1661.5	1669.6	0.5
新喀里多尼亚	New Caledonia	21.3	23.4	24.7	24.9	0.8
新西兰	New Zealand	385.8	413.4	436.8	440.5	0.9
尼加拉瓜	Nicaragua	507.4	542.4	578.8	587.0	1.4
尼日尔	Niger	1092.2	1299.4	1551.2	1606.9	3.5
尼日利亚	Nigeria	12368.9	13982.3	15842.3	16247.1	2.5
北马里亚纳群岛	Northern Mariana Islands	6.8	6.7	6.1	6.1	0.4
挪　威	Norway	449.1	462.3	488.9	495.2	1.3
阿　曼	Oman	226.4	243.0	278.2	284.6	2.3
巴基斯坦	Pakistan	14452.2	15864.5	17359.3	17674.5	1.8
帕　劳	Palau	1.9	2.0	2.0	2.1	0.7
巴拿马	Panama	295.6	323.8	351.7	357.1	1.5
巴布亚新几内亚	Papua New Guinea	537.9	609.5	685.8	701.4	2.2
巴拉圭	Paraguay	534.4	589.8	645.5	656.8	1.7
秘　鲁	Peru	2586.2	2755.9	2907.7	2940.0	1.1

4-1 续表 3 continued

国家和地区	Country or Area	年中人口（万人）Mid-year Population (10 000 persons)				增长率(%) Growth Rate(%)
		2000	2005	2010	2011	2011
菲律宾	Philippines	7731.0	8554.6	9326.1	9485.2	1.7
波兰	Poland	3845.4	3816.5	3818.4	3821.6	0.1
葡萄牙	Portugal	1022.6	1054.9	1063.7	1063.7	…
波多黎各	Puerto Rico	381.1	382.1	372.2	370.7	-0.4
卡塔尔	Qatar	59.1	82.1	175.9	187.0	6.1
罗马尼亚	Romania	2244.3	2163.4	2143.8	2139.0	-0.2
俄罗斯联邦	Russian Fed.	14630.3	14315.0	14192.0	14193.0	…
卢旺达	Rwanda	809.8	920.2	1062.4	1094.3	3.0
圣基茨和尼维斯	Saint Kitts and Nevis	4.4	4.9	5.2	5.3	1.2
圣卢西亚	Saint Lucia	15.6	16.4	17.4	17.6	1.1
圣文森特和格林纳丁斯	Saint Vincent and the Grenadines	10.8	10.9	10.9	10.9	…
萨摩亚	Samoa	17.7	18.0	18.3	18.4	0.4
圣马力诺	San Marino	2.7	3.0	3.2	3.2	0.6
圣多美和普林西比	Sao Tome and Principe	14.1	15.3	16.5	16.9	1.9
沙特阿拉伯	Saudi Arabia	2004.5	2404.1	2744.8	2808.3	2.3
塞内加尔	Senegal	950.6	1087.2	1243.4	1276.8	2.6
塞尔维亚	Serbia	751.6	744.1	729.1	726.1	-0.4
塞舌尔	Seychelles	8.1	8.3	8.7	8.6	-0.6
塞拉利昂	Sierra Leone	414.3	515.3	586.8	599.7	2.2
新加坡	Singapore	402.8	426.6	507.7	518.4	2.1
斯洛伐克	Slovakia	538.9	538.7	543.0	544.0	0.2
斯洛文尼亚	Slovenia	198.9	200.0	204.9	205.2	0.2
所罗门群岛	Solomon Islands	40.9	47.0	53.8	55.2	2.6
索马里	Somalia	739.9	836.0	933.1	955.7	2.4
南非	South Africa	4400.0	4719.8	4999.1	5058.7	1.2
西班牙	Spain	4026.3	4339.8	4607.1	4623.5	0.4
斯里兰卡	Sri Lanka	1910.2	1964.4	2065.3	2086.9	1.0
苏丹	Sudan	2755.6	3077.8	3360.4	3431.8	2.1
苏里南	Suriname	46.7	49.9	52.5	52.9	0.9
斯威士兰	Swaziland	101.1	101.7	105.6	106.8	1.2
瑞典	Sweden	887.2	903.0	937.8	945.3	0.8
瑞士	Switzerland	718.4	743.7	782.6	790.7	1.0
叙利亚	Syrian Arab Republic	1598.9	1848.4	2044.7	2082.0	1.8
塔吉克斯坦	Tajikistan	617.3	645.3	687.9	697.7	1.4
坦桑尼亚	Tanzania	3403.8	3883.1	4484.1	4621.8	3.0
泰国	Thailand	6315.5	6669.8	6912.2	6951.9	0.6
东帝汶	Timor-Leste	83.0	98.3	114.3	117.6	2.9
多哥	Togo	479.4	540.8	602.8	615.5	2.1
汤加	Tonga	9.8	10.1	10.4	10.5	0.4
特立尼达和多巴哥	Trinidad And Tobago	129.2	131.5	134.1	134.6	0.4
突尼斯	Tunisia	956.4	1002.9	1054.9	1067.4	
土耳其	Turkey	6362.8	6814.3	7275.2	7364.0	1.2
土库曼斯坦	Turkmenistan	450.1	474.8	504.2	510.5	1.2
特克斯和凯科斯群岛	Turks and Caicos Islands	1.9	3.1	3.8	3.9	2.1
图瓦卢	Tuvalu	0.9	1.0	1.0	1.0	0.2
乌干达	Uganda	2421.3	2843.1	3342.5	3450.9	3.2
乌克兰	Ukraine	4917.6	4710.5	4587.1	4570.6	-0.4
阿联酋	United Arab Emirates	303.3	406.9	751.2	789.1	4.9
英国	United Kingdom	5889.3	6022.4	6223.1	6264.1	0.7
美国	United States	28216.2	29551.7	30935.0	31159.2	0.7
美属维尔京群岛	Virgin Islands(US)	10.9	11.0	11.0	11.0	-0.1
乌拉圭	Uruguay	330.1	330.6	335.7	336.9	0.4
乌兹别克斯坦	Uzbekistan	2465.0	2616.7	2856.2	2934.1	2.7
瓦努阿图	Vanuatu	18.5	21.1	24.0	24.6	2.5
委内瑞拉	Venezuela	2431.1	2657.7	2883.4	2927.8	1.5
越南	Viet Nam	7763.1	8239.4	8692.8	8784.0	1.0
约旦河西岸和加沙	West Bank and Gaza	300.4	357.5	390.5	401.9	2.9
也门	Yemen	1772.3	2064.9	2405.3	2480.0	3.1
赞比亚	Zambia	1020.2	1146.2	1292.6	1347.5	4.2
津巴布韦	Zimbabwe	1250.9	1257.1	1257.1	1275.4	1.4

4-2 女性人口比重

Female Population as Percentage of Total

资料来源：世界银行WDI数据库。
Source: World Bank WDI Database.

单位：% (%)

国家和地区	Country or Area	2000	2005	2008	2009	2010	2011
世　界	**World**	**49.6**	**49.6**	**49.6**	**49.6**	**49.6**	**49.6**
中　国	China	48.2	48.1	48.1	48.1	48.1	48.1
中国香港	Hong Kong, China	51.3	52.0	52.4	52.5	52.6	52.7
中国澳门	Macao, China	51.7	51.7	51.9	52.0	52.0	52.0
孟加拉国	Bangladesh	48.7	48.9	49.2	49.3	49.4	49.4
文　莱	Brunei Darussalam	49.2	49.3	49.4	49.4	49.5	49.5
柬埔寨	Cambodia	51.5	51.2	51.1	51.1	51.1	51.0
印　度	India	48.1	48.2	48.3	48.3	48.3	48.4
印度尼西亚	Indonesia	50.0	50.1	50.1	50.1	50.1	50.1
伊　朗	Iran	49.6	49.1	49.1	49.2	49.3	49.3
以色列	Israel	50.7	50.7	50.7	50.7	50.7	50.6
日　本	Japan	51.1	51.2	51.2	51.3	51.3	51.3
哈萨克斯坦	Kazakhstan	52.0	52.2	52.1	52.0	52.0	52.0
韩　国	Korea, Rep.	49.8	50.1	50.2	50.2	50.2	50.2
老　挝	Laos	50.0	50.2	50.2	50.1	50.1	50.1
马来西亚	Malaysia	49.2	49.2	49.2	49.2	49.3	49.3
蒙　古	Mongolia	50.5	50.6	50.6	50.6	50.6	50.6
缅　甸	Myanmar	50.3	50.6	50.7	50.7	50.7	50.7
巴基斯坦	Pakistan	48.7	49.0	49.1	49.1	49.2	49.2
菲律宾	Philippines	49.6	49.7	49.8	49.8	49.8	49.9
新加坡	Singapore	50.0	49.7	49.6	49.6	49.6	49.6
斯里兰卡	Sri Lanka	50.2	50.5	50.6	50.6	50.6	50.7
泰　国	Thailand	50.8	50.8	50.8	50.8	50.9	50.9
越　南	Viet Nam	50.9	50.7	50.6	50.6	50.6	50.6
埃　及	Egypt	49.7	49.7	49.8	49.8	49.8	49.8
尼日利亚	Nigeria	49.5	49.5	49.4	49.4	49.4	49.4
南　非	South Africa	50.8	50.7	50.6	50.5	50.5	50.5
加拿大	Canada	50.5	50.5	50.4	50.4	50.4	50.4
墨西哥	Mexico	50.5	50.6	50.7	50.7	50.7	50.7
美　国	United States	50.9	50.8	50.7	50.7	50.7	50.6
阿根廷	Argentina	51.0	51.1	51.1	51.1	51.1	51.1
巴　西	Brazil	50.6	50.7	50.7	50.8	50.8	50.8
委内瑞拉	Venezuela	49.7	49.8	49.8	49.8	49.8	49.8
捷　克	Czech Rep.	51.3	51.3	51.1	51.0	51.0	50.9
法　国	France	51.4	51.4	51.4	51.4	51.3	51.3
德　国	Germany	51.2	51.1	51.0	51.0	51.0	51.0
意大利	Italy	51.6	51.5	51.2	51.2	51.1	51.0
荷　兰	Netherlands	50.5	50.5	50.4	50.4	50.4	50.4
波　兰	Poland	51.5	51.6	51.7	51.7	51.8	51.8
俄罗斯联邦	Russian Fed.	53.3	53.6	53.7	53.7	53.7	53.7
西班牙	Spain	51.0	50.8	50.7	50.7	50.6	50.6
土耳其	Turkey	50.0	50.1	50.1	50.1	50.1	50.1
乌克兰	Ukraine	53.7	53.8	53.9	54.0	54.0	54.0
英　国	United Kingdom	51.3	51.0	50.9	50.9	50.8	50.8
澳大利亚	Australia	50.4	50.3	50.2	50.2	50.2	50.2
新西兰	New Zealand	50.9	51.0	51.0	50.9	50.9	50.9

4-3 人口年龄构成和抚养比(2011年)

Age Composition and Dependency Ratio of Population(2011)

资料来源：世界银行WDI数据库。
Source: World Bank WDI Database.

单位：% (%)

国家和地区	Country or Area	年龄构成 Age Composition			抚养比 Age Dependency Ratio
		0-14岁人口占比 Persons ages 14 and below	15-64岁人口占比 Persons ages 15 to 64	65岁以上人口占比 Persons ages 65 and above	
世 界	**World**	**26.58**	**65.72**	**7.70**	**53.53**
中 国	China	19.07	72.56	8.37	37.82
中国香港	Hong Kong, China	11.17	75.79	13.03	31.94
中国澳门	Macao, China	12.83	79.87	7.30	25.20
孟加拉国	Bangladesh	30.68	64.70	4.62	54.56
文 莱	Brunei Darussalam	25.87	70.44	3.69	41.96
柬埔寨	Cambodia	31.23	64.84	3.93	54.22
印 度	India	30.21	64.79	4.99	54.34
印度尼西亚	Indonesia	26.73	67.64	5.63	47.83
伊 朗	Iran	22.73	72.02	5.26	38.85
以色列	Israel	27.22	62.18	10.60	60.82
日 本	Japan	13.28	63.33	23.39	57.90
哈萨克斯坦	Kazakhstan	24.81	68.51	6.68	45.97
韩 国	Korea, Rep.	15.95	72.53	11.53	37.88
老 挝	Laos	33.67	62.43	3.90	60.17
马来西亚	Malaysia	29.92	65.16	4.92	53.47
蒙 古	Mongolia	27.56	68.36	4.09	46.29
缅 甸	Myanmar	25.20	69.62	5.18	43.63
巴基斯坦	Pakistan	34.84	60.83	4.33	64.39
菲律宾	Philippines	35.07	61.23	3.70	63.32
新加坡	Singapore	16.84	73.78	9.38	35.55
斯里兰卡	Sri Lanka	24.89	66.69	8.41	49.94
泰 国	Thailand	20.18	70.73	9.09	41.39
越 南	Viet Nam	23.22	70.75	6.03	41.34
埃 及	Egypt	31.28	63.56	5.16	57.34
尼日利亚	Nigeria	42.80	53.79	3.41	85.91
南 非	South Africa	29.89	65.35	4.76	53.01
加拿大	Canada	16.30	69.26	14.44	44.38
墨西哥	Mexico	28.71	64.82	6.47	54.27
美 国	United States	20.06	66.64	13.30	50.07
阿根廷	Argentina	24.63	64.69	10.68	54.58
巴 西	Brazil	24.99	67.82	7.19	47.45
委内瑞拉	Venezuela	29.13	65.10	5.77	53.61
捷 克	Czech Rep.	14.08	70.69	15.23	41.47
法 国	France	18.36	64.57	17.07	54.88
德 国	Germany	13.36	66.05	20.59	51.41
意大利	Italy	14.08	65.34	20.59	53.05
荷 兰	Netherlands	17.55	66.70	15.75	49.92
波 兰	Poland	14.69	71.50	13.81	39.86
俄罗斯联邦	Russian Fed.	15.28	71.97	12.76	38.95
西班牙	Spain	15.10	67.78	17.13	47.55
土耳其	Turkey	25.97	67.94	6.09	47.18
乌克兰	Ukraine	14.33	70.31	15.37	42.24
英 国	United Kingdom	17.32	65.84	16.84	51.88
澳大利亚	Australia	18.95	67.36	13.70	48.46
新西兰	New Zealand	20.37	66.33	13.30	50.76

4-4 农业人口

Agricultural Population

资料来源：联合国FAO数据库。
Source: FAO Database.
单位：万人 (10 000 persons)

国家和地区	Country or Area	2000	2005	2008	2009	2010	2011
世 界	**World**	**258372**	**260865**	**261607**	**261774**	**261911**	**262024**
中 国	China	86449	85297	84260	83868	83449	83004
孟加拉国	Bangladesh	7107	7034	6873	6808	6745	6684
柬埔寨	Cambodia	870	907	922	926	931	936
印 度	India	55945	57839	58721	58982	59228	59457
印度尼西亚	Indonesia	9392	9235	9078	9018	8955	8891
伊 朗	Iran	1736	1664	1621	1607	1593	1578
以色列	Israel	16	14	13	13	13	13
日 本	Japan	487	363	303	285	269	253
哈萨克斯坦	Kazakhstan	291	264	255	253	250	248
韩 国	Korea, Rep.	403	299	249	234	220	207
老 挝	Laos	408	436	453	459	465	470
马来西亚	Malaysia	418	384	358	350	341	333
蒙 古	Mongolia	59	53	51	50	49	49
缅 甸	Myanmar	3161	3183	3201	3209	3217	3226
巴基斯坦	Pakistan	6848	7151	7315	7368	7419	7468
菲律宾	Philippines	3052	3112	3128	3127	3126	3125
斯里兰卡	Sri Lanka	868	889	899	901	903	904
泰 国	Thailand	3093	3002	2913	2878	2842	2805
越 南	Viet Nam	5305	5430	5503	5526	5549	5570
埃 及	Egypt	2345	2328	2295	2281	2266	2250
尼日利亚	Nigeria	4113	4036	3981	3961	3941	3920
南 非	South Africa	620	557	517	504	490	476
加拿大	Canada	78	70	66	64	63	62
墨西哥	Mexico	2362	2198	2103	2069	2034	2000
美 国	United States	628	570	537	526	515	504
阿根廷	Argentina	350	329	318	314	311	308
巴 西	Brazil	2766	2437	2235	2171	2107	2046
委内瑞拉	Venezuela	231	202	188	184	180	175
捷 克	Czech Rep.	86	74	68	67	65	63
法 国	France	198	159	139	133	127	122
德 国	Germany	207	164	143	136	130	123
意大利	Italy	303	244	215	206	197	188
荷 兰	Netherlands	53	47	43	42	41	40
波 兰	Poland	727	640	594	580	566	552
俄罗斯联邦	Russian Fed.	1547	1321	1213	1182	1151	1121
西班牙	Spain	293	247	221	212	204	195
土耳其	Turkey	1686	1558	1495	1471	1447	1423
乌克兰	Ukraine	779	636	563	542	521	502
英 国	United Kingdom	105	98	94	93	92	91
澳大利亚	Australia	88	86	87	87	87	87
新西兰	New Zealand	34	34	34	34	34	34

4-5 人口粗出生率和死亡率
Crude Birth Rate and Crude Death Rate

资料来源：世界银行WDI数据库。
Source: World Bank WDI Database.
单位：‰ (‰)

国家和地区	Country or Area	粗出生率 Crude Birth Rate			粗死亡率 Crude Death Rate		
		2000	2005	2010	2000	2005	2010
世 界	**World**	**21.4**	**20.2**	**19.6**	**8.7**	**8.4**	**8.2**
中 国	China	14.0	12.4	12.1	6.5	6.5	7.1
中国香港	Hong Kong, China	8.1	8.4	12.5	5.1	5.7	5.9
中国澳门	Macao, China	8.9	7.9	9.7	4.5	4.5	4.4
孟加拉国	Bangladesh	27.2	23.3	20.4	7.4	6.5	6.1
文 莱	Brunei Darussalam	22.7	21.0	19.2	3.0	3.0	3.3
柬 埔 寨	Cambodia	27.1	23.9	22.5	9.6	8.6	8.0
印 度	India	25.9	23.9	22.2	9.0	8.5	8.0
印度尼西亚	Indonesia	21.4	20.1	18.2	7.4	7.3	7.0
伊 朗	Iran	19.0	17.7	17.1	5.3	5.4	5.4
以 色 列	Israel	21.7	20.8	21.8	6.0	5.6	5.2
日 本	Japan	9.4	8.4	8.5	7.7	8.5	9.5
哈萨克斯坦	Kazakhstan	14.7	18.4	22.4	10.1	10.4	8.9
韩 国	Korea, Rep.	13.4	8.9	9.4	5.2	5.0	5.1
老 挝	Laos	30.5	25.7	22.8	8.6	7.2	6.3
马来西亚	Malaysia	24.2	21.9	20.3	4.6	4.6	4.7
蒙 古	Mongolia	19.9	21.1	23.5	7.6	6.7	6.4
缅 甸	Myanmar	20.7	18.5	17.3	9.1	8.9	8.6
巴基斯坦	Pakistan	31.4	28.2	27.3	8.4	7.8	7.5
菲 律 宾	Philippines	29.7	27.5	25.1	6.0	6.0	5.8
新 加 坡	Singapore	11.8	10.2	9.3	3.9	4.4	4.4
斯里兰卡	Sri Lanka	18.1	19.0	18.2	7.1	6.3	6.6
泰 国	Thailand	14.7	13.5	12.1	6.3	6.9	7.4
越 南	Viet Nam	17.5	17.2	16.7	5.4	5.2	5.2
埃 及	Egypt	25.7	24.5	23.2	5.9	5.3	5.1
尼日利亚	Nigeria	41.9	41.0	39.9	17.8	15.9	14.3
南 非	South Africa	24.5	23.0	21.2	12.2	14.9	14.9
加 拿 大	Canada	10.9	10.7	11.3	7.1	7.1	7.5
墨 西 哥	Mexico	22.9	21.6	19.6	4.7	4.7	4.7
美 国	United States	14.7	14.0	14.0	8.7	8.3	8.0
阿 根 廷	Argentina	18.8	17.7	17.2	7.8	7.7	7.7
巴 西	Brazil	20.8	18.0	15.5	6.4	6.4	6.4
委内瑞拉	Venezuela	23.4	22.0	20.6	4.9	5.1	5.2
捷 克	Czech Rep.	8.8	10.0	11.1	10.6	10.5	10.2
法 国	France	13.3	12.8	12.8	8.9	8.5	8.4
德 国	Germany	9.3	8.3	8.3	10.2	10.1	10.5
意 大 利	Italy	9.3	9.5	9.3	9.7	9.7	9.7
荷 兰	Netherlands	13.0	11.5	11.1	8.8	8.4	8.2
波 兰	Poland	9.8	9.5	10.8	9.5	9.6	9.9
俄罗斯联邦	Russian Fed.	8.7	10.2	12.5	15.4	16.1	14.2
西 班 牙	Spain	9.9	10.7	10.5	9.0	8.9	8.3
土 耳 其	Turkey	21.0	19.1	17.9	6.0	5.5	5.5
乌 克 兰	Ukraine	7.8	9.0	10.8	15.3	16.6	15.2
英 国	United Kingdom	11.4	12.0	13.0	10.2	9.7	9.0
澳大利亚	Australia	13.0	12.8	13.0	6.7	6.4	6.4
新 西 兰	New Zealand	14.9	14.0	14.8	6.9	6.7	6.6

4-6　生殖健康(2010年)

Reproductive Health(2010)

资料来源：世界银行WDI数据库。
Source: World Bank WDI Database.

国家和地区	Country or Area	总和生育率 Total Fertility Rate	少女生育率(‰) Adolescent Fertility Rate (‰)	15-49岁妇女避孕普及率(%) Contraceptive Prevalence (% of women ages 15-49)	孕产妇死亡率(1/100 000) Maternal Mortality Ratio(1/100 000)
世　界	**World**	**2.5**	**53.4**	**62.2**	**210.0**
中　国	China	1.6	8.8		37.0
中国香港	Hong Kong, China	1.1	3.8	79.5①	
中国澳门	Macao, China	1.1	4.1		
孟加拉国	Bangladesh	2.2	72.5	52.6②	240.0
文　莱	Brunei Darussalam	2.0	23.7		24.0
柬埔寨	Cambodia	2.6	36.4	50.5	250.0
印　度	India	2.6	79.3	54.0②	200.0
印度尼西亚	Indonesia	2.1	43.5	55.9	220.0
伊　朗	Iran	1.7	26.8		21.0
以色列	Israel	3.0	14.0		7.0
日　本	Japan	1.4	5.6		5.0
哈萨克斯坦	Kazakhstan	2.6	27.3		51.0
韩　国	Korea, Rep.	1.2	4.4	80.0③	16.0
老　挝	Laos	2.7	33.6		470.0
马来西亚	Malaysia	2.6	11.6		29.0
蒙　古	Mongolia	2.5	19.6	55.2②	63.0
缅　甸	Myanmar	2.0	13.7	41.0①	200.0
巴基斯坦	Pakistan	3.4	29.5	27.0②	260.0
菲律宾	Philippines	3.1	49.5	50.7②	99.0
新加坡	Singapore	1.2	5.9		3.0
斯里兰卡	Sri Lanka	2.3	22.7	68.4①	35.0
泰　国	Thailand	1.6	39.5	79.6③	48.0
越　南	Viet Nam	1.8	24.3	79.5②	59.0
埃　及	Egypt	2.7	43.0	60.3②	66.0
尼日利亚	Nigeria	5.5	114.1	14.6②	630.0
南　非	South Africa	2.5	53.9		300.0
加拿大	Canada	1.7	12.3		12.0
墨西哥	Mexico	2.3	67.5	72.5③	50.0
美　国	United States	2.1	32.9	78.6②	21.0
阿根廷	Argentina	2.2	55.3		77.0
巴　西	Brazil	1.8	75.8		56.0
委内瑞拉	Venezuela	2.5	88.4		92.0
捷　克	Czech Rep.	1.5	10.0		5.0
法　国	France	2.0	6.5		8.0
德　国	Germany	1.4	7.3		7.0
意大利	Italy	1.4	5.1		4.0
荷　兰	Netherlands	1.8	4.6	69.0②	6.0
波　兰	Poland	1.4	13.2		5.0
俄罗斯联邦	Russian Fed.	1.5	25.9	79.5①	34.0
西班牙	Spain	1.4	11.5		6.0
土耳其	Turkey	2.1	33.9	73.0③	20.0
乌克兰	Ukraine	1.4	28.0	66.7①	32.0
英　国	United Kingdom	1.9	29.7	84.0③	12.0
澳大利亚	Australia	1.9	14.1		7.0
新西兰	New Zealand	2.2	23.5		15.0

注：①2007年数据。②2008年数据。③2009年数据。
Note:①Data refer to 2007.②Data refer to 2008.③Data refer to 2009.

4-7 婴儿死亡率和出生时预期寿命

Infant Mortality Rate and Life Expectancy at Birth

资料来源：世界银行WDI数据库。
Source: World Bank WDI Database.

国家和地区	Country or Area	婴儿死亡率(‰) Infant Mortality Rate (‰)			出生时预期寿命(岁) Life Expectancy at Birth (years)		
		2000	2005	2011	2000	2005	2011
世　界	**World**	**50.9**	**44.3**	**36.9**	**67.2**	**68.3**	**69.6①**
中　国	China	28.8	20.3	12.6	71.2	72.2	73.3①
中国香港	Hong Kong, China				80.9	81.6	82.9①
中国澳门	Macao, China				78.5	79.6	81.0
孟加拉国	Bangladesh	62.0	49.1	36.7	64.7	66.9	68.9
文　莱	Brunei Darussalam	7.3	6.5	5.6	76.2	77.2	78.1
柬埔寨	Cambodia	76.4	55.6	36.2	57.5	60.0	63.0
印　度	India	64.2	55.8	47.2	61.6	63.4	65.5
印度尼西亚	Indonesia	37.6	31.4	24.8	65.7	67.1	69.3
伊　朗	Iran	35.3	27.8	21.1	69.7	71.3	72.8①
以色列	Israel	5.6	4.4	3.5	79.0	80.2	81.5①
日　本	Japan	3.3	2.8	2.4	81.1	81.9	82.9①
哈萨克斯坦	Kazakhstan	36.5	30.8	25.0	65.5	65.9	68.3①
韩　国	Korea, Rep.	4.9	4.5	4.1	75.9	78.4	80.8①
老　挝	Laos	60.1	46.1	33.8	61.4	64.5	67.4
马来西亚	Malaysia	9.1	7.3	5.6	72.1	73.0	74.3
蒙　古	Mongolia	48.6	36.5	25.5	63.1	66.1	68.5
缅　甸	Myanmar	61.5	55.0	47.9	61.9	62.9	65.2
巴基斯坦	Pakistan	75.9	67.8	59.2	63.2	64.1	65.20①
菲律宾	Philippines	29.4	25.0	20.2	66.8	67.5	68.8
新加坡	Singapore	2.9	2.3	2.0	78.1	80.0	81.6①
斯里兰卡	Sri Lanka	16.4	13.5	10.5	71.0	74.0	74.7①
泰　国	Thailand	15.9	13.5	10.6	72.5	73.2	74.1
越　南	Viet Nam	26.2	22.0	17.3	72.0	73.7	74.8①
埃　及	Egypt	35.6	26.2	18.0	69.1	71.5	73.2
尼日利亚	Nigeria	112.5	95.5	78.0	46.3	49.0	51.9
南　非	South Africa	52.3	51.6	34.6	54.8	51.1	52.1①
加拿大	Canada	5.3	5.2	4.9	79.2	80.3	80.8①
墨西哥	Mexico	24.1	18.4	13.4	74.3	75.5	76.7①
美　国	United States	7.1	6.8	6.4	76.6	77.3	78.2①
阿根廷	Argentina	18.1	15.4	12.6	73.7	74.7	75.8
巴　西	Brazil	31.2	22.0	13.9	70.1	71.5	73.4
委内瑞拉	Venezuela	19.0	15.9	12.9	73.3	73.2	74.1①
捷　克	Czech Rep.	5.6	4.4	3.2	75.0	75.9	77.4①
法　国	France	4.4	3.8	3.4	79.0	80.1	81.4①
德　国	Germany	4.4	3.9	3.3	77.9	78.9	80.0①
意大利	Italy	4.8	3.8	3.2	79.4	80.6	81.7①
荷　兰	Netherlands	5.1	4.4	3.4	78.0	79.4	80.7①
波　兰	Poland	8.3	6.5	4.9	73.8	75.0	76.3①
俄罗斯联邦	Russian Fed.	17.8	13.7	9.8	65.3	65.5	68.8①
西班牙	Spain	5.5	4.8	3.5	79.0	80.2	81.6①
土耳其	Turkey	28.4	18.9	11.5	69.5	72.1	73.9
乌克兰	Ukraine	15.9	12.4	8.7	67.9	68.0	70.3①
英　国	United Kingdom	5.6	5.1	4.4	77.7	79.1	80.4①
澳大利亚	Australia	5.1	4.7	4.1	79.2	80.8	81.7①
新西兰	New Zealand	6.0	5.4	4.7	78.6	79.9	80.7①

注：①2010年数据。
Note:①Data refer to 2010.

4-8　结婚率与离婚率

Marriage Rate and Divorce Rate

资料来源：联合国《人口统计年鉴》2011年。
Source: UN Demographic Yearbook 2011.
单位：‰　(‰)

国家和地区	Country or Area	结婚率 Marriage Rate			离婚率 Divorce Rate		
		2002	2005	2010	2002	2005	2010
中　国	China	6.1	6.3	9.3	0.9	1.4	2.0
中国香港	Hong Kong,China	4.8	6.3	7.3①			
中国澳门	Macao,China	2.8	3.7	5.7	0.9	1.2	1.6
伊　朗	Iran	9.9	11.5	12.2①	1.0	1.2	1.7①
日　本	Japan	6.0	5.7	5.5	2.3	2.1	2.0
哈萨克斯坦	Kazakhstan	6.7	8.1	8.6①	2.1	2.1	2.3①
韩　国	Korea,Rep.	6.4	6.5	6.5	3.0	2.6	2.3
蒙　古	Mongolia	5.5	5.9	3.4	0.3	0.6	1.1
新加坡	Singapore	5.6	5.3	4.8	1.3	1.9	1.4
墨西哥	Mexico	6.1	5.7	5.2①	0.6	0.7	0.8
美　国	United States	7.8	7.6	6.8①			
阿根廷	Argentina	3.3	3.4	3.0			
委内瑞拉	Venezuela	2.9	3.2	3.3①			
白俄罗斯	Belarus	6.7	7.5	8.1	3.8	3.1	3.9
保加利亚	Bulgaria	3.7	4.3	3.2	1.3	1.9	1.5
捷　克	Czech Republic	5.2	5.1	4.4	3.1	3.1	2.9
法　国	France	4.7	4.5	3.9	1.9	2.5	2.0①
德　国	Germany	4.8	4.7	4.7	2.5	2.4	2.3
意大利	Italy	4.7	4.2	3.6	0.7	0.8	0.9①
荷　兰	Netherland		4.4	4.5		2.0	2.0
波　兰	Poland	5.0	5.4	6.0	1.2	1.8	1.6
罗马尼亚	Romania	5.9	6.6	5.4	1.5	1.5	1.5
俄罗斯联邦	Russian Fed.	7.0	7.5	8.5	5.9	4.2	4.5
西班牙	Spain	5.1	4.8	3.6	1.0	1.7	2.2
土耳其	Turkey	7.4	8.9	8.0	1.4	1.3	1.6
乌克兰	Ukraine	6.6	7.1	6.7	3.8	3.9	2.8
英　国	United Kingdom	4.9		4.3①	2.7	2.6	2.0①
澳大利亚	Australia	5.4	5.4	5.4	2.7	2.6	2.3
新西兰	New Zealand		5.0	4.8	2.4	2.4	2.0

注：①2009年数据。
Note:①Data refer to 2009.

4-9 城市人口比重

Urban Population as Percentage of Total

资料来源：世界银行WDI数据库。
Source: World Bank WDI Database.
单位：% (%)

国家和地区	Country or Area	2000	2005	2008	2009	2010	2011
世　界	**World**	**46.6**	**49.1**	**50.6**	**51.0**	**51.5**	**52.0**
中　国	China	35.9	42.5	46.5	47.9	49.2	50.5
中国香港	Hong Kong, China	100.0	100.0	100.0	100.0	100.0	100.0
中国澳门	Macao, China	100.0	100.0	100.0	100.0	100.0	100.0
孟加拉国	Bangladesh	23.6	25.6	27.0	27.4	27.9	28.4
文　莱	Brunei Darussalam	71.2	73.5	74.8	75.2	75.6	76.0
柬埔寨	Cambodia	18.6	19.2	19.6	19.7	19.8	20.0
印　度	India	27.7	29.2	30.3	30.6	30.9	31.3
印度尼西亚	Indonesia	42.0	45.9	48.3	49.1	49.9	50.7
伊　朗	Iran	64.0	67.6	68.4	68.7	68.9	69.1
以色列	Israel	91.2	91.5	91.7	91.8	91.8	91.9
日　本	Japan	78.7	86.0	88.7	89.6	90.5	91.1
哈萨克斯坦	Kazakhstan	55.7	54.7	54.1	53.9	53.7	53.6
韩　国	Korea, Rep.	79.6	81.4	82.3	82.6	82.9	83.2
老　挝	Laos	22.0	27.4	30.8	32.0	33.1	34.2
马来西亚	Malaysia	62.0	67.6	70.2	71.1	72.0	72.7
蒙　古	Mongolia	57.1	62.5	65.5	66.6	67.6	68.5
缅　甸	Myanmar	27.2	29.4	31.0	31.5	32.1	32.7
巴基斯坦	Pakistan	33.1	34.5	35.3	35.6	35.9	36.2
菲律宾	Philippines	48.0	48.0	48.4	48.5	48.7	48.9
新加坡	Singapore	100.0	100.0	100.0	100.0	100.0	100.0
斯里兰卡	Sri Lanka	15.7	15.1	15.1	15.1	15.0	15.1
泰　国	Thailand	31.1	32.2	33.1	33.4	33.7	34.1
越　南	Viet Nam	24.4	27.3	29.2	29.8	30.4	31.0
埃　及	Egypt	42.8	43.0	43.2	43.3	43.4	43.5
尼日利亚	Nigeria	42.4	45.8	47.7	48.4	49.0	49.6
南　非	South Africa	56.9	59.3	60.6	61.1	61.6	62.0
加拿大	Canada	79.5	80.1	80.4	80.5	80.6	80.7
墨西哥	Mexico	74.7	76.3	77.2	77.5	77.8	78.1
美　国	United States	79.1	80.7	81.6	81.9	82.1	82.4
阿根廷	Argentina	90.1	91.4	92.0	92.2	92.4	92.5
巴　西	Brazil	81.2	82.8	83.7	84.0	84.3	84.6
委内瑞拉	Venezuela	89.9	91.9	92.8	93.0	93.3	93.5
捷　克	Czech Rep.	74.0	73.7	73.6	73.5	73.5	73.4
法　国	France	76.9	81.6	83.8	84.5	85.2	85.7
德　国	Germany	73.1	73.4	73.6	73.7	73.8	73.9
意大利	Italy	67.2	67.6	68.0	68.1	68.2	68.4
荷　兰	Netherlands	76.8	80.2	81.7	82.2	82.8	83.1
波　兰	Poland	61.7	61.5	61.2	61.1	61.0	60.9
俄罗斯联邦	Russian Fed.	73.4	72.9	73.4	73.5	73.7	73.8
西班牙	Spain	76.3	76.7	77.1	77.2	77.3	77.4
土耳其	Turkey	64.7	66.8	69.0	69.8	70.5	71.4
乌克兰	Ukraine	67.2	67.8	68.3	68.5	68.7	68.9
英　国	United Kingdom	78.7	79.0	79.3	79.4	79.5	79.6
澳大利亚	Australia	87.2	88.2	88.7	88.9	89.1	89.2
新西兰	New Zealand	85.7	86.1	86.1	86.2	86.2	86.2

主要统计指标解释

人口　指实际具有的所有人口，无论其法律地位或公民身份均包括在内，不包括非永久居住在庇护地的难民，难民通常被认为是来源国的人口。人口用年中的估计值表示。

抚养比　指 0－14 岁和 65 岁及以上被抚养人口与 15－64 岁劳动年龄人口之比。

（粗）出生率　指一年内活产数量与年中人口数之比。粗出生率减去粗死亡率为自然增长率，等于没有人口迁移情况下的自然增长率。

（粗）死亡率　指一年内死亡数量与年中人口数之比。粗出生率减去粗死亡率为自然增长率，等于没有人口迁移情况下的自然增长率。

总和生育率　是一个妇女活到育龄期结束，并按当前的特定年龄生育率生育孩子的话，她可能生育的孩子数量。

少女生育率　指每千名 15－19 岁妇女生育的婴儿数。

避孕普及率　指采取了某种避孕措施的 15－49 岁已婚妇女或其性伙伴所占的百分比。

孕产妇死亡率　是每年每 10 万例活产中怀孕和分娩期间死亡的妇女人数。

婴儿死亡率　指某年里每千名活产婴儿生存至一周岁前死亡的比率。

出生时预期寿命　指一名新生儿如果其出生时各年龄组的死亡率在其终生保持不变的话，他可能存活的年数。

结婚率　指在一定时期（通常为一个日历年）、给定地域、给定年份内平均每千名年中人口中的结婚次数。

离婚率　指在一定时期（通常为一个日历年）、给定地域、给定年份内平均每千名年中人口中的离婚次数。

城市人口　指向联合国报告的各国定义为城市的区域内的年中人口。

Explanatory Notes on Main Statistical Indicators

Total population is based on the de facto definition of population, which counts all residents regardless of legal status or citizenship--except for refugees not permanently settled in the country of asylum, who are generally considered part of the population of their country of origin. The values shown are midyear estimates.

Age Dependency Ratio is the ratio of dependents--people younger than 15 or older than 64--to the working-age population--those ages 15-64.

Crude Birth Rate is the number of live births occurring during the year, per 1,000 population estimated at midyear. Subtracting the crude death rate from the crude birth rate provides the rate of natural increase, which is equal to the population growth rate in the absence of migration.

Crude Death Rate is the number of deaths occurring during the year, per 1,000 population estimated at midyear. Subtracting the crude death rate from the crude birth rate provides the rate of natural increase, which is equal to the population growth rate in the absence of migration.

Total Fertility Rate is the number of children that would be born to a woman if she were to live to the end of her childbearing years and bear children in accordance with current age-specific fertility rates.

Adolescent Fertility Rate is the number of births per 1,000 women ages 15-19.

Contraceptive Prevalence Rate is the percentage of women who are practicing, or whose sexual partners are practicing, any form of contraception. It is usually measured for married women ages 15-49 only.

Maternal Mortality Ratio is the number of women who die during pregnancy and childbirth, per 100,000 live births.

Infant Mortality Rate is the number of infants dying before reaching one year of age, per 1000 live births in a given year.

Life Expectancy at Birth is the number of years a newborn infant would live if prevailing patterns of mortality at the time of its birth were to stay the same throughout its life.

Crude Marriage Rate is the number of marriages occurring in a population during a given period of time, usually a calendar year, i.e., the number of marriages occurring among the population of a given geographical area during a given year per 1000 mid-year total population of the given geographical area during the same year.

Crude Divorce Rate is the number of divorces occurring in a population during a given period of time, usually a calendar year, i.e., the number of divorces occurring among the population of a given geographical area during a given year per 1000 mid-year total population of the given geographical area during the same year.

Urban Population is the midyear population of areas defined as urban in each country and reported to the United Nations.

就业人员和劳动报酬

Employment and Earnings

5-1 劳动参与率
Labor Force Participation Rate

资料来源：世界银行WDI数据库。
Source: World Bank WDI Database.
单位：万人 (10 000 persons)

国家和地区	Country or Area	劳动力人口（万人） Total Labor Force (10 000 persons)		劳动参与率（%） Labor Force Participation Rate(%)		女性劳动参与率（%） Female Labor Force Participation Rate(%)	
		2000	2010	2000	2010	2000	2010
世　界	**World**	**276837**	**321986**	**70.3**	**69.2**	**57.1**	**56.2**
高收入国家	**High Income**	**50343**	**55119**	**71.1**	**71.7**	**61.9**	**64.0**
经合组织高收入国家	**High Income: OECD**	**48221**	**51925**	**71.6**	**72.3**	**63.0**	**65.4**
非经合组织高收入国家	**High Income: nonOECD**	**2122**	**3195**	**61.2**	**63.6**	**39.6**	**40.8**
中等收入国家	**Middle Income**	**198490**	**230404**	**69.3**	**67.6**	**54.5**	**52.5**
中等偏上收入国家	**Upper Middle Income**	**116466**	**132202**	**75.2**	**74.2**	**65.9**	**65.3**
中等偏下收入国家	**Lower Middle Income**	**82025**	**98202**	**62.3**	**60.3**	**40.8**	**38.4**
中低收入国家	**Low and Middle Income**	**226494**	**266867**	**70.1**	**68.7**	**56.0**	**54.7**
东亚和太平洋	**East Asia and Pacific**	**99116**	**111773**	**80.3**	**78.3**	**73.4**	**71.2**
欧洲和中亚	**Europe and Central Asia**	**17684**	**19199**	**66.5**	**66.5**	**58.2**	**57.7**
拉丁美洲和加勒比	**Latin America and Caribbean**	**22455**	**27821**	**67.7**	**70.6**	**51.6**	**57.7**
中东和北非国家	**Middle East and North Africa**	**8029**	**10483**	**47.9**	**48.3**	**19.3**	**20.8**
南　亚	**South Asia**	**53693**	**63876**	**61.9**	**59.2**	**36.5**	**33.2**
撒哈拉以南非洲	**Sub-Saharan Africa**	**25517**	**33715**	**69.9**	**70.5**	**62.5**	**64.3**
低收入国家	**Low Income**	**28004**	**36463**	**76.3**	**76.8**	**68.3**	**69.7**
中　国	China	72448	79954	83.0	80.4	78.2	75.2
中国香港	Hong Kong, China	335	370	69.1	68.1	56.7	59.3
中国澳门	Macao, China	22	34	71.0	76.6	61.8	71.6
孟加拉国	Bangladesh	5729	7232	72.7	73.4	56.7	59.8
文　莱	Brunei Darussalam	15	20	70.1	69.2	57.8	58.3
柬埔寨	Cambodia	577	797	82.1	84.5	80.2	81.8
印　度	India	40943	47262	61.5	57.7	35.9	30.3
印度尼西亚	Indonesia	9963	11796	69.4	69.7	52.2	53.2
伊　朗	Iran	1848	2525	44.8	46.2	14.6	17.0
以色列	Israel	245	318	61.6	64.9	56.2	61.2
日　本	Japan	6759	6670	72.4	74.1	59.5	63.2
哈萨克斯坦	Kazakhstan	755	879	76.1	77.4	71.9	74.0
韩　国	Korea, Rep.	2267	2490	64.2	65.0	52.2	54.3
老　挝	Laos	246	317	83.4	80.9	83.3	80.4
马来西亚	Malaysia	990	1197	65.4	62.8	46.8	46.3
蒙　古	Mongolia	95	118	63.5	62.1	58.8	56.9
缅　甸	Myanmar	2416	2796	80.8	81.8	78.0	78.9
巴基斯坦	Pakistan	4305	5969	52.1	54.9	16.4	23.0
菲律宾	Philippines	3095	3871	66.5	65.9	49.9	50.9
新加坡	Singapore	207	281	71.0	72.8	58.1	62.9
斯里兰卡	Sri Lanka	798	852	60.6	59.3	40.3	38.0
泰　国	Thailand	3481	3938	77.4	77.1	70.4	69.8
越　南	Viet Nam	4128	5114	83.0	81.2	79.8	78.1
埃　及	Egypt	2008	2710	48.9	51.8	21.3	25.3
尼日利亚	Nigeria	3925	5028	56.0	55.5	44.9	48.0
南　非	South Africa	1523	1816	54.7	55.2	46.5	47.2
加拿大	Canada	1626	1900	76.2	77.8	70.4	74.2
墨西哥	Mexico	4028	4962	62.9	65.0	41.2	46.9
美　国	United States	14709	15749	76.3	72.7	69.9	67.3
阿根廷	Argentina	1541	1837	64.7	67.8	49.0	54.4
巴　西	Brazil	8371	10159	71.8	74.8	58.6	64.6
委内瑞拉	Venezuela	1051	1341	68.0	69.2	51.2	54.9
捷　克	Czech Rep.	517	529	71.5	69.7	63.7	61.0
法　国	France	2729	2996	68.6	70.6	62.3	66.2
德　国	Germany	4034	4217	71.6	76.8	63.6	70.8
意大利	Italy	2327	2511	59.8	62.4	46.2	51.0
荷　兰	Netherlands	816	886	75.0	78.3	65.8	72.6
波　兰	Poland	1736	1819	64.7	65.6	58.9	58.9
俄罗斯联邦	Russian Fed.	7325	7560	71.1	72.9	66.8	68.2
西班牙	Spain	1819	2323	65.7	73.6	52.1	66.0
土耳其	Turkey	2195	2652	52.1	52.8	27.9	30.3
乌克兰	Ukraine	2341	2322	66.8	67.2	62.6	62.1
英　国	United Kingdom	2952	3183	75.7	75.2	68.3	69.3
澳大利亚	Australia	963	1183	74.0	76.4	65.5	70.0
新西兰	New Zealand	193.2	235.1	75.1	77.6	67.2	71.8

5-2 就业人数
Employment

资料来源：联合国ILO数据库。
Source: ILO Database.

单位：万人 (10 000 persons)

国家和地区	Country or Area	2000	2005	2008	2009	2010	2011
中国	China	72085	74647	75564	75828	76105	
中国香港	Hong Kong, China	321	334	353	350	352	
中国澳门	Macao, China	20	24	32	32	32	
文莱	Brunei Darussalam	14	17	18	19	19	
柬埔寨	Cambodia	528		696	747	768	789
印度	India	33020	37199			37429	
印度尼西亚	Indonesia	8984	9396	10255	10487	10821	10967
伊朗	Iran		2062	2050			
以色列	Israel	222	249	278	279	297	
日本	Japan	6446	6356	6385	6282	6256	
哈萨克斯坦	Kazakhstan	620	726	786	790	811	830
韩国	Korea, Rep.	2116	2286	2358	2351	2383	
马来西亚	Malaysia	932	1005	1066	1090	1113	
蒙古	Mongolia	81	97	90	93		
巴基斯坦	Pakistan	3685	4282	4909			
菲律宾	Philippines	2745	3231	3409	3500	3604	3719
新加坡	Singapore	209	165	185	187		
斯里兰卡	Sri Lanka	631	752	765	760	771	
泰国	Thailand	3300	3630	3784	3771	3804	3846
越南	Viet Nam	3837	4253	4492			5088
埃及	Egypt	1720	1934	2251	2278	2383	
南非	South Africa	1224	1230	1371	1346	1306	1326
加拿大	Canada	1476	1617	1713	1681	1704	
墨西哥	Mexico	3950	4079	4387	4291	4387	
美国	United States	13521	14173	14536	13988	13906	
阿根廷	Argentina	826	964	1028	1040	1053	1077
巴西	Brazil	6563	8719	9239	9269		
委内瑞拉	Venezuela	896	1073	1186	1194	1207	1220
捷克	Czech Rep.	473	476	500	493	489	490
法国	France	2312	2495	2590	2565	2569	2576
德国	Germany	3632	3636	3854	3847	3874	3974
意大利	Italy	2093	2256	2340	2303	2287	2297
荷兰	Netherlands	786	811	859	860	837	837
波兰	Poland	1453	1412	1580	1587	1596	1613
俄罗斯联邦	Russian Fed.	6507	6817	7097	6700	6979	
西班牙	Spain	1544	1897	2026	1889	1846	1810
土耳其	Turkey	2158	2205	2119	2127	2259	2410
乌克兰	Ukraine	2127	2068	2097	2019	2027	
英国	United Kingdom	2740	2867	2936	2892	2894	2908
澳大利亚	Australia	895	997	1074	1092	1125	
新西兰	New Zealand	181	207	219	216	219	

5-3 按产业类型划分的就业构成

Composition of Employment by Industry

资料来源：世界银行WDI数据库。
Source: World Bank WDI Database.

单位：% (%)

国家和地区	Country or Area	第一产业 Primary Industry		第二产业 Secondary Industry		第三产业 Tertiary Industry	
		2000	2010	2000	2010	2000	2010
中　国	China	50.0	39.6①	22.5	27.2①	27.5	33.2①
中国香港	Hong Kong, China	0.3	0.2②	20.3	12.4②	79.4	87.4②
中国澳门	Macao, China	0.2	0.0②	28.2	16.0②	71.5	84.0②
孟加拉国	Bangladesh	62.1	48.1③	10.3	14.5③	23.5	37.4③
柬埔寨	Cambodia	73.7	72.2①	8.4	8.6①	17.9	19.2①
印　度	India	59.8	51.1	16.1	22.4	24.1	26.5
印度尼西亚	Indonesia	45.3	38.3	17.4	19.3	37.3	42.3
伊　朗	Iran		21.2①		32.2①		46.5①
以色列	Israel	2.2	1.7②	23.7	20.4②	73.0	77.1②
日　本	Japan	5.1	3.7	31.2	25.3	63.1	69.7
哈萨克斯坦	Kazakhstan		29.4②		18.9②		51.7②
韩　国	Korea, Rep.	10.6	6.6	28.1	17.0	61.2	76.4
马来西亚	Malaysia	18.4	13.5②	32.2	27.0②	49.5	59.5②
蒙　古	Mongolia	48.6	40.0②	14.1	14.9②	37.2	45.0②
巴基斯坦	Pakistan	48.4	44.7①	18.0	20.1①	33.5	35.2①
菲律宾	Philippines	37.1	35.2②	16.2	14.6②	46.7	50.3②
新加坡	Singapore		1.1②	33.8	21.8②	65.5	77.1②
斯里兰卡	Sri Lanka		32.6②		25.1②		39.6②
泰　国	Thailand	48.8	41.5②	19.0	19.5②	32.2	38.9②
越　南	Viet Nam	65.3	51.7④	12.4	20.2④	22.3	28.2④
埃　及	Egypt	29.6	31.6①	21.3	23.0①	49.1	45.3①
南　非	South Africa	15.6	5.1②	24.2	25.0②	59.4	69.8②
加拿大	Canada	3.3	2.4①	22.5	21.5①	74.2	76.5①
墨西哥	Mexico	18.0	13.1	26.8	25.5	55.2	60.6
美　国	United States	2.6	1.6	23.2	16.7	74.3	81.2
阿根廷	Argentina	0.7	1.2②	22.7	23.1②	76.2	75.2②
巴　西	Brazil	18.5	17.0②	21.2	22.1②	59.1	60.7②
委内瑞拉	Venezuela	10.6	8.5①	22.8	23.0①	66.5	68.3①
捷　克	Czech Rep.	5.1	3.1	39.5	38.0	55.4	58.9
法　国	France	4.1	2.9	26.3	22.2	69.6	74.5
德　国	Germany	2.6	1.6	33.5	28.4	63.8	70.0
意大利	Italy	5.2	3.8	31.8	28.8	63.0	67.5
荷　兰	Netherlands	3.0	2.8	20.2	15.9	70.4	71.6
波　兰	Poland	18.8	12.8	30.8	30.2	50.4	56.9
俄罗斯联邦	Russian Fed.	14.5	9.7②	28.4	27.9②	57.1	62.3②
西班牙	Spain	6.7	4.3	30.8	23.1	62.5	72.6
土耳其	Turkey	36.0	23.7	24.0	26.2	40.0	50.1
乌克兰	Ukraine	23.4	15.8①	20.8	23.4①	13.3	60.7①
英　国	United Kingdom	1.5	1.2	25.1	19.1	73.1	78.9
澳大利亚	Australia	5.0	3.3②	21.7	21.1②	73.3	75.5②
新西兰	New Zealand	8.7	6.6②	23.2	20.9②	67.7	72.5②

注：①2008年数据。②2009年数据。③2005年数据。④2006年数据。
Note:①Data refer to 2008.②Data refer to 2009.③Data refer to 2005.④Data refer to 2006.

5-4 按行业分类的就业人口

Employment by Economic Activity

资料来源：联合国ILO数据库。

Source: ILO Database.

单位：万人 (10 000 persons)

国家和地区	Country or Area	2000	2005	2008	2009	2010
中国香港	**Hong Kong, China**					
按第四版ISIC分类	ISIC-Rev.4					
总　计	Total	320.7	333.7	353.0	350.2	
农业、林业和渔业	Agriculture, Forestry and Fishing			0.7	0.7	
制造业	Manufacturing	33.4	22.4	16.9	15.5	
电、煤气、蒸汽和空调供应	Electricity, Gas, Steam and Air Conditioning Supply			0.7	0.7	
供水；污水处理、废物管理和补救活动	Water Supply; Sewerage, Waste Management and Remediation Activities			0.7	0.7	
建筑业	Construction	30.2	26.4	26.8	26.5	
批发和零售贸易；机动车辆和摩托车的修理	Wholesale and Retail Trade; Repair of Motor Vehicles and Motorcycles			88.7	86.3	
运输和储存	Transportation and Storage			32.6	32.1	
住宿和餐饮业	Accommodation and Food Service Activities			26.0	25.7	
信息和通讯业	Information and Communication			10.5	10.4	
金融和保险业	Financial and Insurance Activities			20.4	20.9	
房地产业	Real Estate Activities			13.6	13.4	
专业和科技活动	Professional, Scientific and Technical Activities			29.9	29.7	
企业管理和商务服务业	Administrative and Support Service Activities					
公共行政和国防；强制性社会保障	Public Administration and Defence; Compulsory Social Security			11.7	10.4	
教育	Education			17.4	18.4	
卫生和社会福利业	Human Health and Social Work Activities			15.3	16.6	
艺术、娱乐和文娱活动	Arts, Entertainment and Recreation			4.9	5.1	
其他服务活动	Other Service Activities			36.2	37.0	
印度尼西亚	**Indonesia**					
按第三版ISIC分类	ISIC-Rev.3					
总　计	Total	8983.8	9395.8	10255.3	10487.1	10820.8
农业、狩猎业和林业	Agriculture, Hunting, Forestry	3901.2	3976.6	3955.6		
渔业	Fishing	166.5	154.4	177.5		
采掘业	Mining and Quarrying	45.2	90.4	107.1		
制造业	Manufacturing	1164.2	1195.3	1254.9		
电、煤气和水供应业	Electricity, Gas and Water Supply	7.1	19.5	20.1		
建筑业	Construction	349.7	456.5	543.9		
批发、零售贸易；机动车及个人、家庭用品修理业	Wholesale, Retail Trade, Repair of Motor Vehicles, Motorcycles and Personal and Household Goods	1522.5	1674.8	1715.3		
旅馆和饭店业	Hotels and Restaurants	326.4	116.1	406.9		
运输、仓储和通讯	Transport, Storage and Communications	455.4	565.3	618.0		
金融中介	Financial Intermediation	46.9	55.6	69.1		
房地产、租赁及商业活动	Real Estate, Renting and Business Activities	41.3	58.6	76.9		
公共管理和国防；社会基本保障	Public Administration and Defence; Compulsory Social Security	284.1	258.7	252.1		
教育	Education	241.3	287.2	328.6		
卫生和社会工作	Health and Social Work	43.8	65.1	74.4		
其他团体、社会和个人服务活动	Other Community, Social and Personal Services Activities	181.7	145.0	421.3		
雇人的私人住户	Private Households with Employed Persons	206.5	270.3	222.9		
域外组织和机构	Extra-Territorial Organizations and Bodies		0.4	0.8		
未分类经济活动	Not Classifiable by Economic Activity		6.1	9.8		

5-4 续表 1 continued

单位：万人 (10 000 persons)

国家和地区	Country or Area	2000	2005	2008	2009	2010
伊 朗	**Iran**					
按第三版ISIC分类	ISIC-Rev.3					
总 计	Total		2061.9	2050.0		
农业、狩猎业和林业	Agriculture, Hunting, Forestry		503.1	426.6		
渔业	Fishing		6.9	7.8		
采掘业	Mining and Quarrying		12.7	12.8		
制造业	Manufacturing		378.9	351.2		
电、煤气和水供应业	Electricity, Gas and Water Supply		19.8	18.0		
建筑业	Construction		214.3	279.1		
批发、零售贸易；机动车及个人、家庭用品修理业	Wholesale, Retail Trade, Repair of Motor Vehicles, Motorcycles and Personal and Household Goods		295.9	298.1		
旅馆和饭店业	Hotels and Restaurants		18.2	21.1		
运输、仓储和通讯	Transport, Storage and Communications		181.7	206.7		
金融中介	Financial Intermediation		26.0	28.4		
房地产、租赁及商业活动	Real Estate, Renting and Business Activities		41.8	52.1		
公共管理和国防；社会基本保障	Public Administration and Defence; Compulsory Social Security		131.7	133.2		
教育	Education		136.9	121.9		
卫生和社会工作	Health and Social Work		46.4	44.8		
其他团体、社会和个人服务活动	Other Community, Social and Personal Services Activities		43.3	44.3		
雇人的私人住户	Private Households with Employed Persons		2.8	1.9		
域外组织和机构	Extra-Territorial Organizations and Bodies			0.1		
未分类经济活动	Not Classifiable by Economic Activity		0.4	1.9		
以 色 列	**Israel**					
按第三版ISIC分类	ISIC-Rev.3					
总 计	Total	222.1	249.4	277.7	278.6	
农业、狩猎业、林业和渔业	Agriculture, Hunting, Forestry; Fishing	4.8	5.0	4.8		
采掘业	Mining and Quarrying	0.5	0.4	0.5		
制造业	Manufacturing	38.5	38.1	42.1		
电、煤气和水供应业	Electricity, Gas and Water Supply	1.9	2.1	2.0		
建筑业	Construction	11.6	12.7	15.1		
批发、零售贸易；机动车及个人、家庭用品修理业	Wholesale, Retail Trade, Repair of Motor Vehicles, Motorcycles and Personal and Household Goods	29.6	33.7	37.8		
旅馆和饭店业	Hotels and Restaurants	10.2	11.5	13.0		
运输、仓储和通讯	Transport, Storage and Communications	14.5	16.3	17.4		
金融中介	Financial Intermediation	7.3	8.2	9.9		
房地产、租赁及商业活动	Real Estate, Renting and Business Activities	25.9	33.5	38.9		
公共管理和国防；社会基本保障	Public Administration and Defence; Compulsory Social Security	12.0	11.6	13.1		
教育	Education	27.2	31.4	34.9		
卫生和社会工作	Health and Social Work	21.4	26.6	27.5		
其他团体、社会和个人服务活动	Other Community, Social and Personal Services Activities	10.6	11.7	13.0		
雇人的私人住户	Private Households with Employed Persons	3.5	4.0	4.6		
域外组织和机构	Extra-Territorial Organizations and Bodies	0.1	0.2			
未分类经济活动	Not Classifiable by Economic Activity	2.5	2.3	2.9		

5-4 续表 2 continued

单位：万人 (10 000 persons)

国家和地区	Country or Area	2000	2005	2008	2009	2010
日　本	**Japan**					
按第三版ISIC分类	ISIC-Rev.3					
总　计	Total	6446.0	6356.0	6385.0	6282.0	6256.0
农业、狩猎业和林业	Agriculture, Hunting, Forestry		259.0	245.0		
渔业	Fishing		23.0	23.0		
采掘业	Mining and Quarrying	5.0	3.0	3.0		
制造业	Manufacturing	1321.0	1169.0	1174.0		
电、煤气和水供应业	Electricity, Gas and Water Supply		35.0	32.0		
建筑业	Construction	653.0	568.0	537.0		
批发、零售贸易；机动车及个人、家庭用品修理业	Wholesale, Retail Trade, Repair of Motor Vehicles, Motorcycles and Personal and Household Goods		1186.0	1169.0		
旅馆和饭店业	Hotels and Restaurants		343.0	334.0		
运输、仓储和通讯	Transport, Storage and Communications	414.0	385.0	391.0		
金融中介	Financial Intermediation		157.0	164.0		
房地产、租赁及商业活动	Real Estate, Renting and Business Activities		729.0	771.0		
公共管理和国防；社会基本保障	Public Administration and Defence; Compulsory Social Security		229.0	223.0		
教育	Education		286.0	288.0		
卫生和社会工作	Health and Social Work		553.0	598.0		
其他团体、社会和个人服务活动	Other Community, Social and Personal Services Activities		355.0	357.0		
未分类经济活动	Not Classifiable by Economic Activity		74.0	74.0		
哈萨克斯坦	**Kazakhstan**					
按第四版ISIC分类	ISIC-Rev.4					
总　计	Total	620.1	726.1	785.7	790.3	811.4
农业、林业和渔业	Agriculture, Forestry and Fishing					229.5
采掘业	Mining and Quarrying		18.4	20.0		19.4
制造业	Manufacturing		54.1	57.3		56.6
电、煤气、蒸汽和空调供应	Electricity, Gas, Steam and Air Conditioning Supply					13.2
供水；污水处理、废物管理和补救活动	Water Supply; Sewerage, Waste Management and Remediation Activities					5.7
建筑业	Construction		41.6	54.9		57.0
批发和零售贸易；机动车辆和摩托车的修理	Wholesale and Retail Trade; Repair of Motor Vehicles and Motorcycles					122.4
运输和储存	Transportation and Storage					51.2
住宿和餐饮业	Accommodation and Food Service Activities					10.5
信息和通讯业	Information and Communication					10.9
金融和保险业	Financial and Insurance Activities					10.5
房地产业	Real Estate Activities					13.9
专业和科技活动	Professional, Scientific and Technical Activities					14.9
企业管理和商务服务业	Administrative and Support Service Activities					16.7
公共行政和国防；强制性社会保障	Public Administration and Defence; Compulsory Social Security					37.7
教育	Education		69.0	75.4		81.6
卫生和社会福利业	Human Health and Social Work Activities					37.0
艺术、娱乐和文娱活动	Arts, Entertainment and Recreation					9.0
其他服务活动	Other Service Activities					11.4

5-4 续表 3 continued

单位：万人 (10 000 persons)

国家和地区	Country or Area	2000	2005	2008	2009	2010
哈萨克斯坦(续)	**Kazakhstan(continued)**					
家庭作为雇主的活动；家庭自用、未加区分的生产货物及服务的活动	Activities of Households as Employers; Undifferentiated Goods- and Services-Producing Activities of Households for Own Use					2.3
域外组织和机构的活动	Activities of Extraterritorial Organizations and Bodies					…
韩　国	**Korea, Rep.**					
按第三版ISIC分类	ISIC-Rev.3					
总　计	Total	2115.6	2285.6	2357.7	2350.6	2382.9
农业、狩猎业和林业	Agriculture, Hunting, Forestry	216.2	174.7			
渔业	Fishing	8.1	6.8			
采掘业	Mining and Quarrying	1.7	1.7	2.3		
制造业	Manufacturing	429.3	423.4	396.3		
电、煤气和水供应业	Electricity, Gas and Water Supply	6.4	7.1	9.0		
建筑业	Construction	158.0	181.4	181.2		
批发、零售贸易；机动车及个人、家庭用品修理业	Wholesale, Retail Trade, Repair of Motor Vehicles, Motorcycles and Personal and Household Goods	383.3	374.8	363.1		
旅馆和饭店业	Hotels and Restaurants	191.9	205.8	204.4		
运输、仓储和通讯	Transport, Storage and Communications	126.0	142.9	187.5		
金融中介	Financial Intermediation	75.2	74.6	82.1		
房地产、租赁及商业活动	Real Estate, Renting and Business Activities	136.1	203.7	221.9		
公共管理和国防；社会基本保障	Public Administration and Defence; Compulsory Social Security	75.8	79.1	84.0		
教育	Education	119.1	156.8	178.4		
卫生和社会工作	Health and Social Work	42.8	64.6	84.2		
其他团体、社会和个人服务活动	Other Community, Social and Personal Services Activities	125.1	172.7	178.2		
雇人的私人住户	Private Households with Employed Persons	18.6	13.0	15.0		
域外组织和机构	Extra-Territorial Organizations and Bodies	1.9	2.4	1.6		
马来西亚	**Malaysia**					
按第三版ISIC分类	ISIC-Rev.3					
总　计	Total	932.2	1004.5	1066.0	1089.7	1112.9
农业、狩猎业和林业	Agriculture, Hunting, Forestry		135.5	136.6		
渔业	Fishing		11.5	12.2		
采掘业	Mining and Quarrying	2.7	3.6	5.5		5.5
制造业	Manufacturing	212.6	198.9	194.5		188.0
电、煤气和水供应业	Electricity, Gas and Water Supply		5.7	6.1		
建筑业	Construction	79.9	90.4	99.8		101.9
批发、零售贸易；机动车及个人、家庭用品修理业	Wholesale, Retail Trade, Repair of Motor Vehicles, Motorcycles and Personal and Household Goods		162.0	172.9		
旅馆和饭店业	Hotels and Restaurants		67.2	78.4		
运输、仓储和通讯	Transport, Storage and Communications	42.3	54.5	58.3		
金融中介	Financial Intermediation		24.7	27.6		
房地产、租赁及商业活动	Real Estate, Renting and Business Activities		45.9	55.3		
公共管理和国防；社会基本保障	Public Administration and Defence; Compulsory Social Security		72.9	75.1		
教育	Education		60.7	65.7		77.2
卫生和社会工作	Health and Social Work		21.3	25.3		

5-4 续表 4 continued

单位：万人 (10 000 persons)

国家和地区	Country or Area	2000	2005	2008	2009	2010
马来西亚(续)	**Malaysia(continued)**					
其他团体、社会和个人服务活动	Other Community, Social and Personal Services Activities		23.5	27.4		
雇人的私人住户	Private Households with Employed Persons		26.1	25.3		
域外组织和机构	Extra-Territorial Organizations and Bodies		0.2	0.1		
蒙　古	**Mongolia**					
按第三版ISIC分类	ISIC-Rev.3					
总　计	Total	80.9	96.8	90.0	93.4	
农业、狩猎业、林业和渔业	Agriculture, Hunting, Forestry; Fishing	39.4	38.6	37.8		
采掘业	Mining and Quarrying	1.9	4.0	2.7	2.3	
制造业	Manufacturing	5.5	4.6	5.8	5.4	
电、煤气和水供应业	Electricity, Gas and Water Supply	1.8	2.9	3.0		
建筑业	Construction	2.3	4.9	3.3	4.4	
批发、零售贸易；机动车及个人、家庭用品修理业	Wholesale, Retail Trade, Repair of Motor Vehicles, Motorcycles and Personal and Household Goods	8.4	14.2	17.0		
旅馆和饭店业	Hotels and Restaurants	1.3	3.0	3.5		
运输、仓储和通讯	Transport, Storage and Communications	3.4	4.2	4.6		
金融中介	Financial Intermediation	0.7	1.6	2.0		
房地产、租赁及商业活动	Real Estate, Renting and Business Activities	0.7	0.9	1.2		
公共管理和国防；社会基本保障	Public Administration and Defence; Compulsory Social Security	3.5	4.7	5.1		
教育	Education	5.4	5.9	7.1	6.9	
卫生和社会工作	Health and Social Work	3.4	4.0	4.2		
其他团体、社会和个人服务活动	Other Community, Social and Personal Services Activities	2.9	2.7	2.0		
雇人的私人住户	Private Households with Employed Persons	0.4	0.9	1.2		
巴基斯坦	**Pakistan**					
按第三版ISIC分类	ISIC-Rev.3					
总　计	Total	3684.7	4281.6	4909.0		
农业、狩猎业、林业和渔业	Agriculture, Hunting, Forestry; Fishing	1784.1	1843.1	2191.9		
采掘业	Mining and Quarrying	2.5	2.9	5.7		
制造业	Manufacturing	423.0	588.1	637.7		
电、煤气和水供应业	Electricity, Gas and Water Supply					
建筑业	Construction	213.0	249.6	308.8		
批发、零售贸易；机动车及个人、家庭用品修理业	Wholesale, Retail Trade, Repair of Motor Vehicles, Motorcycles and Personal and Household Goods					
旅馆和饭店业	Hotels and Restaurants					
运输、仓储和通讯	Transport, Storage and Communications	185.3	245.5	268.1		
金融中介；房地产、租赁及商务活动	Financial Intermediation; Real Estate, Renting and Business Activities					
卫生和社会工作	Health and Social Work					
菲律宾	**Philippines**					
按第三版ISIC分类	ISIC-Rev.3					
总　计	Total	2745.2	3231.3	3408.9	3499.7	3603.5
农业、狩猎业和林业	Agriculture, Hunting, Forestry		1023.4	1060.4		
渔业	Fishing		139.4	142.6		
采掘业	Mining and Quarrying	10.8	12.3	15.8		
制造业	Manufacturing	274.5	307.7	292.6		

5-4 续表 5 continued

单位：万人 (10 000 persons)

国家和地区	Country or Area	2000	2005	2008	2009	2010
菲 律 宾(续)	**Philippines(continued)**					
电、煤气和水供应业	Electricity, Gas and Water Supply		11.7	13.0		
建筑业	Construction	147.9	170.8	183.4		
批发、零售贸易；机动车及个人、家庭用品修理业	Wholesale, Retail Trade, Repair of Motor Vehicles, Motorcycles and Personal and Household Goods		614.7	644.6		
旅馆和饭店业	Hotels and Restaurants		86.1	95.3		
运输、仓储和通讯	Transport, Storage and Communications	198.6	245.1	259.0		
金融中介	Financial Intermediation		34.1	36.8		
房地产、租赁及商业活动	Real Estate, Renting and Business Activities		73.4	95.3		
公共管理和国防；社会基本保障	Public Administration and Defence; Compulsory Social Security		148.1	167.6		
教育	Education		97.8	107.1		
卫生和社会工作	Health and Social Work		37.5	39.1		
其他团体、社会和个人服务活动	Other Community, Social and Personal Services Activities		77.5	83.3		
雇人的私人住户	Private Households with Employed Persons		151.7	172.9		
域外组织和机构	Extra-Territorial Organizations and Bodies		0.1	0.2		
新 加 坡	**Singapore**					
按第三版ISIC分类	ISIC-Rev.3					
总　计	Total	209.5	164.7	185.2	186.9	
农业、狩猎业、林业和渔业	Agriculture, Hunting, Forestry; Fishing					
采掘业	Mining and Quarrying					
制造业	Manufacturing	43.4	27.5	31.2		
电、煤气和水供应业	Electricity, Gas and Water Supply					
建筑业	Construction	27.4	8.2	10.6		
第三产业	The Tertiary Industry					
批发、零售贸易；机动车及个人、家庭用品修理业	Wholesale, Retail Trade, Repair of Motor Vehicles, Motorcycles and Personal and Household Goods	28.7	30.4	27.0		
旅馆和饭店业	Hotels and Restaurants	11.4	10.3	12.0		
运输、仓储和通讯	Transport, Storage and Communications	23.3	22.8	26.9		
金融中介	Financial Intermediation	9.6	10.2	12.4		
房地产、租赁及商业活动	Real Estate, Renting and Business Activities	19.6	20.7	23.8		
公共管理和国防；社会基本保障	Public Administration and Defence; Compulsory Social Security					
教育	Education					
卫生和社会工作	Health and Social Work					
其他团体、社会和个人服务活动；雇人的私人住户；境外组织和团体	Other Community, Social and Personal Services Activities; Private Households with Employed Persons; Extra-Territorial Organizations and Bodies					
斯里兰卡	**Sri Lanka**					
按第三版ISIC分类	ISIC-Rev.3					
总　计	Total	631.0	751.8	764.8	760.2	770.7
农业、狩猎业、林业和渔业	Agriculture, Hunting, Forestry; Fishing		230.6	234.4		
采掘业	Mining and Quarrying					
制造业	Manufacturing		138.5	135.5		
电、煤气和水供应业	Electricity, Gas and Water Supply		54.3	53.3		
建筑业	Construction					
批发、零售贸易；机动车及个人、家庭用品修理业	Wholesale, Retail Trade, Repair of Motor Vehicles, Motorcycles and Personal and Household Goods		90.4	92.4		
旅馆和饭店业	Hotels and Restaurants		13.9	10.4		

5-4 续表 6 continued

单位：万人 (10 000 persons)

国家和地区	Country or Area	2000	2005	2008	2009	2010
斯里兰卡(续)	**Sri Lanka(continued)**					
运输、仓储和通讯	Transport, Storage and Communications		48.5	42.6		
金融中介；房地产、租赁及商务活动	Financial Intermediation; Real Estate, Renting and Business Activities		23.4	23.6		
公共管理和国防；社会基本保障	Public Administration and Defence; Compulsory Social Security		51.3	46.3		
教育	Education		29.7	29.9		
卫生和社会工作	Health and Social Work		12.9	11.1		
其他团体、社会和个人服务活动	Other Community, Social and Personal Services Activities					
雇人的私人住户	Private Households with Employed Persons		5.3	8.4		
未分类经济活动	Not Classifiable by Economic Activity		39.6	16.7		
泰　国	**Thailand**					
按第三版ISIC分类	ISIC-Rev.3					
总　计	Total	3300.1	3630.2	3783.7	3770.6	3803.7
农业、狩猎业和林业	Agriculture, Hunting, Forestry		1500.8	1564.1		
渔业	Fishing		44.1	42.6		
采掘业	Mining and Quarrying	3.9	4.0	5.5		
制造业	Manufacturing	478.5	535.0	523.1		
电、煤气和水供应业	Electricity, Gas and Water Supply		10.7	10.3		
建筑业	Construction	128.0	185.3	201.2		
批发、零售贸易；机动车及个人、家庭用品修理业	Wholesale, Retail Trade, Repair of Motor Vehicles, Motorcycles and Personal and Household Goods		529.7	563.5		
旅馆和饭店业	Hotels and Restaurants		230.0	235.3		
运输、仓储和通讯	Transport, Storage and Communications	95.1	107.6	109.1		
金融中介	Financial Intermediation		34.0	39.6		
房地产、租赁及商业活动	Real Estate, Renting and Business Activities		65.2	71.7		
公共管理和国防；社会基本保障	Public Administration and Defence; Compulsory Social Security		109.6	130.3		
教育	Education		112.2	109.8		
卫生和社会工作	Health and Social Work		61.1	72.0		
其他团体、社会和个人服务活动	Other Community, Social and Personal Services Activities		71.9	81.9		
雇人的私人住户	Private Households with Employed Persons		24.2	19.6		
域外组织和机构	Extra-Territorial Organizations and Bodies		0.2	0.1		
未分类经济活动	Not Classifiable by Economic Activity		4.8	3.9		
越　南	**Viet Nam**					
按第三版ISIC分类	ISIC-Rev.3					
总　计	Total	3836.8	4252.7	4491.6		
农业、狩猎业和林业	Agriculture, Hunting, Forestry	2430.8				
渔业	Fishing	72.9				
采掘业	Mining and Quarrying	19.2				
制造业	Manufacturing	353.6				
电、煤气和水供应业	Electricity, Gas and Water Supply	7.7				
建筑业	Construction	96.7				
批发、零售贸易；机动车及个人、家庭用品修理业	Wholesale, Retail Trade, Repair of Motor Vehicles, Motorcycles and Personal and Household Goods	411.6				
旅馆和饭店业	Hotels and Restaurants	50.6				
运输、仓储和通讯	Transport, Storage and Communications	112.6				

5-4 续表 7 continued

单位：万人 (10 000 persons)

国家和地区	Country or Area	2000	2005	2008	2009	2010
越　南(续)	**Viet Nam(continued)**					
金融中介	Financial Intermediation	10.5				
房地产、租赁及商业活动	Real Estate, Renting and Business Activities	10.6				
公共管理和国防；社会基本保障	Public Administration and Defence; Compulsory Social Security	59.5				
教育	Education	91.8				
卫生和社会工作	Health and Social Work	26.9				
其他团体、社会和个人服务活动	Other Community, Social and Personal Services Activities	72.4				
雇人的私人住户	Private Households with Employed Persons	9.2				
域外组织和机构	Extra-Territorial Organizations and Bodies	0.3				
埃　及	**Egypt**					
按第三版ISIC分类	ISIC-Rev.3					
总　计	Total	1720.3	1934.2	2250.7		2382.9
农业、狩猎业和林业	Agriculture, Hunting, Forestry	500.1	581.6	696.5		
渔业	Fishing	9.7	15.8	15.1		
采掘业	Mining and Quarrying	4.7	2.9	3.7		4.7
制造业	Manufacturing	204.8	223.0	256.7		288.2
电、煤气和水供应业	Electricity, Gas and Water Supply	20.9	24.5	29.7		
建筑业	Construction	135.9	165.0	226.8		269.4
批发、零售贸易；机动车及个人、家庭用品修理业	Wholesale, Retail Trade, Repair of Motor Vehicles, Motorcycles and Personal and Household Goods	200.7	214.1	238.7		
旅馆和饭店业	Hotels and Restaurants	26.9	36.6	46.2		
运输、仓储和通讯	Transport, Storage and Communications	112.6	132.3	157.5		
金融中介	Financial Intermediation	18.6	16.9	16.6		
房地产、租赁及商业活动	Real Estate, Renting and Business Activities	31.3	40.1	44.8		
公共管理和国防；社会基本保障	Public Administration and Defence; Compulsory Social Security	182.5	185.0	189.0		
教育	Education	179.0	190.8	204.2		209.2
卫生和社会工作	Health and Social Work	53.2	50.3	58.3		
其他团体、社会和个人服务活动	Other Community, Social and Personal Services Activities	34.3	46.5	57.4		
雇人的私人住户	Private Households with Employed Persons	4.9	5.3	6.6		
域外组织和机构	Extra-Territorial Organizations and Bodies		0.3	0.3		
未分类经济活动	Not Classifiable by Economic Activity	0.2	3.4	2.6		3.7
南　非	**South Africa**					
按第三版ISIC分类	ISIC-Rev.3					
总　计	Total	1223.8	1230.1	1371.3	1345.5	1306.1
农业、狩猎业、林业和渔业	Agriculture, Hunting, Forestry; Fishing	191.4	92.5	77.6		
采掘业	Mining and Quarrying	60.3	41.1	32.8		
制造业	Manufacturing	157.8	170.6	196.1		
电、煤气和水供应业	Electricity, Gas and Water Supply	9.4	10.0	9.4		
建筑业	Construction	68.3	93.5	114.1		
批发、零售贸易；机动车及个人、家庭用品修理业	Wholesale, Retail Trade, Repair of Motor Vehicles, Motorcycles and Personal and Household Goods					
旅馆和饭店业	Hotels and Restaurants					
运输、仓储和通讯	Transport, Storage and Communications	58.2	61.6	76.7		
金融中介；房地产、租赁及商务活动	Financial Intermediation; Real Estate, Renting and Business Activities	97.6	129.6	164.6		

5-4 续表 8 continued

单位：万人 (10 000 persons)

国家和地区	Country or Area	2000	2005	2008	2009	2010
南 非(续)	**South Africa(continued)**					
雇人的私人住户	Private Households with Employed Persons	114.6	106.7	123.2		
未分类经济活动	Not Classifiable by Economic Activity	10.3	2.9	0.3		
阿 根 廷	**Argentina**					
按第三版ISIC分类	ISIC-Rev.3					
总 计	Total	826.2	963.9	1028.0	1040.2	1053.2
农业、狩猎业和林业	Agriculture, Hunting, Forestry	5.0	10.0			
渔业	Fishing	0.6	0.7			
采掘业	Mining and Quarrying	1.5	3.1			4.3
制造业	Manufacturing	115.5	136.0			142.8
电、煤气和水供应业	Electricity, Gas and Water Supply	4.8	4.9			
建筑业	Construction	65.4	82.3			91.4
批发、零售贸易；机动车及个人、家庭用品修理业	Wholesale, Retail Trade, Repair of Motor Vehicles, Motorcycles and Personal and Household Goods	168.3	195.2			
旅馆和饭店业	Hotels and Restaurants	25.5	31.6			
运输、仓储和通讯	Transport, Storage and Communications	67.4	64.9			
金融中介	Financial Intermediation	20.7	16.3			
房地产、租赁及商业活动	Real Estate, Renting and Business Activities	60.0	74.3			
公共管理和国防；社会基本保障	Public Administration and Defence; Compulsory Social Security	63.3	72.9			
教育	Education	62.6	73.6			82.4
卫生和社会工作	Health and Social Work	47.4	62.8			
其他团体、社会和个人服务活动	Other Community, Social and Personal Services Activities	48.5	58.1			
雇人的私人住户	Private Households with Employed Persons	65.5	74.1			
域外组织和机构	Extra-Territorial Organizations and Bodies	0.3	0.3			
未分类经济活动	Not Classifiable by Economic Activity	3.7	2.8			5.6
巴 西	**Brazil**					
按第三版ISIC分类	ISIC-Rev.3					
总 计	Total	6563.0	8718.9	9239.5	9268.9	
农业、狩猎业和林业	Agriculture, Hunting, Forestry	1177.1	1738.7			
渔业	Fishing	34.8	44.4			
采掘业	Mining and Quarrying	23.5	31.8			
制造业	Manufacturing	875.7	1233.6			
电、煤气和水供应业	Electricity, Gas and Water Supply	32.9	35.9			
建筑业	Construction	456.8	564.2			
批发、零售贸易；机动车及个人、家庭用品修理业	Wholesale, Retail Trade, Repair of Motor Vehicles, Motorcycles and Personal and Household Goods	1089.9	1550.3			
旅馆和饭店业	Hotels and Restaurants	307.2	318.7			
运输、仓储和通讯	Transport, Storage and Communications	331.9	396.7			
金融中介	Financial Intermediation	82.4	100.7			
房地产、租赁及商业活动	Real Estate, Renting and Business Activities	376.4	493.7			
公共管理和国防；社会基本保障	Public Administration and Defence; Compulsory Social Security	352.3	426.7			
教育	Education	382.2	468.4			
卫生和社会工作	Health and Social Work	215.2	297.7			
其他团体、社会和个人服务活动	Other Community, Social and Personal Services Activities	239.2	330.1			

5-4 续表 9 continued

单位：万人 (10 000 persons)

国家和地区	Country or Area	2000	2005	2008	2009	2010
巴　西(续)	**Brazil(continued)**					
雇人的私人住户	Private Households with Employed Persons	501.6	666.6			
域外组织和机构	Extra-Territorial Organizations and Bodies	0.3	0.7			
未分类经济活动	Not Classifiable by Economic Activity	83.6	19.8			
委内瑞拉	**Venezuela**					
按第二版ISIC分类	ISIC-Rev.2					
总　计	Total	896.1	1073.4	1186.3	1193.6	1207.1
农业、狩猎业、林业和渔业	Agriculture, Hunting, Forestry and Fishing	95.0	103.9	100.6		
采掘业	Mining and Quarrying	5.3	7.1	10.7		
制造业	Manufacturing	119.1	124.5	141.6		
电、煤气和水	Electricity, Gas and Water	5.8	5.7	5.5		
建筑业	Construction	74.1	85.8	115.4		
批发、零售业、旅馆和饭店业	Wholesale and Retail Trade and Restaurants and Hotels	231.2	262.0	280.9		
运输、仓储和通讯	Transport, Storage and Communication	60.8	87.0	104.2		
金融保险、房地产和商务服务	Financing, Insurance, Real Estate and Business Services	44.0	51.7	61.4		
社会和个人服务	Community, Social and Personal Services	259.8	336.5	363.4		
行业不明确	Activities not Adequately Defined	1.0	9.2	2.6		
加 拿 大	**Canada**					
按第三版ISIC分类	ISIC-Rev.3					
总　计	Total	1476.4	1617.0	1712.6		
农业、狩猎业和林业	Agriculture, Hunting, Forestry	45.4	40.9	37.7		
渔业	Fishing	3.3	3.1	2.6		
采掘业	Mining and Quarrying	16.0	21.1	26.4		
制造业	Manufacturing	224.9	220.7	204.1		
电、煤气和水供应业	Electricity, Gas and Water Supply	11.5	12.5	15.2		
建筑业	Construction	80.3	101.2	123.2		
批发、零售贸易；机动车及个人、家庭用品修理业	Wholesale, Retail Trade, Repair of Motor Vehicles, Motorcycles and Personal and Household Goods	254.9	284.0	295.1		
旅馆和饭店业	Hotels and Restaurants	93.8	100.5	107.4		
运输、仓储和通讯	Transport, Storage and Communications	112.3	115.4	114.8		
金融中介	Financial Intermediation	60.8	70.7	78.6		
房地产、租赁及商业活动	Real Estate, Renting and Business Activities	173.1	199.2	217.6		
公共管理和国防；社会基本保障	Public Administration and Defence; Compulsory Social Security	77.0	83.1	92.4		
教育	Education	97.4	110.6	119.3		
卫生和社会工作	Health and Social Work	151.4	173.5	190.3		
其他团体、社会和个人服务活动	Other Community, Social and Personal Services Activities	66.0	74.2	86.7		
雇人的私人住户	Private Households with Employed Persons	7.9	6.2	7.3		
域外组织和机构	Extra-Territorial Organizations and Bodies	0.3	0.3	0.2		
墨 西 哥	**Mexico**					
按第三版ISIC分类	ISIC-Rev.3					
总　计	Total	3950.2	4079.2	4386.7	4290.7	4386.7
农业、狩猎业和林业	Agriculture, Hunting, Forestry	654.0	589.8	562.9		
渔业	Fishing	15.5	16.2	13.0		

5-4 续表 10 continued

单位：万人 (10 000 persons)

国家和地区	Country or Area	2000	2005	2008	2009	2010
墨西哥(续)	**Mexico(continued)**					
采掘业	Mining and Quarrying	15.6	19.4	18.3		
制造业	Manufacturing	744.3	691.1	722.8		
电、煤气和水供应业	Electricity, Gas and Water Supply	18.8	18.6	20.6		
建筑业	Construction	244.9	318.1	364.1		
批发、零售贸易；机动车及个人、家庭用品修理业	Wholesale, Retail Trade, Repair of Motor Vehicles, Motorcycles and Personal and Household Goods	834.2	933.3	997.4		
旅馆和饭店业	Hotels and Restaurants	180.1	243.8	283.7		
运输、仓储和通讯	Transport, Storage and Communications	172.4	184.7	203.4		
金融中介	Financial Intermediation	29.5	30.7	40.6		
房地产、租赁及商业活动	Real Estate, Renting and Business Activities	117.3	182.9	218.9		
公共管理和国防；社会基本保障	Public Administration and Defence; Compulsory Social Security	174.3	191.7	217.2		
教育	Education	188.7	218.1	232.6		
卫生和社会工作	Health and Social Work	106.5	113.6	125.3		
其他团体、社会和个人服务活动	Other Community, Social and Personal Services Activities	123.3	132.8	146.9		
雇人的私人住户	Private Households with Employed Persons	170.0	169.4	185.2		
域外组织和机构	Extra-Territorial Organizations and Bodies	0.2	0.4	0.4		
未分类经济活动	Not Classifiable by Economic Activity	15.1	24.8	33.3		
美国	**United States**					
按第三版ISIC分类	ISIC-Rev.3					
总计	Total	13520.8	14173.0	14536.2	13987.7	13906.4
农业、狩猎业、林业和渔业	Agriculture, Hunting, Forestry; Fishing	345.7	219.7	216.8		
采掘业	Mining and Quarrying	52.1	62.4	81.9	70.7	73.1
制造业	Manufacturing	1994.0	1625.3	1590.4	1420.2	1408.1
电、煤气和水供应业	Electricity, Gas and Water Supply		117.6	122.5		
建筑业	Construction	943.3	1119.7	1097.4	970.2	907.7
批发、零售贸易；机动车及个人、家庭用品修理业	Wholesale, Retail Trade, Repair of Motor Vehicles, Motorcycles and Personal and Household Goods		2140.4	2058.5		
旅馆和饭店业	Hotels and Restaurants		930.6	979.5		
运输、仓储和通讯	Transport, Storage and Communications	829.4	618.4	650.1		
金融中介	Financial Intermediation		703.5	727.9		
房地产、租赁及商业活动	Real Estate, Renting and Business Activities		1746.1	1848.9		
公共管理和国防；社会基本保障	Public Administration and Defence; Compulsory Social Security		653.0	676.3		
教育	Education		1226.4	1316.9	1318.8	1315.5
卫生和社会工作	Health and Social Work		1691.0	1823.3		
捷克	**Czech Rep.**					
按第四版ISIC分类	ISIC-Rev.4					
总计	Total	473.2	476.4	500.3	493.4	488.5
农业、林业和渔业	Agriculture, Forestry and Fishing			15.9	15.4	15.1
采掘业	Mining and Quarrying	7.0	4.9	5.5	5.2	4.8
制造业	Manufacturing	128.2	129.6	137.9	124.3	123.6
电、煤气、蒸汽和空调供应	Electricity, Gas, Steam and Air Conditioning Supply			6.0	5.8	5.7
供水；污水处理、废物管理和补救活动	Water Supply; Sewerage, Waste Management and Remediation Activities			5.3	5.4	5.0
建筑业	Construction	43.9	45.9	48.1	49.7	46.5

5-4 续表 11 continued

单位：万人 (10 000 persons)

国家和地区	Country or Area	2000	2005	2008	2009	2010
捷 克(续)	**Czech Rep.(continued)**					
批发和零售贸易；机动车辆和摩托车的修理	Wholesale and Retail Trade; Repair of Motor Vehicles and Motorcycles			61.9	63.1	59.4
运输和储存	Transportation and Storage			32.8	33.1	32.8
住宿和餐饮业	Accommodation and Food Service Activities			17.7	18.6	19.0
信息和通讯业	Information and Communication			11.8	12.9	13.7
金融和保险业	Financial and Insurance Activities			11.6	11.0	11.5
房地产业	Real Estate Activities			4.0	4.1	4.0
专业和科技活动	Professional, Scientific and Technical Activities			19.5	20.2	20.2
企业管理和商务服务业	Administrative and Support Service Activities			12.8	11.8	11.3
公共行政和国防；强制性社会保障	Public Administration and Defence; Compulsory Social Security			31.7	32.1	32.9
教育	Education	29.9	29.7	28.4	29.6	29.6
卫生和社会福利业	Human Health and Social Work Activities			32.1	32.6	34.0
艺术、娱乐和文娱活动	Arts, Entertainment and Recreation			8.2	8.3	8.3
其他服务活动	Other Service Activities			8.8	9.2	9.4
家庭作为雇主的活动；家庭自用、未加区分的生产货物及服务的活动	Activities of Households as Employers;Undifferentiated Goods- and Services-Producing Activities of Households for Own Use			0.3	1.1	1.6
域外组织和机构的活动	Activities of Extraterritorial Organizations and Bodies					0.1
未分类经济活动	Not Classifiable by Economic Activity	0.2	0.2			
法 国	**France**					
按第四版ISIC分类	ISIC-Rev.4					
总 计	Total	2312.3	2494.9	2589.5	2565.2	2569.2
农业、林业和渔业	Agriculture, Forestry and Fishing			71.3	75.3	75.0
采掘业	Mining and Quarrying		4.2	2.2	2.5	2.6
制造业	Manufacturing		401.5	372.3	351.1	336.8
电、煤气、蒸汽和空调供应	Electricity, Gas, Steam and Air Conditioning Supply			15.5	20.0	21.6
供水；污水处理、废物管理和补救活动	Water Supply; Sewerage, Waste Management and Remediation Activities			17.3	17.9	18.5
建筑业	Construction		164.0	192.0	187.6	189.8
批发和零售贸易；机动车辆和摩托车的修理	Wholesale and Retail Trade; Repair of Motor Vehicles and Motorcycles			335.3	340.4	335.2
运输和储存	Transportation and Storage			143.4	135.0	133.9
住宿和餐饮业	Accommodation and Food Service Activities			87.9	90.4	96.5
信息和通讯业	Information and Communication			67.2	72.4	73.8
金融和保险业	Financial and Insurance Activities			83.4	87.4	86.3
房地产业	Real Estate Activities			36.2	30.7	30.6
专业和科技活动	Professional, Scientific and Technical Activities			127.0	127.2	127.7
企业管理和商务服务业	Administrative and Support Service Activities			92.0	88.8	91.5
公共行政和国防；强制性社会保障	Public Administration and Defence; Compulsory Social Security			267.1	261.3	257.8
教育	Education		174.4	179.7	174.4	175.0
卫生和社会福利业	Human Health and Social Work Activities			320.3	326.8	336.4
艺术、娱乐和文娱活动	Arts, Entertainment and Recreation			34.7	34.6	34.0
其他服务活动	Other Service Activities			69.7	68.2	72.0
家庭作为雇主的活动；家庭自用、未加区分的生产货物及服务的活动	Activities of Households as Employers;Undifferentiated Goods- and Services-Producing Activities of Households for Own Use			59.8	59.6	59.5
域外组织和机构的活动	Activities of Extraterritorial Organizations and Bodies			1.9	1.7	2.0
未分类经济活动	Not Classifiable by Economic Activity		29.1	13.6	11.9	12.8

5-4 续表 12 continued

单位：万人 (10 000 persons)

国家和地区	Country or Area	2000	2005	2008	2009	2010
德　国	**Germany**					
按第四版ISIC分类	ISIC-Rev.4					
总　计	Total	3632.4	3636.2	3854.2	3847.1	3873.8
农业、林业和渔业	Agriculture, Forestry and Fishing			68.8	64.7	63.3
采掘业	Mining and Quarrying	15.2	12.3	10.8	10.4	9.6
制造业	Manufacturing	854.2	803.2	810.7	784.8	774.7
电、煤气、蒸汽和空调供应	Electricity, Gas, Steam and Air Conditioning Supply			30.8	33.5	35.0
供水；污水处理、废物管理和补救活动	Water Supply; Sewerage, Waste Management and Remediation Activities			22.3	22.5	21.1
建筑业	Construction	311.8	240.0	256.4	256.6	258.6
批发和零售贸易；机动车辆和摩托车的修理	Wholesale and Retail Trade; Repair of Motor Vehicles and Motorcycles			521.9	519.7	526.4
运输和储存	Transportation and Storage			184.2	182.0	181.9
住宿和餐饮业	Accommodation and Food Service Activities			145.7	148.9	148.8
信息和通讯业	Information and Communication			123.0	122.5	123.3
金融和保险业	Financial and Insurance Activities			131.3	132.3	132.1
房地产业	Real Estate Activities			22.4	27.6	26.7
专业和科技活动	Professional, Scientific and Technical Activities			183.7	190.4	192.3
企业管理和商务服务业	Administrative and Support Service Activities			185.5	193.5	202.8
公共行政和国防；强制性社会保障	Public Administration and Defence; Compulsory Social Security			276.2	277.2	280.8
教育	Education	192.8	210.0	234.2	237.0	237.1
卫生和社会福利业	Human Health and Social Work Activities			436.3	452.7	468.5
艺术、娱乐和文娱活动	Arts, Entertainment and Recreation			53.2	53.6	55.2
其他服务活动	Other Service Activities			132.0	114.0	111.8
家庭作为雇主的活动；家庭自用、未加区分的生产货物及服务的活动	Activities of Households as Employers;Undifferentiated Goods- and Services-Producing Activities of Households for Own Use			21.6	20.3	20.8
域外组织和机构的活动	Activities of Extraterritorial Organizations and Bodies			3.3	2.9	3.2
意 大 利	**Italy**					
按第四版ISIC分类	ISIC-Rev.4					
总　计	Total	2093.0	2256.3	2340.5	2302.5	2287.2
农业、林业和渔业	Agriculture, Forestry and Fishing			86.8	84.9	86.7
采掘业	Mining and Quarrying	6.4	4.0	3.6	3.3	3.6
制造业	Manufacturing	491.8	482.5	466.5	444.8	426.5
电、煤气、蒸汽和空调供应	Electricity, Gas, Steam and Air Conditioning Supply			11.9	11.7	11.3
供水；污水处理、废物管理和补救活动	Water Supply; Sewerage, Waste Management and Remediation Activities			18.1	19.7	21.5
建筑业	Construction	161.8	191.3	198.7	196.2	194.9
批发和零售贸易；机动车辆和摩托车的修理	Wholesale and Retail Trade; Repair of Motor Vehicles and Motorcycles			350.3	341.4	335.1
运输和储存	Transportation and Storage			108.3	108.0	107.2
住宿和餐饮业	Accommodation and Food Service Activities			117.9	116.7	119.1
信息和通讯业	Information and Communication			55.2	54.7	53.1
金融和保险业	Financial and Insurance Activities			65.5	64.9	66.3
房地产业	Real Estate Activities			12.4	13.3	13.9
专业和科技活动	Professional, Scientific and Technical Activities			145.8	142.1	143.1
企业管理和商务服务业	Administrative and Support Service Activities			85.4	83.8	85.2

5-4 续表 13 continued

单位：万人 (10 000 persons)

国家和地区	Country or Area	2000	2005	2008	2009	2010
意 大 利(续)	**Italy(continued)**					
公共行政和国防；强制性社会保障	Public Administration and Defence; Compulsory Social Security			144.2	142.1	140.9
教育	Education	146.7	154.1	160.4	157.7	153.9
卫生和社会福利业	Human Health and Social Work Activities			164.3	165.4	165.0
艺术、娱乐和文娱活动	Arts, Entertainment and Recreation			25.1	25.4	26.6
其他服务活动	Other Service Activities			74.6	77.0	77.6
家庭作为雇主的活动；家庭自用、未加区分的生产货物及服务的活动	Activities of Households as Employers;Undifferentiated Goods- and Services-Producing Activities of Households for Own Use			41.9	47.2	54.4
域外组织和机构的活动	Activities of Extraterritorial Organizations and Bodies			3.6	2.3	1.3
荷　兰	**Netherlands**					
按第四版ISIC分类	ISIC-Rev.4					
总　计	Total	786.0	811.1	859.3	859.6	837.0
农业、林业和渔业	Agriculture, Forestry and Fishing			22.4	21.8	23.3
采掘业	Mining and Quarrying	1.2	0.7	1.1	1.1	0.9
制造业	Manufacturing	109.6	103.3	91.8	84.8	80.1
电、煤气、蒸汽和空调供应	Electricity, Gas, Steam and Air Conditioning Supply			3.5	3.7	3.4
供水；污水处理、废物管理和补救活动	Water Supply; Sewerage, Waste Management and Remediation Activities			3.5	3.7	3.5
建筑业	Construction	47.2	48.8	51.5	49.3	45.6
批发和零售贸易；机动车辆和摩托车的修理	Wholesale and Retail Trade; Repair of Motor Vehicles and Motorcycles			117.5	114.6	109.5
运输和储存	Transportation and Storage			44.0	42.0	39.2
住宿和餐饮业	Accommodation and Food Service Activities			34.0	33.5	33.8
信息和通讯业	Information and Communication			32.6	31.0	29.4
金融和保险业	Financial and Insurance Activities			25.5	24.1	21.7
房地产业	Real Estate Activities			7.6	7.2	6.3
专业和科技活动	Professional, Scientific and Technical Activities			57.2	52.2	47.7
企业管理和商务服务业	Administrative and Support Service Activities			32.2	31.9	30.0
公共行政和国防；强制性社会保障	Public Administration and Defence; Compulsory Social Security			56.4	56.7	54.2
教育	Education	46.5	50.8	59.1	59.2	57.1
卫生和社会福利业	Human Health and Social Work Activities			135.8	137.8	136.0
艺术、娱乐和文娱活动	Arts, Entertainment and Recreation			17.3	16.6	17.2
其他服务活动	Other Service Activities			17.1	18.4	17.6
家庭作为雇主的活动；家庭自用、未加区分的生产货物及服务的活动	Activities of Households as Employers;Undifferentiated Goods- and Services-Producing Activities of Households for Own Use			0.6	0.6	
未分类经济活动	Not Classifiable by Economic Activity	35.9	39.0	48.7	69.3	80.0
波　兰	**Poland**					
按第四版ISIC分类	ISIC-Rev.4					
总　计	Total	1452.6	1411.6	1580.0	1586.8	1596.1
农业、林业和渔业	Agriculture, Forestry and Fishing			220.6	210.7	205.0
采掘业	Mining and Quarrying	29.3	22.5	23.4	22.1	23.0
制造业	Manufacturing	290.1	283.1	322.8	305.9	296.1
电、煤气、蒸汽和空调供应	Electricity, Gas, Steam and Air Conditioning Supply			17.4	19.0	18.2
供水；污水处理、废物管理和补救活动	Water Supply; Sewerage, Waste Management and Remediation Activities			16.6	15.6	15.4
建筑业	Construction	102.4	84.3	123.4	130.8	128.5
批发和零售贸易；机动车辆和摩托车的修理	Wholesale and Retail Trade; Repair of Motor Vehicles and Motorcycles			232.6	233.2	237.6

5-4 续表 14 continued

单位：万人 (10 000 persons)

国家和地区	Country or Area	2000	2005	2008	2009	2010
波　兰(续)	**Poland(continued)**					
运输和储存	Transportation and Storage			89.7	88.9	88.6
住宿和餐饮业	Accommodation and Food Service Activities			30.7	32.9	35.0
信息和通讯业	Information and Communication			29.5	31.8	31.6
金融和保险业	Financial and Insurance Activities			34.0	37.2	37.1
房地产业	Real Estate Activities			14.3	15.6	17.4
专业和科技活动	Professional, Scientific and Technical Activities			41.1	45.9	49.7
企业管理和商务服务业	Administrative and Support Service Activities			36.3	38.6	40.7
公共行政和国防；强制性社会保障	Public Administration and Defence; Compulsory Social Security			98.4	102.1	104.9
教育	Education	101.3	110.3	118.4	122.7	125.4
卫生和社会福利业	Human Health and Social Work Activities			85.7	88.1	93.5
艺术、娱乐和文娱活动	Arts, Entertainment and Recreation			19.7	19.9	20.0
其他服务活动	Other Service Activities			22.5	22.9	24.8
家庭作为雇主的活动；家庭自用、未加区分的生产货物及服务的活动	Activities of Households as Employers;Undifferentiated Goods- and Services-Producing Activities of Households for Own Use			1.9	2.0	2.4
未分类经济活动	Not Classifiable by Economic Activity		0.5	0.8	0.8	1.1
俄罗斯联邦	**Russian Fed.**					
按第三版ISIC分类	ISIC-Rev.3					
总　计	Total	6507.0	6816.9	7096.5	6699.5	
农业、狩猎业和林业	Agriculture, Hunting, Forestry	924.3	676.9	599.4		
渔业	Fishing	18.8	16.6	14.1		
采掘业	Mining and Quarrying	129.4	123.6	135.0		
制造业	Manufacturing	1217.8	1253.4	1166.3		
电、煤气和水供应业	Electricity, Gas and Water Supply	168.6	195.9	211.6		
建筑业	Construction	332.9	457.5	541.3		
批发、零售贸易；机动车及个人、家庭用品修理业	Wholesale, Retail Trade, Repair of Motor Vehicles, Motorcycles and Personal and Household Goods	788.7	1038.3	1077.4		
旅馆和饭店业	Hotels and Restaurants	92.4	129.7	146.7		
运输、仓储和通讯	Transport, Storage and Communications	548.4	624.9	656.0		
金融中介	Financial Intermediation	84.3	96.2	131.6		
房地产、租赁及商业活动	Real Estate, Renting and Business Activities	202.8	403.9	444.8		
公共管理和国防；社会基本保障	Public Administration and Defence; Compulsory Social Security	482.4	481.5	540.9		
教育	Education	591.1	620.4	644.2		
卫生和社会工作	Health and Social Work	439.2	470.1	524.3		
其他团体、社会和个人服务活动	Other Community, Social and Personal Services Activities	483.6	224.7	258.0		
雇人的私人住户	Private Households with Employed Persons	2.1	2.6	4.3		
域外组织和机构	Extra-Territorial Organizations and Bodies	0.4	0.4	0.5		
西 班 牙	**Spain**					
按第四版ISIC分类	ISIC-Rev.4					
总　计	Total	1544.0	1897.3	2025.8	1888.8	1845.7
农业、林业和渔业	Agriculture, Forestry and Fishing			81.9	78.6	79.3
采掘业	Mining and Quarrying	6.6	6.0	5.3	4.6	4.5
制造业	Manufacturing	291.8	311.3	295.2	252.0	237.0
电、煤气、蒸汽和空调供应	Electricity, Gas, Steam and Air Conditioning Supply			7.3	7.9	7.8

5-4 续表 15 continued

单位：万人 (10 000 persons)

国家和地区	Country or Area	2000	2005	2008	2009	2010
西 班 牙(续)	**Spain(continued)**					
供水；污水处理、废物管理和补救活动	Water Supply; Sewerage, Waste Management and Remediation Activities			12.2	13.1	11.7
建筑业	Construction	172.3	235.7	245.3	188.8	165.1
批发和零售贸易；机动车辆和摩托车的修理	Wholesale and Retail Trade; Repair of Motor Vehicles and Motorcycles			320.3	297.5	290.9
运输和储存	Transportation and Storage			96.7	91.2	90.9
住宿和餐饮业	Accommodation and Food Service Activities			145.3	142.1	137.0
信息和通讯业	Information and Communication			55.8	51.4	50.6
金融和保险业	Financial and Insurance Activities			50.8	47.4	46.4
房地产业	Real Estate Activities			11.8	9.0	8.4
专业和科技活动	Professional, Scientific and Technical Activities			87.8	85.5	84.8
企业管理和商务服务业	Administrative and Support Service Activities			92.6	89.7	89.8
公共行政和国防；强制性社会保障	Public Administration and Defence; Compulsory Social Security			127.7	136.7	140.6
教育	Education	84.1	109.1	114.9	116.0	118.2
卫生和社会福利业	Human Health and Social Work Activities			126.2	132.3	136.5
艺术、娱乐和文娱活动	Arts, Entertainment and Recreation			31.1	30.6	33.0
其他服务活动	Other Service Activities			42.3	41.6	38.2
家庭作为雇主的活动；家庭自用、未加区分的生产货物及服务的活动	Activities of Households as Employers;Undifferentiated Goods- and Services-Producing Activities of Households for Own Use			75.3	72.5	74.7
域外组织和机构的活动	Activities of Extraterritorial Organizations and Bodies					0.3
土 耳 其	**Turkey**					
按第四版ISIC分类	ISIC-Rev.4					
总　计	Total	2158.1	2204.6	2119.4	2127.1	2259.3
农业、林业和渔业	Agriculture, Forestry and Fishing				488.1	535.5
采掘业	Mining and Quarrying	8.2	12.0	11.5	9.8	11.4
制造业	Manufacturing	363.8	408.4	423.5	386.7	421.3
电、煤气、蒸汽和空调供应	Electricity, Gas, Steam and Air Conditioning Supply				6.5	7.3
供水；污水处理、废物管理和补救活动	Water Supply; Sewerage, Waste Management and Remediation Activities				4.8	9.2
建筑业	Construction	136.4	117.3	124.1	130.5	143.2
批发和零售贸易；机动车辆和摩托车的修理	Wholesale and Retail Trade; Repair of Motor Vehicles and Motorcycles				338.1	332.6
运输和储存	Transportation and Storage				98.6	101.0
住宿和餐饮业	Accommodation and Food Service Activities				105.1	108.4
信息和通讯业	Information and Communication				15.7	20.4
金融和保险业	Financial and Insurance Activities				27.3	27.3
房地产业	Real Estate Activities				6.3	6.0
专业和科技活动	Professional, Scientific and Technical Activities				39.8	42.9
企业管理和商务服务业	Administrative and Support Service Activities				59.8	76.7
公共行政和国防；强制性社会保障	Public Administration and Defence; Compulsory Social Security				120.6	129.1
教育	Education	75.0	90.6	92.1	96.7	101.9
卫生和社会福利业	Human Health and Social Work Activities				59.1	59.0
艺术、娱乐和文娱活动	Arts, Entertainment and Recreation				13.0	10.2
其他服务活动	Other Service Activities				61.2	58.2
家庭作为雇主的活动；家庭自用、未加区分的生产货物及服务的活动	Activities of Households as Employers;Undifferentiated Goods- and Services-Producing Activities of Households for Own Use				58.9	57.2
域外组织和机构的活动	Activities of Extraterritorial Organizations and Bodies				0.5	0.4

5-4 续表 16 continued

单位：万人 (10 000 persons)

国家和地区	Country or Area	2000	2005	2008	2009	2010
乌 克 兰	**Ukraine**					
按第三版ISIC分类	ISIC-Rev.3					
总　计	Total	2126.9	2068.0	2097.2		
农业、狩猎业、林业和渔业	Agriculture, Hunting, Forestry; Fishing	497.7	400.6	332.2		
采掘业	Mining and Quarrying	61.8				
制造业	Manufacturing	291.4				
电、煤气和水供应业	Electricity, Gas and Water Supply					
建筑业	Construction	89.5	94.2	104.3		
批发、零售贸易；机动车及个人、家庭用品修理业	Wholesale, Retail Trade, Repair of Motor Vehicles, Motorcycles and Personal and Household Goods					
旅馆和饭店业	Hotels and Restaurants					
运输、仓储和通讯	Transport, Storage and Communications	122.8	140.1	146.6		
金融中介	Financial Intermediation		24.8	39.5		
房地产、租赁及商业活动	Real Estate, Renting and Business Activities		96.7	115.0		
公共管理和国防；社会基本保障	Public Administration and Defence; Compulsory Social Security		102.9	106.8		
教育	Education		166.8	170.2		
卫生和社会工作	Health and Social Work		135.7	137.0		
其他团体、社会和个人服务活动；雇人的私人住户；境外组织和团体	Other Community, Social and Personal Services Activities; Private Households with Employed Persons; Extra-Territorial Organizations and Bodies		81.7	84.0		
英　　国	**United Kingdom**					
按第四版ISIC分类	ISIC-Rev.4					
总　计	Total	2739.9	2866.5	2936.4	2892.3	2894.2
农业、林业和渔业	Agriculture, Forestry and Fishing			31.7	32.1	35.0
采掘业	Mining and Quarrying	10.5	10.6	12.8	10.9	10.3
制造业	Manufacturing	461.9	380.4	332.7	279.3	285.1
电、煤气、蒸汽和空调供应	Electricity, Gas, Steam and Air Conditioning Supply			15.1	16.1	17.5
供水；污水处理、废物管理和补救活动	Water Supply; Sewerage, Waste Management and Remediation Activities			21.5	21.3	19.3
建筑业	Construction	195.2	226.6	262.3	236.4	221.4
批发和零售贸易；机动车辆和摩托车的修理	Wholesale and Retail Trade; Repair of Motor Vehicles and Motorcycles			425.9	400.0	400.0
运输和储存	Transportation and Storage			160.9	148.4	144.4
住宿和餐饮业	Accommodation and Food Service Activities			127.0	136.0	141.7
信息和通讯业	Information and Communication			115.3	101.0	100.6
金融和保险业	Financial and Insurance Activities			126.4	122.8	116.6
房地产业	Real Estate Activities			25.6	26.4	28.0
专业和科技活动	Professional, Scientific and Technical Activities			159.4	186.5	184.8
企业管理和商务服务业	Administrative and Support Service Activities			118.1	129.6	132.7
公共行政和国防；强制性社会保障	Public Administration and Defence; Compulsory Social Security			207.7	196.1	189.6
教育	Education	220.4	260.1	266.1	293.8	307.7
卫生和社会福利业	Human Health and Social Work Activities			360.1	375.2	380.0
艺术、娱乐和文娱活动	Arts, Entertainment and Recreation			75.4	75.6	75.3
其他服务活动	Other Service Activities			67.5	74.8	72.5
家庭作为雇主的活动；家庭自用、未加区分的生产货物及服务的活动	Activities of Households as Employers; Undifferentiated Goods- and Services-Producing Activities of Households for Own Use			14.1	6.5	6.5
域外组织和机构的活动	Activities of Extraterritorial Organizations and Bodies			1.2	4.4	4.1
未分类经济活动	Not Classifiable by Economic Activity	7.4	6.5	9.8	19.1	21.0

5-4 续表 17 continued

单位：万人 (10 000 persons)

国家和地区	Country or Area	2000	2005	2008	2009	2010
澳大利亚	**Australia**					
按第三版ISIC分类	ISIC-Rev.3					
总　计	Total	895.1	996.9	1074.1	1092.0	
农业、狩猎业和林业	Agriculture, Hunting, Forestry	42.6	34.2	34.4		
渔业	Fishing	1.8	1.3	1.1		
采掘业	Mining and Quarrying	6.7	10.6	13.3	16.4	
制造业	Manufacturing	112.5	108.4	110.2	101.5	
电、煤气和水供应业	Electricity, Gas and Water Supply	6.5	8.2	9.9		
建筑业	Construction	69.0	85.5	98.7	99.6	
批发、零售贸易；机动车及个人、家庭用品修理业	Wholesale, Retail Trade, Repair of Motor Vehicles, Motorcycles and Personal and Household Goods	175.9	176.5	184.7		
旅馆和饭店业	Hotels and Restaurants	45.5	69.2	70.8		
运输、仓储和通讯	Transport, Storage and Communications	58.8	63.4	69.6		
金融中介	Financial Intermediation	33.3	37.5	40.1		
房地产、租赁及商业活动	Real Estate, Renting and Business Activities	106.2	121.3	132.6		
公共管理和国防；社会基本保障	Public Administration and Defence; Compulsory Social Security	45.7	61.2	64.5		
教育	Education	61.3	72.0	80.7	81.7	
卫生和社会工作	Health and Social Work	85.0	101.6	113.0		
其他团体、社会和个人服务活动	Other Community, Social and Personal Services Activities	43.6	46.0	50.3		
雇人的私人住户	Private Households with Employed Persons	0.7		0.2		
域外组织和机构	Extra-Territorial Organizations and Bodies	0.1	0.1			
未分类经济活动	Not Classifiable by Economic Activity	0.2	2.4			
新 西 兰	**New Zealand**					
按第三版ISIC分类	ISIC-Rev.3					
总　计	Total	180.8	207.3	218.8	216.4	
农业、狩猎业和林业	Agriculture, Hunting, Forestry	15.0	14.6	14.9		
渔业	Fishing	0.4	0.3	0.3		
采掘业	Mining and Quarrying	0.4	0.4	0.4	0.7	
制造业	Manufacturing	28.2	28.7	27.8	25.0	
电、煤气和水供应业	Electricity, Gas and Water Supply	0.9	0.8	1.2		
建筑业	Construction	11.8	16.3	17.9	18.1	
批发、零售贸易；机动车及个人、家庭用品修理业	Wholesale, Retail Trade, Repair of Motor Vehicles, Motorcycles and Personal and Household Goods	31.1	36.2	38.7		
旅馆和饭店业	Hotels and Restaurants	9.3	10.0	10.1		
运输、仓储和通讯	Transport, Storage and Communications	11.1	12.1	12.3		
金融中介	Financial Intermediation	5.5	6.5	6.8		
房地产、租赁及商业活动	Real Estate, Renting and Business Activities	17.6	23.4	25.4		
公共管理和国防；社会基本保障	Public Administration and Defence; Compulsory Social Security	9.1	12.9	13.3		
教育	Education	13.0	16.6	17.5	18.4	
卫生和社会工作	Health and Social Work	14.2	18.9	20.8		
其他团体、社会和个人服务活动	Other Community, Social and Personal Services Activities	8.6	10.2	10.0		
雇人的私人住户	Private Households with Employed Persons	0.9	0.3	0.2		
域外组织和机构	Extra-Territorial Organizations and Bodies	0.1				
未分类经济活动	Not Classifiable by Economic Activity	0.8	0.5	1.2		

5-5 失业人数
Unemployment

资料来源：联合国ILO数据库。
Source: ILO Database.

单位：万人 (10 000 persons)

国家和地区	Country or Area	2000	2005	2008	2009	2010	2011
中　　国①	China①	595.0	839.0	886.0			
中国香港	Hong Kong, China	16.6	19.8	13.0	19.3	15.8	12.6
中国澳门	Macao, China	1.4	1.0	1.0	1.1	0.9	0.9
孟加拉国	Bangladesh	174.9	210.4		270.0		
柬 埔 寨	Cambodia	13.3		11.4	1.1	2.7	1.6
印　　度	India	1481.3	1710.6			1373.4	
印度尼西亚	Indonesia	581.3	1189.9	939.5	896.3	832.0	770.0
伊　　朗	Iran	159.8	265.9	238.3			
以 色 列	Israel	21.4	24.6	18.0	23.2	20.9	17.9
日　　本	Japan	323.0	293.0	265.0	333.0	333.0	283.0
哈萨克斯坦	Kazakhstan	90.6	64.1	55.8	55.5	49.7	47.3
韩　　国	Korea, Rep.	97.9	88.7	77.3	89.0	92.1	85.5
老　　挝	Laos		3.8				
马来西亚	Malaysia	28.7	36.8	36.9	41.8	38.8	
蒙　　古	Mongolia		3.3				
巴基斯坦	Pakistan	272.2	324.6	243.0			
菲 律 宾	Philippines	345.9	274.8	271.6	282.7	285.9	281.4
新 加 坡	Singapore	5.9	7.5	6.3	8.7	6.5	6.1
斯里兰卡	Sri Lanka	51.7	62.3	39.4	47.1	40.0	
泰　　国	Thailand	80.7	49.6	45.1	57.2	40.2	26.4
越　　南	Viet Nam	88.6					104.2
埃　　及	Egypt	169.8	245.0	214.3	236.0	235.0	
南　　非	South Africa	433.3	399.7	411.8	422.1	433.8	440.4
加 拿 大	Canada	108.1	116.7	111.4	151.4	148.3	139.1
墨 西 哥	Mexico	98.9	147.0	158.4	235.2	251.4	255.2
美　　国	United States	569.2	758.9	892.4	1426.7	1482.2	1374.8
阿 根 廷	Argentina	146.1	114.2	87.4	98.4	88.0	83.3
巴　　西	Brazil		870.3	695.1	825.1		
委内瑞拉	Venezuela	136.6	137.4	87.3	101.1	112.8	110.6
捷　　克	Czech Rep.	45.5	41.0	23.0	35.2	38.4	35.4
法　　国	France	263.1	243.0	206.8	258.1	265.3	262.8
德　　国	Germany	306.3	457.5	313.8	323.0	294.9	250.2
意 大 利	Italy	254.5	188.9	169.2	194.5	210.2	210.8
荷　　兰	Netherlands	22.0	40.2	24.3	30.4	39.0	38.9
波　　兰	Poland	278.7	304.6	121.1	141.1	170.0	172.2
俄罗斯联邦	Russian Fed.	770.0	526.3	479.2	637.3	563.6	502.0
西 班 牙	Spain	248.7	191.3	259.1	415.0	463.2	499.9
土 耳 其	Turkey	149.9	238.8	261.1	347.1	304.6	261.6
乌 克 兰	Ukraine	265.6	160.1	142.5	195.9	178.6	173.3
英　　国	United Kingdom	157.4	139.8	164.5	240.5	243.0	247.3
澳大利亚	Australia	60.2	53.1	48.3	64.9	62.1	61.4
新 西 兰	New Zealand	11.8	8.2	9.5	14.1	15.2	15.5

注：①城镇地区失业人数。
Note:①Unemployed persons in Urban areas.

5-6 失业率

Unemployment Rate

资料来源：联合国ILO数据库。
Source: ILO Database.

单位：% (%)

国家和地区	Country or Area	2000	2005	2008	2009	2010	2011
中　　国①	China①	3.1	4.2	4.2	4.3	4.1	4.1
中国香港	Hong Kong, China	4.9	5.6	3.6	5.2	4.3	3.4
中国澳门	Macao, China	6.7	4.2	3.0	3.5	2.8	2.6
中国台湾	Taiwan, China,	3.0	4.1	4.1	5.9	5.2	4.4
阿尔巴尼亚	Albania	16.8	14.3	13.0	13.8		
阿尔及利亚	Algeria	29.8	15.3	11.3	10.2	10.0	
阿 根 廷	Argentina	15.0	10.6	7.8	8.6	7.7	7.2
亚美尼亚	Armenia			28.6			
澳大利亚	Australia	6.3	5.0	4.2	5.6	5.2	5.1
奥 地 利	Austria	3.5	5.2	3.8	4.8	4.4	4.1
阿塞拜疆	Azerbaijan		8.1	6.1	5.7	5.6	5.4
巴 哈 马	Bahamas		10.2	8.7	14.2		13.7
孟加拉国	Bangladesh	3.3	4.3		5.0		
巴巴多斯	Barbados	9.3	9.1	8.1	10.0	10.8	11.2
比 利 时	Belgium	6.6	8.4	7.0	7.9	8.3	7.1
伯 利 兹	Belize		11.0	8.2			
不　　丹	Bhutan		3.1		4.0	3.3	3.1
玻利维亚	Bolivia	4.8	5.4	2.9	3.4		
波　　黑	Bosnia and Herzegovinian			23.9	24.1	27.2	27.6
巴　　西	Brazil		9.3	7.1	8.3	6.7	6.0
保加利亚	Bulgaria	16.2	10.1	5.6	6.8	10.2	11.2
柬 埔 寨	Cambodia	2.5		1.7	0.1	0.4	0.2
加 拿 大	Canada	6.8	6.7	6.1	8.3	8.0	7.4
智　　利	Chile	9.2	8.0	7.8	9.7	8.1	7.1
哥伦比亚	Colombia	16.2	11.3	13.2	12.0	11.6	
哥斯达黎加	Costa Rica	5.2	6.6	4.9	7.8	7.3	7.7
克罗地亚	Croatia	16.1	12.6	8.4	9.1	11.8	13.4
古　　巴	Cuba	5.4	1.9	1.6	1.7	2.5	
塞浦路斯	Cyprus	5.0	5.3	3.6	5.3	6.2	7.7
捷　　克	Czech Rep.	8.8	7.9	4.4	6.7	7.3	6.7
丹　　麦	Denmark	4.5	4.8	3.4	6.0	7.5	7.6
多米尼加	Dominican Rep.	14.2	18.0	14.2	14.9	12.4	
厄瓜多尔	Ecuador	9.0	7.7	7.3	6.5	5.0	4.2
埃　　及	Egypt	9.0	11.2	8.7	9.4	9.0	
萨尔瓦多	El Salvador	7.0	7.2	5.9	7.3	7.0	
爱沙尼亚	Estonia	13.1	7.9	5.5	13.8	16.9	12.5
芬　　兰	Finland	9.7	8.4	6.3	8.2	8.4	7.7

5-6 续表 1 continued

单位：%　　(%)

国家和地区	Country or Area	2000	2005	2008	2009	2010	2011
法　国	France	10.2	8.9	7.4	9.1	9.4	9.3
格鲁吉亚	Georgia	10.8	13.8	16.5	16.9	16.3	15.1
德　国	Germany	7.7	11.1	7.5	7.7	7.1	5.9
希　腊	Greece	11.1	9.8	7.7	9.5	12.5	17.7
瓜德罗普	Guadeloupe	25.7	25.9	21.9	23.4	23.8	22.6
危地马拉	Guatemala	1.4				3.5	4.1
圭亚那	Guyana		24.8	21.4	20.2	21.0	21.0
洪都拉斯	Honduras		4.2	3.1	3.3	4.8	
匈牙利	Hungary	6.4	7.2	7.8	10.0	11.2	10.9
冰　岛	Iceland	2.3	2.6	3.0	7.2	7.6	7.1
印　度	India	4.3	4.4			3.5	
印度尼西亚	Indonesia	6.1	11.2	8.4	7.9	7.1	6.6
爱尔兰	Ireland	4.3	4.3	6.0	11.8	13.6	14.4
以色列	Israel	8.8	9.0	6.1	7.5	6.6	5.6
意大利	Italy	10.8	7.7	6.7	7.8	8.4	8.4
牙买加	Jamaica	15.5	10.9	10.6	11.4	12.4	12.7
日　本	Japan	4.8	4.4	4.0	5.0	5.0	4.5
约　旦	Jordan			12.7	12.9	12.5	12.9
哈萨克斯坦	Kazakhstan	12.8	8.1	6.6	6.6	5.8	5.4
韩　国	Korea, Rep.	4.4	3.7	3.2	3.6	3.7	3.4
科威特	Kuwait	0.8	2.0				
吉尔吉斯斯坦	Kyrgyzstan	7.5	8.1	8.2			
拉脱维亚	Latvia	14.2	8.9	7.4	17.1	18.7	15.4
立陶宛	Lithuania	15.9	8.3	5.8	13.7	17.8	15.4
卢森堡	Luxemburg	2.3	4.5	5.1	5.1	4.4	4.9
马达加斯加	Madagascar	5.8	2.6				
马来西亚	Malaysia	3.0	3.5	3.3	3.7	3.4	3.1
马耳他	Malta	6.3	7.3	6.0	6.9	6.9	6.4
马提尼克	Martinique	26.3	18.7	22.3	21.8	21.0	20.8
毛里塔尼亚	Mauritania	20.6		31.2			
毛里求斯	Mauritius	8.8	9.6	7.2	7.3	7.7	7.9
墨西哥	Mexico	2.6	3.5	3.5	5.2	5.2	5.3
摩尔多瓦	Moldova	8.5	7.3	4.0	6.4	7.4	6.7
黑　山	Montenegro		30.3	16.8	19.1	19.7	19.7
摩洛哥	Morocco	13.6	11.0	9.6	9.1	9.1	8.9
荷　兰	Netherlands	2.7	4.7	2.8	3.4	4.5	4.4
荷属安的列斯	Netherlands Antilles	14.0	18.2	10.3			
新西兰	New Zealand	6.2	3.8	4.2	6.1	6.5	6.5

5-6 续表 2 continued

单位：% (%)

国家和地区	Country or Area	2000	2005	2008	2009	2010	2011
尼加拉瓜	Nicaragua	9.8	5.6	6.2		8.0	
挪　威	Norway	3.4	4.6	2.6	3.2	3.6	3.3
巴基斯坦	Pakistan	7.2		5.0			
巴 拿 马	Panama	13.5	9.8	5.6	6.6	6.5	4.5
巴 拉 圭	Paraguay	7.6	5.8	5.6	6.5	5.7	5.6
秘　鲁	Peru	7.8	11.4	6.4	6.3	7.9	7.8
菲 律 宾	Philippines	11.2	7.7	7.3	7.5	7.3	7.0
波　兰	Poland	16.1	17.7	7.1	8.2	9.6	9.6
葡 萄 牙	Portugal	3.9	7.6	7.6	9.5	10.8	12.7
波多黎各	Puerto Rico	10.1	11.3	11.6	15.0	16.1	15.7
留 尼 汪	Reunion	36.5	30.1	24.4	27.1	28.9	29.6
罗马尼亚	Romania	7.0	7.2	5.8	6.9	7.3	7.4
俄罗斯联邦	Russian Fed.	10.6	7.2	6.3	8.4	7.5	6.6
沙特阿拉伯	Saudi Arabia	4.6		5.0	5.4		
塞尔维亚	Serbia		20.8	13.6	16.6	19.2	
新 加 坡	Singapore	3.7	4.1	3.2	4.3	3.1	2.9
斯洛伐克	Slovakia	18.8	16.2	9.6	12.1	14.4	13.5
斯洛文尼亚	Slovenia	6.9	6.5	4.4	5.9	7.2	8.2
南　非	South Africa	26.7	23.8	22.7	23.7	24.7	24.7
西 班 牙	Spain	13.9	9.2	11.3	18.0	20.1	21.6
斯里兰卡	Sri Lanka	7.7	7.7	5.2	5.9	4.9	
瑞　典	Sweden	5.8	7.7	6.1	8.3	8.4	7.5
瑞　士	Switzerland	2.7	4.4	3.4	4.1	4.5	4.1
叙 利 亚	Syrian Arab Republic	2.3		10.9	8.1	8.4	
泰　国	Thailand	2.4	1.3	1.2	1.5	1.0	0.7
特立尼达和多巴哥	Trinidad And Tobago	12.1	8.0	4.6			
突 尼 斯	Tunisia	15.7	12.9	12.4	13.3	13.0	
土 耳 其	Turkey	6.5	10.6	11.0	14.0	11.9	9.8
乌 克 兰	Ukraine	11.6	7.2	6.4	8.8	8.1	7.9
阿 联 酋	United Arab Emirates	2.3	3.1	4.0			
英　国	United Kingdom	5.5	4.7	5.3	7.7	7.8	7.8
美　国	United States	4.0	5.1	5.8	9.3	9.6	8.9
乌 拉 圭	Uruguay	13.6	12.2	7.6		6.8	6.0
委内瑞拉	Venezuela	13.2	11.4	6.9	7.8	8.6	8.3
越　南	Viet Nam	2.3		2.4			2.0
也　门	Yemen		16.1	15.0	14.6		
赞 比 亚	Zambia	12.9	15.9				

注：①城镇登记失业率。
Note:①Urban Registered Unemployment Rate.

5-7 每月实际平均工资
Real Average Monthly Wages

资料来源：联合国ILO数据库。
Source: ILO Database.
单位：本币 (local currency units)

国家和地区	Country or Area	2000	2005	2006	2007	2008	2009
中　　国	China	832	1517	1713	1938	2164	2440
中国香港	Hong Kong, China		10532	10739	10923	10479	10179
中国澳门	Macao, China	4076	4335	4345	4399	4362	4439
印　　度	India		6402	6426	6387	6918	
印度尼西亚	Indonesia	606802	914114	858706	849674	829508	
伊　　朗	Iran		1351832	1459676	1459927		
以 色 列	Israel	7235	7054	7034	7467	7383	
日　　本	Japan	322895	330800	329909	329610	323302	317147
哈萨克斯坦	Kazakhstan	20338	34060	37528	43581	43107	44478
韩　　国	Korea, Rep.				2442521	2405520	2325341
马来西亚	Malaysia	1586	1858	1858	1917	1826	1851
蒙　　古	Mongolia	85218	101200	122314	153072	191327	197311
缅　　甸	Myanmar	9983	5744	13931	14139	15718	
巴基斯坦	Pakistan	3981		4627	4959	5076	
菲 律 宾	Philippines		6380	6409	6347	6074	6132
新 加 坡	Singapore	3164	3444	3520	3660	3622	3519
斯里兰卡	Sri Lanka	6562	6156	6224	5929	5658	
泰　　国	Thailand	7757	7389	7503	7557	7899	7771
越　　南	Viet Nam			951999		995220	
埃　　及	Egypt	894	897	952	945		
南　　非	South Africa			7312	7387	7388	7645
加 拿 大	Canada	3186	3195	3209	3278	3292	3336
墨 西 哥	Mexico		4621	4762	4822	4694	4460
美　　国	United States				2960	2927	2970
巴　　西	Brazil		969	1007	1040	1075	1109
委内瑞拉	Venezuela	514343	560039	663980	706007	719405	
捷　　克	Czech Rep.		21674	22340	23326	23492	23540
法　　国	France	2410	2520	2532	2569	2637	
德　　国	Germany	2269	2210	2191	2177	2168	2160
意 大 利	Italy	1891	1921	1929	1931	1918	
荷　　兰	Netherlands	2088	2091				
波　　兰	Poland	2169	2361	2452	2581	2726	2779
俄罗斯联邦	Russian Fed.	4440	8555	9696	11369	12674	12236
西 班 牙	Spain	1562	1572	1590	1608	1623	1680
土 耳 其	Turkey		1311	1345	1359	1362	1386
乌 克 兰	Ukraine	338	806	955	1098	1172	1067
英　　国	United Kingdom	1650	1832	1864	1876	1890	1880
澳大利亚	Australia	3316	3497	3607	3788	3753	3830
新 西 兰	New Zealand	2854	3103	3094	3247	3250	3252

5-8 每个就业者创造的国内生产总值(购买力平价法，1990年不变价美元)
GDP per Person Employed (constant 1990 PPP USD)

资料来源：世界银行WDI数据库。
Source: World Bank WDI Database.
单位：美元 (USD)

国家和地区	Country or Area	2000	2005	2007	2008	2009	2010
世　界	**World**	**13942**	**15725**	**16970**	**17300**	**17339**	**17997**
高收入国家	**High Income**	**45579**	**48885**	**49977**	**49842**	**49184**	**50545**
经合组织高收入国家	**High Income: OECD**	**46214**	**49707**	**50889**	**50802**	**50230**	**51658**
非经合组织高收入国家	**High Income: nonOECD**	**30431**	**32810**	**34353**	**34523**	**30470**	**31390**
中等收入国家	**Middle Income**	**7151**	**9181**	**10580**	**11091**	**11369**	**12041**
中等偏上收入国家	**Upper Middle Income**	**8075**	**10778**	**12637**	**13334**	**13651**	**14537**
中等偏下收入国家	**Lower Middle Income**	**5826**	**6987**	**7758**	**8035**	**8278**	**8651**
中低收入国家	**Low and Middle Income**	**6659**	**8489**	**9754**	**10207**	**10506**	**11106**
东亚和太平洋	**East Asia and Pacific**	**5379**	**7999**	**9722**	**10396**	**11195**	**12096**
欧洲和中亚	**Europe and Central Asia**	**11543**	**15464**	**17622**	**18204**	**17328**	**17943**
拉丁美洲和加勒比	**Latin America and Caribbean**	**15670**	**16158**	**17202**	**17474**	**16982**	**17509**
中东和北非国家	**Middle East and North Africa**	**11032**	**11832**	**12586**	**12798**	**12903**	**13090**
南　亚	**South Asia**	**5114**	**6199**	**6970**	**7273**	**7607**	**7985**
撒哈拉以南非洲	**Sub-Saharan Africa**	**2665**	**3099**	**3364**	**3448**	**3473**	**3549**
低收入国家	**Low Income**	**2228**	**2556**	**2813**	**2896**	**2693**	**2765**
中　国	China	4660	7710	9768	10638	11540	12593
中国香港	Hong Kong, China	45741	53841	58707	59402	58386	61382
孟加拉国	Bangladesh	2961	3245	3524	3662	3787	3917
柬埔寨	Cambodia	3103	3343	3883	4089	3906	3988
印　度	India	5063	6283	7169	7528	7959	8401
印度尼西亚	Indonesia	7588	9140	9843	9933	10193	10587
伊　朗	Iran	12854	14057	15573	15693	15515	15415
以色列	Israel	41122	42328	43808	43882	44018	44167
日　本	Japan	40003	43571	45143	44772	43132	44804
哈萨克斯坦	Kazakhstan	13694	19149	21965	22082	20817	21676
韩　国	Korea, Rep.	33234	38324	41307	41999	42203	44278
马来西亚	Malaysia	19253	22394	24059	24905	23945	25058
缅　甸	Myanmar	3006	4450	5202	5235		
巴基斯坦	Pakistan	7496	8353	8483	8547	8363	8525
菲律宾	Philippines	6929	7279	7961	8128	7986	8354
新加坡	Singapore	39017	42453	43082	40386	39205	44524
斯里兰卡	Sri Lanka	11121	12137	13942	14211	14750	15622
泰　国	Thailand	12638	14385	15447	15517	14891	15743
越　南	Viet Nam	3803	4801	5333	5516	5654	5898
埃　及	Egypt	10119	10641	11664	12240	12530	12897
尼日利亚	Nigeria	3293	4851	5232	5395	5634	5908
南　非	South Africa	11562	12439	13281	13210	12848	13109
加拿大	Canada	47186	48862	49225	48729	48302	48916
墨西哥	Mexico	19108	19564	20170	20029	18928	19532
美　国	United States	58622	63800	64825	65114	65848	68126
阿根廷	Argentina	24612	24767	27746	28581	27478	28678
巴　西	Brazil	12100	12059	12732	12947	12891	13419
委内瑞拉	Venezuela	23653	26468	30157	30831	29468	28453
捷　克	Czech Rep.	19039	22641	24524	24822	24049	24941
法　国	France	51311	53990	55149	54941	54171	55033
德　国	Germany	40847	42411	43998	43823	41760	43050
意大利	Italy	47247	46411	46547	45801	44232	44855
荷　兰	Netherlands	43434	45612	46992	47192	45869	46949
波　兰	Poland	19462	23365	24583	24903	25233	25873
俄罗斯联邦	Russian Fed.	11991	15597	17978	18795	17694	18259
西班牙	Spain	38910	38919	39163	39658	40899	41641
土耳其	Turkey	19826	26593	28813	28394	26941	27530
乌克兰	Ukraine	6319	8925	10231	10433	9200	9564
英　国	United Kingdom	47168	50957	52958	52538	50718	51604
澳大利亚	Australia	45874	48482	49463	49427	49677	50153
新西兰	New Zealand	34288	35863	35715	34979	35210	35787

5-9 制造业每小时人工成本

Hourly Compensation Costs of all Employees in Manufacturing

资料来源：联合国ILO数据库。
Source: ILO Database.
单位：美元 (USD)

国家和地区	Country or Area	2000	2005	2007	2008	2009	2010
以色列	Israel	13.0	14.1	16.0	19.5	18.4	20.1
日本	Japan	25.3	25.6	24.0	27.8	30.4	32.0
韩国	Korea, Rep.	9.8	15.1	19.6	16.5	14.5	16.6
菲律宾	Philippines	1.0	1.2	1.6	1.8	1.7	1.9
新加坡	Singapore	11.7	13.3	15.7	18.9	17.5	19.1
加拿大	Canada	18.6	26.7	31.8	32.5	30.5	35.7
墨西哥	Mexico	4.7	5.6	6.2	6.5	5.7	6.2
美国	United States	25.0	30.1	32.1	32.8	34.1	34.7
阿根廷	Argentina	8.1	5.5	8.0	10.0	10.1	12.7
巴西	Brazil	4.4	5.0	7.1	8.4	8.1	10.1
捷克	Czech Rep.	3.4	7.3	9.8	12.2	11.4	11.5
法国	France	21.4	33.3	39.1	43.3	41.9	40.6
德国	Germany	25.4	38.0	43.5	47.5	45.9	43.8
意大利	Italy	16.6	27.6	31.7	34.9	34.2	33.4
荷兰	Netherlands	21.0	34.6	39.0	43.7	42.5	40.9
波兰	Poland	3.4	5.5	7.4	9.4	7.5	8.0
西班牙	Spain	12.4	20.7	24.7	27.7	27.8	26.6
英国	United Kingdom	20.7	29.7	35.3	34.2	29.5	29.4
澳大利亚	Australia	16.6	28.8	34.1	36.9	34.3	40.6
新西兰	New Zealand	9.3	16.6	19.1	19.4	17.7	20.6

5-10 劳动力人口教育程度构成

Educational Composition of Labor Force

资料来源：世界银行WDI数据库。
Source: World Bank WDI Database.
单位：% (%)

国家和地区	Country or Area	初等教育 Primary Education		中等教育 Secondary Education		高等教育 Tertiary Education	
		2000	2008	2000	2008	2000	2008
中　　国	China			17.3		12.7	
中国香港	Hong Kong, China		28.6		44.3		26.2
中国澳门	Macao, China	60.7	47.1	16.3	27.3	12.2	20.9
印度尼西亚	Indonesia	53.2	53.5	19.4	22.3	4.6	7.1
伊　　朗	Iran		54.3		25.3		18.8
以 色 列	Israel	16.5	12.7	41.4	40.8	40.9	45.1
日　　本	Japan	17.2	58.6	47.7		35.0	41.4
韩　　国	Korea, Rep.	32.5	23.0①	43.5	42.0①	24.0	35.0①
马来西亚	Malaysia		18.3		56.0		21.2
巴基斯坦	Pakistan		15.6		11.6		25.1
菲 律 宾	Philippines		31.1		39.2		28.0
新 加 坡	Singapore	25.0	24.2	25.3	49.9	36.6	25.8
斯里兰卡	Sri Lanka	67.4	67.1	16.6	16.2	12.4	16.8
南　　非	South Africa		15.8		74.2		5.2
加 拿 大	Canada	18.0	13.5	42.6	40.0	39.4	46.5
墨 西 哥	Mexico	20.2	57.0	29.1	20.2	25.4	17.3
美　　国	United States	13.7	9.5①	51.5	29.4①	34.8	61.1①
阿 根 廷	Argentina		35.1②		33.7②		29.6②
巴　　西	Brazil		41.1①		30.6①		9.3①
捷　　克	Czech Rep.	10.3	6.8	77.8	77.9	11.8	15.3
法　　国	France	31.8	25.1	44.1	44.8	24.0	30.0
德　　国	Germany	17.2	15.8	54.6	58.9	23.5	25.0
意 大 利	Italy	45.2	38.4	42.2	45.0	11.4	16.6
荷　　兰	Netherlands	30.7	25.9	44.6	42.1	24.1	31.1
波　　兰	Poland	15.6	9.4	72.1	68.0	12.3	22.6
俄罗斯联邦	Russian Fed.		5.6		40.4		54.0
西 班 牙	Spain	54.3	44.5	19.0	23.7	26.7	31.7
土 耳 其	Turkey	71.4	63.2	18.9	22.0	9.7	14.8
乌 克 兰	Ukraine		11.7③		43.1③		45.2③
英　　国	United Kingdom	28.0	21.9	37.0	45.2	26.0	32.2
澳大利亚	Australia	29.4	27.3	43.0	38.9	27.6	33.8
新 西 兰	New Zealand	0.6	17.9	43.1	41.2	33.2	36.2

注：①2007年数据。②2006年数据。③2005年数据。
Note:①Data refer to 2007.②Data refer to 2006.③Data refer to 2005.

5-11 失业人员教育程度构成
Educational Composition of Unemployment

资料来源：世界银行WDI数据库。
Source: World Bank WDI Database.
单位：% (%)

国家和地区	Country or Area	初等教育 Primary Education		中等教育 Secondary Education		高等教育 Tertiary Education	
		2000	2009	2000	2009	2000	2009
中国香港	Hong Kong, China	47.9	38.0①	41.9	43.8①	8.4	17.1①
中国澳门	Macao, China	65.5	54.5①	11.3	21.8①	6.3	15.8①
孟加拉国	Bangladesh	54.3		22.7		8.4	
印　度	India	29.5		40.4		30.1	
印度尼西亚	Indonesia	44.5	43.4①	43.8	40.6①	7.9	10.2①
伊　朗	Iran	36.3	40.4①	40.7	31.0①	17.2	25.5①
以色列	Israel	26.9	22.1①	46.9	48.0①	24.3	28.1①
日　本	Japan	23.8	66.8①	52.0		24.2	33.2①
哈萨克斯坦	Kazakhstan		45.1①		39.7①		15.2①
韩　国	Korea, Rep.	24.9	15.3①	62.5	63.7①	12.6	21.1①
马来西亚	Malaysia	15.3	10.4①	66.0	60.9①	15.2	24.9①
蒙　古	Mongolia	30.6	28.2①	48.4	49.0①	18.1	22.1①
巴基斯坦	Pakistan	15.1	14.7①	13.0	10.1①	20.6	28.0①
菲律宾	Philippines	21.8	13.8	42.3	45.2	32.9	41.1
新加坡	Singapore		27.2①		22.7①		50.1①
斯里兰卡	Sri Lanka	49.7	45.4①		22.8①	49.9	31.8①
泰　国	Thailand	70.6	41.5①	7.2	49.3①	19.2	0.2①
南　非	South Africa	53.8	15.4①	35.3	80.7①	5.6	0.8①
加拿大	Canada	33.0	26.3①	42.3	41.0①	24.6	32.7①
墨西哥	Mexico	55.2	51.5①	22.5	25.2①	18.3	21.0①
美　国	United States	21.8	17.9①	36.3	35.5①	41.9	46.5①
阿根廷	Argentina	51.5	48.1①	32.4	36.7①	14.8	15.3①
巴　西	Brazil		49.3②		35.7②		4.1②
捷　克	Czech Rep.	25.5	29.6①	69.9	64.8①	3.5	5.7①
法　国	France		39.5①		41.7①		18.3①
德　国	Germany	28.6	32.3①	58.6	56.5①	12.9	11.0①
意大利	Italy	51.7	47.2①	39.7	40.3①	6.8	11.2①
荷　兰	Netherlands	47.2	42.0①	33.7	36.6①	16.7	18.7①
波　兰	Poland	20.4	15.9①	73.2	71.8①	6.4	12.1①
俄罗斯联邦	Russian Fed.	16.6	13.1①	43.7	52.8①	39.6	34.1①
西班牙	Spain	57.7	58.4①	19.3	22.6①	21.9	17.7①
土耳其	Turkey	54.7	52.5①	28.4	26.0①	9.6	13.9①
乌克兰	Ukraine	8.6	7.4①	58.0	52.9①	33.3	39.7①
英　国	United Kingdom	43.0	37.1①	43.6	46.5①	11.2	14.3①
澳大利亚	Australia	44.4	47.4①	40.8	33.6①	14.9	19.0①
新西兰	New Zealand	0.9	30.6①	49.3	39.2①	11.9	25.7①

注：①2008年数据。②2007年数据。
Note:①Data refer to 2008.②Data refer to 2007.

主要统计指标解释

劳动力人口　即国际劳工组织定义的 15 岁及以上的经济活动人口。指在报告期内能提供商品生产和服务的人员。包括就业和失业人员。在不同国家，对军人、季节性就业和兼职就业者处理方法不同。通常，劳动力人口包括军人，失业人员和首次寻找工作者，不包括家务劳动者、和其他无偿护理者和在非正规部门的工作者。

就业人员　为一定年龄以上，在特定时期内（一星期或一天），属于下列类型的所有人：

（1）有酬从业人员，包括两类：① 正在工作的人，指在报告期内做某些工作以得到现金或实物形式工资或薪金的人员；②有工作岗位但目前不工作的人，指现在有工作，却在短期内暂时不上班，但同时与工作单位有正式联系的人。这种正式联系，可以按照如下的一项或多项标准，根据各国的不同情况予以判断：1）持续领到工资或薪金；2）保证在暂时的不上班状态终止后返回该岗位，或对返回的时间有协议；3）在不工作的这段时间里，该从业者能得到补偿而无须接受其他工作。

（2）自营就业者，包括两类：①正在工作，指在短期时间内以利润或家庭收入为目的，从事某些工作得到现金或实物的人；②拥有企业而不工作的人，指自己拥有企业（如商业企业，农场，服务性企业），在一定时期内因特殊原因暂不工作的人。

失业人员　在报告期内，适龄劳动人口中的失业者分为：

(1)没有工作，即没有得到有报酬的工作，又没有自营就业的人；

(2)目前有工作能力，即在报告期内可从事有酬工作和自营就业的人；

(3)正在寻找工作，在最近特定时期已采取具体步骤寻求有酬工作或自营就业的人。这些具体步骤包括：在公共或私人职业介绍所登记；向雇主提出就业申请；在工地、农场、工厂大门外、市场或其他聚集地寻找工作；通过报纸刊登广告或应聘；寻求亲友帮助就业；寻找土地、厂房、机器或设备自己创业；筹集资金；申请许可证和执照等。

失业率　反映了失业的严重程度。失业率是参考期内（一般是特定的一天或一周）特定分组的失业人数和同一时间该组就业、失业人数之和相比得出的。

收入　定期以现金或以实物形式支付给雇员的报酬，包括对雇员工作时间、完成的工作量和未工作的有酬时间（如年休假，法定假日）支付的劳动报酬。收入不包括雇主为雇员支付的社会保险、养老金缴款以及雇员因此得到的收益，也不包括解雇和辞职时加发的工资。

劳动成本　指雇主在雇用劳动力过程中发生的成本。包括向雇员支付的工作报酬，为雇员未从事工作的时间支付的报酬，奖金和赏金，食品、饮料和其他实物费用，雇主负担的雇员住房费用、社会保障费、职业培训费、福利费及其他各项支出，如工人交通费、工作服费用、招工费和被作为人工成本的税金。

Explanatory Notes on Main Statistical Indicators

Total Labor Force comprises people ages 15 and older who meet the International Labour Organization definition of the economically active population: all people who supply labor for the production of goods and services during a specified period. It includes both the employed and the unemployed. While national practices vary in the treatment of such groups as the armed forces and seasonal or part-time workers, in general the labor force includes the armed forces, the unemployed, and first-time job-seekers, but excludes homemakers and other unpaid caregivers and workers in the informal sector.

Employment comprise all persons above a specific age who during a specified brief period, either one week or one day, were in the following categories:

(1)paid employment: ① at work: persons who during the reference period performed some work for wage or salary, in cash or in kind; ② with a job but not at work: persons who, having already worked in their present job, were temporarily not at work during the reference period and had a formal attachment to their job. This formal job attachment should be determined in the light of national circumstance, according to one or more of the following criteria: 1) the continued receipt of wage or salary; 2) an assurance of return to work following the end of the contingency, or an agreement as to the data of return; 3) the elapsed duration of absence from the job which, wherever relevant, may be that duration for which workers can receive compensation benefits without obligations to accept other jobs.

(2)self-employment: ① at work: person who during the reference period performed some work for profit or family gain, in cash or in kind; ② with an enterprise but not at work: persons with an enterprise, which may be a business enterprise, a farm or a service undertaking ,who were temporarily not at work during the reference period for any specific reason.

Unemployment comprises all persons above a specified age who during the reference period were: (1) Without works were not in paid employment or self-employment; (2) Currently available for work were available for paid employment or self-employment during the reference period; (3) Seeking work had taken specific steps in a specified reference period to seek paid employment or self-employment. The specific steps may include registration at a pubic or private employment exchange; application to employers; checking at worksites, farms, factory gates, market or other assembly places; placing or answering newspaper advertisement; seeking assistance of friends or relatives; looking for land, building, machinery or equipment to establish own enterprise; arranging for financial resources; applying for permits and licenses, etc.

Unemployment Rate illustrates the relative severity of unemployment. These rates are calculated by relating the number of persons in the given group who are unemployed during the reference period (usually a particular day or a given week) to the total of employed and unemployed persons in the group at the same date.

Earnings relates to remuneration in cash and in kind paid to employees, as a rule at regular intervals, for time worked or work done together with remuneration for time not worked, such as for annual vacation, other paid leave or holidays. Earnings exclude employers' contribution in respect of their employees paid to social security and pension schemes and also the benefits received by employees under these schemes. Earnings also exclude severance and termination pay.

Labour Cost is the cost incurred by the employer in the employment of labour. The statistical concept of labour cost comprises remuneration for work performed, payments in respect of time paid for but not worked, bonuses and gratuities, the cost of food, drink and other payments in kind, cost of workers' housing borne by employers, employers' social security expenditures, cost to the employer for vocational training, welfare services and miscellaneous items, such as transport of workers, work clothes and recruitment, together with taxes regarded as labour cost.

投资环境

Investment Environment

6-1 企业开业成本

Cost of Business Start-up

资料来源：世界银行《全球营商环境报告》。
Source: World Bank Doing Business.

国家和地区	Country and Area	开办企业所需手续数(个) Procedures Required to Start a Business (number)		开办企业所需时间(天) Time Required to Start a Business (days)		开办企业成本占人均收入比重(%) Cost of Business Start-up as Percentage of Income per Capita(%)	
		2005	2012	2005	2012	2005	2012
中　国	China	13	13	48	33	13.6	2.1
中国香港	Hong Kong, China	5	3	11	3	3.4	1.9
孟加拉国	Bangladesh	8	7	50	19	56.1	25.1
文　莱	Brunei Darussalam		15		101		10.7
柬埔寨	Cambodia	10	9	86	85	276.1	100.5
印　度	India	11	12	71	27	62.0	49.8
印度尼西亚	Indonesia	12	9	151	47	101.7	22.7
伊　朗	Iran	8	7	28	13	6.3	3.3
以色列	Israel	5	5	34	21	5.3	4.0
日　本	Japan	11	8	31	23	10.7	7.5
哈萨克斯坦	Kazakhstan	8	6	25	19	8.6	0.6
韩　国	Korea, Rep.	10	5	17	7	15.7	14.6
老　挝	Laos	7	6	153	92	17.4	7.1
马来西亚	Malaysia	10	3	37	6	26.6	15.1
蒙　古	Mongolia	7	7	13	12	9.6	2.4
巴基斯坦	Pakistan	11	10	24	21	23.9	9.9
菲律宾	Philippines	17	16	47	36	23.9	18.1
新加坡	Singapore	6	3	6	3	0.9	0.6
斯里兰卡	Sri Lanka	8	5	50	7	10.4	19.1
泰　国	Thailand	8	4	33	29	9.2	6.7
越　南	Viet Nam	11	10	50	34	27.6	8.7
埃　及	Egypt	10	6	22	7	104.9	10.2
尼日利亚	Nigeria	9	8	43	34	73.8	60.4
南　非	South Africa	9	5	35	19	8.6	0.3
加拿大	Canada	2	1	3	5	0.9	0.4
墨西哥	Mexico	9	6	58	9	15.6	10.1
美　国	United States	6	6	6	6	0.8	1.4
阿根廷	Argentina	13	14	30	26	12.5	12.3
巴　西	Brazil	17	13	152	119	10.1	4.8
委内瑞拉	Venezuela	16	17	141	144	27.8	27.7
捷　克	Czech Rep.	10	9	40	20	9.5	8.2
法　国	France	5	5	7	7	1.2	0.9
德　国	Germany	9	9	24	15	4.7	4.9
意大利	Italy	9	6	13	6	20.7	16.5
荷　兰	Netherlands	7	5	9	5	13.0	5.1
波　兰	Poland	10	6	31	32	22.2	14.4
俄罗斯联邦	Russian Fed.	10	8	31	18	8.2	2.0
西班牙	Spain	10	10	47	28	16.5	4.7
土耳其	Turkey	6	6	6	6	27.4	10.5
乌克兰	Ukraine	15	7	34	22	10.6	1.5
英　国	United Kingdom	6	6	13	13	0.7	0.7
澳大利亚	Australia	2	2	2	2	1.9	0.7
新西兰	New Zealand	2	1	12	1	0.2	0.4

6-2 企业经营环境排名(2012年)
Ease of Doing Businesses Rank(2012)

资料来源：世界银行《全球营商环境报告》。
Source: World Bank Doing Business.

国家和地区	Country and Area	企业经营环境排名 Ease of Doing Business Rank	开办企业排名 Starting a Business Rank	申请建筑许可 Dealing with Construction Permits			注册财产 Registering Property			获得信贷排名 Getting Credit Rank	缴纳税款排名 Paying Taxes Rank
				排名 Rank	手续(个) Procedures (number)	时间(天) Time (days)	排名 Rank	手续(个) Procedures (number)	时间(天) Time (days)		
新加坡	Singapore	1	4	2	11	26	36	5	5	12	5
中国香港	Hong Kong, China	2	6	1	6	67	60	5	36	4	4
新西兰	New Zealand	3	1	6	6	89	2	2	2	4	21
美国	United States	4	13	17	15	27	25	4	12	4	69
丹麦	Denmark	5	33	8	8	68	6	3	16	23	13
挪威	Norway	6	43	23	10	123	7	1	3	70	19
英国	United Kingdom	7	19	20	9	99	73	6	29	1	16
韩国	Korea, Rep.	8	24	26	11	29	75	7	11	12	30
格鲁吉亚	Georgia	9	7	3	9	74	1	1	2	4	33
澳大利亚	Australia	10	2	11	11	112	37	5	5	4	48
芬兰	Finland	11	49	34	16	66	24	3	14	40	23
马来西亚	Malaysia	12	54	96	37	140	33	5	48	1	15
瑞典	Sweden	13	54	25	7	116	35	1	7	40	38
冰岛	Iceland	14	45	40	18	77	9	3	4	40	41
爱尔兰	Ireland	15	10	106	12	156	53	5	38	12	6
中国台湾	Taiwan, China,	16	16	9	11	94	32	3	5	70	54
加拿大	Canada	17	3	69	13	163	54	6	17	23	8
泰国	Thailand	18	85	16	8	157	26	2	2	70	96
毛里求斯	Mauritius	19	14	62	16	143	60	4	22	53	12
德国	Germany	20	106	14	9	97	81	5	40	23	72
爱沙尼亚	Estonia	21	47	35	13	148	14	3	18	40	50
沙特阿拉伯	Saudi Arabia	22	78	32	14	103	12	5	2	53	3
马其顿	Macedonia, FYR	23	5	65	10	117	50	4	40	23	24
日本	Japan	24	114	72	14	193	64	6	14	23	127
拉脱维亚	Latvia	25	59	113	21	203	31	5	18	4	52
阿联酋	United Arab Emirates	26	22	13	14	46	12	2	2	83	1
立陶宛	Lithuania	27	107	48	15	142	5	3	3	53	60
瑞士	Switzerland	28	97	50	13	154	15	4	16	23	18
奥地利	Austria	29	134	75	13	194	34	3	21	23	77
葡萄牙	Portugal	30	31	78	13	108	30	1	1	104	77
荷兰	Netherlands	31	67	89	14	159	49	5	7	53	29
亚美尼亚	Armenia	32	11	46	17	77	4	3	7	40	108
比利时	Belgium	33	44	57	11	205	176	8	64	70	75
法国	France	34	27	52	9	184	146	8	59	53	53
斯洛文尼亚	Slovenia	35	30	61	11	197	83	5	110	104	63
塞浦路斯	Cyprus	36	37	80	9	677	99	6	42	53	31
智利	Chile	37	32	84	15	155	55	6	31	53	36
以色列	Israel	38	41	139	19	212	144	6	144	12	82
南非	South Africa	39	53	39	13	127	79	6	23	1	32
卡塔尔	Qatar	40	109	18	16	62	40	7	13	104	2
波多黎各	Puerto Rico	41	12	156	18	189	128	8	194	12	104
巴林	Bahrain	42	88	7	12	43	29	2	31	129	7
秘鲁	Peru	43	60	86	14	173	19	4	7	23	85
西班牙	Spain	44	136	38	8	182	57	5	13	53	34
哥伦比亚	Colombia	45	61	27	8	46	52	7	15	70	99
斯洛伐克	Slovakia	46	83	46	11	286	8	3	17	23	100

6-2 续表 1 continued

国家和地区	Country and Area	投资者保护 Protecting Investors			跨境贸易排名 Trading Across Borders Rank	合同执行 Enforcing Contracts			解决破产 Resolving Insolvency		
		排名 Rank	披露指数 Disclosure Index	投资者保护指数 Investor Protection Index		排名 Rank	手续(个) Procedures (number)	时间(天) Time (days)	排名 Rank	时间(年) Time (years)	收回率(美分/美元) Recovery Rate (cents/dollar)
新 加 坡	Singapore	2	10	9	1	12	21	150	2	0.8	91.3
中国香港	Hong Kong, China	3	10	9	2	10	27	360	17	1.1	81.2
新 西 兰	New Zealand	1	10	10	25	17	30	216	13	1.3	83.0
美 国	United States	6	7	8	22	6	32	370	16	1.5	81.5
丹 麦	Denmark	32	7	6	4	34	35	410	10	1.0	87.1
挪 威	Norway	25	7	7	21	4	34	280	3	0.9	90.8
英 国	United Kingdom	10	10	8	14	21	28	399	8	1.0	88.6
韩 国	Korea, Rep.	49	7	6	3	2	33	230	14	1.5	81.8
格鲁吉亚	Georgia	19	9	7	38	30	33	285	81	2.0	35.7
澳大利亚	Australia	70	8	6	44	15	28	395	18	1.0	80.8
芬 兰	Finland	70	6	6	6	9	33	375	5	0.9	89.7
马来西亚	Malaysia	4	10	9	11	33	29	425	49	1.5	44.7
瑞 典	Sweden	32	8	6	8	27	30	314	22	2.0	74.7
冰 岛	Iceland	49	7	6	82	3	27	417	11	1.0	85.0
爱 尔 兰	Ireland	6	10	8	28	63	21	650	9	0.4	87.5
中国台湾	Taiwan, China,	32	9	6	23	90	45	510	15	1.9	81.8
加 拿 大	Canada	4	8	9	44	62	36	570	4	0.8	90.7
泰 国	Thailand	13	10	8	20	23	36	440	58	2.7	42.4
毛里求斯	Mauritius	13	6	8	15	58	36	645	64	1.7	40.9
德 国	Germany	100	5	5	13	5	30	394	19	1.2	78.1
爱沙尼亚	Estonia	70	8	6	7	31	35	425	72	3.0	38.5
沙特阿拉伯	Saudi Arabia	19	9	7	36	124	40	635	107	2.8	28.0
马 其 顿	Macedonia, FYR	19	9	7	76	59	37	370	60	2.0	42.2
日 本	Japan	19	7	7	19	35	30	360	1	0.6	92.8
拉脱维亚	Latvia	70	5	6	16	24	27	469	33	3.0	59.8
阿 联 酋	United Arab Emirates	128	4	4	5	104	49	524	101	3.2	29.4
立 陶 宛	Lithuania	70	7	6	24	14	30	275	40	1.5	51.0
瑞 士	Switzerland	169		3	35	20	32	390	45	3.0	47.5
奥 地 利	Austria	100	5	5	26	7	25	397	12	1.1	83.3
葡 萄 牙	Portugal	49	6	6	17	22	32	547	23	2.0	74.6
荷 兰	Netherlands	117	4	5	12	32	26	514	6	1.1	88.8
亚美尼亚	Armenia	25	6	7	107	91	49	440	63	1.9	41.2
比 利 时	Belgium	19	8	7	29	18	26	505	7	0.9	88.7
法 国	France	82	10	5	27	8	29	390	43	1.9	48.4
斯洛文尼亚	Slovenia	17	5	7	57	56	32	1290	42	2.0	49.8
塞浦路斯	Cyprus	32	8	6	18	108	43	735	25	1.5	70.7
智 利	Chile	32	8	6	48	70	36	480	98	3.2	30.0
以 色 列	Israel	6	7	8	10	94	35	890	47	4.0	45.9
南 非	South Africa	10	8	8	115	82	29	600	84	2.0	35.4
卡 塔 尔	Qatar	100	5	5	58	95	43	570	36	2.8	55.5
波多黎各	Puerto Rico	19	7	7	96	101	39	620	24	2.5	73.4
巴 林	Bahrain	82	8	5	54	113	48	635	27	2.5	66.2
秘 鲁	Peru	13	9	8	60	115	41	428	106	3.1	28.1
西 班 牙	Spain	100	5	5	39	64	40	510	20	1.5	76.5
哥伦比亚	Colombia	6	8	8	91	154	34	1346	21	1.3	76.2
斯洛伐克	Slovakia	117	3	5	98	69	32	545	38	4.0	53.6

6-2 续表 2 continued

国家和地区	Country and Area	企业经营环境排名 Ease of Doing Business Rank	开办企业排名 Starting a Business Rank	申请建筑许可 Dealing with Construction Permits			注册财产 Registering Property			获得信贷排名 Getting Credit Rank	缴纳税款排名 Paying Taxes Rank
				排名 Rank	手续(个) Procedures (number)	时间(天) Time (days)	排名 Rank	手续(个) Procedures (number)	时间(天) Time (days)		
阿　曼	Oman	47	73	59	13	174	18	2	16	83	10
墨西哥	Mexico	48	36	36	10	69	141	7	74	40	107
哈萨克斯坦	Kazakhstan	49	25	155	32	189	28	4	40	83	17
突尼斯	Tunisia	50	66	93	17	88	70	4	39	104	62
黑　山	Montenegro	51	58	176	16	267	117	7	71	4	81
卢旺达	Rwanda	52	8	98	12	164	63	5	25	23	25
圣卢西亚	Saint Lucia	53	51	11	7	125	117	8	17	104	43
匈牙利	Hungary	54	52	55	26	102	43	4	17	53	118
波　兰	Poland	55	124	161	29	301	62	6	152	4	114
卢森堡	Luxemburg	56	93	33	12	157	134	8	29	159	14
萨摩亚	Samoa	57	20	70	21	87	23	5	15	129	79
白俄罗斯	Belarus	58	9	30	12	130	3	2	10	104	129
博茨瓦纳	Botswana	59	99	132	22	145	51	5	16	53	39
斐　济	Fiji	60	138	82	17	148	58	4	68	70	85
巴拿马	Panama	61	23	73	17	101	107	8	32	53	172
汤　加	Tonga	62	35	37	13	69	142	4	108	83	40
安提瓜和巴布达	Antigua and Barbuda	63	85	24	10	134	125	7	26	104	142
加　纳	Ghana	64	112	162	16	218	45	5	34	23	89
捷　克	Czech Rep.	65	140	74	33	120	27	3	25	53	120
保加利亚	Bulgaria	66	57	123	21	107	68	8	15	40	91
阿塞拜疆	Azerbaijan	67	18	177	28	212	9	4	11	53	76
多米尼克	Dominica	68	46	22	9	165	119	5	42	83	74
特立尼达和多巴哥	Trinidad And Tobago	69	71	101	17	297	176	9	162	23	90
吉尔吉斯斯坦	Kyrgyzstan	70	15	67	12	142	11	4	5	12	168
土耳其	Turkey	71	72	142	20	180	42	6	6	83	80
罗马尼亚	Romania	72	68	129	15	287	72	8	26	12	136
意大利	Italy	73	84	103	11	234	39	3	27	104	131
塞舌尔	Seychelles	74	117	57	17	126	66	4	33	167	20
圣文森特和格林纳丁斯	Saint Vincent and the Grenadines	75	64	5	8	112	145	7	38	129	72
蒙　古	Mongolia	76	39	121	19	208	22	5	11	53	70
巴哈马	Bahamas	77	82	68	14	178	179	7	122	83	51
希　腊	Greece	78	146	31	15	89	150	11	18	83	56
文　莱	Brunei Darussalam	79	135	43	22	95	115	7	298	129	22
瓦努阿图	Vanuatu	80	116	48	12	54	110	4	118	83	28
斯里兰卡	Sri Lanka	81	33	112	17	216	143	8	83	70	169
科威特	Kuwait	82	142	119	24	130	89	8	47	104	11
摩尔多瓦	Moldova	83	92	168	26	291	16	5	5	40	109
克罗地亚	Croatia	84	80	143	12	317	104	5	104	40	42
阿尔巴尼亚	Albania	85	62	185			121	6	33	23	160
塞尔维亚	Serbia	86	42	179	18	269	41	6	11	40	149
纳米比亚	Namibia	87	133	56	12	139	169	8	39	40	112
巴巴多斯	Barbados	88	70	53	10	416	154	6		83	121
乌拉圭	Uruguay	89	39	158	27	234	164	8	66	70	140
牙买加	Jamaica	90	21	50	8	145	105	6	37	104	163
中　国	China	91	151	181	28	270	44	4	29	70	122
所罗门群岛	Solomon Islands	92	75	77	15	92	168	10	87	83	26

6-2 续表 3 continued

国家和地区	Country and Area	投资者保护 Protecting Investors 排名 Rank	披露指数 Disclosure Index	投资者保护指数 Investor Protection Index	跨境贸易排名 Trading Across Borders Rank	合同执行 Enforcing Contracts 排名 Rank	手续(个) Procedures (number)	时间(天) Time (days)	解决破产 Resolving Insolvency 排名 Rank	时间(年) Time (years)	收回率(美分/美元) Recovery Rate (cents/dollar)
阿曼	Oman	100	8	5	49	107	51	598	77	4.0	36.6
墨西哥	Mexico	49	8	6	61	76	38	415	26	1.8	67.3
哈萨克斯坦	Kazakhstan	10	9	8	182	28	37	370	55	1.5	43.1
突尼斯	Tunisia	49	5	6	30	78	39	565	39	1.3	52.0
黑山	Montenegro	32	5	6	42	135	49	545	44	1.4	48.3
卢旺达	Rwanda	32	7	6	158	39	23	230	167	3.0	3.1
圣卢西亚	Saint Lucia	32	4	6	109	168	47	635	61	2.0	42.0
匈牙利	Hungary	128	2	4	73	16	35	395	70	2.0	38.8
波兰	Poland	49	7	6	50	56	33	685	37	3.0	54.5
卢森堡	Luxemburg	128	6	4	32	1	26	321	52	2.0	43.5
萨摩亚	Samoa	32	5	6	66	81	44	455	146	2.5	15.2
白俄罗斯	Belarus	82	7	5	151	13	29	275	56	3.0	43.0
博茨瓦纳	Botswana	49	7	6	147	68	28	625	29	1.7	64.8
斐济	Fiji	49	3	6	111	67	34	397	48	1.8	45.2
巴拿马	Panama	82	3	5	9	125	32	686	110	2.5	27.5
汤加	Tonga	117	3	5	77	54	37	350	118	2.7	25.7
安提瓜和巴布达	Antigua and Barbuda	32	4	6	110	72	45	351	85	3.0	35.2
加纳	Ghana	49	7	6	99	48	36	487	114	1.9	26.9
捷克	Czech Rep.	100	2	5	68	79	27	611	34	3.2	56.3
保加利亚	Bulgaria	49	10	6	93	86	39	564	93	3.3	31.7
阿塞拜疆	Azerbaijan	25	7	7	169	25	39	237	95	2.7	30.6
多米尼克	Dominica	32	4	6	92	170	47	681	104	4.0	28.5
特立尼达和多巴哥	Trinidad And Tobago	25	4	7	75	170	42	1340	135	4.0	18.4
吉尔吉斯斯坦	Kyrgyzstan	13	8	8	174	47	38	260	155	4.0	9.1
土耳其	Turkey	70	9	6	78	40	36	420	124	3.3	23.6
罗马尼亚	Romania	49	9	6	72	60	32	512	102	3.3	29.2
意大利	Italy	49	7	6	55	160	41	1210	31	1.8	63.4
塞舌尔	Seychelles	70	4	6	33	83	37	915	65	2.0	39.6
圣文森特和格林纳丁斯	Saint Vincent and the Grenadines	32	4	6	43	99	45	394	185		
蒙古	Mongolia	25	6	7	175	29	32	314	127	4.0	22.7
巴哈马	Bahamas	117	2	5	58	123	49	427	35	5.0	55.9
希腊	Greece	117	5	5	62	87	39	819	50	2.0	44.5
文莱	Brunei Darussalam	117	4	5	40	158	47	540	46	2.5	47.2
瓦努阿图	Vanuatu	82	5	5	132	74	30	430	57	2.6	42.7
斯里兰卡	Sri Lanka	49	6	6	56	133	40	1318	51	1.7	43.9
科威特	Kuwait	32	7	6	113	117	50	566	92	4.2	31.7
摩尔多瓦	Moldova	82	7	5	142	26	31	327	91	2.8	32.0
克罗地亚	Croatia	139	1	4	105	52	38	572	97	3.1	30.1
阿尔巴尼亚	Albania	17	8	7	79	85	39	390	66	2.0	39.6
塞尔维亚	Serbia	82	7	5	94	103	36	635	103	2.0	29.1
纳米比亚	Namibia	82	5	5	140	41	33	270	59	1.5	42.3
巴巴多斯	Barbados	169	2	3	31	105	38	1340	28	1.8	65.1
乌拉圭	Uruguay	100	3	5	104	102	41	725	54	2.1	43.3
牙买加	Jamaica	82	4	5	106	129	35	655	32	1.1	63.1
中国	China	100	10	5	68	19	37	406	82	1.7	35.7
所罗门群岛	Solomon Islands	49	3	6	86	109	37	455	123	1.0	23.9

6-2 续表 4 continued

国家和地区	Country and Area	企业经营环境排名 Ease of Doing Business Rank	开办企业排名 Starting a Business Rank	申请建筑许可 Dealing with Construction Permits			注册财产 Registering Property			获得信贷排名 Getting Credit Rank	缴纳税款排名 Paying Taxes Rank
				排名 Rank	手续（个） Procedures (number)	时间（天） Time (days)	排名 Rank	手续（个） Procedures (number)	时间（天） Time (days)		
危地马拉	Guatemala	93	172	94	11	158	20	4	23	12	124
赞比亚	Zambia	94	74	151	14	196	96	5	40	12	47
马尔代夫	Maldives	95	63	19	8	174	151	6	57	167	57
圣基茨和尼维斯	Saint Kitts and Nevis	96	69	15	11	139	166	6	81	129	135
摩洛哥	Morocco	97	56	79	15	97	163	8	75	104	110
科索沃	Kosovo	98	126	144	16	156	76	8	33	23	44
越南	Viet Nam	99	108	28	11	110	48	4	57	40	138
格林纳达	Grenada	100	65	10	8	123	151	8	47	104	85
马绍尔群岛	Marshall Islands	101	48	4	8	87	185			83	92
马耳他	Malta	102	150	167	18	237	80	7		176	27
巴拉圭	Paraguay	103	111	71	12	137	67	6	46	83	141
巴布亚新几内亚	Papua New Guinea	104	91	159	21	219	88	4	72	83	106
伯利兹	Belize	105	158	21	8	91	136	8	60	129	45
约旦	Jordan	106	103	102	17	70	102	7	21	167	35
巴基斯坦	Pakistan	107	98	105	11	222	126	6	50	70	162
尼泊尔	Nepal	108	105	97	13	115	21	3	5	70	114
埃及	Egypt	109	26	165	22	218	95	7	72	83	145
哥斯达黎加	Costa Rica	110	128	128	18	160	46	5	20	83	125
帕劳	Palau	111	130	44	22	93	17	5	14	185	83
俄罗斯联邦	Russian Fed.	112	101	178	42	344	46	5	43	104	64
萨尔瓦多	El Salvador	113	139	146	33	157	56	5	31	53	153
圭亚那	Guyana	114	89	29	8	195	114	6	75	167	118
黎巴嫩	Lebanon	115	114	172	19	219	108	8	25	104	37
多米尼加	Dominican Rep.	116	137	108	14	216	110	7	60	83	98
基里巴斯	Kiribati	117	145	120	16	170	71	5	513	159	9
也门	Yemen	118	110	62	12	191	59	6	19	167	113
尼加拉瓜	Nicaragua	119	131	154	16	218	123	8	49	104	158
乌干达	Uganda	120	144	118	15	125	124	12	48	40	93
肯尼亚	Kenya	121	126	45	9	125	161	9	64	12	164
佛得角	Cape Verde	122	129	122	17	122	69	6	31	104	102
斯威士兰	Swaziland	123	165	41	13	95	129	9	21	53	58
阿根廷	Argentina	124	154	171	24	365	135	7	53	70	149
洪都拉斯	Honduras	125	155	65	13	94	92	7	23	12	139
波黑	Bosnia and Herzegovinian	126	162	163	17	180	93	7	33	70	128
埃塞俄比亚	Ethiopia	127	163	53	9	128	112	10	41	104	103
印度尼西亚	Indonesia	128	166	75	13	158	98	6	22	129	131
孟加拉国	Bangladesh	129	95	83	11	201	175	8	245	83	97
巴西	Brazil	130	121	131	17	469	109	14	39	104	156
尼日利亚	Nigeria	131	119	88	15	85	182	13	82	23	155
印度	India	132	173	182	34	196	94	5	44	23	152
柬埔寨	Cambodia	133	175	149	21	652	115	7	56	53	66
坦桑尼亚	Tanzania	134	113	174	19	206	137	8	73	129	133
约旦河西岸和加沙	West Bank and Gaza	135	179	130	17	119	78	7	47	159	55
莱索托	Lesotho	136	79	140	11	330	157	6	101	154	95
乌克兰	Ukraine	137	50	183	20	375	149	10	117	23	165
菲律宾	Philippines	138	161	100	29	84	122	8	39	129	143

6-2 续表 5 continued

国家和地区	Country and Area	投资者保护 Protecting Investors 排名 Rank	披露指数 Disclosure Index	投资者保护指数 Investor Protection Index	跨境贸易排名 Trading Across Borders Rank	合同执行 Enforcing Contracts 排名 Rank	手续（个） Procedures (number)	时间（天） Time (days)	解决破产 Resolving Insolvency 排名 Rank	时间（年） Time (years)	收回率（美分／美元） Recovery Rate (cents/dollar)
危地马拉	Guatemala	158	3	3	117	96	31	1459	109	3.0	27.8
赞比亚	Zambia	82	3	5	156	89	35	471	99	2.7	29.8
马尔代夫	Maldives	82		5	138	92	41	665	41	1.5	50.6
圣基茨和尼维斯	Saint Kitts and Nevis	32	4	6	64	119	47	578	185		
摩洛哥	Morocco	100	7	5	47	88	40	510	86	1.8	35.1
科索沃	Kosovo	100	6	5	124	138	53	420	87	2.0	34.7
越南	Viet Nam	169	6	3	74	44	34	400	149	5.0	13.9
格林纳达	Grenada	32	4	6	71	165	47	688	185	3.0	22.7
马绍尔群岛	Marshall Islands	158	2	3	65	66	36	476	140	2.0	17.4
马耳他	Malta	70	3	6	34	121	40	505	67	3.0	39.2
巴拉圭	Paraguay	70	6	6	155	106	38	591	144	3.9	15.3
巴布亚新几内亚	Papua New Guinea	49	5	6	120	166	42	591	125	3.0	23.5
伯利兹	Belize	128	3	4	102	169	51	892	30	1.0	64.0
约旦	Jordan	128	5	4	52	129	38	689	112	4.3	27.4
巴基斯坦	Pakistan	32	6	6	85	155	46	976	78	2.8	36.2
尼泊尔	Nepal	82	6	5	171	137	39	910	121	5.0	24.5
埃及	Egypt	82	8	5	70	152	42	1010	139	4.2	17.6
哥斯达黎加	Costa Rica	169	2	3	51	128	40	852	128	3.5	22.5
帕劳	Palau	177		3	108	146	38	810	71	1.0	38.6
俄罗斯联邦	Russian Fed.	117	6	5	162	11	36	270	53	2.0	43.4
萨尔瓦多	El Salvador	169	3	3	80	71	34	786	89	4.0	32.2
圭亚那	Guyana	82	5	5	84	75	36	581	138	3.0	17.6
黎巴嫩	Lebanon	100	9	5	95	121	37	721	131	4.0	20.9
多米尼加	Dominican Rep.	100	5	5	46	84	34	460	156	3.5	8.7
基里巴斯	Kiribati	49	6	6	88	73	32	660	185		
也门	Yemen	139	6	4	121	45	36	569	122	3.0	24.1
尼加拉瓜	Nicaragua	100	4	5	81	55	37	409	80	2.2	36.0
乌干达	Uganda	139	2	4	159	117	38	490	69	2.2	38.9
肯尼亚	Kenya	100	3	5	148	149	44	465	100	4.5	29.5
佛得角	Cape Verde	139	1	4	63	38	37	425	185		
斯威士兰	Swaziland	128	2	4	141	174	40	956	74	2.0	38.3
阿根廷	Argentina	117	6	5	139	48	36	590	94	2.8	30.8
洪都拉斯	Honduras	169		3	90	179	47	920	133	3.8	19.4
波黑	Bosnia and Herzegovinian	100	3	5	103	120	37	595	83	3.3	35.4
埃塞俄比亚	Ethiopia	128	4	4	161	50	38	530	117	3.0	25.9
印度尼西亚	Indonesia	49	10	6	37	144	40	498	148	5.5	14.2
孟加拉国	Bangladesh	25	6	7	119	182	41	1442	119	4.0	25.5
巴西	Brazil	82	6	5	123	116	44	731	143	4.0	15.9
尼日利亚	Nigeria	70	5	6	154	98	40	457	105	2.0	28.2
印度	India	49	7	6	127	184	46	1420	116	4.3	26.0
柬埔寨	Cambodia	82	5	5	118	142	44	401	152	6.0	12.8
坦桑尼亚	Tanzania	100	3	5	122	36	38	462	129	3.0	21.7
约旦河西岸和加沙	West Bank and Gaza	49	6	6	114	93	44	540	185		
莱索托	Lesotho	100	3	5	144	139	41	615	75	2.6	37.6
乌克兰	Ukraine	117	5	5	145	42	30	343	157	2.9	8.7
菲律宾	Philippines	128	2	4	53	111	37	842	165	5.7	4.9

6-2 续表 6 continued

国家和地区	Country and Area	企业经营环境排名 Ease of Doing Business Rank	开办企业排名 Starting a Business Rank	申请建筑许可 Dealing with Construction Permits			注册财产 Registering Property			获得信贷排名 Getting Credit Rank	缴纳税款排名 Paying Taxes Rank
				排名 Rank	手续(个) Procedures (number)	时间(天) Time (days)	排名 Rank	手续(个) Procedures (number)	时间(天) Time (days)		
厄瓜多尔	Ecuador	139	169	104	16	128	101	9	16	83	84
塞拉利昂	Sierra Leone	140	76	173	20	238	167	7	86	83	117
塔吉克斯坦	Tajikistan	141	77	180	24	228	82	6	37	180	175
马达加斯加	Madagascar	142	17	148	16	172	147	6	74	180	68
苏　丹	Sudan	143	122	156	16	270	37	6	9	167	101
叙 利 亚	Syrian Arab Republic	144	132	134	23	104	84	4	19	176	111
伊　朗	Iran	145	87	166	16	320	165	9	36	83	129
莫桑比克	Mozambique	146	96	135	14	377	155	8	42	129	105
冈 比 亚	Gambia	147	123	90	14	143	120	5	66	159	179
不　丹	Bhutan	148	94	124	22	150	85	3	92	129	71
利比里亚	Liberia	149	38	126	23	75	178	10	50	104	45
密克罗尼西亚	Micronesia, Fed.	150	104	42	15	114	185			129	85
马　里	Mali	151	118	99	11	179	91	5	29	129	166
阿尔及利亚	Algeria	152	156	138	19	281	172	10	48	129	170
布基纳法索	Burkina Faso	153	120	64	12	98	113	4	59	129	157
乌兹别克斯坦	Uzbekistan	154	90	152	25	243	138	15	78	154	161
玻利维亚	Bolivia	155	174	114	14	249	139	7	92	129	180
多　哥	Togo	156	164	137	12	309	160	5	295	129	167
马 拉 维	Malawi	157	141	175	18	200	97	6	69	129	58
科 摩 罗	Comoros	158	168	60	13	143	77	4	30	154	114
布 隆 迪	Burundi	159	28	141	21	99	127	8	94	167	137
圣多美和普林西比	Sao Tome and Principe	160	100	91	13	118	161	7		180	144
喀 麦 隆	Cameroon	161	125	95	11	147	158	5	93	104	176
赤道几内亚	Equatorial Guinea	162	182	107	15	166	103	6	23	104	173
老　挝	Laos	163	81	87	23	108	74	5	98	167	126
苏 里 南	Suriname	164	178	92	11	461	171	6	197	159	49
伊 拉 克	Iraq	165	177	84	12	187	100	5	51	176	65
塞内加尔	Senegal	166	102	133	13	210	173	6	122	129	178
毛里塔尼亚	Mauritania	167	160	115	16	82	65	4	49	167	177
阿 富 汗	Afghanistan	168	28	164	12	334	174	9	250	154	94
东 帝 汶	Timor-Leste	169	147	116	19	238	185			159	61
加　蓬	Gabon	170	157	110	13	243	170	7	39	104	146
吉 布 提	Djibouti	171	185	145	15	172	148	7	40	180	67
安 哥 拉	Angola	172	171	124	12	348	131	7	184	129	154
津巴布韦	Zimbabwe	172	143	170	12	614	85	5	31	129	134
海　地	Haiti	174	183	136	9	1129	130	5	301	159	123
贝　宁	Benin	175	153	111	11	282	133	4	120	129	173
尼 日 尔	Niger	176	167	160	12	326	87	4	35	129	151
科特迪瓦	Cote D'Ivoire	177	176	169	17	475	159	6	62	129	159
几 内 亚	Guinea	178	158	152	29	197	151	6	59	154	183
几内亚比绍	Guinea-Bissau	179	148	117	12	163	180	8	210	129	146
委内瑞拉	Venezuela	180	152	109	10	381	90	8	38	159	185
刚果(金)	Congo, Dem. Rep.	181	149	81	11	117	106	6	54	176	171
厄立特里亚	Eritrea	182	183	185			181	11	78	180	146
刚果(布)	Congo, Rep.	183	180	149	14	201	156	6	55	104	182
乍　得	Chad	184	181	127	13	154	140	6	44	104	184
中　非	Central African Rep.	185	170	147	18	203	132	5	75	104	181

6-2 续表 7 continued

国家和地区	Country and Area	投资者保护 Protecting Investors			跨境贸易排名 Trading Across Borders Rank	合同执行 Enforcing Contracts			解决破产 Resolving Insolvency		
		排名 Rank	披露指数 Disclosure Index	投资者保护指数 Investor Protection Index		排名 Rank	手续(个) Procedures (number)	时间(天) Time (days)	排名 Rank	时间(年) Time (years)	收回率(美分/美元) Recovery Rate (cents/dollar)
厄瓜多尔	Ecuador	139	1	4	128	99	39	588	137	5.3	17.8
塞拉利昂	Sierra Leone	32	6	6	131	147	39	515	154	2.6	9.2
塔吉克斯坦	Tajikistan	25	8	7	184	43	35	430	79	1.7	36.0
马达加斯加	Madagascar	70	5	6	112	156	38	871	151	2.0	12.9
苏　丹	Sudan	158		3	153	151	53	810	88	2.0	33.2
叙利亚	Syrian Arab Republic	117	7	5	125	176	55	872	111	4.1	27.5
伊　朗	Iran	150	7	4	143	53	39	505	126	4.5	23.1
莫桑比克	Mozambique	49	5	6	134	132	30	730	147	5.0	15.0
冈比亚	Gambia	177	2	3	87	65	33	407	108	2.0	27.8
不　丹	Bhutan	150	4	4	172	37	47	225	185		
利比里亚	Liberia	150	4	4	137	163	40	1280	159	3.0	8.5
密克罗尼西亚	Micronesia, Fed.	177		3	100	149	34	885	166	5.3	3.4
马　里	Mali	150	6	4	152	133	36	620	120	3.6	25.0
阿尔及利亚	Algeria	82	6	5	129	126	45	630	62	2.5	41.7
布基纳法索	Burkina Faso	150	6	4	173	109	37	446	113	4.0	27.3
乌兹别克斯坦	Uzbekistan	139	4	4	185	46	42	195	73	2.0	38.5
玻利维亚	Bolivia	139	1	4	125	136	40	591	68	1.8	39.0
多　哥	Togo	150	6	4	101	157	41	588	96	3.0	30.5
马拉维	Malawi	82	4	5	168	144	42	432	134	2.6	18.5
科摩罗	Comoros	139	6	4	146	159	43	506	185		
布隆迪	Burundi	49	8	6	177	175	44	832	161	5.0	8.0
圣多美和普林西比	Sao Tome and Principe	158	3	3	89	181	43	1185	164	6.2	5.2
喀麦隆	Cameroon	128	6	4	157	172	42	800	150	3.2	13.6
赤道几内亚	Equatorial Guinea	150	6	4	136	61	40	475	185		
老　挝	Laos	184	2	2	160	114	42	443	185		
苏里南	Suriname	183	1	2	97	180	44	1715	158	5.0	8.6
伊拉克	Iraq	128	4	4	179	141	51	520	185		
塞内加尔	Senegal	169	6	3	67	148	43	780	90	3.0	32.0
毛里塔尼亚	Mauritania	150	5	4	150	77	46	370	153	8.0	10.3
阿富汗	Afghanistan	185	1	1	178	164	47	1642	115	2.0	26.4
东帝汶	Timor-Leste	139	3	4	83	185	51	1285	185		
加　蓬	Gabon	158	6	3	135	153	38	1070	145	5.0	15.2
吉布提	Djibouti	181	5	2	41	161	40	1225	142	5.0	16.5
安哥拉	Angola	70	5	6	164	183	46	1011	162	6.2	8.0
津巴布韦	Zimbabwe	128	8	4	167	111	38	410	169	3.3	0.1
海　地	Haiti	169	2	3	149	97	35	530	160	5.7	8.3
贝　宁	Benin	158	6	3	130	178	42	795	132	4.0	20.2
尼日尔	Niger	158	6	3	176	140	39	545	130	5.0	21.7
科特迪瓦	Cote D'Ivoire	158	6	3	163	127	33	770	76	2.2	37.6
几内亚	Guinea	177	6	3	133	131	49	276	141	3.8	17.1
几内亚比绍	Guinea-Bissau	139	6	4	116	142	40	1715	185		
委内瑞拉	Venezuela	181	3	2	166	80	30	510	163	4.0	6.4
刚果(金)	Congo, Dem. Rep.	158	3	3	170	173	43	610	168	5.2	1.6
厄立特里亚	Eritrea	117	4	5	165	51	39	405	185		
刚果(布)	Congo, Rep.	158	6	3	181	162	44	560	136	3.3	17.8
乍　得	Chad	158	6	3	180	167	41	743	185	4.0	
中　非	Central African Rep.	139	6	4	182	177	43	660	185	4.8	

6-3 新注册企业数

New Businesses Registered

资料来源：世界银行WDI数据库。
Source: World Bank WDI Database.
单位：家 (number)

国家和地区	Country or Area	2000	2005	2006	2007	2008	2009
世　界	**World**	**1783963**	**4147033**	**2677624**	**2381157**		
高收入国家	**High Income**	**772404**	**2294325**	**1596793**	**1352073**		
经合组织高收入国家	**High Income: OECD**	**718354**	**2157711**	**1459533**	**1220149**		
非经合组织高收入国家	**High Income: nonOECD**	**54050**	**136614**	**137260**	**131924**		
中等收入国家	**Middle Income**	**1004158**	**1810302**	**1063432**	**1008050**		
中等偏上收入国家	**Upper Middle Income**	**915197**	**1612037**	**882648**	**862483**		
中等偏下收入国家	**Lower Middle Income**	**88961**	**198265**	**180784**	**145567**		
中低收入国家	**Low and Middle Income**	**1011559**	**1852708**	**1080831**	**1029084**		
东亚和太平洋	**East Asia and Pacific**	**64432**	**101489**	**106258**	**86652**		
欧洲和中亚	**Europe and Central Asia**	**379130**	**700577**	**822446**	**845984**		
拉丁美洲和加勒比	**Latin America and Caribbean**	**544407**	**877019**	**75577**	**44587**		
中东和北非国家	**Middle East and North Africa**	**15764**	**46285**	**41252**	**36553**		
南　亚	**South Asia**	**3618**	**52607**	**31282**	**9369**		
撒哈拉以南非洲	**Sub-Saharan Africa**	**4208**	**74731**	**4016**	**5939**		
低收入国家	**Low Income**	**7401**	**42406**	**17399**	**21034**		
中国香港	Hong Kong, China	38086	65824	74924	80935	97212	101023
孟加拉国	Bangladesh		5328				
柬埔寨	Cambodia		1509	1670	2826	2744	2003
印　度	India		38129	20000	51700	84800	
印度尼西亚	Indonesia		23348	23599	24938	37106	28998
以色列	Israel		19082	18789	19850	19758	
日　本	Japan		112201	145151	122933	105698	
哈萨克斯坦	Kazakhstan		30670	32833	36827	29727	27978
韩　国	Korea, Rep.		31879	65016	54113	60039	
马来西亚	Malaysia	33149	37672	38293	43337	41623	41638
巴基斯坦	Pakistan	1051	4227	5537	4840	4458	2759
菲律宾	Philippines	12802	13523	13325	12285	13470	11435
新加坡	Singapore		19497	21495	25903	25327	26416
斯里兰卡	Sri Lanka	2567	4754	5234	4529	4532	4223
泰　国	Thailand	18481	32143	30119	25156	27654	27520
埃　及	Egypt		3867	6055	7941	6291	
尼日利亚	Nigeria		28988	34531	46240	64017	65089
南　非	South Africa		44169	39242	36003	29563	24700
加拿大	Canada	97000	160000	194000	207000	204000	174000
墨西哥	Mexico		37348	40450	46120	47415	44084
美　国	United States		676830				
阿根廷	Argentina	14500	13486	15267	15611	14651	11924
巴　西	Brazil	460602	243643	236172	271996	315066	315645
捷　克	Czech Rep.		14062	16395	20938	22633	21717
法　国	France	90787	117284	125429	146686	147049	128906
德　国	Germany		66668	65195	64932	64840	
意大利	Italy	60132	73644	74785	77587	72884	68508
荷　兰	Netherlands		29100	36400	34800	38100	35100
波　兰	Poland		13018	13110	13781	12678	14434
俄罗斯联邦	Russian Fed.	225317	502566	428890	412147	423074	261633
西班牙	Spain	115870	138333	148648	145593	107241	79757
土耳其	Turkey	66236	47377	52676	55340	48986	44472
乌克兰	Ukraine	29777	27614	31429	38358	30757	19300
英　国	United Kingdom	225600	333700	372000	449700	372400	330100
澳大利亚	Australia		88337	82184	89960		
新西兰	New Zealand		63266	65590	74247	59930	47897

6-4 新注册企业密度①

New business density①

资料来源：世界银行WDI数据库。
Source: World Bank WDI Database.

单位：个/万人 (unit per 10 000 persons)

国家和地区	Country or Area	2005	2006	2007	2008	2009
中国香港	Hong Kong, China	129.8	146.5	156.6	186.2	191.9
柬埔寨	Cambodia	1.8	2.0	3.2	3.1	2.2
印度	India	0.6	0.3	0.7	1.2	
印度尼西亚	Indonesia	1.6	1.6	1.6	2.4	1.8
以色列	Israel	45.7	44.1	45.7	44.6	
日本	Japan	13.3	17.3	14.8	12.8	
哈萨克斯坦	Kazakhstan	29.5	31.3	34.8	27.8	25.9
韩国	Korea, Rep.	9.3	18.9	15.6	17.2	
马来西亚	Malaysia	25.2	25.1	27.7	26.0	25.5
巴基斯坦	Pakistan	0.5	0.6	0.5	0.4	0.3
菲律宾	Philippines	2.5	2.4	2.2	2.3	1.9
新加坡	Singapore	58.0	62.9	74.6	71.8	74.0
斯里兰卡	Sri Lanka	3.4	3.7	3.2	3.2	2.9
泰国	Thailand	7.2	6.7	5.5	6.0	5.9
埃及	Egypt	0.9	1.3	1.7	1.3	
尼日利亚	Nigeria	3.9	4.5	5.9	7.9	7.9
南非	South Africa	14.5	12.7	11.4	9.3	7.7
加拿大	Canada	72.0	86.4	91.3	89.3	75.6
墨西哥	Mexico	5.6	5.9	6.6	6.7	6.1
阿根廷	Argentina	5.5	6.1	6.2	5.7	4.6
巴西	Brazil	19.4	18.5	21.0	24.0	23.8
捷克	Czech Rep.	19.3	22.5	28.7	31.1	30.0
法国	France	28.6	30.4	35.3	35.2	30.8
德国	Germany	12.1	11.9	11.9	11.9	
意大利	Italy	19.0	19.4	20.1	18.9	17.8
荷兰	Netherlands	26.2	32.6	31.0	33.8	31.0
波兰	Poland	4.8	4.8	5.0	4.6	5.2
俄罗斯联邦	Russian Fed.	49.5	42.4	41.0	42.2	26.1
西班牙	Spain	50.4	54.2	53.1	39.2	29.2
土耳其	Turkey	9.9	10.8	11.2	9.7	8.7
乌克兰	Ukraine	8.5	9.7	11.9	9.6	6.0
英国	United Kingdom	83.0	91.9	110.5	91.1	80.5
澳大利亚	Australia	64.4	59.1	63.8		
新西兰	New Zealand	235.4	241.4	270.3	215.9	170.8

注：①新注册企业密度是指每1万个15-64岁劳动人口中新注册企业所占比重。
Note:①New registrations per 1,000 people ages 15-64.

6-5 私人部门贷款占国内生产总值比重
Domestic Credit to Private Sector as Percentage of GDP

资料来源：世界银行WDI数据库。
Source: World Bank WDI Database.

单位：% (%)

国家和地区	Country or Area	2000	2005	2008	2009	2010	2011
世　界	**World**	**128.8**	**131.9**	**128.5**	**138.2**	**134.3**	**129.4**
高收入国家	**High Income**	**146.5**	**153.4**	**155.7**	**167.0**	**163.9**	**157.9**
经合组织高收入国家	**High Income: OECD**	**148.5**	**156.1**	**159.2**	**170.2**	**167.4**	**161.7**
非经合组织高收入国家	**High Income: nonOECD**	**83.0**	**67.4**	**71.5**	**86.1**	**83.5**	**78.8**
中等收入国家	**Middle Income**	**49.9**	**54.0**	**60.2**	**71.2**	**73.3**	**75.2**
中等偏上收入国家	**Upper Middle Income**	**56.0**	**59.9**	**65.3**	**79.5**	**82.3**	**84.3**
中等偏下收入国家	**Lower Middle Income**	**27.8**	**33.0**	**40.1**	**40.4**	**41.0**	**40.8**
中低收入国家	**Low and Middle Income**	**49.2**	**53.3**	**59.5**	**70.4**	**72.6**	**74.5**
东亚和太平洋	**East Asia and Pacific**	**98.6**	**99.9**	**94.4**	**114.5**	**116.2**	**115.1**
欧洲和中亚	**Europe and Central Asia**	**15.0**	**26.4**	**42.9**	**46.0**	**46.0**	**47.4**
拉丁美洲和加勒比	**Latin America and Caribbean**	**27.0**	**26.0**	**37.8**	**38.7**	**40.4**	**44.7**
中东和北非国家	**Middle East and North Africa**	**34.2**	**31.3**	**31.4**	**34.6**	**35.1**	**35.0**
南　亚	**South Asia**	**27.1**	**37.7**	**45.3**	**44.0**	**46.8**	**46.6**
撒哈拉以南非洲	**Sub-Saharan Africa**	**60.8**	**62.4**	**56.7**	**63.4**	**64.6**	**60.2**
低收入国家	**Low Income**	**18.3**	**20.4**	**24.0**	**26.5**	**29.2**	**30.4**
中　国	China	112.3	113.3	103.7	127.2	129.9	127.0
中国香港	Hong Kong, China	152.6	146.2	142.8	159.0	189.0	206.2
中国澳门	Macao, China	79.9	45.3	54.1	58.2	56.8	56.8
孟加拉国	Bangladesh	24.7	33.8	39.2	41.5	47.1	49.4
文　莱	Brunei Darussalam	50.3	40.3	35.2	44.5	40.9	
柬埔寨	Cambodia	6.4	9.0	23.5	24.6	27.6	28.2
印　度	India	28.0	39.4	48.5	47.4	50.3	50.6
印度尼西亚	Indonesia	19.9	26.4	26.6	27.7	29.1	31.7
伊　朗	Iran	19.5	30.0	33.9	36.7		
以色列	Israel	76.8	89.8	99.8	93.5	95.7	95.1
日　本	Japan	219.3	188.2	171.6	179.8	172.6	172.8
哈萨克斯坦	Kazakhstan	11.2	35.7	49.6	50.3	39.3	36.4
韩　国	Korea, Rep.	77.5	87.0	108.7	107.2	100.8	100.5
老　挝	Laos	8.9	7.4	9.6	17.2	20.8	
马来西亚	Malaysia	135.0	110.8	100.3	117.0	114.9	115.9
蒙　古	Mongolia	6.9	27.6	39.9	40.3	39.6	52.9
巴基斯坦	Pakistan	22.3	28.6	29.8	23.6	21.5	18.3
菲律宾	Philippines	36.8	29.1	29.1	29.2	29.6	31.8
新加坡	Singapore	97.9	90.9	106.7	109.9	100.0	112.6
斯里兰卡	Sri Lanka	28.8	32.9	28.7	24.7	26.6	30.6
泰　国	Thailand	108.3	100.7	113.0	116.4	116.6	131.9
越　南	Viet Nam	35.3	65.9	90.2	112.7	125.0	111.6
埃　及	Egypt	52.0	51.2	42.8	36.1	33.1	31.3
尼日利亚	Nigeria	12.5	13.2	33.9	38.6	29.0	21.9
南　非	South Africa	133.7	138.7	146.5	147.7	145.6	135.1
加拿大	Canada	95.7	178.2	128.2			
墨西哥	Mexico	18.3	16.6	21.0	23.1	24.7	26.1
美　国	United States	168.4	195.8	192.3	206.2	202.6	193.0
阿根廷	Argentina	23.9	11.7	13.7	13.5	14.6	16.6
巴　西	Brazil	31.7	31.4	53.1	53.1	55.1	61.4
委内瑞拉	Venezuela	12.5	13.1	21.4	23.6	18.8	20.4
捷　克	Czech Rep.	47.2	35.4	50.6	52.3	53.3	55.8
法　国	France	85.1	92.7	108.8	111.5	114.2	116.2
德　国	Germany	119.4	112.6	108.6	113.4	107.8	105.4
意大利	Italy	75.5	89.0	104.8	111.0	122.8	122.4
荷　兰	Netherlands	134.2	165.0	193.2	214.9	199.3	198.1
波　兰	Poland	26.6	28.9	49.6	50.4	51.9	54.9
俄罗斯联邦	Russian Fed.	13.6	27.5	42.2	46.2	44.9	46.8
西班牙	Spain	97.8	145.7	202.8	212.2	213.9	204.0
土耳其	Turkey	17.8	22.2	32.6	36.5	44.2	50.1
乌克兰	Ukraine	11.2	32.2	73.9	73.4	62.4	55.9
英　国	United Kingdom	129.3	159.6	212.5	213.8	202.9	187.9
澳大利亚	Australia	87.4	108.3	126.3	127.9	131.1	128.2
新西兰	New Zealand	110.0	122.4	147.6	147.0	146.2	

主要统计指标解释

企业开业所要办理的手续数　是开办一个企业所要求办理的手续数量，包括为获得许可证和执照，完成所有的登记、证明和开业通知书所进行的往来手续。数据是关于企业的所有权性质，规模和产品类型。

企业办理开业手续所需时间　为开办一个企业办理法律手续需要的日历天数。如果缴纳额外成本之后能加快手续办理速度，则选择办理速度最快的手续。

企业经营环境排名　是所有经济体按其企业经营环境的宽松程度排名，排名越高说明该国的政策法规环境越有利于企业经营。该指数是一国在开办企业、申请建筑许可、获得电力、注册财产、信贷融资便利程度、投资者保护、缴纳税款、跨境贸易、合同执行和解决破产这 10 类指标的百分等级的简单平均。每类指标由若干指标组成，每类指标的数值也是由其构成要素的百分等级的简单平均所得。

开办企业　反映了一个企业家在建立和登记新企业需要克服的行政和法规障碍。它调查了开办一家拥有 50 名员工、法定资本金相当于 10 倍人均国民收入的工商业企业所涉及的程序、时间和成本。

新注册企业数　是日历年度内登记注册的有限责任公司数量。

新注册企业密度　是日历年度内每万人新登记注册企业数。

申请建筑许可　以建造一幢库房为例，所需的步骤以及相应的时间和成本，包括获取必要的许可、完成所需的公示和检查以及接通公用设施。

注册财产　假定在一个标准化案例中，一名企业家想在最大的商业城市中购买土地和一幢建筑物（该物产已被登记在册并且不存在所有权争议），他在登记房地产物权时所涉及的步骤、时间和成本。

信贷融资便利程度　包含了两方面问题，信贷信息登记系统以及担保和破产法在促进信贷方面的效能。

缴纳税款　反映了一家中型企业在给定年份所需缴付的税负，以及纳税的行政成本。

跨境贸易　研究了有关进口和出口一个标准化集装箱所需的成本和程序。每一步正规程序都计算在内－－从两方达成合同协议到交接货物－－同时统计了完成整个过程所需的时间。

投资者权益保护　针对经理人滥用企业财产为己谋私方面，测量了对保护股东权益监测的力度。

执行合同　通过追踪一件付款纠纷的进展、查询从原告提起诉讼到最终获得赔偿的时间、成本和所需步骤数，研究合同强制执行的效率。

解决破产　研究现有破产法规的缺陷以及破产程序存在的主要程序上和行政上的障碍。

对私人部门的国内贷款　是提供给私营部门的应偿还的金融资源，例如，贷款、购买非股本证券、贸易信贷和其他应收账款。部分国家包括对国有企业的借贷。

Explanatory Notes on Main Statistical Indicators

Number of Procedures for Starting a Business is the number of procedures required to start a business, including interactions to obtain necessary permits and licenses and to complete all inscriptions, verifications, and notifications to start operations. Data are for businesses with specific characteristics of ownership, size, and type of production.

Time Required for Starting a Business is the number of calendar days to complete the procedures for legally operating a business. If a procedure can be expedited at additional cost, the fastest procedure, independent of cost, is chosen.

Ease of Doing Business Rank Economies are ranked on their ease of doing business, with first place being the best. A high ranking means that the regulatory environment is conducive to business operation. The index ranks the simple average of the country's percentile rankings on 10 topics (Starting a business,Dealing with construction permits, Getting electricity, Registering property, Getting credit, Protecting investors, Paying taxes, Trading across borders, Enforcing contracts, Resolving Insolvency). The ranking on each topic is the simple average of the percentile rankings on its component indicators.

Starting a Business identifies the bureaucratic and legal hurdles an entrepreneur must overcome to incorporate and register a new firm. It examines the procedures, time, and cost involved in launching a commercial or industrial firm with up to 50 employees and start-up capital of 10 times the economy's per-capita gross national income (GNI).

New Businesses Registered are the number of limited liability firms registered in the calendar year.

New Businesses Density are the number of new limited liability corporations registered per 10 thousand people in the calendar year.

Dealing with Construction Permits tracks the procedures, time, and costs to build a warehouse, including obtaining necessary licenses and permits, completing required notifications and inspections, and obtaining utility connections.

Registering Property examines the steps, time, and cost involved in registering property, assuming a standardized case of an entrepreneur who wants to purchase land and a building that is already registered and free of title dispute.

Getting Credit explores two sets of issues-credit information registries and the effectiveness of collateral and bankruptcy laws in facilitating lending.

Paying Taxes addresses the taxes and mandatory contributions that a medium-size company must pay or withhold in a given year, as well as measures of administrative burden in paying taxes.

Trading Across Borders looks at the procedural requirements for exporting and importing a standardized cargo of goods. Every official procedure is counted—from the contractual agreement between the 2 parties to the delivery of goods—along with the time necessary for completion.

Protecting Investors measures the strength of minority shareholder protections against misuse of corporate assets by directors for their personal gain.

Enforcing Contracts looks at the efficiency of contract enforcement by following the evolution of a sale of goods dispute and tracking the time, cost, and number of procedures involved from the moment the plaintiff files the lawsuit until actual payment.

Resolving Insolvency identifies weaknesses in existing bankruptcy law and the main procedural and administrative bottlenecks in the bankruptcy process.

Domestic Credit to Private Sector is financial resources provided to the private sector—such as through loans, purchases of non-equity securities, and trade credits and other accounts receivable-that establish a claim for repayment. For some countries these claims include credit to public enterprises.

能　源

Energy

7-1 石油主要指标(2011年)
Main Oil Indicators (2011)

资料来源：美国能源署。
Source: Energy Information Administration - EIA
单位：万桶/天 (10 000 Barrels per Day)

国家和地区	Country or Area	石油存量(万桶) Total Petroleum Stocks (10000 Barrels)	国家和地区	Country or Area	石油消费量 Total Petroleum Consumption
世　界	**World**	**411293**	**世　界**	**World**	**8742**
美　国	United States	175149	美　国	United States	1884
日　本	Japan	58867	中　国	China	892
德　国	Germany	28279	日　本	Japan	446
加拿大	Canada	18983	印　度	India	343
韩　国	Korea, Rep.	16682	沙特阿拉伯	Saudi Arabia	299
法　国	France	16504	巴　西	Brazil	279
西班牙	Spain	13281	俄罗斯联邦	Russian Fed.	273
意大利	Italy	12827	德　国	Germany	240
荷　兰	Netherlands	10141	加拿大	Canada	226
英　国	United Kingdom	8713	韩　国	Korea, Rep.	223
波　兰	Poland	6455	墨西哥	Mexico	213
土耳其	Turkey	5580	伊　朗	Iran	203
墨西哥	Mexico	4440	法　国	France	179
澳大利亚	Australia	3998	英　国	United Kingdom	161
比利时	Belgium	3635	意大利	Italy	145
瑞　士	Switzerland	3568	西班牙	Spain	138
瑞　典	Sweden	3124	印度尼西亚	Indonesia	112
芬　兰	Finland	2890	澳大利亚	Australia	102
希　腊	Greece	2788	荷　兰	Netherlands	101
挪　威	Norway	2588	委内瑞拉	Venezuela	98
丹　麦	Denmark	2244	泰　国	Thailand	94
葡萄牙	Portugal	2193	中国台湾	Taiwan, China	93
捷　克	Czech Rep.	2073	新加坡	Singapore	90
奥地利	Austria	1935	伊拉克	Iraq	82
匈牙利	Hungary	1544	土耳其	Turkey	71
爱尔兰	Ireland	1074	埃　及	Egypt	70
斯洛伐克	Slovakia	850	阿根廷	Argentina	69
新西兰	New Zealand	828	比利时	Belgium	64
卢森堡	Luxemburg	58	南　非	South Africa	61

7-1 续表 1 continued

单位：万桶/天 (10 000 Barrels per Day)

国家和地区	Country or Area	原油出口① Total Crude Oil Exports	国家和地区	Country or Area	原油进口① Total Crude Oil Imports
世　界	**World**	**4088**	**世　界**	**World**	**4325**
沙特阿拉伯	Saudi Arabia	659	美　国	United States	921
俄罗斯联邦	Russian Fed.	478	中　国	China	475
伊　朗	Iran	238	日　本	Japan	347
尼日利亚	Nigeria	231	印　度	India	327
阿 联 酋	United Arab Emirates	214	韩　国	Korea, Rep.	237
伊 拉 克	Iraq	191	德　国	Germany	188
安 哥 拉	Angola	171	意 大 利	Italy	159
委内瑞拉	Venezuela	165	法　国	France	130
挪　威	Norway	160	新 加 坡	Singapore	114
墨 西 哥	Mexico	146	西 班 牙	Spain	106
加 拿 大	Canada	144	荷　兰	Netherlands	103
科 威 特	Kuwait	139	英　国	United Kingdom	97
哈萨克斯坦	Kazakhstan	126	中国台湾	Taiwan, China	88
利 比 亚	Libya	111	泰　国	Thailand	85
阿塞拜疆	Azerbaijan	88	加 拿 大	Canada	77
阿　曼	Oman	79	比 利 时	Belgium	67
英　国	United Kingdom	74	澳大利亚	Australia	48
阿尔及利亚	Algeria	72	波　兰	Poland	45
卡 塔 尔	Qatar	71	美属维尔京群岛	Virgin Islands(US)	44
巴　西	Brazil	62	希　腊	Greece	41
哥伦比亚	Colombia	44	瑞　典	Sweden	40
马来西亚	Malaysia	35	南　非	South Africa	39
厄瓜多尔	Ecuador	34	巴　西	Brazil	34
印度尼西亚	Indonesia	34	土 耳 其	Turkey	34
澳大利亚	Australia	31	白俄罗斯	Belarus	30
刚果(布)	Congo, Rep.	31	印度尼西亚	Indonesia	28
赤道几内亚	Equatorial Guinea	31	葡 萄 牙	Portugal	22
加　蓬	Gabon	24	以 色 列	Israel	22
也　门	Yemen	19	芬　兰	Finland	22
丹　麦	Denmark	16	阿鲁巴岛	Aruba	21

7-1 续表 2 continued

单位：万桶/天 (10 000 Barrels per Day)

国家和地区	Country or Area	石油供应量 Total Oil Supply	国家和地区	Country or Area	原油探明储量(亿桶) Crude Oil Proved Reserves (100 million Barrels)
世　界	**World**	**8709**	**世　界**	**World**	**13416②**
沙特阿拉伯	Saudi Arabia	1115	沙特阿拉伯	Saudi Arabia	2626
俄罗斯联邦	Russian Fed.	1023	委内瑞拉	Venezuela	2112
美　国	United States	1014	加 拿 大	Canada	1752
中　国	China	430	伊　朗	Iran	1370
伊　朗	Iran	423	伊 拉 克	Iraq	1150
加 拿 大	Canada	360	科 威 特	Kuwait	1040
阿 联 酋	United Arab Emirates	310	阿 联 酋	United Arab Emirates	978
墨 西 哥	Mexico	296	俄罗斯联邦	Russian Fed.	600
巴　西	Brazil	269	利 比 亚	Libya	464
科 威 特	Kuwait	268	尼日利亚	Nigeria	372
伊 拉 克	Iraq	264	哈萨克斯坦	Kazakhstan	300
尼日利亚	Nigeria	253	卡 塔 尔	Qatar	254
委内瑞拉	Venezuela	247	中　国	China	204
挪　威	Norway	201	巴　西	Brazil	129
阿尔及利亚	Algeria	188	阿尔及利亚	Algeria	122
安 哥 拉	Angola	184	墨 西 哥	Mexico	104
哈萨克斯坦	Kazakhstan	164	安 哥 拉	Angola	95
卡 塔 尔	Qatar	164	阿塞拜疆	Azerbaijan	70
印度尼西亚	Indonesia	100	厄瓜多尔	Ecuador	65
阿塞拜疆	Azerbaijan	99	印　度	India	57
印　度	India	94	挪　威	Norway	57
哥伦比亚	Colombia	94	阿　曼	Oman	55
阿　曼	Oman	89	苏　丹	Sudan	50
阿 根 廷	Argentina	75	埃　及	Egypt	44
埃　及	Egypt	73	马来西亚	Malaysia	40
马来西亚	Malaysia	62	印度尼西亚	Indonesia	40
澳大利亚	Australia	52	澳大利亚	Australia	33
利 比 亚	Libya	50	也　门	Yemen	30
厄瓜多尔	Ecuador	50	英　国	United Kingdom	29
泰　国	Thailand	39	阿 根 廷	Argentina	25

注：①2010年数据。②2009年数据。
Note:①Data refer to 2010.②Data refer to 2009.

7-2 能源平衡表(2010年)

Energy Balance Sheet(2010)

资料来源：国际能源机构。
Source:International Energy Agency.
单位：万吨标准油 (10 000 TOE)

国家和地区	Country or Area	能源生产量 Energy Production				进口 Imports			
		总计 Total	煤和煤制品 Coal&Coal Product	原油,天然气凝析液和给料 Crude, NGL, Feedstocks	天然气 Nature Gas	总计 Total	煤和煤制品 Coal&Coal Product	原油,天然气凝析液和给料 Crude,NGL, Feedstocks	石油产品 Oil Products
世　界	**World**	**1284006**	**363736**	**407670**	**271910**	**486857**	**64049**	**229506**	**105371**
中　国	China	225245	166851	20316	7935	38604	8644	23768	4885
中国香港	Hong Kong,China	5				3267	636		2222
孟加拉国	Bangladesh	2581	38	6	1649	585	40	119	426
文　莱	Brunei Darussalam	1856		829	1027	16		1	14
柬埔寨	Cambodia	362				144	2		130
印　度	India	51867	24453	4285	4243	24414	4938	16719	1679
印度尼西亚	Indonesia	38145	18633	4844	7474	4212	4	1995	2213
伊　朗	Iran	34912	68	22604	12125	1791	83	79	842
以色列	Israel	385	3		267	2453	738	1281	261
日　本	Japan	9679		69	321	42727	11533	18461	4454
哈萨克斯坦	Kazakhstan	15675	4855	8286	2460	1160	59	609	173
韩　国	Korea,Rep.	4492	96	70	49	26684	7295	12157	3303
马来西亚	Malaysia	8588	151	3440	4590	3947	1307	812	1197
蒙　古	Mongolia	1497	1453	30		87			85
缅　甸	Myanmar	2253	41	94	1021	24			24
巴基斯坦	Pakistan	6430	137	350	2698	2196	282	739	1175
菲律宾	Philippines	2342	351	86	305	2237	647	902	681
新加坡	Singapore	40				13452	1	5800	6931
斯里兰卡	Sri Lanka	554				410	8	187	216
泰　国	Thailand	7056	532	1749	2471	6443	1073	4274	204
越　南	Viet Nam	6587	2465	1603	812	1357	59		1250
埃　及	Egypt	8838		3524	5030	1071	113	248	710
尼日利亚	Nigeria	25836		13597	2700	707			707
南　非	South Africa	16241	14382	10	47	3188	136	1864	777
加拿大	Canada	39783	3376	16502	13231	7872	759	3932	1094
墨西哥	Mexico	22636	484	16062	4190	4683	397	40	2999
美　国	United States	172451	53185	34648	49504	72564	1144	53998	8335
阿根廷	Argentina	7885	4	3494	3536	847	95		363
巴　西	Brazil	24637	209	10962	1249	6508	1210	1750	2183
委内瑞拉	Venezuela	19271	199	16001	2315	296			88
白俄罗斯	Belarus	419		171	18	3500	8	1481	153
捷　克	Czech Republic	3162	2073	27	17	2046	220	786	274
法　国	France	13557	16	108	65	16143	1233	6420	4076
德　国	Germany	13135	4512	332	969	24247	3278	9525	3601
意大利	Italy	2979	6	556	688	17889	1451	8561	1128
荷　兰	Netherlands	6976		168	6341	18215	1283	6353	8529
波　兰	Poland	6739	5538	74	369	4729	827	2369	544
俄罗斯联邦	Russian Fed.	129305	17979	50654	54000	2289	1531	111	283
西班牙	Spain	3424	303	13	5	12206	785	5726	2374
土耳其	Turkey	3223	1752	248	56	8102	1385	1683	1893
乌克兰	Ukraine	7600	3100	359	1543	5103	762	783	603
英　国	United Kingdom	14877	1103	6437	5145	14518	1660	5631	2458
澳大利亚	Australia	31062	23734	2375	4252	4299	1	2232	1581
新西兰	New Zealand	1686	313	275	385	714	13	523	177

7-2　续表 1　continued

单位：万吨标准油　　　　　　　　　　　　　　　　　　　　　　　(10 000 TOE)

国家和地区	Country or Area	进口 Imports		出口(-) Exports(-)					
		天然气 Natural Gas	电力 Electricity	总计 Total	煤和煤制品 Coal&Coal Product	原油,天然气凝析液和给料 Crude, NGL, Feedstocks	石油产品 Oil Products	天然气 Natural Gas	电力 Electricity
世　界	**World**	**81702**	**5138**	**489333**	**68395**	**221846**	**111180**	**81904**	**5074**
中　国	China	1259	48	5321	1453	303	3064	337	164
中国香港	Hong Kong,China	313	95	99			76		22
孟加拉国	Bangladesh			16			16		
文　莱	Brunei Darussalam			1546		787		759	
柬埔寨	Cambodia		12						
印　度	India	1030	48	6270	207		6062		1
印度尼西亚	Indonesia			21472	15588	1738	522	3595	
伊　朗	Iran	761	26	15329	8	12949	1597	718	58
以色列	Israel	173		435		28	373		34
日　本	Japan	8279		1804	47		1757		
哈萨克斯坦	Kazakhstan	295	25	9139	1377	6553	672	522	15
韩　国	Korea,Rep.	3928		4580		48	4531		
马来西亚	Malaysia	631		5058	6	1727	900	2414	1
蒙　古	Mongolia		2	1201	1172	29			
缅　甸	Myanmar			888				888	
巴基斯坦	Pakistan			166			166		
菲律宾	Philippines			385	216	80	89		
新加坡	Singapore	720		5675			5675		
斯里兰卡	Sri Lanka								
泰　国	Thailand	823	63	1298	1	156	1123		14
越　南	Viet Nam		48	2085	1112	812	153		8
埃　及	Egypt		1	2477	32	693	525	1211	14
尼日利亚	Nigeria			15245		13170	91	1984	
南　非	South Africa	248	162	4895	4445		303		120
加拿大	Canada	1873	161	22844	1968	10479	2046	7913	382
墨西哥	Mexico	1243	3	9052		8000	967	74	12
美　国	United States	8689	388	19206	4824	931	10562	2615	164
阿根廷	Argentina	300	89	1048	4	466	398	39	15
巴　西	Brazil	1053	309	4024		3261	654		11
委内瑞拉	Venezuela	208		11926	179	9325	2416		5
白俄罗斯	Belarus	1790	67	1161	14		1104		44
捷　克	Czech Republic	697	57	905	520	2	161	13	186
法　国	France	4210	167	2934	18	5	2204	256	432
德　国	Germany	7429	369	3936	95	72	1787	1419	498
意大利	Italy	6170	395	3068	21	175	2834	12	16
荷　兰	Netherlands	1845	134	15099	360	243	10067	4265	110
波　兰	Poland	891	54	1520	1101	21	327	4	66
俄罗斯联邦	Russian Fed.	350	14	60199	8593	24827	11200	15413	164
西班牙	Spain	3195	45	1522	112		1153	100	116
土耳其	Turkey	3131	10	711			641	53	16
乌克兰	Ukraine	2955		886	443		407		35
英　国	United Kingdom	4561	61	8456	88	4326	2637	1365	39
澳大利亚	Australia	485		22862	19014	1515	244	2089	
新西兰	New Zealand			428	171	245	12		

7-2 续表 2 continued

单位：万吨标准油 (10 000 TOE)

国家和地区	Country or Area	国际运输燃料 International Bunkers 海运 Marine	空运 Aviation	库存变化 Stock changes 总计 Total	煤和煤制品 Coal&Coal Product	原油,天然气凝析液和给料 Crude,NGL, Feedstocks	石油产品 Oil Products	天然气 Natural Gas
世　界	**World**	**20204**	**15365**	**-5057**	**-8086**	**649**	**616**	**1784**
中　国	China	-994	-553	-11414	-10363	-890	-161	
中国香港	Hong Kong,China	-1218	-546	-30			-30	
孟加拉国	Bangladesh	-3	-17	-25	-16	-28	18	
文　莱	Brunei Darussalam		-11	17		17		
柬埔寨	Cambodia		-3	-1	-1			
印　度	India	-17	-379	-347	-347			
印度尼西亚	Indonesia	-23	-68	-8		27	-35	
伊　朗	Iran	-228	-128	-181			-181	
以色列	Israel	-33	-80			-2	2	
日　本	Japan	-463	-552	98	9	77	12	2
哈萨克斯坦	Kazakhstan		-8	-187	-85	-99	-26	24
韩　国	Korea,Rep.	-900	-401	-294	-48	-79	-57	-109
马来西亚	Malaysia	-6	-239	33	8	-34	59	
蒙　古	Mongolia		-2	-54	-53	-2		
缅　甸	Myanmar		-2	13		-4	17	
巴基斯坦	Pakistan	-17	-89	106			107	-2
菲律宾	Philippines	-18	-99	-29	-10	-12	-9	
新加坡	Singapore	-3934	-574	-31			-31	
斯里兰卡	Sri Lanka	-19	-12	53	-1	4	50	
泰　国	Thailand	-138	-376	56	33	-3	25	
越　南	Viet Nam	-32	-68	163	53	-50	159	
埃　及	Egypt	-43	-86	24			24	
尼日利亚	Nigeria	-68	-17	93		68	25	
南　非	South Africa	-272	-86	-489		-489		
加拿大	Canada	-68	-107	548	62	-153	-31	669
墨西哥	Mexico	-81	-273	-101	-17	-13	-38	-33
美　国	United States	-2601	-2181	606	760	-146	-65	69
阿根廷	Argentina	-118	-66	-37	1	-20	-18	
巴　西	Brazil	-396	-195	32	25	118	-30	
委内瑞拉	Venezuela	-85	-63	202		54	148	
白俄罗斯	Belarus			16		6	-2	7
捷　克	Czech Republic		-31	139	78	2	2	57
法　国	France	-245	-551	259	-28	31	22	234
德　国	Germany	-275	-811	378	16	43	-41	360
意大利	Italy	-297	-317	-162	-19	-96	-1	-43
荷　兰	Netherlands	-1374	-338	-38	-164	7	113	-1
波　兰	Poland	-21	-51	270	276	-33	4	24
俄罗斯联邦	Russian Fed.	-153	-624	-466	543	-246	-91	-670
西班牙	Spain	-834	-304	-196	-209	7	-12	19
土耳其	Turkey	-37	-122	59	66	15	-28	5
乌克兰	Ukraine		-27	1261	228	6	-1	1026
英　国	United Kingdom	-209	-1073	594	400	-4	61	138
澳大利亚	Australia	-71	-341	385	417	-43	12	
新西兰	New Zealand	-33	-78	-40	-25	-4	2	-13

7-2　续表 3　continued

单位：万吨标准油　　　　　　　　　　　　　　　　　　　　　　　　　　　(10 000 TOE)

国家和地区	Country or Area	一次能源供应量 TPES					
		总计 Total	煤和煤制品 Coal&Coal Product	原油,天然气凝析液和给料 Crude,NGL, Feedstocks	石油产品 Oil Products	天然气 Natural Gas	电力 Electricity
世　界	**World**	**1276473**	**351305**	**415978**	**-5193**	**273492**	**64**
中　国	China	245567	163680	42891	113	8857	-116
中国香港	Hong Kong,China	1379	636		352	313	73
孟加拉国	Bangladesh	3105	63	98	408	1649	
文　莱	Brunei Darussalam	331		60	3	268	
柬埔寨	Cambodia	502	1		128		12
印　度	India	69269	28836	21004	-4778	5272	48
印度尼西亚	Indonesia	20785	3048	5128	1565	3879	
伊　朗	Iran	20837	144	9735	-1292	12168	-32
以色列	Israel	2291	741	1251	-222	441	-34
日　本	Japan	49685	11495	18608	1693	8601	
哈萨克斯坦	Kazakhstan	7501	3451	2243	-533	2256	10
韩　国	Korea,Rep.	25001	7343	12099	-2588	3867	
马来西亚	Malaysia	7265	1460	2491	111	2807	-1
蒙　古	Mongolia	328	228		83		2
缅　甸	Myanmar	1400	41	89	39	133	
巴基斯坦	Pakistan	8459	419	1088	1011	2696	
菲律宾	Philippines	4048	772	895	465	305	
新加坡	Singapore	3277	1	5800	-3284	720	
斯里兰卡	Sri Lanka	987	7	191	235		
泰　国	Thailand	11743	1636	5864	-1409	3294	49
越　南	Viet Nam	5923	1465	741	1157	812	40
埃　及	Egypt	7326	80	3078	80	3819	-12
尼日利亚	Nigeria	11305		495	556	716	
南　非	South Africa	13687	10073	1384	116	295	43
加拿大	Canada	25184	2229	9801	-1158	7859	-221
墨西哥	Mexico	17811	863	8088	1641	5326	-8
美　国	United States	221632	50264	87569	-7075	55648	223
阿根廷	Argentina	7463	96	3008	-236	3797	74
巴　西	Brazil	26562	1444	9569	907	2302	298
委内瑞拉	Venezuela	7695	20	6730	-2328	2523	-5
白俄罗斯	Belarus	2773	-6	1658	-952	1815	23
捷　克	Czech Republic	4411	1852	812	84	758	-129
法　国	France	26229	1204	6555	1098	4253	-264
德　国	Germany	32737	7712	9827	687	7338	-129
意大利	Italy	17024	1417	8845	-2321	6804	380
荷　兰	Netherlands	8343	760	6286	-3137	3920	24
波　兰	Poland	10145	5540	2389	148	1280	-12
俄罗斯联邦	Russian Fed.	70152	11459	25692	-11785	38267	-150
西班牙	Spain	12774	768	5745	71	3118	-72
土耳其	Turkey	10513	3203	1947	1065	3139	-7
乌克兰	Ukraine	13050	3646	1148	168	5523	-35
英　国	United Kingdom	20251	3075	7737	-1401	8479	23
澳大利亚	Australia	12473	5137	3049	938	2648	
新西兰	New Zealand	1820	131	548	56	373	

7-2 续表 4 continued

单位：万吨标准油 (10 000 TOE)

国家和地区	Country or Area	能源最终消费量 Total Final Consumption 总计 Total	煤和煤制品 Coal&Coal Product	原油,天然气凝析液和给料 Crude, NGL, Feedstocks	石油产品 Oil Products	天然气 Natural Gas	电力 Electricity
世界	**World**	**868196**	**86046**	**3434**	**353677**	**132084**	**153569**
中国	China	151356	51987	341	36561	5721	29679
中国香港	Hong Kong,China	832	153		313		360
孟加拉国	Bangladesh	2290	40		428	610	339
文莱	Brunei Darussalam	170			58	84	29
柬埔寨	Cambodia	426			98		18
印度	India	45749	7583		12834	2292	6112
印度尼西亚	Indonesia	15645	1286	217	5965	1585	1273
伊朗	Iran	15718	23		6536	7528	1600
以色列	Israel	1481			942	6	419
日本	Japan	32458	2867	53	17084	3445	8616
哈萨克斯坦	Kazakhstan	4372	1437	573	905	320	494
韩国	Korea,Rep.	15744	954		8187	2036	3864
马来西亚	Malaysia	4333	183		2463	563	953
蒙古	Mongolia	228	35		77		30
缅甸	Myanmar	1289	23		103	60	54
巴基斯坦	Pakistan	6983	386	1	1196	1912	663
菲律宾	Philippines	2382	199		1146	7	475
新加坡	Singapore	2372	1		1916	93	363
斯里兰卡	Sri Lanka	893	7		300		79
泰国	Thailand	8458	921	558	3795	458	1284
越南	Viet Nam	4852	981	49	1642	49	748
埃及	Egypt	4954	38		2517	1166	1076
尼日利亚	Nigeria	10450			918	121	180
南非	South Africa	6144	1397		1849		1839
加拿大	Canada	19598	309		9017	5192	4042
墨西哥	Mexico	11345	163		7386	1274	1788
美国	United States	150018	2685	356	74532	31907	32697
阿根廷	Argentina	5373	18		2403	1819	970
巴西	Brazil	21061	721		9383	1276	3766
委内瑞拉	Venezuela	4518	20		2865	828	712
白俄罗斯	Belarus	1993	35		581	469	253
捷克	Czech Republic	2706	292		857	635	492
法国	France	16281	346		7128	3299	3819
德国	Germany	22675	736		9468	5349	4549
意大利	Italy	12977	193		5432	3905	2574
荷兰	Netherlands	6477	81	452	2317	2420	919
波兰	Poland	6969	1326		2289	1059	1019
俄罗斯联邦	Russian Fed.	44576	1934	11	10367	14319	6249
西班牙	Spain	9370	98	1	4997	1474	2241
土耳其	Turkey	7760	1412		2839	1313	1461
乌克兰	Ukraine	7379	826	1	1229	2840	1153
英国	United Kingdom	13791	280		5627	4709	2824
澳大利亚	Australia	7528	305	1	3806	1314	1731
新西兰	New Zealand	1277	60		588	166	338

7-3 万美元国内生产总值能耗

Energy Consumption per Ten Thousand USD of GDP

资料来源：世界银行WDI数据库。
Source: World Bank WDI Database.
单位：吨标准油/万美元 (ton of oil equivalent per 10 000 USD)

国家和地区	Country or Area	2000	2005	2007	2008	2009	2010
世 界	**World**	**3.01**	**3.00**	**2.92**	**2.93**	**2.97**	
高收入国家	**High Income**	**2.04**	**1.93**	**1.84**	**1.82**	**1.81**	**1.81**
中等收入国家	**Middle Income**	**7.34**	**7.07**	**6.59**	**6.53**	**6.48**	
低收入国家	**Low Income**	**11.83**	**10.88**	**10.42**	**10.18**	**9.93**	
中 国	China	9.14	8.89	7.99	7.86	7.68	
中国香港	Hong Kong, China	0.79	0.61	0.61	0.59	0.64	
孟加拉国	Bangladesh	3.95	3.89	3.80	3.78	3.78	
文 莱	Brunei Darussalam	4.09	3.82	4.78	5.32	4.66	
柬埔寨	Cambodia	10.89	8.33	7.32	6.98	6.96	
印 度	India	9.63	8.17	7.55	7.54	7.61	
印度尼西亚	Indonesia	9.43	8.72	8.07	7.76	7.81	
伊 朗	Iran	12.76	13.24	12.88	13.33	13.65	
以色列	Israel	1.46	1.46	1.39	1.39	1.33	1.29
日 本	Japan	1.10	1.04	0.99	0.96	0.97	0.97
哈萨克斯坦	Kazakhstan	19.45	16.94	18.30	18.56	17.44	
韩 国	Korea, Rep.	3.53	3.16	3.02	3.02	3.04	3.08
马来西亚	Malaysia	5.04	5.29	5.22	5.23	4.86	
蒙 古	Mongolia	20.79	16.45	16.34	15.26	16.17	
巴基斯坦	Pakistan	8.59	8.07	7.95	7.70	7.67	
菲律宾	Philippines	4.99	3.86	3.35	3.34	3.24	
新加坡	Singapore	2.01	1.54	1.09	1.15	1.28	
斯里兰卡	Sri Lanka	5.10	4.54	4.06	3.71	3.71	
泰 国	Thailand	5.90	6.10	5.88	5.97	5.94	
越 南	Viet Nam	11.84	11.38	10.66	10.59	10.88	
埃 及	Egypt	4.52	5.12	4.95	4.86	4.72	
尼日利亚	Nigeria	19.53	16.83	15.13	14.95	13.64	
南 非	South Africa	8.61	8.13	7.77	8.10	7.90	
加拿大	Canada	3.47	3.31	3.15	3.06	3.01	2.93
墨西哥	Mexico	2.50	2.67	2.54	2.59	2.66	2.45
美 国	United States	2.30	2.08	2.00	1.96	1.93	1.94
阿根廷	Argentina	2.14	2.14	1.99	1.94	1.87	
巴 西	Brazil	2.93	2.91	2.89	2.90	2.81	
委内瑞拉	Venezuela	4.82	5.01	4.04	3.94	4.13	
捷 克	Czech Rep.	6.97	6.25	5.63	5.32	5.26	5.16
法 国	France	1.90	1.88	1.76	1.78	1.76	1.78
德 国	Germany	1.79	1.74	1.59	1.59	1.60	1.60
意大利	Italy	1.55	1.59	1.49	1.48	1.46	1.49
荷 兰	Netherlands	1.90	1.92	1.80	1.77	1.80	1.89
波 兰	Poland	5.20	4.63	4.28	4.12	3.89	4.05
俄罗斯联邦	Russian Fed.	23.84	18.64	16.38	15.94	16.25	
西班牙	Spain	2.10	2.08	1.96	1.87	1.78	1.80
土耳其	Turkey	2.86	2.53	2.68	2.63	2.74	2.69
乌克兰	Ukraine	42.80	31.59	26.23	25.40	25.30	
英 国	United Kingdom	1.51	1.31	1.16	1.16	1.15	1.17
澳大利亚	Australia	2.59	2.44	2.39	2.38	2.38	2.23
新西兰	New Zealand	3.26	2.64	2.60	2.69	2.73	2.82

7-3 续表 continued

单位：吨标准油/万美元(购买力平价法，2005年不变价) (TOE per 10 000 USD Constant 2005 PPP)

国家和地区	Country or Area	2000	2005	2008	2009	2010	2011
世　界	**World**	**2.03**	**1.95**	**1.82**	**1.83**	**1.81**	
高收入国家	**High Income**	**1.71**	**1.61**	**1.50**	**1.50**	**1.50**	**1.42**
中等收入国家	**Middle Income**	**2.64**	**2.48**	**2.25**	**2.24**	**2.19**	
中　国	China	3.51	3.26	2.76	2.72	2.65	
中国香港	Hong Kong, China	0.66	0.51	0.49	0.53	0.46	
孟加拉国	Bangladesh	1.48	1.46	1.41	1.41	1.40	
文　莱	Brunei Darussalam	1.55	1.31	2.01	1.77	1.83	
柬埔寨	Cambodia	2.65	1.71	1.34	1.87	1.81	
印　度	India	2.52	2.14	1.99	1.99	1.86	
印度尼西亚	Indonesia	2.77	2.56	2.23	2.26	2.23	
伊　朗	Iran	2.51	2.67	2.71	2.78		
以色列	Israel	1.25	1.14	1.22	1.14	1.16	1.17
日　本	Japan	1.42	1.34	1.24	1.25	1.26	1.17
哈萨克斯坦	Kazakhstan	4.43	3.86	4.28	3.81	4.21	
韩　国	Korea, Rep.	2.14	1.92	1.83	1.84	1.89	1.88
马来西亚	Malaysia	1.89	2.03	1.98	1.92	1.87	
蒙　古	Mongolia	4.50	3.60	3.32	3.47	3.28	
巴基斯坦	Pakistan	2.38	2.22	2.10	2.09	2.03	
菲律宾	Philippines	1.91	1.48	1.31	1.24	1.22	
新加坡	Singapore	1.22	1.16	1.02	1.19	1.24	
斯里兰卡	Sri Lanka	1.45	1.29	1.05	1.03	1.04	
泰　国	Thailand	2.08	2.23	2.14	2.18	2.21	
越　南	Viet Nam	2.32	2.33	2.20	2.28	2.37	
埃　及	Egypt	1.45	1.88	1.76	1.67	1.63	
尼日利亚	Nigeria	4.99	4.35	3.79	3.48	3.34	
南　非	South Africa	3.25	3.16	3.15	3.13	2.88	
加拿大	Canada	2.52	2.40	2.21	2.15	2.10	2.08
墨西哥	Mexico	1.22	1.31	1.27	1.30	1.26	1.27
美　国	United States	2.04	1.85	1.74	1.71	1.70	1.66
阿根廷	Argentina	1.61	1.60	1.45	1.40	1.29	
巴　西	Brazil	1.36	1.36	1.35	1.31	1.35	
委内瑞拉	Venezuela	2.44	2.54	2.11	2.18	2.43	
捷　克	Czech Rep.	2.30	2.06	1.77	1.74	1.77	1.69
法　国	France	1.47	1.45	1.36	1.34	1.37	1.29
德　国	Germany	1.35	1.32	1.20	1.20	1.19	1.09
意大利	Italy	1.09	1.11	1.03	1.02	1.04	1.00
荷　兰	Netherlands	1.36	1.38	1.27	1.29	1.36	1.25
波　兰	Poland	1.97	1.76	1.56	1.47	1.53	1.48
俄罗斯联邦	Russian Fed.	4.91	3.84	3.28	3.35	3.48	
西班牙	Spain	1.20	1.19	1.08	1.03	1.03	1.01
土耳其	Turkey	1.22	1.08	1.12	1.17	1.15	1.15
乌克兰	Ukraine	7.36	5.43	4.37	4.23	4.72	
英　国	United Kingdom	1.30	1.12	1.00	0.98	0.99	0.92
澳大利亚	Australia	1.91	1.72	1.69	1.69	1.63	1.54
新西兰	New Zealand	1.98	1.61	1.63	1.64	1.71	1.67

7-4 电力装机容量(2009年)

Net Installed Capacity of Electricity Generating Plants(2009)

资料来源：联合国ESD数据库。
Source: UN ESD Database.
单位：万千瓦 (10 000 kilowatts)

国家和地区	Country or Area	总装机容量 Self-producers and Public Utilities				
		总计 Total	热电 Thermal	水电 Hydro	核电 Nuclear	地热 Geothermal
中 国	China	86000	66930	17100	900	
中国香港	Hong Kong, China	1262	1262			
中国澳门	Macao, China	47	47			
孟加拉国	Bangladesh	572	549	23		
文 莱	Brunei Darussalam	76	76			
柬埔寨	Cambodia	60	58	1		
印 度	India	18787	14639	3692	456	
印度尼西亚	Indonesia	3155	2625	488		42
伊 朗	Iran	5618	4839	770		
以色列	Israel	1211	1209	1		
日 本	Japan	28449	18324	4724	4885	54
哈萨克斯坦	Kazakhstan	1873	1652	222		
韩 国	Korea, Rep.	8061	5650	552	1772	
老 挝	Laos	207	5	184		
马来西亚	Malaysia	2540	2328	212		
蒙 古	Mongolia	83	83			
缅 甸	Myanmar	168	91	77		
巴基斯坦	Pakistan	2092	1398	648	46	
菲律宾	Philippines	1564	1031	331		195
新加坡	Singapore	1023	1023			
斯里兰卡	Sri Lanka	268	129	139		
泰 国	Thailand	4067	3718	348		…
越 南	Viet Nam	1385	835	550		
埃 及	Egypt	2444	2129	284		
尼日利亚	Nigeria	588	350	238		
南 非	South Africa	4306	4050	70	184	
加拿大	Canada	13148	3961	7509	1335	
墨西哥	Mexico	5933	4497	1153	137	96
美 国	United States	102687	78643	10068	10100	238
阿根廷	Argentina	3214	2098	1012	102	…
巴 西	Brazil	10657	2535	7861	201	
委内瑞拉	Venezuela	2485	1022	1462		
捷 克	Czech Rep.	1833	1165	218	383	
法 国	France	11910	2562	2532	6313	
德 国	Germany	14695	8024	1064	2048	1
意大利	Italy	10145	7336	2137		70
荷 兰	Netherlands	2599	2316	4	51	
波 兰	Poland	3303	2999	234		
俄罗斯联邦	Russian Fed.	22397	15334	4680	2374	9
西班牙	Spain	10348	5476	1871	737	
土耳其	Turkey	4476	2934	1455		8
乌克兰	Ukraine	5439	3504	542	1384	
英 国	United Kingdom	8802	6832	439	1086	
澳大利亚	Australia	5695	4576	930		
新西兰	New Zealand	949	298	538		63

7-4 续表 continued

单位：万千瓦 (10 000 kilowatts)

国家和地区	Country or Area	自备电厂装机容量 Self-producers				
		总计 Total	热电 Thermal	水电 Hydro	风电 Wind	太阳能 Solar
中　　国	China	5710	5200	500		10
中国香港	Hong Kong, China					
中国澳门	Macao, China					
孟加拉国	Bangladesh	191	191			
文　　莱	Brunei Darussalam	7	7			
柬 埔 寨	Cambodia	22	22			
印　　度	India	2847	2841	6		
印度尼西亚	Indonesia	591	454	137		
伊　　朗	Iran	888	888			
以 色 列	Israel	33	32	…	1	
日　　本	Japan	4671	4066	140	199	263
哈萨克斯坦	Kazakhstan					
韩　　国	Korea, Rep.	589	578		1	11
老　　挝	Laos	18				18
马来西亚	Malaysia	141	141			
蒙　　古	Mongolia	6	6			
缅　　甸	Myanmar					
巴基斯坦	Pakistan	712	712			
菲 律 宾	Philippines	3	1	2		
新 加 坡	Singapore					
斯里兰卡	Sri Lanka					
泰　　国	Thailand	1016	1016			
越　　南	Viet Nam	70	70			
埃　　及	Egypt	68	68			
尼日利亚	Nigeria	4		4		
南　　非	South Africa	136	132	4		
加 拿 大	Canada	878	363	515		
墨 西 哥	Mexico	801	743	16	39	3
美　　国	United States	3067	2884	36		147
阿 根 廷	Argentina	378	376	2		
巴　　西	Brazil	1227	887	340		
委内瑞拉	Venezuela	114	114			
捷　　克	Czech Rep.	219	203	16		
法　　国	France	609	502	26	78	4
德　　国	Germany	1095	1087	5	3	…
意 大 利	Italy	611	594	18	…	
荷　　兰	Netherlands	531	480		44	6
波　　兰	Poland	166	166	…		
俄罗斯联邦	Russian Fed.	1582	1532	50		
西 班 牙	Spain	721	700	20	…	1
土 耳 其	Turkey	306	251	54	…	
乌 克 兰	Ukraine	326	325	1		
英　　国	United Kingdom	1082	618	19	442	3
澳大利亚	Australia	328	310			18
新 西 兰	New Zealand	33	32	…		

7-5 发电量(2009年)

Electricity Generation (2009)

资料来源：联合国ESD数据库。
Source: UN ESD Database.

单位：百万千瓦时 (million kilowatt hours)

国家和地区	Country or Area	总计 Total	热电 Thermal	水电 Hydro	核电 Nuclear	风电 Wind	太阳能电 Solar
中　国	China	3714950	2982780	615640	70134	46096	300
中国香港	Hong Kong, China	38728	38728				
中国澳门	Macao, China	1466	1466				
孟加拉国	Bangladesh	37862	36310	1552			
文　莱	Brunei Darussalam	3612	3612				
柬埔寨	Cambodia	1206	1159	47			
印　度	India	899389	773844	106909	18636		
印度尼西亚	Indonesia	158593	143701	11388			
伊　朗	Iran	221314	213883	7207		224	
以色列	Israel	55412	55399	4		9	
日　本	Japan	1047919	677444	82129	279750	2949	2758
哈萨克斯坦	Kazakhstan	78710	71831	6879			
韩　国	Korea, Rep.	454504	299841	5641	147771	685	566
老　挝	Laos	3874	300	3381			193
马来西亚	Malaysia	107414	100408	7006			
蒙　古	Mongolia	4039	4039				
缅　甸	Myanmar	5850	1669	4181			
巴基斯坦	Pakistan	95358	64371	28093	2894		
菲律宾	Philippines	61968	41774	9805		64	1
新加坡	Singapore	41800	41800				
斯里兰卡	Sri Lanka	9882	5975	3904		3	
泰　国	Thailand	145912	138921	6990			
越　南	Viet Nam	83191	53210	29981			
埃　及	Egypt	142690	128694	12863		1133	
尼日利亚	Nigeria	19777	15248	4529			
南　非	South Africa	249557	232504	4194	12806	32	21
加拿大	Canada	603234	144147	363960	90419	4573	102
墨西哥	Mexico	261018	216456	26713	10501	596	12
美　国	United States	4188214	2965808	298410	830210	74226	2514
阿根廷	Argentina	122347	79832	34318	8161	36	
巴　西	Brazil	466158	62213	390988	12957		
委内瑞拉	Venezuela	123447	33585	89862			
捷　克	Czech Rep.	82250	51683	2982	27208	288	89
法　国	France	542184	61976	61912	409737	7891	171
德　国	Germany	592464	387585	24710	134932	38639	6579
意大利	Italy	292641	226637	53443		6543	676
荷　兰	Netherlands	113502	104549	98	4228	4581	46
波　兰	Poland	151720	147669	2974		1077	
俄罗斯联邦	Russian Fed.	991980	651810	176118	163584	4	
西班牙	Spain	293847	168111	29162	52761	37773	6040
土耳其	Turkey	194813	156924	35958		1495	
乌克兰	Ukraine	173619	78716	11936	82924	43	
英　国	United Kingdom	375665	288296	8947	69098	9304	20
澳大利亚	Australia	260965	244587	12295		3806	277
新西兰	New Zealand	43472	12918	24220		1471	

7-6 能源净进口占能源消费比重
Net Energy Imports as Percentage of Energy Use

资料来源：世界银行WDI数据库。
Source: World Bank WDI Database.
单位：% (%)

国家和地区	Country or Area	2000	2005	2006	2007	2008	2009	2010
世　界	**World**		**-3.5**	**-3.5**	**-2.6**	**-3.7**	**-3.9**	**28.2**
高收入国家	**High Income**		**16.7**	**16.1**	**16.8**	**14.4**	**13.4**	**28.9**
经合组织高收入国家	**High Income: OECD**		**32.0**	**31.5**	**31.8**	**30.3**	**28.2**	**28.9**
非经合组织高收入国家	**High Income: nonOECD**		**-175.6**	**-165.2**	**-160.6**	**-163.5**	**-143.0**	
中等收入国家	**Middle Income**		**-25.5**	**-23.8**	**-22.1**	**-21.0**	**-19.4**	**15.8**
中等偏上收入国家	**Upper Middle Income**		**-31.1**	**-28.1**	**-26.4**	**-24.9**	**-22.4**	**15.8**
中等偏下收入国家	**Lower Middle Income**		**-10.5**	**-11.8**	**-10.2**	**-9.6**	**-10.8**	
中低收入国家	**Low and Middle Income**		**-24.5**	**-22.9**	**-21.2**	**-20.1**	**-18.6**	**15.8**
东亚和太平洋	**East Asia and Pacific**		**-1.0**	**0.2**	**0.8**	**0.5**	**1.2**	
欧洲和中亚	**Europe and Central Asia**		**-42.9**	**-42.3**	**-43.5**	**-44.6**	**-47.1**	**71.1**
拉丁美洲和加勒比	**Latin America and Caribbean**		**-42.0**	**-39.9**	**-34.3**	**-30.3**	**-30.8**	**-13.0**
中东和北非国家	**Middle East and North Africa**		**-111.8**	**-108.3**	**-102.4**	**-96.5**	**-88.3**	
南　亚	**South Asia**		**21.3**	**22.3**	**23.9**	**24.0**	**25.2**	
撒哈拉以南非洲	**Sub-Saharan Africa**		**-62.3**	**-63.8**	**-61.7**	**-57.4**	**-58.6**	
低收入国家	**Low Income**		**3.9**	**3.8**	**3.5**	**4.5**	**4.8**	
中　国	China	2.8	4.3	6.8	7.1	6.0	7.6	
中国香港	Hong Kong, China	99.6	99.6	99.6	99.6	99.6	99.7	
孟加拉国	Bangladesh	18.5	19.0	16.4	16.5	16.3	16.1	
文　莱	Brunei Darussalam	-702.3	-729.4	-586.0	-524.8	-482.2	-506.4	
柬埔寨	Cambodia	19.5	26.9	28.3	29.6	30.5	29.2	
印　度	India	19.9	21.5	22.5	24.1	24.4	25.7	
印度尼西亚	Indonesia	-51.8	-54.4	-67.1	-69.0	-68.8	-74.2	
伊　朗	Iran	-106.6	-80.5	-79.7	-76.4	-66.6	-62.1	
以色列	Israel	96.5	89.6	87.2	86.5	82.5	84.8	83.0
日　本	Japan	79.6	80.7	80.5	82.4	82.1	80.1	80.8
哈萨克斯坦	Kazakhstan	-119.0	-131.3	-106.0	-97.9	-105.4	-121.5	
韩　国	Korea, Rep.	81.7	79.6	79.5	80.8	80.3	80.7	81.9
马来西亚	Malaysia	-61.1	-46.3	-41.2	-29.6	-27.5	-34.2	
蒙　古	Mongolia	19.0	-33.6	-30.7	-47.1	-65.0	-137.5	
缅　甸	Myanmar	-23.2	-44.8	-48.4	-53.1	-47.0	-48.4	
巴基斯坦	Pakistan	26.1	19.3	22.2	23.7	23.6	24.2	
菲律宾	Philippines	51.6	45.4	44.9	41.9	42.0	39.6	
新加坡	Singapore	99.9	99.8	99.8	99.8	99.8	99.8	
斯里兰卡	Sri Lanka	43.0	45.3	43.3	45.2	43.5	45.2	
泰　国	Thailand	39.2	42.8	42.1	41.3	39.4	40.3	
越　南	Viet Nam	-30.3	-36.8	-38.4	-31.4	-20.7	-19.7	
埃　及	Egypt	-25.0	-26.4	-24.9	-22.3	-23.7	-22.5	
尼日利亚	Nigeria	-124.6	-123.9	-123.5	-118.5	-105.9	-111.3	
南　非	South Africa	-27.3	-21.1	-20.5	-14.4	-8.0	-11.5	
加拿大	Canada	-48.2	-47.3	-53.0	-53.1	-52.4	-53.4	-55.0
墨西哥	Mexico	-53.2	-49.3	-46.2	-38.8	-28.9	-26.0	-28.2
美　国	United States	26.7	29.7	28.0	28.6	25.3	22.0	22.1
阿根廷	Argentina	-35.0	-26.5	-18.1	-12.7	-8.5	-8.9	
巴　西	Brazil	21.6	9.6	7.4	8.1	8.2	4.1	
委内瑞拉	Venezuela	-291.8	-250.8	-235.6	-228.1	-215.9	-204.2	
捷　克	Czech Rep.	25.2	26.7	26.8	26.3	26.5	25.7	25.7
德　国	Germany	59.9	60.0	60.0	58.6	60.1	60.1	61.0
意大利	Italy	83.6	84.9	84.9	85.3	84.7	83.6	83.1
荷　兰	Netherlands	21.4	21.1	20.5	22.8	16.3	19.4	16.3
波　兰	Poland	10.7	14.9	20.0	25.0	27.1	28.2	33.4
俄罗斯联邦	Russian Fed.	-57.9	-84.6	-83.0	-84.2	-82.1	-82.7	
西班牙	Spain	74.0	78.8	77.9	79.0	78.1	76.5	73.5
土耳其	Turkey	66.1	71.6	71.7	72.7	70.6	69.0	71.1
乌克兰	Ukraine	42.9	43.3	39.6	40.6	40.3	33.4	
英　国	United Kingdom	-22.2	7.7	14.7	16.0	19.9	19.2	26.7
澳大利亚	Australia	-116.0	-134.2	-130.1	-139.0	-132.6	-137.1	-157.5
新西兰	New Zealand	16.1	24.0	22.4	17.1	13.2	12.6	9.6

7-7　世界能源价格
World Energy Price

资料来源：世界银行全球经济监测数据库。
Source: World Bank GEM Database.

年　份 year	三大市场平均原油价格（美元/桶） Crude Oil, Avg,Spot ($/bbl)	北海布伦特原油价格（美元/桶） Crude Oil, Brendt ($/bbl)	迪拜原油价格（美元/桶） Crude Oil, Dubai ($/bbl)	西德克萨斯原油价格（美元/桶） Crude Oil, WTI ($/bbl)	澳大利亚煤炭价格（美元/吨） Coal, Australia ($/mt)	液化天然气价格（美元/百万英国热量单位） Natural Gas LNG ($/mmbtu)	欧洲天然气价格（美元/百万英国热量单位） Natural Gas,Europe ($/mmbtu)	美国天然气价格（美元/百万英国热量单位） Natural Gas,US ($/mmbtu)
1970	1.21		1.21		7.80		0.45	0.17
1971	1.69		1.69		8.68		0.50	0.18
1972	1.82		1.82		9.60		0.54	0.19
1973	2.81		2.81		11.48		0.69	0.21
1974	10.97		10.97		16.89		1.73	0.29
1975	10.43		10.43		26.84		1.68	0.43
1976	11.63		11.63		27.16		1.74	0.58
1977	12.57		12.57		28.68	2.77	1.79	0.79
1978	12.92		12.92		29.06	3.04	2.30	0.91
1979	29.82	32.11	29.82		30.89	3.69	3.26	1.18
1980	36.87	37.89	35.85		40.14	5.70	4.22	1.59
1981	35.48	36.68	34.29		53.62	6.03	4.60	1.98
1982	32.65	33.42	31.76	32.77	54.77	6.05	4.45	2.47
1983	29.66	29.83	28.73	30.41	38.19	5.55	4.05	2.59
1984	28.56	28.80	27.49	29.38	30.96	5.24	3.76	2.66
1985	27.18	27.33	26.46	27.76	33.75	5.23	3.65	2.51
1986	14.35	14.77	13.20	15.08	31.13	4.10	3.65	1.94
1987	18.15	18.34	16.94	19.16	27.50	3.35	2.59	1.66
1988	14.72	14.97	13.22	15.97	34.88	3.34	2.36	1.68
1989	17.84	18.22	15.70	19.60	38.00	3.28	2.09	1.70
1990	22.88	23.68	20.46	24.49	39.67	3.64	2.82	1.70
1991	19.37	20.07	16.56	21.48	39.67	3.99	3.11	1.49
1992	19.02	19.31	17.19	20.56	38.56	3.60	2.56	1.77
1993	16.84	17.02	14.94	18.56	31.33	3.51	2.67	2.12
1994	15.89	15.83	14.67	17.16	32.30	3.18	2.44	1.92
1995	17.18	17.07	16.12	18.37	39.37	3.45	2.73	1.72
1996	20.42	20.65	18.54	22.07	38.07	3.67	2.84	2.73
1997	19.17	19.09	18.10	20.33	35.10	3.91	2.74	2.48
1998	13.06	12.72	12.13	14.35	29.23	3.02	2.42	2.09
1999	18.07	17.81	17.17	19.24	25.89	3.14	2.13	2.27
2000	28.23	28.27	26.08	30.33	26.25	4.71	3.86	4.31
2001	24.35	24.42	22.71	25.92	32.31	4.63	4.06	3.96
2002	24.93	24.97	23.72	26.09	25.31	4.28	3.05	3.36
2003	28.90	28.85	26.74	31.11	26.09	4.73	3.91	5.49
2004	37.73	38.30	33.46	41.44	52.95	5.13	4.28	5.89
2005	53.39	54.43	49.29	56.44	47.62	5.99	6.33	8.92
2006	64.29	65.39	61.43	66.04	49.09	7.08	8.47	6.72
2007	71.12	72.70	68.37	72.28	65.73	7.68	8.56	6.98
2008	96.99	97.64	93.78	99.56	127.10	12.53	13.41	8.86
2009	61.76	61.86	61.75	61.65	71.84	8.94	8.71	3.95
2010	79.04	79.64	78.06	79.43	98.97	10.85	8.29	4.39
2011	104.01	110.94	106.03	95.05	121.45	14.66	10.52	4.00

7-8 核能及其他清洁能源消费占能源总消费比重

Alternative and Nuclear Energy as Percentage of Total Energy Use

资料来源：世界银行WDI数据库。
Source: World Bank WDI Database.
单位：% (%)

国家和地区	Country or Area	2000	2005	2006	2007	2008	2009	2010
中 国	China	2.3	3.1	3.1	3.3	3.6	3.7	
孟加拉国	Bangladesh	0.4	0.5	0.5	0.5	0.5	0.5	
柬埔寨	Cambodia		0.1	0.1	0.1	0.1	0.1	
印 度	India	2.4	2.6	2.8	2.7	2.4	2.3	
印度尼西亚	Indonesia	5.9	6.8	6.5	6.9	8.0	8.4	
伊 朗	Iran	0.3	0.8	0.9	0.8	0.2	0.3	
以色列	Israel	3.3	3.6	3.5	3.5	4.8	4.8	4.8
日 本	Japan	18.4	17.3	17.4	15.3	15.6	17.6	17.2
哈萨克斯坦	Kazakhstan	1.8	1.3	1.1	1.1	0.9	0.9	
韩 国	Korea, Rep.	15.3	18.4	18.3	16.9	17.5	17.0	15.9
马来西亚	Malaysia	1.3	0.7	0.9	0.8	0.9	0.9	
缅 甸	Myanmar	1.3	1.6	1.8	2.0	2.2	2.4	
巴基斯坦	Pakistan	3.1	4.3	4.2	3.9	3.4	3.7	
菲律宾	Philippines	26.4	23.6	25.4	25.0	25.4	25.0	
斯里兰卡	Sri Lanka	3.3	3.3	4.4	3.7	4.0	3.6	
泰 国	Thailand	0.7	0.5	0.7	0.7	0.6	0.6	
越 南	Viet Nam	3.4	3.6	3.3	3.5	3.8	4.0	
埃 及	Egypt	2.6	1.9	1.8	2.1	1.9	1.7	
尼日利亚	Nigeria	0.5	0.6	0.5	0.5	0.4	0.4	
南 非	South Africa	3.0	2.4	2.2	2.2	2.4	2.4	
加拿大	Canada	19.8	20.3	21.0	20.8	21.4	21.7	21.3
墨西哥	Mexico	7.0	6.8	6.6	6.6	6.7	6.3	6.3
美 国	United States	10.8	10.6	10.9	10.8	11.2	11.9	11.6
阿根廷	Argentina	6.7	7.1	7.2	6.1	5.9	6.8	
巴 西	Brazil	14.7	14.7	15.1	15.1	14.4	15.6	
委内瑞拉	Venezuela	9.6	10.0	10.1	11.1	11.3	11.6	
捷 克	Czech Rep.	9.0	14.9	15.4	15.4	16.0	17.5	18.1
法 国	France	45.3	45.2	45.8	45.4	45.2	43.9	44.7
德 国	Germany	14.0	13.9	14.2	12.8	13.4	13.0	13.1
意大利	Italy	4.7	4.4	4.6	4.6	5.1	5.9	6.0
荷 兰	Netherlands	1.6	1.6	1.5	1.8	1.9	2.0	1.7
波 兰	Poland	0.2	0.2	0.2	0.3	0.3	0.3	0.4
俄罗斯联邦	Russian Fed.	7.8	8.4	8.4	8.6	8.3	9.0	
西班牙	Spain	15.7	13.0	14.1	13.4	14.8	15.8	18.9
土耳其	Turkey	4.7	5.7	5.6	4.6	4.6	5.4	6.5
乌克兰	Ukraine	15.8	16.9	17.9	18.2	17.9	19.7	
英 国	United Kingdom	10.2	9.9	9.3	8.3	7.1	9.8	8.5
澳大利亚	Australia	1.4	1.2	1.3	1.3	1.1	1.2	1.3
新西兰	New Zealand	23.4	24.4	24.6	25.3	26.5	29.8	32.1

7-9　易燃的可再生能源及废弃物消费占能源总消费比重

Combustible Renewables and Waste as Percentage of Total Energy Use

资料来源：世界银行WDI数据库。
Source: World Bank WDI Database.

单位：%　　(%)

国家和地区	Country or Area	2000	2005	2006	2007	2008	2009	2010
中　　国	China	18.6	12.0	11.0	10.4	9.6	9.0	
中国香港	Hong Kong, China	0.4	0.4	0.4	0.4	0.4	0.4	
孟加拉国	Bangladesh	40.9	34.7	33.3	32.4	31.1	29.8	
柬 埔 寨	Cambodia	80.5	73.1	71.6	70.3	69.4	70.7	
印　　度	India	32.6	29.4	28.3	27.1	26.4	24.5	
印度尼西亚	Indonesia	31.5	27.8	27.5	27.4	27.3	26.0	
伊　　朗	Iran	0.3	0.3	0.3	0.2	0.2	0.2	
日　　本	Japan	1.1	1.4	1.4	1.4	1.4	1.4	1.3
哈萨克斯坦	Kazakhstan	0.2	0.2	0.1	0.1	0.2	0.2	
韩　　国	Korea, Rep.	0.7	1.0	1.1	1.2	1.3	1.3	1.3
马来西亚	Malaysia	5.3	4.5	4.4	4.2	4.1	4.5	
蒙　　古	Mongolia	4.2	4.0	3.6	3.4	3.3	3.2	
缅　　甸	Myanmar	73.4	63.7	66.3	66.4	66.7	69.9	
巴基斯坦	Pakistan	37.8	35.6	34.8	33.6	34.9	34.5	
菲 律 宾	Philippines	20.0	18.3	18.1	18.3	17.5	17.9	
新 加 坡	Singapore	0.1	0.2	0.2	0.2	0.2	0.2	
斯里兰卡	Sri Lanka	53.7	51.4	52.1	50.9	52.4	51.1	
泰　　国	Thailand	20.2	17.9	17.9	18.4	18.9	19.9	
越　　南	Viet Nam	60.6	47.0	46.3	43.8	42.0	39.3	
埃　　及	Egypt	2.9	2.4	2.3	2.2	2.1	2.1	
尼日利亚	Nigeria	82.6	80.3	81.5	82.9	81.0	84.9	
南　　非	South Africa	11.0	10.4	10.5	10.0	9.3	9.8	
加 拿 大	Canada	4.6	4.5	4.3	4.5	4.5	4.5	4.5
墨 西 哥	Mexico	6.2	5.2	5.1	4.9	4.8	4.8	4.9
美　　国	United States	3.2	3.3	3.4	3.5	3.7	3.9	4.0
阿 根 廷	Argentina	4.8	3.4	3.8	3.5	3.7	3.1	
巴　　西	Brazil	25.3	29.5	29.8	30.8	31.6	31.6	
委内瑞拉	Venezuela	1.0	0.8	0.8	0.8	0.8	0.8	
捷　　克	Czech Rep.	3.3	3.9	4.1	4.6	4.9	5.6	6.1
法　　国	France	4.3	4.4	4.6	4.9	5.5	5.9	5.9
德　　国	Germany	2.3	3.9	4.6	6.8	6.8	7.8	8.4
意 大 利	Italy	1.3	2.3	2.7	2.6	3.0	4.3	4.7
荷　　兰	Netherlands	2.4	3.4	3.5	3.5	4.0	4.4	4.0
波　　兰	Poland	4.6	5.1	5.3	5.3	6.0	7.1	7.2
俄罗斯联邦	Russian Fed.	1.1	1.1	1.1	1.0	0.9	1.0	
西 班 牙	Spain	3.4	3.6	3.6	3.8	4.1	4.9	5.3
土 耳 其	Turkey	8.5	6.3	5.6	5.1	4.9	4.8	4.5
乌 克 兰	Ukraine	0.2	0.2	0.6	0.6	0.7	0.8	
英　　国	United Kingdom	0.9	1.7	1.8	2.0	2.3	2.7	2.9
澳大利亚	Australia	4.7	4.3	4.2	4.3	4.5	4.4	3.9
新 西 兰	New Zealand	6.2	6.7	6.5	6.8	6.8	6.3	6.4

主要统计指标解释

探明储量　是在现有和预期的本地经济条件和现有可用技术下，已探明的可开采的吨数。

能源最终消费量　指各不同经济部门终端能源消费量。

能源生产量　指一定时期内一次能源生产量的总和。

国际运输燃料　指供给国际运输的飞机或轮船的燃料，空运燃料包括航空汽油和喷气发动机燃料，海运燃料,包括硬煤、柴油等。

一次能源供应量　等于“产量＋进口－出口－国际运输燃料－库存变化”。

清洁能源　是指在发电时不产生二氧化碳的非碳能源。它包括水电、核电、地热和太阳能等。

易燃的可再生能源和废弃物　包括固态和液态的生物遗体、沼气、工业垃圾和城市垃圾。

Explanatory Notes on Main Statistical Indicators

Proved Reserves are the tonnage of the proved amount in place that can be recovered under present and expected local economic conditions with existing available technology.

Total Final Consumption refers to the sum of consumption by the different end-use sectors.

Energy Production is the production of primary energy.

Bunkers Airs bunkers refer to bunkers of aviation gasoline and jet fuel. Sea bunkers refer to bunkers of hard coal, gas-diesel oil and residual fuel oil.

Total Primary Energy Supply refers to Production +imports-Exports-Bunkers-Changes in stocks.

Clean energy refer to noncarbohydrate energy that does not produce carbon dioxide when generated. It includes hydropower and nuclear, geothermal, and solar power, among others.

Combustible renewables and waste comprise solid biomass, liquid biomass, biogas, industrial waste, and municipal waste.

财政和金融

Government Finance and Banking

8-1 中央政府财政收入占国内生产总值比重
Central Government Revenue as Percentage of GDP

资料来源：世界银行WDI数据库。
Source: World Bank WDI Database.
单位：% (%)

国家和地区	Country or Area	2000	2005	2007	2008	2009	2010
世　界	**World**		**23.0**	**23.9**	**23.3**	**22.2**	**22.9**
高收入国家	**High Income**		**23.7**	**24.2**	**23.8**	**22.7**	**23.0**
中等收入国家	**Middle Income**	**14.5**	**18.5**	**22.0**	**20.3**	**18.9**	
中　国	China	7.1	9.5	16.8	11.1	11.9	
中国香港	Hong Kong, China		20.0	22.8	19.7	20.7	22.7
中国澳门	Macao, China	19.9	25.2	29.6	33.7	33.3	36.5
孟加拉国	Bangladesh		10.3	10.3	11.0	11.1	
柬埔寨	Cambodia		9.7	11.2	12.5	11.1	12.2
印　度	India	11.6	12.1	14.2	12.5	11.4	11.7
印度尼西亚	Indonesia		17.5	17.6	19.5	15.4	15.1
伊　朗	Iran	23.4	36.5	34.8	32.2	31.9	
以色列	Israel	40.7	38.8	39.5	36.9	34.2	35.3
日　本	Japan		11.8	12.1	12.9	11.4	11.2
哈萨克斯坦	Kazakhstan	11.3	21.3	14.0	13.4	9.2	9.9
韩　国	Korea, Rep.	22.3	21.8	24.2	24.0	23.1	22.7
老　挝	Laos			13.2	13.5	14.2	14.4
马来西亚	Malaysia	17.5	20.4	21.8	21.5	23.3	20.8
蒙　古	Mongolia	24.4		37.6	30.8	26.8	33.7
巴基斯坦	Pakistan	13.9	13.0	14.5	13.4	14.0	13.8
菲律宾	Philippines	14.2	14.4	15.2	15.2	14.0	13.4
新加坡	Singapore	26.2	18.5	19.6	22.3	19.4	17.7
斯里兰卡	Sri Lanka	16.8	15.5	15.8	14.9		
泰　国	Thailand		21.1	19.5	20.1	18.6	20.3
埃　及	Egypt		24.3	27.1	27.6	26.9	24.8
尼日利亚	Nigeria		9.4	8.1	9.7		
南　非	South Africa	26.4	30.1	31.7	31.0	28.7	28.6
加拿大	Canada	20.9	19.1	19.1	18.1	17.9	17.2
美　国	United States		18.6	19.3	17.9	16.4	17.1
巴　西	Brazil	19.9	22.7	25.7	26.5	23.9	26.2
委内瑞拉	Venezuela	21.2	28.3				
捷　克	Czech Rep.	29.4	30.3	30.2	30.1	28.2	28.7
法　国	France	43.2	43.3	42.4	42.3	41.2	42.9
德　国	Germany	30.3	28.7	28.1	28.2	29.3	28.6
意大利	Italy	36.9	35.1	37.3	37.5	38.4	37.8
荷　兰	Netherlands	40.7	39.3	40.6	41.9	41.0	41.3
波　兰	Poland		31.9	32.7	31.9	30.0	30.0
俄罗斯联邦	Russian Fed.	24.6	30.3	31.3	33.7	25.5	26.7
西班牙	Spain	31.1	26.5	27.7	24.4	22.5	25.2
土耳其	Turkey			25.8	22.6	21.8	24.5
乌克兰	Ukraine	26.8	35.1	34.3	35.8	34.6	34.3
英　国	United Kingdom	37.1	36.9	37.2	38.8	35.7	36.2
澳大利亚	Australia	25.8	27.0	26.3	26.4	24.6	23.6
新西兰	New Zealand		36.7	36.1	37.1	36.4	33.1

8-2 中央政府财政收入及构成

Revenue of Central Government and Its Composition

资料来源：国际货币基金组织GFS数据库。
Source: IMF GFS Database.

		柬埔寨 Cambodia 2011 (亿瑞尔) (100 Million Riel)	印度 India 2008 (亿卢比) (100 Million Rupee)	印度尼西亚 Indonesia 2004 (亿卢比) (100 Million Rupiah)	伊朗 Iran 2008 (亿里亚尔) (100 Million Rial)
财政总收入	**Total Revenue**	**79302**	**79967**	**4219181**	**10209960**
税收	Taxes	52069	68772	2830930	2409537
收入、利润和资本所得税	Taxes on Income,Profits,and Capital Gains	9596	35513	1189231	1596482
个人	Payable by Individuals	2358	12877	956995	316440
公司和其他企业	Payable by Corporations and Other Enterprises	7238	22636	232236	1279325
工资税	Taxes on Payroll and Workforce				
财产税	Taxes on Property		41	146519	78015
货物和服务税	Taxes on Goods and Services	30253	21325	1351672	167501
增加值、销售和交易税	General Value Added,Sales,or Turnover Taxes	18451	111	986834	100159
货物税	Excises	10353	13806	291725	15304
国际贸易税	Taxes on International Trade and Transactions	12062	11893	127418	566891
其他税	Other Taxes	158		16090	648
社会缴款	Social Contributions		83	116116	1474765
社会保障缴款	Social Security Contributions		83	116116	1474765
其它社会缴款	Other Social Contributions				
捐赠收入	Grants		180	2780	
来自外国政府捐赠收入	From Foreign Governments	15812	180		
来自国际组织捐赠收入	From International Organizations	966		2780	
来自政府机构捐赠收入	From General Government Units				
其它收入	Other Revenue	10454	10933	1269356	6325660

8-2 续表 1 continued

		以色列 Israel 2011 (亿新谢克尔) (100 Million New Sheqalim)	哈萨克斯坦 Kazakhstan 2008 (亿坚戈) (100 Million Tenge)	韩国 Korea,Rep. 2008 (亿韩元) (100 Million Won)	马来西亚 Malaysia 2003 (亿林吉特) (100 Million Ringgit)
财政总收入	**Total Revenue**	**3202**	**32984**	**2465628**	**936**
税收	Taxes	2127	20325	1673060	695
收入、利润和资本所得税	Taxes on Income,Profits,and Capital Gains	885	9315	755096	444
个人	Payable by Individuals	510		363551	104
公司和其他企业	Payable by Corporations and Other Enterprises	319	9315	391545	340
工资税	Taxes on Payroll and Workforce	106			
财产税	Taxes on Property	52		76945	2
货物和服务税	Taxes on Goods and Services	1056	6795	630595	201
增加值、销售和交易税	General Value Added,Sales,or Turnover Taxes	855	6410	438198	85
货物税	Excises	159	211	192398	49
国际贸易税	Taxes on International Trade and Transactions	29	4214	87757	52
其他税	Other Taxes		…	122667	-4
社会缴款	Social Contributions			390333	
社会保障缴款	Social Security Contributions	488		328961	
其它社会缴款	Other Social Contributions	65		61372	
捐赠收入	Grants		11551		
来自外国政府捐赠收入	From Foreign Governments	99	10694		
来自国际组织捐赠收入	From International Organizations		10		
来自政府机构捐赠收入	From General Government Units	56	848		
其它收入	Other Revenue	368	1108	402235	241

8-2 续表 2 continued

		蒙古 Mongolia 2008 (亿图格里克) (100 Million Togrog)	缅甸 Myanmar 2005 (亿缅元) (100 Million Kyat)	巴基斯坦 Pakistan 2008 (亿卢比) (100 Million Rupee)	新加坡 Singapore 2008 (亿新加坡元) (100 Million Dollar)
财政总收入	**Total Revenue**	**19807**	**8195**	**14084**	**559**
税收	Taxes	14194	4770	10099	377
收入、利润和资本所得税	Taxes on Income,Profits,and Capital Gains	7437	2067	3756	193
个人	Payable by Individuals	1017	2067	3636	
公司和其他企业	Payable by Corporations and Other Enterprises	6420			
工资税	Taxes on Payroll and Workforce				
财产税	Taxes on Property			55	29
货物和服务税	Taxes on Goods and Services	5145	2518	4691	122
增加值、销售和交易税	General Value Added,Sales,or Turnover Taxes	3253	2251	3855	65
货物税	Excises	1785	49	836	21
国际贸易税	Taxes on International Trade and Transactions	1508	185	1506	
其他税	Other Taxes	103		92	34
社会缴款	Social Contributions	2233			
社会保障缴款	Social Security Contributions	2233			
其它社会缴款	Other Social Contributions				
捐赠收入	Grants	159	3	330	
来自外国政府捐赠收入	From Foreign Governments	159	3	330	
来自国际组织捐赠收入	From International Organizations				
来自政府机构捐赠收入	From General Government Units				
其它收入	Other Revenue	3222	3423	3654	183

8-2 续表 3 continued

		泰 国 Thailand 2011 (亿泰铢) (100 Million Baht)	南 非 South Africa 2010 (亿兰特) (100 Million Rand)	加拿大 Canada 2010 (亿加元) (100 Million Dollar)	墨西哥 Mexico 2000 (亿比索) (100 Million Peso)
财政总收入	**Total Revenue**	**22445**	**7650**	**2803**	**8106**
税收	Taxes	18500	6909	1939	6408
收入、利润和资本所得税	Taxes on Income,Profits,and Capital Gains	8528	3799	1482	2766
个人	Payable by Individuals	2143	2282		
公司和其他企业	Payable by Corporations and Other Enterprises	6385	1518		
工资税	Taxes on Payroll and Workforce		87		
财产税	Taxes on Property		91		
货物和服务税	Taxes on Goods and Services	8849	2665	422	5036
增加值、销售和交易税	General Value Added,Sales,or Turnover Taxes	3939	1836		1896
货物税	Excises	4467	741		862
国际贸易税	Taxes on International Trade and Transactions	994	266	34	329
其他税	Other Taxes	131	…		59
社会缴款	Social Contributions				849
社会保障缴款	Social Security Contributions	983	133		849
其它社会缴款	Other Social Contributions				
捐赠收入	Grants				
来自外国政府捐赠收入	From Foreign Governments	13	19		
来自国际组织捐赠收入	From International Organizations	2	…		
来自政府机构捐赠收入	From General Government Units		13		
其它收入	Other Revenue	2947	578	214	849

8-2 续表 4 continued

		美国 United States 2011 (亿美元) (100 Million US Dollar)	阿根廷 Argentina 2004 (亿比索) (100 Million Peso)	委内瑞拉 Venezuela 2005 (亿博利瓦) (100 Million Bolivar)	白俄罗斯 Belarus 2008 (亿卢布) (100 Million Rubel)
财政总收入	**Total Revenue**	**25847**	**814**	**859**	**504780**
税收	Taxes	15601	636	472	329064
收入、利润和资本所得税	Taxes on Income,Profits,and Capital Gains	14405	154	185	35387
个人	Payable by Individuals	10927	46	9	
公司和其他企业	Payable by Corporations and Other Enterprises	3479	108	175	35387
工资税	Taxes on Payroll and Workforce		4		
财产税	Taxes on Property	24	73	29	
货物和服务税	Taxes on Goods and Services	851	238	214	152315
增加值、销售和交易税	General Value Added,Sales,or Turnover Taxes		149	195	106972
货物税	Excises		55	17	38220
国际贸易税	Taxes on International Trade and Transactions	320	129	43	106126
其他税	Other Taxes		39	1	35237
社会缴款	Social Contributions		135	19	144965
社会保障缴款	Social Security Contributions		131	19	144965
其它社会缴款	Other Social Contributions		4		
捐赠收入	Grants		2		
来自外国政府捐赠收入	From Foreign Governments				
来自国际组织捐赠收入	From International Organizations				
来自政府机构捐赠收入	From General Government Units		2		
其它收入	Other Revenue	1219	42	369	30751

8-2 续表 5 continued

		捷 克 Czech Rep. 2008 (亿克朗) (100 Million koruna)	法 国 France 2010 (亿欧元) (100 Million Euro)	德 国 Germany 2010 (亿欧元) (100 Million Euro)	意大利 Italy 2010 (亿欧元) (100 Million Euro)
财政总收入	**Total Revenue**	**12209**	**8307**	**7137**	**5912**
税收	Taxes	5466	4123	2844	3508
收入、利润和资本所得税	Taxes on Income,Profits,and Capital Gains	2221	1825	1079	1937
个人	Payable by Individuals	950	1462	958	1592
公司和其他企业	Payable by Corporations and Other Enterprises	1272	364	121	345
工资税	Taxes on Payroll and Workforce		200		
财产税	Taxes on Property	104	303		34
货物和服务税	Taxes on Goods and Services	3141	1838	1765	1267
增加值、销售和交易税	General Value Added,Sales,or Turnover Taxes	1691	1331	945	896
货物税	Excises	1330	303	627	252
国际贸易税	Taxes on International Trade and Transactions	…	-1		
其他税	Other Taxes		-42		270
社会缴款	Social Contributions	5482			
社会保障缴款	Social Security Contributions	5299	3151	3911	2087
其它社会缴款	Other Social Contributions	183	447	76	29
捐赠收入	Grants	614		65	40
来自外国政府捐赠收入	From Foreign Governments	1			2
来自国际组织捐赠收入	From International Organizations	604		10	2
来自政府机构捐赠收入	From General Government Units	9	63	55	37
其它收入	Other Revenue	647		241	249

8-2 续表 6 continued

		荷 兰 Netherlands 2010 (亿欧元) (100 Million Euro)	波 兰 Poland 2010 (亿兹罗提) (100 Million Zloty)	俄罗斯联邦 Russian Fed. 2010 (亿卢布) (100 Million Ruble)	西 班 牙 Spain 2010 (亿欧元) (100 Million Euro)
财政总收入	**Total Revenue**	**2441**	**4385**	**123653**	**2745**
税收	Taxes	1347	2366	60425	1187
收入、利润和资本所得税	Taxes on Income,Profits,and Capital Gains	636	580	2673	628
个人	Payable by Individuals	500	361	68	446
公司和其他企业	Payable by Corporations and Other Enterprises	136	220	2753	182
工资税	Taxes on Payroll and Workforce	6	36		
财产税	Taxes on Property	46	…		2
货物和服务税	Taxes on Goods and Services	659	1733	26119	557
增加值、销售和交易税	General Value Added,Sales,or Turnover Taxes	446	1099	24655	423
货物税	Excises	162	558	1463	103
国际贸易税	Taxes on International Trade and Transactions		17	31635	
其他税	Other Taxes			-2	
社会缴款	Social Contributions				
社会保障缴款	Social Security Contributions	828	1570	25088	1264
其它社会缴款	Other Social Contributions	22			129
捐赠收入	Grants	12			94
来自外国政府捐赠收入	From Foreign Governments		1		
来自国际组织捐赠收入	From International Organizations	3	111	6	19
来自政府机构捐赠收入	From General Government Units	8	30	2994	75
其它收入	Other Revenue	233	307	35140	72

8-2 续表 7 continued

		乌克兰 Ukraine 2008 (亿格里夫尼亚) (100 Million Hrywnia)	英国 United Kingdom 2010 (亿英镑) (100 Million Pound)	澳大利亚 Australia 2011 (亿澳元) (100 Million Dollar)	新西兰 New Zealand 2010 (亿新西兰元) (100 Million Dollar)
财政总收入	**Total Revenue**	**3475**	**5324**	**3220**	**656**
税收	Taxes	1695	3914	2881	543
收入、利润和资本所得税	Taxes on Income,Profits,and Capital Gains	475	1924	2049	342
个人	Payable by Individuals		1472	1384	246
公司和其他企业	Payable by Corporations and Other Enterprises	475	451	648	76
工资税	Taxes on Payroll and Workforce		35	5	
财产税	Taxes on Property		357		
货物和服务税	Taxes on Goods and Services	1091	1590	768	178
增加值、销售和交易税	General Value Added,Sales,or Turnover Taxes	921	937	493	148
货物税	Excises	127	508	266	17
国际贸易税	Taxes on International Trade and Transactions	130		58	20
其他税	Other Taxes		9		4
社会缴款	Social Contributions	1239			
社会保障缴款	Social Security Contributions	1174	26		
其它社会缴款	Other Social Contributions	65	1164		
捐赠收入	Grants	79			
来自外国政府捐赠收入	From Foreign Governments	…			
来自国际组织捐赠收入	From International Organizations	1	31		
来自政府机构捐赠收入	From General Government Units	77	1	7	
其它收入	Other Revenue	462	188	332	114

8-3 中央政府财政支出及构成

Expense of Central Government and Its Composition

资料来源：国际货币基金组织GFS数据库。
Source: IMF GFS Database.

		柬埔寨 Cambodia 2011 (亿瑞尔) (100 Million Riel)	印度 India 2008 (亿卢比) (100 Million Rupee)	印度尼西亚 Indonesia 2004 (亿卢比) (100 Million Rupiah)	伊朗 Iran 2008 (亿里亚尔) (100 Million Rial)
财政总支出	**Total Expense**	**56039**	**86041**	**3869371**	**6851510**
雇员报酬	Compensation of Employees	22330	5657	492700	2634389
工资和薪金	Wages and Salaries	22330	5657	492700	2326488
社会缴款	Social Contributions				307901
商品和服务的使用	Use of Goods and Services	16732	9318	295796	710658
固定资本消耗	Consumption of Fixed Capital				
利息	Interest	1392	18670	624857	79741
补贴	Subsidies		20241	916169	1029776
对国有企业补贴	To Public Corporations				
对私人企业补贴	To Private Enterprises				
捐赠	Grants	4889	26283	1300449	32309
对外国政府捐赠	To Foreign Governments				3300
对国际组织捐赠	To International Organizations				372
对政府机构捐赠	To General Government Units	4889		1300449	28637
社会福利	Social Benefits	7735		233290	1489232
社会保障福利	Social Security Benefits				
社会救助福利	Social Assistance Benefits	7735			
雇主社会福利	Employer Social Benefits				
其它支出	Other Expense	2962	5871	6110	875406
不含利息的财产支出	Property Expense Other Than Interest				
其它杂项支出	Miscellaneous Other Expense	2962	5871	6110	875406

8-3 续表 1 continued

		以色列 Israel 2011 (亿新谢克尔) (100 Million New Sheqalim)	哈萨克斯坦 Kazakhstan 2008 (亿坚戈) (100 Million Tenge)	韩国 Korea,Rep. 2008 (亿韩元) (100 Million Won)	马来西亚 Malaysia 2003 (亿林吉特) (100 Million Ringgit)
财政总支出	**Total Expense**	**3583**	**23685**	**2049733**	**794**
雇员报酬	Compensation of Employees	871	1652	229254	235
工资和薪金	Wages and Salaries	712	1620		231
社会缴款	Social Contributions	160	32		4
商品和服务的使用	Use of Goods and Services	946	4799	144498	206
固定资本消耗	Consumption of Fixed Capital	51			
利息	Interest	399	612	143559	99
补贴	Subsidies	63	218	7301	157
对国有企业补贴	To Public Corporations	13			
对私人企业补贴	To Private Enterprises	50			
捐赠	Grants	196	10307	864480	47
对外国政府捐赠	To Foreign Governments	2			
对国际组织捐赠	To International Organizations	3	17	9487	
对政府机构捐赠	To General Government Units	192	10290	854993	47
社会福利	Social Benefits	818	5530	346187	46
社会保障福利	Social Security Benefits	531			
社会救助福利	Social Assistance Benefits	126			
雇主社会福利	Employer Social Benefits	161			
其它支出	Other Expense	239	567	314455	5
不含利息的财产支出	Property Expense Other Than Interest				
其它杂项支出	Miscellaneous Other Expense	239	567	314455	5

8-3 续表 2 continued

		蒙古 Mongolia 2008 (亿图格里克) (100 Million Togrog)	泰国 Thailand 2011 (亿铢) (100 Million Baht)	巴基斯坦 Pakistan 2007 (亿卢比) ((100 Million Rupee)	加拿大 Canada 2010 (亿加元) ((100 Million Dollar)
财政总支出	**Total Expense**	**16138**	**21719**	**14156**	**3121**
雇员报酬	Compensation of Employees	5450	7298	607	380
工资和薪金	Wages and Salaries	5019	5996	607	
社会缴款	Social Contributions	431	1301		641
商品和服务的使用	Use of Goods and Services	4375	5193	4407	249
固定资本消耗	Consumption of Fixed Capital		652		48
利息	Interest	198	1334	3736	275
补贴	Subsidies	246	1689	1071	42
对国有企业补贴	To Public Corporations		1051		
对私人企业补贴	To Private Enterprises		639		
捐赠	Grants	-148	2687	3271	978
对外国政府捐赠	To Foreign Governments		9		
对国际组织捐赠	To International Organizations		12		
对政府机构捐赠	To General Government Units	-148	2666		
社会福利	Social Benefits	6018	1981		1079
社会保障福利	Social Security Benefits		1244		
社会救助福利	Social Assistance Benefits		62		
雇主社会福利	Employer Social Benefits		675		
其它支出	Other Expense		884	1063	70
不含利息的财产支出	Property Expense Other Than Interest		2		
其它杂项支出	Miscellaneous Other Expense		883		

8-3 续表 3 continued

		美国 United States 2011 (亿美元) (100 Million Us Dollar)	阿根廷 Argentina 2004 (亿比索) (100 Million Peso)	委内瑞拉 Venezuela 2005 (亿博利瓦) (100 Million Bolivar)	白俄罗斯 Belarus 2008 (亿卢布) (100 Million Rubel)
财政总支出	**Total Expense**	**38865**	**819**	**762**	**440644**
雇员报酬	Compensation of Employees		94	121	44669
工资和薪金	Wages and Salaries			116	36933
社会缴款	Social Contributions	9027	135	6	7737
商品和服务的使用	Use of Goods and Services		38	46	52224
固定资本消耗	Consumption of Fixed Capital	1377			
利息	Interest	3164	215	89	6932
补贴	Subsidies	625	27		95057
对国有企业补贴	To Public Corporations		6		
对私人企业补贴	To Private Enterprises		21		
捐赠	Grants	6815	109	400	68868
对外国政府捐赠	To Foreign Governments	586		1	68
对国际组织捐赠	To International Organizations		3		1310
对政府机构捐赠	To General Government Units	6229	106	399	67490
社会福利	Social Benefits	17530	275	85	140654
社会保障福利	Social Security Benefits		215		
社会救助福利	Social Assistance Benefits		58		
雇主社会福利	Employer Social Benefits		1		
其它支出	Other Expense	9354	61	21	32240
不含利息的财产支出	Property Expense Other Than Interest				
其它杂项支出	Miscellaneous Other Expense		61	21	32240

8-3 续表 4 continued

		捷克 Czech Rep. 2008 (亿克朗) (100 Million koruna)	法国 France 2009 (亿欧元) (100 Million Erro)	德国 Germany 2009 (亿欧元) (100 Million Erro)	意大利 Italy 2009 (亿欧元) (100 Million Euro)
财政总支出	**Total Expense**	**12592**	**9086**	**7605**	**6686**
雇员报酬	Compensation of Employees	1058	1877	415	999
工资和薪金	Wages and Salaries	798			671
社会缴款	Social Contributions	259			328
商品和服务的使用	Use of Goods and Services	724	585	393	290
固定资本消耗	Consumption of Fixed Capital		173	87	105
利息	Interest	442	415	389	661
补贴	Subsidies	1234	168	108	54
对国有企业补贴	To Public Corporations				
对私人企业补贴	To Private Enterprises				
捐赠	Grants	1648			
对外国政府捐赠	To Foreign Governments			30	27
对国际组织捐赠	To International Organizations	259		180	116
对政府机构捐赠	To General Government Units	1389	1	413	…
社会福利	Social Benefits	5944	4592	5356	2893
社会保障福利	Social Security Benefits		3785	4679	
社会救助福利	Social Assistance Benefits			475	
雇主社会福利	Employer Social Benefits			203	
其它支出	Other Expense	1542		235	295
不含利息的财产支出	Property Expense Other Than Interest				
其它杂项支出	Miscellaneous Other Expense	1542		235	295

8-3 续表 5 continued

		荷兰 Netherlands 2009 (亿欧元) (100 Million Euro)	波兰 Poland 2010 (亿兹罗提) (100 Million Zloty)	俄罗斯联邦 Russian Fed. 2010 (亿卢布) (100 Million Ruble)	西班牙 Spain 2009 (亿欧元) (100 Million Euro)
财政总支出	**Total Expense**	**2601**	**5127**	**126761**	**3226**
雇员报酬	Compensation of Employees	192	606	20491	271
工资和薪金	Wages and Salaries	134	536	18356	204
社会缴款	Social Contributions	58	70	2135	66
商品和服务的使用	Use of Goods and Services	198	358	16045	119
固定资本消耗	Consumption of Fixed Capital	52	126	8791	60
利息	Interest	107	346	1980	146
补贴	Subsidies	63	66	6089	60
对国有企业补贴	To Public Corporations		21	2335	10
对私人企业补贴	To Private Enterprises		45	3754	50
捐赠	Grants		1142	16059	
对外国政府捐赠	To Foreign Governments			152	
对国际组织捐赠	To International Organizations	66	152	317	109
对政府机构捐赠	To General Government Units		990	15590	
社会福利	Social Benefits	1187	2242	54564	1508
社会保障福利	Social Security Benefits	973	2226	45655	1336
社会救助福利	Social Assistance Benefits	191	17	6244	74
雇主社会福利	Employer Social Benefits	23		2665	98
其它支出	Other Expense	56	240	2742	98
不含利息的财产支出	Property Expense Other Than Interest				
其它杂项支出	Miscellaneous Other Expense	56	240	2742	98

8-3 续表 6 continued

		乌克兰 Ukraine 2008 (亿格里夫尼亚) (100 Million Hrywnia)	英国 United Kingdom 2010 (亿英镑) (100 Million Pound)	澳大利亚 Australia 2011 (亿澳元) (100 Million Dollar)	新西兰 New Zealand 2010 (亿新西兰元) (100 Million Dollar)
财政总支出	**Total Expense**	**3538**	**6688**	**3663**	**691**
雇员报酬	Compensation of Employees	461	906	387	184
工资和薪金	Wages and Salaries	350	716	327	184
社会缴款	Social Contributions	112	190	60	
商品和服务的使用	Use of Goods and Services	409	1192	370	181
固定资本消耗	Consumption of Fixed Capital		72	64	31
利息	Interest	44	421	170	20
补贴	Subsidies	258	63	87	
对国有企业补贴	To Public Corporations			2	
对私人企业补贴	To Private Enterprises			85	
捐赠	Grants	593	1516	1025	39
对外国政府捐赠	To Foreign Governments	2	57	40	
对国际组织捐赠	To International Organizations		4		
对政府机构捐赠	To General Government Units	591	1454	985	15
社会福利	Social Benefits	1650	1938	1419	208
社会保障福利	Social Security Benefits			1038	
社会救助福利	Social Assistance Benefits			380	
雇主社会福利	Employer Social Benefits				
其它支出	Other Expense	123	580	141	29
不含利息的财产支出	Property Expense Other Than Interest				
其它杂项支出	Miscellaneous Other Expense	123	580	141	

8-4 中央政府各项支出比重

Central Government Outlays by Function as Percentage of Total

资料来源：国际货币基金组织政府财政统计数据库。
Source: International Monetary Fund Government Finance Statistics Database.

单位：% (%)

国家和地区	Country or Area	年份 Year	社会保障支出 Social Protection	公共服务支出 General Public Services	教育支出 Education	经济事务支出 Economic Affairs	环境保护支出 Environment Protection
中国	China	2007	0.73		0.88		0.07
中国香港	Hong Kong, China	2010	13.39	18.94	19.39	10.93	3.37
中国澳门	Macao, China	2008	18.16		14.00		2.54
孟加拉国	Bangladesh	2008	2.71		15.05		0.08
印度	India	2006			3.74		
印度尼西亚	Indonesia	2004	5.64		3.97		
伊朗	Iran	2008	30.09		13.85		0.11
以色列	Israel	2011	27.19	14.70	15.81	6.07	0.35
日本	Japan	1993	36.80		6.03		
哈萨克斯坦	Kazakhstan	2008	21.72		7.36		0.52
韩国	Korea, Rep.	2008	21.11		16.01		
缅甸	Myanmar	2005	0.83		6.81		
巴基斯坦	Pakistan	2007	0.21		1.64		0.03
新加坡	Singapore	2008	12.26		18.65		
泰国	Thailand	2011	17.86	17.43	19.55	19.06	0.11
埃及	Egypt	2008	38.96		11.01		0.30
南非	South Africa	2009	14.55	44.64	7.08	11.13	0.53
加拿大	Canada	2007	47.28		2.10		1.28
墨西哥	Mexico	2000	20.12		24.73		
美国	United States	2010	32.24	10.20	3.52	6.02	
阿根廷	Argentina	2004	39.94	32.65	5.19	7.17	0.29
委内瑞拉	Venezuela	2005	7.64		17.16		
捷克	Czech Rep.	2008	35.37		9.18		1.33
德国	Germany	2005	55.98	14.27	0.52	5.83	0.07
荷兰	Netherlands	2010	34.83	18.37	10.84	9.21	0.49
波兰	Poland	2010	43.29	14.87	10.61	9.36	0.29
俄罗斯联邦	Russian Fed.	2010	37.71	24.84	2.97	6.19	0.10
西班牙	Spain	2010	48.36	34.20	0.56	6.92	0.23
土耳其	Turkey	2010	34.96	29.02	10.27	10.42	0.09
乌克兰	Ukraine	2008	47.44		5.92		0.48
英国	United Kingdom	2009	33.87	14.37	12.02	7.85	1.07
澳大利亚	Australia	2011	32.97	23.44	12.58	6.40	0.42
新西兰	New Zealand	2007	16.60	3.28	3.23	2.07	5.01

8-4 续表 continued

单位：% (%)

国家和地区	Country or Area	年 份 Year	卫生保健支出 Health	文化、娱乐和宗教支出 Recreation,Culture, and Religion	国防支出 Defense	住房和社区设施建设支出 Housing and Community Amenities	公共秩序与安全支出 Public Order and Safety
中　　国	China	2007	0.08		7.45		
中国香港	Hong Kong, China	2010	13.30	4.15		6.82	9.71
中国澳门	Macao, China	2008	8.22				
孟加拉国	Bangladesh	2008	6.65		9.83		
印　　度	India	2006	1.71		12.83		
印度尼西亚	Indonesia	2004	1.38		6.59		
伊　　朗	Iran	2008	6.69		7.52		
以 色 列	Israel	2011	12.67	2.74	15.87	0.71	3.88
日　　本	Japan	1993	1.60		4.11		
哈萨克斯坦	Kazakhstan	2008	4.43		6.74		
韩　　国	Korea, Rep.	2008	0.98		11.29		
缅　　甸	Myanmar	2005	2.18		19.61		
巴基斯坦	Pakistan	2007	0.86		15.62		
新 加 坡	Singapore	2008	6.15		24.69		
泰　　国	Thailand	2011	9.83	0.90	7.74	2.01	5.50
埃　　及	Egypt	2008	4.30		6.56		
南　　非	South Africa	2009	2.74	0.84	4.99	4.23	9.27
加 拿 大	Canada	2007	9.74		6.55		
墨 西 哥	Mexico	2000	4.95		3.04		
美　　国	United States	2010	24.40	0.15	18.85	3.12	1.51
阿 根 廷	Argentina	2004	5.30	0.18	3.04	1.83	4.40
委内瑞拉	Venezuela	2005	7.38		4.99		
捷　　克	Czech Rep.	2008	16.48		3.40		
德　　国	Germany	2005	19.30	0.11	3.60	0.87	0.48
荷　　兰	Netherlands	2010	17.82	0.79	3.10	0.42	4.14
波　　兰	Poland	2010	12.04	0.89	3.62	0.35	4.66
俄罗斯联邦	Russian Fed.	2010	6.87	0.77	12.18	0.72	7.65
西 班 牙	Spain	2010	1.46	0.93	3.49	0.09	3.76
土 耳 其	Turkey	2010	3.98	1.35	3.68	1.61	4.62
乌 克 兰	Ukraine	2008	2.63		3.11		
英　　国	United Kingdom	2009	18.04	1.34	5.81	1.63	4.28
澳大利亚	Australia	2011	15.00	0.78	6.13	1.24	1.03
新 西 兰	New Zealand	2007	33.94	10.76	16.69	8.41	

8-5 社会缴款占财政收入比重
Social Contributions as Percentage of Revenue

资料来源：世界银行WDI数据库。
Source: World Bank WDI Database.
单位：% (%)

国家和地区	Country or Area	2000	2005	2007	2008	2009	2010	2011
中国香港	Hong Kong, China		0.01	0.01	0.01			
中国澳门	Macao, China	0.85	0.50	0.39	0.29	0.30	0.19	
印　　度	India	0.05	0.18	0.11	0.23	0.28	0.33	
伊　　朗	Iran	11.48	10.44	12.57	14.91	18.69		
以 色 列	Israel	14.85	16.62	15.82	17.03	17.81	17.78	
日　　本	Japan		0.97	1.00	0.89	0.98	0.83	
韩　　国	Korea, Rep.	13.31	16.17	14.04	15.83	16.39	16.11	
蒙　　古	Mongolia	17.79		8.65	13.68	16.61	13.14	
斯里兰卡	Sri Lanka	1.67	1.19	1.48	0.99			
泰　　国	Thailand		4.89	4.81	4.64	4.91	6.44	
南　　非	South Africa	2.07	2.04	1.99	2.04	2.21	1.73	
加 拿 大	Canada	19.38	21.56	20.54	21.05	23.15	22.87	
墨 西 哥	Mexico	10.48						
美　　国	United States		36.57	35.08	38.21	41.82	39.43	34.92
巴　　西	Brazil	24.76	23.25	21.62	21.43	24.86	22.61	
委内瑞拉	Venezuela	3.50	2.20					
捷　　克	Czech Rep.	46.51	45.61	45.17	44.91	44.85	44.24	
法　　国	France	41.36	41.83	42.51	42.70	45.42	43.31	
德　　国	Germany	58.08	58.93	55.56	55.37	55.62	55.87	
意 大 利	Italy	33.02	35.67	34.79	36.25	35.75	35.78	
荷　　兰	Netherlands	39.03	34.15	34.18	35.42	34.66	34.80	
波　　兰	Poland		37.66	36.06	34.81	36.85	35.80	
俄罗斯联邦	Russian Fed.	28.80	17.72	19.24	15.70	23.13	20.29	
西 班 牙	Spain	41.27	47.50	45.67	52.45	57.91	50.74	
乌 克 兰	Ukraine	30.42	35.41	37.12	33.84	35.57	36.06	
英　　国	United Kingdom	19.68	21.79	21.29	21.02	22.90	22.35	
新 西 兰	New Zealand		0.18	0.15				

8-6 商品和服务税占财政收入比重
Goods and Services Tax as Percentage of Revenue

资料来源：世界银行WDI数据库。
Source: World Bank WDI Database.
单位：% (%)

国家和地区	Country or Area	2000	2005	2007	2008	2009	2010	2011
世　界	**World**		**31.70**	**31.73**	**31.73**	**31.78**	**32.39**	
中　国	China	65.10	79.04	33.90	55.03	58.89		
中国香港	Hong Kong, China		10.11	8.68	8.62	8.60	8.54	
中国澳门	Macao, China	66.81	76.44	77.11	83.72	82.48	88.65	
孟加拉国	Bangladesh		27.50	28.18	27.61	28.76		
柬埔寨	Cambodia		36.90	40.42	41.67	35.52	34.54	
印　度	India	28.92	30.75	24.89	26.25	22.72	23.30	
印度尼西亚	Indonesia		14.99	28.55	27.01	31.43	29.44	
伊　朗	Iran	6.59	2.39	1.88	1.63	2.86		
以色列	Israel	26.19	28.99	28.67	30.36	32.30	32.82	
日　本	Japan		31.37	29.37	26.92	32.73	34.44	
哈萨克斯坦	Kazakhstan	40.03	21.00	29.80	20.60	19.92	20.14	
韩　国	Korea, Rep.	28.24	28.32	25.35	25.57	25.87	26.73	
老　挝	Laos			44.52	42.95	45.77	41.88	
马来西亚	Malaysia	24.80	20.30	15.03	15.86	15.67	16.74	
蒙　古	Mongolia	36.02		20.43	25.27	30.16	28.54	
缅　甸	Myanmar	32.84	30.73					
巴基斯坦	Pakistan	30.30	34.07	29.71	33.31	31.78	30.95	34.68
菲律宾	Philippines	27.46	23.46	28.32	26.15	29.02	28.58	
新加坡	Singapore	18.04	23.41	23.26	21.74	26.21	26.20	
斯里兰卡	Sri Lanka	56.75	55.28	48.09	44.64			
泰　国	Thailand		40.11	39.76	36.86	38.25	40.22	
埃　及	Egypt		23.65	19.18	19.99	21.71	22.12	
尼日利亚	Nigeria		1.77	2.40	2.28			
南　非	South Africa	33.10	32.98	31.94	30.13	31.24	34.84	
加拿大	Canada	15.93	17.20	15.38	13.89	14.54	15.05	
墨西哥	Mexico	62.13						
美　国	United States		3.15	2.44	2.54	3.27	2.96	3.29
巴　西	Brazil	33.60	35.52	29.87	31.17	31.48	29.80	
委内瑞拉	Venezuela	24.92	24.94					
捷　克	Czech Rep.	34.32	26.73	26.77	25.76	27.35	28.12	
法　国	France	24.78	23.91	23.32	22.75	23.09	22.13	
德　国	Germany	20.49	22.49	23.68	23.62	24.45	24.73	
意大利	Italy	22.97	22.41	21.58	20.25	19.87	21.44	
荷　兰	Netherlands	25.79	28.08	27.42	26.23	26.66	27.00	
波　兰	Poland		37.34	38.60	39.12	37.44	39.52	
俄罗斯联邦	Russian Fed.	30.87	23.62	23.98	16.36	22.48	21.12	
西班牙	Spain	25.11	18.46	15.30	14.03	13.27	20.29	
土耳其	Turkey			42.17	48.65	50.90	50.82	
乌克兰	Ukraine	32.67	27.96	29.24	31.34	33.87	31.38	
英　国	United Kingdom	30.31	29.13	28.08	26.67	27.84	29.86	
澳大利亚	Australia	17.90	24.11	23.16	22.51	22.64	24.32	
新西兰	New Zealand		27.26	25.89	23.96	24.91	27.09	

8-7 所得税占财政收入比重

Income Tax as Percentage of Revenue

资料来源：世界银行WDI数据库。
Source: World Bank WDI Database.
单位：% (%)

国家和地区	Country or Area	2000	2005	2007	2008	2009	2010	2011
世　　界	**World**		**20.68**	**20.86**	**23.56**	**22.58**	**22.35**	
中　　国	China	8.08	24.33	16.60	25.76	24.56		
中国香港	Hong Kong, China		39.87	35.98	44.00	36.19	35.77	
中国澳门	Macao, China	8.58	4.42	7.27	5.26	4.86	3.89	
孟加拉国	Bangladesh		12.34	17.24	18.74	19.26		
柬 埔 寨	Cambodia		7.10	10.28	10.55	11.25	9.90	
印　　度	India	27.01	35.93	43.92	45.24	51.42	47.04	
印度尼西亚	Indonesia		48.84	34.17	33.91	36.80	36.48	
伊　　朗	Iran	13.45	12.72	12.86	15.53	19.35		
以 色 列	Israel	33.64	29.93	32.50	29.39	26.65	26.31	
日　　本	Japan		49.58	49.49	38.14	35.34	39.87	
哈萨克斯坦	Kazakhstan	23.59	51.27	34.65	28.24	23.98	23.56	
韩　　国	Korea, Rep.	26.28	28.88	31.47	30.62	28.38	28.12	
老　　挝	Laos			18.49	21.75	21.50	13.36	
马来西亚	Malaysia	43.37	46.66	45.94	48.12	46.03	45.59	
蒙　　古	Mongolia	11.82		14.76	36.53	20.61	27.12	
缅　　甸	Myanmar	19.47	25.22					
巴基斯坦	Pakistan	19.03	20.49	25.20	26.67	25.23	24.59	27.41
菲 律 宾	Philippines	39.72	39.64	40.75	41.12	38.76	40.50	
新 加 坡	Singapore	29.03	30.17	28.46	34.43	35.67	33.99	
斯里兰卡	Sri Lanka	12.69	12.74	18.01	18.43			
泰　　国	Thailand		32.82	37.06	38.97	37.84	33.22	
埃　　及	Egypt		23.75	28.46	26.95	27.81	25.26	
尼日利亚	Nigeria		0.09	0.01	0.59			
南　　非	South Africa	51.71	48.76	51.81	54.46	51.95	49.66	
加 拿 大	Canada	54.12	51.23	55.03	55.12	53.07	52.88	
墨 西 哥	Mexico	34.12						
美　　国	United States		55.12	57.27	53.15	47.29	50.33	55.73
巴　　西	Brazil	25.15	28.36	26.60	27.82	28.84	24.46	
委内瑞拉	Venezuela	26.67	21.46					
捷　　克	Czech Rep.	13.02	19.97	18.77	18.20	14.89	14.88	
法　　国	France	25.84	24.00	24.74	24.97	21.49	21.97	
德　　国	Germany	17.40	14.89	16.85	16.97	15.58	15.12	
意 大 利	Italy	34.83	32.80	34.84	34.74	32.46	32.77	
荷　　兰	Netherlands	25.35	26.06	26.90	25.39	26.18	26.05	
波　　兰	Poland		12.57	15.49	15.93	14.50	13.24	
俄罗斯联邦	Russian Fed.	11.52	5.73	6.02	4.69	1.38	2.16	
西 班 牙	Spain	26.74	29.12	33.73	27.94	24.19	22.89	
土 耳 其	Turkey			22.80	26.34	26.46	23.78	
乌 克 兰	Ukraine	12.34	15.39	13.49	13.66	10.05	10.56	
英　　国	United Kingdom	38.47	36.90	37.94	36.91	36.67	36.13	
澳大利亚	Australia	66.72	65.16	65.85	66.47	65.16	61.55	
新 西 兰	New Zealand		54.93	56.67	59.45	56.15	52.04	

8-8 中央政府财政盈余占GDP比重

Surplus of Central Government Revenue as Percentage of GDP

资料来源：世界银行WDI数据库。
Source: World Bank WDI Database.
单位：%　　(%)

国家和地区	Country or Area	2000	2005	2007	2008	2009	2010	2011
世　界	**World**		**-2.11**	**-1.06**	**-2.76**	**-7.06**	**-6.59**	
中　国	China		-1.39					
中国香港	Hong Kong, China		1.40	6.66	0.64	1.12	4.22	
中国澳门	Macao, China	1.64	8.57	16.72	17.73	13.54	19.39	
孟加拉国	Bangladesh		-1.12	-1.33	-0.96	-1.65		
柬埔寨	Cambodia		0.04	-0.80	-0.31	-2.33	-3.72	
印　度	India	-3.76	-3.18	-0.47	-4.87	-5.23	-3.77	
印度尼西亚	Indonesia		-0.13	-1.02	-0.33	-1.67	-0.56	
伊　朗	Iran	1.79	5.99	7.85	2.79	0.57		
以色列	Israel	-3.53	-4.53	-0.94	-3.02	-5.77	-4.02	
日　本	Japan		-4.06	-2.44	-2.95	-7.58	-6.73	
哈萨克斯坦	Kazakhstan	0.09	2.58	1.23	4.44	-1.95	-1.08	
韩　国	Korea, Rep.	4.38	0.91	2.32	1.64	0.02	1.65	
老　挝	Laos			-2.69	-2.17	-1.66	-0.84	
马来西亚	Malaysia	-4.12	-3.91	-3.29	-4.57	-6.43	-5.36	
蒙　古	Mongolia	0.18		7.14	-3.28	-4.09	3.05	
缅　甸	Myanmar		-1.49					
巴基斯坦	Pakistan	-4.09	-3.20	-4.17	-7.44	-4.76	-5.00	-6.47
菲律宾	Philippines	-3.66	-2.84	-1.41	-1.20	-3.76	-3.46	
新加坡	Singapore	11.24	6.49	11.33	8.32	1.78	7.87	
斯里兰卡	Sri Lanka	-8.40	-6.98	-6.52	-6.57			
泰　国	Thailand		2.50	0.13	0.50	-3.04	-0.62	
埃　及	Egypt		-6.45	-4.56	-6.36	-6.56	-7.73	
尼日利亚	Nigeria		2.54	-2.11	-1.66			
南　非	South Africa	-1.96	-0.19	1.08	-0.68	-5.07	-3.94	
加拿大	Canada	2.23	0.82	1.79	0.60	-1.42	-2.03	
墨西哥	Mexico	-1.17						
美　国	United States		-2.76	-2.23	-5.29	-10.41	-10.09	-8.77
巴　西	Brazil	-1.83	-3.59	-1.87	-1.21	-3.47	-1.67	
委内瑞拉	Venezuela	-1.24	2.18					
捷　克	Czech Rep.	-3.46	-3.57	-1.51	-1.43	-5.96	-4.76	
法　国	France	-1.62	-2.79	-2.34	-2.85	-7.26	-6.98	
德　国	Germany	1.37	-2.33	-0.33	-0.32	-2.24	-3.14	
意大利	Italy	-0.78	-3.65	-1.42	-2.29	-5.00	-4.04	
荷　兰	Netherlands	1.96	-0.11	0.37	0.95	-4.90	-4.19	
波　兰	Poland		-4.03	-1.88	-3.70	-6.11	-6.73	
俄罗斯联邦	Russian Fed.	2.47	9.88	6.19	5.62	-4.21	-1.91	
西班牙	Spain	-0.47	1.61	2.45	-2.33	-8.58	-5.22	
土耳其	Turkey			1.41	-1.94	-5.55	-2.24	
乌克兰	Ukraine	-0.59	-1.36	-0.89	-1.47	-5.60	-6.52	
英　国	United Kingdom	3.89	-3.06	-2.71	-4.74	-11.04	-10.06	
澳大利亚	Australia	2.01	1.25	1.62	1.90	-2.44	-4.07	
新西兰	New Zealand		4.40	3.08	3.20	-0.22	-2.71	

8-9 中央政府公共债务占GDP比重
Central Government Debt as Percentage of GDP

资料来源：世界银行WDI数据库。
Source: World Bank WDI Database.
单位：%　　(%)

国家和地区	Country or Area	2000	2005	2007	2008	2009	2010
中国香港	Hong Kong, China		32.25	30.77	30.43	33.98	36.23
印　度	India	54.28	61.20	56.48	56.11	54.45	47.33
印度尼西亚	Indonesia		47.34	35.17	33.07	28.37	26.05
日　本	Japan		144.31	144.08	153.08	167.21	174.98
哈萨克斯坦	Kazakhstan	21.62	7.05	5.32	6.33	9.51	10.19
马来西亚	Malaysia		43.77	41.54	41.27	53.30	53.15
蒙　古	Mongolia	78.42		43.51		59.51	44.98
菲律宾	Philippines	49.58					
新加坡	Singapore	85.41	96.77	78.74	105.07	120.68	106.99
斯里兰卡	Sri Lanka	96.90	90.61	84.99			
泰　国	Thailand		27.33	24.48	24.00	28.61	28.77
埃　及	Egypt			85.79	76.80	79.26	
尼日利亚	Nigeria		3.57	2.67	3.00		
南　非	South Africa	45.27					
加拿大	Canada	60.54	47.02	40.15	44.64	53.11	52.63
墨西哥	Mexico	23.22					
美　国	United States		47.34	46.82	55.48	67.88	76.84
巴　西	Brazil			57.39	56.63	60.00	52.21
捷　克	Czech Rep.	13.22	22.03	24.19	25.48	31.04	35.14
法　国	France	61.49	72.92	67.42	73.30	84.29	88.41
德　国	Germany	39.51	44.73	40.76	43.15	47.63	56.06
意大利	Italy	118.67	112.80	104.25	107.11	118.78	117.28
荷　兰	Netherlands	52.07	51.49	43.21	55.73	58.29	61.52
波　兰	Poland		46.91	42.84	44.64	48.07	
俄罗斯联邦	Russian Fed.		16.66	7.16	6.50	8.70	9.33
西班牙	Spain	58.96	38.46	30.09	34.21	46.70	48.33
土耳其	Turkey			44.35	44.49	51.45	50.75
乌克兰	Ukraine	45.29			13.83	24.88	29.88
英　国	United Kingdom	45.41	46.45	47.17	57.56	73.40	82.83
澳大利亚	Australia	29.47	22.44	20.18	18.17	24.06	29.51
新西兰	New Zealand		44.82	37.87	36.84	45.51	48.15

8-10 货币供应量

Money Supply

资料来源：世界银行WDI数据库。
Source: World Bank WDI Database.
单位：亿本币 (100 million local currency units)

国家和地区	Country or Area	2000	2005	2008	2009	2010	2011
中　　国	**China**						
广义货币	Money and Quasi Money	135960	283012	475167	610225	725852	851591
准货币	Quasi money (current LCU)	75550	176109	308949	388779	459230	561743
货币	Money	54541	106903	166217	221446	266622	289848
中国香港	**Hong Kong, China**						
广义货币	Money and Quasi Money	30012	35545	51157	53832	57807	63507
准货币	Quasi money (current LCU)	28166	32388	46804	47980	51418	56583
货币	Money	1846	3157	4353	5852	6389	6924
孟加拉国	**Bangladesh**						
广义货币	Money and Quasi Money	8204	20214	32134	38646	46796	54710
准货币	Quasi money (current LCU)	6039	16461	25729	31186	36895	44024
货币	Money	2165	3753	6405	7460	9901	10687
文　　莱	**Brunei Darussalam**						
广义货币	Money and Quasi Money	89	92	109	120	126	138
准货币	Quasi money (current LCU)	61	56	66	66		
货币	Money	28	36	44	54	38	42
柬 埔 寨	**Cambodia**						
广义货币	Money and Quasi Money	18305	49625	119023	161374	195747	203455
准货币	Quasi money (current LCU)	12909	20453	73555	105562		
货币	Money	5396	29172	45467	55812	61337	67460
印　　度	**India**						
广义货币	Money and Quasi Money	116934	238079	426646	503425	593045	688749
准货币	Quasi money (current LCU)	81975	165950	316344	373513	440634	525913
货币	Money	34959	72129	110302	129912	152412	162835
印度尼西亚	**Indonesia**						
广义货币	Money and Quasi Money	7488453	12027622	18958386	21413838	24712059	28772197
准货币	Quasi money (current LCU)	5879222	8511338	13262011	15011670	17266669	20009613
货币	Money	1609231	3516285	5696375	6402167	7445390	8762584
伊　　朗	**Iran**						
广义货币	Money and Quasi Money	2110536	6326379	11506977	14699937	8556095	
准货币	Quasi money (current LCU)	1088838	3717019	7106663	9892041	4765361	
货币	Money	1021698	2609360	4400314	4807896	3790734	
以 色 列	**Israel**						
广义货币	Money and Quasi Money	4389	5907	7577	8009	7128	8008
准货币	Quasi money (current LCU)	4078	5296	6622	6734	7128	8008
货币	Money	310	611	955	1275		
日　　本	**Japan**						
广义货币	Money and Quasi Money	12265221	10423045	10500832	10713335	10918949	11237699
准货币	Quasi money (current LCU)	9263392	5474170	5582994	5740825		
货币	Money	3001829	4948878	4918941	4982316	5139000	5417132
哈萨克斯坦	**Kazakhstan**						
广义货币	Money and Quasi Money	3970	20653	62672	74873	84828	97522
准货币	Quasi money (current LCU)	1609	11225	40498	43074		
货币	Money	2362	9428	22174	31799	37610	46899
韩　　国	**Korea, Rep.**						
广义货币	Money and Quasi Money	4130489	5668592	6884184	7724272	8872289	9664032
准货币	Quasi money (current LCU)	3660519	4895855	5962754	6670297	7730148	8424479
货币	Money	469970	772736	921429	1053975	1142141	1239553
老　　挝	**Laos**						
广义货币	Money and Quasi Money	22556	55603	115640	153114	213026	
准货币	Quasi money (current LCU)	19113	40014	78486	105209	149528	
货币	Money	3444	15589	37153	47905	63498	

8-10 续表 1 continued

单位：亿本币 (100 million local currency units)

国家和地区	Country or Area	2000	2005	2008	2009	2010	2011
马来西亚	**Malaysia**						
广义货币	Money and Quasi Money	4373	6793	9208	9921	10649	12205
准货币	Quasi money (current LCU)	3579	5407	7295	7782	8252	9476
货币	Money	794	1385	1913	2139	2398	2729
蒙　古	**Mongolia**						
广义货币	Money and Quasi Money	2588	11402	22701	28800	46800	64123
准货币	Quasi money (current LCU)	1281	6717	13395	18568	27562	38903
货币	Money	1308	4684	9305	10232	19238	25219
缅　甸	**Myanmar**						
广义货币	Money and Quasi Money	8034	26504	50368	65798	93763	122313
准货币	Quasi money (current LCU)	3437	6977	15967	23142		
货币	Money	4597	19318	33854	41992	55490	66887
巴基斯坦	**Pakistan**						
广义货币	Money and Quasi Money	14767	31970	46323	53160	61162	68524
准货币	Quasi money (current LCU)	6007	7271	13128	14569	15668	17838
货币	Money	8760	24699	33195	38591	45494	50686
菲律宾	**Philippines**						
广义货币	Money and Quasi Money	20652	30816	45885	49849	55281	58215
准货币	Quasi money (current LCU)	16747	24549	35042	37495	41503	42961
货币	Money	3905	6267	10843	12354	13777	15254
新加坡	**Singapore**						
广义货币	Money and Quasi Money	1709	2198	3334	3712	4031	4434
准货币	Quasi money (current LCU)	1376	1737	2577	2777	2906	3142
货币	Money	333	461	757	935	1125	1291
斯里兰卡	**Sri Lanka**						
广义货币	Money and Quasi Money	4834	10232	15240	18085	20945	24935
准货币	Quasi money (current LCU)	3649	7916	12455	14695	16842	20530
货币	Money	1185	2316	2786	3390	4103	4405
泰　国	**Thailand**						
广义货币	Money and Quasi Money	56381	78995	99068	105776	117343	135200
准货币	Quasi money (current LCU)	51426	70367	89031	94425	104740	121517
货币	Money	4955	8628	10037	11352	12603	13683
越　南	**Viet Nam**						
广义货币	Money and Quasi Money	1969944	6485737	15135439	19105869	24783102	27742811
准货币	Quasi money (current LCU)	1060054	4065718	10802259	13453739	18528589	20881613
货币	Money	909890	2420019	4333180	5652130	6254513	6861198
埃　及	**Egypt**						
广义货币	Money and Quasi Money	2610	5229	7914	8664	9740	10389
准货币	Quasi money (current LCU)	1988	4024	5910	6403		
货币	Money	622	1205	2003	2261	2575	2964
尼日利亚	**Nigeria**						
广义货币	Money and Quasi Money	10361	26129	89260	102107	111614	126772
准货币	Quasi money (current LCU)	3864	10895	42478	57080		
货币	Money	6497	15234	46782	45027	52200	61511
南　非	**South Africa**						
广义货币	Money and Quasi Money	4988	10978	19142	19479	20830	22553
准货币	Quasi money (current LCU)	2326	8038	14935	15248	16095	17421
货币	Money	2662	2940	4207	4231	4734	5132
加拿大	**Canada**						
广义货币	Money and Quasi Money	7865	20873	20198			
准货币	Quasi money (current LCU)	5652	15821	14048			
货币	Money	2213	5052	6150			

8-10 续表 2 continued

单位：亿本币 (100 million local currency units)

国家和地区	Country or Area	2000	2005	2008	2009	2010	2011
墨西哥	**Mexico**						
广义货币	Money and Quasi Money	14986	25436	32552	36303	40938	45020
准货币	Quasi money (current LCU)	10331	15174	17737	20142	22330	23842
货币	Money	4655	10262	14816	16161	18607	21178
美国	**United States**						
广义货币	Money and Quasi Money	70234	94117	124054	123166	120683	129876
准货币	Quasi money (current LCU)	58118	80067	109619	106455		
货币	Money	12115	14051	14435	16800	17267	23240
阿根廷	**Argentina**						
广义货币	Money and Quasi Money	905	1670	2701	3160	4206	5301
准货币	Quasi money (current LCU)	707	957	1584	1849	2478	3148
货币	Money	198	712	1117	1311	1728	2153
巴西	**Brazil**						
广义货币	Money and Quasi Money	5574	11721	19424	22497	25953	30811
准货币	Quasi money (current LCU)	4830	10279	17200	20008	23143	27967
货币	Money	744	1442	2224	2489	2810	2844
委内瑞拉	**Venezuela**						
广义货币	Money and Quasi Money	158	686	1952	2515	3218	4969
准货币	Quasi money (current LCU)	64	255	234	263	167	218
货币	Money	94	431	1718	2252	3052	4751
白俄罗斯	**Belarus**						
广义货币	Money and Quasi Money	16137	125706	309611	381071	502602	1111953
准货币	Quasi money (current LCU)	11053	57646	168405	232215	315454	760297
货币	Money	5084	68060	141206	148856	187148	351656
捷克	**Czech Rep.**						
广义货币	Money and Quasi Money	14456	18147	27034	27091	27600	28374
准货币	Quasi money (current LCU)	9466	6519	10284	9373	7382	6876
货币	Money	4990	11628	16750	17718	20217	21498
波兰	**Poland**						
广义货币	Money and Quasi Money	3022	4278	6679	7222	7852	8845
准货币	Quasi money (current LCU)	2197	2071	3180	3338	3360	4165
货币	Money	826	2206	3499	3883	4492	4680
俄罗斯联邦	**Russian Fed.**						
广义货币	Money and Quasi Money	15737	72134	162767	190958	237912	288149
准货币	Quasi money (current LCU)	6999	34002	91833	112256		
货币	Money	8692	38387	76534	83256	108599	128601
土耳其	**Turkey**						
广义货币	Money and Quasi Money	575	2626	4616	5204	6167	7104
准货币	Quasi money (current LCU)	502	1811	3570	3911	4590	5296
货币	Money	73	816	1046	1293	1577	1808
乌克兰	**Ukraine**						
广义货币	Money and Quasi Money	316	1941	5157	4873	5979	6855
准货币	Quasi money (current LCU)	108	856	2556	2121	2664	3226
货币	Money	208	1085	2601	2752	3315	3630
澳大利亚	**Australia**						
广义货币	Money and Quasi Money	4474	7307	12463	12522	13696	14785
准货币	Quasi money (current LCU)	3096	4618	8884	8793	9547	9937
货币	Money	1378	2688	3579	3729	4150	4847
新西兰	**New Zealand**						
广义货币	Money and Quasi Money	945	1283	1751	1740	1885	
准货币	Quasi money (current LCU)	789	922	1402	1391	1520	
货币	Money	157	361	349	349	365	

8-11 广义货币占国内生产总值比重

Money and Quasi Money (M2) as Percentage of GDP

资料来源：世界银行WDI数据库。
Source: World Bank WDI Database.
单位：% (%)

国家和地区	Country or Area	2000	2005	2007	2008	2009	2010	2011
中国	China	137.0	153.0	151.8	151.3	179.0	180.8	180.1
中国香港	Hong Kong, China	227.8	257.1	303.8	305.0	331.8	331.5	334.8
中国澳门	Macao, China	173.4	143.4	127.6	114.0	124.5	107.3	101.9
孟加拉国	Bangladesh	34.6	54.5	58.4	58.9	62.9	67.4	69.5
文莱	Brunei Darussalam	85.7	57.8	54.1	53.6	76.8	74.5	
柬埔寨	Cambodia	13.0	19.3	32.2	28.4	37.5	41.6	38.9
印度	India	53.9	64.5	71.0	75.8	78.0	77.3	77.8
印度尼西亚	Indonesia	53.9	43.4	41.8	38.3	38.2	38.4	38.7
伊朗	Iran	36.4	36.8	40.2	36.1	45.0		
以色列	Israel	86.2	98.3	99.9	104.7	104.5	87.7	92.1
日本	Japan	240.6	206.8	203.2	209.5	227.4	226.6	240.0
哈萨克斯坦	Kazakhstan	15.3	27.2	36.0	39.0	44.0	38.9	35.7
韩国	Korea, Rep.	68.5	65.5	60.9	67.1	72.5	75.6	78.1
老挝	Laos	16.5	19.1	24.1	24.3	30.8	35.9	
马来西亚	Malaysia	122.7	130.0	129.7	124.0	145.9	139.0	143.1
蒙古	Mongolia	21.1	37.5	48.4	34.6	43.7	55.6	59.2
缅甸	Myanmar	31.5						
巴基斯坦	Pakistan	38.6	49.2	50.5	45.2	41.8	41.2	37.9
菲律宾	Philippines	57.7	54.3	60.5	59.4	62.1	61.4	59.8
新加坡	Singapore	105.1	105.3	111.2	132.6	149.1	130.0	135.7
斯里兰卡	Sri Lanka	38.4	41.7	39.3	34.6	37.4	37.4	38.1
泰国	Thailand	114.5	111.4	106.4	109.1	117.0	116.1	128.3
越南	Viet Nam	44.6	77.3	109.6	101.9	115.2	125.1	109.4
埃及	Egypt	76.7	97.1	96.2	88.4	83.1	80.7	76.1
尼日利亚	Nigeria	22.2	17.7	28.0	36.4	40.7	37.7	34.9
南非	South Africa	54.1	69.9	82.7	84.6	81.2	78.3	76.1
加拿大	Canada	73.1	151.9	114.7	126.0			
墨西哥	Mexico	27.3	27.5	26.4	26.7	30.4	31.3	31.4
美国	United States	71.0	74.9	82.1	87.2	88.8	83.5	86.0
阿根廷	Argentina	31.8	31.4	30.8	26.2	27.6	29.2	28.8
巴西	Brazil	47.3	54.6	61.8	64.1	69.4	68.8	74.4
委内瑞拉	Venezuela	19.8	22.6	31.3	28.8	35.6	31.6	36.6
捷克	Czech Rep.	63.7	58.2	65.0	70.2	72.5	73.1	74.5
法国	France	101.0	118.0	133.2	140.2	145.9	150.1	158.9
德国	Germany	169.6	182.2	183.0	188.1	193.4	185.5	181.4
意大利	Italy	81.5	94.6	113.2	126.0	140.9	152.3	153.6
荷兰	Netherlands	138.2	184.3	194.8	198.5	223.0	225.2	231.6
波兰	Poland	40.6	43.5	47.8	52.4	53.7	55.4	58.0
俄罗斯联邦	Russian Fed.	21.5	33.4	42.8	39.4	49.2	52.7	52.8
西班牙	Spain	97.8	141.0	184.6	194.2	209.9	210.8	199.7
土耳其	Turkey	34.5	40.5	43.8	48.6	54.6	56.1	54.9
乌克兰	Ukraine	18.6	44.0	55.0	54.4	53.4	55.2	52.1
英国	United Kingdom	106.1	129.6	152.8	176.4	181.4	179.6	166.6
澳大利亚	Australia	67.4	78.9	100.0	105.1	99.8	106.6	106.3
新西兰	New Zealand	80.4	79.9	87.0	94.3	92.6	95.2	

8-12 广义货币增长率
Growth Rate of Money and Quasi Money

资料来源：世界银行WDI数据库。
Source: World Bank WDI Database.
单位：% (%)

国家和地区	Country or Area	2000	2005	2007	2008	2009	2010	2011
中　　国	China	12.3	16.7	16.7	17.8	28.4	18.9	17.3
中国香港	Hong Kong, China	9.3	3.5	18.8	4.2	5.2	7.4	9.9
中国澳门	Macao, China	-1.4	12.2	9.8	2.3	11.8	14.5	22.6
孟加拉国	Bangladesh	19.3	15.8	13.6	16.4	20.3	21.1	16.9
文　　莱	Brunei Darussalam	47.7	-4.5	6.7	9.6	9.7	4.8	10.0
柬 埔 寨	Cambodia	26.9	15.8	61.8	5.4	35.6	21.3	3.9
印　　度	India	15.2	15.6	22.3	20.5	18.0	17.8	16.1
印度尼西亚	Indonesia	16.6	16.3	19.3	14.9	13.0	15.4	16.4
伊　　朗	Iran	22.4	22.8	30.6	7.9	27.7	-41.8	
以 色 列	Israel	8.0	11.2	10.4	10.5	5.7	-11.0	12.3
日　　本	Japan	1.3	0.5	0.7	0.8	2.0	1.9	2.9
哈萨克斯坦	Kazakhstan	45.0	26.3	25.9	35.4	19.5	13.3	15.0
韩　　国	Korea, Rep.	25.4	3.1	0.3	15.9	12.2	14.9	8.9
老　　挝	Laos	46.0	7.9	38.7	18.3	32.4	39.1	
马来西亚	Malaysia	10.0	8.8	7.9	10.5	7.7	7.3	14.6
蒙　　古	Mongolia	17.6	34.6	56.3	-5.5	26.9	62.5	37.0
缅　　甸	Myanmar	42.4	27.3	29.9	14.9	30.6	42.5	30.4
巴基斯坦	Pakistan	12.1	17.2	19.7	5.7	14.8	15.1	12.0
菲 律 宾	Philippines	8.1	6.8	9.6	10.0	8.6	10.9	5.3
新 加 坡	Singapore	-2.0	6.2	13.4	12.0	11.3	8.6	10.0
斯里兰卡	Sri Lanka	12.9	19.0	16.5	8.4	18.7	15.8	19.1
泰　　国	Thailand	4.9	6.1	6.2	9.2	6.8	10.9	15.2
越　　南	Viet Nam	35.4	30.9	49.1	20.7	26.2	29.7	11.9
埃　　及	Egypt	11.6	11.5	19.1	10.5	9.5	12.4	6.7
尼日利亚	Nigeria	48.1	22.6	64.2	52.5	14.4	9.3	13.6
南　　非	South Africa	7.2	20.7	23.9	14.7	1.8	6.9	8.3
加 拿 大	Canada	6.6	9.8	-25.3	15.1			
墨 西 哥	Mexico	-4.5	10.0	10.1	8.9	11.5	12.8	10.0
美　　国	United States	8.1	8.2	11.7	8.2	-0.7	-2.0	7.6
阿 根 廷	Argentina	1.5	21.5	24.5	8.1	17.0	33.1	26.0
巴　　西	Brazil	19.7	19.2	18.4	18.0	15.8	15.4	18.7
委内瑞拉	Venezuela	33.7	52.4	28.8	26.0	28.8	28.0	54.4
捷　　克	Czech Rep.	16.0	11.0	16.1	13.6	0.2	1.9	2.8
法　　国	France	3.4	7.1	13.2	7.9	1.5	5.7	9.1
德　　国	Germany	3.6	4.0	5.4	4.7	-1.3	0.1	1.5
意 大 利	Italy	6.3	8.3	18.0	12.8	7.9	10.5	2.6
荷　　兰	Netherlands	11.5	15.4	9.8	5.9	7.9	4.0	5.2
波　　兰	Poland	11.6	15.1	13.1	18.7	8.1	8.7	12.6
俄罗斯联邦	Russian Fed.	58.4	36.4	40.6	14.3	17.3	24.6	21.1
西 班 牙	Spain	10.0	29.7	19.2	8.6	4.1	0.8	-3.3
土 耳 其	Turkey	40.7	35.8	15.2	24.9	12.7	18.5	15.2
乌 克 兰	Ukraine	44.5	54.4	51.7	30.2	-5.5	22.7	14.7
英　　国	United Kingdom	11.1	13.9	15.8	17.8	-0.1	4.0	-4.5
澳大利亚	Australia	3.7	8.6	29.9	14.2	0.5	9.4	7.9
新 西 兰	New Zealand	1.5	9.5	11.1	10.4	-0.6	8.4	

8-13 年平均存款利率和贷款利率

Annual Average Deposit Rate and Lending Rate

资料来源：世界银行WDI数据库。
Source: World Bank WDI Database.

单位：% (%)

国家和地区	Country or Area	存款利率 Deposit Interest Rate			贷款利率 Lending Interest Rate		
		2000	2005	2010	2000	2005	2010
中　　国	China	2.25	2.25	2.75	5.85	5.58	5.81
中国香港	Hong Kong, China	4.80	1.26	0.01	9.50	7.75	5.00
中国澳门	Macao, China	5.33	1.58	0.02	9.89	7.05	5.25
孟加拉国	Bangladesh	8.56	8.09	7.14	15.50	14.00	13.00
文　　莱	Brunei Darussalam		1.01	0.47	5.50	5.50	5.50
柬 埔 寨	Cambodia	6.83	1.92	1.26	17.34	17.33	
印　　度	India				12.29	10.75	8.33
印度尼西亚	Indonesia	12.50	8.08	7.02	18.45	14.05	13.25
伊　　朗	Iran		11.78	11.94		16.00	12.00
以 色 列	Israel	8.63	3.24	1.55	12.87	6.39	4.48
日　　本	Japan	0.07	0.27	0.50	2.07	1.68	1.60
韩　　国	Korea, Rep.	7.94	3.72	3.86	8.55	5.59	5.51
老　　挝	Laos	12.00	4.75	3.00	32.00	26.83	22.61
马来西亚	Malaysia	3.36	3.00	2.50	7.67	5.95	5.02
蒙　　古	Mongolia	16.80	13.00	11.86	36.95	30.57	20.07
缅　　甸	Myanmar	9.75	9.50	12.00	15.25	15.00	17.00
巴基斯坦	Pakistan		2.60	8.15		9.07	14.04
菲 律 宾	Philippines	8.31	5.56	3.22	10.91	10.19	7.67
新 加 坡	Singapore	1.71	0.44	0.21	5.83	5.30	5.38
斯里兰卡	Sri Lanka	9.17	5.64	6.90	16.16	10.76	10.22
泰　　国	Thailand	3.29	1.88	1.01	7.83	5.79	5.94
越　　南	Viet Nam	3.65	7.14	11.19	10.55	11.02	13.14
埃　　及	Egypt	9.46	7.23	6.23	13.22	13.14	11.01
尼日利亚	Nigeria	11.69	10.53	6.52	21.27	17.95	17.59
南　　非	South Africa	9.20	6.04	6.47	14.50	10.63	9.83
加 拿 大	Canada	3.48	0.79	0.05	7.27	4.42	2.60
墨 西 哥	Mexico	8.26	3.46	1.21	16.93	9.70	5.29
美　　国	United States				9.23	6.19	3.25
阿 根 廷	Argentina	8.34	3.76	9.17	11.09	6.16	10.56
巴　　西	Brazil	17.20	17.63	8.87	56.83	55.38	39.99
委内瑞拉	Venezuela	16.30	11.63	14.80	25.20	16.81	18.35
捷　　克	Czech Rep.	3.42	1.17	1.08	7.16	5.78	5.89
法　　国	France	2.63	2.15	1.46	6.70		
德　　国	Germany	3.40			9.63		
意 大 利	Italy	1.84			7.02	5.31	4.03
荷　　兰	Netherlands	2.89	2.34	2.35	4.79	2.77	1.75
波　　兰	Poland	14.17	2.79		20.01	6.83	
俄罗斯联邦	Russian Fed.	6.51	3.99	6.01	24.43	10.68	10.82
西 班 牙	Spain	2.95			5.18		
土 耳 其	Turkey	47.16	20.40	15.27			
乌 克 兰	Ukraine	13.72	8.57	10.56	41.53	16.17	15.87
英　　国	United Kingdom				5.98	4.65	0.50
澳大利亚	Australia	5.07	3.89	4.21	9.27	9.06	7.28
新 西 兰	New Zealand	6.36	6.68	4.58	7.82	7.76	6.26

8-14 银行不良贷款占全部贷款比重
Bank Non-performing Loans as Percentage of Total

资料来源：世界银行WDI数据库。
Source: World Bank WDI Database.
单位：%　　(%)

国家和地区	Country or Area	2000	2005	2008	2009	2010	2011
世　界	**World**	**9.5**	**3.5**	**3.0**	**4.2**	**4.0**	
中　国	China	22.4	8.6	2.4	1.6	1.1	1.1
中国香港	Hong Kong, China	7.3	1.4	1.2	1.6	0.8	0.7
孟加拉国	Bangladesh	34.9	13.2	11.2			
印　度	India	12.8	5.2	2.3	2.3	2.4	
印度尼西亚	Indonesia	34.4	7.4	3.2	3.3	2.6	2.9
以色列	Israel	6.9	2.3	1.5	1.4		
日　本	Japan	5.3	1.8	1.7	1.9	1.8	
哈萨克斯坦	Kazakhstan		3.3	5.1	21.2	23.8	26.3
韩　国	Korea, Rep.	8.9	1.2	1.1	1.2	1.9	
马来西亚	Malaysia	15.4	9.6	4.8	3.6	3.4	2.9
巴基斯坦	Pakistan	19.5	8.3	10.5	12.6	14.7	15.4
菲律宾	Philippines	24.0	10.0	4.5	4.1	3.8	
新加坡	Singapore	3.4	3.8	1.7	2.4	1.8	
斯里兰卡	Sri Lanka		9.6				
泰　国	Thailand	17.7	9.1	5.7	5.3	3.9	3.5
埃　及	Egypt	13.6	26.5	14.8	13.4	11.0	
尼日利亚	Nigeria	22.6	18.1	0.3	29.1	17.2	
南　非	South Africa		1.5	3.9	5.9	5.8	5.7
加拿大	Canada	1.3	0.5	0.8	1.3	1.2	1.1
墨西哥	Mexico	5.8	1.8	3.0	2.8	2.0	2.0
美　国	United States	1.1	0.7	3.0	5.4	4.9	4.7
阿根廷	Argentina	16.0	5.2	2.7	3.0	1.8	1.5
巴　西	Brazil	8.3	3.5	3.1	4.2	3.1	3.2
委内瑞拉	Venezuela	6.6	1.2	1.9	3.0	3.4	2.5
捷　克	Czech Rep.	29.3	3.9	3.2	5.2	6.2	5.6
法　国	France	5.0	3.5	2.8	3.6	4.2	
德　国	Germany	4.7	4.0	2.9	3.3		
意大利	Italy	7.8	5.3	4.9	7.0	7.8	
荷　兰	Netherlands	1.8	1.2	1.7	3.2	2.8	2.7
波　兰	Poland	15.5	11.0	4.5	8.0	8.8	8.4
俄罗斯联邦	Russian Fed.	7.7	2.6	3.8	9.5	8.2	8.0
西班牙	Spain	1.2	0.8	2.8	4.1	4.6	
土耳其	Turkey	9.2	5.0	3.8	5.6	3.8	3.1
乌克兰	Ukraine	29.6	19.6	3.9	13.7	15.3	15.4
英　国	United Kingdom	2.5	1.0	1.6	3.5	4.0	
澳大利亚	Australia	0.5	0.2	1.3	2.0	2.2	2.2

8-15 道琼斯世界股票指数①

Dow Jones World Stock Index by Country and Industry①

资料来源:《美国统计摘要》2012年。
Source: United States Statistical Abstract 2012.

国家和地区	Country or Area	2000	2009	2010	国家和地区	Country or Area	2000	2009	2010
世　界	**World**	**210.9**	**226.9**	**253.9**	**亚太地区**	**Asia/Pacific**	**93.0**	**123.0**	**142.5**
美　洲	**Americas**	**299.1**	**296.5**	**340.9**	澳大利亚	Australia	156.0	389.7	436.9
美　国	United States	306.9	276.6	316.6	中国香港	Hong Kong	245.6	420.8	479.6
加拿大	Canada	225.3	433.9	526.6	印度尼西亚	Indonesia	31.2	152.1	210.4
墨西哥	Mexico	132.2	495.9	626.8	日　本	Japan	88.3	80.6	91.8
欧　洲	**Europe**	**241.2**	**264.2**	**270.2**	马来西亚	Malaysia	88.5	186.9	254.0
奥地利	Austria	86.2	253.9	277.4	新西兰	New Zealand	96.7	173.9	181.9
比利时	Belgium	196.9	323.6	337.0	新加坡	Singapore	135.2	266.3	327.6
丹　麦	Denmark	220.1	435.1	556.0	泰　国	Thailand	27.2	97.2	152.1
芬　兰	Finland	1537.8	843.1	936.0	**按行业分**	**By Industry**			
法　国	France	252.9	286.0	269.0	基本原材料	Basic Materials	117.6	301.0	373.9
德　国	Germany	219.1	264.9	282.7	消费品	Consumer goods	183.8	272.2	318.4
爱尔兰	Ireland	312.3	216.9	189.9	消费性服务	Consumer services	192.8	200.4	238.5
意大利	Italy	192.2	166.0	135.1	油和天然气	Oil and Gas	230.7	444.0	485.9
荷　兰	Netherlands	335.7	281.7	279.8	金　融	Financials	207.1	173.7	182.0
挪　威	Norway	151.8	344.0	388.7	医疗保健	Health Care	329.9	320.0	328.1
西班牙	Spain	193.5	374.6	282.2	工　业	Industrials	167.1	188.4	228.8
瑞　典	Sweden	339.0	410.7	544.6	技　术	Technology	552.7	402.6	450.3
瑞　士	Switzerland	388.8	514.2	572.9	电　讯	Telecommunications	273.3	219.5	234.5
英　国	United Kingdom	199.8	198.1	211.7	公用事业	Utilities	156.0	198.3	195.1

注：①指数截止到12月31日，各国的股票指数以1991年12月31日=100。每股以美元计价。
Notes:①Index figures shown are as of December 31.Indices based on December 31,1991=100 for each countries.Based on share prices denominated in U.S.dollars.

8-16 上市公司数和上市公司总市值占国内生产总值比重
Listed Domestic Companies and Market Capitalization of Listed Companies as Percentage of GDP

资料来源：世界银行WDI数据库。
Source: World Bank WDI Database.

国家和地区	Country or Area	上市公司数（个） Listed Domestic Companies (number)			上市公司总市值占国内生产总值的比重（%） Market Capitalization of Listed Companies as Percentage of GDP(%)		
		2000	2005	2011	2000	2005	2011
世　界	**World**	**47751**	**50936**	**49553**	**101.3**	**96.6**	**66.3**
高收入国家	**High Income**	**25593**	**30477**	**30225**	**114.9**	**108.8**	**75.0**
中等收入国家	**Middle Income**	**21617**	**19918**	**18726**	**36.3**	**49.2**	**47.8**
中低收入国家	**Low and Middle Income**	**22158**	**20459**	**19328**	**35.9**	**48.7**	**47.6**
中　国	China	1086	1387	2342	48.5	34.6	46.3
中国香港	Hong Kong, China	779	1020	1472	368.6	390.1	365.1
孟加拉国	Bangladesh	221	262	216	2.5	5.0	21.3
印　度	India	5937	4763	5112	31.2	66.3	55.0
印度尼西亚	Indonesia	290	335	440	16.3	28.5	46.1
伊　朗	Iran	304	420	347	7.3	20.2	
以色列	Israel	654	572	576	51.3	89.7	59.7
日　本	Japan	2561	3279	3961	66.7	103.6	60.4
哈萨克斯坦	Kazakhstan	23	62	63	7.3	18.4	23.3
韩　国	Korea, Rep.	1308	1620	1792	32.2	85.0	89.1
马来西亚	Malaysia	795	1020	941	124.7	131.4	141.8
蒙　古	Mongolia	410	392	332	3.3	1.8	18.5
巴基斯坦	Pakistan	762	661	638	8.9	41.9	15.5
菲律宾	Philippines	228	235	251	32.0	39.0	73.6
新加坡	Singapore	418	685	462	159.3	256.4	128.6
斯里兰卡	Sri Lanka	239	239	253	6.6	23.4	32.9
泰　国	Thailand	381	504	545	24.0	70.8	77.7
越　南	Viet Nam		33	301		0.9	14.8
埃　及	Egypt	1076	744	231	28.8	88.8	21.2
尼日利亚	Nigeria	195	214	196	9.2	17.2	16.7
南　非	South Africa	616	388	355	154.2	228.9	209.6
加拿大	Canada	1418	3721	3932	116.1	130.6	109.8
墨西哥	Mexico	179	151	128	21.5	28.2	35.4
美　国	United States	7524	5143	4171	152.6	135.1	103.6
阿根廷	Argentina	127	101	99	58.4	33.6	9.8
巴　西	Brazil	459	381	366	35.1	53.8	49.6
委内瑞拉	Venezuela	85	50	36	6.9	3.5	1.6
捷　克	Czech Rep.	131	36	15	18.7	29.5	17.8
法　国	France	808	885	893	109.1	82.3	56.6
德　国	Germany	1022	648	670	67.3	44.2	33.2
意大利	Italy	291	275	287	69.6	44.7	19.7
荷　兰	Netherlands	234	237	108	166.3	92.9	71.1
波　兰	Poland	225	248	757	18.3	30.9	26.9
俄罗斯联邦	Russian Fed.	249	296	327	15.0	71.8	42.9
西班牙	Spain	1019	3300	3241	86.9	84.9	69.2
土耳其	Turkey	315	302	362	26.1	33.5	26.1
乌克兰	Ukraine	139	221	195	6.0	29.0	15.5
英　国	United Kingdom	1904	2759	2001	174.5	134.1	49.4
澳大利亚	Australia	1330	1643	1922	89.4	115.5	87.4
新西兰	New Zealand	142	154	144	36.6	38.4	

8-17 股票交易额占国内生产总值的比重及股票交易周转率

Stocks Traded Value as Percentage of GDP and Turnover Ratio of Stocks Traded

资料来源：世界银行WDI数据库。
Source: World Bank WDI Database.
单位：%　　(%)

国家和地区	Country or Area	股票交易额占国内生产总值的比重 Stocks Traded Value as Percentage of GDP			股票交易周转率 Stocks Traded Turnover Ratio		
		2000	2005	2011	2000	2005	2011
世　界	**World**	**150.9**	**105.6**	**98.0**	**140.2**	**116.3**	**133.4**
高收入国家	**High Income**	**174.9**	**126.3**	**117.4**	**143.0**	**122.4**	**143.0**
中低收入国家	**Low and Middle Income**	**33.8**	**24.6**	**56.4**	**93.5**	**58.3**	**102.8**
低收入国家	**Low Income**				**21.1**	**15.3**	**48.6**
中　国	China	60.2	26.0	104.8	158.3	82.6	188.2
中国香港	Hong Kong, China	223.4	165.4	636.8	61.3	43.3	157.6
孟加拉国	Bangladesh	1.6	1.7	16.4	74.8	31.5	92.6
印　度	India	107.4	52.0	40.1	306.5	92.2	56.3
印度尼西亚	Indonesia	8.7	14.7	16.5	31.5	54.2	37.2
伊　朗	Iran	1.1	4.3		7.4	19.1	20.7
以色列	Israel	18.7	44.7	48.3	36.6	55.6	64.7
日　本	Japan	56.9	109.3	70.9	69.9	118.8	108.9
哈萨克斯坦	Kazakhstan	0.5	1.9	0.6	4.9	14.9	2.1
韩　国	Korea, Rep.	200.2	142.4	182.1	376.6	209.8	195.1
马来西亚	Malaysia	62.4	36.2	46.3	44.6	26.9	32.0
蒙　古	Mongolia	0.7	0.1	0.5	23.2	6.1	3.4
巴基斯坦	Pakistan	44.6	128.7	4.8	486.8	376.3	28.6
菲律宾	Philippines	10.1	6.7	14.6	24.1	20.1	20.4
新加坡	Singapore	95.4	97.0	105.9	52.1	40.4	74.8
斯里兰卡	Sri Lanka	0.9	4.7	8.4	10.9	24.3	25.1
泰　国	Thailand	19.0	50.6	67.3	53.0	73.9	85.1
越　南	Viet Nam		0.2	4.6		24.8	29.6
埃　及	Egypt	11.1	28.3	9.6	36.1	43.0	33.5
尼日利亚	Nigeria	0.6	1.7	1.8	7.3	11.5	9.2
南　非	South Africa	58.3	81.2	91.2	33.2	39.3	39.8
加拿大	Canada	87.6	74.5	87.6	77.3	63.6	74.8
墨西哥	Mexico	7.8	6.2	9.7	32.5	25.7	26.0
美　国	United States	321.9	171.2	203.7	200.8	129.2	187.6
阿根廷	Argentina	2.1	9.0	0.6	4.8	30.4	4.8
巴　西	Brazil	15.7	17.5	38.8	44.6	38.3	69.3
委内瑞拉	Venezuela	0.6	0.2	0.0	8.8	4.5	0.9
捷　克	Czech Rep.	11.2	31.6	7.2	57.7	118.6	38.0
法　国	France	81.7	71.4	53.2	74.1	92.0	84.4
德　国	Germany	56.7	63.7	49.2	79.1	146.0	134.5
意大利	Italy	70.5	62.4	40.4	104.0	140.5	236.8
荷　兰	Netherlands	175.9	130.9	66.3	101.4	147.7	88.3
波　兰	Poland	8.5	9.9	18.6	48.1	36.3	58.4
俄罗斯联邦	Russian Fed.	7.8	20.9	61.7	36.6	39.0	127.3
西班牙	Spain	169.9	137.7	95.2	210.7	163.9	128.9
土耳其	Turkey	67.2	41.7	53.5	196.5	154.9	162.7
乌克兰	Ukraine	0.9	0.8	2.8	19.2	3.6	14.1
英　国	United Kingdom	124.2	182.7	122.2	66.6	141.9	137.9
澳大利亚	Australia	54.3	88.5	90.9	56.6	78.0	94.0
新西兰	New Zealand	20.9	15.4		45.9	40.0	39.6

8-18 银行资本充足率

Bank Capital to Assets Ratio

资料来源：世界银行WDI数据库。
Source: World Bank WDI Database.
单位：% (%)

国家和地区	Country or Area	2000	2005	2008	2009	2010	2011
中　国	China		4.4	6.0	5.6	6.1	6.1
中国香港	Hong Kong, China	9.0	13.3	11.2	12.9	12.3	12.2
孟加拉国	Bangladesh	3.5	4.7	6.5			
印　度	India	5.7	6.4	7.3	7.0	7.1	
印度尼西亚	Indonesia	6.0	9.8	9.7	10.7	11.4	
以色列	Israel	7.3	5.6	5.7	6.4	6.8	6.6
日　本	Japan	4.6	4.9	3.6	4.7	4.8	
哈萨克斯坦	Kazakhstan	13.6	13.0	12.2	-8.5	10.9	11.3
韩　国	Korea, Rep.	4.6	9.3	6.3	7.3	7.6	8.0
马来西亚	Malaysia	8.5	7.7	8.1	9.0	9.1	8.9
巴基斯坦	Pakistan	4.9	7.9	10.0	10.1	9.8	9.7
菲律宾	Philippines	13.6	12.0	10.6	11.1	11.7	
新加坡	Singapore	10.0	9.6	8.3	9.9	9.6	
泰　国	Thailand	7.5	8.9	10.1	11.0	11.3	10.5
埃　及	Egypt	5.6	6.1	5.6	5.5	6.2	6.3
尼日利亚	Nigeria	7.4	12.4	18.5	15.2	3.2	
南　非	South Africa	8.7	7.9	5.7	6.7	7.0	7.4
加拿大	Canada	4.7	5.6	3.5	4.5	4.7	4.6
墨西哥	Mexico	9.6	12.5	9.2	10.7	10.4	10.1
美　国	United States	8.5	10.3	9.3	10.9	11.1	11.3
阿根廷	Argentina		12.9	12.9	13.3	11.9	11.2
巴　西	Brazil	12.1	9.8	10.7	11.4	11.1	11.3
委内瑞拉	Venezuela	13.0	11.6	9.4	8.6	9.9	10.2
捷　克	Czech Rep.	5.4	5.4	5.5	6.1	6.5	6.8
法　国	France	6.7	4.4	4.2	4.6	4.4	
德　国	Germany	4.2	4.1	4.5	4.8	4.3	4.6
意大利	Italy	7.0	7.6	7.6	8.0	9.3	
荷　兰	Netherlands	5.1	3.1	3.2	4.3	4.4	4.5
波　兰	Poland	7.1	7.9	7.9	9.0	9.1	
俄罗斯联邦	Russian Fed.	12.1	12.8	13.6	15.7	14.0	
西班牙	Spain	8.5	6.8	5.9	6.4	6.2	
土耳其	Turkey	6.1	13.4	11.8	13.3	13.4	12.3
乌克兰	Ukraine	16.2	12.4	12.9	13.1	14.6	14.5
英　国	United Kingdom	6.5	6.1	4.4	5.4	5.4	
澳大利亚	Australia	6.9	5.2	5.4	5.7	5.7	5.7

8-19 银行部门国内信贷占国内生产总值比重

Domestic Credit Provided by Banking Sector As Percentage of GDP

资料来源：世界银行WDI数据库。
Source: World Bank WDI Database.
单位：% (%)

国家和地区	Country or Area	2000	2005	2008	2009	2010	2011
中　国	China	119.67	134.30	120.80	145.08	146.28	145.49
中国香港	Hong Kong, China	136.00	142.75	124.57	167.79	199.00	211.18
中国澳门	Macao, China	41.96	2.43	-8.24	-16.54	-21.23	-28.12
孟加拉国	Bangladesh	34.18	54.91	59.38	60.38	65.94	71.27
文　莱	Brunei Darussalam	38.59	10.38	9.27	32.22	25.11	
柬埔寨	Cambodia	6.42	7.22	16.23	19.14	22.74	24.07
印　度	India	51.39	58.36	67.67	70.37	72.98	75.12
印度尼西亚	Indonesia	60.68	46.21	36.77	36.97	36.46	38.54
伊　朗	Iran	36.39	34.94	33.19	37.21		
以色列	Israel	76.48	78.16	90.35	85.95		
日　本	Japan	304.74	317.65	302.40	329.84	328.96	340.93
哈萨克斯坦	Kazakhstan	12.35	24.74	54.16	54.60	45.41	40.69
韩　国	Korea, Rep.	74.70	88.34	109.39	109.37	103.14	102.27
老　挝	Laos	9.02	8.06	10.54	20.84	26.49	
马来西亚	Malaysia	138.37	122.42	114.95	137.40	132.22	132.06
蒙　古	Mongolia	8.95	26.65	31.58	29.61	29.91	41.25
巴基斯坦	Pakistan	41.60	46.48	53.21	48.44	46.28	43.21
菲律宾	Philippines	58.34	47.25	47.44	48.72	49.23	51.84
新加坡	Singapore	77.89	62.13	82.28	97.16	83.96	93.59
斯里兰卡	Sri Lanka	43.75	43.63	42.84	39.56	40.48	46.19
泰　国	Thailand	138.27	119.18	130.50	137.01	135.48	150.78
越　南	Viet Nam	35.15	71.22	94.53	123.01	135.79	120.86
埃　及	Egypt	89.01	98.02	77.70	75.11	69.42	74.90
尼日利亚	Nigeria	10.09	8.60	26.73	36.89	35.70	38.95
南　非	South Africa	152.46	178.49	173.81	184.22	182.44	167.03
加拿大	Canada	113.72	202.70	177.65			
墨西哥	Mexico	34.10	32.05	37.24	43.71	45.06	45.48
美　国	United States	198.41	225.44	222.04	234.87	232.85	233.28
阿根廷	Argentina	34.45	38.26	24.45	27.96	29.18	31.31
巴　西	Brazil	71.86	74.48	96.90	95.85	95.22	98.31
委内瑞拉	Venezuela	14.91	12.64	20.18	25.90	22.51	29.33
捷　克	Czech Rep.	47.65	41.65	55.58	60.55	62.87	68.00
法　国	France	103.51	109.01	124.35	128.79	132.71	133.47
德　国	Germany	146.49	137.16	126.63	133.09	131.97	125.89
意大利	Italy	95.84	107.43	132.01	141.58	155.41	156.93
荷　兰	Netherlands	147.83	176.64	195.99	224.07	212.12	211.08
波　兰	Poland	34.44	37.42	59.94	61.42	63.53	66.21
俄罗斯联邦	Russian Fed.	24.93	22.12	23.95	33.72	38.39	39.58
西班牙	Spain	115.25	159.21	214.48	229.12	233.89	228.75
土耳其	Turkey	37.91	45.63	52.54	63.02	69.63	69.43
乌克兰	Ukraine	23.82	33.24	82.11	88.59	79.49	73.41
英　国	United Kingdom	130.15	161.88	213.47	229.23	222.61	213.83
澳大利亚	Australia	92.99	113.58	143.26	143.73	147.57	145.86
新西兰	New Zealand	110.12	128.21	153.33	154.17	154.78	

主要统计指标解释

中央政府 是全国范围内代表中央政府行使领土管辖权的所有单位。

收入 指由于交易导致的净值增加。政府部门有以下四个收入来源：（1）税收和其他由政府强制实施的转让；（2）来自所有权资产的财产收入；（3）商品和服务的销售收入；（4）来自其他部门的自愿转让。

捐赠 从其他政府和国际组织得到的无报酬的、无须偿还的非强制性的收入。

支出 指由于交易导致的净值减少。政府承担以下两方面的经济责任：(1)以非市场方式把部分商品和服务提供给公众；（2）通过转移支付手段重新分配收入和财富。

货币供应量 货币(Money)由流通中现金和除中央政府以外的常住机构活期存款构成；准货币(Quasi-Money)指除中央政府以外的外汇现汇与期汇存款和外汇现汇储蓄与期汇存款之和，即由常住居民的现汇、储蓄、与外汇存款构成。货币(Money)通称为 M_1，而货币和准货币之和通称为广义货币，相当于 M_2。

上市公司总市值 所有上市股价 × 总股数。

上市公司 是指年末在股票交易所的国内上市公司。不包括投资公司、共同基金或其它集体投资工具。

股票交易额 是指在一定时期内股票交易总额。

股票交易周转率 是指一定时期内股票交易总额除以该时期上市公司平均市值。

资本充足率 是指银行资本和储备占总资产的比率。资本和储备包括股东投放的资金、未分配利润、一般和特殊储备、准备金、价值调整。资本包括缴款股票和一般股票等一级资本，以及监管资本。总资产包括所有金融资产和非金融资产。

银行部门国内信贷 是指除发放给中央政府外的其他部门的净贷款之和。银行机构包括货币当局、存款货币银行和其他银行业机构。其他银行业机构包括存款和抵押贷款机构、建房信用协会等。

Explanatory Notes on Main Statistical Indicators

Central Government includes all units representing the territorial jurisdiction of the central authority throughout a country.

Revenue is an increase in net worth resulting from a transaction. For general government units, there are four main sources of revenue: taxes and other compulsory transfers imposed by government units, property income derived from the ownership of assets, sales of goods and services, and voluntary transfers received from other units.

Grants are defined as unrequited, nonrepayable, noncompulsory receipts from other governments or international organizations.

Expenditure is a decrease in net worth resulting from a transaction. Governments have two broad economic responsibilities: to assume responsibility for the provision of selected goods and services to the community on a nonmarket basis and to redistribute income and wealth by means of transfer payments.

Money Supply equals the sum of currency outside deposit money banks and demand deposits other than those of the central government. Quasi-Money equals the sum of time & foreign currency outside banks and time, savings & foreign currency deposit, comprising time, savings, and foreign currency deposits of resident sectors other than central government. The data of Money is commonly called M_1,while the sum of Money and Quasi-Money gives a broader measure of money which is commonly called M_2.

Market Capitalization is the share price times the number of shares outstanding.

Listed Domestic Companies are the domestically incorporated companies listed on the country's stock exchanges at the end of the year. This indicator does not include investment companies, mutual funds, or other collective investment vehicles.

Stocks Traded refers to the total value of shares traded during the period.

Turnover Ratio is the total value of shares traded during the period divided by the average market capitalization for the period.

Bank capital to assets is the ratio of bank capital and reserves to total assets. Capital and reserves include funds contributed by owners, retained earnings, general and special reserves, provisions, and valuation adjustments. Capital includes tier 1 capital (paid-up shares and common stock), and total regulatory capital. Total assets include all nonfinancial and financial assets.

Domestic credit provided by the banking sector includes all credit to various sectors on a gross basis, with the exception of credit to the central government, which is net. The banking sector includes monetary authorities and deposit money banks, as well as other banking institutions where data are available. Other banking institutions include savings and mortgage loan institutions and building and loan associations.

价格指数

Price Indices

9-1 国内生产总值缩减指数

Gross Domestic Product Deflator

资料来源：国际货币基金组织IFS数据库。
Source: IMF IFS Database.

2005年=100 (2005=100)

国家和地区	Country or Area	2000	2007	2008	2009	2010	2011
中　　国	China	84.7	111.4	119.6	118.6	126.3	135.7
中国香港	Hong Kong, China	116.7	102.6	104.1	103.5	103.7	107.6
中国澳门	Macao, China	95.0	117.4	130.1	130.9	137.0	146.5
孟加拉国	Bangladesh	83.3	112.3	122.2	130.2	138.6	149.0
文　　莱	Brunei Darussalam	52.1	111.3	125.4	97.7	102.9	122.8
柬 埔 寨	Cambodia	84.9	111.5	125.1	128.3	129.2	
印　　度	India	78.8	112.8	122.4	129.7	140.6	151.8
印度尼西亚	Indonesia	63.1	126.9	150.0	162.4	175.6	190.3
伊　　朗	Iran	42.6	137.9	161.3	165.4	189.1	
以 色 列	Israel	94.0	101.7	103.3	108.3	109.6	112.2
日　　本	Japan	107.4	98.0	96.8	96.3	94.2	92.2
哈萨克斯坦	Kazakhstan	55.4	136.9	170.6	170.0		
韩　　国	Korea, Rep.	86.8	101.9	104.9	108.5	112.4	114.4
老　　挝	Laos	60.8	110.6	118.0	112.7	117.9	125.9
马来西亚	Malaysia	82.7	109.1	120.4	113.2	117.8	124.2
蒙　　古	Mongolia	58.1	138.5	167.5	167.8	203.2	223.3
巴基斯坦	Pakistan	75.1	118.9	138.2	165.8	185.6	220.7
菲 律 宾	Philippines	78.9	108.2	116.4	119.6	124.6	129.9
新 加 坡	Singapore	98.4	108.3	106.9	108.5	108.5	109.1
斯里兰卡	Sri Lanka	62.3	126.9	147.6	156.3	167.7	180.9
泰　　国	Thailand	88.5	108.4	112.6	114.7	118.9	124.0
越　　南	Viet Nam	75.6	116.1	141.8	150.4	168.2	203.3
埃　　及	Egypt	75.7	120.9	135.6	150.8	166.0	
南　　非	South Africa	70.8	115.1	125.4	134.3	145.2	156.4
加 拿 大	Canada	89.1	106.5	110.7	108.5	111.6	115.5
墨 西 哥	Mexico	65.4	112.8	119.9	124.8	129.7	137.4
美　　国	United States	88.7	106.2	108.6	109.5	111.0	113.4
阿 根 廷	Argentina	59.0	129.6	154.8	169.7	195.8	229.6
巴　　西	Brazil	63.0	112.4	121.7	130.5	141.2	151.1
委内瑞拉	Venezuela	29.7	136.1	177.1	191.0	278.8	357.3
捷　　克	Czech Rep.	88.2	104.5	111.0	113.2	111.3	110.4
法　　国	France	90.8	104.8	107.5	108.2	109.4	110.8
德　　国	Germany	94.8	101.9	102.7	103.9	104.6	105.4
意 大 利	Italy	87.6	104.1	106.8	109.0	109.3	110.8
荷　　兰	Netherlands	86.9	103.6	105.8	105.8	106.8	108.0
波　　兰	Poland	88.1	105.5	108.8	112.8	114.4	118.0
俄罗斯联邦	Russian Fed.	45.5	128.8	156.0	159.6	178.8	206.6
西 班 牙	Spain	81.3	107.5	110.1	110.2	110.4	111.1
土 耳 其	Turkey	32.1	116.1	130.1	137.0	144.7	157.2
乌 克 兰	Ukraine		141.2	181.6	205.2	233.6	270.1
英　　国	United Kingdom	89.4	105.2	108.4	109.8	112.8	115.8
澳大利亚	Australia	84.5	109.5	116.7	117.1	123.3	128.6
新 西 兰	New Zealand	88.3	108.2	111.1	111.7	116.8	119.2

9-2 生产者价格指数

Producer Price Indices

资料来源：联合国统计月报数据库。
Source: UN Monthly Bulletin of Statistics Database.

2005年=100 (2005=100)

国家和地区	Country or Area	2007	2008	2009	2010	2011
中国香港	**Hong Kong, China**					
工业产品价格指数	Industrial Products	105.3	111.1	109.2	115.8	
孟加拉国	**Bangladesh**					
按生产阶段分	by Stage of Processing					
中间产品价格指数	Intermediate Products			218.5	218.3	
按最终用途分	by End-Use					
消费品价格指数	Consumers' Goods			294.3	296.8	
投资用品价格指数	Capital Goods			269.3	280.8	
印　度	**India**					
按供给组成分	by Components of Supply					
国内供应价格指数	Domestic Supply	111.1	120.8	123.7	135.5	148.4
农业产品价格指数	Agricultural Products	118.8	127.4	143.6	169.0	184.3
工业产品价格指数	Industrial Products	109.7	117.3	119.2	125.7	134.9
按生产阶段分	by Stage of Processing					
原材料价格指数	Raw Materials	119.0	131.6	144.2	171.8	192.5
伊　朗	**Iran**					
按供给组成分	by Components of Supply					
国内供应价格指数	Domestic Supply	125.5	168.6	181.1	211.2	
农业产品价格指数	Agricultural Products	130.5	179.5	200.7	225.5	
工业产品价格指数	Industrial Products	123.5	166.7	171.7	209.5	
按生产阶段分	by Stage of Processing					
原材料价格指数	Raw Materials	132.1				
以色列	**Israel**					
按供给组成分	by Components of Supply					
工业产品价格指数	Industrial Products	108.3		115.0	116.3	125.4
日　本①	**Japan①**					
按供给组成分	by Components of Supply					
国内供应价格指数	Domestic Supply	107.4	113.2	102.3	100.0	107.2
国内生产价格指数	Domestic Production	104.0	108.7	103.0	100.0	105.0
农业产品价格指数	Agricultural Products	97.4	98.7	96.1	100.0	96.0
工业产品价格指数	Industrial Products	103.8	108.4	102.8	100.0	104.7
进口产品价格指数	Import Products	122.4	133.0	99.3	100.0	116.9
按生产阶段分	by Stage of Processing					
原材料价格指数	Raw Materials	132.6	165.2	110.4	100.0	151.1
中间产品价格指数	Intermediate Products	109.7	115.7	105.6	100.0	109.7
按最终用途分	by End-Use					
消费品价格指数	Consumers' Goods	100.0	100.9	96.8	100.0	96.6
投资用品价格指数	Capital Goods	98.9	98.0	95.9	100.0	93.1

9-2 续表 1 continued

2005年=100 (2005=100)

国家和地区	Country or Area	2007	2008	2009	2010	2011
韩　　国	**Korea, Rep.**					
按供给组成分	by Components of Supply					
国内供应价格指数	Domestic Supply	102.3	111.1	110.9	115.1	
国内生产价格指数	Domestic Production		111.1	110.9	115.1	122.1
农业产品价格指数	Agricultural Products	100.1	101.0	107.1	118.1	127.6
工业产品价格指数	Industrial Products	99.8	113.0	111.2	115.9	124.8
按生产阶段分	by Stage of Processing					
原材料价格指数	Raw Materials	120.1	179.2	152.9	177.5	221.2
中间产品价格指数	Intermediate Products	102.1	120.8	118.8	123.7	134.0
按最终用途分	by End-Use					
消费品价格指数	Consumers' Goods	99.6	105.4	108.3	112.5	118.3
投资用品价格指数	Capital Goods	96.6	105.9	115.0	111.6	113.9
马来西亚	**Malaysia**					
按供给组成分	by Components of Supply					
国内供应价格指数	Domestic Supply	108.8	119.9	111.1	117.3	127.8
国内生产价格指数	Domestic Production	111.2	125.8	112.2	120.9	135.4
进口产品价格指数	Import Products	104.0	108.2	108.8	110.2	112.8
巴基斯坦	**Pakistan**					
按供给组成分	by Components of Supply					
国内供应价格指数	Domestic Supply	117.4	147.2	100.0	119.2	
农业产品价格指数	Agricultural Products	119.7	152.6	100.0	127.5	
工业产品价格指数	Industrial Products	106.9	119.8	124.8	151.3	
按生产阶段分	by Stage of Processing					
原材料价格指数	Raw Materials	128.1	148.5	170.9	262.4	
菲 律 宾	**Philippines**					
按供给组成分	by Components of Supply					
国内供应价格指数	Domestic Supply	108.6	125.0	119.8	126.9	137.9
工业产品价格指数	Industrial Products		113.0	111.5	105.9	106.9
按生产阶段分	by Stage of Processing					
新 加 坡	**Singapore**					
按供给组成分	by Components of Supply					
国内供应价格指数	Domestic Supply	105.5	113.1	97.5	102.1	110.7
国内生产价格指数	Domestic Production	101.2	104.2	90.7	91.8	96.7
进口产品价格指数	Import Products	101.3	103.9	95.7	96.4	101.0
泰　　国	**Thailand**					
按供给组成分	by Components of Supply					
国内供应价格指数	Domestic Supply	110.5	124.2	119.5	130.7	137.9
国内生产价格指数	Domestic Production					
农业产品价格指数	Agricultural Products	134.2	162.0	171.3	209.2	204.0
工业产品价格指数	Industrial Products	106.8	118.8	112.1	119.4	128.5
进口产品价格指数	Import Products					
按生产阶段分	by Stage of Processing					
原材料价格指数	Raw Materials	111.9	129.6	120.5	141.7	159.2
中间产品价格指数	Intermediate Products	108.2	125.2	106.9	119.0	
按最终用途分	by End-Use					
消费品价格指数	Consumers' Goods	125.7	149.8	165.3	185.8	176.0
投资用品价格指数	Capital Goods	100.5	101.1	101.6	102.2	103.7

9-2 续表 2 continued

2005年=100 (2005=100)

国家和地区	Country or Area	2007	2008	2009	2010	2011
越　　南	**Viet Nam**					
按供给组成分	by Components of Supply					
农业产品价格指数	Agricultural Products	118.3	165.1			
工业产品价格指数	Industrial Products	111.4	135.7			
进口产品价格指数	Import Products	109.1	128.9			
埃　　及	**Egypt**					
按供给组成分	by Components of Supply					
国内生产价格指数	Domestic Production			148.7	156.1	180.9
农业产品价格指数	Agricultural Products			185.2	202.1	244.6
按生产阶段分	by Stage of Processing					
原材料价格指数	Raw Materials			144.5	152.4	202.3
中间产品价格指数	Intermediate Products			135.7	129.7	141.5
按最终用途分	by End-Use					
消费品价格指数	Consumers' Goods			106.3	110.2	111.2
投资用品价格指数	Capital Goods			136.3	140.6	156.6
南　　非	**South Africa**					
按供给组成分	by Components of Supply					
国内生产价格指数	Domestic Production	119.5	136.6	136.5	144.8	156.9
农业产品价格指数	Agricultural Products	146.5	156.1	157.6	155.3	165.9
进口产品价格指数	Import Products	118.1	137.4	120.5	124.2	136.5
加 拿 大	**Canada**					
按供给组成分	by Components of Supply					
农业产品价格指数	Agricultural Products	112.2	126.2	117.6	117.3	133.8
工业产品价格指数	Industrial Products	103.9	108.4	104.6	105.7	110.5
按生产阶段分	by Stage of Processing					
原材料价格指数	Raw Materials	120.2	136.0	104.9	117.2	135.1
间产品价格指数	Intermediate Products	106.4	111.7	105.4	107.9	114.0
按最终用途分	by End-Use					
投资用品价格指数	Capital Goods	96.1	97.2	101.4	96.8	95.8
墨 西 哥	**Mexico**					
按供给组成分	by Components of Supply					
国内供应价格指数	Domestic Supply	111.2	119.8	125.8	130.0	136.4
国内生产价格指数	Domestic Production	110.3	118.1	123.4	128.6	137.4
农业产品价格指数	Agricultural Products	110.7	120.6	133.2	139.6	147.9
工业产品价格指数	Industrial Products	108.3	114.3	123.0	126.3	132.0
进口产品价格指数	Import Products	110.2	119.5	115.0	119.9	128.9
按生产阶段分	by Stage of Processing					
中间产品价格指数	Intermediate Products	112.3	123.0	126.6	133.4	145.2
按最终用途分	by End-Use					
消费品价格指数	Consumers' Goods	109.5	116.5	124.4	129.1	134.7
投资用品价格指数	Capital Goods	113.8	125.2	128.1	131.6	139.1

9-2 续表 3 continued

2005年=100 (2005=100)

国家和地区	Country or Area	2007	2008	2009	2010	2011
美　国	**United States**					
按供给组成分	by Components of Supply					
国内供应价格指数	Domestic Supply	109.7	120.5	109.9	117.4	
国内生产价格指数	Domestic Production		120.5	109.9	117.4	127.7
农业产品价格指数	Agricultural Products	121.1	136.2	113.6	127.5	157.6
工业产品价格指数	Industrial Products	109.3	120.0	109.1	116.7	126.1
按生产阶段分	by Stage of Processing					
原材料价格指数	Raw Materials	113.7	138.2	96.2	116.5	136.9
中间产品价格指数	Intermediate Products	110.9	122.3	112.0	119.1	129.8
按最终用途分	by End-Use					
消费品价格指数	Consumers' Goods	108.2	116.2	111.7	117.9	126.8
投资用品价格指数	Capital Goods	103.4	106.4	108.4	108.8	110.5
阿 根 廷	**Argentina**					
按供给组成分	by Components of Supply					
国内供应价格指数	Domestic Supply	123.1	140.6	149.8	172.2	195.3
国内生产价格指数	Domestic Production	123.5	140.9	150.6	173.9	197.6
农业产品价格指数	Agricultural Products	162.3	156.7	160.3	208.3	238.1
工业产品价格指数	Industrial Products	121.1	140.2	150.2	170.3	191.4
进口产品价格指数	Import Products	118.6	138.1	139.1	151.6	167.1
委内瑞拉	**Venezuela**					
按供给组成分	by Components of Supply					
国内供应价格指数	Domestic Supply	131.5	162.4	212.6	270.3	330.3
国内生产价格指数	Domestic Production	135.4	169.3	222.7	283.9	350.7
农业产品价格指数	Agricultural Products	163.8	234.7	376.1	538.2	715.1
工业产品价格指数	Industrial Products	129.8	164.3	199.2	250.0	301.9
进口产品价格指数	Import Products	119.4	140.7	181.0	227.3	266.1
白俄罗斯	**Belarus**					
按供给组成分	by Components of Supply					
国内生产价格指数	Domestic Production	131.6	151.6	172.3	195.7	
工业产品价格指数	Industrial Products	125.9	144.4	165.4	187.9	335.6
按生产阶段分	by Stage of Processing					
中间产品价格指数	Intermediate Products	132.9	153.9	179.2	210.7	413.0
按最终用途分	by End-Use					
消费品价格指数	Consumers' Goods	115.4	131.9	150.1	164.1	264.1
投资用品价格指数	Capital Goods	116.2	126.6	136.1	147.7	242.0
捷　克	**Czech Rep.**					
按供给组成分	by Components of Supply					
农业产品价格指数	Agricultural Products	118.1	128.9	96.6	101.7	121.4
工业产品价格指数	Industrial Products	105.8	110.5	107.0	108.3	114.3
进口产品价格指数	Import Products	99.2	96.0	92.6	94.5	98.5
按生产阶段分	by Stage of Processing					
中间产品价格指数	Intermediate Products	105.7	108.6	100.8	102.8	109.7
按最终用途分	by End-Use					
消费品价格指数	Consumers' Goods	101.8	105.6	104.1	102.1	106.8
投资用品价格指数	Capital Goods	101.9	102.2	103.1	100.7	100.6

9-2 续表 4 continued

2005年=100 (2005=100)

国家和地区	Country or Area	2007	2008	2009	2010	2011
法　国	**France**					
按供给组成分	by Components of Supply					
国内供应价格指数	Domestic Supply	117.4	124.0	108.1	116.2	
农业产品价格指数	Agricultural Products	117.4	124.0	108.1	116.2	128.9
工业产品价格指数	Industrial Products	105.3	110.3	104.1	107.3	113.0
按生产阶段分	by Stage of Processing					
中间产品价格指数	Intermediate Products	107.9	111.7	105.5	108.4	114.9
按最终用途分	by End-Use					
消费品价格指数	Consumers' Goods	101.7	105.0	100.3	100.1	102.2
投资用品价格指数	Capital Goods	101.9	104.0	104.0	104.3	105.6
德　国	**Germany**					
按供给组成分	by Components of Supply					
国内供应价格指数	Domestic Supply	106.0	111.0			
国内生产价格指数	Domestic Production	106.8	112.6	108.0	109.7	
农业产品价格指数	Agricultural Products	119.9	124.3	100.7	114.9	130.7
工业产品价格指数	Industrial Products	107.8	112.7	108.0	109.7	115.9
进口产品价格指数	Import Products	105.1	109.4	100.1	107.4	115.9
按生产阶段分	by Stage of Processing					
中间产品价格指数	Intermediate Products	107.4	110.8	105.0	109.1	114.9
按最终用途分	by End-Use					
消费品价格指数	Consumers' Goods	104.0	106.9	105.6	106.2	109.9
投资用品价格指数	Capital Goods	101.6	101.6	102.4	102.5	103.7
意 大 利	**Italy**					
按供给组成分	by Components of Supply					
工业产品价格指数	Industrial Products	108.7	115.1	108.9	112.2	117.8
按生产阶段分	by Stage of Processing					
中间产品价格指数	Intermediate Products	110.5	113.0	106.6	110.6	117.1
按最终用途分	by End-Use					
消费品价格指数	Consumers' Goods	104.3	107.9	106.9	107.5	111.0
投资用品价格指数	Capital Goods	103.9	109.0	109.0	109.0	110.6
荷　兰	**Netherlands**					
按供给组成分	by Components of Supply					
工业产品价格指数	Industrial Products	109.6	124.4	112.2	116.6	126.9
按生产阶段分	by Stage of Processing					
中间产品价格指数	Intermediate Products	113.0	121.0	108.4	115.4	127.5
按最终用途分	by End-Use					
消费品价格指数	Consumers' Goods	106.6	112.1	109.6	113.8	121.6
投资用品价格指数	Capital Goods	106.1	110.3	110.0	110.8	112.8
波　兰	**Poland**					
按供给组成分	by Components of Supply					
国内生产价格指数	Domestic Production	107.6	113.4	116.1	120.4	129.7
工业产品价格指数	Industrial Products	103.9	109.2	106.4	109.5	118.8
按生产阶段分	by Stage of Processing					
原材料价格指数	Raw Materials	110.7	125.9	134.2	149.4	169.8
中间产品价格指数	Intermediate Products	112.1	115.7	112.8	116.2	126.3
按最终用途分	by End-Use					
消费品价格指数	Consumers' Goods	100.5	101.3	103.1	101.4	103.9
投资用品价格指数	Capital Goods	98.9	97.5	97.3	92.5	92.4
俄罗斯联邦	**Russian Fed.**					
按供给组成分	by Components of Supply					
农业产品价格指数	Agricultural Products	121.1	151.2	147.0	156.3	181.6
工业产品价格指数	Industrial Products	128.2	155.7	144.5	162.2	190.9

9-2 续表 5 continued

2005年=100 (2005=100)

国家和地区	Country or Area	2007	2008	2009	2010	2011
西 班 牙	**Spain**					
按供给组成分	by Components of Supply					
工业产品价格指数	Industrial Products	109.2	116.3	112.4	115.9	124.0
按生产阶段分	by Stage of Processing					
中间产品价格指数	Intermediate Products	112.5	118.7	112.3	115.5	122.5
按最终用途分	by End-Use					
消费品价格指数	Consumers' Goods	105.7	110.3	109.6	109.8	112.5
投资用品价格指数	Capital Goods	106.5	109.2	110.0	109.5	111.6
土 耳 其	**Turkey**					
按供给组成分	by Components of Supply					
国内供应价格指数	Domestic Supply	116.2	131.0	132.6	143.9	
国内生产价格指数	Domestic Production		131.0	132.6	143.9	159.9
农业产品价格指数	Agricultural Products	114.9	128.8	131.8	158.1	166.6
工业产品价格指数	Industrial Products	116.7	131.5	132.8	141.0	158.3
乌 克 兰	**Ukraine**					
按供给组成分	by Components of Supply					
农业产品价格指数	Agricultural Products	141.3	151.9	168.8	229.6	270.8
工业产品价格指数	Industrial Products	131.0	177.5	189.0	228.5	271.9
英 国	**United Kingdom**					
按供给组成分	by Components of Supply					
国内生产价格指数	Domestic Production	104.4	111.4	113.2	117.9	
农业产品价格指数	Agricultural Products	116.6	142.4	136.8	142.4	156.7
工业产品价格指数	Industrial Products	102.9	111.4	113.2	117.9	124.5
进口产品价格指数	Import Products	104.2	117.8	122.5	130.5	143.4
按生产阶段分	by Stage of Processing					
原材料价格指数	Raw Materials	113.0	138.1	132.9	146.1	168.6
中间产品价格指数	Intermediate Products	114.0	118.7	118.0	122.4	130.6
按最终用途分	by End-Use					
消费品价格指数	Consumers' Goods	95.6	111.2	115.2	117.4	123.5
投资用品价格指数	Capital Goods	122.5	106.5	109.8	112.2	114.6
澳大利亚	**Australia**					
按供给组成分	by Components of Supply					
国内供应价格指数	Domestic Supply	106.6	112.4	113.7	115.3	118.8
国内生产价格指数	Domestic Production	108.5	114.8	115.3	118.6	123.2
农业产品价格指数	Agricultural Products	111.0	123.6	113.4	117.6	129.7
工业产品价格指数	Industrial Products	110.5	119.6	113.1	115.3	119.2
进口产品价格指数	Import Products	95.8	98.0	104.3	96.5	93.0
按生产阶段分	by Stage of Processing					
原材料价格指数	Raw Materials	111.9	123.3	119.0	120.4	127.5
中间产品价格指数	Intermediate Products	111.0	120.0	117.3	118.5	124.3
按最终用途分	by End-Use					
消费品价格指数	Consumers' Goods	106.5	112.6	114.9	118.0	124.0
投资用品价格指数	Capital Goods	106.8	112.3	112.8	113.4	114.8
新 西 兰	**New Zealand**					
按供给组成分	by Components of Supply					
农业产品价格指数	Agricultural Products	106.9	120.8	122.5	132.3	146.0
工业产品价格指数	Industrial Products	110.8	127.3	121.2	126.4	133.7
按生产阶段分	by Stage of Processing					
中间产品价格指数	Intermediate Products	108.7	120.4	118.6	121.8	127.5

注：①2010年=100。

Note:①2010=100.

9-3 消费者价格指数
Consumer Price Indices

资料来源：联合国统计月报数据库。
Source: UN Monthly Bulletin of Statistics Database.

2005年=100 (2005=100)

国家和地区	Country or Area	消费者价格指数 Consumer Price Indices			食品消费价格指数 Food Consumer Price Indices		
		2009	2010	2011	2009	2010	2011
中　　国①	China①	119.6	123.5	130.2	153.9	165.2	184.7
中国香港	Hong Kong, China	109.2	111.7	117.6	118.4	121.2	129.7
中国澳门②	Macao, China②	116.0	119.3	126.2	133.8	140.2	151.6
孟加拉国①	Bangladesh①	168.8	182.5	202.0	177.2	195.1	220.1
柬 埔 寨③	Cambodia③	99.3	103.3	109.0	99.7	104.0	110.7
印　　度①	India①	163.1	182.7	198.9	173.1	193.8	208.1
印度尼西亚④	Indonesia④	115.1	120.3	127.4	124.6	136.0	148.6
伊　　朗⑤	Iran⑤	203.0	228.2	277.2	218.6	254.1	320.0
以 色 列	Israel	110.9	113.9	117.8	123.0	126.1	130.5
日　　本⑥	Japan⑥	100.7	100.0	99.7	100.3	100.0	99.6
韩　　国⑥	Korea, Rep.⑥	97.1	100.0	104.0	94.0	100.0	108.1
老　　挝	Laos	120.2	127.4	137.0	134.5	144.9	159.1
马来西亚⑥	Malaysia⑥	98.3	100.0	103.2	97.6	100.0	104.8
蒙　　古②	Mongolia②	150.9	166.2	181.3	160.9	180.7	194.5
缅　　甸②	Myanmar②	144.6	155.7	163.5	143.3	154.2	159.7
巴基斯坦①	Pakistan①	205.5	234.0	249.8	229.6	268.0	306.7
菲 律 宾②	Philippines②	116.0	120.4	126.2	124.5	129.5	136.5
新 加 坡	Singapore	110.6	113.7	119.6	115.2	116.8	120.3
斯里兰卡	Sri Lanka	103.5	109.9	117.3	103.1	110.3	120.0
泰　　国④	Thailand④	104.5	108.0	112.1	116.5	122.8	132.6
越　　南	Viet Nam	152.9	166.9	195.1	179.4	198.6	247.6
埃　　及	Egypt	155.8	173.1	190.5	179.0	214.5	247.8
尼日利亚①	Nigeria①	296.6	337.9	374.5	309.6	355.8	392.4
南　　非③	South Africa③	107.1	111.7	117.3	109.4	111.0	118.9
加 拿 大	Canada	106.9	108.9	112.0	114.1	115.7	120.1
墨 西 哥	Mexico	119.3	124.2	128.5	129.4	134.5	141.4
美　　国	United States	109.8	111.7	115.2	113.3	113.7	119.2
阿 根 廷	Argentina	139.4	152.9	168.9	136.9	155.6	170.2
巴　　西	Brazil	119.7	125.7	134.1	127.7	135.5	147.5
委内瑞拉③	Venezuela③	127.1	162.9	205.4	128.0	170.1	221.1
捷　　克	Czech Rep.	113.3	114.9	117.1	109.7	111.3	116.4
法　　国	France	106.2	107.8	110.1	108.5	109.3	111.5
德　　国	Germany	107.0	108.2	110.7	110.8	112.5	115.7
意 大 利⑥	Italy⑥	98.5	100.0	102.8	99.8	100.0	102.4
荷　　兰	Netherlands	105.4	106.7	109.2	107.9	107.8	110.2
波　　兰	Poland	111.6	114.5	119.4	116.5	119.6	125.5
俄罗斯联邦	Russian Fed.	152.3	162.8	176.5	160.6	171.2	189.8
西 班 牙	Spain	110.4	112.4	116.0	113.1	112.2	114.5
土 耳 其	Turkey	139.9	151.9	161.7	150.2	166.1	176.5
乌 克 兰	Ukraine	178.6	195.3	210.9	175.3	194.5	206.9
英　　国	United Kingdom	111.3	116.4	122.5	122.9	126.8	134.3
澳大利亚	Australia	112.6	115.8	119.7	119.7	121.6	127.5
新 西 兰	New Zealand	112.3	114.9	119.5	122.9	124.0	130.7

注：①2000年=100。②2006年=100。③2008年=100。④2007年=100。⑤2004年=100。⑥2010年=100。
Note:①2000=100.②2006=100.③2008=100.④2007=100.⑤2004=100.⑥2010=100.

9-4 能源消费价格指数

Energy Consumption Price Indices

资料来源：联合国ILO数据库。
Source: ILO Database.

2000年=100 (2000=100)

国家和地区	Country or Area	2005	2006	2007	2008	2009	2010
中　国	China	130.0	137.7	141.8	150.9		
中国香港	Hong Kong, China	107.4	109.6	108.8	101.7		
中国澳门	Macao, China	110.9	119.9	114.6	96.1		
柬埔寨①	Cambodia①	110.6	123.8	134.1	160.9	119.2	
印　度	India	136.1	139.8	144.1	154.0		
伊　朗	Iran	176.4	179.5				
以色列	Israel	146.7	145.9	147.7	168.7		
日　本	Japan	99.8	103.4	104.2	110.5	105.9	105.7
韩　国②	Korea, Rep.②	100.0	107.8	110.5	119.6		
马来西亚	Malaysia	101.9	105.7				
蒙　古	Mongolia	165.2					
缅　甸	Myanmar	281.6	370.0	491.7	561.9	432.9	448.9
巴基斯坦③	Pakistan③	113.8	126.9	133.1	155.1	183.0	
菲律宾	Philippines	156.2	176.4	182.1	193.9		
新加坡	Singapore	109.5	128.3	125.8	157.5	136.0	
斯里兰卡	Sri Lanka	178.1	228.3	286.2			
泰　国	Thailand	119.0	127.1	126.4	106.2	96.6	105.9
南　非	South Africa	135.7	141.9	153.3	182.8		
加拿大	Canada	127.0	133.4	134.2	143.6	133.4	139.2
墨西哥	Mexico	160.6	173.1	178.2	190.7		
美　国	United States	131.6	144.2	148.0	163.5	153.2	154.1
阿根廷	Argentina	118.6	115.9				
捷　克	Czech Rep.	131.1	146.9	151.6	172.7		
法　国	France	113.2	121.1	123.4	135.2	127.3	135.7
德　国	Germany	129.8	143.4	148.6	165.2	161.3	161.9
意大利	Italy	113.7	124.8	126.5	140.3	133.2	130.9
荷　兰	Netherlands	153.5	168.2	175.1	180.5	181.9	167.4
波　兰	Poland	129.5	138.1	143.2	157.5		
俄罗斯联邦	Russian Fed.	282.0	329.2	367.2	417.6		
西班牙①	Spain①	108.5	119.2	121.4	134.1	131.6	140.0
土耳其	Turkey	400.0	446.0	479.1	604.0		
英　国	United Kingdom	129.0	160.7	172.1	204.7	217.4	211.5
澳大利亚	Australia	124.2	129.4	135.4	148.2	165.6	187.7
新西兰	New Zealand	131.8	140.2	149.5	160.2	167.4	

注：①2001年=100。②2005年=100。③2002年=100。
Note:①2001=100.②2005=100.③2002=100.

9-5 初级产品市场价格指数和单位价值指数

Indices of Primary Commodities Market Prices and Unit Values

资料来源：国际货币基金组织国际金融统计数据库。
Source: International Monetary Fund IFS Database.

2005年=100 (2005=100)

商品	Concept	原产国	Country of Origion	2000	2008	2009	2010	2011
全部商品	**All Commodities (Fuel and Non Fuel)**	**世界**	**World**	**63.3**	**172.3**	**120.7**	**152.2**	**192.2**
农业原材料	**Agricultural Raw Materials**	**世界**	**World**	**98.6**	**113.3**	**94.1**	**125.3**	**153.8**
饮料	**Beverages**	**世界**	**World**	**75.7**	**152.0**	**154.4**	**176.2**	**205.6**
原油	**Crude Oil (Petroleum)**	**世界**	**World**	**52.9**	**181.9**	**115.8**	**148.1**	**194.9**
亚麻籽油	**Linseed Oil**	**世界**	**World**	**36.3**	**140.8**	**89.2**	**105.6**	**129.5**
能源	**Energy**	**世界**	**World**	**53.7**	**184.7**	**116.8**	**147.1**	**193.8**
食品	**Food**	**世界**	**World**	**82.1**	**157.0**	**134.0**	**149.4**	**178.8**
非能源	**Non-energy**	**世界**	**World**	**79.6**	**151.2**	**127.4**	**161.0**	**189.6**
糖	**Sugar, Free Market**	**世界**	**World**	**80.2**	**123.6**	**180.2**	**207.4**	**260.5**
铀	**Uranium**	**世界**	**World**	**29.7**	**229.8**	**167.1**	**164.6**	**201.3**
铝	Aluminum	加拿大	Canada	81.6	135.6	87.8	114.3	126.3
香蕉	Bananas	厄瓜多尔	Ecuador	73.2	146.3	147.0	152.8	169.2
大麦	Barley	加拿大	Canada	81.2	210.9	135.0	166.6	217.9
牛肉	Beef	澳大利亚	Australia	73.9	102.0	100.8	128.4	154.3
黄油	Butter	新西兰	New Zealand	100.0				
澳大利亚煤炭	Coal, Australian Thermal	澳大利亚	Australia	51.4	266.9	151.0	207.8	254.0
南非煤炭	Coal, South African Thermal	南非	South Africa	57.7	261.8	140.2	198.5	252.5
粗毛	Coarse Wool	英国	United Kingdom	53.0	133.7	115.2	154.6	227.9
可可豆	Cocoa	加纳	Ghana	58.5	166.6			
椰子油	Coconut Oil	菲律宾	Philippines	74.3	198.6			
咖啡	Coffee	哥伦比亚	Colombia	87.4	124.7	154.6	191.3	242.6
原味咖啡	Coffee, Other Milds	巴西	Brazil	78.7	120.7	109.8	142.5	240.3
铜	Copper	英国	United Kingdom	49.4	189.4	140.5	205.0	240.0
干椰子肉	Copra	菲律宾	Philippines	74.5	196.8	115.7	180.8	279.2
棉花	Cotton	美国	United States	107.0	129.4			
原油	Crude Oil (Petroleum)	美国	United States	53.7	176.4	109.3	140.7	168.4
迪拜港原油	Crude Oil (Petroleum), Dubai Fateh	阿联酋	United Arab Emirates	53.0	190.6	125.5	158.6	215.5
英国布伦特原油	Crude Oil (Petroleum), UK Dated Brent	英国	United Kingdom	52.0	179.4	113.6	146.3	203.8
磷酸二氨	DAP (Dai Aluminum Phosphate)	美国	United States	62.4	391.5	130.8	202.7	250.5
细羊毛	Fine Wool	英国	United Kingdom	108.2	142.9	114.9	151.0	241.7
鱼	Fish	挪威	Norway	89.7	119.3	121.2	151.3	145.4
鱼粉	Fishmeal	秘鲁	Peru	60.7	155.9	168.7	233.7	204.1
汽油	Gasoline	美国	United States	52.5	155.3	102.8	129.1	172.6
黄金	Gold	英国	United Kingdom	62.8	196.0	218.7	275.3	352.6
花生	Groundnuts	尼日利亚	Nigeria	102.1	203.8	129.3	161.1	224.2
花生油	Groundnuts (Peanuts) Oil	尼日利亚	Nigeria	67.2	201.0	111.6	132.4	
圆硬木	Hardwood, Logs	马来西亚	Malaysia	94.0	143.8	141.4	137.6	193.2
硬木，锯木	Hardwood, Sawnwood	马来西亚	Malaysia	92.2	134.7	122.7	130.6	144.6

9-5 续表 continued

2005年=100 (2005=100)

商品	Concept	原产国	Country of Origion	2000	2008	2009	2010	2011
兽皮	Hides	美国	United States	122.2	97.7	68.4	109.6	125.0
铁矿石	Iron Ore	巴西	Brazil	44.3	219.0	284.6	521.9	596.9
黄麻	Jute	孟加拉国	Bangladesh	96.1	161.2	193.2	297.8	220.1
羔羊	Lamb	新西兰	New Zealand	70.1	106.1	91.3	90.5	92.7
铅	Lead	英国	United Kingdom	46.6	214.8	176.5	220.5	246.4
玉米	Maize	美国	United States	89.6	226.9	168.2	189.0	296.5
天然气	Natural Gas, Indonesia	印度尼西亚	Indonesia	74.4	164.8	106.5	133.4	221.2
天然气	Natural Gas, Russia	俄罗斯	Russian Federation	58.4	222.1	149.7	139.0	179.1
天然气	Natural Gas, U.S.A.	美国	United States	48.6	100.0	44.5	49.5	45.1
镍	Nickel	加拿大	Canada	58.4	143.1	99.3	147.6	155.0
橄榄油	Olive Oil	英国	United Kingdom	54.0	75.5	63.6	57.5	55.6
柑桔	Oranges	法国	France	43.1	131.5	107.9	122.1	105.8
棕榈仁油	Palm Kernel Oil	马来西亚	Malaysia	71.5	154.1	108.9	143.6	179.4
棕榈油	Palm Oil	马来西亚	Malaysia	71.0	234.7	175.2	233.9	292.8
黑胡椒	Pepper, Black	新加坡	Singapore	174.8	209.6	184.2	243.0	383.3
磷酸盐岩	Phosphate Rock	摩洛哥	Morocco	104.2	822.8			
胶合板	Plywood	菲律宾	Philippines	88.1	126.9	111.0	111.9	119.5
碳酸钾	Potash	加拿大	Canada	77.4	360.4	398.4	209.8	275.2
家禽	Poultry	美国	United States	80.4	114.5	115.9	116.2	118.2
大米	Rice	泰国	Thailand	70.6	201.5	174.6	142.5	145.3
橡胶	Rubber	马来西亚	Malaysia	44.5	174.0			
橡胶	Rubber	泰国	Thailand	44.4	144.2	109.1	191.7	243.2
虾	Shrimp	美国	United States	174.4	90.5	84.7	75.9	83.4
银	Silver	美国	United States	68.1	204.4	200.2	275.2	480.5
剑麻	Sisal	东非	East Africa	71.0	121.7	87.1	114.1	149.4
软圆木	Softwood, Logs	美国	United States	99.6	81.2	75.3	77.9	82.6
软材、锯木	Softwoods, Sawnwood	美国	United States	86.7	95.4	88.6	85.8	85.5
高粱	Sorghum	美国	United States	91.5	216.0	157.0	171.9	279.3
大豆	Soybean	美国	United States	82.0	203.1	169.6	172.5	217.0
大豆粉	Soybean Meal	美国	United States	90.9	178.7	174.5	160.9	184.0
大豆油	Soybean Oil	美国	United States	71.0	228.7	158.8	186.5	245.2
糖	Sugar	菲律宾	Philippines	106.0	86.6	93.4	135.1	162.8
糖	Sugar	英国	United Kingdom	83.3	101.8	86.0	85.0	88.1
糖	Sugar	美国	United States	92.1	101.2	115.5	147.4	178.3
向日葵	Sunflower	英国	United Kingdom	33.1	148.0	91.0	103.6	141.7
过磷酸盐	Superphosphate	美国	United States	68.4	449.2	127.8	189.5	267.2
猪	Swine	美国	United States	87.6	95.5	82.4	110.0	131.6
茶叶	Tea	英国	United Kingdom	114.7	124.6	145.1	146.4	160.0
锡	Tin	马来西亚	Malaysia	75.8	221.4	164.5	222.2	274.8
锡	Tin	英国	United Kingdom	73.6	250.0			
烟草	Tobacco	美国	United States	107.1	128.0	151.8	154.6	160.4
尿素	Urea	乌克兰	Ukraine	46.2	225.0	114.0	131.8	192.2
小麦	Wheat	美国	United States	74.8	213.8	146.6	146.7	207.4
纸浆	Wood pulp	瑞典	Sweden	104.5	130.1	97.0	136.4	141.0
锌	Zinc	英国	United Kingdom	81.7	136.5	120.1	156.5	159.0

主要统计指标解释

国内生产总值缩减指数 衡量在一定时期内整体经济中价格年度变化情况的指标。

生产者价格指数 生产者价格指生产者从购买者那里得到的某一单位货物和服务的价值，具体为总产出减去由购买者支付的增加税等可扣减税。它包括生产者发票上单独列支的运费。

消费者价格指数 是反映报告期经济体为消费目的而获取、使用和支付的货物和服务的价格总体水平随时间变化的指标。每个总指数是通过将大量要素加总指数加权平均而得到，每个要素加总指数是基于某一地区或其居民从某一指定出处或其他消费源获取指定货物和服务的价格的抽样调查数而进行的估算。

Explanatory Notes on Main Statistical Indicators

Gross Domestic Product Deflator measures the average annual rate of price change in the economy as whole for the periods shown.

Producer Price Indices The Amount receivable by the producer from the purchaser for a unit of a good or service produced as output minus any value-added tax, or similar deductible tax, invoiced to the purchaser. It includes any transport charges invoiced separately by the producer.

Consumer Price Indices measures the period-to-period proportional change in the prices of a fixed set of consumer goods and services of constant quantity and characteristics, acquired, used or paid for by the reference population. Each summary measure is constructed as a weighted average of a large number of elementary aggregate indices. Each of the elementary aggregate indices is estimated using a sample of prices for a defined set of goods and services obtained in, or by residents of, a specific region from a given set of outlets or other sources of consumption goods and services.

居民收支和贫困

Household Income and Expenditure and Poverty

10-1 居民消费支出
Household Consumption Expenditure

资料来源：世界银行WDI数据库。
Source: World Bank WDI Database.

国家和地区	Country or Area	居民最终消费支出(现价，亿美元) Household Final Consumption Expenditure (current 100 million USD)			居民人均最终消费支出(2000年价格，美元) Household Final Consumption Expenditure per Capita (constant 2000 USD)		
		2000	2005	2011	2000	2005	2011
世　　界	**World**		**274674**	**368426①**	**3247**	**3531**	**3713①**
高收入国家	**High Income**	**161845**	**220142**	**264503①**	**15418**	**16955**	**17269①**
中等收入国家	**Middle Income**	**34493**	**52851**	**117478**	**780**	**924**	**1229**
低收入国家	**Low Income**	**1308**	**1878**	**3609**	**202**	**228**	**255①**
中　　国	China	5539	8866	25198	439	582	949
中国香港	Hong Kong, China	997	1035	1397①	14966	16068	19497①
中国澳门	Macao, China		37	75		6515	8377
孟加拉国	Bangladesh	365	449	829	282	317	403
文　　莱	Brunei Darussalam	15	21	29①	4556	5568	5832①
柬 埔 寨	Cambodia	32	54	91①	261	367	472①
印　　度	India	3079	4878	10354	292	357	509
印度尼西亚	Indonesia	1017	1840	5260	477	545	673
伊　　朗	Iran	483	854		739	984	
以 色 列	Israel	673	747	1415	10707	10995	12368
日　　本	Japan	26240	25943	31979①	20682	21816	22372①
哈萨克斯坦	Kazakhstan	113	280	865	761	1167	1681
韩　　国	Korea, Rep.		4545	5175①		7298	8032①
老　　挝	Laos	16	22	57	304	333	411
马来西亚	Malaysia	410		1142①	1753	2180	2758①
蒙　　古	Mongolia	9	14	44	354		
巴基斯坦	Pakistan	557	843	1345①	386		516
菲 律 宾	Philippines	585	773	1682	757	873	957①
新 加 坡	Singapore	402	496	944	9989	11690	12369
斯里兰卡	Sri Lanka		168	326①			
泰　　国	Thailand	689	1010	1909	1091	1342	1493
越　　南	Viet Nam		336	782		351	514
埃　　及	Egypt	757	642	1656	1120	1187	1369
南　　非	South Africa	837	1558	2393	1902	2195	2566
加 拿 大	Canada	4013	6263	9131①	13043	14515	15998①
墨 西 哥	Mexico	3895	5636	7171	3896	4267	4472
美　　国	United States	68304	88035	102456①	24207	26749	26777①
阿 根 廷	Argentina	2008	1124	2516	5437	5407	7777
巴　　西	Brazil	4148	5317	14942	2378	2453	3194
委内瑞拉	Venezuela		680	1956		2872	3680
捷　　克	Czech Rep.	305	642	995①	2973	3552	3847
法　　国	France	7454	12158	14792①	12237	13058	13503
德　　国	Germany	11010	16254	20489	13392	13556	14211
意 大 利	Italy	6616	10542	12378①	11619	11713	11463
荷　　兰	Netherlands	1942	3113	3513①	12196	12444	12100
波　　兰	Poland	1098	1927	2881①	2856	3319	4068①
俄罗斯联邦	Russian Fed.	1200	3816	9082	820	1336	2421
西 班 牙	Spain	3464	6530	8165①	8604	9471	9205①
土 耳 其	Turkey	1879	3464	5915	2954	3558	4051
乌 克 兰	Ukraine	170	477	874①	345	645	926①
英　　国	United Kingdom	9683	14818	14493①	16442	18933	18089
澳大利亚	Australia	2433	4040	7263	12702	14544	15580
新 西 兰	New Zealand	308	673	825①	7988	9302	9437①

注：①2010年数据。
Note:①Data refer to 2010.

10-2 居民收入分配

Personal Income Distribution

资料来源：世界银行WDI数据库。
Source: World Bank WDI Database.

国家和地区	Country or Area	年份 Year	基尼系数 GINI index	各组占全部收入或消费的比重(%) As Percentage of Total Income or Consumption(%)				
				最低的20% Lowest 20%	第二个20% Second 20%	第三个20% Third 20%	第四个20% Fourth 20%	最高的20% Highest 20%
中国	China	2005	0.42	4.99	9.85	14.99	22.24	47.93
中国香港	Hong Kong, China	1996	0.43	5.26	9.39	13.85	20.75	50.75
孟加拉国	Bangladesh	2010	0.32	8.88	12.37	16.07	21.27	41.41
柬埔寨	Cambodia	2008	0.38	7.54	11.00	14.90	20.64	45.92
印度	India	2005	0.33	8.64	12.22	15.81	20.97	42.36
印度尼西亚	Indonesia	2009	0.37	7.65	11.26	15.09	21.07	44.93
伊朗	Iran	2005	0.38	6.43	10.91	15.54	21.96	45.16
以色列	Israel	2001	0.39	5.71	10.46	15.86	23.04	44.93
日本	Japan	1993	0.25	10.58	14.21	17.58	21.98	35.65
哈萨克斯坦	Kazakhstan	2009	0.29	9.12	13.15	17.07	22.25	38.41
韩国	Korea, Rep.	1998	0.32	7.91	13.56	17.95	23.13	37.45
老挝	Laos	2008	0.37	7.64	11.33	15.29	20.90	44.84
马来西亚	Malaysia	2009	0.46	4.54	8.65	13.72	21.64	51.45
蒙古	Mongolia	2008	0.37	7.10	11.15	15.62	22.09	44.04
巴基斯坦	Pakistan	2008	0.30	9.60	12.94	16.36	21.12	39.98
菲律宾	Philippines	2009	0.43	5.98	9.42	13.87	21.04	49.69
新加坡	Singapore	1998	0.42	5.04	9.42	14.55	22.02	48.97
斯里兰卡	Sri Lanka	2007	0.40	6.94	10.35	14.40	20.52	47.79
泰国	Thailand	2009	0.40	6.67	10.28	14.49	21.35	47.21
越南	Viet Nam	2008	0.36	7.42	11.52	15.81	21.84	43.41
埃及	Egypt	2008	0.31	9.24	13.02	16.37	21.03	40.34
尼日利亚	Nigeria	2010	0.49	4.41	8.27	12.98	20.33	54.01
南非	South Africa	2009	0.63	2.70	4.63	8.16	16.30	68.21
加拿大	Canada	2000	0.33	7.20	12.73	17.18	22.95	39.94
墨西哥	Mexico	2008	0.48	4.73	8.65	13.08	19.87	53.67
美国	United States	2000	0.41	5.44	10.68	15.66	22.40	45.82
阿根廷	Argentina	2010	0.44	4.38	9.31	14.78	22.17	49.36
巴西	Brazil	2009	0.55	2.85	7.13	12.41	19.04	58.57
委内瑞拉	Venezuela	2006	0.45	4.28	9.52	14.60	22.18	49.42
捷克	Czech Rep.	1996	0.26	10.22	14.33	17.53	21.68	36.24
法国	France	1995	0.33	7.18	12.62	17.19	22.80	40.21
德国	Germany	2000	0.28	8.52	13.72	17.79	23.09	36.88
意大利	Italy	2000	0.36	6.50	11.98	16.75	22.75	42.02
荷兰	Netherlands	1999	0.31	7.60	13.22	17.24	23.26	38.68
波兰	Poland	2009	0.34	7.68	11.95	16.23	22.03	42.11
俄罗斯联邦	Russian Fed.	2009	0.40	6.46	10.35	14.77	21.29	47.13
西班牙	Spain	2000	0.35	6.97	12.09	16.43	22.51	42.00
土耳其	Turkey	2008	0.39	5.70	10.93	15.89	22.42	45.06
乌克兰	Ukraine	2009	0.26	9.67	13.95	17.69	22.37	36.32
英国	United Kingdom	1999	0.36	6.14	11.41	15.96	22.47	44.02
澳大利亚	Australia	1994	0.35	5.90	12.01	17.20	23.57	41.32
新西兰	New Zealand	1997	0.36	6.45	11.37	15.81	22.61	43.76

10-3 贫困率

Poverty Rate

资料来源：世界银行WDI数据库。
Source: World Bank WDI Database.
单位：% (%)

国家和地区	Country or Area	年份 Year	全国 National	农村 Rural	城市 Urban
中　国	China	2005		2.5	
阿富汗	Afghanistan	2008	36.0	37.5	29.0
阿尔巴尼亚	Albania	2008	12.4	14.6	10.1
阿根廷	Argentina	2010			9.9
孟加拉国	Bangladesh	2010	31.5	35.2	
玻利维亚	Bolivia	2007	60.1	77.3	50.9
波　黑	Bosnia and Herzegovinian	2007	14.0	17.8	8.2
巴　西	Brazil	2009	21.4		
布基纳法索	Burkina Faso	2009	46.7	52.6	
布隆迪	Burundi	2006	66.9	68.9	34.0
柬埔寨	Cambodia	2007	30.1	34.5	11.8
喀麦隆	Cameroon	2007	39.9	55.0	12.2
哥伦比亚	Colombia	2010	37.2	50.3	33.0
刚果(金)	Congo, Dem. Rep.	2006	71.3	75.7	61.5
刚果(布)	Congo, Rep.	2005	50.1	57.7	
哥斯达黎加	Costa Rica	2010	24.2		
厄瓜多尔	Ecuador	2010	32.8	53.0	
埃　及	Egypt	2008	22.0	30.0	10.6
萨尔瓦多	El Salvador	2009	37.8	46.5	33.3
冈比亚	Gambia	2010	48.4	73.9	
格鲁吉亚	Georgia	2009	24.7	30.7	
加　纳	Ghana	2006	28.5	39.2	10.8
危地马拉	Guatemala	2006	51.0	70.5	30.0
几内亚	Guinea	2007	53.0	63.0	30.5
几内亚比绍	Guinea-Bissau	2002	64.7	69.1	51.6
洪都拉斯	Honduras	2010	60.0	65.4	54.3
印　度	India	2010	29.8	33.8	
印度尼西亚	Indonesia	2011	12.5	15.7	
哈萨克斯坦	Kazakhstan	2009	8.2		
肯尼亚	Kenya	2006	46.6	49.7	34.4
吉尔吉斯斯坦	Kyrgyzstan	2010	33.7		
马达加斯加	Madagascar	2005	68.7	73.5	52.0
马拉维	Malawi	2005	52.4	55.9	25.4
墨西哥	Mexico	2010	51.3	60.8	
摩尔多瓦	Moldova	2010	21.9	30.3	
蒙　古	Mongolia	2008	35.2	46.6	26.9
缅　甸	Myanmar	2005	32.0		22.0
尼泊尔	Nepal	2011	25.2	27.4	
巴基斯坦	Pakistan	2006	22.3	27.0	13.1
秘　鲁	Peru	2010	31.3	54.2	19.1
菲律宾	Philippines	2009	26.5		
俄罗斯联邦	Russian Fed.	2006	11.1	21.2	7.4
塔吉克斯坦	Tajikistan	2009	46.7	49.2	41.8
泰　国	Thailand	2009	8.1	10.4	3.0
土耳其	Turkey	2009	18.1	38.7	8.9
乌干达	Uganda	2009	24.5	27.2	9.1
乌克兰	Ukraine	2008	2.9	4.7	
乌兹别克斯坦	Uzbekistan	2003	27.2	29.8	22.6
越　南	Viet Nam	2008	14.5	18.7	3.3
赞比亚	Zambia	2006	59.3	76.8	26.7

10-4 国际贫困率

International Poverty Ratio

资料来源：世界银行WDI数据库。
Source: World Bank WDI Database.

单位：% (%)

国家和地区	Country or Area	日均收入不足1.25美元的贫困人口比重 Poverty headcount ratio at $1.25 a day (PPP) (% of population)		日均收入不足2美元的贫困人口比重 Poverty headcount ratio at $2 a day (PPP) (% of population)	
		2005	2010	2005	2010
中　国	China	4.0	3.2①	12.5	10.1①
阿尔巴尼亚	Albania	0.2	0.2①	1.5	0.9①
阿根廷	Argentina	2.0	0.7	3.8	0.9
亚美尼亚	Armenia	0.9	0.3①	5.2	2.3①
阿塞拜疆	Azerbaijan	…	0.1①	0.3	0.6①
孟加拉国	Bangladesh	14.2	11.2	34.3	30.4
白俄罗斯	Belarus	0.1	0.1①	0.2	0.1①
不　丹	Bhutan		1.8②		8.5②
玻利维亚	Bolivia	9.7	8.6①	14.7	13.1①
波　黑	Bosnia and Herzegovinian		...②		0.1②
巴　西	Brazil	4.6	3.6③	7.5	5.4③
保加利亚	Bulgaria		...②		...②
布基纳法索	Burkina Faso		14.7③		31.7③
柬埔寨	Cambodia		4.9①		17.4①
喀麦隆	Cameroon		1.2②		8.2②
中　非	Central African Rep.		31.3①		46.8①
智　利	Chile		0.7③		1.2③
哥伦比亚	Colombia	6.3	3.8	10.7	6.8
刚果(布)	Congo, Rep.	22.8		38.8	
哥斯达黎加	Costa Rica	1.9	1.8③	3.4	2.7③
科特迪瓦	Cote D'Ivoire		7.5①		17.8①
克罗地亚	Croatia		0.1①		0.1①
多米尼加	Dominican Rep.	2.1	0.5	5.2	2.4
厄瓜多尔	Ecuador	4.1	2.1	7.7	4.1
埃　及	Egypt	0.4	0.4①	3.5	2.8①
萨尔瓦多	El Salvador	6.2	4.4③	9.9	7.6③
埃塞俄比亚	Ethiopia	9.6		28.9	
斐　济	Fiji		1.1③		6.0③
加　蓬	Gabon	0.9		5.0	
格鲁吉亚	Georgia	4.8	4.6①	12.3	11.7①
几内亚	Guinea		15.0②		31.0②
洪都拉斯	Honduras	13.3	9.4③	20.8	14.9③
匈牙利	Hungary		0.2②		0.2②
印　度	India	10.5	7.5	29.5	24.5
印度尼西亚	Indonesia	4.6	3.3	17.3	14.3
伊　朗	Iran	0.3		1.8	
伊拉克	Iraq		0.4②		4.4②
约　旦	Jordan		…		0.2
哈萨克斯坦	Kazakhstan		...③		0.2③
肯尼亚	Kenya	16.9		31.8	
吉尔吉斯斯坦	Kyrgyzstan	6.5	1.4③	17.1	6.0③
老　挝	Laos		9.0①		24.8①
拉脱维亚	Latvia		0.1①		0.2①
利比里亚	Liberia		40.9②		59.6②
立陶宛	Lithuania		0.1①		0.2①

10-4 续表 continued

单位：% (%)

国家和地区	Country or Area	日均收入不足1.25美元的贫困人口比重 Poverty headcount ratio at $1.25 a day (PPP) (% of population)		日均收入不足2美元的贫困人口比重 Poverty headcount ratio at $2 a day (PPP) (% of population)	
		2005	2010	2005	2010
马其顿	Macedonia, FYR	…	...③	0.6	0.9③
马达加斯加	Madagascar	26.5	43.3	46.9	60.1
马来西亚	Malaysia		...③		0.2③
马里	Mali		16.4		35.2
毛里塔尼亚	Mauritania		6.8①		17.7①
墨西哥	Mexico		0.3①		1.3①
摩尔多瓦	Moldova	2.9	0.1	10.7	0.7
蒙古	Mongolia	22.4		49.1	
黑山	Montenegro	0.1	0.1①	0.1	0.1①
摩洛哥	Morocco		0.5②		3.2②
莫桑比克	Mozambique		25.1①		42.9①
尼泊尔	Nepal		5.6		19.0
尼加拉瓜	Nicaragua	2.4		9.6	
尼日尔	Niger	18.3	12.4①	35.6	30.8①
尼日利亚	Nigeria		33.7		50.2
巴基斯坦	Pakistan	4.4	3.5①	18.7	17.9①
巴拿马	Panama	3.7	2.1	7.3	5.1
巴拉圭	Paraguay	3.0	3.0	6.0	5.7
秘鲁	Peru	2.5	1.3	7.0	4.1
菲律宾	Philippines		3.7③		13.8③
波兰	Poland	…	...③	0.1	0.1③
罗马尼亚	Romania	0.4	0.2③	1.3	0.5③
俄罗斯联邦	Russian Fed.	…	...③	0.3	...③
卢旺达	Rwanda	76.8		89.6	
塞内加尔	Senegal	10.8		24.7	
塞尔维亚	Serbia	…	0.2③	0.2	0.3③
塞舌尔	Seychelles		0.1②		0.4②
斯洛伐克	Slovakia	0.2	0.1③	0.2	0.1③
南非	South Africa		2.3③		10.2③
斯里兰卡	Sri Lanka		1.0②		7.4②
苏丹	Sudan		5.5③		15.4③
斯威士兰	Swaziland		16.0		29.3
塔吉克斯坦	Tajikistan		1.2③		7.0③
坦桑尼亚	Tanzania		28.1②		47.5②
泰国	Thailand		0.1③		0.8③
东帝汶	Timor-Leste		8.9②		27.0②
突尼斯	Tunisia	0.3		1.8	
土耳其	Turkey	0.7	...①	2.0	0.7①
乌干达	Uganda	51.5	12.2③	75.6	27.4③
乌克兰	Ukraine	…	...③	0.1	0.1③
乌拉圭	Uruguay	0.3	0.1	1.3	0.3
委内瑞拉	Venezuela	8.2		11.6	
越南	Viet Nam		3.8①		13.5①
约旦河西岸和加沙	West Bank and Gaza		...③		0.1③
也门	Yemen	4.2		14.8	

注：①2008年数据。②2007年数据。③2009年数据。
Note:①Data refer to 2008.②Data refer to 2007.③Data refer to 2009.

10-5 贫困人口社会指标
Social Indicators of Poverty

资料来源：世界银行WDI数据库。
Source:World Bank WDI Database.

国家和地区	Country or Area	全部人口营养不良发生率(%) Prevalence of undernourishment (% of population)	5岁以内儿童死亡率(‰) Mortality rate, under-5 (‰)	12-23个月儿童麻疹免疫接种率(%) Child measles Immunization Rate of Children ages 12-23 months	熟练医护人员护理下的分娩(%) Births attended by skilled health staff (% of total)
		2008	2011	2010	2010
世　界	**World**	**12.9**	**51.4**	**85.3**	**66.2**
中　国	China	10.0	14.6	99.0	99.3①
阿富汗	Afghanistan		101.1	62.0	18.9③
阿根廷	Argentina	5.0	14.1	99.0	97.9①
孟加拉国	Bangladesh	26.0	46.0	94.0	26.5
玻利维亚	Bolivia	27.0	50.6	79.0	
巴　西	Brazil	6.0	15.6	99.0	97.0③
保加利亚	Bulgaria	5.0	12.1	97.0	99.6①
柬埔寨	Cambodia	25.0	42.5	93.0	71.0
古　巴	Cuba	5.0	5.8	99.0	99.9
塞浦路斯	Cyprus	5.0	3.1	87.0	
埃　及	Egypt	5.0	21.1	96.0	
萨尔瓦多	El Salvador	9.0	15.2	92.0	
加　纳	Ghana	5.0	77.6	93.0	57.1⑤
几内亚	Guinea	16.0	125.8	51.0	46.1④
印　度	India	19.0	61.3	74.0	
印度尼西亚	Indonesia	13.0	31.8	89.0	82.2
伊　朗	Iran	5.0	25.0	99.0	97.3②
伊拉克	Iraq		37.9	73.0	79.7④
哈萨克斯坦	Kazakhstan	5.0	28.3	99.0	99.8③
朝　鲜	Korea, Dem.	35.0	33.2	99.0	100.0①
韩　国	Korea, Rep.	5.0	4.8	98.0	
吉尔吉斯斯坦	Kyrgyzstan	11.0	30.6	99.0	98.5①
老　挝	Laos	22.0	41.9	64.0	37.0
利比里亚	Liberia	32.0	78.3	64.0	46.3④
利比亚	Libya	5.0	16.2	98.0	
马来西亚	Malaysia	5.0	6.5	96.0	98.6④
墨西哥	Mexico	5.0	15.7	95.0	95.3①
密克罗尼西亚	Micronesia, Fed.		41.5	80.0	
蒙　古	Mongolia	27.0	30.7	97.0	99.8
黑　山	Montenegro		7.2	90.0	98.8③
缅　甸	Myanmar		62.4	88.0	63.9④
尼泊尔	Nepal	17.0	48.0	86.0	
尼日利亚	Nigeria	6.0	124.1	71.0	38.9⑤
巴基斯坦	Pakistan	25.0	72.0	86.0	38.8④
巴拿马	Panama	15.0	19.5	95.0	88.5①
巴拉圭	Paraguay	10.0	22.4	94.0	81.9⑤
秘　鲁	Peru	16.0	18.1	94.0	83.8
菲律宾	Philippines	13.0	25.4	88.0	
卢旺达	Rwanda	32.0	54.1	82.0	69.0
塞拉利昂	Sierra Leone	35.0	185.3	82.0	42.4⑤
南　非	South Africa	5.0	46.7	65.0	
泰　国	Thailand	16.0	12.3	98.0	99.4①
土耳其	Turkey	5.0	15.2	97.0	95.0①
乌克兰	Ukraine	5.0	10.1	94.0	98.7⑤
乌兹别克斯坦	Uzbekistan	11.0	48.6	98.0	99.9④
越　南	Viet Nam	11.0	21.7	98.0	87.7④

注：①2009年数据。②2005年数据。③2006年数据。④2007年数据。⑤2008年数据。
Note:①Data refer to 2009.②Data refer to 2005.③Data refer to 2006.④Data refer to 2007.⑤Data refer to 2008.

10-6 居民消费支出构成

Composition of Household Final Consumption Expenditure

资料来源：经合组织OLIS数据库。
Source:OECD OLIS Database.
单位：% (%)

国家和地区	Country or Area	年 份 Year	食品、非酒精饮料 Food and Non-alcoholic Beverages	酒精饮料、烟草和麻醉品 Alcoholic Beverages,Tobacco and Narcotics	服装和鞋类 Clothing and Footwear	住房、水、电、天然气和其他燃料 Housing, Water, Electricity, Gas and other Fuels	家具、家用设备及住房日常维护 Furnishings, Households Equipment and Routine Maintenance of the House
澳大利亚	Australia	2010	10.22	3.63	3.31	22.55	4.54
奥地利	Austria	2010	10.02	3.45	5.92	21.58	6.63
比利时	Belgium	2011	13.42	3.48	5.00	23.88	5.70
加拿大	Canada	2010	9.65	3.60	4.44	23.97	6.25
捷克	Czech Rep.	2011	14.47	9.21	3.10	26.52	5.44
丹麦	Denmark	2011	11.28	3.66	4.32	29.48	5.24
芬兰	Finland	2011	12.19	4.94	4.94	26.86	5.31
法国	France	2011	13.48	3.20	4.26	25.13	5.79
德国	Germany	2011	11.48	3.23	4.85	24.39	6.21
希腊	Greece	2011	16.23	4.36	3.74	23.81	3.98
匈牙利	Hungary	2011	17.06	7.42	2.84	21.91	4.32
冰岛	Iceland	2011	14.56	4.24	4.17	22.42	6.93
爱尔兰	Ireland	2010	10.21	5.66	4.10	21.37	4.90
意大利	Italy	2011	14.24	2.75	7.39	22.44	7.18
日本	Japan	2010	13.69	2.55	3.26	25.37	3.89
韩国	Korea, Rep.	2011	13.45	2.18	5.14	16.29	3.34
卢森堡	Luxemburg	2011	8.53	8.43	4.63	24.04	6.44
墨西哥	Mexico	2010	24.58	2.36	2.40	15.71	5.19
荷兰	Netherlands	2011	11.80	3.09	5.43	23.79	6.02
挪威	Norway	2010	13.15	4.32	5.38	22.01	5.65
波兰	Poland	2010	19.64	6.74	4.11	24.20	4.44
葡萄牙	Portugal	2011	16.91	3.09	6.04	15.37	5.69
斯洛伐克	Slovakia	2011	17.36	5.02	3.97	25.49	6.07
西班牙	Spain	2011	13.82	2.90	5.32	20.41	4.76
瑞典	Sweden	2011	12.17	3.61	4.83	26.88	5.03
瑞士	Switzerland	2010	9.27	3.70	3.52	24.25	4.38
英国	United Kingdom	2011	9.06	3.73	5.95	24.06	5.07
美国	United States	2011	6.68	1.99	3.50	18.68	4.11
爱沙尼亚	Estonia	2011	19.85	9.12	6.31	19.95	4.04
以色列	Israel	2010	15.89	2.53	2.75	24.34	5.76
斯洛文尼亚	Slovenia	2011	14.77	5.44	5.47	19.45	6.10

10-6 续表 continued

单位：%　　　　(%)

国家和地区	Country or Area	年 份 Year	医疗保健 Health	交通 Transport	通讯 Communications	休闲与文化 Recreation and Culture	教育 Education	饭店和旅馆 Restaurants and Hotels	其他 Others
澳大利亚	Australia	2010	5.81	10.32	2.46	10.74	4.11	6.89	15.42
奥地利	Austria	2010	3.57	12.77	2.18	10.68	0.71	11.93	10.57
比利时	Belgium	2011	5.58	12.38	2.13	9.01	0.51	6.08	12.82
加拿大	Canada	2010	4.81	13.95	2.42	9.85	1.43	6.84	12.78
捷克	Czech Rep.	2011	2.40	9.38	3.06	9.77	0.65	7.43	8.58
丹麦	Denmark	2011	2.74	12.63	1.91	10.94	0.77	5.03	12.01
芬兰	Finland	2011	4.63	11.26	2.22	11.30	0.41	6.40	9.53
法国	France	2011	3.87	14.35	2.60	8.37	0.82	7.06	11.07
德国	Germany	2011	4.78	14.00	2.64	8.94	1.00	5.91	12.56
希腊	Greece	2011	6.36	11.83	2.93	5.63	2.39	11.72	7.03
匈牙利	Hungary	2011	4.27	12.98	3.74	7.49	1.39	6.68	9.92
冰岛	Iceland	2011	3.30	14.84	2.30	10.61	1.29	8.54	6.80
爱尔兰	Ireland	2010	5.82	11.70	3.16	6.86	2.41	14.08	9.73
意大利	Italy	2011	2.85	12.78	2.37	7.27	0.99	10.15	9.59
日本	Japan	2010	4.47	11.08	2.98	10.37	2.16	6.59	13.58
韩国	Korea, Rep.	2011	6.59	12.09	4.28	7.79	6.83	8.21	13.79
卢森堡	Luxemburg	2011	2.04	19.04	1.70	6.86	0.80	7.00	10.50
墨西哥	Mexico	2010	4.42	21.12	4.47	4.97	2.61	4.05	8.11
荷兰	Netherlands	2011	2.72	12.45	4.10	10.02	0.64	5.15	14.78
挪威	Norway	2010	2.78	14.61	2.72	12.58	0.44	5.82	10.55
波兰	Poland	2010	4.14	9.26	3.05	7.76	1.26	2.85	12.55
葡萄牙	Portugal	2011	5.88	12.65	3.12	7.19	1.34	11.29	11.44
斯洛伐克	Slovakia	2011	3.99	7.26	3.66	9.50	1.54	5.50	10.65
西班牙	Spain	2011	3.45	11.49	2.78	8.07	1.43	17.67	7.90
瑞典	Sweden	2011	3.23	13.28	3.31	11.07	0.29	5.62	10.66
瑞士	Switzerland	2010	14.84	9.03	2.45	8.38	0.56	7.02	12.61
英国	United Kingdom	2011	1.81	14.28	2.25	10.76	1.51	9.98	11.52
美国	United States	2011	20.60	10.32	2.36	9.23	2.41	6.41	13.71
爱沙尼亚	Estonia	2011	2.62	13.18	3.29	6.37	0.63	7.55	7.10
以色列	Israel	2010	3.74	15.07	4.07	7.77	3.00	6.11	8.95
斯洛文尼亚	Slovenia	2011	3.67	15.07	3.23	8.70	1.20	6.90	10.01

主要统计指标解释

居民最终消费支出（私人消费） 是指由家庭购买的包括耐用消费品(比如小汽车、洗衣机和家用电脑)在内的各种产品和服务的市场价值。

基尼系数 反映个人或家庭收入分配（或消费）与完全平均收入分配之间差异程度的指标，介于“0”和“1”之间。“0”表示收入分配绝对平均，即每个家庭或每个人都得到同样份额的收入；“1”表示收入分配极端不平等，一个家庭或个人拥有全社会的收入。

国家贫困线 国家贫困线反映了当地消费或收入水平，它是衡量国民是否处于贫困的数量界限。贫困和非贫困线的界定是随着一个国家平均收入水平而变化的,到目前为止国家间贫困率的比较还没有一个统一的标准来衡量。然而国家贫困线的变化可以在一定程度上反映国家减贫政策及成效。几乎所有国家的贫困线的界定是基于大众化食品消费和非食品支出补助。但平均收入贫困线的提高主要取决于非食品构成，而不是来自于食品构成。

国家贫困率 是指生活在国家贫困线以下的人口的百分比。

城市贫困率 是指生活在国家城市贫困线以下的城市人口的百分比。

农村贫困率 是指生活在农村贫困线以下的农村人口的百分比。

Explanatory Notes on Main Statistical Indicators

Household Final Consumption Expenditure (Private Consumption) is the market value of all goods and services, including durable products (such as cars, washing machines, and home computers), purchased by households.

GINI Index measures the extent to which the distribution of income (or, in some cases, consumption expenditure) among individuals or households within an economy deviates from a perfectly equal distribution. Thus a GINI index of zero represents perfect equality, while an index of 1 implies perfect inequality.

National Poverty Lines The setting of national poverty lines reflects local perceptions of the level of consumption or income needed not to be poor. The perceived boundary between poor and not poor rises with the average income of a country and so does not provide a uniform measure for comparing poverty rates across countries. Nevertheless, national poverty estimates are clearly the appropriate measure for setting national policies for poverty reduction and for monitoring their results. Almost all the national poverty lines use a food bundle based on prevailing diets that attains predetermined nutritional requirements for good health and normal activity levels, plus an allowance for nonfood spending. The rise in poverty lines with average income is driven more by the gradient in the nonfood component of the poverty lines than in the food component, although there is still an appreciable share attributable to the gradient in food poverty lines.

National Poverty Rate is the percentage of the country's population living below the national poverty line.

Urban Poverty Rate is the percentage of the urban population living below the national urban poverty line.

Rural Poverty Rate is the percentage of the rural population living below the national rural poverty line.

农　业

Agriculture

11-1　农业生产指数

Agriculture Production Indices

资料来源：联合国FAO数据库。
Source: FAO Database.

2004-2006年=100　　(2004-2006=100)

国家和地区	Country or Area	农业 Agriculture			食品 Food		
		2000	2005	2010	2000	2005	2010
世　界	**World**	**88.8**	**100.0**	**111.6**	**89.0**	**100.0**	**112.1**
中　国	China	85.2	100.2	117.9	85.5	100.4	118.5
孟加拉国	Bangladesh	89.7	102.7	130.0	89.6	102.8	129.8
文　莱	Brunei Darussalam	86.3	87.3	112.9	86.3	87.1	113.0
柬埔寨	Cambodia	75.0	104.7	147.5	73.8	104.7	147.4
印　度	India	90.4	99.9	123.5	91.4	100.0	122.3
印度尼西亚	Indonesia	78.2	98.1	120.7	78.5	98.2	121.8
伊　朗	Iran	77.9	102.6	109.0	77.3	102.6	109.1
以色列	Israel	86.9	100.1	105.7	87.1	100.2	106.5
日　本	Japan	103.6	101.0	96.8	103.6	101.0	97.0
哈萨克斯坦	Kazakhstan	78.4	100.1	106.8	78.8	99.9	107.9
韩　国	Korea, Rep.	103.7	99.8	101.7	103.4	99.8	101.7
老　挝	Laos	85.6	100.4	130.1	83.1	100.4	129.9
马来西亚	Malaysia	78.2	99.7	111.9	78.1	100.3	117.0
蒙　古	Mongolia	143.7	96.9	116.9	143.8	96.9	115.5
缅　甸	Myanmar	68.1	99.3	126.8	67.7	99.3	127.4
巴基斯坦	Pakistan	87.8	100.4	110.8	88.3	100.6	113.3
菲律宾	Philippines	84.6	100.0	112.5	84.4	100.0	112.7
新加坡	Singapore	66.5	88.0	95.3	66.5	88.0	95.3
斯里兰卡	Sri Lanka	95.5	102.1	119.0	95.4	102.3	123.0
泰　国	Thailand	91.8	98.5	107.8	94.1	98.4	108.8
越　南	Viet Nam	77.9	99.8	115.3	78.0	100.2	113.7
埃　及	Egypt	85.4	98.5	109.4	85.2	98.7	110.3
尼日利亚	Nigeria	81.0	99.7	89.6	81.0	99.6	89.6
南　非	South Africa	96.7	102.4	116.6	96.2	102.4	117.3
加拿大	Canada	92.8	102.0	101.4	92.8	101.9	102.0
墨西哥	Mexico	87.8	98.0	106.5	87.4	98.0	106.7
美　国	United States	96.0	99.9	105.3	96.5	99.7	106.2
阿根廷	Argentina	86.3	103.2	114.9	86.2	103.2	114.9
巴　西	Brazil	77.5	99.2	121.8	77.9	99.4	122.9
委内瑞拉	Venezuela	97.7	100.8	103.9	97.4	100.9	104.0
捷　克	Czech Rep.	102.1	100.0	90.3	102.1	100.0	90.4
法　国	France	104.0	100.0	97.1	104.0	100.0	96.8
德　国	Germany	99.2	99.8	102.7	99.2	99.8	102.7
意大利	Italy	100.1	100.5	96.7	100.0	100.5	96.8
荷　兰	Netherlands	104.0	99.8	111.4	103.9	99.8	111.4
波　兰	Poland	102.0	98.5	100.6	102.0	98.5	100.6
俄罗斯联邦	Russian Fed.	88.7	99.5	93.9	88.7	99.5	93.8
西班牙	Spain	99.8	94.6	103.9	99.7	94.5	104.2
土耳其	Turkey	94.9	101.1	105.6	94.6	101.4	108.3
乌克兰	Ukraine	85.4	100.1	106.7	85.4	100.1	106.7
英　国	United Kingdom	103.4	100.3	102.2	103.4	100.3	102.2
澳大利亚	Australia	105.6	108.0	99.4	103.4	107.9	101.4
新西兰	New Zealand	88.0	98.9	102.7	86.7	99.0	103.9

11-2 主要农作物收获面积(2010年)
Harvest Areas of Major Farm Crops(2010)

资料来源：联合国FAO数据库。
Source: FAO Database.

单位：千公顷 (1 000 hectares)

国家和地区	Country or Area	谷物 Cereals,Total				大豆 Soybeans
			稻谷 Rice, Paddy	小麦 Wheat	玉米 Maize	
世 界	**World**	**688147.7**	**159416.5**	**217219.4**	**161765.4**	**102556.3**
中 国	China	90132.1	30117.3	24256.1	32517.9	8516.1
孟加拉国	Bangladesh	12249.1	11700.0	376.3	152.0	40.7
文 莱	Brunei Darussalam	1.8	1.8			
柬埔寨	Cambodia	3106.8	2776.5		330.3	101.8
印 度	India	97760.0	42560.0	28460.0	7180.0	9550.0
印度尼西亚	Indonesia	17385.2	13253.5		4131.7	660.8
伊 朗	Iran	9440.3	563.5	7035.0	240.2	76.1
以色列	Israel	79.1		64.2	3.0	
日 本	Japan	1941.8	1628.0	206.9	0.1	137.7
哈萨克斯坦	Kazakhstan	15068.4	94.0	13138.0	95.6	61.6
朝 鲜	Korea, Dem.	1268.2	570.0	73.0	503.0	300.0
韩 国	Korea, Rep.	970.4	892.1	12.5	15.5	71.4
老 挝	Laos	1067.9	855.1		212.7	7.2
马来西亚	Malaysia	680.1	673.7		6.4	
蒙 古	Mongolia	259.1		250.2		
缅 甸	Myanmar	8957.4	8051.7	95.4	343.5	165.0
巴基斯坦	Pakistan	13331.7	2365.0	9131.6	974.0	0.1
菲律宾	Philippines	6853.3	4354.2		2499.0	0.6
斯里兰卡	Sri Lanka	1124.7	1060.4		57.6	4.5
泰 国	Thailand	12317.4	10990.1	1.1	1121.8	106.3
越 南	Viet Nam	8641.7	7513.7		1126.4	197.8
埃 及	Egypt	2967.1	459.5	1287.6	968.5	15.2
尼日利亚	Nigeria	13808.9	1788.2	37.2	3335.9	281.3
南 非	South Africa	3546.3	1.1	558.1	2742.0	311.5
加拿大	Canada	13011.8		8268.7	1202.9	1476.8
墨西哥	Mexico	9980.0	47.7	678.6	7148.1	153.5
美 国	United States	57483.1	1463.0	19270.9	32960.4	31003.3
阿根廷	Argentina	9358.1	215.1	4373.4	2902.8	18130.8
巴 西	Brazil	18605.0	2722.5	2181.6	12683.4	23327.3
委内瑞拉	Venezuela	1147.0	250.0	0.8	650.0	25.0
白俄罗斯	Belarus	2390.3		602.8	111.7	
捷 克	Czech Rep.	1467.3		833.6	105.3	9.5
法 国	France	9769.1	23.8	5931.0	1571.0	51.0
德 国	Germany	6595.9		3297.7	463.6	1.0
意大利	Italy	3459.8	247.7	1830.5	926.0	159.5
荷 兰	Netherlands	210.4		153.7	16.7	
波 兰	Poland	8423.6		2406.1	298.7	0.2
俄罗斯联邦	Russian Fed.	32331.0	200.9	21639.8	1025.2	1036.3
西班牙	Spain	5984.2	122.5	1907.3	320.3	0.7
土耳其	Turkey	12005.1	99.0	8053.7	593.6	23.5
乌克兰	Ukraine	14184.5	29.3	6284.1	2647.6	1036.7
英 国	United Kingdom	3012.5		1939.0		
澳大利亚	Australia	19476.3	18.9	13507.0	59.0	31.3
新西兰	New Zealand	135.5		54.8	17.5	

11-2 续表 1 continued

单位：千公顷 (1 000 hectares)

国家和地区	Country or Area	根茎类作物 Roots and Tubers,Total	花生 Groundnuts, with Shell	油菜籽 Rapeseed	籽棉 Seed Cotton	黄麻及黄麻类纤维 Jute and Jute-like Fibres
世　界	**World**	**52526.6**	**24011.5**	**31640.8**	**32009.0**	**1483.6**
中　国	China	9135.0	4547.9	7370.0	4849.0	19.0
孟加拉国	Bangladesh	466.1	33.6	242.1	14.0	470.3
文　莱	Brunei Darussalam	0.7				
柬埔寨	Cambodia	217.0	20.0		0.2	0.6
印　度	India	2186.1	4930.0	5530.0	11000.0	880.0
印度尼西亚	Indonesia	1512.1	620.6		14.0	2.6
伊　朗	Iran	146.3	1.4	160.0	91.0	…
以色列	Israel	22.8	2.8		3.9	
日　本	Japan	147.3	7.7	0.8		…
哈萨克斯坦	Kazakhstan	178.7	0.1	304.6	134.0	
朝　鲜	Korea, Dem.	164.0			19.0	
韩　国	Korea, Rep.	44.1	5.4	1.5	…	
老　挝	Laos	48.6	23.6		2.2	
马来西亚	Malaysia	54.2	0.2			
蒙　古	Mongolia	13.8				
缅　甸	Myanmar	73.0	866.5		300.0	17.0
巴基斯坦	Pakistan	165.1	82.9	190.4	2689.0	1.7
菲律宾	Philippines	365.7	27.1		0.1	
斯里兰卡	Sri Lanka	33.2	9.5		…	
泰　国	Thailand	1201.1	28.4		7.2	3.1
越　南	Viet Nam	684.3	231.3		9.1	3.8
埃　及	Egypt	157.7	66.8		155.0	1.5
尼日利亚	Nigeria	7556.5	2636.2		373.8	1.0
南　非	South Africa	81.5	57.5	34.8	6.0	1.1
加拿大	Canada	139.9		6514.4		
墨西哥	Mexico	66.1	52.6	3.0	112.9	
美　国	United States	455.4	507.9	579.9	4329.7	
阿根廷	Argentina	111.7	218.8	11.5	440.9	
巴　西	Brazil	1991.6	94.3	31.0	829.8	11.2
委内瑞拉	Venezuela	78.8	0.4		14.0	
白俄罗斯	Belarus	366.8		307.0		
捷　克	Czech Rep.	27.1		368.8		
法　国	France	167.6		1465.2		
德　国	Germany	255.2		1461.2		
意大利	Italy	62.9		20.4		
荷　兰	Netherlands	157.0		2.6		
波　兰	Poland	490.9		769.3		
俄罗斯联邦	Russian Fed.	2109.1		607.4		11.8
西班牙	Spain	79.0	…	19.6	62.9	…
土耳其	Turkey	141.2	27.4	31.2	480.4	
乌克兰	Ukraine	1411.9		862.5		
英　国	United Kingdom	138.0		642.0		
澳大利亚	Australia	38.3	10.1	1729.1	208.3	
新西兰	New Zealand	13.9		2.5		

11-2 续表 2 continued

单位：千公顷 (1 000 hectares)

国家和地区	Country or Area	甘蔗 Sugar Cane	甜菜 Sugar Beets	茶叶 Tea	水果（不包括瓜类） Fruit excl. Melons
世　界	**World**	**23877.4**	**4698.3**	**3130.6**	**55210.4**
中　国	China	1695.2	219.0	1419.5	11318.7
孟加拉国	Bangladesh	121.0		59.5	516.5
文　莱	Brunei Darussalam				1.3
柬埔寨	Cambodia	17.1			49.4
印　度	India	4170.0		583.0	6408.2
印度尼西亚	Indonesia	336.0		124.6	651.0
伊　朗	Iran	68.4	99.5	19.5	1083.0
以色列	Israel		…		59.2
日　本	Japan	23.2	62.6	46.8	191.1
哈萨克斯坦	Kazakhstan		8.8		56.8
朝　鲜	Korea, Dem.				215.6
韩　国	Korea, Rep.			1.2	170.0
老　挝	Laos	15.4		2.4	26.6
马来西亚	Malaysia	13.0		1.9	92.7
蒙　古	Mongolia				1.1
缅　甸	Myanmar	157.0		76.8	392.6
巴基斯坦	Pakistan	942.9	1.3		718.3
菲律宾	Philippines	362.8			1155.9
斯里兰卡	Sri Lanka	14.9		218.3	111.8
泰　国	Thailand	978.0		19.5	858.6
越　南	Viet Nam	266.3		113.2	487.2
埃　及	Egypt	134.5	134.5		477.1
尼日利亚	Nigeria	73.1			1720.1
南　非	South Africa	267.0		1.0	278.3
加拿大	Canada		11.3		77.0
墨西哥	Mexico	703.9	…		1212.5
美　国	United States	355.1	467.9		1144.8
阿根廷	Argentina	350.0		37.2	491.5
巴　西	Brazil	9076.7		2.4	2379.5
委内瑞拉	Venezuela	118.0	1.1		170.0
白俄罗斯	Belarus		95.5		90.9
捷　克	Czech Rep.		56.4		38.6
法　国	France		383.5		902.8
德　国	Germany		367.0		175.6
意大利	Italy		62.7		1277.3
荷　兰	Netherlands		70.6		21.5
波　兰	Poland		199.9		411.7
俄罗斯联邦	Russian Fed.		923.8	1.4	464.3
西班牙	Spain	…	44.3		1562.2
土耳其	Turkey		328.7	75.9	1092.6
乌克兰	Ukraine		492.0		279.9
英　国	United Kingdom		118.0		29.6
澳大利亚	Australia	405.0			290.0
新西兰	New Zealand				67.1

11-3 主要农产品产量

Production of Major Farm Crops

资料来源：联合国FAO数据库。
Source:FAO Database.

单位：万吨 (10 000 tons)

国家和地区	Country or Area	谷物 Cereals,Total	
		2000	2010
世　界	**World**	**206019.7**	**245766.2**
中　国	China	40733.7	49773.5
美　国	United States	34262.8	40167.0
印　度	India	23493.1	26016.3
印度尼西亚	Indonesia	6157.5	8479.7
巴　西	Brazil	4589.3	7519.2
法　国	France	6569.9	6828.5
俄罗斯联邦	Russian Fed.	6432.6	5962.4
孟加拉国	Bangladesh	3950.3	5187.5
阿 根 廷	Argentina	3875.6	4620.4
加 拿 大	Canada	5109.0	4541.0
越　南	Viet Nam	3453.7	4459.8
德　国	Germany	4527.1	4431.4
乌 克 兰	Ukraine	2380.7	3867.9
泰　国	Thailand	3052.9	3636.9
缅　甸	Myanmar	2196.1	3504.8
墨 西 哥	Mexico	2799.1	3492.3
巴基斯坦	Pakistan	3046.1	3481.1
澳大利亚	Australia	3444.7	3350.6
土 耳 其	Turkey	3224.9	3274.1
波　兰	Poland	2234.1	2712.0
伊　朗	Iran	1287.4	2227.2
菲 律 宾	Philippines	1690.1	2214.9
英　国	United Kingdom	2398.9	2094.6
埃　及	Egypt	2010.6	1954.1
尼日利亚	Nigeria	2137.0	1952.9
西 班 牙	Spain	2455.6	1933.5
意 大 利	Italy	2066.1	1882.5
罗马尼亚	Romania	1049.9	1671.3
埃塞俄比亚	Ethiopia	802.0	1548.4
南　非	South Africa	1452.7	1469.9
匈 牙 利	Hungary	1003.6	1230.4
哈萨克斯坦	Kazakhstan	1154.0	1211.6
日　本	Japan	1279.6	1136.3
塞尔维亚	Serbia		929.1
柬 埔 寨	Cambodia	418.3	901.9
丹　麦	Denmark	941.3	877.2
摩 洛 哥	Morocco	199.6	783.4
尼 泊 尔	Nepal	711.6	776.3
乌兹别克斯坦	Uzbekistan	391.4	741.6
保加利亚	Bulgaria	438.7	702.7
坦桑尼亚	Tanzania	362.3	698.6
捷　克	Czech Rep.	646.0	688.4
白俄罗斯	Belarus	456.5	672.6
马　里	Mali	231.0	641.8
韩　国	Korea, Rep.	750.1	634.5

国家和地区	Country or Area	稻谷 Rice, Paddy	
		2000	2010
世　界	**World**	**59935.6**	**69632.4**
中　国	China	18981.4	19721.2
印　度	India	12746.5	14396.3
印度尼西亚	Indonesia	5189.8	6646.9
孟加拉国	Bangladesh	3762.8	5006.1
越　南	Viet Nam	3253.0	3998.9
缅　甸	Myanmar	2132.4	3320.5
泰　国	Thailand	2584.4	3159.7
菲 律 宾	Philippines	1238.9	1577.2
巴　西	Brazil	1109.0	1123.6
美　国	United States	865.8	1102.7
日　本	Japan	1186.3	1060.0
柬 埔 寨	Cambodia	402.6	824.5
巴基斯坦	Pakistan	720.4	723.5
韩　国	Korea, Rep.	719.7	613.6
马达加斯加	Madagascar	248.1	473.8
埃　及	Egypt	600.1	433.0
斯里兰卡	Sri Lanka	286.0	430.1
尼 泊 尔	Nepal	421.7	402.4
尼日利亚	Nigeria	329.8	321.9
老　挝	Laos	220.2	307.1
秘　鲁	Peru	189.2	283.1
马来西亚	Malaysia	214.1	254.8
朝　鲜	Korea, Dem.	169.0	242.6
哥伦比亚	Colombia	269.4	241.2
马　里	Mali	74.3	230.8
伊　朗	Iran	197.2	228.8
厄瓜多尔	Ecuador	124.7	170.6
意 大 利	Italy	123.0	151.6
几 内 亚	Guinea	114.1	149.9
委内瑞拉	Venezuela	67.7	125.0
阿 根 廷	Argentina	90.4	124.1
乌 拉 圭	Uruguay	120.9	114.9
坦桑尼亚	Tanzania	78.2	110.5
俄罗斯联邦	Russian Fed.	58.6	106.1
塞拉利昂	Sierra Leone	19.9	102.7
西 班 牙	Spain	82.7	92.6
土 耳 其	Turkey	35.0	86.0
科特迪瓦	Cote D'Ivoire	62.2	72.3
阿 富 汗	Afghanistan	26.0	67.2
塞内加尔	Senegal	20.2	60.4
多米尼加	Dominican Rep.	58.1	56.7
圭 亚 那	Guyana	44.9	55.6
加　纳	Ghana	24.9	49.2
古　巴	Cuba	55.3	45.4
尼加拉瓜	Nicaragua	29.0	45.4

11-3 续表 1 continued

单位：万吨 (10 000 tons)

国家和地区	Country or Area	小麦 Wheat		国家和地区	Country or Area	玉米 Maize	
		2000	2010			2000	2010
世　界	**World**	**58569.0**	**65365.5**	**世　界**	**World**	**59247.9**	**84030.8**
中　国	China	9963.6	11518.1	美　国	United States	25185.2	31616.5
印　度	India	7636.9	8080.0	中　国	China	10617.8	17754.1
美　国	United States	6063.9	6006.2	巴　西	Brazil	3187.9	5539.5
俄罗斯联邦	Russian Fed.	3445.6	4150.8	墨西哥	Mexico	1755.7	2330.2
法　国	France	3735.3	4078.7	阿根廷	Argentina	1678.1	2267.7
德　国	Germany	2162.2	2410.7	印度尼西亚	Indonesia	967.7	1832.8
巴基斯坦	Pakistan	2107.9	2331.1	印　度	India	1204.3	1406.0
加拿大	Canada	2653.6	2316.7	法　国	France	1601.8	1397.5
澳大利亚	Australia	2210.8	2213.8	南　非	South Africa	1143.1	1281.5
土耳其	Turkey	2100.9	1966.0	乌克兰	Ukraine	384.8	1195.3
乌克兰	Ukraine	1019.7	1685.1	加拿大	Canada	695.4	1171.5
伊　朗	Iran	808.8	1502.9	罗马尼亚	Romania	489.8	904.2
阿根廷	Argentina	1614.7	1491.5	意大利	Italy	1013.8	882.8
英　国	United Kingdom	1670.4	1487.8	尼日利亚	Nigeria	410.7	730.6
哈萨克斯坦	Kazakhstan	907.4	963.8	塞尔维亚	Serbia		720.7
波　兰	Poland	850.3	948.8	埃　及	Egypt	647.5	718.3
埃　及	Egypt	656.4	716.9	匈牙利	Hungary	498.4	696.7
意大利	Italy	746.4	685.0	菲律宾	Philippines	451.1	637.7
乌兹别克斯坦	Uzbekistan	353.2	673.0	坦桑尼亚	Tanzania	196.5	473.6
巴　西	Brazil	166.2	617.1	越　南	Viet Nam	200.6	460.7
罗马尼亚	Romania	445.6	581.2	泰　国	Thailand	447.3	445.5
西班牙	Spain	729.4	561.1	土耳其	Turkey	230.0	431.0
丹　麦	Denmark	469.3	506.0	德　国	Germany	332.4	407.3
摩洛哥	Morocco	138.1	487.6	埃塞俄比亚	Ethiopia	268.3	389.7
阿富汗	Afghanistan	146.9	453.2	巴基斯坦	Pakistan	164.3	370.7
捷　克	Czech Rep.	408.4	416.2	马拉维	Malawi	250.1	341.9
保加利亚	Bulgaria	278.1	399.5	肯尼亚	Kenya	216.0	322.2
匈牙利	Hungary	369.3	376.4	西班牙	Spain	399.2	317.9
墨西哥	Mexico	349.3	367.7	巴拉圭	Paraguay	64.7	310.9
阿尔及利亚	Algeria	76.0	310.0	俄罗斯联邦	Russian Fed.	153.0	308.4
叙利亚	Syrian Arab Republic	310.6	308.3	赞比亚	Zambia	104.0	279.6
埃塞俄比亚	Ethiopia	123.5	307.6	奥地利	Austria	185.2	216.9
土库曼斯坦	Turkmenistan	169.0	300.0	委内瑞拉	Venezuela	169.0	214.5
伊拉克	Iraq	38.4	274.9	克罗地亚	Croatia	152.6	206.8
瑞　典	Sweden	237.2	218.4	保加利亚	Bulgaria	80.4	204.4
比利时	Belgium	168.8	185.0	莫桑比克	Mozambique	118.0	187.8
白俄罗斯	Belarus	96.6	173.9	加　纳	Ghana	101.3	187.2
立陶宛	Lithuania	123.8	170.8	尼泊尔	Nepal	141.5	185.5
塞尔维亚	Serbia		163.0	伊　朗	Iran	112.0	173.6
希　腊	Greece	232.6	160.0	希　腊	Greece	209.4	172.0
尼泊尔	Nepal	118.4	155.7	波　兰	Poland	92.3	171.6
智　利	Chile	149.3	152.4	朝　鲜	Korea, Dem.	104.1	168.3
奥地利	Austria	131.3	151.8	喀麦隆	Cameroon	74.1	167.4

11-3 续表 2 continued

单位：万吨 (10 000 tons)

国家和地区	Country or Area	大豆 Soybeans 2000	大豆 Soybeans 2010	国家和地区	Country or Area	根茎类作物 Roots and Tubers 2000	根茎类作物 Roots and Tubers 2010
世　界	**World**	**16129.1**	**26499.2**	**世　界**	**World**	**69937.6**	**72998.4**
美　国	United States	7505.4	9060.6	中　国	China	18987.8	16244.6
巴　西	Brazil	3273.5	6875.6	尼日利亚	Nigeria	6516.4	7285.0
阿根廷	Argentina	2013.6	5267.6	印　度	India	3212.5	4573.2
中　国	China	1541.2	1508.3	巴　西	Brazil	2663.2	2879.9
印　度	India	527.6	1273.6	印度尼西亚	Indonesia	1926.9	2751.0
巴拉圭	Paraguay	298.0	746.0	泰　国	Thailand	1937.0	2245.5
加拿大	Canada	270.3	434.5	俄罗斯联邦	Russian Fed.	3398.0	2114.1
玻利维亚	Bolivia	119.7	191.7	加　纳	Ghana	1318.7	2094.0
乌拉圭	Uruguay	0.7	181.7	美　国	United States	2392.2	1942.1
乌克兰	Ukraine	6.4	168.0	乌克兰	Ukraine	1983.8	1870.5
俄罗斯联邦	Russian Fed.	34.2	122.2	刚果(金)	Congo, Dem. Rep.	1652.8	1636.8
印度尼西亚	Indonesia	101.8	90.7	安哥拉	Angola	468.4	1568.7
南　非	South Africa	15.4	56.6	越　南	Viet Nam	391.4	1028.5
意大利	Italy	90.4	55.3	德　国	Germany	1369.4	1020.2
塞尔维亚	Serbia		54.1	乌干达	Uganda	784.2	881.5
尼日利亚	Nigeria	42.9	39.4	波　兰	Poland	2423.2	876.6
朝　鲜	Korea, Dem.	35.0	35.0	孟加拉国	Bangladesh	331.1	823.7
越　南	Viet Nam	14.9	29.7	白俄罗斯	Belarus	871.8	783.1
日　本	Japan	23.5	22.3	科特迪瓦	Cote D'Ivoire	667.9	782.9
缅　甸	Myanmar	9.7	20.0	马拉维	Malawi	483.2	767.5
泰　国	Thailand	31.2	17.7	法　国	France	643.4	721.6
乌干达	Uganda	12.0	17.5	埃塞俄比亚	Ethiopia	471.3	715.8
墨西哥	Mexico	10.2	16.8	荷　兰	Netherlands	822.7	684.4
伊　朗	Iran	14.2	16.3	莫桑比克	Mozambique	587.8	673.9
柬埔寨	Cambodia	2.8	15.7	坦桑尼亚	Tanzania	590.9	655.4
克罗地亚	Croatia	6.5	15.4	贝　宁	Benin	416.1	606.5
罗马尼亚	Romania	7.0	15.0	英　国	United Kingdom	663.6	605.6
法　国	France	20.1	14.0	秘　鲁	Peru	470.3	563.4
哈萨克斯坦	Kazakhstan	0.4	11.4	喀麦隆	Cameroon	354.6	533.6
摩尔多瓦	Moldova	1.2	11.1	卢旺达	Rwanda	290.8	521.3
韩　国	Korea, Rep.	11.3	10.5	哥伦比亚	Colombia	351.5	498.1
奥地利	Austria	3.3	9.5	土耳其	Turkey	537.0	454.9
土耳其	Turkey	4.5	8.7	马达加斯加	Madagascar	345.3	442.3
匈牙利	Hungary	3.1	8.5	加拿大	Canada	456.7	442.2
马拉维	Malawi		7.3	柬埔寨	Cambodia	20.2	437.0
厄瓜多尔	Ecuador	9.4	7.0	埃　及	Egypt	206.6	413.8
孟加拉国	Bangladesh		7.0	伊　朗	Iran	365.8	405.5
澳大利亚	Australia	10.5	6.0	日　本	Japan	447.9	370.0
津巴布韦	Zimbabwe	14.4	5.7	巴基斯坦	Pakistan	230.1	357.0
卢旺达	Rwanda	1.4	5.7	比利时	Belgium	292.2	345.6
哥伦比亚	Colombia	3.9	5.4	阿尔及利亚	Algeria	120.8	329.0
埃　及	Egypt	1.1	4.3	罗马尼亚	Romania	347.0	328.4
委内瑞拉	Venezuela	0.5	4.0	菲律宾	Philippines	252.1	293.4

11-3 续表 3 continued

单位：万吨 (10 000 tons)

国家和地区	Country or Area	花生 Groundnuts, with Shell 2000	花生 Groundnuts, with Shell 2010	国家和地区	Country or Area	油菜籽 Rapeseed 2000	油菜籽 Rapeseed 2010
世　　界	**World**	**3472.8**	**3795.4**	**世　　界**	**World**	**3951.8**	**5907.1**
中　　国	China	1451.6	1570.9	中　　国	China	1138.1	1308.2
印　　度	India	648.0	564.0	加 拿 大	Canada	720.5	1186.6
尼日利亚	Nigeria	290.1	263.6	印　　度	India	578.8	641.0
美　　国	United States	148.1	188.6	德　　国	Germany	358.6	569.8
缅　　甸	Myanmar	63.4	134.1	法　　国	France	347.7	481.6
塞内加尔	Senegal	106.2	128.7	英　　国	United Kingdom	115.7	223.0
印度尼西亚	Indonesia	129.2	77.9	澳大利亚	Australia	177.5	218.1
苏　　丹	Sudan	94.7	76.3	波　　兰	Poland	95.8	207.8
阿 根 廷	Argentina	42.0	61.1	乌 克 兰	Ukraine	13.2	147.0
加　　纳	Ghana	20.9	53.1	美　　国	United States	90.9	111.4
越　　南	Viet Nam	35.5	48.6	捷　　克	Czech Rep.	84.4	104.2
喀 麦 隆	Cameroon	19.7	46.0	罗马尼亚	Romania	7.6	94.3
尼 日 尔	Niger	11.3	40.6	俄罗斯联邦	Russian Fed.	14.8	67.0
乍　　得	Chad	35.9	39.4	丹　　麦	Denmark	29.4	58.0
刚果(金)	Congo, Dem. Rep.	38.2	37.1	保加利亚	Bulgaria	2.0	54.5
布基纳法索	Burkina Faso	16.9	34.0	匈 牙 利	Hungary	17.9	53.1
马　　里	Mali	19.3	31.5	立 陶 宛	Lithuania	8.1	41.5
坦桑尼亚	Tanzania	5.2	30.0	伊　　朗	Iran	…	38.0
马 拉 维	Malawi	12.2	29.8	白俄罗斯	Belarus	7.3	37.5
几 内 亚	Guinea	20.0	29.2	斯洛伐克	Slovakia	13.4	32.3
巴　　西	Brazil	18.5	26.2	瑞　　典	Sweden	12.2	27.9
埃　　及	Egypt	18.7	20.3	拉脱维亚	Latvia	1.0	22.6
尼加拉瓜	Nicaragua	9.7	18.0	孟加拉国	Bangladesh	24.9	22.2
乌 干 达	Uganda	13.9	17.2	芬　　兰	Finland	7.1	17.9
赞 比 亚	Zambia	5.2	16.4	奥 地 利	Austria	12.5	17.1
中　　非	Central African Rep.	10.5	14.0	巴基斯坦	Pakistan	29.7	16.2
冈 比 亚	Gambia	13.8	13.8	爱沙尼亚	Estonia	3.9	13.1
贝　　宁	Benin	12.1	11.7	哈萨克斯坦	Kazakhstan	0.3	10.9
安 哥 拉	Angola	1.3	11.5	土 耳 其	Turkey	…	10.7
津巴布韦	Zimbabwe	19.1	10.6	巴 拉 圭	Paraguay	…	8.8
肯 尼 亚	Kenya	3.0	9.9	瑞　　士	Switzerland	3.9	6.8
土 耳 其	Turkey	7.8	9.7	意 大 利	Italy	4.1	5.0
塞拉利昂	Sierra Leone	1.5	9.4	智　　利	Chile	4.8	4.4
科特迪瓦	Cote D'Ivoire	7.2	9.0	阿尔及利亚	Algeria	2.9	4.3
南　　非	South Africa	13.6	8.8	巴　　西	Brazil	4.1	4.2
墨 西 哥	Mexico	14.2	8.2	比 利 时	Belgium	1.4	4.2
莫桑比克	Mozambique	12.4	7.0	埃塞俄比亚	Ethiopia	1.4	4.0
几内亚比绍	Guinea-Bissau	2.0	7.0	摩尔多瓦	Moldova	0.1	3.7
巴基斯坦	Pakistan	9.1	6.8	西 班 牙	Spain	5.0	3.6
孟加拉国	Bangladesh	3.2	5.4	乌 拉 圭	Uruguay	…	3.4
老　　挝	Laos	1.3	5.1	克罗地亚	Croatia	2.9	3.3
摩 洛 哥	Morocco	3.9	5.0	南　　非	South Africa	…	3.3
多　　哥	Togo	2.6	4.7	塞尔维亚	Serbia		2.4

11-3 续表 4 continued

单位：万吨 (10 000 tons)

国家和地区	Country or Area	芝麻 Sesame Seed		国家和地区	Country or Area	籽棉 Seed Cotton	
		2000	2010			2000	2010
世 界	**World**	**278.8**	**383.6**	**世 界**	**World**	**5310.4**	**6829.9**
缅 甸	Myanmar	29.6	72.3	中 国	China	1325.1	1791.0
印 度	India	51.8	62.3	印 度	India	512.8	1779.7
中 国	China	81.2	58.8	美 国	United States	958.1	947.4
埃塞俄比亚	Ethiopia	1.6	31.4	巴基斯坦	Pakistan	547.6	570.0
苏 丹	Sudan	28.2	24.8	乌兹别克斯坦	Uzbekistan	300.2	344.3
乌干达	Uganda	9.7	17.0	巴 西	Brazil	201.0	293.1
尼日利亚	Nigeria	7.2	11.6	土耳其	Turkey	226.1	127.3
布基纳法索	Burkina Faso	0.7	9.1	土库曼斯坦	Turkmenistan	103.0	100.0
尼日尔	Niger	1.4	8.6	澳大利亚	Australia	178.7	93.9
索马里	Somalia	2.3	7.1	阿根廷	Argentina	41.8	75.4
中 非	Central African Rep.	3.7	5.0	希 腊	Greece	129.7	70.0
坦桑尼亚	Tanzania	3.9	4.8	叙利亚	Syrian Arab Republic	108.2	62.8
泰 国	Thailand	3.9	4.8	布基纳法索	Burkina Faso	21.3	53.0
埃 及	Egypt	3.7	4.6	尼日利亚	Nigeria	39.9	48.6
莫桑比克	Mozambique	0.5	4.6	墨西哥	Mexico	22.4	44.1
孟加拉国	Bangladesh	2.2	4.5	埃 及	Egypt	55.4	37.8
巴拉圭	Paraguay	0.8	4.0	坦桑尼亚	Tanzania	12.3	31.5
墨西哥	Mexico	4.1	3.8	塔吉克斯坦	Tajikistan	33.5	31.1
乍 得	Chad	3.3	3.5	马 里	Mali	24.3	26.1
阿富汗	Afghanistan	2.3	3.2	哈萨克斯坦	Kazakhstan	28.7	24.0
巴基斯坦	Pakistan	5.1	3.1	伊 朗	Iran	49.7	23.2
柬埔寨	Cambodia	1.0	3.0	贝 宁	Benin	34.0	22.5
伊 朗	Iran	2.7	2.8	缅 甸	Myanmar	17.6	20.0
危地马拉	Guatemala	1.9	2.8	喀麦隆	Cameroon	20.4	19.0
也 门	Yemen	1.8	2.6	科特迪瓦	Cote D'Ivoire	40.2	18.8
越 南	Viet Nam	1.7	2.5	莫桑比克	Mozambique	3.5	17.5
委内瑞拉	Venezuela	3.3	2.4	苏 丹	Sudan	14.7	13.6
土耳其	Turkey	2.4	2.4	津巴布韦	Zimbabwe	32.7	11.5
斯里兰卡	Sri Lanka	0.5	1.7	玻利维亚	Bolivia	4.5	10.7
巴 西	Brazil	1.5	1.6	赞比亚	Zambia	6.2	10.7
乌兹别克斯坦	Uzbekistan	2.0	1.6	乌干达	Uganda	7.6	8.2
肯尼亚	Kenya	1.0	1.4	西班牙	Spain	29.5	8.1
马 里	Mali	0.4	1.3	乍 得	Chad	18.0	7.6
韩 国	Korea, Rep.	3.2	1.3	吉尔吉斯斯坦	Kyrgyzstan	8.8	7.4
贝 宁	Benin	1.0	1.0	埃塞俄比亚	Ethiopia	4.6	7.0
老 挝	Laos	0.5	0.9	秘 鲁	Peru	15.4	6.4
伊拉克	Iraq	1.4	0.6	阿富汗	Afghanistan	5.7	5.4
塞内加尔	Senegal	0.1	0.5	孟加拉国	Bangladesh	4.1	4.7
刚果(金)	Congo, Dem. Rep.	0.5	0.5	伊拉克	Iraq	3.3	4.5
叙利亚	Syrian Arab Republic	0.4	0.5	几内亚	Guinea	6.6	4.0
塞拉利昂	Sierra Leone	0.1	0.4	阿塞拜疆	Azerbaijan	9.2	3.8
沙特阿拉伯	Saudi Arabia	0.3	0.4	哥伦比亚	Colombia	11.1	3.6
尼加拉瓜	Nicaragua	0.4	0.4	印度尼西亚	Indonesia	2.8	3.4

11-3 续表 5 continued

单位：万吨 (10 000 tons)

国家和地区	Country or Area	甘蔗 Sugar Cane 2000	甘蔗 Sugar Cane 2010	国家和地区	Country or Area	甜菜 Sugar Beets 2000	甜菜 Sugar Beets 2010
世　界	**World**	**125749.9**	**168544.5**	**世　界**	**World**	**25010.2**	**22845.2**
巴　西	Brazil	32770.5	71915.7	法　国	France	3112.1	3191.0
印　度	India	29932.4	27775.0	美　国	United States	3254.1	2894.0
中　国	China	6929.9	11145.4	德　国	Germany	2787.0	2385.8
泰　国	Thailand	5405.2	6880.8	俄罗斯联邦	Russian Fed.	1405.4	2225.6
墨西哥	Mexico	4410.0	5042.2	土耳其	Turkey	1882.1	1794.2
巴基斯坦	Pakistan	4633.3	4937.3	乌克兰	Ukraine	1319.9	1374.9
菲律宾	Philippines	2449.1	3400.0	波　兰	Poland	1313.4	982.3
澳大利亚	Australia	3816.5	3145.7	中　国	China	807.4	929.6
阿根廷	Argentina	1840.0	2900.0	埃　及	Egypt	289.0	784.0
印度尼西亚	Indonesia	2390.0	2650.0	英　国	United Kingdom	907.9	648.4
美　国	United States	3611.4	2482.1	荷　兰	Netherlands	679.8	528.0
哥伦比亚	Colombia	3500.0	2027.3	比利时	Belgium	615.2	446.5
危地马拉	Guatemala	1655.2	1839.2	伊　朗	Iran	433.2	389.7
南　非	South Africa	2387.6	1601.6	白俄罗斯	Belarus	147.4	377.0
越　南	Viet Nam	1504.4	1594.7	意大利	Italy	1237.0	355.0
埃　及	Egypt	1570.6	1570.9	西班牙	Spain	793.0	339.9
古　巴	Cuba	3640.0	1130.0	塞尔维亚	Serbia		332.5
缅　甸	Myanmar	580.1	971.5	奥地利	Austria	256.0	313.2
秘　鲁	Peru	753.5	966.1	日　本	Japan	367.3	309.0
委内瑞拉	Venezuela	883.2	950.0	捷　克	Czech Rep.	280.9	306.5
厄瓜多尔	Ecuador	540.2	834.7	摩洛哥	Morocco	288.3	243.6
洪都拉斯	Honduras	397.4	781.9	丹　麦	Denmark	334.5	235.6
苏　丹	Sudan	498.2	752.7	瑞　典	Sweden	260.2	197.4
玻利维亚	Bolivia	360.2	743.8	叙利亚	Syrian Arab Reput	117.5	149.3
肯尼亚	Kenya	394.2	571.0	智　利	Chile	309.3	142.0
伊　朗	Iran	236.7	568.5	瑞　士	Switzerland	140.9	130.2
孟加拉国	Bangladesh	691.0	530.4	克罗地亚	Croatia	48.2	124.9
巴拉圭	Paraguay	224.5	513.1	斯洛伐克	Slovakia	96.2	97.8
萨尔瓦多	El Salvador	514.0	512.7	罗马尼亚	Romania	66.7	83.8
斯威士兰	Swaziland	388.5	500.0	摩尔多瓦	Moldova	94.4	83.8
尼加拉瓜	Nicaragua	352.4	489.4	匈牙利	Hungary	197.6	81.9
多米尼加	Dominican Rep.	451.1	478.1	希　腊	Greece	303.3	76.2
毛里求斯	Mauritius	511.0	436.6	立陶宛	Lithuania	88.2	72.3
赞比亚	Zambia	160.0	405.0	芬　兰	Finland	104.6	54.2
哥斯达黎加	Costa Rica	380.0	373.5	加拿大	Canada	82.1	50.8
津巴布韦	Zimbabwe	422.8	310.0	阿塞拜疆	Azerbaijan	4.7	25.2
马达加斯加	Madagascar	218.9	300.0	土库曼斯坦	Turkmenistan	23.0	23.4
莫桑比克	Mozambique	39.7	280.0	哈萨克斯坦	Kazakhstan	27.3	15.2
圭亚那	Guyana	271.0	276.6	吉尔吉斯斯坦	Kyrgyzstan	45.0	13.9
坦桑尼亚	Tanzania	135.5	275.0	葡萄牙	Portugal	46.2	13.7
尼泊尔	Nepal	210.3	259.3	巴基斯坦	Pakistan	15.9	5.3
马拉维	Malawi	210.0	250.0	阿尔巴尼亚	Albania	4.2	4.0
乌干达	Uganda	147.6	240.0	黎巴嫩	Lebanon	34.2	3.7
埃塞俄比亚	Ethiopia	217.7	240.0	委内瑞拉	Venezuela	1.7	2.1
牙买加	Jamaica	202.5	196.8	哥伦比亚	Colombia	1.2	1.9
留尼汪	R閿nion	184.5	193.0	伊拉克	Iraq	0.8	1.8

11-3 续表 6 continued

单位：万吨 (10 000 tons)

国家和地区	Country or Area	茶叶 Tea 2000	茶叶 Tea 2010
世　界	**World**	**298.7**	**451.8**
中　国	China	70.4	146.8
印　度	India	82.6	99.1
肯 尼 亚	Kenya	23.6	39.9
斯里兰卡	Sri Lanka	30.6	28.2
土 耳 其	Turkey	13.9	23.5
越　南	Viet Nam	7.0	19.9
伊　朗	Iran	5.0	16.6
印度尼西亚	Indonesia	16.3	15.0
阿 根 廷	Argentina	7.4	8.9
日　本	Japan	8.5	8.5
泰　国	Thailand	3.2	6.7
马 拉 维	Malawi	4.2	6.7
孟加拉国	Bangladesh	4.6	6.0
乌 干 达	Uganda	2.9	4.1
坦桑尼亚	Tanzania	2.4	3.6
缅　甸	Myanmar	1.9	3.2
卢 旺 达	Rwanda	1.5	2.5
津巴布韦	Zimbabwe	2.2	2.1
巴　西	Brazil	0.8	1.8
尼 泊 尔	Nepal	0.5	1.7
莫桑比克	Mozambique	1.1	1.6
马来西亚	Malaysia	0.6	0.9
布 隆 迪	Burundi	0.7	0.8
巴布亚新几内亚	Papua New Guinea	0.6	0.7
埃塞俄比亚	Ethiopia	0.4	0.5
喀 麦 隆	Cameroon	0.4	0.4
格鲁吉亚	Georgia	2.4	0.4
秘　鲁	Peru	0.6	0.3
刚果(金)	Congo, Dem. Rep.	0.2	0.3
厄瓜多尔	Ecuador	0.1	0.3
毛里求斯	Mauritius	0.1	0.2
南　非	South Africa	1.3	0.1
韩　国	Korea, Rep.	0.1	0.1
玻利维亚	Bolivia	0.1	0.1
赞 比 亚	Zambia	0.1	0.1
留 尼 汪	R閡nion	0.1	0.1
马达加斯加	Madagascar	0.1	0.1
危地马拉	Guatemala	0.1	0.1
老　挝	Laos	…	0.1
阿塞拜疆	Azerbaijan	0.1	0.1
俄罗斯联邦	Russian Fed.	0.2	…
巴 拿 马	Panama	…	…
哥伦比亚	Colombia	…	…
马　里	Mali	…	…
葡 萄 牙	Portugal	…	…
塞 舌 尔	Seychelles	…	…

国家和地区	Country or Area	水果(不包括瓜类) Fruit excl. Melons 2000	水果(不包括瓜类) Fruit excl. Melons 2010
世　界	**World**	**47434.6**	**60921.4**
中　国	China	6450.3	12218.5
印　度	India	4300.1	8479.1
巴　西	Brazil	3698.7	3928.7
美　国	United States	3280.5	2538.4
意 大 利	Italy	1799.0	1690.8
菲 律 宾	Philippines	1075.1	1618.2
墨 西 哥	Mexico	1330.7	1525.6
西 班 牙	Spain	1611.6	1518.4
印度尼西亚	Indonesia	841.3	1486.8
土 耳 其	Turkey	1086.1	1394.6
伊　朗	Iran	1228.8	1212.6
乌 干 达	Uganda	1009.1	1020.4
尼日利亚	Nigeria	928.3	998.0
埃　及	Egypt	696.6	958.1
厄瓜多尔	Ecuador	767.1	929.2
法　国	France	1126.5	869.2
泰　国	Thailand	869.7	855.9
哥伦比亚	Colombia	685.1	799.0
阿 根 廷	Argentina	717.4	744.6
巴基斯坦	Pakistan	518.6	650.7
越　南	Viet Nam	436.3	601.4
南　非	South Africa	511.1	591.4
智　利	Chile	389.0	567.4
秘　鲁	Peru	318.7	481.6
哥斯达黎加	Costa Rica	381.1	462.0
加　纳	Ghana	239.1	436.4
坦桑尼亚	Tanzania	185.4	431.0
孟加拉国	Bangladesh	136.1	395.5
危地马拉	Guatemala	197.3	395.2
喀 麦 隆	Cameroon	199.4	387.9
阿尔及利亚	Algeria	142.8	353.6
澳大利亚	Australia	308.4	331.3
摩 洛 哥	Morocco	268.1	329.2
希　腊	Greece	415.2	323.0
卢 旺 达	Rwanda	230.4	294.1
肯 尼 亚	Kenya	214.8	293.3
日　本	Japan	382.1	289.9
波　兰	Poland	224.7	277.4
韩　国	Korea, Rep.	262.6	273.4
乌兹别克斯坦	Uzbekistan	141.5	269.8
刚果(金)	Congo, Dem. Rep.	242.7	254.1
俄罗斯联邦	Russian Fed.	340.2	246.2
巴布亚新几内亚	Papua New Guinea	166.6	242.2
委内瑞拉	Venezuela	319.0	230.2
德　国	Germany	529.1	220.1
多米尼加	Dominican Rep.	103.2	219.6

11-4 主要林产品产量

Output of Major Forest Products

资料来源：联合国FAO数据库。
Source: FAO Database.
单位：吨 (ton)

国家和地区	Country or Area	栗子 Chestnuts		榛子 Hazelnuts, with Shell		天然橡胶 Natural Rubber		核桃 Walnuts, with Shell	
		2005	2010	2005	2010	2005	2010	2005	2010
世　界	**World**	**1366107**	**1944996**	**759244**	**857759**	**9217982**	**10004206**	**1747613**	**2555090**
中　国	China	1031860	1620000	13500	19500	513618	690812	499074	1060600
孟加拉国	Bangladesh					5200	5800		
文　莱	Brunei Darussalam					257	230		
柬 埔 寨	Cambodia					20329	37500		
印　度	India					802625	851000	32000	38000
印度尼西亚	Indonesia					2270890	2591940		
伊　朗	Iran			17889	24300			170000	270300
日　本	Japan	21800	23500						
哈萨克斯坦	Kazakhstan							2000	1180
朝　鲜	Korea, Dem.	9000	10700						
韩　国	Korea, Rep.	76447	68630					868	1061
马来西亚	Malaysia					1126000	858900		
蒙　古	Mongolia			369	390				
缅　甸	Myanmar					51500	44300		
巴基斯坦	Pakistan							14867	10838
菲 律 宾	Philippines					104160	130430		
斯里兰卡	Sri Lanka					104350	139300		
泰　国	Thailand					2979720	3051780		
越　南	Viet Nam					481600	754482		
埃　及	Egypt							27000	20865
尼日利亚	Nigeria					158600	143500		
墨 西 哥	Mexico					24756	30800	79871	76627
美　国	United States			25038	25401			322051	457221
阿 根 廷	Argentina							9491	10000
巴　西	Brazil	…	…			103708	133097	2176	5315
白俄罗斯	Belarus			1210	1200			18937	13500
捷　克	Czech Rep.							4903	10100
法　国	France	8144	9536	4459	8288			32716	30460
德　国	Germany			…				16880	12200
意 大 利	Italy	52000	42700	87879	90270			16000	13200
波　兰	Poland	64	230	3061	2500			5836	9600
俄罗斯联邦	Russian Fed.	3500		615	800			3800	2000
西 班 牙	Spain	8629	5100	23027	15100			8629	13600
土 耳 其	Turkey	50000	59171	530000	600000			150000	178142
乌 克 兰	Ukraine	201	200	13	20			91000	87400
澳大利亚	Australia							23	500

11-5 牲畜饲养量(2010年)

Number of Livestock(2010)

资料来源：联合国FAO数据库。
Source: FAO Database.
单位：万头(只) (10 000 heads)

国家和地区	Country or Area	牛 Cattle	马 Horses	山羊 Goats	绵羊 Sheep	猪 Pigs
世 界	**World**	**142863.6**	**5845.9**	**92143.2**	**107894.8**	**96585.5**
中 国	China	8379.8	678.7	15070.7	13402.1	47623.7
孟加拉国	Bangladesh	2305.1		6500.0	182.0	
文 莱	Brunei Darussalam	0.1		0.3	0.4	0.1
柬埔寨	Cambodia	348.4	2.8			205.7
印 度	India	21020.0	52.4	15400.0	7399.1	963.0
印度尼西亚	Indonesia	1363.3	40.9	1682.1	1093.2	721.2
伊 朗	Iran	850.0	14.0	2570.0	5400.0	
以色列	Israel	43.0	0.4	10.0	44.5	22.4
日 本	Japan	437.6	1.8	1.5	1.2	980.0
哈萨克斯坦	Kazakhstan	609.5	143.9	270.9	1466.1	132.6
朝 鲜	Korea, Dem.	57.7	4.8	355.6	16.6	224.8
韩 国	Korea, Rep.	335.1	2.8	26.0	0.3	988.1
老 挝	Laos	140.0	3.1	28.9		340.0
马来西亚	Malaysia	91.0	0.8	53.8	12.8	171.1
蒙 古	Mongolia	217.6	192.0	1388.3	1448.0	2.5
缅 甸	Myanmar	1300.0	14.0	275.0	53.5	790.0
巴基斯坦	Pakistan	3430.0	40.0	5990.0	2780.0	
菲律宾	Philippines	257.1	24.0	417.8	3.0	1339.8
斯里兰卡	Sri Lanka	117.0	0.2	37.3	0.8	8.4
泰 国	Thailand	649.8	0.6	38.0	4.3	762.4
越 南	Viet Nam	591.6	9.3	128.8		2737.3
埃 及	Egypt	452.5	6.5	420.0	559.2	3.8
尼日利亚	Nigeria	1657.8	20.8	5652.4	3552.0	747.2
南 非	South Africa	1373.1	30.0	627.5	2450.1	159.4
加拿大	Canada	1301.3	38.5	3.0	80.3	1183.5
墨西哥	Mexico	3264.2	635.0	899.3	810.6	1543.5
美 国	United States	9388.1	950.0	303.8	562.0	6488.7
阿根廷	Argentina	4895.0	368.0	425.0	1580.0	227.0
巴 西	Brazil	20954.1	551.4	931.3	1738.1	3895.7
委内瑞拉	Venezuela	1690.0	51.0	140.0	55.0	330.0
白俄罗斯	Belarus	415.1	12.6	7.5	5.2	378.2
捷 克	Czech Rep.	132.9	3.1	2.2	20.6	190.8
法 国	France	1962.1	45.3	134.9	797.7	1453.2
德 国	Germany	1281.0	46.2	15.0	208.9	2650.9
意大利	Italy	610.3	30.0	96.1	801.3	915.7
荷 兰	Netherlands	397.2	13.4	41.6	112.8	1225.2
波 兰	Poland	572.4	29.1	12.2	25.8	1486.5
俄罗斯联邦	Russian Fed.	2067.1	137.5	213.8	1985.1	1723.1
西班牙	Spain	607.5	25.0	293.4	1855.2	2534.3
土耳其	Turkey	1072.4	16.7	512.8	2179.5	0.2
乌克兰	Ukraine	482.7	44.3	63.6	119.7	757.7
英 国	United Kingdom	990.1	38.4	8.5	3100.0	442.3
澳大利亚	Australia	2673.3	25.6	450.0	6808.6	228.9
新西兰	New Zealand	986.4	6.4	9.5	3256.3	33.5

11-6 畜产品产量(2010年)

Output of Livestock Products(2010)

资料来源：联合国FAO数据库。

Source: FAO Database.

单位：万吨 (10 000 tons)

国家和地区	Country or Area	肉类总产量 Meat, Total	牛肉 Beef and Buffalo Meat	羊肉 Sheep and Goat Meat	猪肉 Pig Meat	禽肉 Poultry Meat
世　界	**World**	**29546.2**	**6760.3**	**1371.4**	**10916.7**	**9851.7**
中　国	China	8074.8	655.4	394.3	5168.1	1698.0
孟加拉国	Bangladesh	60.9	19.5	19.5		20.3
文　莱	Brunei Darussalam	2.0	0.1	…	…	1.9
柬埔寨	Cambodia	20.1	7.3		10.0	2.8
印　度	India	619.0	257.6	87.6	33.3	223.1
印度尼西亚	Indonesia	299.3	53.3	13.1	64.9	167.8
伊　朗	Iran	258.5	41.1	49.8	…	166.2
以色列	Israel	68.3	10.8	1.0	1.9	54.6
日　本	Japan	321.5	51.3	…	129.1	140.1
哈萨克斯坦	Kazakhstan	93.4	40.7	14.3	20.6	10.3
朝　鲜	Korea, Dem.	32.4	2.2	1.6	11.0	4.3
韩　国	Korea, Rep.	201.8	24.7	0.2	111.0	65.3
老　挝	Laos	13.0	4.5	0.1	5.9	2.4
马来西亚	Malaysia	167.7	2.9	0.2	23.4	141.2
蒙　古	Mongolia	20.6	4.8	12.6	…	…
缅　甸	Myanmar	158.4	18.3	3.0	45.9	91.2
巴基斯坦	Pakistan	265.5	149.0	43.3		71.0
菲律宾	Philippines	275.2	29.4	5.5	161.3	77.3
新加坡	Singapore	11.3	…	…	1.9	9.4
斯里兰卡	Sri Lanka	13.0	2.8	0.1	0.2	9.9
泰　国	Thailand	238.8	22.3	0.2	86.2	130.1
越　南	Viet Nam	396.7	36.3	0.9	303.6	53.1
埃　及	Egypt	184.2	80.5	12.2	0.1	79.8
尼日利亚	Nigeria	140.1	30.2	44.2	23.4	26.8
南　非	South Africa	285.9	84.8	17.6	31.2	147.8
加拿大	Canada	445.0	127.2	1.6	192.6	121.6
墨西哥	Mexico	582.8	174.5	9.9	117.5	272.2
美　国	United States	4216.8	1204.6	7.6	1018.6	1958.3
阿根廷	Argentina	469.7	263.0	5.5	28.1	164.3
巴　西	Brazil	2346.8	911.5	11.1	307.8	1114.0
委内瑞拉	Venezuela	174.7	46.6	0.9	16.9	84.8
白俄罗斯	Belarus	97.1	30.8	0.1	39.8	26.0
捷　克	Czech Rep.	60.3	7.4	0.2	29.1	19.5
法　国	France	583.9	155.0	13.4	226.0	179.1
德　国	Germany	822.4	120.8	3.9	548.8	138.0
意大利	Italy	428.5	107.5	5.4	167.3	118.1
荷　兰	Netherlands	254.9	38.9	1.5	128.8	85.6
波　兰	Poland	358.4	40.1	0.1	189.5	125.9
俄罗斯联邦	Russian Fed.	721.4	172.7	18.5	233.1	261.0
西班牙	Spain	533.8	60.7	14.0	336.9	114.1
土耳其	Turkey	207.8	32.3	29.6	…	145.7
乌克兰	Ukraine	205.9	42.8	2.1	63.1	95.3
英　国	United Kingdom	352.2	90.8	27.7	75.8	157.0
澳大利亚	Australia	397.3	210.8	58.1	33.6	92.3
新西兰	New Zealand	132.6	63.5	47.2	4.7	14.5

11-6　续表　continued

单位：万吨　　(10 000 tons)

国家和地区	Country or Area	蛋类 Eggs Total	鸡蛋 Hen Eggs	奶类总产量 Milk Total	牛奶 Cow Milk	羊毛 Wool, Greasy	蜂蜜 Natural Honey
世　界	**World**	**6889.3**	**6357.2**	**72087.0**	**59943.8**	**204.3**	**154.2**
中　国	China	2800.1	2382.7	4115.0	3603.6	38.7	39.8
孟加拉国	Bangladesh	25.6	18.8	339.8	83.0	0.2	
文　莱	Brunei Darussalam	0.7	0.7	…	…		
柬埔寨	Cambodia	2.2	1.8	2.7	2.7		
印　度	India	341.4	341.4	11700.0	5030.0	4.3	4.0
印度尼西亚	Indonesia	137.9	111.8	131.6	91.3	2.4	
伊　朗	Iran	74.1	74.1	760.3	639.1	6.0	4.7
以色列	Israel	10.2	10.2	133.2	129.2	0.1	0.3
日　本	Japan	251.5	251.5	772.0	772.0		0.2
哈萨克斯坦	Kazakhstan	20.8	20.7	538.6	534.8	3.8	0.1
朝　鲜	Korea, Dem.	16.0	16.0	9.5	9.5		
韩　国	Korea, Rep.	60.2	57.0	210.7	210.3		2.9
老　挝	Laos	1.6	1.6	0.7	0.7		
马来西亚	Malaysia	55.4	54.0	5.3	4.2	…	
蒙　古	Mongolia	…	…	30.6	24.3	2.2	…
缅　甸	Myanmar	30.2	28.0	140.2	113.9	…	0.1
巴基斯坦	Pakistan	56.6	55.6	3549.1	1243.7	4.2	0.5
菲律宾	Philippines	46.5	38.7	1.0	1.0		
新加坡	Singapore	2.2	2.0				
斯里兰卡	Sri Lanka	6.5	6.5	21.5	16.2		
泰　国	Thailand	98.1	58.6	85.1	85.1		0.8
越　南	Viet Nam	32.6	32.6	34.1	30.7		1.2
埃　及	Egypt	33.6	33.6	574.2	290.2	1.2	0.7
尼日利亚	Nigeria	62.3	62.3	49.6	49.6		
南　非	South Africa	45.3	45.3	323.3	323.3	4.1	0.1
加拿大	Canada	42.9	42.9	824.3	824.3	0.1	3.4
墨西哥	Mexico	238.1	238.1	1083.8	1067.7	0.5	5.6
美　国	United States	541.2	541.2	8746.1	8746.1	1.4	8.0
阿根廷	Argentina	50.5	50.5	1050.2	1050.2	5.4	5.9
巴　西	Brazil	208.7	194.8	3181.6	3166.8	1.0	4.5
委内瑞拉	Venezuela	16.0	16.0	229.4	229.4		…
白俄罗斯	Belarus	19.8	19.6	662.8	659.8	…	0.3
捷　克	Czech Rep.	12.2	12.2	269.4	268.3	…	0.7
法　国	France	94.7	94.7	2420.6	2330.1	0.5	1.6
德　国	Germany	66.4	66.4	2966.5	2962.9	1.3	2.3
意大利	Italy	73.7	73.7	1134.5	1050.0	0.9	0.9
荷　兰	Netherlands	63.1	63.1	1164.9	1163.1	0.3	
波　兰	Poland	61.8	61.8	1229.8	1227.9	0.1	1.2
俄罗斯联邦	Russian Fed.	227.4	226.1	3213.6	3189.5	5.3	5.4
西班牙	Spain	84.2	84.0	754.4	635.7	2.8	3.4
土耳其	Turkey	74.0	74.0	1360.6	1248.0	3.0	8.1
乌克兰	Ukraine	101.8	97.4	1124.9	1097.7	0.4	7.1
英　国	United Kingdom	63.2	61.9	1396.0	1396.0	6.7	0.6
澳大利亚	Australia	17.4	17.4	902.3	902.3	38.2	1.6
新西兰	New Zealand	6.4	6.0	1701.1	1701.1	16.6	1.3

11-7 鱼类产量

Output of Total Fishes

资料来源：联合国FAO数据库。
Source: FAO Database.

单位：万吨 (10 000 tons)

国家和地区	Country or Area	鱼类产量 Output of Total Fishes		海域鱼类产量 Ocean Area		内陆水域鱼类产量 Inland Area	
		2000	2010	2000	2010	2000	2010
中　国	China	2271.3	3240.9	888.0	1006.3	1383.3	2234.7
印　度	India	501.3	868.0	230.7	280.7	270.7	587.2
印度尼西亚	Indonesia	428.7	677.6	335.1	459.4	93.6	218.2
俄罗斯联邦	Russian Fed.	385.2	403.8	348.7	366.4	36.5	37.4
越　南	Viet Nam	157.2	385.9	102.7	167.4	54.5	218.5
秘　鲁	Peru	1054.1	379.7	1050.7	373.5	3.4	6.2
缅　甸	Myanmar	116.3	379.2	87.3	201.7	29.0	177.5
美　国	United States	395.6	362.4	361.4	336.1	34.3	26.3
挪　威	Norway	311.9	353.1	311.9	353.0	0.1	0.1
日　本	Japan	396.6	341.5	385.8	335.2	10.8	6.4
菲律宾	Philippines	198.9	303.4	162.0	237.6	36.9	65.8
智　利	Chile	448.7	282.4	448.6	278.8	0.1	3.7
孟加拉国	Bangladesh	156.5	276.0	30.2	55.5	126.3	220.5
泰　国	Thailand	271.0	191.5	224.9	130.4	46.1	61.1
马来西亚	Malaysia	114.1	141.7	108.8	125.8	5.3	15.9
韩　国	Korea, Rep.	127.2	133.0	125.2	130.3	2.0	2.6
墨西哥	Mexico	108.7	128.4	96.6	115.7	12.1	12.6
埃　及	Egypt	70.3	127.5	11.6	9.9	58.8	117.6
巴　西	Brazil	73.3	110.2	40.3	46.6	33.0	63.6
摩洛哥	Morocco	74.1	107.4	73.9	106.6	0.3	0.8
冰　岛	Iceland	194.0	105.3	193.9	105.0	0.1	0.3
西班牙	Spain	98.4	95.8	94.5	93.5	3.9	2.4
中国台湾	Taiwan, China	96.6	94.6	80.8	76.5	15.9	18.1
丹　麦	Denmark	145.1	82.1	141.5	79.5	3.7	2.6
尼日利亚	Nigeria	44.2	78.5	28.4	29.1	15.8	49.4
英　国	United Kingdom	75.5	62.9	74.2	61.4	1.3	1.5
加拿大	Canada	66.7	61.6	61.4	58.1	5.3	3.5
南　非	South Africa	63.6	61.1	63.4	60.8	0.3	0.2
土耳其	Turkey	56.0	60.4	47.7	48.9	8.3	11.5
阿根廷	Argentina	56.4	60.3	53.2	58.5	3.2	1.8
巴基斯坦	Pakistan	58.6	55.7	39.7	30.2	18.9	25.5
柬埔寨	Cambodia	28.6	52.5	2.7	6.3	25.9	46.2
乌干达	Uganda	22.0	50.9			22.0	50.9
法罗群岛	Faeroe Islands	47.3	43.1	47.3	43.1		
厄瓜多尔	Ecuador	60.5	43.0	59.5	38.1	1.0	4.9
斯里兰卡	Sri Lanka	31.5	41.8	28.3	36.1	3.2	5.7
新西兰	New Zealand	52.2	40.8	52.1	40.6	0.2	0.2
塞内加尔	Senegal	40.9	38.6	35.7	35.3	5.2	3.4
法　国	France	58.8	38.2	53.1	33.8	5.7	4.4
荷　兰	Netherlands	46.9	37.2	46.0	36.4	0.9	0.9
纳米比亚	Namibia	58.7	37.0	58.5	36.7	0.2	0.3
加　纳	Ghana	45.4	35.6	37.4	25.6	8.0	10.0
爱尔兰	Ireland	26.8	30.4	26.6	30.4	0.2	0.1

11-8 农业机械使用量(2009年)

Agricultural Machinery in Use(2009)

资料来源：联合国FAO数据库。
Source: FAO Database.
单位：万部 (10 000 sets)

国家和地区	Country or Area	农用拖拉机 Agricultural Tractors	收割-脱粒机 Combine Harvesters Threshers	挤奶机 Milking Machines
孟加拉国	Bangladesh	0.3①	…	
柬埔寨	Cambodia	0.5②	…	
印 度	India	314.9①	47.7①	
印度尼西亚	Indonesia	0.5①	10.8①	
伊 朗	Iran	30.8	1.1	2.4
以色列	Israel	2.1②	…	0.2①
日 本	Japan	187.7	95.7	16.0
哈萨克斯坦	Kazakhstan	4.0	1.9	0.1
朝 鲜	Korea, Dem.	6.4①		
韩 国	Korea, Rep.	25.4②	8.5②	
老 挝	Laos	0.1①		
蒙 古	Mongolia	0.3②	0.1②	
缅 甸	Myanmar	1.2②	2.4	
巴基斯坦	Pakistan	47.0①	0.2①	
菲律宾	Philippines	6.3①	0.1①	
斯里兰卡	Sri Lanka	2.2①	…	
泰 国	Thailand	83.0①	4.8②	0.1①
越 南	Viet Nam	16.3①	22.3①	
埃 及	Egypt	10.3②	0.3②	
尼日利亚	Nigeria	2.5	…	…
南 非	South Africa	6.3①	1.1①	
加拿大	Canada	73.3①	8.1①	
墨西哥	Mexico	23.9①	2.3①	
美 国	United States	439.0①	34.7①	
阿根廷	Argentina	25.4	5.0	0.8
巴 西	Brazil	77.7①	5.4①	
委内瑞拉	Venezuela	4.9①	0.6①	
白俄罗斯	Belarus	4.8	1.2	1.4
捷 克	Czech Rep.	8.4	1.0	0.7
法 国	France	113.5	7.7	20.0
德 国	Germany	76.7	8.5	25.0
意大利	Italy	191.3	5.5	15.0
荷 兰	Netherlands	14.4	0.6	3.8
波 兰	Poland	157.7	16.0①	27.2①
俄罗斯联邦	Russian Fed.	33.0	8.6	3.3
西班牙	Spain	103.9	5.2	13.0①
土耳其	Turkey	105.3	1.3	18.4
乌克兰	Ukraine	33.4	5.7	1.1
英 国	United Kingdom	44.3	4.0	15.7
澳大利亚	Australia	31.5	5.7	20.0
新西兰	New Zealand	7.7	0.3	1.4

注：①2007年数据。②2008年数据。
Note:①Data refer to 2007.②Data refer to 2008.

11-9 化肥施用量(2010年)
Consumption of Fertilizers(2010)

资料来源：联合国FAO数据库。
Source: FAO Database.
单位：万吨 (10 000 tons)

国家和地区	Country or Area	化肥 Fertilizers	氮肥 Nitrogen Fertilizers	磷肥 Phosphate Fertilizers	钾肥 Potash Fertilizers
世　界	**World**	**17844.4**	**10589.0**	**4544.2**	**2711.2**
中　国	China	5739.8	3506.9	1694.3	538.6
孟加拉国	Bangladesh	149.8	91.5	33.6	24.7
柬埔寨	Cambodia	4.6	2.1	2.4	0.1
印　度	India	2808.0	1655.0	801.7	351.3
印度尼西亚	Indonesia	429.6	278.5	51.2	100.0
伊　朗	Iran	90.4	39.0	43.7	7.6
以色列	Israel	6.1	3.0	0.6	2.4
日　本	Japan	112.0	45.6	42.4	23.9
哈萨克斯坦	Kazakhstan	3.8	2.3	1.3	0.2
韩　国	Korea, Rep.	49.4	21.5	13.7	14.2
马来西亚	Malaysia	210.1	99.8	20.3	90.0
蒙　古	Mongolia	1.1	1.1	…	…
缅　甸	Myanmar	6.8	5.0	0.9	0.9
巴基斯坦	Pakistan	406.5	327.1	75.7	3.8
菲律宾	Philippines	77.1	58.7	7.0	11.4
新加坡	Singapore		…	…	0.2
斯里兰卡	Sri Lanka	27.7	16.6	5.2	5.9
泰　国	Thailand	250.4	158.5	49.2	42.8
越　南	Viet Nam	188.8	109.2	50.4	29.2
埃　及	Egypt	173.8	142.5	28.9	2.4
尼日利亚	Nigeria	10.1	8.0	1.1	1.0
南　非	South Africa	66.7	39.8	16.2	10.6
加拿大	Canada	290.5	198.4	62.0	30.0
墨西哥	Mexico	155.5	120.6	15.5	19.4
美　国	United States	1965.6	1148.8	388.3	428.5
阿根廷	Argentina	150.4	91.3	54.9	4.2
巴　西	Brazil	1013.4	285.5	338.5	389.4
委内瑞拉	Venezuela	46.1	28.5	7.3	10.3
白俄罗斯	Belarus	149.7	53.0	23.4	73.3
捷　克	Czech Rep.	35.7	25.5	4.6	5.6
法　国	France	277.6	205.0	29.5	43.2
德　国	Germany	250.7	178.7	28.6	43.4
意大利	Italy	86.4	49.9	18.0	18.6
荷　兰	Netherlands	30.0	21.8	3.1	5.1
波　兰	Poland	214.5	129.4	38.8	46.2
俄罗斯联邦	Russian Fed.	189.3	119.3	43.7	26.3
西班牙	Spain	163.7	94.1	33.7	35.9
土耳其	Turkey	194.2	134.4	51.5	8.4
乌克兰	Ukraine	111.4	74.8	19.8	16.7
英　国	United Kingdom	148.4	102.9	19.2	26.3
澳大利亚	Australia	239.9	124.1	94.6	21.2
新西兰	New Zealand	63.5	24.6	37.9	1.0

11-10 农业集约化经营程度

Intensivism Management in Agriculture

资料来源：联合国FAO数据库。
Source: FAO Database.

国家和地区	Country or Area	平均每个农业经济活动人口耕地面积（公顷/人） Arable Areas per Agriculture Economic Activity Population (hectares per capita) 2009	平均每千公顷耕地上拖拉机使用量（部/千公顷） Tractors Used per Thousand Hectares Arable Areas (Units/1 000 hectares) 2008	平均每千公顷耕地上收割机使用量（台/千公顷） Harvest Machines Used per Thousand Hectares Arable Areas (Units/1 000 hectares) 2008	平均每千公顷耕地上化肥施用量（吨/千公顷） Consumption of Fertilizers per Thousand Hectares Arable Areas (tons/1 000 hectares) 2009
中　国	China	0.2	27.7	5.8①	503.9
孟加拉国	Bangladesh	0.2	0.4①		281.7
文　莱	Brunei Darussalam	3.0	24.0①	3.3①	79.7
柬埔寨	Cambodia	0.8	1.2		9.6
印　度	India	0.6	19.9①	3.0①	167.2
印度尼西亚	Indonesia	0.5	0.2①	4.9①	181.4
伊　朗	Iran	2.6	18.3①	0.6①	69.7
以色列	Israel	5.9	71.0	0.8①	200.5
日　本	Japan	2.8	433.9①	221.2①	291.0
哈萨克斯坦	Kazakhstan	19.5	1.8①	3.8	2.4
朝　鲜	Korea, Dem.	0.9	23.8①		
韩　国	Korea, Rep.	1.2	163.3	55.0	362.1
老　挝	Laos		1.0①		
马来西亚	Malaysia	1.1			769.8
蒙　古	Mongolia	4.3	3.5	0.7	7.9
缅　甸	Myanmar	0.6	1.1	4.4	5.4
巴基斯坦	Pakistan	0.9	22.3①	0.1①	217.3
菲律宾	Philippines	0.4	12.4①	0.3①	126.0
新加坡	Singapore	0.3	108.3①		5596.0
斯里兰卡	Sri Lanka	0.3	21.5①		257.9
泰　国	Thailand	0.8	54.6①	0.2	118.9
越　南	Viet Nam	0.2	25.8①	35.3①	404.3
埃　及	Egypt	0.4	39.1	1.1	502.8
尼日利亚	Nigeria	2.8	0.7①		2.1
南　非	South Africa	11.8	4.3①	0.7①	49.2
加拿大	Canada	133.8	16.3①	1.8①	60.5
墨西哥	Mexico	3.1	9.7①	0.9①	54.5
美　国	United States	63.5	25.8①	0.1	109.4
阿根廷	Argentina	21.9	7.8①	1.5①	25.4
巴　西	Brazil	5.4	12.7①	0.9①	125.0
委内瑞拉	Venezuela	3.7	18.5①	2.2①	157.1
白俄罗斯	Belarus	12.3	9.0	2.3	281.1
捷　克	Czech Rep.	9.5	27.6①	3.4①	88.5
法　国	France	30.5	61.6①	4.2①	148.3
德　国	Germany	17.3	64.6①	7.2①	181.4
意大利	Italy	7.8	266.8①	7.6①	117.0
荷　兰	Netherlands	4.8	135.9①	5.3①	238.2
波　兰	Poland	4.1	124.6	7.6	141.8
俄罗斯联邦	Russian Fed.	19.0	3.0	0.4	15.6
西班牙	Spain	11.8	82.5	1.0	96.9
土耳其	Turkey	2.6	48.9	2.7	96.5
乌克兰	Ukraine	13.0	10.3	1.8①	29.7
英　国	United Kingdom	12.6	72.8①	6.6①	239.9
澳大利亚	Australia	103.7	7.1①	1.3①	35.0
新西兰	New Zealand	2.5	177.8①	7.2①	1231.7

注：①2007年数据。
Note: ①Data refer to 2007.

主要统计指标解释

农业生产指数 表明每年的农业生产总量与基期2004-2006年相比的相对水平。它根据不同农产品扣除种子和饲料用量后的价格加权数量之和计算得出，其中各种种子和饲料也采用同样方法加权汇总。因此，最后汇总结果代表除种子和饲料外各种用途的可支配产量。国家、地区和世界水平的指数用拉氏公式计算。各年份每种商品的生产量均以2004-2006年的国际平均商品价格作为权数进行加总，然后将某年得到的加总量除以基期2004-2006年三年总量的算术平均数，从而求得指数。

谷物 指收获用做干粒粮食的作物，不包括收获后用作干草或未成熟时收割用作食物、饲料或青贮饲料或作牧草用的农作物。

根茎类作物 包括其他的块根作物，如箭叶黄体芋和竹芋。主要用作饲料的根用作物，不包括芜菁、甜菜和甘蓝在内。

除瓜类外的水果总计 指新鲜水果的总产量，无论它们最终是被当作食物或饲料直接消费，还是被加工成干果、果汁、果酱、酒精等各种产品。

茶 指成品茶。

黄麻和黄麻类纤维 黄麻纤维从黄麻和长蒴黄麻中得到，同类纤维包括许多黄麻纤维的替代品，主要是洋麻纤维和玫瑰茄纤维（木槿属）以及刚果黄麻纤维。

牲畜 包括所有的家养动物，不管年龄、饲养地点和饲养目的。

肉 指不考虑动物的原产地，在一国境内屠宰的动物肉类产量。

牛奶 指全部鲜奶的总产量，不包括被幼畜吸吮的奶，但包括用来饲喂家畜的奶。

蛋 指农业和非农业方面的总产量，包括用于孵化的蛋。

羊毛 羊毛产量统计数字一般以带脂羊毛给出，它包含了 30-65%的杂质。为了便于数字比较，数据也按脱脂羊毛表示。

化肥 包含有机物肥,无机物肥或矿物肥。有机肥在农作物生产中发挥着重要作用，它来源于动物、植物和混合肥。矿物肥是以固体或液体形式提供给农民，并以散装、袋子或压缩容器等方式运送到农场。所有肥料应包含氮、磷、钾三种植物营养素中的至少一种营养物质。

农用拖拉机 数据一般指的是农业中应用的所有轮胎式和履带式拖拉机，园艺用拖拉机除外。

收割－脱粒机 数据指的是收割和打谷可一次操作完成的自动机械。

Explanatory Notes on Main Statistical Indicators

Indices of Agricultural Production The indices of agricultural production show the relative level of the aggregate volume of agricultural production for each year in comparison with the base period 2004-2006. They are based on the sum of price-weighted quantities of different agricultural commodities produced after deductions of quantities used as seed and feed weighted in a similar manner. The resulting aggregate represents, therefore, disposable production for any use except as seed and feed. All the indices at the country, regional and world levels are calculated by the Laspeyres formula. Production quantities of each commodity are weighted by 2004-2006 average international commodity prices and summed for each year. To obtain the index, the aggregate for a given year is divided by the average aggregate for the base period 2004-2006.

Cereals Area and production data on cereals relate to crops harvested for dry grain only. Cereal crops harvested for hay or harvested green for food, feed or silage or used for grazing are therefore excluded.

Roots and Tubers, Total Includes other root crops such as yautia and arrowroot. Root crops grown principally for feed such as turnips, mangels and swedes are not included.

Fruit Excl. Melons Total Data refer to total production of fresh fruit, whether finally used for direct consumption for food or feed, or processed into different products: dry fruit, juice, jam, alcohol, etc.

Tea Production figures relate to made tea.

Jute and Jute-like Fibres are obtained from corchorus capsularis and corchorus olitorius. Allied fibres include a number of jute substitutes, the main ones being kenaf or mesta and roselle (hibiscus spp.) and congo jute or paka (urena lobata).

Livestock Numbers The data on livestock numbers are intended to cover all domestic animals irrespective of their age and the place or purpose of their breeding.

Meat Data relate to animals slaughtered within national boundaries, irrespective of their origin.

Cow Milk Data on cow milk production relate to total production of whole fresh milk, excluding the milk sucked by young animals but including amounts fed to livestock.

Eggs Data generally refer to total production, including eggs for hatching, in both agricultural and nonagricultural sectors.

Wool Wool production statistics are generally given for greasy wool, which contains from 30 to 65 percent impurities. In order to make figures comparable, data are given also on a degreased (scoured) basis.

Fertilizers may be organic, inorganic or mineral. Organic fertilizers play an important role in crop production and are derived from animal, plant and compost. Mineral fertilizers are available to the farmer in solid or liquid form, and are delivered to the farm either in bulk, in bags or in pressurized containers. All fertilizers contain at least one of the major plant nutrients: nitrogen (N), phosphorus (P) and potassium (K).

Tractors Data generally refer to total wheel and crawler tractors (excluding garden tractors) used in agriculture.

Harvester-Threshers Data refer to self-propelled machines that reap and thresh in one operation.

工业和建筑业

Industry and Construction

12-1 工业生产指数

Indices of Industrial Production

资料来源：联合国统计月报数据库。
Source:UN Monthly Bulletin of Statistics Database.

2005年=100 (2005=100)

国家和地区	Country or Area	2006	2007	2008	2009	2010	2011
中国香港	Hong Kong, China	101.6	100.8	95.8	91.3		
孟加拉国	Bangladesh	110.6	119.6	129.1	138.4	148.4	173.2
印　度	India	112.9	130.4	133.7	140.8	152.4	157.5
以色列	Israel	109.7	114.6	123.1	115.7	124.7	127.3
日　本	Japan	104.4	107.3	103.8	81.7	94.8	92.4
韩　国	Korea, Rep.	108.4	115.9	119.8	119.7	139.2	148.7
马来西亚	Malaysia	104.9	107.3	108.1	99.9	107.1	108.4
蒙　古	Mongolia	109.4	112.4	106.2	92.0	113.7	107.8
巴基斯坦	Pakistan	107.3	110.1	102.2			
新加坡	Singapore	110.3	116.6	112.5	108.7		
南　非	South Africa	103.1	106.4	105.4	94.5		
加拿大	Canada	99.5	98.8	93.5	83.9	88.2	92.1
墨西哥	Mexico	105.7	107.8	107.7	99.5	105.6	109.8
美　国	United States	102.4	105.3	101.6	90.1	95.4	99.6
巴　西	Brazil	102.9	109.0	112.4	104.1	115.0	115.4
俄罗斯联邦	Russian Fed.	106.3	113.5	114.2	103.6	112.1	117.4
捷　克	Czech Rep.	108.3	119.8	117.7	101.6	112.1	119.3
法　国	France	100.5	101.8	99.2	86.5	90.8	92.5
德　国	Germany	105.3	111.4	112.1	93.7	104.2	111.9
意大利	Italy	103.1	105.8	102.4	83.2	89.0	88.4
荷　兰	Netherlands	102.1	106.2	107.0	99.2	106.7	106.2
波　兰	Poland	112.0	122.5	125.8	121.0	134.4	143.6
西班牙	Spain	103.7	106.2	98.6	82.6	83.4	81.9
土耳其	Turkey	107.3	114.8	114.2	102.9	116.4	126.8
乌克兰	Ukraine	105.8	114.1	108.0	84.3	93.8	101.0
英　国	United Kingdom	100.1	100.6	97.9	89.0	90.8	90.3
澳大利亚	Australia	100.8	105.1	108.0	106.4	109.9	110.1
新西兰	New Zealand	100.9	99.4	103.3	98.8	95.9	96.4

12-2 制造业生产指数
Indices of Manufacturing Production

资料来源：联合国统计月报数据库。
Source: UN Monthly Bulletin of Statistics Database.

2005年=100 (2005=100)

国家和地区	Country or Area	2006	2007	2008	2009	2010	2011
中国香港	Hong Kong, China	102.3	100.8	94.0	86.2	89.3	89.9
中国澳门	Macao, China	99.0	93.8	63.5	29.3	30.6	38.8
孟加拉国	Bangladesh	108.6	119.7	131.1	140.0	148.9	181.1
文　莱	Brunei Darussalam	100.8	97.7	100.5	90.6	92.0	
印　度	India	114.9	136.1	139.5	146.2	159.3	165.1
印度尼西亚	Indonesia	98.4	103.9	107.0	108.3	113.3	119.6
以色列	Israel	110.1	115.1	123.9	116.6	125.5	128.4
日　本	Japan	104.5	107.4	103.8	81.0	94.5	92.1
韩　国	Korea, Rep.	108.7	116.4	120.3	120.0	140.1	149.9
马来西亚	Malaysia	109.0	111.5	112.2	101.0	112.2	117.3
蒙　古	Mongolia	127.8	127.7	119.7	80.7	120.3	106.2
巴基斯坦	Pakistan	109.5	116.1	109.1	109.5	111.2	112.0
菲律宾	Philippines	90.1	86.0	86.2	76.0	93.6	94.6
新加坡	Singapore	111.9	118.5	113.6	108.9	141.2	152.2
斯里兰卡	Sri Lanka	103.6	109.1	114.4	117.8	126.5	162.6
泰　国	Thailand	106.4	114.9	119.5	110.9	126.9	115.1
越　南	Viet Nam			143.6	148.6	167.2	182.4
埃　及	Egypt	115.4	125.4	129.6	120.5	129.8	129.4
南　非	South Africa	104.8	109.6	110.4	96.2	100.9	103.5
加拿大	Canada	98.6	96.5	89.7	78.6	83.0	85.6
墨西哥	Mexico	106.0	107.8	107.0	96.5	105.9	111.5
美　国	United States	102.7	105.9	100.9	86.9	92.4	96.8
阿根廷	Argentina	109.3	119.4	125.9	126.6	141.8	157.3
巴　西	Brazil	102.5	108.7	112.0	103.9	114.6	114.8
委内瑞拉	Venezuela	110.1	117.7	119.3	105.1	102.5	104.3
捷　克	Czech Rep.	109.5	123.0	121.2	102.7	114.5	123.4
法　国	France	100.7	102.4	99.3	85.3	89.3	92.1
德　国	Germany	105.8	112.4	113.5	93.9	105.2	114.4
意大利	Italy	103.3	106.3	102.7	82.9	88.9	88.4
荷　兰	Netherlands	103.5	109.7	108.1	98.8	105.7	109.2
波　兰	Poland	114.3	126.7	130.6	126.2	142.0	152.7
俄罗斯联邦	Russian Fed.	108.4	119.8	120.4	102.1	114.1	121.5
西班牙	Spain	104.0	106.6	98.3	81.5	82.0	80.9
土耳其	Turkey	107.2	114.4	112.5	99.9	114.3	124.8
乌克兰	Ukraine	105.7	116.5	109.3	80.3	91.5	98.9
英　国	United Kingdom	101.8	102.7	100.3	90.5	93.9	96.0
澳大利亚	Australia	99.6	101.5	105.6	99.3	100.6	99.5
新西兰	New Zealand	101.0	97.6	99.0	93.5	87.8	87.4

12-3 采矿业生产指数

Indices of Mining Production

资料来源：联合国统计月报数据库。
Source: UN Monthly Bulletin of Statistics Database.

2005年=100 (2005=100)

国家和地区	Country or Area	2006	2007	2008	2009	2010	2011
孟加拉国	Bangladesh	109.5	117.2	125.0	134.4	147.2	147.4
文　莱	Brunei Darussalam	104.3	95.9	86.9	84.0	85.4	
印　度	India	105.2	110.0	112.8	121.7	128.2	125.5
印度尼西亚	Indonesia	110.1	119.6	137.9	128.8	167.7	207.5
以色列	Israel	99.7	98.7	99.3	89.1	99.9	92.7
日　本	Japan	102.6	106.6	103.1	93.6	90.0	90.8
韩　国	Korea, Rep.	95.8	91.5	82.3	87.9	81.5	80.8
马来西亚	Malaysia	96.2	98.3	99.1	95.5	94.0	87.1
蒙　古①	Mongolia①	105.4	108.8	100.0	96.3	112.7	109.2
巴基斯坦①	Pakistan①	101.7	105.4	100.0	104.1	103.2	106.9
越　南	Viet Nam			99.8	109.3	107.6	109.1
南　非	South Africa	98.7	97.8	92.3	86.2	91.5	90.8
加拿大	Canada	102.7	103.7	100.9	92.7	98.0	102.3
墨西哥	Mexico	101.4	101.2	99.5	96.6	97.8	96.0
美　国	United States	102.5	103.1	104.1	98.7	103.8	110.3
巴　西	Brazil	107.4	113.9	117.9	107.6	122.0	124.7
捷　克	Czech Rep.	100.0	98.9	95.9	95.0	94.7	96.3
法　国	France	103.0	103.7	101.5	89.7	89.0	88.5
德　国	Germany	95.5	124.0	110.2	92.9	85.4	79.1
意大利	Italy	98.2	91.9	84.6	74.3	73.2	74.4
荷　兰	Netherlands	97.4	97.3	105.3	97.6	109.0	100.1
波　兰	Poland	100.9	97.8	98.6	85.7	87.3	89.2
俄罗斯联邦	Russian Fed.	102.8	106.2	106.6	106.0	109.8	111.9
西班牙	Spain	102.9	103.7	89.5	67.8	70.8	60.4
土耳其	Turkey	107.6	116.3	125.9	124.9	127.5	131.3
乌克兰	Ukraine	105.9	108.6	103.9	92.9	96.3	103.3
英　国	United Kingdom	92.5	90.1	84.5	76.9	73.6	63.1
澳大利亚	Australia	101.9	110.5	112.7	115.7	122.9	124.5
新西兰	New Zealand	104.3	98.8	143.0	136.5	141.2	143.1

注：①2008年＝100.
Note:①2008=100.

12-4 制造业主要指标
Main Indicators of Manufacturing

资料来源：联合国工发组织数据库。
Source: United Nations Industrial Development Organization Database .

国家和地区	Country or Area	年份 Year	机构数（个） Number of Establishments (number)	雇员数（万人） Number of Employees (10 000 persons)	雇员工资和薪金（亿本币） Wages and Salaries Paid to Employees (100 million LCU)	产出（亿本币） Output (100 million LCU)	增加值（亿本币） Value added (100 million LCU)
中　国	China	2009	405183	7720	25921	479200	
中国香港	Hong Kong, China	2009	10752	11	197	1467	321
印　度	India	2008	145332	1085	11878	313252	58766
印度尼西亚	Indonesia	2009	24468	435	833967	20009437	7638403
伊　朗	Iran	2008	15683	114	839316	10942279	3800767
以色列	Israel	2008	22365	38	592	3337	1015
日　本	Japan	2007	258157	770	265030	3200740	1086290
哈萨克斯坦	Kazakhstan	2007	11209	42	2761	29559	
韩　国	Korea, Rep.	2008		239	750040	11229880	3676300
马来西亚	Malaysia	2008	32535	257	590	8177	1572
蒙　古	Mongolia	2008	2083	4	845	11002	2578
巴基斯坦	Pakistan	2006	6221	93	1311	28708	9121
菲律宾	Philippines	2006	5160	99	1647	30397	6729
新加坡	Singapore	2009	9296	42	170	2268	485
斯里兰卡	Sri Lanka	2008	3295	67	1001	14465	5387
泰　国	Thailand	2006	457968	382	3230	73045	17588
越　南	Viet Nam	2008	38384	394		16338964	
埃　及	Egypt	2006	9196	100	146	2036	609
南　非	South Africa	2009		122	1406	13915	3303
加拿大	Canada	2008	84048	163	804	5884	1990
墨西哥	Mexico	2007				32795	9946
美　国	United States	2008		1278	6071	54803	21940
巴　西	Brazil	2007	177153	701	1257	13461	5581
捷　克	Czech Rep.	2007	152645	125	3057		8250
法　国	France	2009	207040	305	1031	6785	1805
德　国	Germany	2009	179834	656	2499	13782	3815
意大利	Italy	2009	439112	358	907	7427	1803
荷　兰	Netherlands	2008	47600	74	290	2887	626
波　兰	Poland	2009	175758	223	754	7726	1979
俄罗斯联邦	Russian Fed.	2009	182705	812	16155	167596	49139
西班牙	Spain	2009	191973	199	544	3941	1008
土耳其	Turkey	2008	321652	254	372	4771	938
乌克兰	Ukraine	2009	43913	212	448	5593	
英　国	United Kingdom	2009	128468	250	650	4396	1348
澳大利亚	Australia	2006	138897	107		3679	1091
新西兰	New Zealand	2008	22850	26	120	862	254

12-5 制造业增加值及构成

Composition of Value Added in Manufacturing

资料来源：世界银行WDI数据库。
Source: World Bank WDI Database.

单位：% (%)

国家和地区	Country or Area	制造业增加值(亿美元) Value Added in Manufacturing (100 million USD)		主要行业所占比重 Major Industry % of Value Added in Manafacturing			
				食品、饮料和烟草 Food, Beverages and Tobacco		纺织和服装 Textiles and Clothing	
		2000	2011	2000	2008	2000	2008
中　　国	China	3849.4	17566.2①	14.4	11.8②	11.2	10.0②
中国香港	Hong Kong, China	55.4	37.6①	7.2	14.4	19.9	11.4
中国澳门	Macao, China	5.0	1.6①	4.0	12.0	80.4	53.8
孟加拉国	Bangladesh	69.2	194.4				
文　　莱	Brunei Darussalam	9.2	14.9①				
柬 埔 寨	Cambodia	5.9	16.5①	6.6		86.5	
印　　度	India	670.4	2386.2	13.2	8.8②	12.6	7.7②
印度尼西亚	Indonesia	457.9	892.8	18.0	25.6②	16.7	11.7②
伊　　朗	Iran	132.4	407.9④	10.4	9.7⑤	5.9	4.0⑤
以 色 列	Israel			11.6	10.5③	5.0	3.1③
日　　本	Japan	10113.9	10635.9①	11.4	10.8②	3.0	1.9②
哈萨克斯坦	Kazakhstan	30.2	217.7				
韩　　国	Korea, Rep.	1345.6	2794.4①	8.3	6.3③	8.0	4.9③
老　　挝	Laos	1.1	5.9				
马来西亚	Malaysia	289.5	621.0①	8.0	9.1②	4.1	2.0②
蒙　　古	Mongolia	0.8	6.0	49.4	42.7	39.6	17.4
缅　　甸	Myanmar						
巴基斯坦	Pakistan	101.0	290.7		22.5③		28.9③
菲 律 宾	Philippines	198.3	436.3	28.5	22.3③	7.5	4.9③
新 加 坡	Singapore	240.1	470.8	2.5	3.1	1.0	0.5
斯里兰卡	Sri Lanka	24.6	101.7	38.6	30.4	31.3	31.3
泰　　国	Thailand	412.3	1136.1①	17.7	15.7③	12.4	8.8③
越　　南	Viet Nam	57.9	233.5	30.2		21.0	
埃　　及	Egypt	179.7	337.0		17.8③		11.5③
尼日利亚	Nigeria						
南　　非	South Africa	229.3	492.7	15.5	19.1	4.9	3.0
加 拿 大	Canada	1294.7	1691.2④	11.9	0.6③	3.7	2.1②
墨 西 哥	Mexico	1072.0	2019.5	25.4	25.3③	3.9	3.1③
美　　国	United States	14680.8	17714.0①	13.0	13.5②	3.4	1.9②
阿 根 廷	Argentina	468.8	726.3	28.9		8.0	
巴　　西	Brazil	961.7	3081.3	16.7	18.2②	6.9	5.7②
委内瑞拉	Venezuela	217.1	307.2②				
捷　　克	Czech Rep.	137.9	422.4①	11.8	8.8②	6.2	3.0②
法　　国	France	1904.5	2536.1⑥	12.9	14.0②	4.3	3.4②
德　　国	Germany	3924.7	6101.8①	8.2	7.3②	2.3	1.6②
意 大 利	Italy	2055.1	3062.0①	8.5	8.9②	12.5	10.0②
荷　　兰	Netherlands	535.1	918.6①	17.1	18.6②	2.3	1.7②
波　　兰	Poland	282.1	764.4①	5.4	16.5②	6.5	4.2②
俄罗斯联邦	Russian Fed.		2092.3①	19.4	14.6	2.3	1.9
西 班 牙	Spain	977.8	1724.3⑥	14.1	15.2②	6.7	4.2②
土 耳 其	Turkey	535.1	1178.6	17.8	12.4③	15.7	18.7③
乌 克 兰	Ukraine	51.0	250.6				
英　　国	United Kingdom	2269.7	2296.2①	13.7	14.6②	4.0	2.3②
澳大利亚	Australia	490.8	983.4①		18.8③		2.5③
新 西 兰	New Zealand	79.9	179.7⑥	33.3	26.8②		2.3②

12-5 续表 continued

单位：% (%)

国家和地区	Country or Area	机器和运输设备 Machinery and Transport Equipment		化工 Chemicals		其他 Others	
		2000	2008	2000	2008	2000	2008
中　　国	China	14.1	24.5②	12.0	10.8②	48.3	42.9②
中国香港	Hong Kong, China	11.7	21.3	3.7	5.1	57.5	47.8
中国澳门	Macao, China	3.5	…	2.4		9.6	34.1
孟加拉国	Bangladesh						
文　　莱	Brunei Darussalam						
柬 埔 寨	Cambodia	0.1		0.1		6.6	
印　　度	India	15.6	15.6②	21.1	13.6②	37.5	54.3②
印度尼西亚	Indonesia	20.2	17.8②	10.5	6.5②	34.5	38.4②
伊　　朗	Iran	19.7	23.5⑤	18.6	13.2⑤	45.5	49.7⑤
以 色 列	Israel	31.9	22.3③	10.3	20.3③	41.3	43.9③
日　　本	Japan	33.9	37.5②	10.4	9.9②	41.2	39.8②
哈萨克斯坦	Kazakhstan						
韩　　国	Korea, Rep.	41.3	45.7③	9.5	7.9③	32.9	35.1③
老　　挝	Laos						
马来西亚	Malaysia	37.8	29.8②	7.9	12.2②	42.2	47.0②
蒙　　古	Mongolia	0.3	0.2	2.0	4.7	8.6	35.1
缅　　甸	Myanmar						
巴基斯坦	Pakistan		8.5③		14.0③		26.1③
菲 律 宾	Philippines	30.4	33.4③	9.4	6.5③	24.2	32.8③
新 加 坡	Singapore	56.9	53.8	14.2	21.1	25.5	21.4
斯里兰卡	Sri Lanka	4.0	7.2	3.8	4.1	22.4	26.9
泰　　国	Thailand	25.9	35.4③	6.2	6.3③	37.8	33.7③
越　　南	Viet Nam	11.8		6.3		30.8	
埃　　及	Egypt		6.2③		14.1③		50.5③
尼日利亚	Nigeria						
南　　非	South Africa	13.7	13.1	6.5	6.4	59.4	58.3
加 拿 大	Canada	31.7	25.9②	7.6	7.9②	45.1	64.1②
墨 西 哥	Mexico	24.2	18.0③	15.4	18.5③	31.2	35.1③
美　　国	United States	29.7	25.5②	11.8	15.5②	42.0	43.7②
阿 根 廷	Argentina	10.8		15.2		37.1	
巴　　西	Brazil	19.1	20.7②	12.4	11.2②	45.0	44.2②
委内瑞拉	Venezuela						
捷　　克	Czech Rep.	23.9	30.0②	6.7	4.9②	51.4	53.3②
法　　国	France	26.3	25.4②	11.8	13.0②	44.7	44.2②
德　　国	Germany	32.7	37.1②	9.8	10.2②	47.1	43.8②
意 大 利	Italy	22.7	23.2②	7.9	7.0②	48.5	51.0②
荷　　兰	Netherlands	21.0	20.1②	13.7	14.3②	45.9	45.3②
波　　兰	Poland	14.9	18.9②	7.5	7.9②	65.7	52.5②
俄罗斯联邦	Russian Fed.	23.4	10.2	8.4	10.4	46.6	63.0
西 班 牙	Spain	19.0	17.8②	9.5	8.5②	50.7	54.3②
土 耳 其	Turkey	14.6	20.0③	10.1	6.8③	41.8	42.0③
乌 克 兰	Ukraine						
英　　国	United Kingdom	25.3	23.8②	9.9	11.6②	47.2	47.7②
澳大利亚	Australia		13.5③		7.3③		57.8③
新 西 兰	New Zealand		12.7②			66.7	58.1②

注：①2010年数据。②2007年数据。③2006年数据。④2008年数据。⑤2005年数据。⑥2009年数据。

Note:①Data refer to 2010.②Data refer to 2007.③Data refer to 2006.④Data refer to 2008.⑤Data refer to 2005.⑥Data refer to 2009.

12-6 主要工业产品产量
Output of Major Industrial Products

资料来源：联合国统计月报数据库、联合国粮农组织数据库、国际汽车制造商协会。
Source: UN Monthly Bulletin of Statistics Database;UN FAO Database;The International Organization of Motor Vehicle Manufacturers.

国家和地区	Country or Area	粗钢(万吨) Crude Steel (10 000 tons)		国家和地区	Country or Area	煤 (万吨) Coal(10 000 tons)	
		2005	2011			2005	2011
中　　国	China	34936	68327	中　　国	China	181069	298399①
日　　本	Japan	11248	10760	美　　国	United States	113327	99276
美　　国	United States	9336	8624	印　　度	India	42818	52349
韩　　国	Korea, Rep.	4782	6844	澳大利亚	Australia	39500	45200
俄罗斯联邦	Russian Fed.	6614	6840	俄罗斯联邦	Russian Fed.	29680	33384
巴　　西	Brazil	3178	3516	南　　非	South Africa	24502	25267
土 耳 其	Turkey	2096	3410	印度尼西亚	Indonesia	14106	22468②
意 大 利	Italy	2893	2867	德　　国	Germany	20592	18850
墨 西 哥	Mexico	1619	1814	波　　兰	Poland	15954	13900
乌 克 兰	Ukraine	2896	1768	哈萨克斯坦	Kazakhstan	8729	11000③
西 班 牙	Spain	1691	1559	土 耳 其	Turkey	5864	8268
加 拿 大	Canada	1532	1289	加 拿 大	Canada	6534	6712
英　　国	United Kingdom	1325	952	乌 克 兰	Ukraine	6076	6175
波　　兰	Poland	834	877	捷　　克	Czech Rep.	6203	5789
比 利 时	Belgium	1051	811	希　　腊	Greece	6726	5680
荷　　兰	Netherlands	691	694	塞尔维亚	Serbia	4036	4094
南　　非	South Africa	949	665	保加利亚	Bulgaria	2446	3708
埃　　及	Egypt	562	649	罗马尼亚	Romania	3146	3340
澳大利亚	Australia	780	641	泰　　国	Thailand	2088	2132
捷　　克	Czech Rep.	619	558	爱沙尼亚	Estonia	1475	1873
沙特阿拉伯	Saudi Arabia	420	528	英　　国	United Kingdom	2000	1834
瑞　　典	Sweden	572	486	墨 西 哥	Mexico	701	1372
哈萨克斯坦	Kazakhstan	448	481	斯洛文尼亚	Slovenia	454	450
芬　　兰	Finland	474	398	西 班 牙	Spain	1081	426
罗马尼亚	Romania	628	382	巴基斯坦	Pakistan	487	323
委内瑞拉	Venezuela	487	307	韩　　国	Korea, Rep.	286	252①
白俄罗斯	Belarus	208	277	吉尔吉斯斯坦	Kyrgyzstan	34	84
卢 森 堡	Luxemburg	220	256	智　　利	Chile	54	60
希　　腊	Greece	228	199	法　　国	France	61	14

12-6 续表 1 continued

国家和地区	Country or Area	原油（万吨） Crude Petroleum(10 000 tons)		国家和地区	Country or Area	发电量(亿千瓦小时) Electricity(100 million kwh)	
		2005	2011			2005	2011
俄罗斯联邦	Russian Fed.	46920	48857	中　　国	China	23974	41273②
沙特阿拉伯	Saudi Arabia	46883	46410	美　　国	United States	40380	41057
美　　国	United States	34084	39152	俄罗斯联邦	Russian Fed.	9523	10516
中　　国	China	18068	20365	日　　本	Japan	8720	10132
委内瑞拉	Venezuela	17291	14745	加 拿 大	Canada	5947	5855
加 拿 大	Canada	12371	14176	德　　国	Germany	5861	4621
墨 西 哥	Mexico	17508	13257	英　　国	United Kingdom	4005	3476②
阿 联 酋	United Arab Emirates	11461	12320	意 大 利	Italy	3090	2981
尼日利亚	Nigeria	12450	11656	西 班 牙	Spain	2656	2740
挪　　威	Norway	13052	8508	土 耳 其	Turkey	1616	2285
安 哥 拉	Angola	6230	7967	乌 克 兰	Ukraine	1861	1939
英　　国	United Kingdom	7718	4857	波　　兰	Poland	1569	1635
阿塞拜疆	Azerbaijan	2200	4549	瑞　　典	Sweden	1594	1464
印度尼西亚	Indonesia	5232	4468	挪　　威	Norway	1376	1281
印　　度	India	3247	3824	荷　　兰	Netherlands	999	1127
卡 塔 尔	Qatar	3785	3569	马来西亚	Malaysia	873	1072
马来西亚	Malaysia	3460	2735	比 利 时	Belgium	858	884
厄瓜多尔	Ecuador	2768	2609	捷　　克	Czech Rep.	826	875
澳大利亚	Australia	2360	2007	芬　　兰	Finland	819	703
越　　南	Viet Nam	1860	1518	奥 地 利	Austria	658	654
丹　　麦	Denmark	1852	1128	智　　利	Chile	525	637
泰　　国	Thailand	910	1119	罗马尼亚	Romania	594	607
意 大 利	Italy	614	529	以 色 列	Israel	498	600
德　　国	Germany	346	498	希　　腊	Greece	573	561
乌 克 兰	Ukraine	437	330	保加利亚	Bulgaria	442	503
突 尼 斯	Tunisia	341	320	葡 萄 牙	Portugal	366	399
巴基斯坦	Pakistan	322	316	中国香港	Hong Kong, China	384	390
土 耳 其	Turkey	228	243	塞尔维亚	Serbia	365	384
新 西 兰	New Zealand	83	208	丹　　麦	Denmark	360	334
白俄罗斯	Belarus	179	168	白俄罗斯	Belarus	310	319
玻利维亚	Bolivia	211	165	匈 牙 利	Hungary	304	282
荷　　兰	Netherlands	227	108	斯洛伐克	Slovakia	313	268
塞尔维亚	Serbia		102	阿塞拜疆	Azerbaijan	229	200
法　　国	France	108	92	斯洛文尼亚	Slovenia	151	160
奥 地 利	Austria	85	88	吉尔吉斯斯坦	Kyrgyzstan	164	152
日　　本	Japan	79	71	突 尼 斯	Tunisia	130	152
克罗地亚	Croatia	106	67	克罗地亚	Croatia	125	112
匈 牙 利	Hungary	95	66	拉脱维亚	Latvia	49	60
立 陶 宛	Lithuania	22	12	塞浦路斯	Cyprus	43	48
智　　利	Chile	16	11	立 陶 宛	Lithuania	142	35

12-6 续表 2 continued

国家和地区	Country or Area	水泥（万吨）Cement(10 000 tons)		国家和地区	Country or Area	化肥（万吨）Fertilizer(10 000 tons)	
		2005	2011			2005	2010
中　国	China	103830	206317	中　国	China	4149	5553①
印　度	India	13480	20687②	美　国	United States	2096	1858
美　国	United States	9594	6662	俄罗斯联邦	Russian Fed.	1662	1796
土耳其	Turkey	4300	6388	印　度	India	1531	1549
越　南	Viet Nam	2771	5860	加拿大	Canada	1146	1381
俄罗斯联邦	Russian Fed.	4854	5611	白俄罗斯	Belarus	570	615
韩　国	Korea, Rep.	5222	5191	德　国	Germany	470	387
日　本	Japan	6962	5129	印度尼西亚	Indonesia	322	379
墨西哥	Mexico	4007	4004	埃　及	Egypt	181	315
泰　国	Thailand	3787	3842	巴基斯坦	Pakistan	277	312
巴基斯坦	Pakistan	1848	2910	巴　西	Brazil	308	297
马来西亚	Malaysia	1666	2114	以色列	Israel	271	260
波　兰	Poland	1265	1872	摩洛哥	Morocco	131	222
摩洛哥	Morocco	1028	1613	乌克兰	Ukraine	266	217
加拿大	Canada	1418	1200	波　兰	Poland	233	212
乌克兰	Ukraine	1217	1051	沙特阿拉伯	Saudi Arabia	150	182
澳大利亚	Australia	907	973	约　旦	Jordan	152	169
秘　鲁	Peru	511	860	荷　兰	Netherlands	174	161
英　国	United Kingdom	1122	853	法　国	France	362	149
哈萨克斯坦	Kazakhstan	418	764	西班牙	Spain	177	146
塞内加尔	Senegal	263	468	卡塔尔	Qatar	137	138
白俄罗斯	Belarus	313	462	土耳其	Turkey	124	129
智　利	Chile	402	386	突尼斯	Tunisia	115	122
肯尼亚	Kenya	210	343	智　利	Chile	66	119
斯洛伐克	Slovakia	344	323	澳大利亚	Australia	94	108
孟加拉国	Bangladesh	215	300	立陶宛	Lithuania	107	105
玻利维亚	Bolivia		265	乌兹别克斯坦	Uzbekistan		105
克罗地亚	Croatia	348	258	马来西亚	Malaysia	59	100
塞尔维亚	Serbia	228	210	阿　曼	Oman	48	96
保加利亚	Bulgaria	362	188	日　本	Japan	107	91
中国香港	Hong Kong, China	101	154	伊　朗	Iran	87	80
阿塞拜疆	Azerbaijan	154	142	韩　国	Korea, Rep.	59	80
芬　兰	Finland	130	139	罗马尼亚	Romania	119	79
塞浦路斯	Cyprus	180	121	挪　威	Norway	73	73
吉尔吉斯斯坦	Kyrgyzstan	97	102	委内瑞拉	Venezuela	75	70
立陶宛	Lithuania	83	100	越　南	Viet Nam	64	70
缅　甸	Myanmar	55	56	孟加拉国	Bangladesh	95	68
爱沙尼亚	Estonia	73	46	英　国	United Kingdom	148	63
亚美尼亚	Armenia	60	42	墨西哥	Mexico	45	54
斐　济	Fiji	14	17	保加利亚	Bulgaria	52	46

12-6 续表 3 continued

国家和地区	Country or Area	汽车（万辆） Motor Vehicles (10 000 vehicles)		国家和地区	Country or Area	天然气(万亿焦耳) Natural Gas(terajoule)	
		2005	2011			2005	2011
中　国	China	571	1842	美　国	United States	19633788	24985092
美　国	United States	1195	865	俄罗斯联邦	Russian Fed.	24785724	22546080
日　本	Japan	1080	840	加拿大	Canada	6566448	5568480
德　国	Germany	576	631	挪　威	Norway	3527904	4133904
韩　国	Korea,Rep.	370	466	中　国	China	1965624	4021956
印　度	India	164	393	墨西哥	Mexico	2245812	3032112
巴　西	Brazil	253	341	马来西亚	Malaysia	2402160	2417220
墨西哥	Mexico	168	268	荷　兰	Netherlands	2624388	2395176
西班牙	Spain	275	235	英　国	United Kingdom	3693300	1893708
法　国	France	355	224	印　度	India	1109412	1843788
加拿大	Canada	269	213	巴基斯坦	Pakistan	1290852	1472808
俄罗斯	Russian Fed.	135	199	泰　国	Thailand	753708	1143756
伊　朗	Iran	82	165	孟加拉国	Bangladesh	502824	712680
英　国	United Kingdom	180	146	乌克兰	Ukraine	705720	676764
泰　国	Thailand	112	146	阿塞拜疆	Azerbaijan	128676	639108
捷　克	Czech Rep.	60	120	玻利维亚	Bolivia	442464	603144
土耳其	Turkey	88	119	德　国	Germany	661068	496164
印度尼西亚	Indonesia	50	84	罗马尼亚	Romania	491508	373524
波　兰	Poland	61	83	越　南	Viet Nam	288468	333072
阿根廷	Argentina	32	83	意大利	Italy	458004	318672
意大利	Italy	104	79	波　兰	Poland	180696	176712
斯洛伐克	Slovakia	22	64	以色列	Israel	59988	166536
比利时	Belgium	93	60	丹　麦	Denmark	437592	151284
马来西亚	Malaysia	56	53	日　本	Japan	128016	135288
南　非	South Africa	53	53	突尼斯	Tunisia	87852	113472
中国台湾省	Taiwan,China	45	34	匈牙利	Hungary	108744	88848
罗马尼亚	Romania	19	34	克罗地亚	Croatia	85188	88644
澳大利亚	Australia	39	22	奥地利	Austria	62076	65112
匈牙利	Hungary	15	21	智　利	Chile	74700	37596
葡萄牙	Portugal	22	19	塞尔维亚	Serbia	10632	24048
瑞　典	Sweden	34	19	法　国	France	33228	21048
乌兹别克斯坦	Uzbekistan	10	18	爱尔兰	Ireland	20880	13200
斯洛文尼亚	Slovenia	18	17	白俄罗斯	Belarus	8808	8700
奥地利	Austria	25	15	捷　克	Czech Rep.	6684	6396
乌克兰	Ukraine	22	10	西班牙	Spain	6648	2112
埃　及	Egypt	6	8	吉尔吉斯斯坦	Kyrgyzstan	972	1932
荷　兰	Netherlands	18	4	斯洛文尼亚	Slovenia	156	96

注：①2009年数据。②2010年数据。③2008年数据。
Note:①Data refer to 2009.②Data refer to 2010.③Data refer to 2008。

12-7 竣工房屋建筑

Construction of New Buildings

资料来源：联合国统计月报数据库。
Source: UN Monthly Bulletin of Statistics Database.

国家和地区	Country or Area	2005	2007	2008	2009	2010	2011
竣工房屋建筑面积（万平方米）	**Construction Area of New Buildings(10 000 sq.m)**						
中　国	China	40004	47467	47749	57695	61216	71693
中国香港	Hong Kong, China	71	46	43	44		
伊　朗	Iran		8152	9437	7478	9940	
以色列	Israel	496	510	564	596	617	656
日　本	Japan	11242	9500	9536	7100	7690	7926
哈萨克斯坦	Kazakhstan	499	695	683	638	641	653
韩　国	Korea, Rep.	5028	6528	3846	5006	5147	5656
菲律宾	Philippines	1060	808	984	985	1141	
南　非	South Africa	886	911	881	682	494	487
法　国	France	4562	4700	4036	3547	3292	3955
德　国	Germany	2502	1826	1733	1792	1904	2362
波　兰	Poland	1140	1356	1648	1536	1386	1355
俄罗斯联邦	Russian Fed.	4356	6122	6406	5990	5812	6227
土耳其	Turkey	3661	4756	5246	6010	9052	7578
乌克兰	Ukraine		1025	1050	640	934	941
新西兰	New Zealand	497	502	364	282	311	262
竣工房屋数量（套）	**Number of New Buildings(unit)**						
伊　朗	Iran		561444	675660	586356	804852	
以色列	Israel	32004	29520	30444	32724	33156	34212
日　本	Japan	1294668	1106568	1138068	825756	815640	834120
哈萨克斯坦	Kazakhstan	20280	31824	29784	24300		
韩　国	Korea, Rep.	37800	73596	76356	72888	81792	99072
菲律宾	Philippines	105348	77424	90912	108528	105228	
南　非	South Africa	70620	54804	70020	53796	39552	40656
美　国	United States	1932000	1500000	1128000	792000	648000	588000
捷　克	Czech Rep.	32868	41652	38376	38532	36444	28632
法　国	France	444192	465684	400188	334428	345972	421308
德　国	Germany	215304	160968	151644	157392	167784	202500
波　兰	Poland	114072	133704	165192	160008	135720	130956
俄罗斯联邦	Russian Fed.	515304	722448	768108	702024	714120	785556
西班牙	Spain	524484	641424	615072	388416	257448	167916
土耳其	Turkey	249816	326484	357288	404064	584280	514968
乌克兰	Ukraine		94596	93840	65568	76776	82704
英　国	United Kingdom	209580	226428	188304	158616	137292	141960
澳大利亚	Australia	164964	152244	145248	146112	152196	
新西兰	New Zealand	26016	25548	18456	14424	15600	13668

主要统计指标解释

工业生产指数 按国际标准产业分类的大类，包括矿业，制造业，电力、煤气、水，不包括建筑业。工业生产指数反映按美元不变价计算的增加值的变化趋势，采用拉氏公式计算，基期为 2005 年。

机构数 这里所用的机构的概念大部分情况下指的是经济活动单位，即能够单独核算的、在一个地点经营的、主要从事一种经济活动的单位。

雇员数 指所有在企业中工作的人，包括企业主本人、合伙人、不领工资的家庭成员和所有雇员，但不包括家务劳动者。

工资和薪金 指报告期内用现金或以货代款方式支付给企业雇员的所有款项。款项包括（1）直接工资和薪金；（2）非工作时间的报酬；（3）奖金和小费；（4）雇主直接支付的住房补贴和家庭补贴；（5）以货代款方式的支付。

产出 指企业的工业活动所产出的价值。它包括(1)企业创造的全部产品总值;(2)待收或待发的半成品和将运输的库存产品的期初期末差额价值;(3)为其他部门提供工业生产或服务价值;(4)收到或发出的商品价值减去支付这些商品的金额;(5)报告期内生产单位自己使用而生产的固定资产价值。如果考虑运输环节，库存制成品的期初期末的价值净变化也包括在内。

Explanatory Notes on Main Statistical Indicators

Industrial Production Indices are classified according to tabulation categories, division and combination of division of the revised version of the International Standard Industrial Classification of All Economic Activities (ISIC) for mining, manufacturing and electricity, gas and water, excluding construction. The indices indicate trends in value added in constant US dollars. Each series is compiled by use of the Laspeyres. The base year is 2005.

Establishment is ideally a unit that engages, under a single ownership or control, in one, or predominantly one, kind of activity at a single location.

Number of Employees is defined as the total number of persons who worked in or for the establishment during the reference year. However, home workers are excluded.

Wages and Salaries Estimates of wages and salaries include all payments in cash or in kind made to "employees" during the reference year in relation to work done for the establishment. Payment include: (a)direct wages and salaries;(b)remuneration for time not worked; (c)bonuses and gratuities;(d)housing allowances and family allowances paid directly by the employer, and (e)payments in kind.

Output The measure of output normally used in the tables is the census concept that covers only activities of an industrial nature. it include:(a)the value of all products of the establishment; (b)the net change between the beginning and the end of the reference period in the value of work in progress and stocks of goods to be shipped in the same condition as received;(c)the value of industrial work done or industrial services rendered to others; (d)the value of goods shipped in the same condition as received less the amount paid for these goods; and(e)the value of fixed assets produced during the period by the unit for its own use. In the case of estimates compiled on a shipment basis, the net change in the value of stocks of finished goods between the beginning and the end of the reference period is also included.

运输和通讯

Transportation and Communication

13-1 公路货运客运周转量

Freight Ton-km and Passenger-km of Road

资料来源：世界银行WDI数据库。
Source: World Bank WDI Database.

国家和地区	Country or Area	公路货运周转量(亿吨公里) Roads, Goods Transported (100 million ton-km)			公路客运周转量(亿人公里) Roads, Passengers Carried (100 million passenger-km)		
		2000	2005	2009	2000	2005	2009
中　　国	China	6129.4	8693.2	37188.8	6657.4	9292.1	13511.4
柬 埔 寨	Cambodia	…			2.0		
印　　度	India	8.7①					
日　　本	Japan	3006.7①	3276.3②	3346.7	9512.5	9475.6②	9059.1③
哈萨克斯坦	Kazakhstan	46.4①	471.2	662.5		916.5	1104.7
韩　　国	Korea, Rep.	745.0④	125.5	125.5		916.7	1006.2
老　　挝	Laos		2.6	2.9③		16.8	21.1③
蒙　　古	Mongolia	14.8	3.1	7.8③	3.9	6.4	12.2③
巴基斯坦	Pakistan	902.7①	1292.5		1970.1	2637.9	
新 加 坡	Singapore						57.6
斯里兰卡	Sri Lanka				198.6	210.7⑤	
越　　南	Viet Nam		176.7	302.6		386.0	597.3
埃　　及	Egypt						127.9③
南　　非	South Africa	4.3					
加 拿 大	Canada	766.9①	1847.7⑥	1296.0③		4938.1⑤	
墨 西 哥	Mexico	1790.9①	2042.2	2116.0	3853.0	4229.2	4369.0
美　　国	United States	15997.5⑦	18855.8	18899.2⑧		78663.9	78743.3③
捷　　克	Czech Rep.	390.0	434.5	449.6	733.9	842.5	883.5
法　　国	France	2665.0	1930.0	2650.0		7710.0	7730.0
德　　国	Germany	3472.0	2376.1	4273.0		10627.0⑥	9493.1③
意 大 利	Italy	1847.6	1927.0⑤			975.6⑤	
荷　　兰	Netherlands	457.0	771.0⑥	726.8	1939.0⑦		
波　　兰	Poland	695.4①	1197.4	1914.8	317.4	293.1	243.9
俄罗斯联邦	Russian Fed.	233.0	1940.0	1801.4	1.7⑦	960.0	1390.3
西 班 牙	Spain	1330.8	1328.7⑥	2118.9	4031.7	3971.2⑥	4101.9
土 耳 其	Turkey	1522.1①	1668.3	1764.6	1779.5	1821.5	2124.6
乌 克 兰	Ukraine	182.7①	238.9	331.9	310.1	518.2	546.3
英　　国	United Kingdom	1658.3	1630.0	1434.5		7360.0	
澳大利亚	Australia		1686.3	1898.5③		2902.8	3015.2

注：①1998年数据。②2004年数据。③2008年数据。④1997年数据。⑤2002年数据。⑥2003年数据。⑦1999年数据。⑧2006年数据。
Note:①Data refer to 1998.②Data refer to 2004.③Data refer to 2008.④Data refer to 1997.⑤Data refer to 2002.⑥Data refer to 2003.
⑦Data refer to 1999.⑧Data refer to 2006.

13-2 铁路运输
Railway Traffic

资料来源：世界银行WDI数据库。
Source: World Bank WDI Database.

国家和地区	Country or Area	铁路总长度(公里) Rail. Lines Total (km)		铁路货运周转量(亿吨公里) Rail. Goods Transported (100 million ton-km)		铁路客运周转量(亿人公里) Rail. Passengers Carried (100 million passenger-km)	
		2005	2010	2005	2010	2005	2010
中　　国	China	62200	66239	19346.12	24511.85	5833.20	7911.58
孟加拉国	Bangladesh	2855	2835	8.96	7.10	43.40	73.05
柬 埔 寨	Cambodia	650		0.92		0.45	
印　　度	India	63465	63974	4073.98	6005.48	5757.02	9034.65
印度尼西亚	Indonesia		3370①	46.98	43.90①	255.35	143.44①
伊　　朗	Iran	7131	6073	191.27	202.47	111.49	168.14
以 色 列	Israel	899	1034	11.49	10.62	16.16	19.86
日　　本	Japan	20096	20035	219.00	204.32	2392.46	2442.35
哈萨克斯坦	Kazakhstan	14204	14202	1718.55	2131.74	121.29	154.48
韩　　国	Korea, Rep.	3392	3379	101.08	94.52	310.04	330.27
马来西亚	Malaysia	1657	1665	11.78	13.84	11.81	15.27
蒙　　古	Mongolia	1810	1814	88.57	102.87	12.28	12.20
巴基斯坦	Pakistan	7791	7791	47.96	61.87	230.45	247.31
菲 律 宾	Philippines	491	479①	0.01②		1.44②	
斯里兰卡	Sri Lanka	1200	1463①	1.38	1.35①	46.82	47.67①
泰　　国	Thailand	4044	4429	40.37	31.61	91.95	80.37
越　　南	Viet Nam	2671	2347	29.28	39.01	45.58	43.78
埃　　及	Egypt	5150	5195	39.17	38.40	408.37	
尼日利亚	Nigeria	3528		0.77		1.74	
南　　非	South Africa	20047	22051	1085.13	1133.42	9.91	188.65
加 拿 大	Canada	57671	58345	3386.61	3227.41	27.90	28.75
墨 西 哥	Mexico	26662	26704	543.87	711.36①	0.73	1.78
美　　国	United States	228999	228513	27175.13	24687.38	88.69	95.18
阿 根 廷	Argentina	35753	25023		120.25	69.79	
巴　　西	Brazil	29314	29817	2212.11	2677.00		
委内瑞拉	Venezuela		336①	0.32	0.81③		
捷　　克	Czech Rep.	9513	9569	143.85	135.92	66.31	65.53
法　　国	France	29286	33608	418.98	228.40	783.06	868.53
德　　国	Germany	34228	33708	880.22	1057.94	725.68	785.82
意 大 利	Italy	16751	18011	210.45	120.37	473.68	445.35
荷　　兰	Netherlands	2813	3016	43.31②		147.30	154.00
波　　兰	Poland	19599	19702	460.60	342.66	167.42	157.15
俄罗斯联邦	Russian Fed.	85542	85292	18016.01	20113.08	1642.62	1390.28
西 班 牙	Spain	14484	15317	115.86	78.44	210.47	223.04
土 耳 其	Turkey	8697	9594	89.39	110.30	50.36	54.91
乌 克 兰	Ukraine	22001	21705	2239.80	2180.91	526.55	502.40
英　　国	United Kingdom	16208	31471	221.10	125.12①	440.36	550.19
澳大利亚	Australia	9528	8615	461.64	641.72	12.90	15.00

注：①2008年数据。②2004年数据。③2007年数据。
Note:①Data refer to 2008.②Data refer to 2004.③Data refer to 2007.

13-3 国际海运装货量和卸货量

International Maritime Freight Loaded and Unloaded

资料来源：联合国统计月报数据库。
Source: UN Monthly Bulletin of Statistics Database.

单位：万吨 (10 000 tons)

国家和地区	Country or Area	国际海运装货量 International Maritime Freight Loaded			国际海运卸货量 International Maritime Freight Unloaded		
		2000	2005	2011	2000	2005	2011
中国香港	Hong Kong, China	6770	8918	11906	10693	14095	15714
孟加拉国	Bangladesh	89	79	466①	1408		3860①
文　莱	Brunei Darussalam	10	8		102	168	
印度尼西亚	Indonesia	14153	27372	50118①	4504	8479	11254①
伊　朗	Iran	3065	3446	4366②	4486	6073	8232②
以色列	Israel	1387	1663	1942	2920	2107	2510
日　本	Japan	13010			80654		
韩　国	Korea, Rep.	15078	24250		41882	51245	
马来西亚	Malaysia	5483	7940	12547	6922	10391	15305
巴基斯坦	Pakistan	617	1126	1950①	3080	3955	4870①
新加坡③	Singapore③	32618	42266	47146②			
斯里兰卡	Sri Lanka	919	1315				
埃　及	Egypt		2123			4241	
南　非	South Africa	2598					
美　国	United States	34334	40534		83352	94160	
阿根廷④	Argentina④	1550					2374①
法　国	France	6810	10066	9986①	20273	22710	19931①
德　国	Germany	8602	10832	11248	14725	16866	17706
荷　兰	Netherlands	9940	12250	15335②	32507	36424	35617②
波　兰	Poland	3152	3835	2394	1582	1642	3264
俄罗斯联邦	Russian Fed.	828	910	18924	84	74	2184
西班牙	Spain	5627	8195		19343	26164	
乌克兰	Ukraine	4271	7070	8490	684	1333	1943
澳大利亚	Australia	48750	62401	91271	5418	6989	9346
新西兰	New Zealand	2214	2167	3174	1379	1844	1892

注：①2010年数据。②2009年数据。③包括装货量和卸货量。④不包括转口。
Note:①Data refer to 2010.②Data refer to 2009.③Including both goods loaded and unloaded.④Excluding re-exports.

13-4 空运货物周转量和客运量

Freight and Passengers Carried by Air

资料来源：世界银行WDI数据库。
Source: World Bank WDI Database.

国家和地区	Country or Area	空运货物周转量（万吨公里） Air Transport, Freight (10 000 ton-km)			航空客运量（万人） Air Transport, Passengers Carried (10 000 persons)		
		2000	2005	2010	2000	2005	2010
中　国	China	390008	757940	1744135	6189	13672	26769
中国香港	Hong Kong, China	511151	776387	796974	1438	2023	2538
中国澳门	Macao, China	2190	16981	3875	153	204	137
孟加拉国	Bangladesh	19387	18349	8463	133	163	218
文　莱	Brunei Darussalam	14023	13414	13554	86	98	183
柬埔寨	Cambodia		120	1827		17	31
印　度	India	54765	77404	172024	1730	2788	6414
印度尼西亚	Indonesia	40854	43977	65969	992	2684	3532
伊　朗	Iran	7372	9822	13141	872	1271	1759
以色列	Israel	88570	121348	86500	444	439	614
日　本	Japan	867205	854924	837994	10912	10228	9421
哈萨克斯坦	Kazakhstan	1175	1583	4812	46	116	243
韩　国	Korea, Rep.	765134	743257	1280225	3433	3389	4276
老　挝	Laos	167	248	40	21	29	65
马来西亚	Malaysia	186384	257758	245082	1656	2037	2626
蒙　古	Mongolia	844	607	324	25	30	42
缅　甸	Myanmar	77	272	159	44	150	40
巴基斯坦	Pakistan	34031	40793	30976	529	536	601
菲律宾	Philippines	28995	32271	47228	576	806	1893
新加坡	Singapore	600489	757126	400395	1670	1774	2532
斯里兰卡	Sri Lanka	25571	31036	32949	176	282	280
泰　国	Thailand	171288	200242	313276	1739	1890	2030
越　南	Viet Nam	11733	23019	42758	288	545	1410
埃　及	Egypt	27806	28695	18787	452	489	964
尼日利亚	Nigeria	882	1003	86	51	75	155
南　非	South Africa	68757	92338	110730	800	1184	1678
加拿大	Canada	189611	152682	201059	4177	4523	6733
墨西哥	Mexico	30986	39043	137995	2089	2186	1361
美　国	United States	3017198	3735764	5074295	66533	72055	70743
阿根廷	Argentina	29665	13256	17771	892	694	1003
巴　西	Brazil	172790	153068	97645	3129	3766	7725
委内瑞拉	Venezuela	3310	211	547	430	504	588
捷　克	Czech Rep.	3222	3876	2317	223	471	710
法　国	France	522434	580244	508119	5258	5248	6540
德　国	Germany	712771	772213	924542	5796	9079	11240
意大利	Italy	174841	136513	116446	3042	3612	4875
荷　兰	Netherlands	436734	489397	502762	2090	2613	2755
波　兰	Poland	7783	7128	9051	234	355	547
俄罗斯联邦	Russian Fed.	104141	154122	461403	1769	2652	5685
西班牙	Spain	87950	102174	168422	3971	4986	5856
土耳其	Turkey	38504	38295	110070	1219	1694	5159
乌克兰	Ukraine	1220	3929	59785	95	251	568
英　国	United Kingdom	516087	599843	855479	7044	9360	12397
澳大利亚	Australia	173074	244459	238044	3258	4466	4527
新西兰	New Zealand	81714	78147	66820	1078	1195	1013

13-5 机动车使用量

Vehicles in Use

资料来源：国际公路协会《世界公路统计》2012年。
Source: International Road Federation World Road Statistics 2012.

国家和地区	Country or Area	年份 Year	总计（万辆） Total (10 000 units)	乘用车（万辆） Passenger Cars (10 000 units)	公共汽车（万辆） Buses (10 000 units)	卡车和货车（万辆） Lorries and Vans (10 000 units)
中国	China	2010	7721.7	5861.6	262.5	1597.6
中国香港	Hong Kong,China	2010	54.4	41.5	2.0	10.9
孟加拉国	Bangladesh	2010	46.6	31.0	7.4	43.6
文莱	Brunei Darussalam	2008	20.0	19.0	0.1	0.8
印度	India	2009	2120.0	1367.4	148.6	604.1
以色列	Israel	2010	245.3	207.7	2.5	35.1
日本	Japan	2010	7529.9	5768.2	23.0	1738.7
哈萨克斯坦	Kazakhstan	2010	357.9	308.8	9.4	39.8
韩国	Korea,Rep.	2010	1794.1	1363.2	105.0	
马来西亚	Malaysia	2010	1025.3	921.8	6.9	96.6
蒙古	Mongolia	2008	19.0	12.8	1.6	4.7
缅甸	Myanmar	2010	34.4	26.0	2.1	6.4
巴基斯坦	Pakistan	2010	304.5	233.2	12.3	59.0
菲律宾	Philippines	2010	283.5	80.9	3.5	199.1
新加坡	Singapore	2010	75.5	59.5	1.6	14.4
斯里兰卡	Sri Lanka	2010	100.0	41.0	8.4	50.6
南非	South Africa	2010	825.5	559.6	33.3	232.6
加拿大	Canada	2009	2049.0	1417.2		631.8
墨西哥	Mexico	2010	3118.2	2163.9	35.9	918.3
美国	United States	2010	24666.4	19382.4	85.7	5198.3
巴西	Brazil	2009		3453.7	67.3	
白俄罗斯	Belarus	2010	343.9	260.1	4.5	39.7
捷克	Czech Republic	2010	510.3	449.6	2.0	58.7
法国	France	2010	3774.5	3130.0	8.6	635.9
德国	Germany	2010	4681.1	4230.2	7.6	443.2
意大利	Italy	2010	4109.3	3643.8	9.9	455.7
荷兰	Netherlands	2010	875.1	773.6	1.1	100.4
挪威	Norway	2010	285.6	230.9	2.0	52.7
波兰	Poland	2010	2051.2	1724.0	9.7	317.5
俄罗斯联邦	Russian Fed.	2009	3847.2	3308.4	6.5	532.3
西班牙	Spain	2010	2731.4	2214.7	6.2	510.4
土耳其	Turkey	2010	1126.6	754.5	59.5	312.5
乌克兰	Ukraine	2010	792.5	676.9	17.1	98.4
英国	United Kingdom	2010	3227.0	2842.1	17.1	367.8
澳大利亚	Australia	2010	1549.6	1240.3	7.1	302.3
新西兰	New Zealand	2010	310.8	261.5	2.1	47.2

13-5 续表 continued

国家和地区	Country or Area	年 份 Year	摩托车 (万辆) Motorcycles (10 000 units)	每千人拥有乘用车数量(辆) Passenger Cars per 1000 Persons (unit)	每千人拥有汽车数量(辆) Total Vehicles per 1000 Persons (unit)	每公里道路汽车数量 (辆) Total Vehicles per km of Road (unit)
中　　国	China	2010	10056.4	44	58	19
中国香港	Hong Kong,China	2010	3.8	59	77	254①
孟加拉国	Bangladesh	2010	97.6	2	3	22
文　　莱	Brunei Darussalam	2008	0.3	485	510	67
印　　度	India	2009	8240.2	12	18	5②
以 色 列	Israel	2010	11.3	272	322	133
日　　本	Japan	2010	350.2	453	591	63②
哈萨克斯坦	Kazakhstan	2010	6.1	189	219	37
韩　　国	Korea,Rep.	2010	182.5	276	363	165①
马来西亚	Malaysia	2010	944.2	325	361	71
蒙　　古	Mongolia	2008		48	72	
缅　　甸	Myanmar	2010	188.1	5	7	
巴基斯坦	Pakistan	2010	128.4	13	18	12
菲 律 宾	Philippines	2010	348.2	9	30	
新 加 坡	Singapore	2010	14.7	117	149	223
斯里兰卡	Sri Lanka	2010	263.0	20	48	
南　　非	South Africa	2010	32.7	112	165	
加 拿 大	Canada	2009		420	607	20①
墨 西 哥	Mexico	2010	115.7	191	275	84
美　　国	United States	2010	821.2	627	797	38
巴　　西	Brazil	2009	1468.9	178	209②	
白俄罗斯	Belarus	2010	34.5	274	362	40
捷　　克	Czech Republic	2010	92.4	427	485	39
法　　国	France	2010	0.3	481	580	37
德　　国	Germany	2010	382.8	517	572	71②
意 大 利	Italy	2010	652.6	602	679	
荷　　兰	Netherlands	2010	63.6	466	527	64
挪　　威	Norway	2010	38.4	472	584	31
波　　兰	Poland	2010	193.5	451	537	51
俄罗斯联邦	Russian Fed.	2009		233	271	39
西 班 牙	Spain	2010	270.7	481	593	
土 耳 其	Turkey	2010	238.9	104	155	31
乌 克 兰	Ukraine	2010	52.8	148	173	47
英　　国	United Kingdom	2010	123.4	457	519	77
澳大利亚	Australia	2010	67.0	556	695	19
新 西 兰	New Zealand	2010	10.0	599	712	33

注：①2009年数据。②2008年数据。
Note:①Data refer to 2009.②Data refer to 2008.

13-6 汽车燃料价格

Motor Fuel Prices

资料来源：国际公路协会《世界公路统计》2012年。
Source: International Road Federation World Road Statistics 2012.
单位：美分/升 (USD cent/liter)

国家和地区	Country or Area	高级汽油价格 Super Gasoline Price				
		2000	2004	2006	2008	2010
中　　国	China	40	48	69	99	111
中国香港	Hong Kong,China	146	154	169	195	192
孟加拉国	Bangladesh	46	59	79	117	109
印　　度	India	60	87	101	109	115
印度尼西亚	Indonesia	17	27	57	50	79
伊　　朗	Iran	5	9	9	10	10
以 色 列	Israel	114	105	147	137	185
日　　本	Japan	106	126	109	142	160
哈萨克斯坦	Kazakhstan	36	52	70	83	71
韩　　国	Korea,Rep.	92	135	165	151	152
马来西亚	Malaysia	28	37	53	53	59
蒙　　古	Mongolia	38	61	88	138	111
缅　　甸	Myanmar	33	12	66	43	80
巴基斯坦	Pakistan	53	62	101	84	86
菲 律 宾	Philippines	37	52	76	91	105
新 加 坡	Singapore	84	89	92	107	142
斯里兰卡	Sri Lanka	66	72	88	143	119
泰　　国	Thailand	39	54	70	87	141
越　　南	Vietnam	38	48	67	80	88
埃　　及	Egypt	26	28	30	49	48
尼日利亚	Nigeria	27	39	51	59	44
南　　非	South Africa	50	81	85	87	119
加 拿 大	Canada	58	68	84	76	121
墨 西 哥	Mexico	61	59	74	74	81
美　　国	United States	47	54	63	56	76
阿 根 廷	Argentina	107	63	62	78	96
巴　　西	Brazil	92	84	126	126	158
委内瑞拉	Venezuela	12	4	3	2	2
白俄罗斯	Belarus	55	62	79	133	108
捷　　克	Czech Republic	77	108	130	137	175
法　　国	France	99	142	148	152	198
意 大 利	Italy	97	153	156	157	187
荷　　兰	Netherlands	103	162	170	168	213
波　　兰	Poland	76	120	130	143	157
俄罗斯联邦	Russian Fed.	33	55	77	89	84
西 班 牙	Spain	73	121	115	123	156
土 耳 其	Turkey	88	144	188	187	252
乌 克 兰	Ukraine	37	55	81	88	101
英　　国	United Kingdom	117	156	163	144	192
澳大利亚	Australia	57	85	93	74	127
新 西 兰	New Zealand	48	77	98	109	147

13-6 续表 continued

单位：美分/升 (USD cent/liter)

国家和地区	Country or Area	柴油价格 Diesel Price				
		2000	2004	2006	2008	2010
中　　国	China	45	43	78	101	104
中国香港	Hong Kong,China	80	100	106	116	132
孟加拉国	Bangladesh	29	34	45	70	63
印　　度	India	39	62	75	70	82
印度尼西亚	Indonesia	6	18	44	42	51
伊　　朗	Iran	2	2	3	3	2
以 色 列	Israel	64	80	127	170	187
日　　本	Japan	76	95	90	130	137
哈萨克斯坦	Kazakhstan	29	38	45	72	51
韩　　国	Korea,Rep.	66	95	133	140	135
马来西亚	Malaysia	16	22	40	53	56
蒙　　古	Mongolia	38	67	87	142	104
缅　　甸	Myanmar	12	10	75	52	80
巴基斯坦	Pakistan	27	41	64	77	92
菲 律 宾	Philippines	28	34	67	81	84
新 加 坡	Singapore	38	55	63	90	104
斯里兰卡	Sri Lanka	27	41	55	75	66
泰　　国	Thailand	35	37	65	64	95
越　　南	Vietnam	27	32	53	77	77
埃　　及	Egypt	10	10	12	20	32
尼日利亚	Nigeria	27	45	66	113	77
南　　非	South Africa	50	80	84	95	114
加 拿 大	Canada	47	68	78	90	108
墨 西 哥	Mexico	45	45	52	54	72
美　　国	United States	48	57	69	78	84
阿 根 廷	Argentina	52	49	48	58	105
巴　　西	Brazil	34	49	84	103	114
委内瑞拉	Venezuela	6	2	2	1	1
白俄罗斯	Belarus	36	44	55	106	86
捷　　克	Czech Republic	68	107	129	145	169
法　　国	France	82	125	133	145	172
意 大 利	Italy	83	131	149	163	169
荷　　兰	Netherlands	78	123	132	145	171
波　　兰	Poland	65	109	130	140	150
俄罗斯联邦	Russian Fed.	29	45	66	86	72
西 班 牙	Spain	65	110	110	128	147
土 耳 其	Turkey	66	112	162	163	203
乌 克 兰	Ukraine	30	44	87	96	92
英　　国	United Kingdom	122	160	173	165	198
澳大利亚	Australia	57	83	94	94	123
新 西 兰	New Zealand	34	41	70	85	97

13-7 港口集装箱吞吐量

Container Port Traffic

资料来源：世界银行WDI数据库。
Source: World Bank WDI Database.

单位：万标准集装箱 (10 000 TEUs)

国家和地区	Country or Area	2000	2005	2006	2007	2008	2009	2010
世 界	**World**	**22477**	**37627**	**41675**	**48982**	**51342**	**46964**	**53828**
高收入国家	**High Income**	**14300**	**23272**	**24649**	**27725**	**27717**	**24615**	**27456**
中等收入国家	**Middle Income**	**8132**	**14274**	**16936**	**20991**	**23300**	**22027**	**26014**
中 国	China	4100	6725	8481	10382	11506	10804	12961
中国香港	Hong Kong, China		2260	2354	2400	2449	2104	2370
孟加拉国	Bangladesh	46	81	90	98	109	118	136
文 莱	Brunei Darussalam					9	9	9
柬埔寨	Cambodia				25	26	21	22
印 度	India	245	498	614	740	767	804	975
印度尼西亚	Indonesia	380	550	432	658	740	724	837
伊 朗	Iran		133	153	172	200	221	259
以色列	Israel		171	177	196	209	203	228
日 本	Japan	1310	1706	1847	1916	1894	1629	1806
韩 国	Korea, Rep.	903	1511	1551	1709	1742	1570	1854
马来西亚	Malaysia	464	1220	1342	1483	1602	1586	1825
缅 甸	Myanmar				17	18	16	17
巴基斯坦	Pakistan		169	178	194	194	206	215
菲律宾	Philippines	303	363	368	435	447	431	495
新加坡	Singapore	1710	2319	2479	2877	3089	2659	2918
斯里兰卡	Sri Lanka	173	246	308	369	369	346	408
泰 国	Thailand	318	512	557	634	673	590	665
越 南	Viet Nam	119	254	300	401	439	494	598
埃 及	Egypt	163	403	537	518	610	625	671
尼日利亚	Nigeria					7	9	9
南 非	South Africa	185	311	355	373	388	373	381
加拿大	Canada	293	416	433	441	472	419	481
墨西哥	Mexico	132	214	268	166	331	288	369
美 国	United States	2830	3850	4090	4484	4241	3735	4219
阿根廷	Argentina	114	149	176	187	200	163	202
巴 西	Brazil	241	565	629	646	724	657	812
委内瑞拉	Venezuela	67	112	127	133	133	124	122
法 国	France	292	400	426	498	467	449	532
德 国	Germany	770	1360	1501	1664	1718	1328	1462
意大利	Italy	692	986	973	1061	1053	953	979
荷 兰	Netherlands	641	947	1005	1129	1136	1007	1133
波 兰	Poland				77	86	67	105
俄罗斯联邦	Russian Fed.	32	180	227	296	331	233	313
西班牙	Spain	579	917	1003	1335	1346	1180	1261
土耳其	Turkey	159	317	368	468	522	452	555
乌克兰	Ukraine		58	73	99	112	52	66
英 国	United Kingdom	643	825	843	863	719	671	739
澳大利亚	Australia	354	519	574	629	610	620	654
新西兰	New Zealand	107	160	181	231	230	230	243

13-8 公路长度及密度

Length and Density of Road

资料来源：世界银行WDI数据库。
Source: World Bank WDI Database.

国家和地区	Country or Area	公路网长度 (公里) Roads, Total Network (km)		有路面公路所占比重 (%) Roads, Paved (% of total roads)		公路密度 (每百平方公里土地公路长度) Road Density (km of road per 100 sq. km of land area)	
		2005	2009	2005	2009	2005	2009
中　国	China	3345187	3860823	40.8	53.5①	35	40
中国香港	Hong Kong, China	1955	2050	100.0	100.0	179	188
中国澳门	Macao, China	368	413	100.0	100.0		1475
文　莱	Brunei Darussalam	3426	2972①	78.4	81.1①	63	51②
印　度	India	3929439	4109592①	47.0	49.5①	120	125①
印度尼西亚	Indonesia	391009	476337	55.4	56.9	21	25
伊　朗	Iran	172027	192685	71.0	73.3③	10	11
以色列	Israel	17589	18318	100.0	100.0	80	83
日　本	Japan	1192400	1207867	79.0	80.1	316	320
哈萨克斯坦	Kazakhstan	90845	96846	91.2	88.5	3	4
韩　国	Korea, Rep.	102293	104983	76.8	79.3	103	105
老　挝	Laos	33861	39568	13.4	13.7	14	17
缅　甸	Myanmar	27000		11.9		4	
巴基斯坦	Pakistan	258214	258350		65.4③		32
新加坡	Singapore	3234	3356	100.0	100.0	463	473
泰　国	Thailand		180053③				35③
越　南	Viet Nam		160089②		47.6②		48②
埃　及	Egypt	98875	100472		89.4	10	10
加拿大	Canada		1409000				14
墨西哥	Mexico	355796	366807	37.0	35.3①	18	19
美　国	United States	6544257	6545839	65.3	67.4①	68	67
捷　克	Czech Rep.	128437	130573①			163	166①
法　国	France	950985	951260	100.0	100.0	173	173
德　国	Germany	644480	643969				180
意大利	Italy	487700				162	
荷　兰	Netherlands	134218	136827			323	329
波　兰	Poland	381463	384104	66.5	69.9	122	123
俄罗斯联邦	Russian Fed.	858000	982000	84.4	80.1②	5	6
西班牙	Spain		667064②				132②
土耳其	Turkey	349238	362660		88.7	54	46
乌克兰	Ukraine	169323	169495	97.4	97.8	28	28
英　国	United Kingdom	388008	419665	100.0	100.0	159	172
澳大利亚	Australia		817089		43.5		11
新西兰	New Zealand	93460	94301	64.9	66.2	35	35

注：①2008年数据。②2007年数据。③2006年数据。
Note:①Data refer to 2008.②Data refer to 2007.③Data refer to 2006.

13-9 公路交通事故

Road Accidents

资料来源：国际公路协会《世界公路统计》2012年。
Source: International Road Federation World Road Statistics 2012.

国家和地区	Country or Area	年 份 Year	事故发生数(起) Accidents (case)	受伤人数(人) Persons Injured (person)	死亡人数(人) Persons Killed (person)
中 国	China	2010	219521	254075	65225
中国香港	Hong Kong,China	2010	14943	19007	117
孟加拉国	Bangladesh	2006		403000	3160
文 莱	Brunei Darussalam	2010		698	26
柬 埔 寨	Cambodia	2010			1816
印 度	India	2010	430654	470687	133938
印度尼西亚	Indonesia	2010	66488	90005	19873
伊 朗	Iran	2010		236990	19064
以 色 列	Israel	2010	14724	27732	352
日 本	Japan	2010	725773	896208	5745
哈萨克斯坦	Kazakhstan	2010	12008	13878	2797
韩 国	Korea,Rep.	2010			5505
马来西亚	Malaysia	2010			6872
蒙 古	Mongolia	2007		932	562
缅 甸	Myanmar	2010	9020	16013	2461
菲 律 宾	Philippines	2010		6408	1262
新 加 坡	Singapore	2010			195
斯里兰卡	Sri Lanka	2010		18684	2579
泰 国	Thailand	2010		33697	7228
越 南	Vietnam	2009		7900	11500
埃 及	Egypt	2010	24371	36028	7040
尼日利亚	Nigeria	2010		18095	4065
南 非	South Africa	2010			13967
加 拿 大	Canada	2010	122820	171694	2186
墨 西 哥	Mexico	2009	29596	31659	4870
美 国	United States	2009	1517000	2217000	33808
巴 西	Brazil	2009	60989	93851	7376
白俄罗斯	Belarus	2010	6363	6832	1190
捷 克	Czech Republic	2010			802
芬 兰	Finland	2010	6072	7673	272
法 国	France	2010	67300	84500	3992
德 国	Germany	2010	288297	374818	3648
意 大 利	Italy	2010	211404	302735	4090
荷 兰	Netherlands	2010			640
波 兰	Poland	2010	38832	48952	3907
俄罗斯联邦	Russian Fed.	2010	199431	250635	26567
西 班 牙	Spain	2010	85503	122823	2478
土 耳 其	Turkey	2010	116804	211496	4045
乌 克 兰	Ukraine	2010	31914	38975	4875
英 国	United Kingdom	2010	154414	208648	1850
澳大利亚	Australia	2010	1233		1352
新 西 兰	New Zealand	2010	10886	14031	375

13-9 续表 continued

国家和地区	Country or Area	年份 Year	每十万人口交通事故死亡人数(人) Number of Deaths per 100 000 Persons (person)	每十万人口交通事故数(起) Number of Injuries per 100 000 Persons (person)	每亿公里车程交通事故数(起) Number of Accidents per 100 Million Vehicle-km (person)
中　国	China	2010	4.88	16.41	
中国香港	Hong Kong,China	2010	1.66	211.42	
中国澳门	Macao,China	2010	1.84	91.42	
孟加拉国	Bangladesh	2006	2.03		
印　度	India	2010	10.94	35.17	
印度尼西亚	Indonesia	2010	8.28	27.72	
伊　朗	Iran	2010	25.77		
以色列	Israel	2010	4.62	193.14	30.12
日　本	Japan	2010	4.51	569.45	
哈萨克斯坦	Kazakhstan	2010	17.14	73.56	1771.09
韩　国	Korea,Rep.	2010	11.14	475.91①	167.56①
马来西亚	Malaysia	2010	24.20		
蒙　古	Mongolia	2007	21.52		
缅　甸	Myanmar	2010	5.13	18.81	
菲律宾	Philippines	2010	1.35	4.45①	
新加坡	Singapore	2010	3.84	…	51.04①
斯里兰卡	Sri Lanka	2010	12.49		
泰　国	Thailand	2010	10.46		
越　南	Vietnam	2009	13.18	14.85②	
埃　及	Egypt	2010	8.68	30.04	
尼日利亚	Nigeria	2010	2.57	7.01①	
南　非	South Africa	2010	27.94	304.15①	111.31③
加拿大	Canada	2010	6.41	359.90	37.11①
墨西哥	Mexico	2009	4.53	27.55	23.66①
美　国	United States	2010	10.63	494.13①	32.08①
巴　西	Brazil	2009	3.81	31.48	
白俄罗斯	Belarus	2010	12.54	67.05	
捷　克	Czech Republic	2010	7.62	206.92①	
法　国	France	2010	6.13	103.42	12.29
德　国	Germany	2010	4.46	352.54	48.13②
意大利	Italy	2010	6.76	349.52	
荷　兰	Netherlands	2010	3.85	41.90①	5.32①
波　兰	Poland	2010	10.23	101.70	23.81①
俄罗斯联邦	Russian Fed.	2010	18.72	140.52	
西班牙	Spain	2010	5.38	185.59	19.16
土耳其	Turkey	2010	5.56	160.55	145.78
乌克兰	Ukraine	2010	10.63	69.57	236.63
英　国	United Kingdom	2010	2.97	248.13	31.95
澳大利亚	Australia	2010	6.06	5.53	0.55
新西兰	New Zealand	2010	8.59	249.23	27.48

注：①2009年数据。②2008年数据。③2007年数据。
Note:①Data refer to 2009.②Data refer to 2008.③Data refer to 2007.

13-10 公路支出
Road Expenditure

资料来源：国际公路协会《世界公路统计》2012年。
Source: International Road Federation Word Road Statistics 2012.
单位：万美元 (10 000 USD)

国家和地区	Country or Area	年 份 Year	支出总计 Total Expenditure	公路支出构成－按行政管理级别分 Road Expenditure by Administration Levels 中央政府 Central Government	地方政府 Local Government	私 人 Private
中 国	China	2006				
中国香港	Hong Kong,China	2010	65699	85490①		
柬 埔 寨	Cambodia	2000	8683	8683		
印 度	India	2010	810967			342655
韩 国	Korea,Rep.	2009	1796000	737800	724500	333700
老 挝	Laos	2006	16193	16193		
马来西亚	Malaysia	2003	34656	34656		
蒙 古	Mongolia	2009	91			
新 加 坡	Singapore	2010	126475	126475		
斯里兰卡	Sri Lanka	2010	79285			
南 非	South Africa	2009	660285	365474	294810	
墨 西 哥	Mexico	2010	568512	513846		54665
美 国	United States	2010		132695		
巴 西	Brazil	2009		423		
白俄罗斯	Belarus	2010	54570			
捷 克	Czech Republic	2000	207814	207814		
法 国	France	2010	3140374	360963	1965241	814171
荷 兰	Netherlands	2000	146859	125173	21686	
波 兰	Poland	2003	219048	122428	96621	
西 班 牙	Spain	2010	909423	465119	379586	64717
土 耳 其	Turkey	2010	639325			
乌 克 兰	Ukraine	2010	128607	126658	1949	
英 国	United Kingdom	2010	1480282	587324	891393	
澳大利亚	Australia	2010				501214
新 西 兰	New Zealand	2010	232666	195069	37596	

13-10 续表 continued

单位：万美元 (10 000 USD)

国家和地区	Country or Area	年份 Year	公路支出构成－按支出性质分 Road Expenditure-by Nature 建设 Construction	维护 Maintenance	其它 Others
中国	China	2006	7979623		
中国香港	Hong Kong,China	2010	53985	11715	
柬埔寨	Cambodia	2000	1979	6704	
印度	India	2010	739464	35263	21
韩国	Korea,Rep.	2009		2484200	
老挝	Laos	2006	14352	1842	
马来西亚	Malaysia	2003	69	34061	526
蒙古	Mongolia	2002	226	28②	27
新加坡	Singapore	2007	24928①		
斯里兰卡	Sri Lanka	2010	73524	5761	
南非	South Africa	2009	262561		397737
墨西哥	Mexico	2010	416315	121882	30315
美国	United States	2010	9944390	4763193	4282447
巴西	Brazil	2004	31732	31380	10567
白俄罗斯	Belarus	2010	17800		
捷克	Czech Republic	2000	103321	104363	
法国	France	2010	1796791	1343583	
荷兰	Netherlands	2000	51469	71782	
波兰	Poland	2003	100128	88820	30100
西班牙	Spain	2010	517750	326955	
土耳其	Turkey	2010	576055	18105	45166
乌克兰	Ukraine	2010	39289	49949	39370
英国	United Kingdom	2004	648263	82066	
澳大利亚	Australia	2010	501214		
新西兰	New Zealand	2010	168875	63559	231

注：①2006年数据。②2000年数据。
Note:①Data refer to 2006.②Data refer to 2000.

13-11 电话主线和移动电话普及率

Telephone Mainlines and Mobile Phones

资料来源：世界银行WDI数据库。
Source:World Bank WDI Database.

国家和地区	Country or Area	电话主线(条/千人) Telephone Mainlines(lines per 1 000 persons)			移动电话(部/千人) Mobile Phones(sets per 1 000 persons)		
		2000	2005	2010	2000	2005	2010
世　界	**World**	**159.6**	**193.8**	**178.2**	**120.8**	**339.7**	**771.1**
高收入国家	**High Income**	**556.4**	**514.6**	**476.6**	**500.8**	**841.9**	**1104.1**
中等收入国家	**Middle Income**	**88.1**	**147.2**	**137.4**	**48.2**	**268.5**	**765.6**
低收入国家	**Low Income**	**6.1**	**9.1**	**11.4**	**2.6**	**46.9**	**334.9**
中　国	China	114.1	268.0	219.5	67.2	300.9	640.4
中国香港	Hong Kong, China	578.8	557.0	618.4	803.1	1254.7	1955.7
中国澳门	Macao, China	409.5	362.3	308.2	326.6	1106.7	2064.3
孟加拉国	Bangladesh	3.8	7.6	10.4	2.2	64.0	461.7
文　莱	Brunei Darussalam	246.2	231.0	200.3	290.5	641.4	1090.7
柬埔寨	Cambodia	2.5	2.5	25.4	10.5	79.5	576.5
印　度	India	30.8	44.0	28.7	3.4	79.1	614.2
印度尼西亚	Indonesia	31.2	59.4	170.6	17.2	206.4	880.9
伊　朗	Iran	145.2	291.7	349.0	14.7	122.1	730.7
以色列	Israel	494.4	444.6	459.4	731.5	1174.5	1228.2
日　本	Japan	492.8	459.3	518.6	531.2	763.4	974.3
哈萨克斯坦	Kazakhstan	122.6	178.5	253.2	13.2	355.8	1210.7
韩　国	Korea, Rep.	562.4	508.1	592.4	583.1	815.0	1053.6
老　挝	Laos	7.7	15.8	16.6	2.4	114.3	645.6
马来西亚	Malaysia	197.7	167.3	161.0	218.7	748.8	1192.2
蒙　古	Mongolia	48.7	61.3	70.1	64.1	218.7	910.9
缅　甸	Myanmar	6.0	10.9	10.3	0.3	2.8	12.4
巴基斯坦	Pakistan	21.1	33.0	35.0	2.1	80.5	571.4
菲律宾	Philippines	39.6	39.4	72.7	83.5	406.6	856.7
新加坡	Singapore	496.5	432.4	392.4	701.0	1027.8	1451.8
斯里兰卡	Sri Lanka	40.9	62.7	171.6	23.0	169.4	832.2
泰　国	Thailand	88.5	105.5	100.2	48.4	466.8	1036.2
越　南	Viet Nam	32.3	192.3	163.6	10.0	115.4	1270.0
埃　及	Egypt	81.1	141.2	118.6	20.1	183.7	871.1
尼日利亚	Nigeria	4.5	8.8	6.6	0.2	132.9	551.0
南　非	South Africa	110.9	98.9	84.3	186.3	710.6	1004.8
加拿大	Canada	679.6	562.2	500.4	284.6	527.1	706.6
墨西哥	Mexico	123.4	183.2	175.4	140.8	442.6	805.5
美　国	United States	681.5	590.1	487.1	387.5	686.3	898.6
阿根廷	Argentina	213.8	244.1	247.5	175.7	572.8	1328.8
巴　西	Brazil	177.3	214.3	216.2	132.9	463.5	1041.0
委内瑞拉	Venezuela	104.2	136.9	244.4	223.7	468.6	962.1
捷　克	Czech Rep.	378.0	314.8	229.3	424.3	1152.2	1217.5
法　国	France	575.6	552.6	562.2	492.0	788.4	1006.6
德　国	Germany	609.8	663.8	641.5	585.3	960.4	1270.4
意大利	Italy	476.5	426.9	354.7	741.3	1218.7	1496.3
荷　兰	Netherlands	623.4	466.1	435.3	678.0	971.1	1154.5
波　兰	Poland	285.8	310.1	200.3	176.1	764.2	1226.7
俄罗斯联邦	Russian Fed.	218.5	278.8	314.2	22.2	834.2	1662.7
西班牙	Spain	424.5	448.5	438.5	602.3	983.8	1119.9
土耳其	Turkey	289.1	278.5	222.7	253.6	640.0	849.0
乌克兰	Ukraine	213.1	248.6	284.8	16.7	639.6	1186.4
英　国	United Kingdom	598.4	565.9	538.6	738.1	1087.5	1307.6
澳大利亚	Australia	524.4	496.0	475.6	446.8	902.8	1010.4
新西兰	New Zealand	474.6	418.2	430.4	399.7	853.9	1078.3

13-12 国际互联网用户

Internet Users

资料来源：世界银行WDI数据库。
Source: World Bank WDI Database.
单位：个/千人 (unit per 1 000 persons)

国家和地区	Country or Area	2000	2007	2008	2009	2010	2011
世　界	**World**	**67.60**	**205.78**	**231.87**	**257.40**	**295.15**	**327.73**
高收入国家	**High Income**	**308.34**	**671.13**	**691.41**	**699.93**	**728.55**	**756.02**
中等收入国家	**Middle Income**	**17.00**	**127.16**	**158.67**	**191.57**	**234.47**	**271.99**
低收入国家	**Low Income**	**1.16**	**21.82**	**28.07**	**33.62**	**45.21**	**59.35**
中　国	China	17.85	160.44	226.62	289.77	343.90	383.98
中国香港	Hong Kong, China	283.22	643.03	662.09	692.44	718.51	750.33
中国澳门	Macao, China	136.09	473.27	492.40	540.00	538.00	580.00
孟加拉国	Bangladesh	0.71	18.00	25.00	31.00	37.00	50.00
文　莱	Brunei Darussalam	89.96	446.80	460.00	490.00	530.00	560.00
柬埔寨	Cambodia	0.47	4.90	5.10	5.30	12.60	31.00
印　度	India	5.28	39.50	43.80	51.20	75.00	100.70
印度尼西亚	Indonesia	9.26	57.86	79.17	69.20	109.20	180.00
伊　朗	Iran	9.34	94.70	102.40	110.70	160.00	210.00
以色列	Israel	199.64	463.86	576.31	612.26	656.83	681.66
日　本	Japan	297.19	735.70	747.15	773.85	776.49	787.09
哈萨克斯坦	Kazakhstan	6.72	40.18	109.87	179.15	310.25	440.44
韩　国	Korea, Rep.	437.30	770.19	789.89	795.79	816.22	814.64
老　挝	Laos	1.11	16.40	35.50	60.00	70.00	90.00
马来西亚	Malaysia	213.85	557.00	558.00	559.00	563.00	610.00
蒙　古	Mongolia	12.56	121.93	124.90	126.00	129.00	200.00
缅　甸	Myanmar		2.17	2.20	2.20	2.50	9.80
巴基斯坦	Pakistan		68.00	70.00	75.00	80.00	90.00
菲律宾	Philippines	19.82	59.70	62.20	90.00	250.00	290.00
新加坡	Singapore	350.29	679.45	680.42	684.20	711.36	750.61
斯里兰卡	Sri Lanka	6.35	39.25	58.74	88.74	121.20	151.27
泰　国	Thailand	36.89	200.30	182.00	201.00	224.00	237.00
越　南	Viet Nam	2.58	209.49	241.53	268.20	309.75	354.50
埃　及	Egypt	6.41	160.50	180.10	242.80	302.00	356.20
尼日利亚	Nigeria	0.64	67.70	158.60	200.00	240.00	284.30
南　非	South Africa	54.41	81.63	85.21	100.87	180.51	209.47
加拿大	Canada	511.29	733.06	767.20	801.71	800.42	826.79
墨西哥	Mexico	50.81	208.10	217.10	263.40	310.50	361.50
美　国	United States	431.30	752.62	742.18	712.12	742.47	782.36
阿根廷	Argentina	70.39	259.47	281.13	340.00	400.00	477.04
巴　西	Brazil	28.71	308.80	338.30	392.20	406.50	450.00
委内瑞拉	Venezuela	33.65	209.14	259.93	328.57	375.59	404.38
捷　克	Czech Rep.	97.53	518.26	626.86	641.39	686.44	728.89
法　国	France	138.70	637.49	681.85	690.63	772.84	767.70
德　国	Germany	302.67	753.88	783.47	794.85	825.27	834.43
意大利	Italy	231.29	408.72	445.74	488.75	537.40	568.17
荷　兰	Netherlands	438.11	861.44	877.27	897.87	907.07	921.27
波　兰	Poland	72.57	486.88	532.59	591.21	624.72	650.21
俄罗斯联邦	Russian Fed.	19.83	248.67	270.59	292.36	433.15	493.13
西班牙	Spain	136.34	547.73	590.64	620.32	658.09	679.22
土耳其	Turkey	37.62	286.30	343.70	364.00	398.20	421.00
乌克兰	Ukraine	7.12	65.18	109.37	177.69	230.85	302.55
英　国	United Kingdom	268.13	749.79	782.33	778.00	777.55	817.07
澳大利亚	Australia	467.84	696.07	717.21	740.83	758.93	789.48
新西兰	New Zealand	473.84	698.29	721.80	798.26	830.06	861.82

13-13 互联网服务商
Internet Servers

资料来源：世界银行WDI数据库。
Source: World Bank WDI Database.
单位：个/百万人 (number per 1 000 000 persons)

国家和地区	Country or Area	2005	2007	2008	2009	2010	2011
世　界	**World**	**64.69**	**95.36**	**110.81**	**112.97**	**154.93**	**183.94**
高收入国家	**High Income**	**358.86**	**547.92**	**636.76**	**689.74**	**900.71**	**1067.16**
中等收入国家	**Middle Income**	**2.46**	**4.01**	**5.10**	**5.89**	**8.73**	**11.62**
低收入国家	**Low Income**	**0.12**	**0.21**	**0.30**	**0.36**	**0.58**	**0.82**
中　国	China	0.33	0.68	0.94	1.19	1.92	2.42
中国香港	Hong Kong, China	162.33	240.98	287.77	352.39	453.47	570.45
中国澳门	Macao, China	54.01	90.96	96.44	135.54	209.69	239.32
孟加拉国	Bangladesh	0.02	0.04	0.10	0.20	0.32	0.64
文　莱	Brunei Darussalam	13.77	29.14	31.19	43.39	65.18	113.32
柬埔寨	Cambodia	0.08	0.51	0.87	1.57	1.70	2.52
印　度	India	0.58	0.96	1.23	1.49	2.12	2.86
印度尼西亚	Indonesia	0.45	0.73	1.00	1.35	2.00	3.38
伊　朗	Iran	0.29	0.31	0.28	0.33	0.74	1.02
以色列	Israel	162.77	227.99	272.69	289.22	396.66	470.14
日　本	Japan	257.70	399.25	471.68	519.60	649.85	743.93
哈萨克斯坦	Kazakhstan	0.86	1.03	1.98	3.23	5.21	6.34
韩　国	Korea, Rep.	20.03	497.49	690.84	918.47	1128.09	2496.13
老　挝	Laos	0.35	0.67	0.17	0.49	0.81	1.27
马来西亚	Malaysia	14.44	21.66	26.83	33.02	41.48	54.44
蒙　古	Mongolia	3.14	7.24	8.62	8.11	10.52	13.57
缅　甸	Myanmar	0.02	0.02		0.02	0.06	0.08
巴基斯坦	Pakistan	0.29	0.41	0.53	0.62	0.97	1.12
菲律宾	Philippines	2.46	3.95	4.58	5.28	6.67	7.55
新加坡	Singapore	275.45	359.59	390.34	420.84	529.67	607.29
斯里兰卡	Sri Lanka	1.78	2.55	3.17	3.52	4.46	6.04
泰　国	Thailand	4.68	6.98	8.99	9.68	13.19	16.56
越　南	Viet Nam	0.15	0.61	1.13	1.88	3.13	4.68
埃　及	Egypt	0.53	0.83	1.03	1.49	2.29	3.01
尼日利亚	Nigeria	0.17	0.49	0.80	0.81	1.21	1.69
南　非	South Africa	20.38	30.61	36.73	40.43	62.59	73.87
加拿大	Canada	569.11	813.52	906.39	984.21	1238.29	1368.63
墨西哥	Mexico	8.11	12.86	15.07	16.54	20.60	26.82
美　国	United States	785.16	1061.76	1174.79	1235.08	1444.94	1563.16
阿根廷	Argentina	10.81	15.62	18.33	19.82	26.08	33.61
巴　西	Brazil	14.18	20.32	23.96	26.01	40.73	54.20
委内瑞拉	Venezuela	4.63	6.22	6.77	7.43	7.42	8.06
捷　克	Czech Rep.	41.52	104.61	150.51	185.56	318.35	387.16
法　国	France	76.07	135.54	165.50	203.00	296.19	354.10
德　国	Germany	274.16	459.52	549.79	640.93	872.03	1023.41
意大利	Italy	44.21	72.93	92.79	109.33	154.42	190.87
荷　兰	Netherlands	327.15	780.51	1105.04	1414.12	2276.68	2749.82
波　兰	Poland	21.96	55.19	84.69	123.01	210.80	269.68
俄罗斯联邦	Russian Fed.	2.43	4.46	7.33	10.54	20.32	27.13
西班牙	Spain	81.66	142.72	170.19	193.21	233.47	284.72
土耳其	Turkey	18.04	40.26	59.64	68.86	98.99	142.51
乌克兰	Ukraine	1.32	2.84	4.28	5.99	13.23	17.72
英　国	United Kingdom	466.04	754.44	905.05		1396.05	1592.54
澳大利亚	Australia	498.07	805.36	987.46	1207.97	1763.11	2002.64
新西兰	New Zealand	489.85	828.47	980.11	1059.13	1489.54	1597.43

13-14 宽带用户
Broadband Subscribers

资料来源：世界银行WDI数据库。
Source:World Bank WDI Database.

国家和地区	Country or Area	宽带用户（个）Broadband Subscribers(number)			每千人宽带用户（个/千人）Broadband Subscribers(unit per 1 000 persons)		
		2000	2005	2011	2000	2005	2011
世　界	**World**	**15890822**	**219151609**	**588430657**	**3.57**	**34.47**	**86.19**
高收入国家	**High Income**	**15725418**	**166366929**	**311548938**	**16.05**	**153.70**	**276.48**
中等收入国家	**Middle Income**	**165404**	**52758820**	**276361518**	**0.05**	**11.55**	**55.62**
低收入国家	**Low Income**		**25860**	**520201**		**0.04**	**0.71**
中　国	China	22660	37350000	156487000	0.02	28.56	116.13
中国香港	Hong Kong, China	444450	1659098	2246060	65.52	243.63	315.36
中国澳门	Macao, China	3731	68030	137411	8.64	141.32	247.26
孟加拉国	Bangladesh			65000			0.43
文　莱	Brunei Darussalam		8126	22449		22.38	55.30
柬埔寨	Cambodia		1000	22000		0.07	1.54
印　度	India		1348000	12830000		1.18	10.33
印度尼西亚	Indonesia	4000	108200	2736379	0.02	0.48	11.29
伊　朗	Iran	176		1772867			23.70
以色列	Israel		1229626	1800000		186.18	238.03
日　本	Japan	854655	23301105	34615907	6.80	184.35	273.65
哈萨克斯坦	Kazakhstan		2996	1215700		0.20	75.01
韩　国	Korea, Rep.	3870000	12188024	17859003	84.15	259.08	369.05
老　挝	Laos		314	41719		0.05	6.63
马来西亚	Malaysia		483100	2147800		18.51	74.42
蒙　古	Mongolia		1800	79320		0.71	28.33
缅　甸	Myanmar		243	29314		0.01	0.61
巴基斯坦	Pakistan		14600	737778		0.09	4.17
菲律宾	Philippines		123000	1791000		1.44	18.88
新加坡	Singapore	69000	656200	1323400	17.61	153.82	255.09
斯里兰卡	Sri Lanka		21000	359000		1.06	17.06
泰　国	Thailand		105000	3738191		1.57	53.77
越　南	Viet Nam		210024	3838206		2.53	43.23
埃　及	Egypt		140999	1820446		1.90	22.06
尼日利亚	Nigeria		500	215675			1.33
南　非	South Africa		165290	907000		3.46	17.97
加拿大	Canada	1410932	7004000	11000000	46.01	216.95	320.24
墨西哥	Mexico	15000	1922352	12188908	0.15	18.05	106.18
美　国	United States	7069874	51156350	90000000	25.03	172.35	287.46
阿根廷	Argentina		926722	4294000		23.96	105.34
巴　西	Brazil	100000	3233800	16831584	0.57	17.39	85.59
委内瑞拉	Venezuela	4473	356302	255664	0.18	13.41	8.69
捷　克	Czech Rep.	2500	709063	1650000	0.24	69.38	156.63
法　国	France	196601	9471000	22800000	3.33	155.27	361.18
德　国	Germany	265000	10786800	26679420	3.22	130.68	324.72
意大利	Italy	115000	6822210	13886000	2.02	116.28	228.43
荷　兰	Netherlands	260000	4100000	6456000	16.39	251.45	387.40
波　兰	Poland		945159	5500000		24.77	143.61
俄罗斯联邦	Russian Fed.		1589000	17423113		11.05	121.98
西班牙	Spain	76358	5035203	10925764	1.90	116.03	235.19
土耳其	Turkey		1589768	7575886		23.33	102.88
乌克兰	Ukraine		130000	3168344		2.77	70.11
英　国	United Kingdom	52890	9898653	20438000	0.90	164.42	327.44
澳大利亚	Australia		2016000	5410000		98.81	239.32
新西兰	New Zealand	4658	321000	1138000	1.21	77.65	257.79

主要统计指标解释

航空货物周转量 指承载的每个航班的货物、快递和邮包重量之和乘以飞机从起飞到降落的飞行距离。该指标按航空承运商登记国统计。

航空客运量 指承载的国内或国际飞机乘客人数。该指标按航空承运商登记国统计。

信息和通讯技术支出 包括计算机硬件（计算机、存贮设备、打印机和其它外围设备）；计算机软件（操作系统、开发工具、运行环境、应用程序和内部软件开发）；计算机服务（信息技术咨询、计算机和网络系统集成、网络主机、数据处理服务和其它服务）;通讯服务(声音和数字通讯服务)及有线和无线通讯设备。

国际互联网带宽 指承包能力的国家之间的国际连线传输互联网流量。

固定宽带用户 指互联网的使用者以订购或付费方式以高速率接入公共网络。高速接入是至少以一个或二个方向每秒速率在 256kbits.

港口集装箱吞吐量 港口集装箱吞吐量反映的是从陆地到海上或者从海上到陆地流动运输的集装箱数量，一个标准集装箱单位为 20 英尺当量单位。数据包括沿海和国际航运。转运集装箱在中转港作两次计算（一次卸下和再次出境），其中包括空集装箱。

移动电话 指手提式电话用户。利用蜂窝技术，这些用户被接入公共交换电话网的自动公共移动电话服务系统。

电话主线 是指将客户的设备接入公共交换电话网的电话线。

公路货物周转量 指利用公路交通工具进行货物运输。用重量乘以里程，以亿吨公里为单位。

互联网用户 指接入国际互联网的使用者。

Explanatory Notes on Main Statistical Indicators

Air Freight is the sum of the metric tons of freight, express, and diplomatic bags carried on each flight stage (the operation of an aircraft from takeoff to its next landing) multiplied by the stage distance of air carriers registered in the country.

Air Transport, Passengers Carried Air passengers carried include both domestic and international aircraft passengers of air carriers registered in the country.

Information and Communications Technology Expenditures include computer hardware (computers, storage devices, printers, and other peripherals); computer software (operating systems, programming tools, utilities, applications, and internal software development); computer services (information technology consulting, computer and network systems integration, web hosting, data processing services, and other services); and communications services (voice and data communications services) and wired and wireless communications equipment.

International Internet Bandwidth is the contracted capacity of international connections between countries for transmitting Internet traffic.

Fixed Broadband Subscribers are users of the Internet who subscribe to paid high-speed access to the public Internet. High-speed access is at least 256 kilobits per second in one or both directions.

Container Port Traffic Port container traffic measures the flow of containers from land to sea transport modes and vice versa, in twenty-foot equivalent units (TEUs), a standard-size container. Data refer to coastal shipping as well as international journeys. Transshipment traffic is counted as two lifts at the intermediate port (once to off-load and again as an outbound lift) and includes empty units.

Mobile Phones Mobile phones refers to users of portable telephones subscribing to an automatic public mobile telephone service using cellular technology that provides access to the public switched telephone network.

Telephone Mainlines Telephone mainlines are telephone lines connecting a customer's equipment to the public switched telephone network.

Roads, Goods Transported Goods transported by road are the volume of goods transported by road vehicles, measured in 100 millions of metric tons times kilometers traveled.

Internet Users are people with access to the worldwide network.

对外贸易和旅游

External Trade and Tourism

14-1 世界货物进出口总额

World Merchandise Imports and Exports

资料来源：世界贸易组织数据库。
Source: WTO Database.

单位：亿美元 (100 million USD)

	世界 World	北美洲 North America	拉丁美洲 South and Central America	欧洲 Europe	亚洲 Asia	非洲 Africa
出口 Exports						
1990	34490	5620	1061	16849	7924	1060
1991	35150	5917	1027	16642	8860	997
1992	37660	6289	1053	17719	9809	970
1993	37820	6619	1096	16673	10654	930
1994	43260	7389	1270	19087	12287	967
1995	51640	8566	1495	23355	14473	1120
1996	54030	9228	1614	24211	14655	1254
1997	55910	10141	1769	24130	15473	1275
1998	55010	10140	1658	25132	14511	1061
1999	57120	10707	1660	25218	15483	1167
2000	64560	12250	1978	26340	18373	1485
2001	61910	11475	1907	26557	16744	1388
2002	64920	11062	1931	28394	18078	1449
2003	75860	11630	2215	33865	21384	1793
2004	92180	13197	2879	40511	26533	2396
2005	104950	14758	3655	43970	30602	3111
2006	121200	16642	4424	49755	35761	3709
2007	140120	18408	5067	57995	41417	4367
2008	161400	20352	6096	64710	47251	5623
2009	125420	16024	4703	50193	38909	3933
2010	152740	19645	5886	56343	50785	5087
2011	182550	22825	7500	66123	59768	5942
进口 Imports						
1990	35500	6845	859	17509	7615	996
1991	36320	6855	947	17648	8301	949
1992	38810	7480	1096	18531	9001	1007
1993	38750	8106	1231	16875	9851	987
1994	44280	9269	1412	19115	11475	1066
1995	52830	10143	1772	23346	14036	1266
1996	55440	10898	1837	24155	14744	1256
1997	57370	12137	2129	24186	14953	1324
1998	56810	12802	2163	25592	12480	1329
1999	59210	14265	1868	25965	13652	1279
2000	67240	16843	2074	27749	16787	1297
2001	64830	15803	2054	27336	15589	1349
2002	67420	16016	1810	28753	16595	1359
2003	78670	17240	1914	34615	19773	1655
2004	95680	20089	2435	41613	24884	2125
2005	108600	22844	3055	45732	28898	2565
2006	124440	25417	3703	52387	33345	3028
2007	143110	27021	4638	61015	38203	3745
2008	165410	29081	6029	68695	45755	4815
2009	127360	21780	4494	51776	36780	4084
2010	154640	26831	5846	58714	48608	4682
2011	184380	30907	7287	68719	59612	5595

14-2 世界主要国家和地区货物进出口总额

Merchandise Imports and Exports by Country or Area

资料来源：世界贸易组织数据库。
Source: WTO Database.

单位：亿美元 (100 million USD)

国家和地区	Country or Area	2000	2005	2008	2009	2010	2011
世　界	**World**	**131800**	**213550**	**326810**	**252780**	**307380**	**366930**
中　国	China	4743	14219	25633	22075	29729	36419
中国香港	Hong Kong, China	4167	5923	7632	6817	8421	9665
中国澳门	Macao, China	52	70	79	57	65	88
孟加拉国	Bangladesh	153	232	392	369	470	606
文　莱	Brunei Darussalam	50	77	129	96	114	154
柬埔寨	Cambodia	33	70	112	100	119	163
印　度	India	939	2425	5159	4221	5766	7672
印度尼西亚	Indonesia	1090	1627	2671	2134	2934	3775
伊　朗	Iran	426	963	1711	1296	1663	1936
以色列	Israel	691	899	1290	972	1196	1433
日　本	Japan	8588	11108	15439	11327	14639	16776
哈萨克斯坦	Kazakhstan	139	452	1091	716	911	1262
韩　国	Korea, Rep.	3327	5457	8573	6866	8916	10796
老　挝	Laos	9	14	25	25	38	51
马来西亚	Malaysia	1802	2556	3564	2813	3632	4147
蒙　古	Mongolia	12	22	62	40	62	113
缅　甸	Myanmar	40	57	112	111	136	173
巴基斯坦	Pakistan	199	414	627	492	592	694
菲律宾	Philippines	768	907	1095	843	1100	1120
新加坡	Singapore	2723	4297	6580	5156	6627	7753
斯里兰卡	Sri Lanka	126	152	224	174	221	305
泰　国	Thailand	1310	2291	3570	2861	3782	4573
越　南	Viet Nam	301	692	1434	1270	1571	2037
埃　及	Egypt	199	354	746	680	794	894
尼日利亚	Nigeria	297	712	1362	906	1282	1710
南　非	South Africa	597	1139	1824	1357	1751	2185
加拿大	Canada	5214	6829	8755	6465	7904	9151
墨西哥	Mexico	3458	4424	6096	4712	6085	7106
美　国	United States	20412	26338	34569	26613	32474	37463
阿根廷	Argentina	515	690	1275	945	1246	1579
巴　西	Brazil	1141	1962	3803	2867	3935	4929
委内瑞拉	Venezuela	497	797	1446	982	1053	1402
捷　克	Czech Rep.	611	1546	2888	2180	2596	3138
法　国	France	6666	9676	13330	10457	11331	13099
德　国	Germany	10490	17480	26312	20464	23137	27262
意大利	Italy	4793	7579	11047	8220	9343	10807
荷　兰	Netherlands	4514	7702	12189	9410	10907	12597
波　兰	Poland	808	1911	3793	2860	3378	3951
俄罗斯联邦	Russian Fed.	1502	3692	7635	4952	6493	8458
西班牙	Spain	2714	4814	7023	5206	5814	6829
土耳其	Turkey	823	1903	3340	2431	2994	3758
乌克兰	Ukraine	285	704	1525	853	1124	1511
英　国	United Kingdom	6335	8981	10931	8357	9672	11110
澳大利亚	Australia	1354	2314	3875	3198	4143	5141
新西兰	New Zealand	272	479	649	505	620	748

14-3 货物出口总额

Merchandise Export

资料来源：世界贸易组织数据库。
Source: WTO Database.
单位：亿美元 (100 million USD)

国家和地区	Country or Area	2000	2005	2008	2009	2010	2011
世　界	**World**	**64560**	**104950**	**161400**	**125420**	**152740**	**182550**
中　国	China	2492	7620	14307	12016	15778	18984
中国香港	Hong Kong, China	2027	2921	3702	3294	4007	4556
中国澳门	Macao, China	25	25	20	10	9	9
孟加拉国	Bangladesh	64	93	154	151	192	244
文　莱	Brunei Darussalam	39	62	103	72	89	124
柬 埔 寨	Cambodia	14	31	47	42	51	70
印　度	India	424	996	1948	1649	2264	3046
印度尼西亚	Indonesia	654	870	1396	1196	1581	2006
伊　朗	Iran	287	563	1137	788	1013	1315
以 色 列	Israel	314	428	613	479	584	678
日　本	Japan	4792	5949	7814	5807	7698	8226
哈萨克斯坦	Kazakhstan	88	278	712	432	600	883
韩　国	Korea, Rep.	1723	2844	4220	3635	4664	5552
老　挝	Laos	3	6	11	11	17	24
马来西亚	Malaysia	982	1410	1995	1574	1986	2270
蒙　古	Mongolia	5	11	25	19	29	48
缅　甸	Myanmar	16	38	69	67	87	93
巴基斯坦	Pakistan	90	161	203	175	214	253
菲 律 宾	Philippines	398	413	491	384	515	483
新 加 坡	Singapore	1378	2296	3382	2698	3519	4095
斯里兰卡	Sri Lanka	54	63	85	73	86	102
泰　国	Thailand	691	1109	1778	1524	1953	2288
越　南	Viet Nam	145	324	627	571	722	969
埃　及	Egypt	53	129	262	231	264	305
尼日利亚	Nigeria	210	505	863	567	840	1160
南　非	South Africa	300	516	808	617	809	968
加 拿 大	Canada	2766	3605	4565	3166	3879	4524
墨 西 哥	Mexico	1664	2142	2913	2297	2983	3496
美　国	United States	7819	9011	12874	10560	12783	14804
阿 根 廷	Argentina	263	404	700	557	681	840
巴　西	Brazil	551	1185	1979	1530	2019	2560
委内瑞拉	Venezuela	335	557	950	576	657	926
捷　克	Czech Rep.	291	781	1468	1130	1330	1623
法　国	France	3276	4634	6162	4848	5235	5961
德　国	Germany	5518	9709	14462	11200	12589	14723
意 大 利	Italy	2405	3731	5427	4069	4473	5232
荷　兰	Netherlands	2331	4064	6379	4979	5743	6610
波　兰	Poland	317	894	1705	1365	1597	1874
俄罗斯联邦	Russian Fed.	1056	2438	4716	3034	4006	5220
西 班 牙	Spain	1153	1926	2815	2273	2544	3087
土 耳 其	Turkey	278	735	1320	1021	1139	1349
乌 克 兰	Ukraine	146	342	670	398	515	685
英　国	United Kingdom	2854	3845	4598	3529	4057	4732
澳大利亚	Australia	639	1061	1873	1543	2126	2704
新 西 兰	New Zealand	133	217	306	249	314	377

14-4 货物进口总额
Merchandise Import

资料来源：世界贸易组织数据库。
Source: WTO Database.
单位：亿美元 (100 million USD)

国家和地区	Country or Area	2000	2005	2008	2009	2010	2011
世　界	**World**	**67240**	**108600**	**165410**	**127360**	**154640**	**184380**
中　国	China	2251	6600	11326	10059	13951	17435
中国香港	Hong Kong, China	2140	3002	3930	3522	4414	5109
中国澳门	Macao, China	26	45	59	48	56	79
孟加拉国	Bangladesh	89	139	239	218	278	362
文　莱	Brunei Darussalam	11	15	26	24	25	29
柬埔寨	Cambodia	19	39	65	58	68	93
印　度	India	515	1429	3210	2572	3502	4626
印度尼西亚	Indonesia	436	757	1275	938	1353	1769
伊　朗	Iran	139	400	574	508	650	621
以色列	Israel	377	471	677	493	612	755
日　本	Japan	3795	5159	7625	5520	6941	8550
哈萨克斯坦	Kazakhstan	50	174	379	284	311	379
韩　国	Korea, Rep.	1605	2612	4353	3231	4252	5244
老　挝	Laos	5	9	14	15	21	27
马来西亚	Malaysia	820	1146	1569	1238	1646	1877
蒙　古	Mongolia	6	12	36	21	33	65
缅　甸	Myanmar	24	19	43	44	48	80
巴基斯坦	Pakistan	109	254	423	317	378	440
菲律宾	Philippines	370	495	604	459	585	637
新加坡	Singapore	1345	2000	3198	2458	3108	3658
斯里兰卡	Sri Lanka	72	88	140	100	135	203
泰　国	Thailand	619	1182	1792	1337	1829	2285
越　南	Viet Nam	156	368	807	699	848	1067
埃　及	Egypt	146	224	484	449	529	589
尼日利亚	Nigeria	87	208	500	339	442	550
南　非	South Africa	297	623	1016	741	942	1216
加拿大	Canada	2448	3224	4190	3299	4025	4626
墨西哥	Mexico	1795	2282	3183	2415	3102	3611
美　国	United States	12593	17327	21695	16053	19692	22659
阿根廷	Argentina	252	287	575	388	565	739
巴　西	Brazil	591	776	1824	1337	1915	2369
委内瑞拉	Venezuela	162	240	496	406	396	476
捷　克	Czech Rep.	320	765	1420	1050	1267	1516
法　国	France	3389	5041	7168	5609	6097	7139
德　国	Germany	4972	7771	11851	9263	10548	12539
意大利	Italy	2388	3848	5619	4151	4870	5575
荷　兰	Netherlands	2183	3638	5809	4432	5164	5987
波　兰	Poland	490	1016	2088	1495	1780	2077
俄罗斯联邦	Russian Fed.	447	1254	2919	1918	2486	3238
西班牙	Spain	1561	2888	4208	2932	3270	3742
土耳其	Turkey	545	1168	2020	1409	1855	2408
乌克兰	Ukraine	140	361	855	455	609	826
英　国	United Kingdom	3481	5137	6334	4828	5615	6378
澳大利亚	Australia	715	1253	2003	1655	2016	2437
新西兰	New Zealand	139	262	344	256	306	371

14-5 世界主要国家和地区服务贸易出口总额
Commercial Service Export

资料来源：世界贸易组织数据库。
Source: WTO Database.
单位：亿美元 (100 million USD)

国家和地区	Country or Area	2000	2005	2008	2009	2010	2011
世 界	**World**	**14807**	**24962**	**38342**	**34086**	**37469**	**41500**
中 国	China	301	739	1464	1286	1702	1820
中国香港	Hong Kong, China	404	637	922	863	1061	1207
中国澳门	Macao, China	33	86	178	188	287	390
孟加拉国	Bangladesh	3	5	9	9	12	
文 莱	Brunei Darussalam	2	6	9	9	11	13
柬埔寨	Cambodia	4	11	16	16	17	22
印 度	India	160	522	1067	926	1233	1484
印度尼西亚	Indonesia	51	126	147	126	162	199
伊 朗	Iran	14	49	79	75	75	
以色列	Israel	153	168	239	214	242	258
日 本	Japan	694	1021	1464	1259	1389	1429
哈萨克斯坦	Kazakhstan	9	20	40	38	39	41
韩 国	Korea, Rep.	308	483	894	725	863	936
老 挝	Laos	1	2	4	4	5	
马来西亚	Malaysia	138	195	303	287	327	357
蒙 古	Mongolia	1	4	5	4	5	6
缅 甸	Myanmar	5	2	3	3	3	
巴基斯坦	Pakistan	13	20	25	25	29	34
菲律宾	Philippines	34	45	97	110	144	155
新加坡	Singapore	284	555	990	932	1121	1251
斯里兰卡	Sri Lanka	9	15	20	19	24	
泰 国	Thailand	138	197	327	298	341	405
越 南	Viet Nam	27	42	70	57	74	88
埃 及	Egypt	97	144	247	213	236	189
尼日利亚	Nigeria	18	14	18	18	26	
南 非	South Africa	49	110	124	117	136	147
加拿大	Canada	393	544	667	585	674	741
墨西哥	Mexico	136	156	175	145	149	149
美 国	United States	2736	3563	5126	4805	5225	5780
阿根廷	Argentina	48	65	120	109	129	143
巴 西	Brazil	90	149	288	262	303	367
委内瑞拉	Venezuela	11	12	20	20	16	17
捷 克	Czech Rep.	68	118	218	193	209	221
法 国	France	821	1215	1642	1431	1444	1609
德 国	Germany	797	1579	2493	2269	2331	2529
意大利	Italy	560	883	1136	929	976	1066
荷 兰	Netherlands	484	901	1230	1114	1156	1284
波 兰	Poland	104	162	353	286	327	367
俄罗斯联邦	Russian Fed.	96	247	506	412	446	543
西班牙	Spain	521	940	1421	1217	1230	1406
土耳其	Turkey	193	264	346	331	339	381
乌克兰	Ukraine	38	89	173	133	165	186
英 国	United Kingdom	1186	2041	2816	2416	2464	2743
澳大利亚	Australia	194	304	445	409	469	499
新西兰	New Zealand	44	86	94	81	89	100

14-6 世界主要国家和地区服务贸易进口总额
Commercial Service Imports

资料来源：世界贸易组织数据库。
Source: WTO Database.
单位：亿美元 (100 million USD)

国家和地区	Country or Area	2000	2005	2008	2009	2010	2011
世　界	**World**	**14564**	**23656**	**35888**	**31902**	**35015**	**38675**
中　国	China	359	832	1580	1581	1922	2365
中国香港	Hong Kong, China	246	338	469	438	509	559
中国澳门	Macao, China	8	23	56	48	72	103
孟加拉国	Bangladesh	15	20	35	32	41	
文　莱	Brunei Darussalam	8	9	12	12	14	16
柬 埔 寨	Cambodia	3	6	9	9	11	14
印　度	India	189	468	878	803	1161	1301
印度尼西亚	Indonesia	154	218	280	226	256	318
伊　朗	Iran	22	104	172	174	194	
以 色 列	Israel	117	136	195	168	178	203
日　本	Japan	1052	1224	1674	1470	1558	1647
哈萨克斯坦	Kazakhstan	18	74	109	99	111	106
韩　国	Korea, Rep.	332	590	954	795	950	982
老　挝	Laos			1	1	3	
马来西亚	Malaysia	166	218	301	273	320	373
蒙　古	Mongolia	2	5	6	5	8	18
缅　甸	Myanmar	3	5	6	6	8	
巴基斯坦	Pakistan	21	72	93	59	65	72
菲 律 宾	Philippines	52	58	83	87	112	120
新 加 坡	Singapore	300	551	872	791	963	1105
斯里兰卡	Sri Lanka	16	21	30	25	31	
泰　国	Thailand	153	266	457	363	446	505
越　南	Viet Nam	33	44	79	80	98	117
埃　及	Egypt	72	95	163	128	130	130
尼日利亚	Nigeria	31	64	226	165	202	
南　非	South Africa	57	118	165	144	180	203
加 拿 大	Canada	436	649	876	781	900	993
墨 西 哥	Mexico	167	203	239	207	218	252
美　国	United States	2032	2717	3702	3450	3670	3906
阿 根 廷	Argentina	90	74	131	119	138	159
巴　西	Brazil	156	224	444	441	597	731
委内瑞拉	Venezuela	42	30	113	103	105	115
捷　克	Czech Rep.	54	102	174	153	169	182
法　国	France	644	1060	1402	1291	1314	1407
德　国	Germany	1358	2096	2886	2549	2624	2836
意 大 利	Italy	546	884	1257	1040	1086	1145
荷　兰	Netherlands	499	836	1113	1075	1055	1183
波　兰	Poland	89	154	297	236	295	298
俄罗斯联邦	Russian Fed.	162	378	736	592	723	900
西 班 牙	Spain	328	668	1049	867	867	913
土 耳 其	Turkey	76	103	166	155	183	196
乌 克 兰	Ukraine	26	70	158	111	121	145
英　国	United Kingdom	969	1585	1954	1585	1602	1709
澳大利亚	Australia	186	299	476	413	502	593
新 西 兰	New Zealand	44	82	98	80	92	112

14-7 出口和进口单位价值指数

Indices of Export Unit Value and Import Unit Value

资料来源：国际货币基金组织IFS数据库。
Source: IMF IFS Database.

2005年=100 (2005=100)

国家和地区	Country or Area	出口单位价值指数 Export Unit Values Index			进口单位价值指数 Import Unit Values Index		
		2009	2010	2011	2009	2010	2011
世　界	**World**	**110.98**	**118.15**	**134.22**	**111.50**	**117.86**	**131.26**
发达国家	**Advanced Economies**	**110.26**	**116.66**	**131.53**	**110.07**	**114.32**	**126.39**
中国香港	Hong Kong, China	108.92	115.88	125.26	108.40	113.51	122.59
印　度	India	107.19	121.15	211.89	134.16	152.64	183.44
以色列	Israel	111.60	119.98	137.39	119.14	123.70	131.85
日　本	Japan	105.28	109.11	118.51	100.16	100.29	100.46
韩　国	Korea, Rep.	130.80	132.86	150.89	112.84	114.24	118.88
巴基斯坦	Pakistan	177.87	211.04	264.89	153.37	181.57	217.69
新加坡	Singapore	109.49	117.67	133.63	104.27	112.73	125.13
斯里兰卡	Sri Lanka				130.01	142.95	
泰　国	Thailand	104.79	104.68	111.11	105.00	105.93	104.72
加拿大	Canada	105.20	102.03	106.47	100.92	102.17	108.77
美　国	United States	107.86	115.27	127.84	109.85	115.21	124.48
阿根廷	Argentina		112.42	123.33	157.44	138.86	161.81
巴　西	Brazil	156.33	167.29	193.54	112.51	130.02	157.57
委内瑞拉	Venezuela	180.65	187.87	135.98			
法　国	France	100.38	106.07	114.40	101.25	103.39	108.19
德　国	Germany	110.59	122.21	135.44	114.40	121.32	129.97
意大利	Italy	101.20	108.56	113.96	100.50	107.12	112.62
荷　兰	Netherlands	121.40	139.14		121.85		
波　兰	Poland	96.25	100.67	109.25	101.63	103.18	108.17
西班牙	Spain	115.10	124.94	144.61	113.00	118.56	132.39
土耳其	Turkey	103.05	108.16	121.05	100.06	105.46	118.47
英　国	United Kingdom	111.34	123.90	140.07	138.41	169.07	214.26
澳大利亚	Australia	99.60	111.02	124.31	101.85	125.24	146.16
新西兰	New Zealand	131.75	98.81	124.05	116.72	95.69	109.18

14-8 出口和进口数量指数

Indices of Export Quantum and Import Quantum

资料来源：国际货币基金组织IFS数据库。
Source: IMF IFS Database.

2005年=100 (2005=100)

国家和地区	Country or Area	出口数量指数 Export Quantum Index			进口数量指数 Import Quantum Index		
		2009	2010	2011	2009	2010	2011
中国香港	Hong Kong, China	108.04	127.55	130.61	113.00	134.05	139.54
以色列	Israel	94.28	111.13	121.05	94.11	109.61	119.44
日本	Japan	82.60	102.50	99.49	86.11	98.13	101.21
韩国	Korea, Rep.	133.80	155.50	173.63	118.70	139.30	146.53
巴基斯坦	Pakistan	99.62	103.39	99.73	107.96	104.84	97.39
新加坡	Singapore	112.21	135.55	142.31	111.77	131.76	136.61
斯里兰卡	Sri Lanka	98.19	115.47		104.11	117.93	
泰国	Thailand	111.71	131.55	145.31	90.78	115.25	130.80
加拿大	Canada	78.73	85.19	88.68	93.97	108.96	118.00
美国	United States	106.05	122.25	131.10	85.78	98.46	102.15
阿根廷	Argentina	104.88	121.69		127.08	175.14	
巴西	Brazil	114.73	131.01	137.09	110.99	147.63	158.82
法国	France	93.21	105.88	109.10	97.88	107.75	109.89
德国	Germany	100.98	117.39		105.53	121.27	
意大利	Italy	85.04	92.61	96.45	86.94	97.04	95.52
荷兰	Netherlands	109.59	123.41	129.33	107.52	121.33	127.15
波兰	Poland	124.82	141.59	152.63	125.28	142.26	149.96
西班牙	Spain	101.61	117.54	130.19	93.53	102.12	103.32
土耳其	Turkey	123.16	130.91	139.07	104.98	127.27	142.96
澳大利亚	Australia	141.09	165.96	192.55	127.87	134.31	149.42
新西兰	New Zealand	114.46	116.37	119.18	97.72	105.98	116.12

14-9 货物和服务进出口占国内生产总值比重

Exports and Imports of Goods and Services as Percentage of GDP

资料来源：世界银行WDI数据库。
Source: World Bank WDI Database.
单位：%　(%)

国家和地区	Country or Area	货物和服务出口占国内生产总值比重 Exports of Goods and Services as Percentage of GDP			货物和服务进口占国内生产总值比重 Imports of Goods and Services as Percentage of GDP		
		2000	2005	2011	2000	2005	2011
世　　界	**World**	**24.70**	**26.77**	**27.97①**	**24.82**	**26.93**	**28.06①**
中　　国	China	23.33	37.08	31.37	20.92	31.55	27.31
中国香港	Hong Kong, China	143.26	198.70	222.96①	138.82	186.27	217.35①
中国澳门	Macao, China	100.42	94.60	112.36	64.63	62.33	53.61
孟加拉国	Bangladesh	13.98	16.58	22.70	19.23	23.05	31.21
文　　莱	Brunei Darussalam	67.35	70.17	81.44①	35.82	27.29	32.87①
柬 埔 寨	Cambodia	49.85	64.08	54.08①	61.76	72.75	59.52①
印　　度	India	12.83	19.28	24.64	13.72	22.03	29.85
印度尼西亚	Indonesia	40.98	34.07	31.00	30.46	29.92	24.87
伊　　朗	Iran	22.71	33.06		17.43	24.66	
以 色 列	Israel	37.30	42.75	36.91	37.47	43.09	37.76
日　　本	Japan	10.88	14.31	15.19①	9.43	12.91	13.99①
哈萨克斯坦	Kazakhstan	56.60	53.54	41.87	49.10	44.73	24.94
韩　　国	Korea, Rep.	38.56	39.27	52.37①	35.71	36.57	49.58①
老　　挝	Laos	30.10	34.16	37.68	44.21	46.50	43.89
马来西亚	Malaysia	119.81	117.47	97.30①	100.60	94.64	79.49①
蒙　　古	Mongolia	54.00	58.77	63.47	67.89	63.61	86.13
缅　　甸	Myanmar	0.50	0.16	0.11①	0.59	0.09	0.09①
巴基斯坦	Pakistan	13.44	15.69	11.90	14.69	19.56	15.93
菲 律 宾	Philippines	51.37	46.14	28.99	53.36	51.74	33.01
新 加 坡	Singapore	192.34	229.68	208.95	179.49	200.27	182.28
斯里兰卡	Sri Lanka	39.02	32.34	24.12	49.62	41.27	36.18
泰　　国	Thailand	66.78	73.57	77.63	58.15	74.69	70.50
越　　南	Viet Nam	55.03	69.36	80.69	57.50	73.54	87.16
埃　　及	Egypt	16.20	30.34	23.32	22.82	32.61	30.17
尼日利亚	Nigeria	53.98	46.54	41.81	32.03	31.05	27.08
南　　非	South Africa	27.87	27.38	28.82	24.92	27.85	29.43
加 拿 大	Canada	45.58	37.81	29.43①	39.83	34.09	31.31①
墨 西 哥	Mexico	30.94	27.10	30.98	32.93	28.55	32.20
美　　国	United States	11.04	10.39	12.74①	14.90	16.14	16.31①
阿 根 廷	Argentina	10.89	25.07	21.82	11.52	19.19	19.53
巴　　西	Brazil	9.98	15.13	11.89	11.74	11.52	12.62
委内瑞拉	Venezuela	29.74	39.66	22.09	18.11	20.47	13.71
捷　　克	Czech Rep.	60.93	64.43	74.88	63.08	61.70	70.74
法　　国	France	28.81	26.36	26.96	27.82	26.99	29.77
德　　国	Germany	33.39	41.32	50.15	33.08	36.10	45.18
意 大 利	Italy	26.77	25.87	28.76	25.82	25.93	30.23
荷　　兰	Netherlands	70.08	69.62	82.70	64.54	61.10	74.58
波　　兰	Poland	27.12	37.09	42.25①	33.55	37.83	43.45①
俄罗斯联邦	Russian Fed.	44.06	35.20	27.69	24.03	21.51	21.33
西 班 牙	Spain	29.05	25.67	30.11	32.18	30.94	30.71
土 耳 其	Turkey	20.10	21.86	21.13	23.09	25.35	29.26
乌 克 兰	Ukraine	62.45	51.48	52.59	57.41	50.64	57.01
英　　国	United Kingdom	27.63	26.40	32.32	29.47	29.80	34.17
澳大利亚	Australia	19.30	18.04	21.43	21.35	20.55	19.93
新 西 兰	New Zealand	35.03	27.36	28.17①	33.36	29.58	26.67①

注：①2010年数据。
Note:①Data refer to 2010.

14-10 出口货物构成(2010年)

Exports by Commodity Groups(2010)

资料来源：世界银行WDI数据库。
Source: World Bank WDI Database.
单位：% (%)

国家和地区	Country or Area	农业原材料 Agricultural Raw Materials	食品 Food	燃料 Fuel	矿物和金属 Ores and Metals	制成品 Manufactures	其他 Others
世　界	**World**	**1.7**	**8.2**	**12.1**	**4.5**	**68.9**	**4.6**
高收入国家	**High Income**	**1.7**	**7.5**	**9.6**	**4.1**	**71.8**	**5.3**
中等收入国家	**Middle Income**	**1.9**	**10.6**	**21.6**	**6.0**	**58.3**	**1.6**
中　国	China	0.5	2.8	1.7	1.4	93.6	…
中国香港	Hong Kong, China	2.7	6.8	3.3	9.5	76.8	0.9
中国澳门	Macao, China	…	0.2	…	…	43.3	…
孟加拉国①	Bangladesh①	3.1	6.5	1.6	0.4	88.3	0.1
文　莱②	Brunei Darussalam②	…	0.1	96.3	0.1	3.3	…
柬埔寨	Cambodia	2.3	1.4	…	0.1	96.1	0.1
印　度	India	2.0	8.3	16.9	7.0	63.8	2.0
印度尼西亚	Indonesia	6.6	16.4	29.7	9.9	37.5	…
伊　朗	Iran	0.3	6.2	70.8	3.1	15.6	4.0
以色列	Israel	0.8	3.0	0.9	1.5	93.3	0.5
日　本	Japan	0.7	0.6	1.7	2.7	89.0	5.3
哈萨克斯坦③	Kazakhstan③	0.2	3.8	70.6	11.2	14.1	0.1
韩　国	Korea, Rep.	0.9	1.1	6.8	2.1	89.0	0.1
马来西亚	Malaysia	2.6	11.9	15.9	2.0	67.2	0.4
蒙　古①	Mongolia①	12.4	1.7	10.3	69.9	5.6	0.1
巴基斯坦	Pakistan	1.8	16.8	5.7	1.6	74.1	…
菲律宾	Philippines	0.7	7.4	1.9	4.2	85.8	…
新加坡	Singapore	0.3	2.0	16.2	1.2	73.1	7.2
斯里兰卡	Sri Lanka	3.9	26.9	0.2	0.9	66.5	1.6
泰　国	Thailand	5.3	13.2	4.8	1.3	75.3	0.1
越　南③	Viet Nam③	2.4	21.0	15.1	0.7	60.1	0.7
埃　及	Egypt	3.0	17.2	29.8	6.3	43.4	0.3
尼日利亚	Nigeria	1.6	3.3	87.1	1.1	6.7	0.2
南　非	South Africa	1.9	8.7	10.0	32.7	46.6	0.1
加拿大	Canada	4.3	10.5	26.3	8.3	49.0	1.6
墨西哥	Mexico	0.4	6.1	14.0	3.0	76.0	0.5
美　国	United States	2.6	9.8	7.1	4.1	66.1	10.3
阿根廷	Argentina	1.2	51.2	8.1	4.4	33.2	1.9
巴　西	Brazil	3.9	31.1	10.1	17.8	37.1	…
委内瑞拉	Venezuela	…	0.2	93.4	2.1	4.3	…
捷　克	Czech Rep.	1.4	3.9	3.7	2.1	86.4	2.5
法　国	France	0.9	12.0	3.7	2.5	78.4	2.5
德　国	Germany	0.8	5.2	1.9	3.1	82.2	6.8
意大利	Italy	0.7	7.9	4.7	2.2	82.4	2.1
荷　兰	Netherlands	2.7	13.5	10.0	2.4	56.9	14.5
波　兰	Poland	1.2	10.8	4.1	4.7	79.1	0.1
俄罗斯联邦	Russian Fed.	2.1	2.0	64.4	5.6	14.7	11.2
西班牙	Spain	1.1	15.1	4.9	3.5	72.5	2.9
土耳其	Turkey	0.4	10.6	3.9	4.4	79.2	1.5
乌克兰	Ukraine	1.1	19.2	6.9	7.4	64.6	0.8
英　国	United Kingdom	0.7	6.3	12.6	4.0	70.1	6.3
澳大利亚	Australia	2.2	11.3	30.9	33.8	16.6	5.2
新西兰	New Zealand	10.7	55.7	5.0	4.2	20.8	3.6

注：①2007年数据。②2006年数据。③2009年数据。
Note:①Data refer to 2007.②Data refer to 2006.③Data refer to 2009.

14-11 进口货物构成(2010年)

Imports by Commodity Groups(2010)

资料来源：世界银行WDI数据库。
Source: World Bank WDI Database.

单位：% (%)

国家和地区	Country or Area	农业原材料 Agricultural Raw Materials	食品 Food	燃料 Fuel	矿物和金属 Ores and Metals	制成品 Manufactures	其他 Others
世　界	**World**	**1.4**	**7.4**	**15.8**	**4.1**	**68.4**	**3.0**
高收入国家	**High Income**	**1.3**	**7.4**	**16.0**	**3.7**	**68.5**	**3.2**
中等收入国家	**Middle Income**	**2.0**	**7.6**	**14.5**	**5.6**	**68.2**	**2.1**
低收入国家①	**Low Income①**	**3.4**	**15.8**	**16.4**	**2.4**	**59.6**	**2.5**
中　国	China	3.7	4.6	14.5	14.3	61.5	1.4
中国香港	Hong Kong, China	0.6	4.2	3.6	1.8	89.8	0.1
中国澳门	Macao, China	0.3	17.1	11.1	0.2	66.5	4.7
孟加拉国①	Bangladesh①	7.8	22.5	10.5	3.4	54.2	1.6
柬埔寨	Cambodia	1.6	7.3	7.3	1.5	81.9	0.3
印　度	India	1.8	4.0	35.6	5.4	50.6	2.8
印度尼西亚	Indonesia	3.1	8.5	20.4	3.5	64.5	0.1
伊　朗	Iran	2.4	15.4	2.8	1.7	70.6	7.3
以色列	Israel	1.2	7.3	17.7	1.8	71.4	0.5
日　本	Japan	1.6	9.2	28.7	8.2	50.6	1.8
哈萨克斯坦②	Kazakhstan②	0.7	8.5	10.1	1.1	79.6	0.1
韩　国	Korea, Rep.	1.7	4.5	28.6	8.2	56.8	0.1
马来西亚	Malaysia	2.0	7.9	10.1	5.2	74.2	0.6
蒙　古①	Mongolia①	0.3	11.8	26.9	0.5	60.4	0.0
巴基斯坦	Pakistan	4.9	13.1	30.5	3.0	48.5	0.0
菲律宾	Philippines	0.6	11.1	17.1	3.8	67.3	0.0
新加坡	Singapore	0.4	3.2	26.4	1.6	65.7	2.8
斯里兰卡	Sri Lanka	1.5	15.4	16.8	1.8	64.5	0.1
泰　国	Thailand	1.9	5.0	18.1	4.9	70.0	0.1
越　南②	Viet Nam②	3.0	7.9	10.8	4.0	74.0	0.4
埃　及	Egypt	3.2	19.1	13.4	4.1	60.1	0.1
尼日利亚	Nigeria	0.8	10.3	1.4	1.1	86.5	0.0
南　非	South Africa	0.9	5.8	19.8	1.6	65.4	6.6
加拿大	Canada	1.0	7.4	10.4	2.8	76.7	1.7
墨西哥	Mexico	1.3	6.5	8.0	2.7	79.5	1.9
美　国	United States	1.0	5.0	18.5	2.3	70.2	3.1
阿根廷	Argentina	1.1	2.6	7.5	2.9	85.2	0.8
巴　西	Brazil	1.3	4.7	16.5	3.5	74.0	0.0
委内瑞拉	Venezuela	1.2	15.5	0.6	1.4	81.1	0.2
捷　克	Czech Rep.	1.4	5.4	9.5	3.6	77.0	3.2
法　国	France	1.4	8.5	14.0	2.8	73.3	0.0
德　国	Germany	1.5	7.1	11.5	4.8	67.8	7.3
意大利	Italy	2.2	9.2	18.6	4.8	63.8	1.4
荷　兰	Netherlands	1.5	10.0	15.7	2.8	57.4	12.7
波　兰	Poland	1.7	7.6	10.9	3.3	74.1	2.3
俄罗斯联邦	Russian Fed.	0.9	13.1	1.5	1.2	69.0	14.4
西班牙	Spain	1.3	10.4	18.5	3.9	65.3	0.6
土耳其	Turkey	2.9	4.1	14.7	8.1	63.3	6.9
乌克兰	Ukraine	1.1	9.2	32.4	3.6	53.0	0.6
英　国	United Kingdom	1.2	9.7	11.3	3.8	68.5	5.6
澳大利亚	Australia	0.7	5.4	14.2	1.7	74.8	3.2
新西兰	New Zealand	0.6	10.6	15.4	1.9	70.7	0.9

注：①2007年数据。②2009年数据。
Note:①Data refer to 2007.②Data refer to 2009.

14-12 农产品进出口额

Imports and Exports of Agriculture Products

资料来源：世界贸易组织数据库。
Source: WTO Database.
单位：亿美元 (100 million USD)

国家和地区	Country or Area	农产品进口额 Imports 2000	2005	2010	农产品出口额 Exports 2000	2005	2010
世　界	**World**	**5954.29**	**8984.40**	**13838.54**	**5511.82**	**8518.73**	**13664.69**
中　国	China	195.44	451.89	1082.60	163.84	287.11	516.07
中国香港	Hong Kong, China	117.28	110.87	206.22	56.93	43.14	80.28
中国澳门	Macao, China	2.89	5.08	9.60	0.45	0.46	0.75
孟加拉国	Bangladesh	17.16	26.83	59.92	4.98	7.41	10.13
柬埔寨	Cambodia	1.89	2.46	4.24	0.53	0.75	2.08
印　度	India	39.93	75.20	178.64	59.51	102.74	231.06
印度尼西亚	Indonesia	57.27	73.16	156.44	77.64	140.63	359.57
伊　朗	Iran	29.43	37.94	94.14	9.32	22.79	49.92
以色列	Israel	22.88	29.30	50.56	11.82	17.25	23.06
日　本	Japan	621.85	659.47	774.51	43.95	60.07	101.68
哈萨克斯坦	Kazakhstan	5.06	14.13	30.49	7.25	8.77	21.00
韩　国	Korea, Rep.	128.37	167.73	266.14	42.98	52.85	93.46
马来西亚	Malaysia	46.10	72.25	160.53	80.15	133.41	288.69
蒙　古	Mongolia	1.06	1.59	3.26	1.48	1.14	1.49
巴基斯坦	Pakistan	18.82	36.56	67.37	12.34	21.55	39.40
菲律宾	Philippines	31.04	38.60	68.23	20.26	27.29	41.29
新加坡	Singapore	48.90	64.08	108.71	37.23	45.42	78.89
斯里兰卡	Sri Lanka	9.34	11.31	20.63	10.93	14.96	25.61
泰　国	Thailand	44.84	71.20	119.85	122.20	178.16	351.36
越　南	Viet Nam	12.69	36.68	102.72	39.54	75.79	168.35
埃　及	Egypt	41.95	47.90	118.50	6.10	11.80	51.22
尼日利亚	Nigeria	12.12	29.63	48.82	0.39	0.34	43.03
南　非	South Africa	16.50	30.48	54.23	32.70	52.46	78.66
加拿大	Canada	152.72	214.40	319.69	347.89	412.10	521.28
墨西哥	Mexico	109.89	164.57	235.31	91.00	125.57	187.89
美　国	United States	691.15	958.03	1164.51	714.08	826.74	1425.38
阿根廷	Argentina	16.44	12.47	21.33	119.54	191.82	346.43
巴　西	Brazil	47.62	43.41	107.59	154.64	350.52	685.85
委内瑞拉	Venezuela	19.70	24.09	66.10	5.22	2.95	1.48
捷　克	Czech Rep.	22.50	52.94	88.01	19.08	43.02	72.71
法　国	France	301.42	444.02	603.76	369.39	523.36	685.06
德　国	Germany	450.24	693.40	991.27	292.75	537.28	802.75
意大利	Italy	299.05	449.81	564.04	163.57	273.39	386.27
荷　兰	Netherlands	263.63	413.44	611.25	420.10	674.59	940.51
波　兰	Poland	39.50	82.77	167.42	30.99	97.03	193.05
俄罗斯联邦	Russian Fed.	75.61	168.68	348.43	75.83	144.65	213.31
西班牙	Spain	171.37	305.57	386.65	174.66	295.73	420.89
土耳其	Turkey	41.33	64.80	128.78	38.28	80.93	123.70
乌克兰	Ukraine	10.92	30.75	62.45	15.85	47.34	104.75
英　国	United Kingdom	325.41	508.34	611.39	170.69	224.82	289.99
澳大利亚	Australia	42.34	65.79	110.85	164.46	212.09	270.48
新西兰	New Zealand	12.04	22.14	33.76	76.65	130.17	195.65

14-13 出口去向构成(2010年)

Exports by Destination(2010)

资料来源：联合国贸易和发展会议数据库。
Source:UNCTAD Database.
单位：% (%)

国家和地区	Country or Area	发达国家 Developed Countries	欧洲 Europe	欧盟 European Union	美国 United States	日本 Japan	其他 Other
中国	China	49.3	20.1	19.7	17.9	7.6	3.6
中国香港	Hong Kong, China	29.6	11.9	11.2	11.0	4.2	2.5
孟加拉国	Bangladesh	79.8	51.9	51.0	22.1	1.1	4.7
文莱	Brunei Darussalam	62.0	0.2	0.1	0.1	44.9	16.8
柬埔寨	Cambodia	58.3	17.1	16.7	34.2	1.6	5.4
印度	India	34.7	19.3	18.7	10.6	2.2	2.6
印度尼西亚	Indonesia	39.9	11.0	10.9	9.1	16.3	3.5
伊朗	Iran	27.6	17.2	17.1	0.1	10.2	0.2
以色列	Israel	63.2	28.2	26.3	31.6	1.1	2.3
日本	Japan	31.8	12.5	11.3	15.6		3.7
哈萨克斯坦	Kazakhstan	49.3	39.8	37.4	3.7	1.2	4.7
朝鲜	Korea, Dem.	5.6	5.2	5.2			0.3
韩国	Korea, Rep.	31.7	12.1	11.4	10.6	6.0	3.0
老挝	Laos	13.8	9.3	9.2	2.5	1.5	0.4
马来西亚	Malaysia	33.7	10.3	10.1	10.0	8.5	4.8
蒙古	Mongolia	13.2	4.0	3.9	0.4	0.8	8.1
缅甸	Myanmar	8.8	3.0	3.0		5.5	0.3
巴基斯坦	Pakistan	40.6	21.4	20.8	15.7	1.5	2.1
菲律宾	Philippines	39.6	12.2	12.0	13.0	12.4	1.9
新加坡	Singapore	26.2	10.4	10.0	6.5	4.6	4.7
斯里兰卡	Sri Lanka	58.1	32.2	31.0	20.0	2.4	3.5
泰国	Thailand	40.4	13.3	11.1	10.4	10.5	6.3
越南	Viet Nam	56.6	19.7	15.8	20.4	10.5	6.0
埃及	Egypt	41.1	29.9	29.6	7.5	1.5	2.2
尼日利亚	Nigeria	63.3	22.9	22.6	36.7	0.6	3.0
南非	South Africa	51.7	29.7	26.1	9.9	9.0	3.1
加拿大	Canada	87.5	9.7	8.6	74.9	2.3	0.6
墨西哥	Mexico	89.3	4.8	4.5	80.0	0.6	3.9
美国	United States	47.9	20.9	18.8		4.7	22.3
阿根廷	Argentina	27.5	18.0	16.4	5.4	1.3	2.9
巴西	Brazil	37.4	22.6	21.4	9.6	3.5	1.6
委内瑞拉	Venezuela	45.7	4.8	4.8	40.2		0.7
白俄罗斯	Belarus	32.1	31.6	30.2	0.3		0.2
捷克	Czech Republic	89.3	86.5	84.4	1.7	0.4	0.8
法国	France	73.8	65.3	62.0	5.1	1.5	1.9
德国	Germany	76.8	68.7	63.3	5.4	1.1	1.6
意大利	Italy	72.3	63.2	58.1	5.8	1.2	2.2
荷兰	Netherlands	85.7	80.3	77.8	3.8	0.7	1.0
波兰	Poland	85.3	83.0	81.2	1.4	0.3	0.6
俄罗斯联邦	Russian Fed.	59.0	51.7	49.2	3.2	3.3	0.7
西班牙	Spain	76.6	71.1	68.2	3.3	0.7	1.6
土耳其	Turkey	54.7	48.5	46.2	3.4	0.2	2.6
乌克兰	Ukraine	29.3	26.4	25.5	1.7	0.3	0.9
英国	United Kingdom	76.5	60.4	56.9	11.4	1.4	3.2
澳大利亚	Australia	35.3	8.3	8.1	4.0	18.9	4.1
新西兰	New Zealand	51.8	11.2	10.9	8.6	7.8	24.3

14-13 续表 continued

单位：% (%)

国家和地区	Country or Area	经济转型国家 Economies in Transition	发展中国家 Developing Countries	非洲 Africa	美洲 America	除西亚以外的亚洲国家 Asia except West Asia	西亚 West Asia	大洋洲 Oceania
中国	China	3.5	46.8	3.8	5.8	33.5	3.7	0.1
中国香港	Hong Kong, China	0.5	69.8	0.6	1.5	66.6	1.1	
孟加拉国	Bangladesh	0.6	15.6	1.0	0.9	8.9	4.8	
文莱	Brunei Darussalam		37.4	0.1		37.3		
柬埔寨	Cambodia	0.4	41.3	0.1	1.1	39.7	0.4	
印度	India	1.2	62.8	8.1	4.2	31.7	18.8	
印度尼西亚	Indonesia	0.8	59.3	2.3	2.2	51.8	2.8	0.1
伊朗	Iran	1.0	55.9	4.6	0.2	41.2	9.9	
以色列	Israel	2.2	30.4	2.2	3.9	21.6	2.6	
日本	Japan	1.2	66.4	1.6	5.4	56.3	3.1	0.1
哈萨克斯坦	Kazakhstan	11.1	28.5	0.3	0.3	22.7	5.1	
朝鲜	Korea, Dem.	1.7	92.7	5.0	17.7	58.8	10.8	0.3
韩国	Korea, Rep.	2.4	63.1	3.3	6.5	48.6	4.3	0.2
老挝	Laos		69.7	0.1		69.5	0.1	
马来西亚	Malaysia	0.9	65.4	1.8	3.4	57.2	3.0	0.1
蒙古	Mongolia	3.0	83.7		0.1	83.4	0.2	
缅甸	Myanmar	0.2	85.0	1.6	0.1	82.0	1.2	
巴基斯坦	Pakistan	1.5	56.0	7.3	2.2	29.5	17.0	
菲律宾	Philippines	0.4	59.2	0.4	2.3	55.5	0.9	0.1
新加坡	Singapore	0.2	72.6	2.0	3.4	65.0	1.6	0.6
斯里兰卡	Sri Lanka	4.4	31.7	1.4	2.3	19.3	8.7	0.1
泰国	Thailand	0.5	58.6	3.5	2.9	47.7	4.3	0.2
越南	Viet Nam	1.8	36.6	1.6	1.7	31.3	2.0	
埃及	Egypt	1.4	54.4	13.9	1.5	15.2	23.8	
尼日利亚	Nigeria		35.7	9.6	9.4	15.8	0.8	
南非	South Africa	0.6	47.1	17.2	2.2	25.0	2.7	
加拿大	Canada	0.4	12.1	0.9	3.1	7.1	0.9	
墨西哥	Mexico	0.1	10.1	0.1	7.0	3.0	0.1	
美国	United States	0.8	51.2	2.2	23.4	21.8	3.7	
阿根廷	Argentina	1.2	69.6	5.9	42.0	19.7	2.0	
巴西	Brazil	2.5	58.0	4.6	23.5	25.4	4.5	
委内瑞拉	Venezuela		35.0	0.1	13.6	21.2	0.1	
白俄罗斯	Belarus	54.2	12.8	1.0	4.7	5.7	1.4	
捷克	Czech Republic	4.6	6.0	1.0	0.8	2.5	1.7	
法国	France	2.1	23.4	6.8	2.6	9.0	4.7	0.3
德国	Germany	4.2	18.5	2.0	2.6	10.2	3.6	
意大利	Italy	4.8	22.1	5.1	3.2	8.0	5.7	
荷兰	Netherlands	2.1	11.3	2.5	1.7	4.7	2.4	
波兰	Poland	8.9	5.7	1.0	0.6	2.2	2.0	
俄罗斯联邦	Russian Fed.	7.2	20.3	1.3	1.1	13.4	4.6	
西班牙	Spain	1.5	18.6	5.6	5.1	4.2	3.7	
土耳其	Turkey	10.9	31.3	8.1	1.5	7.8	13.9	
乌克兰	Ukraine	37.7	31.7	6.1	1.6	11.6	12.5	
英国	United Kingdom	1.6	18.3	3.4	1.9	8.9	4.1	
澳大利亚	Australia	0.5	63.2	1.6	1.4	56.2	2.7	1.3
新西兰	New Zealand	1.0	45.0	3.2	3.3	32.2	3.5	2.8

14-14 进口来源构成(2010年)

Imports by Origin(2010)

资料来源：联合国贸易和发展会议数据库。
Source:UNCTAD Database.
单位：% (%)

国家和地区	Country or Area	发达国家 Developed Countries	欧洲 Europe	欧盟 European Union	美国 United States	日本 Japan	其他 Other
中　国	China	38.7	12.9	12.1	7.3	12.6	5.8
中国香港	Hong Kong, China	24.9	9.0	7.3	5.4	9.2	1.4
孟加拉国	Bangladesh	18.6	7.8	6.9	1.9	4.2	4.6
文　莱	Brunei Darussalam	21.4	10.1	9.6	4.4	5.3	1.6
柬埔寨	Cambodia	12.8	6.5	3.0	2.7	3.2	0.5
印　度	India	30.4	18.1	12.0	5.1	2.4	4.9
印度尼西亚	Indonesia	31.7	7.8	7.3	6.9	12.5	4.4
伊　朗	Iran	29.9	26.8	21.4	0.3	2.3	0.5
以色列	Israel	55.4	40.1	34.5	11.3	3.0	0.9
日　本	Japan	29.4	10.9	9.6	9.9		8.6
哈萨克斯坦	Kazakhstan	29.0	24.7	23.8	2.7	0.8	0.8
朝　鲜	Korea, Dem.	1.9	1.7	1.6			0.2
韩　国	Korea, Rep.	41.4	10.4	9.1	9.5	15.1	6.3
老　挝	Laos	5.8	2.8	2.7	0.4	1.9	0.8
马来西亚	Malaysia	29.7	8.3	7.8	8.1	10.2	3.2
蒙　古	Mongolia	18.1	8.4	8.4	3.3	4.6	1.8
缅　甸	Myanmar	5.4	1.3	1.2	0.1	3.0	1.0
巴基斯坦	Pakistan	23.2	12.2	11.4	4.8	3.3	2.8
菲律宾	Philippines	33.5	6.8	6.2	9.7	13.7	3.3
新加坡	Singapore	35.4	14.2	12.3	11.5	7.9	1.8
斯里兰卡	Sri Lanka	21.6	10.2	9.5	1.3	4.6	5.6
泰　国	Thailand	41.5	10.6	7.6	5.9	20.8	4.2
越　南	Viet Nam	21.8	6.7	6.1	4.0	8.9	2.3
埃　及	Egypt	48.7	32.4	31.1	11.5	2.5	2.3
尼日利亚	Nigeria	44.2	31.6	29.9	9.3	1.5	1.7
南　非	South Africa	49.2	33.6	32.1	7.3	5.3	3.0
加拿大	Canada	67.8	13.3	11.9	50.4	3.3	0.8
墨西哥	Mexico	67.3	10.8	10.2	48.1	5.0	3.4
美　国	United States	40.2	18.0	16.6		6.3	15.9
阿根廷	Argentina	32.8	18.3	17.3	10.8	2.1	1.5
巴　西	Brazil	45.2	23.6	21.5	15.0	3.8	2.8
委内瑞拉	Venezuela	50.0	15.0	13.5	31.7	1.4	2.0
白俄罗斯	Belarus	24.7	22.6	21.6	1.3	0.5	0.4
捷　克	Czech Republic	78.6	75.7	74.8	1.3	1.4	0.2
法　国	France	78.4	73.1	69.6	3.5	1.1	0.8
德　国	Germany	76.7	70.3	64.4	3.6	2.0	0.8
意大利	Italy	63.9	59.1	55.8	2.7	1.2	0.9
荷　兰	Netherlands	62.0	50.9	46.9	6.8	2.8	1.5
波　兰	Poland	76.8	74.3	73.1	1.4	0.8	0.3
俄罗斯联邦	Russian Fed.	55.3	44.7	42.8	4.5	4.7	1.3
西班牙	Spain	65.5	60.3	58.2	3.1	1.2	1.0
土耳其	Turkey	51.0	41.1	38.9	6.6	1.8	1.5
乌克兰	Ukraine	40.7	36.3	35.0	2.5	1.0	0.9
英　国	United Kingdom	69.3	59.6	52.5	5.8	1.7	2.2
澳大利亚	Australia	43.5	19.4	18.1	11.0	8.6	4.5
新西兰	New Zealand	53.0	15.6	14.8	10.5	7.4	19.6

14-14 续表 continued

单位：% (%)

国家和地区	Country or Area	经济转型国家 Economies in Transition	发展中国家 Developing Countries	非洲 Africa	美洲 America	除西亚以外的亚洲国家 Asia except West Asia	西亚 West Asia	大洋洲 Oceania
中国	China	3.0	49.2	4.6	6.5	33.2	4.9	0.1
中国香港	Hong Kong, China	0.2	74.8	0.3	1.0	72.7	0.8	
孟加拉国	Bangladesh	4.0	70.7	1.2	2.6	58.4	8.5	
文莱	Brunei Darussalam		78.4	0.1	0.1	77.8	0.4	
柬埔寨	Cambodia	0.2	86.9	0.1	0.2	86.5	0.2	
印度	India	1.7	66.6	9.2	4.0	30.2	23.1	0.1
印度尼西亚	Indonesia	2.0	66.1	1.8	2.5	56.2	5.6	
伊朗	Iran	3.5	65.0	0.4	1.1	22.5	40.9	
以色列	Israel	1.6	24.9	0.9	1.4	19.3	3.2	
日本	Japan	2.5	68.1	1.7	3.9	46.9	15.4	0.2
哈萨克斯坦	Kazakhstan	28.9	42.0	0.3	0.7	37.8	3.3	
朝鲜	Korea, Dem.	1.4	96.7	39.9	2.1	52.6	2.1	
韩国	Korea, Rep.	2.7	55.9	1.5	3.4	34.0	16.9	0.1
老挝	Laos	0.7	92.1			92.1		
马来西亚	Malaysia	0.7	69.1	1.1	2.0	63.0	2.8	0.1
蒙古	Mongolia	29.0	52.9		0.2	51.8	0.9	
缅甸	Myanmar	0.9	93.6	0.1	0.2	92.9	0.4	
巴基斯坦	Pakistan	0.8	75.3	2.8	1.2	42.4	29.0	
菲律宾	Philippines	1.0	65.5	0.2	1.8	57.0	6.1	0.4
新加坡	Singapore	1.3	62.8	0.3	2.3	51.3	8.8	
斯里兰卡	Sri Lanka	1.1	76.7	0.5	1.4	70.5	4.2	
泰国	Thailand	2.6	54.6	0.9	1.8	40.6	11.1	0.1
越南	Viet Nam	1.6	75.0	0.2	1.6	72.3	0.9	
埃及	Egypt	6.0	44.0	2.3	5.4	23.9	12.4	
尼日利亚	Nigeria	1.2	37.7	5.2	2.6	27.1	2.8	
南非	South Africa	0.2	50.4	7.8	3.8	32.2	6.5	0.1
加拿大	Canada	1.2	30.1	2.5	9.5	16.9	1.2	
墨西哥	Mexico	0.4	31.2	0.3	4.3	26.4	0.2	
美国	United States	1.7	58.2	4.4	18.7	31.9	3.0	
阿根廷	Argentina	0.9	62.1	0.5	40.8	20.1	0.6	
巴西	Brazil	1.7	52.6	6.2	17.0	27.1	2.3	
委内瑞拉	Venezuela	0.4	48.1	0.1	35.2	12.4	0.4	
白俄罗斯	Belarus	59.1	12.7	0.4	4.7	6.8	0.9	
捷克	Czech Republic	7.6	13.2	0.2	0.2	12.3	0.5	
法国	France	3.7	17.8	4.9	1.5	9.0	2.4	0.1
德国	Germany	4.9	18.4	1.9	1.9	13.2	1.4	
意大利	Italy	7.1	28.8	8.3	2.7	13.8	4.0	
荷兰	Netherlands	6.0	31.8	3.4	4.9	21.1	2.3	
波兰	Poland	10.8	12.2	0.4	0.8	10.0	1.0	
俄罗斯联邦	Russian Fed.	9.6	33.1	1.0	3.7	26.1	2.3	
西班牙	Spain	3.2	31.2	9.0	5.5	12.7	3.9	0.1
土耳其	Turkey	16.9	31.1	3.5	1.9	22.5	3.2	
乌克兰	Ukraine	38.8	19.6	1.5	1.5	14.2	2.4	
英国	United Kingdom	1.6	24.1	3.0	2.5	16.4	2.3	
澳大利亚	Australia	0.3	51.6	1.6	1.8	44.7	1.9	1.6
新西兰	New Zealand	0.9	45.9	0.8	1.4	37.1	6.3	0.3

14-15　按行业划分的服务出口额(2010年)

Exports of Services by Sector(2010)

资料来源：联合国贸发会议统计手册。
Source: UNCTAD Handbook of Statistics.
单位：亿美元　(100 million USD)

国家和地区	Country or Area	服务总额 Total Services	交通运输 Transport	旅游 Travel	其他服务 Other Services	通讯 Communications	建筑 Construction	计算机和信息服务 Computer and Information Services
中国	China	1712.03	342.11	458.14	911.79	12.20	144.95	92.56
中国香港	Hong Kong, China	1080.00	327.77	227.66	524.57	8.94①	1.39①	6.83①
中国澳门	Macao, China	286.82	4.52	277.90	4.40	0.83		
孟加拉国	Bangladesh	24.14	1.74	0.81	21.59	2.78	0.07	0.38
文莱	Brunei Darussalam	10.61	4.52①	2.54①	2.09①	0.22①		
柬埔寨	Cambodia	18.41	2.16	12.31	3.95	1.06①	0.07①	
印度	India	1237.62	132.48	141.60	963.54	14.11	5.24	567.01
印度尼西亚	Indonesia	167.66	26.65	69.58	71.42	11.26	5.20	1.14
伊朗	Iran	76.00	38.73①	20.12①	11.22①			
以色列	Israel	247.04	42.53	47.68	156.83	2.89	8.38	77.00
日本	Japan	1414.57	389.53	132.24	892.80	7.30	106.60	10.52
哈萨克斯坦	Kazakhstan	42.45	22.71	10.05	9.69	0.90	0.23	0.11
韩国	Korea, Rep.	827.06	380.44	97.65	348.98	7.42	118.42	2.35
老挝	Laos	4.70	0.30①	2.68①	0.93①	0.33①	0.27①	
马来西亚	Malaysia	339.73	46.98	178.55	114.20	5.60①	9.09①	14.54①
蒙古	Mongolia	4.86	1.75	2.44	0.67	0.09	0.03	0.01
巴基斯坦	Pakistan	64.10	13.33	3.04	47.73	2.42	0.20	1.93
菲律宾	Philippines	132.43	13.51	27.83	91.09	3.05	1.21	21.51
新加坡	Singapore	1123.08	327.38	141.81	653.89	13.47	10.49	17.90
斯里兰卡	Sri Lanka	24.69	11.56	5.76	7.37	0.83	0.42	2.65
泰国	Thailand	340.46	59.16	197.14	84.17	3.25	4.72	
越南	Viet Nam	74.60	20.62①	30.50①	6.54①			
埃及	Egypt	238.07	78.17	124.53	35.37	8.42①	6.76①	1.71①
尼日利亚	Nigeria	30.76	19.61	5.71	5.44	0.48		
南非	South Africa	140.04	16.15	90.85	33.03	2.22	0.63	2.90
加拿大	Canada	691.66	116.56	157.11	417.99	29.59	2.59	48.93
墨西哥	Mexico	154.35	14.49	118.72	21.15	2.02		
美国	United States	5443.57	711.20	1325.93	3372.35	105.41	68.43	138.30
阿根廷	Argentina	132.14	20.21	49.42	62.51	3.35	0.63	12.48
巴西	Brazil	318.21	49.31	59.19	209.71	4.35	0.29	2.10
委内瑞拉	Venezuela	17.24	5.59	6.18	5.47	1.44		0.09
捷克	Czech Rep.	216.54	50.96	66.79	98.78	5.38	9.79	12.57
法国	France	1437.12	359.16	462.74	615.22	44.35	62.78	13.99
德国	Germany	2375.74	575.54	346.42	1453.79	54.08	116.19	163.05
意大利	Italy	983.13	136.18	387.31	459.64	62.37	1.14	20.67
荷兰	Netherlands	953.52	252.94	130.41	570.17	49.53	27.49	61.55
波兰	Poland	324.85	87.90	94.79	142.16	5.62	12.97	15.46
俄罗斯联邦	Russian Fed.	443.43	149.11	89.70	204.62	13.51	26.25	13.59
西班牙	Spain	1240.91	207.33	524.75	508.83	20.93	41.63	64.08
土耳其	Turkey	343.57	85.84	208.07	45.22	4.63	11.20	0.16
乌克兰	Ukraine	170.64	78.05	37.88	54.71	5.18	2.34	4.29
英国	United Kingdom	2379.43	317.32	305.12	1756.98	74.08	28.57	115.19
澳大利亚	Australia	484.90	59.18	300.92	124.81	7.95③	0.66③	14.18③
新西兰	New Zealand	87.33	17.69	48.56	21.08	1.97	0.05③	2.56

注：①2009年数据。②2007年数据。③2008年数据。
Note:①Data refer to 2009.②Data refer to 2007.③Data refer to 2008.

14-15 续表 continued

单位：亿美元 (100 million USD)

国家和地区	Country or Area	保险 Insurance	金融服务 Financial Services	版税和许可证费用 Royalties and Licence Fees	其他商务服务 Other Business Services	个人、文化和休闲服务 Personal,Cultural and Recreational Services	政府服务及其他 Government Services n.i.e.
中　　国	China	17.27	13.31	8.30	612.42	1.23	9.55
中国香港	Hong Kong, China	4.96①	112.86①	3.83①	322.30①	1.35①	0.68①
中国澳门	Macao, China	0.31	1.08		2.18		
孟加拉国	Bangladesh	0.07	0.41	0.01	5.86	0.02	12.01
文　　莱	Brunei Darussalam	0.13①			1.74①		
柬 埔 寨	Cambodia	0.07①			0.94①	0.02①	0.33①
印　　度	India	17.82	60.03	1.29	289.85	3.35	4.85
印度尼西亚	Indonesia	0.22	3.32	0.60	43.09	1.04	5.55
伊　　朗	Iran						
以 色 列	Israel	0.25		8.49	59.63		0.19
日　　本	Japan	12.72	36.06	266.80	425.47	1.51	25.82
哈萨克斯坦	Kazakhstan	0.75	0.29		3.82	0.01	3.58
韩　　国	Korea, Rep.	3.91	28.47	31.46	139.10	6.35	11.50
老　　挝	Laos	0.10①					0.23①
马来西亚	Malaysia	3.79①	0.90①	2.66①	42.18①	6.46①	0.42①
蒙　　古	Mongolia	0.04	0.07		0.40		0.03
巴基斯坦	Pakistan	0.44	0.50	0.03	5.99	0.04	36.18
菲 律 宾	Philippines	0.77	0.38	0.04	63.72	0.41	
新 加 坡	Singapore	28.37	121.82	18.67	438.51	2.19	2.47
斯里兰卡	Sri Lanka	0.80			2.46		0.21
泰　　国	Thailand	3.21		1.53	69.06		2.41
越　　南	Viet Nam						
埃　　及	Egypt	0.75①	1.96①	1.22②	17.87①	1.03①	2.18①
尼日利亚	Nigeria	0.01	0.14		0.18		4.63
南　　非	South Africa	2.73	8.27	0.59	11.15	0.67	3.87
加 拿 大	Canada	43.92	33.12	38.13	182.36	21.98	17.34
墨 西 哥	Mexico	18.31		6.56①	-.01①	0.80	0.02
美　　国	United States	145.58	580.03	958.07	1004.76	145.64	226.13
阿 根 廷	Argentina	0.10	0.07	1.35	39.10	3.56	1.86
巴　　西	Brazil	4.16	20.73	3.97	157.76	1.08	15.27
委内瑞拉	Venezuela	0.02			1.55	0.06	2.31
捷　　克	Czech Rep.	2.74	0.66	1.05	64.34	1.95	0.32
法　　国	France	11.64	24.33	101.41	326.03	19.65	11.05
德　　国	Germany	60.98	117.81	142.35	744.00	10.74	44.61
意 大 利	Italy	29.24	23.87	32.61	274.09	3.43	12.18
荷　　兰	Netherlands	6.25	13.00	51.88	329.48	7.12	24.54
波　　兰	Poland	1.88	5.51	2.46	95.24	2.86	0.11
俄罗斯联邦	Russian Fed.	4.62	10.53	6.25	119.98	4.74	5.15
西 班 牙	Spain	12.07	45.56	8.75	289.55	17.75	8.53
土 耳 其	Turkey	7.13	4.82		3.33	9.12	4.83
乌 克 兰	Ukraine	0.32	4.75	1.32	29.40	1.13	5.98
英　　国	United Kingdom	111.46	476.53	142.51	734.17	40.81	33.64
澳大利亚	Australia	6.26③	9.01③	7.03③	63.47③	6.71③	7.27③
新 西 兰	New Zealand	0.32③	1.01	1.83	9.76	2.18	1.34

注：①2009年数据。②2007年数据。③2008年数据。
Note:①Data refer to 2009.②Data refer to 2007.③Data refer to 2008.

14-16 货币汇率(年平均价)

Exchange Rate (Period Average)

资料来源：世界银行WDI数据库。
Source: World Bank WDI Database.
单位：1美元合本币数 (local currency unit per US dollar)

国家和地区	Country or Area	2000	2005	2008	2009	2010	2011
中　　国	China	8.28	8.19	6.95	6.83	6.77	6.46
中国香港	Hong Kong, China	7.79	7.78	7.79	7.75	7.77	7.78
中国澳门	Macao, China	8.03	8.01	8.02	7.98	8.00	8.02
孟加拉国	Bangladesh	52.14	64.33	68.60	69.04	69.65	74.15
文　　莱	Brunei Darussalam	1.72	1.66	1.42	1.46	1.36	1.26
柬 埔 寨	Cambodia	3840.75	4092.50	4054.17	4139.33	4184.92	4058.50
印　　度	India	44.94	44.10	43.51	48.41	45.73	46.67
印度尼西亚	Indonesia	8421.78	9704.74	9698.96	10389.94	9090.43	8770.43
伊　　朗	Iran	1764.95	8963.96	9428.53	9864.30	10254.18	10616.31
以 色 列	Israel	4.08	4.49	3.59	3.93	3.74	3.58
日　　本	Japan	107.77	110.22	103.36	93.57	87.78	79.81
哈萨克斯坦	Kazakhstan	142.13	132.88	120.30	147.50	147.35	146.62
韩　　国	Korea, Rep.	1130.96	1024.12	1102.05	1276.93	1156.06	1108.29
老　　挝	Laos	7887.64	10655.17	8744.22	8516.05	8258.77	8058.40
马来西亚	Malaysia	3.80	3.79	3.34	3.53	3.22	3.06
蒙　　古	Mongolia	1076.67	1205.25	1165.80	1437.80	1357.06	1265.52
缅　　甸	Myanmar	6.52	5.82	5.44	5.58	5.64	5.44
巴基斯坦	Pakistan	53.65	59.51	70.41	81.71	85.19	86.34
菲 律 宾	Philippines	44.19	55.09	44.32	47.68	45.11	43.31
新 加 坡	Singapore	1.72	1.66	1.42	1.46	1.36	1.26
斯里兰卡	Sri Lanka	77.01	100.50	108.33	114.95	113.06	110.57
泰　　国	Thailand	40.11	40.22	33.31	34.29	31.69	30.49
越　　南	Viet Nam	14167.75	15858.92	16302.25	17065.08	18612.92	20509.75
埃　　及	Egypt	3.47	5.78	5.43	5.55	5.62	5.93
尼日利亚	Nigeria	101.70	131.27	118.55	148.90	150.30	154.70
南　　非	South Africa	6.94	6.36	8.26	8.47	7.32	7.26
加 拿 大	Canada	1.49	1.21	1.07	1.14	1.03	0.99
墨 西 哥	Mexico	9.46	10.90	11.13	13.51	12.64	12.42
美　　国	United States	1.00	1.00	1.00	1.00	1.00	1.00
阿 根 廷	Argentina	1.00	2.90	3.14	3.71	3.90	4.11
巴　　西	Brazil	1.83	2.43	1.83	2.00	1.76	1.67
委内瑞拉	Venezuela	0.68	2.09	2.15	2.15	2.58	4.29
捷　　克	Czech Rep.	38.60	23.96	17.07	19.06	19.10	17.70
法　　国	France	1.09	0.80	0.68	0.72	0.76	0.72
德　　国	Germany	1.09	0.80	0.68	0.72	0.76	0.72
意 大 利	Italy	1.09	0.80	0.68	0.72	0.76	0.72
荷　　兰	Netherlands	1.09	0.80	0.68	0.72	0.76	0.72
波　　兰	Poland	4.35	3.24	2.41	3.12	3.02	2.96
俄罗斯联邦	Russian Fed.	28.13	28.28	24.85	31.74	30.37	29.38
西 班 牙	Spain	1.09	0.80	0.68	0.72	0.76	0.72
土 耳 其	Turkey	0.63	1.34	1.30	1.55	1.50	1.68
乌 克 兰	Ukraine	5.44	5.13	5.27	7.79	7.94	7.97
英　　国	United Kingdom	0.66	0.55	0.54	0.64	0.65	0.62
澳大利亚	Australia	1.73	1.31	1.19	1.28	1.09	0.97
新 西 兰	New Zealand	2.20	1.42	1.42	1.60	1.39	1.27

14-17 国际旅游收支

Expenditures and Receipts of International Tourism

资料来源：世界银行WDI数据库。
Source: World Bank WDI Database.

单位：亿美元 (100 million USD)

国家和地区	Country or Area	国际旅游支出 International Tourism Expenditures			国际旅游收入 International Tourism Receipts		
		2000	2005	2010	2000	2005	2010
世　界	**World**	**5318**	**7708**	**9962**	**5724**	**8317**	**11119**
中　国	China	142	247	598	173	318	502
中国香港	Hong Kong, China	125	133	175	82	136	270
中国澳门	Macao, China		6	10	32	79	278
孟加拉国	Bangladesh	5	4	8	1	1	1
文　莱	Brunei Darussalam		4			2	
柬埔寨	Cambodia	1	1	3	3	9	14
印　度	India	37	83	137	36	77	147
印度尼西亚	Indonesia	32	47	84	50	51	76
伊　朗	Iran	7	41		7	10	
以色列	Israel	37	38	44	46	34	55
日　本	Japan	426	481	393	60	156	154
哈萨克斯坦	Kazakhstan	5	9	14	4	8	12
韩　国	Korea, Rep.	79	169	197	85	83	138
老　挝	Laos			2	1	1	4
马来西亚	Malaysia	25	43	79	59	104	183
蒙　古	Mongolia	1	2	3		2	3
缅　甸	Myanmar			1	2	1	1
巴基斯坦	Pakistan	6	18	14	6	8	10
菲律宾	Philippines	18	15	43	23	28	32
新加坡	Singapore	45	101	168	51	62	142
斯里兰卡	Sri Lanka	4	6	8	4	7	10
泰　国	Thailand	32	49	66	99	121	234
越　南	Viet Nam		9			23	
埃　及	Egypt	12	19	27	47	72	136
尼日利亚	Nigeria	6	5	84	2	1	7
南　非	South Africa	27	48	81	33	86	103
加拿大	Canada	151	227	367	130	160	183
墨西哥	Mexico	64	90	91	91	128	124
美　国	United States	915	1000	1100	1209	1268	1658
阿根廷	Argentina	55	36	64	32	32	56
巴　西	Brazil	45	59	193	20	42	62
委内瑞拉	Venezuela	16	18	22	5	7	7
捷　克	Czech Rep.	13	26	42	30	58	80
法　国	France	267	388	462	385	517	567
德　国	Germany	576	848	912	249	405	491
意大利	Italy	182	268	331	287	384	401
荷　兰	Netherlands	136	166	198	113	165	187
波　兰	Poland	34	59	91	61	71	100
俄罗斯联邦	Russian Fed.	88	183	300	34	78	134
西班牙	Spain	77	184	228	327	531	588
土耳其	Turkey	17	33	55	76	197	248
乌克兰	Ukraine	6	31	41	6	35	47
英　国	United Kingdom	470	730	603	300	394	399
澳大利亚	Australia	88	159		130	200	
新西兰	New Zealand	12	27	30	23	52	49

14-18　国际旅游人数

Number of Arrivals and Departures of International Tourism

资料来源：世界银行WDI数据库。
Source: World Bank WDI Database.

单位：万人　　(10 000 persons)

国家和地区	Country or Area	入境(过夜)旅游人数 Number of Arrivals			出境旅游人数 Number of Departures		
		2000	2005	2010	2000	2005	2010
世　界	**World**	**68113**	**80493**	**94164**	**73089**	**85387**	
高收入国家	**High Income**	**47018**	**51063**	**55857**	**48174**	**52348**	
中等收入国家	**Middle Income**	**19689**	**27814**	**35985**	**17934**	**25683**	**37049**
低收入国家	**Low Income**	**715**	**971**	**1630**			
中　国	China	3123	4681	5566	1047	3103	5739
中国香港	Hong Kong, China	881	1477	2009	461	7230	8444
中国澳门	Macao, China	520	901	1193	14	30	25
孟加拉国	Bangladesh	20	21		113	177	
文　莱	Brunei Darussalam	98	13				
柬埔寨	Cambodia		133	240	4	57	51
印　度	India	265	392	578	442	719	1299
印度尼西亚	Indonesia	506	500	700	221	411	624
伊　朗	Iran	134	189		229		
以色列	Israel	242	190	280	353	369	427
日　本	Japan	476	673	861	1782	1740	1664
哈萨克斯坦	Kazakhstan	147	314	339	125	300	
韩　国	Korea, Rep.	532	602	880	551	1008	
老　挝	Laos	19	67	167			
马来西亚	Malaysia	1022	1643	2458	3053		
蒙　古	Mongolia	14	34	46			
缅　甸	Myanmar	21	23	31			
巴基斯坦	Pakistan	56	80				
菲律宾	Philippines	199	262	352	167	214	
新加坡	Singapore	606	708	916	444	516	734
斯里兰卡	Sri Lanka	40	55	65	52	73	112
泰　国	Thailand	958	1157	1594	191	305	545
越　南	Viet Nam	214	348				
埃　及	Egypt	512	824	1405	296	531	
尼日利亚	Nigeria	81	101				
南　非	South Africa	587	737	807	383		517
加拿大	Canada	1963	1877	1610	1918	2110	2868
墨西哥	Mexico	2064	2192	2226	1108	1331	1440
美　国	United States	5124	4921	5979	6133	6350	
阿根廷	Argentina	291	382	533	495	389	531
巴　西	Brazil	531	536	516	323	347	531
委内瑞拉	Venezuela	47	71		95	107	
捷　克	Czech Rep.	477	634	819		696	643
法　国	France	7719	7499	7715	1989	2248	2161
德　国	Germany	1898	2150	2688	7440	7740	
意大利	Italy	4118	3651	4363	2199	2480	2982
荷　兰	Netherlands	1000	1001	1088	1390	1704	1843
波　兰	Poland	1740	1520	1247	5668	4084	4276
俄罗斯联邦	Russian Fed.	2117	2220	2228	1837	2842	3932
西班牙	Spain	4640	5591	5268	410	1046	
土耳其	Turkey	959	2027	2700	528	825	1100
乌克兰	Ukraine	643	1763	2120	1342	1645	1718
英　国	United Kingdom	2321	2804	2830	5684	6649	5556
澳大利亚	Australia	493	550	589	350	476	711
新西兰	New Zealand	178	235	249	128	187	203

主要统计指标解释

出口 即货物离开一国的统计疆界。在通常的贸易体系中，一国的统计疆界与它的经济领土是一致的。在特殊的贸易体系中，一国的统计疆界只包括一部分经济领土，一般这部分与货物自由贸易区是一致的。自由贸易地区是一国经济疆界的一部分，在此间货物可以无进口税限制地流通。

进口 货物进入一国统计疆界。

数量指数 基于诸如数量或重量这样的货物单位的指数。

服务贸易 服务(原为非要素服务)指无形商品的经济产出。它可以在同一时间产生、转让和消费。商品服务的出口（贷方和收入）和进口（借方和支付）来自于国际收支统计中的国际服务交易统计，其概念、定义和分类与国际货币基金组织1993年《国际收支手册》第五版一致。

官方汇率 是指由国家机关或货币金融机构公布的汇率。年平均汇率是以月均价为基础计算的。

国际旅游支出 是指出境游客在他国的旅游消费，包括在国际旅行时，搭乘他国运输工具所支付的交通费（有些国家不包括这项交通费）。除非特别声明外，国际旅游支出包括境外一日游客（不过夜游客）在访问地的消费。

国际旅游收入 是指入境游客（过夜旅客）在本国的旅游消费，包括国际旅行时，入境游客搭乘本国运输工具所付给本国的交通费（有些国家不包括这项交通费）。国际旅游收入包括目的地国接受的所有商品和服务的支付。除特别声明外，国际旅游收入可以包括入境一日游游客（不过夜游客）在本国的消费。

Explanatory Notes on Main Statistical Indicators

Exports Goods leaving the statistical territory of a country. In the general trade system, the definition of the statistical territory of a country coincides with its economic territory. In the special trade system, the definition of the statistical territory comprises only a particular part of the economic territory, mainly that part which coincides with the free circulation area for goods. The free circulation area is a part of the economic territory of a country within which goods may be disposed of without customs restrictions.

Imports Goods entering the statistical territory of a country.

Quantum Index An index based on quantity units of goods such as number or weight.

Commercial Service Exports/Commercial Service Imports Services(previously no factor services) refer to economic output of intangible commodities that may be produced, transferred, and consumed at the same time. Exports (credits or receipts) and imports (debits or payments) of commercial services derived from statistics on international service transactions are included in the balance of payments statistics, in conformity with the concepts, definitions and classification of the fifth (1993) edition of the IMF Balance of Payments Manual.

Official Exchange Rate refers to the exchange rate determined by national authorities or to the rate determined in the legally sanctioned exchange market. It is calculated as an annual average based on monthly averages (local currency units relative to the U.S. dollar).

International Tourism Expenditures are expenditures of international outbound visitors in other countries, including payments to foreign carriers for international transport. These expenditures may include those by residents traveling abroad as same-day visitors, except in cases where these are important enough to justify separate classification. For some countries they do not include expenditures for passenger transport items.

International Tourism Receipts are expenditures by international inbound visitors, including payments to national carriers for international transport. These receipts include any other prepayment made for goods or services received in the destination country. They also may include receipts from same-day visitors, except when these are important enough to justify separate classification. For some countries they do not include receipts for passenger transport items..

国际收支和外债

Balance of Payments and External Debts

15-1 世界国际收支

Summary of International Transactions

资料来源：国际货币基金组织IFS数据库。
Source: IMF IFS Database.
单位：亿美元 (100 million USD)

		2005	2006	2007	2008	2009	2010	2011
经常帐户	**Current Account(net)**	**563**	**2197**	**3513**	**2655**	**2673**	**3915**	**4536**
货物	Goods	645	1403	2235	1928	2296	3337	3878
贷方	Credits	101402	117305	136226	157299	122262	149099	178678
借方	Debits	100757	115901	133991	155370	119967	145762	174799
服务	Services	644	1121	1682	1204	975	1102	1283
贷方	Credits	25561	28961	34640	38822	34904	38209	42435
借方	Debits	24918	27840	32958	37619	33929	37107	41152
收入	Income	-500	-458	-448	-637	-353	-298	-360
贷方	Credits	24428	31551	40666	40236	29770	31659	35775
借方	Debits	24928	32009	41114	40873	30124	31957	36134
资本帐户	**Capital Account(net)**	**287**	**139**	**-178**	**47**	**-79**	**377**	**251**
贷方	Credits	1204	1360	1011	1101	1040	1379	1333
借方	Debits	917	1222	1189	1054	1119	1002	1082
金融帐户	**Financial Account**							
直接投资	Direct Investment	-1204	-847	1533	1819	46	-346	-529
国外	Abroad	13052	17218	27706	24362	14085	16518	20140
在报告经济体内	in Reporting Economy	14255	18065	26173	22542	14039	16863	20670
证券投资	Portfolio Investment	-6146	-6823	-10769	-11722	-4983	-11245	-10224
资产	Assets	25715	28291	25622	-557	18226	13231	1058
负债	Liabilities	31861	35114	36391	11165	23209	24476	11282
金融衍生工具和股票期权	Financial Derivatives and Employee Stock Options	113	-706	1230	3387	-933	-948	-113
资产	Assets	-4525	-3540	-4442	-7975	-9655	-11430	-14876
负债	Liabilities	-4638	-2834	-5672	-11362	-8722	-10482	-14764
储备资产	**Reserves Assets**	**6364**	**8489**	**12825**	**8330**	**10301**	**11829**	**11026**
净误差与遗漏	**Net Errors and Omissions**	**-108**	**-896**	**-21**	**-2052**	**-1076**	**-2526**	**-3430**

15-2 分国别(地区)的国际收支(2011年)

资料来源：国际货币基金组织IFS数据库。
Source:IMF IFS Database.
单位：亿美元

国家和地区	Country or Area	经常帐户 Current Account,n.i.e	货物 Goods		
			出口 Exports f.o.b	进口 Imports f.o.b	货物差额 Trade Balance
中　国	China	2017.14	19038.21	16602.72	2435.49
中国香港	Hong Kong, China	129.04	4379.73	4940.87	-561.14
中国澳门	Macao, China		11.03	88.08	-77.05
孟加拉国	Bangladesh	2.44	245.39	325.84	-80.45
柬埔寨	Cambodia		52.19	67.10	-14.90
印　度	India	-600.38	2993.87	4158.00	-1164.13
印度尼西亚	Indonesia	20.70	1917.13	1568.69	348.44
以色列	Israel	1.94	628.55	719.32	-90.77
日　本	Japan	1190.64	7899.51	7944.25	-44.74
哈萨克斯坦	Kazakhstan	141.10	884.67	411.63	473.04
韩　国	Korea, Rep.	265.05	5525.64	5216.14	309.50
老　挝	Laos		18.54	24.23	-5.69
马来西亚	Malaysia	320.25	2274.81	1786.31	488.50
蒙　古	Mongolia	-27.60	48.16	58.07	-9.90
缅　甸	Myanmar		76.99	74.91	2.08
巴基斯坦	Pakistan	-22.34	263.08	388.52	-125.44
菲律宾	Philippines	70.78	388.90	554.12	-165.22
新加坡	Singapore	569.89	4293.68	3619.16	674.53
斯里兰卡	Sri Lanka	-46.15	105.59	182.42	-76.83
泰　国	Thailand	119.12	2191.19	2021.28	169.91
越　南	Viet Nam	2.36	969.06	973.56	-4.50
埃　及	Egypt		279.13	473.12	-193.98
尼日利亚	Nigeria	86.89	925.04	616.53	308.51
南　非	South Africa	-136.83	1028.58	1004.03	24.55
加拿大	Canada	-490.86	4629.05	4607.39	21.66
墨西哥	Mexico	-90.30	3499.46	3511.16	-11.71
美　国	United States	-4734.38	15009.16	22358.19	-7349.03
阿根廷	Argentina	0.21	842.44	707.55	134.89
巴　西	Brazil	-526.12	2560.40	2262.33	298.07
委内瑞拉	Venezuela	272.05	926.49	461.97	464.52
捷　克	Czech Rep.	-63.49	1314.16	1269.87	44.28
法　国	France	-544.37	5935.13	6816.18	-881.05
德　国	Germany	2042.44	14937.42	12734.65	2202.77
意大利	Italy	-718.74	5029.78	5230.76	-200.98
荷　兰	Netherlands	706.34	5441.75	4805.78	635.97
波　兰	Poland	-222.04	1952.09	2092.45	-140.36
俄罗斯联邦	Russian Fed.	988.34	5128.72	3157.58	1971.15
西班牙	Spain	-522.81	3043.35	3597.37	-554.02
土耳其	Turkey	-769.06	1434.97	2324.86	-889.89
乌克兰	Ukraine	-89.94	623.83	804.14	-180.31
英　国	United Kingdom	-460.35	4791.39	6394.41	-1603.01
澳大利亚	Australia	-328.80	2718.44	2434.98	283.46
新西兰	New Zealand	-67.09	383.44	356.06	27.39

Balance of Payments by Country or Area(2011)

(100 million USD)

服务 Current Account,n.i.e		货物和服务差额 Balance on Goods and Services	收入 Income		货物、服务和收入差额 Balance on Goods,Services and Income
贷方 Credit	借方 Debit		贷方 Credit	借方 Debit	
1828.39	2380.67	1883.21	1446.06	1564.74	1764.53
1214.68	558.77	94.77	1310.12	1237.10	167.79
398.31	104.19	217.07			175.05
26.45	51.93	-105.92	1.49	16.20	-120.63
22.13	13.23	-6.01			-12.96
1373.25	1245.92	-1036.80	100.38	279.70	-1216.12
212.42	325.61	235.25	24.77	281.44	-21.42
268.60	198.41	-20.58	71.48	135.90	-85.00
1373.49	1757.80	-429.05	2273.12	515.18	1328.89
45.12	109.65	408.50	19.42	284.27	143.66
950.00	993.78	265.73	174.22	149.67	290.29
5.50	3.31	-3.50			-4.29
350.01	377.29	458.10	169.89	241.90	386.27
6.21	17.85	-21.53	0.44	8.89	-29.99
6.72	10.90	-2.10			-18.13
50.21	80.44	-155.67	8.44	39.42	-186.65
164.51	118.76	-119.47	69.87	56.94	-106.54
1135.88	1117.43	692.97	679.99	735.95	637.01
30.84	40.12	-86.11	4.67	11.14	-92.58
415.28	520.20	65.00	83.36	205.86	-48.45
88.79	118.59	-34.30	3.95	54.14	-84.49
191.40	140.70	-143.28			-207.05
33.87	245.73	96.65	8.98	236.82	-131.20
148.23	197.03	-24.25	53.04	145.90	-117.11
761.54	1011.88	-228.68	670.59	899.36	-457.45
152.98	294.97	-153.70	94.58	260.20	-340.47
6039.83	4289.18	-5598.38	7459.81	5249.12	-3328.31
141.30	163.48	112.71	30.20	138.48	4.57
382.09	761.61	-81.45	107.53	580.72	-554.64
20.25	127.42	357.35	20.76	100.40	278.21
236.66	190.03	90.91	69.59	213.46	-65.10
2107.39	1910.03	-683.69	2387.20	1738.49	-34.97
2673.31	3049.87	1826.21	2767.14	2101.75	2491.60
1052.20	1177.62	-326.40	789.32	952.30	-452.06
1079.43	944.43	770.97	1177.59	1035.54	963.86
375.56	318.94	-83.74	85.12	287.60	-312.54
581.60	930.42	1622.33	423.76	1025.83	1020.26
1427.94	947.47	-73.56	588.55	952.04	-436.67
388.81	209.86	-710.94	39.52	117.25	-788.75
212.69	133.83	-101.45	54.85	92.81	-139.41
2941.16	1811.75	-473.61	3075.86	2648.66	-111.35
517.10	609.14	191.42	422.96	937.41	-323.03
100.89	109.65	18.62	41.37	124.05	-64.82

15-2 续表 1

单位：亿美元

国家和地区	Country or Area	资本帐户 Capital Account,n.i.e	贷方 Credit	借方 Debit	金融帐户 Financial Account,n.i.e	直接投资 Direct Investments 国外资产 Assets	直接投资 Direct Investments 负债 Liabilities
中　国	China	54.46	56.20	1.74	2156.10	2716.63	1012.14
中国香港	Hong Kong, China	74.11			253.33	886.25	901.64
中国澳门	Macao, China	-1.42				0.64	21.16
孟加拉国	Bangladesh	5.28			-6.93	0.05	7.98
柬埔寨	Cambodia	2.22				0.29	9.02
印　度	India	0.66	2.97	2.70	-616.84	148.36	321.90
印度尼西亚	Indonesia	0.01			-21.61	77.22	181.60
以色列	Israel	12.40			37.86	33.15	114.07
日　本	Japan	4.97	24.99	25.31	941.36	1175.20	0.79
哈萨克斯坦	Kazakhstan	0.09			82.97	48.47	132.27
韩　国	Korea, Rep.	1.50	2.91	2.62	321.15	203.55	46.61
老　挝	Laos						3.01
马来西亚	Malaysia	-0.63	0.04	0.42	260.94	152.21	120.01
蒙　古	Mongolia	1.14			-27.23	0.94	47.15
缅　甸	Myanmar						10.01
巴基斯坦	Pakistan	2.21			-18.96	0.62	13.09
菲律宾	Philippines	1.71	0.09	0.05	51.22	6.16	18.69
新加坡	Singapore				571.23	252.28	640.03
斯里兰卡	Sri Lanka	1.64			-51.58	0.60	9.56
泰　国	Thailand	-0.40			78.49	82.40	77.80
越　南	Viet Nam				-52.41	9.50	74.30
埃　及	Egypt	-0.45				6.26	-4.83
尼日利亚	Nigeria				54.04	8.17	88.42
南　非	South Africa	0.33			-62.36	-5.00	57.18
加拿大	Canada	48.77			-514.97	475.21	395.10
墨西哥	Mexico				-157.52	106.85	203.57
美　国	United States	-12.13		0.54	-3940.84	4428.73	2575.28
阿根廷	Argentina	0.68	0.71	0.03	-38.41	14.88	70.80
巴　西	Brazil	15.73	0.15	0.21	-516.58	38.50	715.39
委内瑞拉	Venezuela				235.13	0.88	52.26
捷　克	Czech Rep.	7.97	4.54	3.06	-61.43	11.51	53.80
法　国	France	-1.62	0.04	0.17	-817.10	959.63	452.09
德　国	Germany	8.64			2246.64	524.01	390.67
意大利	Italy	5.60	19.87	25.63	-875.47	475.22	280.03
荷　兰	Netherlands	-1.59	2.42	0.85	680.67	355.34	138.86
波　兰	Poland	100.17	3.71	6.49	-208.98	37.44	152.96
俄罗斯联邦	Russian Fed.	-1.20			887.24	672.83	528.78
西班牙	Spain	76.28	8.62	13.58	-470.02	395.78	314.19
土耳其	Turkey	-0.30	0.22	0.52	-655.80	24.66	158.75
乌克兰	Ukraine	0.98	1.95	1.08	-85.17	1.92	72.07
英　国	United Kingdom	55.26	22.64	16.04	-446.49	806.66	283.06
澳大利亚	Australia	-5.66	0.01	0.23	-342.02	162.97	676.38
新西兰	New Zealand	83.37	0.15	0.21	8.63	27.95	35.80

continued

(100 million USD)

证券投资 Portfolio Investment						金融衍生工具 Financial Derivatives,n.i.e	
资产 Assets	股本证券 Equity Securities	债务证券 Debt Securities	负债 Liabilities	股本证券 Equity Secirities	债务证券 Debt Securities	资产 Assets	负债 Liabilities
62.48	11.04	51.44	133.91	53.08	80.83		
184.12	360.51	-176.40	148.56	98.70	49.86	-428.48	-399.01
20.93	14.56	6.36	2.13		2.13	0.44	
0.51	0.51		1.08	-0.10	1.18		
0.06	0.12	-0.06					
0.46		68.47	27.10	-41.37	68.47		
14.16	3.41	10.75	56.14	-3.26	59.41		
30.51	40.82	-10.31	-54.41	-7.00	-47.41	0.17	
1030.51	124.53	905.98	2641.01	56.45	2584.57	-4074.90	-3904.11
135.40	4.62	130.77	0.70	0.39	0.31	-2.26	-1.00
52.31	10.78	41.52	155.43	-74.79	230.22	-499.65	-517.00
			0.11	0.11			
-0.21	0.20	-0.41	0.56	0.09	0.47		
0.01	0.03	-0.02	-0.39	-0.37	-0.02		
-3.95	0.39	-4.34	51.29	10.38	40.91	-15.41	-5.39
227.61	213.24	14.37	-59.66	-37.54	-22.11	184.51	73.36
4.69	-4.52	9.20	15.30	-6.23	21.53		
8.87	13.24	-4.37	44.25	8.75	35.51	-97.21	-102.71
-3.48	-3.48		10.64	10.64			
2.20	2.20		-104.31	-7.11	-97.20		
16.10	14.76	1.34	51.50	25.71	25.79		
63.08	32.95	30.13	66.78	-37.69	104.46		
183.75	267.19	-83.44	982.38	213.13	769.24		
-15.25		-15.25	409.44	-62.44	471.88		-7.25
829.60	890.45	-60.85	3366.12	273.50	3092.62		
0.09		0.09	-15.17	-1.74	-13.43		-23.06
-168.58	-88.01	-80.57	184.53	71.74	112.78	-2.52	-2.49
1.73	-0.05	1.78	26.44		26.44		
8.18	-1.32	9.50	11.80	-0.02	11.82	-14.67	-15.98
-2442.45	-725.39	-1717.06	1050.86	36.08	1014.78		193.32
348.49	-27.07	375.56	901.99	77.78	824.21		-399.20
-488.89	-55.27	-433.61	-953.35	59.78	-1013.13	-125.27	-21.89
122.23	155.18	-32.95	397.36	38.60	358.76	-6897.21	-6989.06
-7.26	-6.80	-0.46	161.09	30.52	130.57		-5.62
105.78	15.44	90.34	-72.79	-97.07	24.28	-164.38	-178.32
-528.26	-134.09	-394.17	-926.94	29.78	-956.72	7.97	8.07
-26.88		-26.88	192.98	-9.86	202.84		
0.48	0.08	0.40	16.17	5.19	10.98		
362.62	-406.24	768.86	-418.68	-68.55	-350.13		114.12
378.15	281.31	96.85	708.82	-33.08	741.89	-277.93	-566.44
25.33	10.46	14.87	43.33	15.92	27.40		

15-2 续表 2

单位：亿美元

国家和地区	Country or Area	其他投资资产 Other Investment Assets	政府 General Government	中央银行 Central Banks	除央行外金融部门 Deposit-taking corporations, except the central bank	其他部门 Other Sector
中　　国	China	-1668.16	-0.05	487.05	-919.75	-1235.4
中国香港	Hong Kong, China	873.32			891.20	-17.88
中国澳门	Macao, China	67.01				
孟加拉国	Bangladesh	22.21			-0.15	22.36
柬 埔 寨	Cambodia	7.73		-1.27	1.76	7.24
印　　度	India	-14.47	0.24			-14.71
印度尼西亚	Indonesia	73.41		0.02	-22.21	95.61
以 色 列	Israel	6.33	-0.10		15.60	-9.17
日　　本	Japan	926.78	-63.52		645.00	345.30
哈萨克斯坦	Kazakhstan	37.76	-0.01	6.25	6.69	24.83
韩　　国	Korea, Rep.	236.15	8.71	15.96	146.58	64.90
老　　挝	Laos	1.95			1.95	
马来西亚	Malaysia					
蒙　　古	Mongolia	23.84			0.54	23.30
缅　　甸	Myanmar					
巴基斯坦	Pakistan	5.74	0.01		-4.37	10.10
菲 律 宾	Philippines	32.52			-14.78	47.30
新 加 坡	Singapore	1113.84	269.29		553.33	291.22
斯里兰卡	Sri Lanka	-1.83			-1.83	
泰　　国	Thailand	77.39	-2.37	2.73	76.23	0.79
越　　南	Viet Nam	64.02			-4.82	68.84
埃　　及	Egypt	-28.76		0.20	-49.99	21.04
尼日利亚	Nigeria	173.94	14.18		23.33	136.43
南　　非	South Africa	0.60	-3.18	-0.01	-16.10	19.90
加 拿 大	Canada	355.43	12.74		331.31	11.38
墨 西 哥	Mexico	51.86			-39.85	91.71
美　　国	United States	-345.18	39.18	997.48	469.41	-1851.25
阿 根 廷	Argentina	175.68	4.56		-1.26	172.38
巴　　西	Brazil	389.84	-2.33		-7.34	399.51
委内瑞拉	Venezuela	430.43	86.71	41.49	0.39	301.84
捷　　克	Czech Rep.	28.38	-0.04	-0.22	-11.33	39.98
法　　国	France	1176.46	136.04	-152.70	837.50	355.63
德　　国	Germany	1861.09	221.49	1944.05	-577.21	272.76
意 大 利	Italy	593.15	131.50	-49.18	425.63	85.20
荷　　兰	Netherlands	1605.62	8.30	1553.40	-243.82	287.74
波　　兰	Poland	34.57	0.75	-0.01	22.14	11.69
俄罗斯联邦	Russian Fed.	833.26	24.49	0.06	404.64	404.08
西 班 牙	Spain	495.19	93.53	2.32	210.79	188.54
土 耳 其	Turkey	-113.07	1.08	-0.02	4.10	-118.23
乌 克 兰	Ukraine	98.83		-0.12	-1.39	100.34
英　　国	United Kingdom	1709.17	33.70		795.74	879.74
澳大利亚	Australia	287.26	11.60		273.75	21.30
新 西 兰	New Zealand	29.65				

continued

(100 million USD)

金融账户 Financial Account				净误差和遗漏 Net Errors and Omissions	储备和相关项目 Reserves and Related Items
其他投资:债务 Other Investment Liab.,n.i.e.	政府 General Government	除央行外金融部门 Deposit-taking corporationsexcept the central bank	其他部门 Other Sector		
1923.38	-0.39	1489.32	574.77	-349.68	-3878.01
754.09		723.18	30.91	50.18	143.40
78.07					101.79
0.13	1.11	3.75	-1.50	-14.16	-19.20
7.44		1.27	3.83		3.09
351.56	28.67	121.56	184.33		-41.37
67.23	-19.46	22.33	67.48	-42.32	118.56
18.09	0.45	12.68	4.97	25.50	26.18
1144.40	207.03	-208.31	1145.68	-253.88	1766.24
7.38	6.60	-26.05	29.14	-58.23	2.95
125.30	-6.28	125.11	3.15	55.30	139.83
3.53		2.23			-0.52
				-59.52	311.56
4.33	1.36	1.80	1.24	-0.76	0.28
7.06		0.26			12.71
7.16	6.32	4.98	-1.36	1.16	-2.76
5.29	1.05	9.59	-5.34	-21.32	101.73
724.10		495.51	228.59		172.43
25.69	12.44	7.88	-0.75	-6.56	-54.76
-0.21	-1.92	-3.66	4.37		11.91
48.69			49.00	-54.75	11.51
-10.61	-7.91	-20.35	18.21		-197.36
7.30	9.99	20.44	-23.12	-32.84	3.06
44.16	-4.02	11.99	35.45	74.14	47.08
232.51	-0.74	271.23	-37.97	-74.35	79.16
-45.27	33.39	-16.95	-61.71	-53.03	295.85
4303.90	90.63	3391.46	271.85	805.72	159.83
141.86	12.51	6.47	72.87	-39.20	-113.74
467.96	-44.87	252.02	324.02	-6.21	586.35
78.79	7.33	-0.27	64.25	-36.93	-40.13
35.26	1.72	3.19	31.69	-5.95	-10.00
-1263.76	59.24	-2372.17	92.59	-363.16	-83.78
-266.86	241.86	-1284.77	346.29	195.38	39.14
2178.19	40.81	-583.06	79.43	-157.36	11.69
937.84	-22.55	388.11	554.40	-68.65	32.63
60.65	27.11	-1.00	50.71	-102.62	61.13
408.88	-16.88	202.90	229.91	-99.86	126.38
1607.30	36.57	-235.63	104.91	-23.45	136.16
170.62	-8.45	99.83	93.62	119.06	10.08
80.05	0.77	-21.08	100.33	4.37	-24.54
3234.80	-8.58	1204.98	2038.40	-14.34	108.72
117.39		149.09	-30.59		45.46
-4.55				-6.28	4.20

15-3 经常项目差额占GDP的比重

Current Account Blance as Percentage of GDP

资料来源：世界银行WDI数据库。
Source: World Bank WDI Database.
单位：%

(%)

国家和地区	Country or Area	2000	2005	2007	2008	2009	2010
中　　国	China	1.71	5.87	10.11	9.30	4.87	4.01
中国香港	Hong Kong, China	4.14	11.35	12.34	13.70	8.58	5.52
中国澳门	Macao, China		24.95	23.81	19.47	31.71	42.75
孟加拉国	Bangladesh	-0.65	-0.29	1.25	1.16	3.98	2.10
文　　莱	Brunei Darussalam		42.31	39.42	48.21	37.06	
柬 埔 寨	Cambodia	-3.72	-4.87	-5.56	-10.15	-8.95	-7.82
印　　度	India	-0.97	-1.23	-0.65	-2.53	-1.90	-3.07
印度尼西亚	Indonesia	4.84	0.10	2.43	0.03	1.97	0.73
以 色 列	Israel	-1.65	3.06	2.73	0.91	3.58	2.91
日　　本	Japan	2.53	3.63	4.86	3.29	2.92	3.72
哈萨克斯坦	Kazakhstan	2.00	-1.85	-7.94	4.74	-3.57	1.63
韩　　国	Korea, Rep.	2.78	2.20	2.08	0.34	3.93	2.90
老　　挝	Laos	-0.49	-6.35	3.30	1.42	-1.04	0.41
马来西亚	Malaysia	9.05	14.48	15.94	17.47	16.49	11.48
蒙　　古	Mongolia	-6.15	3.34	4.06	-12.27	-7.46	-14.29
巴基斯坦	Pakistan	-0.11	-3.29	-5.80	-9.55	-2.47	-0.77
菲 律 宾	Philippines	-2.75	1.92	4.76	2.09	5.56	4.47
新 加 坡	Singapore	10.68	21.40	28.73	16.72	20.01	23.25
斯里兰卡	Sri Lanka	-6.39	-2.66	-4.33	-9.54	-0.51	-2.17
泰　　国	Thailand	7.59	-4.34	6.35	0.81	8.31	4.11
越　　南	Viet Nam	3.55	-1.06	-9.79	-11.88	-6.80	-4.02
埃　　及	Egypt	-0.97	2.35	0.32	-0.87	-1.77	-2.06
尼日利亚	Nigeria	16.15	32.54	16.66	14.06	8.20	6.76
南　　非	South Africa	-0.14	-3.45	-6.99	-7.33	-4.00	-2.78
加 拿 大	Canada	2.71	1.92	0.84	0.42	-2.99	-3.13
墨 西 哥	Mexico	-3.22	-0.69	-0.90	-1.44	-0.57	-0.28
美　　国	United States	-4.21	-5.94	-5.09	-4.76	-2.72	-3.26
阿 根 廷	Argentina	-3.16	2.88	2.82	2.07	2.72	0.77
巴　　西	Brazil	-3.76	1.59	0.11	-1.71	-1.50	-2.21
委内瑞拉	Venezuela	10.12	17.22	7.53	10.80	1.83	3.07
捷　　克	Czech Rep.	-4.57	-0.93	-4.40	-2.12	-2.47	-3.85
法　　国	France	1.48	-0.48	-1.03	-1.76	-1.35	-1.56
德　　国	Germany	-1.72	5.07	7.49	6.24	6.01	6.16
意 大 利	Italy	-0.52	-1.66	-2.42	-2.87	-1.94	-3.52
荷　　兰	Netherlands	1.89	7.30	6.71	4.37	4.15	7.16
波　　兰	Poland	-6.04	-2.38	-6.23	-6.60	-3.98	-4.66
俄罗斯联邦	Russian Fed.	18.04	11.07	5.98	6.23	3.98	4.78
西 班 牙	Spain	-3.99	-7.37	-10.03	-9.70	-4.79	-4.56
土 耳 其	Turkey	-3.72	-4.62	-5.94	-5.69	-2.18	-6.38
乌 克 兰	Ukraine	4.74	2.94	-3.69	-7.09	-1.48	-2.21
英　　国	United Kingdom	-2.63	-2.60	-2.53	-1.56	-1.71	-3.34
澳大利亚	Australia	-3.54	-5.89	-6.77	-4.50	-4.75	-2.83
新 西 兰	New Zealand	-4.66	-7.76	-8.08	-8.85	-2.77	-3.50

15-4 外商直接投资

Foreign Direct Investment

资料来源：联合国贸发会议FDI数据库。
Source: UNCTAD FDI Database .

单位：亿美元 (100 million USD)

国家和地区	Country or Area	外商直接投资 FDI Inflows			对外直接投资 FDI Outflows		
		2000	2005	2011	2000	2005	2011
世　界	**World**	**14005.41**	**9807.27**	**15244.22**	**12266.33**	**8885.61**	**16943.96**
中　国	China	407.15	724.06	1239.85	9.16	122.61	651.17
中国香港	Hong Kong, China	619.38	336.25	831.56	593.74	271.96	816.07
中国澳门	Macao, China	-0.01	12.40	43.65		0.60	0.62
孟加拉国	Bangladesh	5.79	8.45	11.36	0.02	0.03	0.09
文　莱	Brunei Darussalam	5.50	2.89	12.08	0.30	0.15	0.10
柬埔寨	Cambodia	1.49	3.81	8.92	0.07	0.06	0.24
印　度	India	35.88	76.22	315.54	5.14	29.85	147.52
印度尼西亚	Indonesia		83.36	189.06		30.65	77.71
伊　朗	Iran	1.94	31.36	41.50	0.22	4.52	3.60
以色列	Israel	69.57	48.18	113.74	25.56	14.35	29.98
日　本	Japan	83.23	27.75	-17.58	315.57	457.81	1143.53
哈萨克斯坦	Kazakhstan	12.83	19.71	129.10	0.04	-1.46	45.30
韩　国	Korea, Rep.	90.04	70.55	46.61	42.33	63.66	203.55
老　挝	Laos	0.34	0.28	4.50	0.10		0.07
马来西亚	Malaysia	37.88	40.65	119.66	20.26	30.76	152.58
蒙　古	Mongolia	0.54	1.88	47.15		0.02	0.94
缅　甸	Myanmar	2.08	2.36	8.50			
巴基斯坦	Pakistan	3.09	22.01	13.27	0.11	0.45	0.62
菲律宾	Philippines	22.40	18.54	12.62	1.25	1.89	0.09
新加坡	Singapore	155.15	180.90	640.03	66.50	115.89	252.27
斯里兰卡	Sri Lanka	1.73	2.72	3.00	0.02	0.38	0.50
泰　国	Thailand	34.10	80.67	95.72	-0.20	5.29	106.34
越　南	Viet Nam	12.98	19.54	74.30		0.65	9.50
埃　及	Egypt	12.35	53.76	-4.83	0.51	0.92	6.26
尼日利亚	Nigeria	13.10	49.78	89.15	1.69	0.15	-8.24
南　非	South Africa	8.87	66.47	58.07	2.71	9.30	-6.35
加拿大	Canada	667.95	256.92	409.32	446.78	275.38	495.69
墨西哥	Mexico	181.10	244.07	195.54	3.63	64.74	89.46
美　国	United States	3139.97	1048.09	2269.37	1426.26	153.69	3966.56
阿根廷	Argentina	104.18	52.65	72.43	9.01	13.11	14.88
巴　西	Brazil	327.79	150.66	666.60	22.82	25.17	-10.29
委内瑞拉	Venezuela	47.01	25.89	53.02	5.21	11.67	1.73
捷　克	Czech Rep.	49.85	116.53	54.05	0.43	-0.19	11.52
法　国	France	432.52	849.49	409.45	1774.49	1149.78	901.46
德　国	Germany	1982.77	474.39	404.02	565.57	758.93	543.68
意大利	Italy	133.75	232.91	290.59	66.86	393.62	472.10
荷　兰	Netherlands	638.55	390.47	171.29	756.34	1230.72	318.67
波　兰	Poland	94.45	102.93	151.39	0.17	34.37	58.60
俄罗斯联邦	Russian Fed.	27.14	128.86	528.78	31.77	127.67	672.83
西班牙	Spain	395.75	250.20	294.76	582.13	418.29	372.56
土耳其	Turkey	9.82	100.31	158.76	8.70	10.64	24.64
乌克兰	Ukraine	5.95	78.08	72.07	0.01	2.75	1.92
英　国	United Kingdom	1187.64	1760.06	539.49	2333.71	808.33	1070.86
澳大利亚	Australia	156.12	-242.46	413.17	42.21	-311.37	199.99
新西兰	New Zealand	13.47	15.48	33.69	6.10	-15.21	28.56

15-5 外汇储备与黄金储备

Foreign Exchange Reserves and Gold Reserves

资料来源：国际货币基金组织IFS数据库。
Source: IMF IFS Database.

国家和地区	Country or Area	外汇储备（亿美元） Foreign Exchange Reserves(100 million USD)			黄金储备（万盎司） Gold Reserves(10 000 ounces)		
		2000	2005	2011	2000	2005	2011
世　界	**World**	**19358.6**	**43199.6**	**101956.1**	**106603.9**	**99151.7**	**100322.9**
发达国家	**Developed Countries**	**12170.3**	**20784.9**	**33987.7**	**81688.3**	**74421.0**	**70517.7**
发展中国家	**Developing Economies**				**14028.4**	**13886.6**	
中　国	China	1655.7	8188.7	31811.5	1270.0	1929.0	3389.0
中国香港	Hong Kong, China	1075.4	1242.4	2852.6	6.7	6.7	6.7
中国澳门	Macao, China	33.2	66.9	340.3			
孟加拉国	Bangladesh	14.9	27.7	77.8	10.9	11.3	43.4
文　莱	Brunei Darussalam	3.6	4.3	21.3			6.3
柬埔寨	Cambodia	5.0	9.5	33.5	40.0	40.0	40.0
印　度	India	372.6	1310.2	2629.3	1150.2	1150.2	1793.2
印度尼西亚	Indonesia	282.8	329.3	1036.1	310.1	310.0	235.0
以色列	Israel	231.6	278.4	730.5			
日　本	Japan	3472.1	8288.1	12212.5	2454.7	2460.2	2460.2
哈萨克斯坦	Kazakhstan	15.9	60.8	246.5	184.0	192.1	263.6
韩　国	Korea, Rep.	958.6	2099.7	2982.3	43.9	45.8	175.0
老　挝	Laos	1.4	2.2	6.6	1.7	14.6	28.5
马来西亚	Malaysia	274.3	693.8	1289.6	117.0	117.0	117.0
蒙　古	Mongolia	1.8	3.3	22.1	8.5		11.3
缅　甸	Myanmar	2.2	7.7	70.0	23.1	23.1	23.4
巴基斯坦	Pakistan	15.0	98.2	134.7	209.1	209.8	207.0
菲律宾	Philippines	129.8	158.0	657.0	722.8	496.8	511.7
新加坡	Singapore	795.1	1155.0	2353.6	409.6	409.6	409.6
斯里兰卡	Sri Lanka	9.8	25.8	61.7	33.6	16.7	32.1
泰　国	Thailand	319.3	505.0	1652.0	236.7	270.0	490.0
越　南	Viet Nam	34.2	90.5	131.3			
埃　及	Egypt	129.1	205.1	136.6	243.2	243.2	243.1
尼日利亚	Nigeria	99.1	282.8	326.4	68.7	68.7	68.7
南　非	South Africa	57.9	182.6	398.5	590.0	398.7	401.9
加拿大	Canada	290.2	306.6	528.1	118.4	10.9	10.9
墨西哥	Mexico	351.4	730.2	1374.9	24.9	10.8	340.8
美　国	United States	312.4	378.4	518.8	26161.1	26155.1	26149.9
阿根廷	Argentina	244.1	227.4	400.8	1.9	176.0	198.5
巴　西	Brazil	324.3	532.2	3433.8	211.8	108.0	108.0
委内瑞拉	Venezuela	126.3	234.5	60.0	1024.0	1147.0	1176.0
捷　克	Czech Rep.	130.2	291.4	378.5	44.6	43.5	40.0
法　国	France	321.1	240.0	261.5	9724.5	9085.2	7830.1
德　国	Germany	496.7	397.7	380.8	11151.9	11020.7	10919.4
意大利	Italy	224.2	235.3	341.6	7882.9	7882.9	7882.9
荷　兰	Netherlands	70.0	70.8	91.6	2931.5	2234.3	1969.1
波　兰	Poland	263.2	404.9	896.9	330.6	330.8	330.9
俄罗斯联邦	Russian Fed.	242.6	1756.9	4411.6	1235.9	1243.8	2838.8
西班牙	Spain	295.2	85.9	258.4	1682.9	1471.7	905.4
土耳其	Turkey	223.1	504.0	766.6	373.9	373.3	628.0
乌克兰	Ukraine	11.0	189.9	303.9	45.4	78.0	90.1
英　国	United Kingdom	341.6	358.5	562.4	1567.3	999.3	997.5
澳大利亚	Australia	167.8	409.7	360.0	256.3	256.5	256.7
新西兰	New Zealand	36.2	86.9	152.4			

15-6 外债及其构成(2010年)
External Debts by Type(2010)

资料来源：世界银行WDI数据库。
Source: World Bank WDI Database.
单位：亿美元 (100 million USD)

国家和地区	Country or Area	外债总额 Total External Debt	长期外债 Long-term Debt	私人非担保外债 Private Nonguaranteed Debt	政府及政府担保外债 Public and Publicly Guaranteed Debt	国际货币基金组织贷款 Use of IMF Credit
中等收入国家	**Middle Income**	**39597.05**	**28756.28**	**13889.71**	**14866.57**	**605.05**
低收入国家	**Low Income**	**1165.93**	**996.31**	**37.03**	**959.29**	**41.56**
中　国	China	5485.51	2010.27	1108.47	901.80	
孟加拉国	Bangladesh	249.63	213.71		213.71	6.17
柬埔寨	Cambodia	46.76	44.14		44.14	
印　度	India	2902.82	2338.34	1276.29	1062.05	
印度尼西亚	Indonesia	1790.64	1478.09	567.85	910.24	
伊　朗	Iran	125.70	64.11		64.11	
哈萨克斯坦	Kazakhstan	1187.23	1096.86	1058.44	38.42	
老　挝	Laos	55.59	55.49	26.10	29.39	0.10
马来西亚	Malaysia	814.97	464.21	206.26	257.95	
蒙　古	Mongolia	24.44	20.16	2.21	17.95	1.98
缅　甸	Myanmar	63.52	43.95		43.95	
巴基斯坦	Pakistan	567.73	457.46	25.44	432.02	87.36
菲律宾	Philippines	723.37	660.42	214.02	446.41	
斯里兰卡	Sri Lanka	204.52	173.68	9.19	164.49	13.11
泰　国	Thailand	712.63	327.91	214.34	113.57	
越　南	Viet Nam	351.39	281.45		281.45	0.45
埃　及	Egypt	348.44	316.95	0.54	316.41	
尼日利亚	Nigeria	78.83	46.86		46.86	
南　非	South Africa	451.65	328.60	151.07	177.53	
墨西哥	Mexico	2000.81	1610.68	496.00	1114.67	
阿根廷	Argentina	1278.49	928.44	255.14	673.31	
巴　西	Brazil	3469.78	2814.82	1849.40	965.42	
委内瑞拉	Venezuela	555.72	401.46	30.60	370.86	
俄罗斯联邦	Russian Fed.	3847.40	3459.83	1830.59	1629.24	
土耳其	Turkey	2938.72	2101.23	1170.35	930.88	56.27
乌克兰	Ukraine	1168.08	761.04	598.58	162.46	142.45

15-7 外债风险指标(2010年)
Risk Indicators on Foreign Debts(2010)

资料来源：世界银行WDI数据库。
Source: World Bank WDI Database.
单位：% (%)

国家和地区	Country or Area	政府及政府担保外债占出口比重 PPG Debt Service as Percentage of Exports	债务率 Present Value of Debt as Percentage of Exports of Goods and Services and Income	短期债务比重 Short-term Debt as Percentage of Total External Debt	偿债率 Total Debt Service as Percentage of Exports of Goods, Services and Income	外债本息占GNI比重 Total Debt Service as Percentage of GNI
中等收入国家	**Middle Income**	**3.04**		**25.85**	**9.92**	**3.08**
低收入国家	**Low Income**	**4.02**		**10.98**	**4.80**	**1.23**
中　国	China	0.60	31.23	63.35	3.30	1.05
孟加拉国	Bangladesh	4.29	84.27	11.92	4.65	0.92
柬埔寨	Cambodia	0.89	58.56	5.60		0.58
印　度	India	1.74	79.40	19.45	5.60	1.21
印度尼西亚	Indonesia	5.02	101.99	17.45	16.58	4.26
哈萨克斯坦	Kazakhstan	0.49	154.69	7.61	71.37	36.82
老　挝	Laos	3.95	210.77			4.55
马来西亚	Malaysia	1.16	33.12	43.04	5.23	5.79
蒙　古	Mongolia	4.12	57.88	9.41	5.01	3.04
缅　甸	Myanmar	8.04		30.80		
巴基斯坦	Pakistan	10.13	158.81	4.04	15.19	2.36
菲律宾	Philippines	13.81	99.60	8.70	18.39	6.44
斯里兰卡	Sri Lanka	10.92	156.09	8.67	13.02	2.95
泰　国	Thailand	0.65	31.16	53.99	4.83	3.70
越　南	Viet Nam	1.57	37.11	19.78	1.71	1.35
埃　及	Egypt	5.71	45.97	9.04	6.02	1.39
尼日利亚	Nigeria	0.39	7.37	40.56	0.45	0.20
南　非	South Africa	1.91	45.44	27.25	4.87	1.43
墨西哥	Mexico	5.76	60.49	19.50	9.78	3.05
阿根廷	Argentina	8.49	150.27	27.38	16.70	3.92
巴　西	Brazil	6.11	145.96	18.88	19.00	2.18
委内瑞拉	Venezuela	7.42	70.45	27.76	8.76	1.56
俄罗斯联邦	Russian Fed.	5.17	72.09	10.07	12.83	4.32
土耳其	Turkey	6.64	165.05	26.58	36.74	8.11
乌克兰	Ukraine	2.13	143.99	22.65	40.69	22.40

主要统计指标解释

经常账户 为货物、服务、收入差额与经常转移的贷方、借方之和。

货物进口FOB和货物出口FOB 是指以出口国离岸价格计算的货物进口值或出口值。货物项目包括：一般货物、用于加工的货物、用于维修的货物、各种运输工具在港口购买的货物和非货币用黄金。

贸易差额 出口FOB与进口FOB的差额。贸易差额为正表示货物出口大于进口。反之，差额为负表示进口大于出口。

服务 包括运输、旅游、通讯服务、建筑服务、保险服务、金融服务、计算机和信息服务、专有权力使用费和特许费、体育、文化和娱乐服务、别处未提及的政府服务和其它商业服务。

货物和服务差额 为货物差额与服务借方、贷方之和。

收入 包括投资收益 （包括直接投资收益、证券投资收益和其他投资收益）和职工报酬。

货物、服务、收入差额 货物和服务差额与收入借方、贷方之和。

经常转移 经常转移包括政府间的经常转移和其他转移如雇员汇款等。贷方是指报告经济体接受的所有经常转移。借方是指由报告经济体提供的经常转移。

资本账户 资本账户贷方、借方之和。资本账户贷方包括：固定资产的获取，非生产、非金融资产的出让（但不包括债务减免）。资本账户借方包括：固定资产的出让，非生产、非金融资产的购买。

金融账户 为直接投资、证券投资、金融衍生工具和其他投资之和。

国外直接投资和在报告经济体内直接投资 反映了直接投资中资本的流动方向。直接投资资本包括股本资本、利润再投资、其他资本和同公司的子公司之间金融衍生品的交易，但不包括以股抵债的交易。

证券投资 包括股本证券和债务证券投资。

股本证券 包括股票和可以表明股本所有权的类似文件（如美国的存股证）。

债务证券 包括短期、中期和长期债券以及货币市场工具（一种期限为一年获一年以下的债券），以及各种可兑现的债券工具。

金融衍生工具 是同其他金融工具、指数、商品挂钩的一种金融工具。通过金融衍生工具，可以在金融市场中就具体的金融风险（如利率风险、外汇风险、股票和商品风险、信贷风险等）本身进行交易。

经常项目差额占GDP的比重 经常帐户差额是货物和服务的净出口，净收入，净经常转移的总和。

黄金储备（货币黄金） 一国当局拥有的、作为储备资产的黄金。参见国际储备。

外债总额 指欠非本地居民的，可用外币、货物或服务偿还的债务。它是长期公共债务、公共担保债务和私人非担保长期债务、IMF贷款和短期外债的总和。

长期债务 指初始到期日或宽限期在一年以上的债务。它有三个构成部分：公共债务、公共担保债务和私人非担保债务。用现价美元表示。

短期债务 包括初始到期日为一年及一年期以下的所有债务和长期债务到期未付的利息。用现价美元表示。

Explanatory Notes on Main Statistical Indicators

Current Account is the sum of the balance on goods, services, and income, plus current transfers: credit, plus current transferse: debit.

Goods: Exports f.o.b. and Goods: Imports f.o.b. are both measured on the "free-on-board" (f.o.b.) basis—that is, by the value of the goods at the border of the exporting economy. The goods item covers general merchandise, goods for processing, repairs on goods, goods procured in ports by carriers, and nonmonetary gold.

Trade Balance is the balance of exports f.o.b. and imports f.o.b. A positive trade balance shows that merchandise exports are larger than merchandise imports, whereas a negative trade balance shows that merchandise imports are larger than merchandise exports.

Services comprise services in transportation, travel, communication, construction, insurance, finance, computer and information, royalties and license fees, other business, personal, cultural and recreational, and government, n.i.e.

Balance on Goods and Services is the sum of the balance on goods, plus services: credit, plus services: debit.

Income comprise (1) investment income (consisting of direct investment income, portfolio investment income, and other investment income), and (2) compensation of employees.

Balance on Goods, Services, and Income is the sum of the balance on goods and services, plus income: credit, plus income: debit.

Current Transfers. Credit comprise all current transfers received by the reporting economy. Current transfers comprise (1) general government transfers and (2) other sector transfers, including workers' remittances.

Current Transfers, Debit comprise all current transfers paid by the reporting economy.

Capital Account, n.i.e is the balance on the capital account (capital account, n.i.e.: credit, plus capital account: debit). Capital account, n.i.e.: credit covers (1) transfers linked to the acquisition of a fixed asset and (2) the disposal of nonproduced, nonfinancial assets. Capital account: debit covers (1) transfers linked to the disposal of fixed assets, and (2) acquisition of nonproduced, nonfinancial assets.

Financial Account, n.i.e. is the net sum of direct investment, portfolio investment, financial derivatives, and other investment.

Direct Investment Abroad and Direct Investment in the Reporting Economy, n.i.e. represent the flows of direct investment capital out of the reporting economy and those into the reporting economy, respectively. Direct investment includes equity capital, reinvested earnings, other capital, and financial derivatives associated with various intercompany transactions between affiliated enterprises. Excluded are flows of direct investment capital into the reporting economy for exceptional financing, such as debt-for-equity swaps.

Portfolio Investment includes Equity Securities and Debt Securities.

Equity Securities include shares, stocks, participation, and similar documents (such as American depository receipts) that usually denote ownership of equity.

Debt Securities covers (1) bonds, debentures, notes, etc., and (2) money market or negotiable debt instruments.

Financial Derivatives cover financial instruments that are linked to other specific financial instruments, indicators, or commodities, and through which specific financial risks (such as interest rate risk, foreign exchange risk, equity and commodity price risks, credit risk, etc.) can, in their own right, be traded in financial markets.

Current Account Blance as percentage of GDP Current account balance is the sum of net exports of goods, services, net income, and net current transfers.

Gold Reserves (Monetary Gold) Gold owned by the authorities and held as a reserve asset. See also international reserves.

External Debt Total Total external debt is debt owed to nonresidents repayable in foreign currency, goods, or services. Total external debt is the sum of public, publicly guaranteed, and private no guaranteed long-term debt, use of IMF credit, and short-term debt.

Long-term Debt Long-term debt is debt that has an original or extended maturity of more than one year. It has three components: public, publicly guaranteed, and private no guaranteed debt. Data are in current U.S. dollars.

Short-term Debt includes all debt having an original maturity of one year or less and interest in arrears on long-term debt. Data are in current U.S. dollars.

教育、科技、文化和卫生

Education, Science and Technology, Culture and Health

16-1 15岁及以上成人识字率

Adult Literacy Rate(As Percentage of People Ages 15 and Above)

资料来源：世界银行WDI数据库。
Source: World Bank WDI Database.
单位：% (%)

国家和地区	Country or Area	总计 Total		男性 Male		女性 Female	
		2000	2010	2000	2010	2000	2010
世　界	**World**	**81.84**	**84.07**	**86.89**	**88.63**	**76.88**	**79.71**
高收入国家	**High Income**	**98.12**	**98.28**	**98.56**	**98.68**	**97.71**	**97.92**
中等收入国家	**Middle Income**	**80.40**	**83.18**	**86.34**	**88.55**	**74.46**	**78.04**
低收入国家	**Low Income**	**57.50**	**63.19**	**65.99**	**70.07**	**49.43**	**56.45**
中　国	China	90.92	93.99①	95.14	96.89①	86.53	90.94①
孟加拉国	Bangladesh		55.90①		60.70①		51.03①
文　莱	Brunei Darussalam		95.29①		96.82①		93.67①
柬埔寨	Cambodia	67.33②	77.59③	79.48②	85.08③	56.99②	70.86③
印　度	India		66.02④		76.88④		54.48④
印度尼西亚	Indonesia		92.19③		95.38③		89.10③
伊　朗	Iran		85.02③		89.28③		80.66③
老　挝	Laos	69.58		81.36		58.46	
马来西亚	Malaysia	88.69	92.46①	91.97	94.58①	85.35	90.29①
蒙　古	Mongolia	97.77	97.49①	98.02	97.06①	97.53	97.90①
缅　甸	Myanmar	89.89	92.03①	93.86	94.73①	86.37	89.51①
巴基斯坦	Pakistan	42.70②	55.53③	55.30②	68.87③	29.04②	40.08③
菲律宾	Philippines	92.60	95.42③	92.55	95.01③	92.66	95.83③
新加坡	Singapore	92.55	94.71①	96.57	97.46①	88.65	91.95①
斯里兰卡	Sri Lanka		90.56③		92.24③		89.07③
泰　国	Thailand	92.65	94.15④	94.90	95.88④	90.52	92.56④
尼日利亚	Nigeria		60.82①		71.96①		49.81①
墨西哥	Mexico	90.54	93.44①	92.56	94.92①	88.68	92.12①
阿根廷	Argentina		97.73①		97.71①		97.75①
巴　西	Brazil	86.37	90.04③	86.23	89.84③	86.50	90.22③
委内瑞拉	Venezuela		95.16④		95.38④		94.93④
意大利	Italy		98.87①		99.16①		98.60①
俄罗斯联邦	Russian Fed.		99.56①		99.71①		99.43①
土耳其	Turkey		90.82①		96.38①		85.35①
乌克兰	Ukraine		99.69①		99.79①		99.61①

注：①2009年数据。②1998年数据。③2008年数据。④2007年数据。
Note:①Data refer to 2009.②Data refer to 1998.③Data refer to 2008.④Data refer to 2007.

16-2 大中小学生入学率

Tertiary,Secondary and Primary School Enrollment Ratio

资料来源：世界银行WDI数据库。
Source: World Bank WDI Database.
单位：% (%)

国家和地区	Country or Area	大学生粗入学率 Tertiary, Gross		中学生粗入学率 Secondary, Gross		小学生粗入学率 Primary,Gross	
		2000	2010	2000	2010	2000	2010
世　界	**World**	**19.09**	**29.17**	**60.06**	**70.37**	**99.30**	**105.96**
高收入国家	**High Income**	**56.41**	**72.09**	**99.49**	**101.33**	**101.67**	**102.95**
中等收入国家	**Middle Income**	**14.73**	**26.16**	**58.83**	**71.37**	**102.77**	**106.59**
低收入国家	**Low Income**	**4.41**	**7.68**	**29.86**	**41.48**	**80.23**	**105.29**
中　国	China	7.95	25.95	62.10	81.18	114.90①	111.24
中国香港	Hong Kong, China		59.72		83.00	97.75	102.11
中国澳门	Macao, China	26.24	64.89	82.99	92.35	103.28	93.52
孟加拉国	Bangladesh	5.53	10.59②	48.16	51.35		95.14②
文　莱	Brunei Darussalam	12.93	17.25	89.23	109.73	114.47	107.96
柬埔寨	Cambodia	2.71	10.00②	16.59	46.18	105.64	126.89
印　度	India	9.37	17.87	45.31	63.21	93.84	116.00③
印度尼西亚	Indonesia	14.72	23.12	52.81	77.15	106.45	118.12
伊　朗	Iran	19.36	42.77	79.68	90.89	100.56	114.29
以色列	Israel	49.47	62.48②	103.00	102.06②	105.95	102.95②
日　本	Japan	48.73	59.74	101.81	102.20	100.99	102.83
哈萨克斯坦	Kazakhstan	28.06	38.48	93.67	97.01	96.30	111.04
韩　国	Korea, Rep.	78.84	103.11	98.89	97.08	101.74	105.62
老　挝	Laos	2.71	16.62	34.91	47.08	110.09	126.39
马来西亚	Malaysia	25.74	40.24②	66.16	68.30②	98.08	94.65③
蒙　古	Mongolia	30.24	53.30	64.99	89.24	97.91	122.04
缅　甸	Myanmar	7.46①	10.97④	39.85	54.28	105.21	125.59
巴基斯坦	Pakistan		6.41②		34.23	70.44	94.94
菲律宾	Philippines	28.42⑤	28.89③	74.30⑤	84.82②	110.49	105.83②
斯里兰卡	Sri Lanka		15.46			107.70①	98.76
泰　国	Thailand	34.88	46.17	60.83①	77.23	97.06	90.68②
越　南	Viet Nam	9.73	22.29	64.00	77.22	108.31	106.22
埃　及	Egypt	36.26⑤	32.37	82.55	72.48	97.87	100.65
尼日利亚	Nigeria	6.01⑤		24.28	44.05	97.85	83.28
南　非	South Africa	14.35		85.26	93.81②	105.92	101.71②
加拿大	Canada	59.29		102.47	101.32③	100.15	98.65③
墨西哥	Mexico	19.82	28.03	72.66	88.78	110.01	114.11
美　国	United States	68.71	94.81	93.03	96.04	101.90	101.60
阿根廷	Argentina	53.08	71.23②	86.56	88.53②	114.00	117.52②
巴　西	Brazil	16.09	37.57②	104.44	90.20②	150.74	120.37②
委内瑞拉	Venezuela	28.35	78.13②	59.85	82.52	101.35	102.81
捷　克	Czech Rep.	28.62	60.65②	87.33	90.39②	102.59	106.08②
法　国	France	53.79	54.53②	108.25	113.19	104.80	109.99
德　国	Germany	47.34⑥		98.07	103.33	104.92	102.30
意大利	Italy	48.81	65.98②	93.23	100.40	103.37	101.76
荷　兰	Netherlands	52.56	62.70②	123.42	121.46	108.59	107.77
波　兰	Poland	50.64	70.54②	100.59	97.05②	99.31	97.36②
俄罗斯联邦	Russian Fed.	55.37	75.89②	92.31⑤	88.57②	103.10	98.63②
西班牙	Spain	58.74	73.24②	111.42	124.72	105.83	105.55
土耳其	Turkey	24.53	45.82②	71.43	77.56②	101.49	102.37②
乌克兰	Ukraine	49.27	79.47	98.91	95.58	108.12	99.18
英　国	United Kingdom	58.26	58.53②	101.58	101.83②	100.63	106.19②
澳大利亚	Australia	65.28	79.92	161.74	131.29	100.76	105.07
新西兰	New Zealand	66.15	82.56	110.64	119.08	99.49	101.22

注：①1998年数据。②2009年数据。③2008年数据。④2007年数据。⑤1999年数据。⑥1997年数据。
Note:①Data refer to 1998.②Data refer to 2009.③Data refer to 2008.④Data refer to 2007.⑤Data refer to 1999.⑥Data refer to 1997.

16-3 每个学生教育支出占人均国内生产总值比重

Expenditure per Student as Percentage of GDP per Capita

资料来源：世界银行WDI数据库。
Source: World Bank WDI Database.

单位：% (%)

国家和地区	Country or Area	大学生教育支出占人均国内生产总值比重 Tertiary School Student		中学生教育支出占人均国内生产总值比重 Secondary School Student		小学生教育支出占人均国内生产总值比重 Primary School Student	
		2000	2010	2000	2010	2000	2010
高收入国家	**High Income**	**30.22**	**28.18①**	**22.75**	**25.19①**	**19.06**	**20.84①**
中国香港	Hong Kong, China		26.83		17.98		15.10
孟加拉国	Bangladesh	42.22	27.73①	10.60	14.44		8.79①
柬埔寨	Cambodia	77.41③	8.49④	11.20③	6.82	5.78	6.78
印度	India	98.51		25.76		15.09	
伊朗	Iran		19.23		20.67		14.10
以色列	Israel	29.19	22.07①	18.87	16.90①	21.37	21.20①
日本	Japan	17.70	25.27	21.16	24.33	21.64	23.73
哈萨克斯坦	Kazakhstan		10.18①	21.99②			
老挝	Laos	69.48		5.51		3.90	
马来西亚	Malaysia	81.63	60.72①	21.88	20.23①	12.55	14.62①
菲律宾	Philippines	14.35	9.21④	10.23	9.12⑤	11.97	8.98⑤
泰国	Thailand	36.51	17.65	19.15③	15.44	18.05	24.35①
南非	South Africa	55.10	44.36④	17.71	19.81	13.88	17.59
加拿大	Canada	49.99					
墨西哥	Mexico	48.79⑥	43.84①	14.50⑥	15.63①	13.28	14.45①
美国	United States	26.77⑥	19.45①	22.71	25.19①	19.06	22.43①
阿根廷	Argentina	17.72	19.06①	17.62	27.07①	12.77	16.84①
巴西	Brazil	55.57	28.89①	10.32	20.87①	10.70	20.50①
白俄罗斯	Belarus		14.70①				
捷克	Czech Rep.	30.49	26.42①	21.17	25.33①	11.50	16.39①
法国	France	30.22	39.79①	29.11	29.35①	17.96	18.39①
德国	Germany			21.55	21.83⑤	15.35	15.64⑤
意大利	Italy	26.46	25.55①	26.49	26.50①	23.04	25.54①
荷兰	Netherlands	45.37	43.57①	22.78	27.29①	15.44	18.93①
波兰	Poland	17.65	19.01①	10.91③	24.25①		26.31①
俄罗斯联邦	Russian Fed.	10.95	14.25⑤				
西班牙	Spain	20.54	29.01①	23.24	27.99①	17.53	21.57①
土耳其	Turkey	32.07		9.59		9.85	
乌克兰	Ukraine	36.48	25.14④	11.20		7.64	
英国	United Kingdom	22.95	20.55①	24.28	31.12①	14.13	24.34①
澳大利亚	Australia	25.65	20.66①	13.28	18.77①	15.88	20.24①
新西兰	New Zealand	39.52⑥	31.42	22.36	23.60	19.97	21.91

注：①2009年数据。②1997年数据。③1998年数据。④2007年数据。⑤2008年数据。⑥1999年数据。
Note:①Data refer to 2009.②Data refer to 1997.③Data refer to 1998.④Data refer to 2007.⑤Data refer to 2008.⑥Data refer to 1999.

16-4 研究与开发经费支出和公共教育经费支出占国内生产总值比重
Research and Development Expenditure and Public Spending on Education as Percentage of GDP

资料来源：世界银行WDI数据库。
Source: World Bank WDI Database.

单位：%　　　　(%)

国家和地区	Country or Area	研究与开发经费支出占国内生产总值比重 Research and Development Expenditure as of GDP			公共教育经费支出占国内生产总值比重 Public Spending on Education, Total as of GDP		
		2000	2005	2009	2000	2005	2009
世界	**World**	**2.13**	**2.04**	**2.14①**	**3.97**	**4.43**	**4.56①**
高收入国家	**High Income**	**2.42**	**2.32**	**2.43①**	**4.96**	**5.35**	**5.26**
中等收入国家	**Middle Income**	**0.66**	**0.86**	**1.07①**	**3.96**	**4.10**	**4.39①**
中　国	China	0.90	1.33	1.47①	1.91②		
中国香港	Hong Kong, China	0.47	0.79	0.79		4.20	4.49
中国澳门	Macao, China		0.09	0.08	3.68	2.36	2.57
孟加拉国	Bangladesh				2.38		2.23
文　莱	Brunei Darussalam				3.71		
柬埔寨	Cambodia				1.67	1.70	2.10
印　度	India	0.77	0.78	0.76③	4.41	3.13	3.09④
印度尼西亚	Indonesia	0.07	0.05	0.08	1.07⑤	2.87	3.53
伊　朗	Iran		0.74	0.79①	4.39	4.72	4.68
以色列	Israel	4.32	4.41	4.27	6.49	6.12	5.83
日　本	Japan	3.04	3.32	3.45①	3.67	3.52	3.42①
哈萨克斯坦	Kazakhstan	0.18	0.28	0.23	3.26	2.26	3.06
韩　国	Korea, Rep.	2.30	2.79	3.36①	3.76②	4.15	5.05
老　挝	Laos				1.50	2.43	2.26①
马来西亚	Malaysia	0.47		0.64④	5.97	7.48	5.79
蒙　古	Mongolia	0.19	0.24	0.24	5.55		5.15
缅　甸	Myanmar	0.11			0.57		
巴基斯坦	Pakistan	0.13	0.44	0.46	1.84	2.25	2.69
菲律宾	Philippines		0.11	0.11③	3.27	2.43	2.65
新加坡	Singapore	1.85	2.19	2.66①	3.38		3.08
斯里兰卡	Sri Lanka	0.14		0.11①	3.05⑥		2.06
泰　国	Thailand	0.25	0.24	0.21③	5.41	4.23	4.13
越　南	Viet Nam						5.32①
埃　及	Egypt	0.19	0.24	0.21		4.79	3.76①
尼日利亚	Nigeria			0.22③			
南　非	South Africa	0.60⑤	0.90	0.93①	5.59	5.28	5.47
加拿大	Canada	1.91	2.05	1.96	5.56	4.93	4.77①
墨西哥	Mexico	0.37	0.41	0.37③	4.86	5.01	5.29
美　国	United States	2.71	2.57	2.79①	5.04②	5.27	5.40
阿根廷	Argentina	0.44	0.46	0.52①	4.60		6.03
巴　西	Brazil	1.02	0.97	1.08①	4.01	4.53	5.72
委内瑞拉	Venezuela	0.38	0.23				3.69③
捷　克	Czech Rep.	1.21	1.41	1.53	3.97	4.26	4.52
法　国	France	2.15	2.11	2.23	5.69	5.67	5.89
德　国	Germany	2.45	2.49	2.82	4.46	4.53	4.57①
意大利	Italy	1.05	1.09	1.27	4.45	4.41	4.67
荷　兰	Netherlands	1.83	1.90	1.84	4.96	5.48	5.94
波　兰	Poland	0.64	0.57	0.68	5.01	5.47	5.10
俄罗斯联邦	Russian Fed.	1.05	1.07	1.25	2.94	3.77	4.10①
西班牙	Spain	0.91	1.12	1.38	4.28	4.23	4.98
土耳其	Turkey	0.48	0.59	0.85	2.59		2.86④
乌克兰	Ukraine	0.96	1.17	0.86	4.17	6.06	5.28③
英　国	United Kingdom	1.81	1.73	1.87	4.51	5.42	5.63
澳大利亚	Australia	1.57		2.35①	4.69	4.72	5.11
新西兰	New Zealand	0.98②	1.14	1.17③	6.76②	6.38	6.42

注：①2008年数据。②1999年数据。③2007年数据。④2006年数据。⑤1997年数据。⑥1998年数据。
Note:①Data refer to 2008.②Data refer to 1999.③Data refer to 2007.④Data refer to 2006.⑤Data refer to 1997.⑥Data refer to 1998.

16-5 每百万人中研究人员和技术人员数

Researchers and Technicians in R&D (per Million People)

资料来源：世界银行WDI数据库。
Source: World Bank WDI Database.
单位：人 (person)

国家和地区	Country or Area	每百万人中研究人员数 Researchers in R&D (per million people)			每百万人中技术人员数 Technicians in R&D (per million people)		
		2000	2005	2009	2000	2005	2009
高收入国家	**High Income**	**3466.78**	**3842.59**	**3981.76①**			
中等收入国家	**Middle Income**	**493.86**	**590.73**				
中　国	China	547.67	855.54	1198.86②			
中国香港	Hong Kong, China	1139.27	2646.75	2759.45	202.56	344.50	352.46
印　度	India	110.01	135.81		85.44	92.81	
印度尼西亚	Indonesia	210.80		89.61			
日　本	Japan	5150.89	5385.04	5189.28②	627.99	567.48	596.79②
哈萨克斯坦	Kazakhstan	602.44	783.01		79.11	83.49	
韩　国	Korea, Rep.	2356.50	3822.21	4946.94②	461.04	558.44	824.84②
马来西亚	Malaysia	274.31	495.09③	364.64④	39.33	62.44③	42.97④
巴基斯坦	Pakistan	74.31⑤	79.98	161.89	13.03⑤	40.79	64.48
新加坡	Singapore	4243.82	5576.49	5833.98②	347.00	556.65	597.14②
斯里兰卡	Sri Lanka	135.34	136.61③	96.32②		75.16③	76.73②
南　非	South Africa	199.03⑤	362.04	395.56①	152.15⑤	109.81	124.08①
加拿大	Canada	3520.58	4236.20	4334.73①	1238.06	1634.62	1740.20①
墨西哥	Mexico	222.09⑥	412.48	347.28①		242.25	183.45①
美　国	United States	4579.11	4633.46	4673.21①			
阿根廷	Argentina	715.39	823.86	1045.54②	158.03	201.34	207.38②
巴　西	Brazil	423.53	588.32	695.75②	338.99	467.11	559.75②
委内瑞拉	Venezuela	61.40	121.81	182.64	7.33	2.40	
捷　克	Czech Rep.	1352.35	2364.73	2754.79	714.54	1347.53	1533.07
法　国	France	2914.08	3319.97	3689.78②		1724.22	1871.72②
德　国	Germany	3131.48	3297.14	3780.09	1348.69⑦	1145.83	1329.28②
意大利	Italy	1160.10	1405.95	1690.01			
荷　兰	Netherlands	2653.25	2934.85	2817.58	1534.85	1426.82	1131.21
波　兰	Poland	1440.48	1628.77	1597.55	356.32	234.43	188.98
俄罗斯联邦	Russian Fed.	3450.73	3229.75	3091.36	568.90	516.21	474.98
西班牙	Spain	1903.02	2528.38	2931.84	635.97	919.53	1147.65②
土耳其	Turkey	362.78	574.36	803.92	37.11	69.75	122.12
英　国	United Kingdom	2896.93	4129.37	3946.94		689.23	870.75
澳大利亚	Australia	3443.97	4038.61③	4258.50②		873.36③	1143.61②
新西兰	New Zealand	2296.87⑥	4168.97	4323.73①	672.61⑥	761.23	886.01①

注：①2007年数据。②2008年数据。③2004年数据。④2006年数据。⑤1997年数据。⑥1999年数据。⑦1998年数据。
Note:①Data refer to 2007.②Data refer to 2008.③Data refer to 2004.④Data refer to 2006.⑤Data refer to 1997.⑥Data refer to 1999.
⑦Data refer to 1998.

16-6 高技术产品出口额占制成品出口额的比重
High-technology Exports as Percentage of Manufactured Exports

资料来源：世界银行WDI数据库。
Source: World Bank WDI Database.
单位：%　　(%)

国家和地区	Country or Area	1990	2000	2005	2008	2009	2010
世界	**World**	**18.13**	**24.43**	**20.67**	**16.65**	**18.52**	**17.48**
高收入国家	**High Income**	**18.88**	**25.75**	**21.32**	**17.05**	**18.77**	**17.36**
中等收入国家	**Middle Income**		**19.31**	**18.83**	**15.68**	**18.01**	**17.86**
低收入国家	**Low Income**		**3.55**	**2.66**			
中　　国	China		18.98	30.84	25.57	27.53	27.51
中国香港	Hong Kong, China		23.41	15.60	11.25	14.71	16.10
中国澳门	Macao, China	1.56	0.87	0.72	2.05	4.32	
孟加拉国	Bangladesh	0.48	0.21	0.33			
柬 埔 寨	Cambodia		0.08	0.12	0.08	0.18	0.09
印　　度	India	3.94	6.26	5.80	6.78	9.09	7.18
印度尼西亚	Indonesia	1.59	16.37	16.55	10.90	12.87	11.36
伊　　朗	Iran		0.61	2.49			4.46
以 色 列	Israel	10.65	28.97	14.03	11.11	17.62	14.66
日　　本	Japan	24.24	28.69	22.98	17.31	18.76	17.96
哈萨克斯坦	Kazakhstan		3.58	11.29	21.93	29.94	
韩　　国	Korea, Rep.	18.04	35.07	32.48	27.60	28.73	
马来西亚	Malaysia	38.21	59.57	54.65	39.92	46.57	44.52
蒙　　古	Mongolia		0.47	0.06			
巴基斯坦	Pakistan	0.07	0.39	1.38	1.85	1.72	1.69
菲 律 宾	Philippines		72.63	70.79	66.31	65.53	67.82
新 加 坡	Singapore	39.89	62.80	56.89	49.38	48.14	49.91
斯里兰卡	Sri Lanka	0.60		2.31	1.86	0.95	1.03
泰　　国	Thailand	20.87	33.36	26.67	24.55	25.34	24.02
越　　南	Viet Nam		11.07	5.36	4.79	6.21	
埃　　及	Egypt		0.31	0.40	0.97	0.84	0.88
尼日利亚	Nigeria		0.59		0.41	2.53	1.09
南　　非	South Africa		7.00	6.66	5.12	5.36	4.28
加 拿 大	Canada	13.76	18.73	13.08	13.60	16.24	14.05
墨 西 哥	Mexico	8.43	22.45	19.64	15.73	18.18	16.94
美　　国	United States	32.53	33.79	29.90	25.92	21.49	19.93
阿 根 廷	Argentina		9.35	6.83	9.02	8.69	7.45
巴　　西	Brazil	6.46	18.73	12.84	11.65	13.20	11.21
委内瑞拉	Venezuela	3.94	2.89	2.30	3.47	4.18	5.05
捷　　克	Czech Rep.		8.49	12.95	13.56	14.56	15.30
法　　国	France	16.68	24.60	20.27	19.97	22.64	24.92
德　　国	Germany	12.00	18.63	17.42	13.31	15.26	15.25
意 大 利	Italy	7.79	9.48	7.98	6.41	7.47	7.23
荷　　兰	Netherlands	16.46	35.81	30.89	19.25	20.90	21.29
波　　兰	Poland		3.36	3.79	4.32	6.10	6.74
俄罗斯联邦	Russian Fed.		16.07	8.44	6.48	9.23	8.85
西 班 牙	Spain	6.72	7.99	7.26	5.31	6.23	6.36
土 耳 其	Turkey	1.21	4.83	1.47	1.62	1.74	1.93
乌 克 兰	Ukraine		5.23	3.73	3.29	5.55	4.34
英　　国	United Kingdom	23.61	32.33	28.31	18.50	21.79	20.90
澳大利亚	Australia	8.07	15.36	12.79	10.79	11.93	11.88
新 西 兰	New Zealand	4.43	9.66	10.19	8.47	8.94	9.00

16-7 专利申请数量

Patent Applications

资料来源：世界银行WDI数据库。
Source: World Bank WDI Database.

单位：件 (unit)

国家和地区	Country or Area	居民专利申请数量 Residents			非居民专利申请数量 Non-residents		
		2000	2005	2010	2000	2005	2010
世　界	**World**	**823991**	**964773**	**1060313①**	**447801**	**590681**	**621207①**
高收入国家	**High Income**	**752959**	**811883**	**775219**	**331533**	**406269**	**450049**
中等收入国家	**Middle Income**	**70822**	**146903**	**281357①**	**115929**	**183934**	**190556①**
低收入国家	**Low Income**	**928**	**527**	**485②**	**1559**	**2247**	**202②**
中　国	China	25346	93485	293066	26560	79842	98111
中国香港	Hong Kong, China	51	156	133	8244	11607	11569
中国澳门	Macao, China		3	4		119	58
孟加拉国	Bangladesh	70	50	66	248	294	276
文　莱	Brunei Darussalam				21	26	42①
印　度	India	2206	4721	7262①	6332	19661	27025①
印度尼西亚	Indonesia	157	235		3733	4069	
伊　朗	Iran	410	4051		206	443	
以色列	Israel	1599	316	1450	5203	4808	5856
日　本	Japan	384201	367960	290081	35342	59118	54517
哈萨克斯坦	Kazakhstan	1399	1523	11③	116	103	162③
韩　国	Korea, Rep.	72831	122188	131805	29179	38733	38296
马来西亚	Malaysia	206	522	1233	6021	5764	5230
蒙　古	Mongolia	148④	100	110	32④	87	69
巴基斯坦	Pakistan	46	143	170③	1149	1141	1375③
菲律宾	Philippines	154	210	166	3482	2141	3223
新加坡	Singapore	516	569	895	7720	8036	8878
斯里兰卡	Sri Lanka	71	149	225	250	211	235
泰　国	Thailand	561	891	1214	4488	5449	723
越　南	Viet Nam	69	362	306	1263	1831	3276
埃　及	Egypt	534	428	605	1081	1008	1625
南　非	South Africa	895	1003	821	2400	6001	5562
加拿大	Canada	4187	5183	4550	35435	34705	30899
墨西哥	Mexico	431	584	951	12630	13851	13625
美　国	United States	164795	207867	241977	131100	182866	248249
阿根廷	Argentina	1062	1054	801③	5574	4215	4781③
巴　西	Brazil	3080	3905	2705	14296	16100	19981
委内瑞拉	Venezuela	56			2292		
捷　克	Czech Rep.	555	586	868	4384	244	114
法　国	France	13870	14327	14748	3483	2948	1832
德　国	Germany	51736	48367	47047	10406	11855	12198
意大利	Italy	7877		8814①	1396		903①
荷　兰	Netherlands	2465	2217	2575①	529	633	279①
波　兰	Poland	2404	2028	3203	4899	4555	227
俄罗斯联邦	Russian Fed.	23377	23644	28722	8960	8609	13778
西班牙	Spain	2710	3040	3566	484	313	213
土耳其	Turkey	277	928	2555①	3156	218	177①
乌克兰	Ukraine	5620	3538	2556	1604	2054	2756
英　国	United Kingdom	22050	17833	15490	10697	10155	6439
澳大利亚	Australia	1928	2555	2409	20073	21302	22478
新西兰	New Zealand	1463	1893	1585	5585	5112	5051

注：①2009年数据。②2007年数据。③2008年数据。④1998年数据。
Note:①Data refer to 2009.②Data refer to 2007.③Data refer to 2008.④Data refer to 1998.

16-8 享有卫生设施和清洁饮用水源人口占总人口比重
Percentage of Population with Access to Improved Sanitation Facilities and Water Source

资料来源：世界银行WDI数据库。
Source: World Bank WDI Database.
单位：% (%)

国家和地区	Country or Area	享有卫生设施人口占总人口比重 Percentage of Population with Access to Improved Sanitation Facilities			享有清洁饮用水源人口占总人口比重 Percentage of Population with Access to Improved Water Source		
		2000	2005	2009	2000	2005	2009
世　界	**World**	**56**	**60**	**62**	**83**	**86**	**88**
高收入国家	**High Income**	**99**	**99**	**100**	**99**	**99**	**100**
中等收入国家	**Middle Income**	**50**	**56**	**59**	**82**	**87**	**89**
低收入国家	**Low Income**	**30**	**34**	**36**	**58**	**62**	**65**
中　国	China	44	55	63	80	87	90
孟加拉国	Bangladesh	47	51	54	79	81	81
柬埔寨	Cambodia	17	24	29	44	54	62
印　度	India	25	30	33	81	86	91
印度尼西亚	Indonesia	44	50	54	78	80	81
伊　朗	Iran	90	97	100	93	94	96
以色列	Israel	100	100	100	100	100	100
日　本	Japan	100	100	100	100	100	100
哈萨克斯坦	Kazakhstan	97	97	97	96	96	95
韩　国	Korea, Rep.	100	100	100	93	96	98
老　挝	Laos	26	45	60	45	57	64
马来西亚	Malaysia	92	96	96	97	100	100
蒙　古	Mongolia	49	50	51	65	75	82
缅　甸	Myanmar	62	70	76	67	75	81
巴基斯坦	Pakistan	37	43	46	89	90	91
菲律宾	Philippines	65	70	73	89	90	92
新加坡	Singapore	100	100	101	100	100	101
斯里兰卡	Sri Lanka	82	88	92	80	86	91
泰　国	Thailand	94	96	96	92	94	96
越　南	Viet Nam	56	66	74	77	86	93
埃　及	Egypt	86	93	95	96	98	99
尼日利亚	Nigeria	34	32	31	53	57	58
南　非	South Africa	75	77	79	86	89	91
加拿大	Canada	100	100	100	100	100	100
墨西哥	Mexico	75	80	84	90	93	95
美　国	United States	100	100	100	99	99	99
阿根廷	Argentina	91	90		96	96	
巴　西	Brazil	74	76	78	94	96	97
委内瑞拉	Venezuela	89	91		92	92	
捷　克	Czech Rep.	98	98	98	100	100	100
法　国	France	100	100	100	100	100	100
德　国	Germany	100	100	100	100	100	100
意大利	Italy				100	100	100
荷　兰	Netherlands	100	100	100	100	100	100
波　兰	Poland	90	90		100	100	
俄罗斯联邦	Russian Fed.	72	71	71	95	96	97
西班牙	Spain	100	100	100	100	100	100
土耳其	Turkey	87	89	90	93	97	99
乌克兰	Ukraine	95	95	94	97	98	98
英　国	United Kingdom	100	100	100	100	100	100
澳大利亚	Australia	100	100	100	100	100	100

16-9 医疗支出占国内生产总值比重及人均医疗支出

Health Expenditure as Percentage of GDP and Per Capita Health Expenditure

资料来源：世界银行WDI数据库。
Source: World Bank WDI Database.

国家和地区	Country or Area	医疗支出占国内生产总值的比重(%) Health Expenditure, Total as Percentage of GDP(%)			人均医疗支出(美元) Health Expenditure per Capita (USD)		
		2000	2005	2010	2000	2005	2010
世　界	**World**	**9.22**	**9.72**	**10.60**	**10.39**	**484.08**	**682.03**
高收入国家	**High Income**	**10.10**	**10.90**	**12.55**	**12.55**	**2562.27**	**3660.29**
中等收入国家	**Middle Income**	**5.35**	**5.43**	**5.83**	**5.70**	**71.80**	**109.72**
低收入国家	**Low Income**	**4.00**	**4.82**	**5.28**	**5.34**	**11.45**	**15.32**
中　国	China	4.62	4.73	5.15	5.07	43.72	80.58
孟加拉国	Bangladesh	2.82	3.21	3.41	3.48	9.09	12.08
文　莱	Brunei Darussalam	3.01	2.49	3.04	2.84	540.70	640.08
柬埔寨	Cambodia	5.76	6.38	5.29	5.61	16.54	28.94
印　度	India	4.61	4.03	4.16	4.05	20.68	29.97
印度尼西亚	Indonesia	1.97	2.06	2.48	2.61	15.84	26.84
伊　朗	Iran	4.60	5.67	5.65	5.60	225.62	153.83
以色列	Israel	7.32	7.63	7.63	7.63	1450.87	1477.55
日　本	Japan	7.69	8.16	9.51	9.49	2827.45	2907.88
哈萨克斯坦	Kazakhstan	4.16	4.07	4.48	4.29	50.87	152.99
韩　国	Korea, Rep.	4.79	5.73	6.92	6.93	543.06	1005.40
老　挝	Laos	3.19	4.27	4.35	4.47	10.24	20.84
马来西亚	Malaysia	3.18	4.13	4.59	4.39	128.12	222.07
蒙　古	Mongolia	4.90	3.79	5.71	5.44	22.34	34.27
缅　甸	Myanmar	2.12	2.12	2.12	1.97	3.26	4.92
巴基斯坦	Pakistan	3.03	2.78	2.19	2.20	14.56	18.34
菲律宾	Philippines	3.43	3.65	3.60	3.61	33.47	42.12
新加坡	Singapore	2.80	3.04	4.13	3.96	648.25	897.16
斯里兰卡	Sri Lanka	3.72	4.04	3.20	2.95	33.12	50.54
泰　国	Thailand	3.40	3.55	4.17	3.88	66.84	94.90
越　南	Viet Nam	5.44	5.97	6.90	6.84	21.54	37.57
埃　及	Egypt	5.43	5.25	4.84	4.66	75.78	63.39
尼日利亚	Nigeria	4.56	6.60	6.08	5.07	16.95	52.61
南　非	South Africa	8.47	8.81	9.16	8.94	250.68	452.94
加拿大	Canada	8.84	9.39	11.40	11.30	2082.27	3297.81
墨西哥	Mexico	5.07	5.87	6.47	6.32	324.25	471.54
美　国	United States	13.41	14.72	17.61	17.89	4703.47	6258.60
阿根廷	Argentina	8.95	8.45	9.53	8.10	688.97	399.86
巴　西	Brazil	7.16	8.17	8.75	9.01	265.19	387.27
委内瑞拉	Venezuela	5.69	5.43	6.02	4.91	273.12	295.53
捷　克	Czech Rep.	6.55	7.24	7.99	7.88	361.61	879.69
法　国	France	10.07	11.10	11.89	11.88	2184.26	3801.85
德　国	Germany	10.29	10.69	11.72	11.64	2366.05	3635.10
意大利	Italy	8.06	8.59	9.43	9.53	1546.86	2613.41
荷　兰	Netherlands	7.96	9.83	11.98	11.92	1908.71	3861.65
波　兰	Poland	5.52	6.21	7.35	7.46	246.98	494.20
俄罗斯联邦	Russian Fed.	5.40	5.19	5.57	5.08	96.01	278.14
西班牙	Spain	7.21	8.29	9.57	9.54	1030.06	2150.71
土耳其	Turkey	4.95	5.45	6.75	6.74	204.49	382.19
乌克兰	Ukraine	5.56	6.91	7.80	7.72	35.54	126.80
英　国	United Kingdom	7.05	8.26	9.79	9.64	1766.67	3115.71
澳大利亚	Australia	8.03	8.43	8.73	8.73	1728.46	3157.75
新西兰	New Zealand	7.72	8.85	9.97	10.10	1054.71	2379.93

16-10 每千人口医生数和病床数

Physician and Hospital Bed per 1000 Persons

资料来源：世界银行WDI数据库。
Source: World Bank WDI Database.

国家和地区	Country or Area	每千人口医生数(人) Physicians per 1000 Persons(person)			每千人口病床数(张) Hospital Beds per 1000 Persons(unit)		
		2000	2005	2010	2000	2005	2010
高收入国家	**High Income**	**2.66**	**2.61①**	**2.76**	**6.45**	**5.95**	**5.74②**
中等收入国家	**Middle Income**	**1.41③**	**1.30**	**1.24**		**2.37**	
中　　国	China	1.64	1.51	1.42	2.52	2.45	4.20②
孟加拉国	Bangladesh	0.20④	0.30	0.30	0.30⑤	0.30	
文　　莱	Brunei Darussalam	1.01	1.14①	1.42	2.60	3.00	2.60②
柬 埔 寨	Cambodia	0.16		0.23		0.10⑥	0.84
印　　度	India	0.51③	0.60	0.65		0.90	
印度尼西亚	Indonesia	0.16	0.13⑦	0.29	0.60③	0.60①	0.60
伊　　朗	Iran	1.05③	0.89	0.89		1.72	1.70②
以 色 列	Israel	3.77	3.82⑦	3.65	6.14	6.30	3.50
日　　本	Japan	1.90	2.00①	2.14	14.70	14.10	13.70②
哈萨克斯坦	Kazakhstan	3.29	3.70	4.10	7.19	7.70	7.60②
韩　　国	Korea, Rep.	1.30	1.57⑦	2.02	6.10	7.10⑦	10.30②
老　　挝	Laos		0.27	0.27		1.20	0.70
马来西亚	Malaysia	0.70	0.71①	0.94		1.80	1.80
蒙　　古	Mongolia	2.54⑤	2.63①	2.76		7.50①	5.80
缅　　甸	Myanmar	0.30		0.46	0.70	0.63①	
巴基斯坦	Pakistan	0.57④	0.80	0.81		1.20	0.60
菲 律 宾	Philippines	0.59	1.15①			0.50①	0.50②
新 加 坡	Singapore	1.35⑤	1.50⑦	1.83		3.20	3.10⑧
斯里兰卡	Sri Lanka	0.43		0.49	2.90	3.10①	
泰　　国	Thailand	0.28	0.29	0.32	2.20	2.20①	2.10
越　　南	Viet Nam	0.52⑤	0.56①	1.22	1.67④	2.60	3.10②
埃　　及	Egypt	2.12	2.43	2.83	2.10④	2.20	1.70
尼日利亚	Nigeria	0.27	0.28⑦	0.40	1.20		
南　　非	South Africa					2.84	
加 拿 大	Canada	2.10	2.10⑦	1.98	3.40	3.40	3.20②
墨 西 哥	Mexico	1.98	1.50⑦	1.96	1.10	1.00⑦	1.60②
美　　国	United States	2.56	2.30①	2.42	3.50	3.20	3.00②
阿 根 廷	Argentina	3.01③	3.21	3.21	4.10	4.00	4.50
巴　　西	Brazil	1.15		1.76		2.40	2.40
委内瑞拉	Venezuela	2.03④				0.90⑦	1.10②
捷　　克	Czech Rep.	3.40	3.50⑦	3.67	8.80	8.40	7.10②
法　　国	France	3.30	3.40⑦	3.45	8.10	7.28	6.90②
德　　国	Germany	3.30	3.40⑦	3.60	9.10	8.40	8.20②
意 大 利	Italy	4.20	4.10⑦	3.49	4.70	4.00	3.60②
荷　　兰	Netherlands	3.20	3.71	2.86	4.80	5.00⑦	4.70②
波　　兰	Poland	2.20	1.97	2.16	4.90	5.20	6.70②
俄罗斯联邦	Russian Fed.	4.21	4.00	4.31	10.89	9.70	
西 班 牙	Spain	3.20	3.30⑦	3.96	4.10	3.40	3.20②
土 耳 其	Turkey	1.30	1.30	1.54	2.60	2.60	2.50②
乌 克 兰	Ukraine	2.98	2.95⑦	3.25	8.82	8.70	8.70②
英　　国	United Kingdom	1.90	2.20⑦	2.74	4.20	4.20⑦	3.30②
澳大利亚	Australia	2.50	2.50①	2.99	7.80	4.00	3.80②
新 西 兰	New Zealand	2.20	2.20⑦	2.74	6.20③	6.18①	

注：①2002年数据。②2009年数据。③1998年数据。④1997年数据。⑤1999年数据。⑥2004年数据。⑦2003年数据。⑧2008年数据。
Note:①Data refer to 2002.②Data refer to 2009.③Data refer to 1998.④Data refer to 1997.⑤Data refer to 1999.⑥Data refer to 2004.
⑦Data refer to 2003.⑧Data refer to 2008.

主要统计指标解释

成人识字率 是指15岁及以上人口中有一定理解、阅读、使用文字能力的人口占总人口的百分比。

粗入学率 是指入学总人数(不考虑年龄)与适龄入学人数之比。

研究与发展经费支出 是经常性和资本性支出(包括超前支出),目的在于增加知识存量的创造性、系统性活动。具体包括基础研究、应用研究和目的在于寻求新型设备,产品和工艺的科学实验活动。

研究与发展技术人员 是指专门从事研究与发展活动,在知识或技术某一分支领域接受过职业或技术培训的人员。

高技术出口产品 是指技术含量密集的出口产品。它包括的高技术产品有:航空、计算机、医药、科学仪器和电气设备等。

Explanatory Notes on Main Statistical Indicators

Adult Literacy Rate is the percentage of people ages 15 and above who can, with understanding, read and write a short, simple statement on their everyday life.

Gross Enrollment Ratio is the ratio of total enrollment, regardless of age, to the population of the age group.

Expenditures for Research and Development are current and capital expenditures (including overhead) on creative, systematic activity intended to increase the stock of knowledge. Included are fundamental and applied research and experimental development work leading to new devices, products, or processes.

Technicians in R&D are people engaged in professional R&D activity who have received vocational or technical training in any branch of knowledge or technology.

High-technology Exports are products with high R&D intensity. They include high-technology products such as in aerospace, computers, pharmaceuticals, scientific instruments, and electrical machinery.

经济社会综合评价指标

Comprehensive Evaluation Indicators

17-1 人文发展指数(2011年)

Human Development Index in 2011

资料来源：联合国开发计划署《人文发展报告》2011年。
Source:UNDP Human Development Report 2011.

人文发展指数排名 HDI Rank	国家和地区	Country or Area	人文发展指数 Human Development Index (HDI)	出生时预期寿命 Life Expectancy at Birth	预期受教育年限 Expected Years of Schooling	平均受教育年限 Mean Years of Schooling (years)
	超高人文发展国家	**Very High Human Development**	**0.889**	**80.0**	**15.9**	**11.3**
	高人文发展国家	**High Human Development**	**0.741**	**73.1**	**13.6**	**8.5**
	中等人文发展国家	**Medium Human Development**	**0.630**	**69.7**	**11.2**	**6.3**
	低人文发展国家	**Low Human Development**	**0.456**	**58.7**	**8.3**	**4.2**
超高人文发展国家		**Very High Human Development**				
1	挪威	Norway	0.943	81.1	17.3	12.6
2	澳大利亚	Australia	0.929	81.9	18.0	12.0
3	荷兰	Netherlands	0.910	80.7	16.8	11.6
4	美国	United States	0.910	78.5	16.0	12.4
5	新西兰	New Zealand	0.908	80.7	18.0	12.5
6	加拿大	Canada	0.908	81.0	16.0	12.1
7	爱尔兰	Ireland	0.908	80.6	18.0	11.6
8	列支敦士登	Liechtenstein	0.905	79.6	14.7	10.3
9	德国	Germany	0.905	80.4	15.9	12.2
10	瑞典	Sweden	0.904	81.4	15.7	11.7
11	瑞士	Switzerland	0.903	82.3	15.6	11.0
12	日本	Japan	0.901	83.4	15.1	11.6
13	中国香港	Hong Kong, China	0.898	82.8	15.7	10.0
14	冰岛	Iceland	0.898	81.8	18.0	10.4
15	韩国	Korea, Rep.	0.897	80.6	16.9	11.6
16	丹麦	Denmark	0.895	78.8	16.9	11.4
17	以色列	Israel	0.888	81.6	15.5	11.9
18	比利时	Belgium	0.886	80.0	16.1	10.9
19	奥地利	Austria	0.885	80.9	15.3	10.8
20	法国	France	0.884	81.5	16.1	10.6
21	斯洛文尼亚	Slovenia	0.884	79.3	16.9	11.6
22	芬兰	Finland	0.882	80.0	16.8	10.3
23	西班牙	Spain	0.878	81.4	16.6	10.4
24	意大利	Italy	0.874	81.9	16.3	10.1
25	卢森堡	Luxemburg	0.867	80.0	13.3	10.1
26	新加坡	Singapore	0.866	81.1	14.4	8.8
27	捷克	Czech Rep.	0.865	77.7	15.6	12.3
28	英国	United Kingdom	0.863	80.2	16.1	9.3
29	希腊	Greece	0.861	79.9	16.5	10.1
30	阿联酋	United Arab Emirates	0.846	76.5	13.3	9.3
31	塞浦路斯	Cyprus	0.840	79.6	14.7	9.8
32	安道尔	Andorra	0.838	80.9	11.5	10.4
33	文莱	Brunei Darussalam	0.838	78.0	14.1	8.6
34	爱沙尼亚	Estonia	0.835	74.8	15.7	12.0
35	斯洛伐克	Slovakia	0.834	75.4	14.9	11.6
36	马耳他	Malta	0.832	79.6	14.4	9.9
37	卡塔尔	Qatar	0.831	78.4	12.0	7.3
38	匈牙利	Hungary	0.816	74.4	15.3	11.1
39	波兰	Poland	0.813	76.1	15.3	10.0
40	立陶宛	Lithuania	0.810	72.2	16.1	10.9
41	葡萄牙	Portugal	0.809	79.5	15.9	7.7
42	巴林	Bahrain	0.806	75.1	13.4	9.4

17-1 续表 1 continued

人文发展指数排 名 HDI Rank	国家和地区	Country or Area	教育指数 Education Index	收入指数 Income Index	健康指数 Health Index	性别不平等指数 Gender Inequality Index
	超高人文发展国家	**Very High Human Development**	**0.894**	**0.832**	**0.946**	**0.224**
	高人文发展国家	**High Human Development**	**0.715**	**0.681**	**0.838**	**0.409**
	中等人文发展国家	**Medium Human Development**	**0.561**	**0.568**	**0.784**	**0.475**
	低人文发展国家	**Low Human Development**	**0.392**	**0.396**	**0.611**	**0.606**
超高人文发展国家		**Very High Human Development**				
1	挪 威	Norway	0.985	0.883	0.964	0.075
2	澳大利亚	Australia	0.981	0.837	0.976	0.136
3	荷 兰	Netherlands	0.931	0.845	0.958	0.052
4	美 国	United States	0.939	0.869	0.923	0.299
5	新西兰	New Zealand	1.000	0.783	0.957	0.195
6	加拿大	Canada	0.927	0.840	0.962	0.140
7	爱尔兰	Ireland	0.963	0.814	0.955	0.203
8	列支敦士登	Liechtenstein	0.818	0.964	0.941	
9	德 国	Germany	0.928	0.838	0.953	0.085
10	瑞 典	Sweden	0.904	0.842	0.969	0.049
11	瑞 士	Switzerland	0.872	0.858	0.983	0.067
12	日 本	Japan	0.883	0.827	1.000	0.123
13	中国香港	Hong Kong, China	0.837	0.874	0.990	
14	冰 岛	Iceland	0.912	0.814	0.975	0.099
15	韩 国	Korea, Rep.	0.934	0.808	0.956	0.111
16	丹 麦	Denmark	0.924	0.836	0.928	0.060
17	以色列	Israel	0.907	0.796	0.972	0.145
18	比利时	Belgium	0.882	0.832	0.947	0.114
19	奥地利	Austria	0.858	0.842	0.960	0.131
20	法 国	France	0.870	0.819	0.971	0.106
21	斯洛文尼亚	Slovenia	0.933	0.790	0.936	0.175
22	芬 兰	Finland	0.877	0.828	0.946	0.075
23	西班牙	Spain	0.874	0.799	0.969	0.117
24	意大利	Italy	0.856	0.799	0.976	0.124
25	卢森堡	Luxemburg	0.771	0.892	0.946	0.169
26	新加坡	Singapore	0.751	0.897	0.964	0.086
27	捷 克	Czech Rep.	0.924	0.769	0.910	0.136
28	英 国	United Kingdom	0.815	0.832	0.949	0.209
29	希 腊	Greece	0.861	0.783	0.945	0.162
30	阿联酋	United Arab Emirates	0.741	0.916	0.892	0.234
31	塞浦路斯	Cyprus	0.798	0.790	0.940	0.141
32	安道尔	Andorra	0.727	0.843	0.961	
33	文 莱	Brunei Darussalam	0.733	0.877	0.915	
34	爱沙尼亚	Estonia	0.916	0.734	0.865	0.194
35	斯洛伐克	Slovakia	0.875	0.759	0.875	0.194
36	马耳他	Malta	0.797	0.769	0.941	0.272
37	卡塔尔	Qatar	0.623	1.000	0.921	0.549
38	匈牙利	Hungary	0.866	0.732	0.858	0.237
39	波 兰	Poland	0.822	0.739	0.885	0.164
40	立陶宛	Lithuania	0.883	0.729	0.824	0.192
41	葡萄牙	Portugal	0.739	0.763	0.938	0.140
42	巴 林	Bahrain	0.747	0.808	0.868	0.288

17-1 续表 2 continued

人文发展指数排名 HDI Rank	国家和地区	Country or Area	人文发展指数 Human Development Index (HDI)	出生时预期寿命 Life Expectancy at Birth	预期受教育年限 Expected Years of Schooling	平均受教育年限 Mean Years of Schooling (years)
43	拉脱维亚	Latvia	0.805	73.3	15.0	11.5
44	智 利	Chile	0.805	79.1	14.7	9.7
45	阿根廷	Argentina	0.797	75.9	15.8	9.3
46	克罗地亚	Croatia	0.796	76.6	13.9	9.8
47	巴巴多斯	Barbados	0.793	76.8	13.4	9.3
高人文发展国家		**High Human Development**				
48	乌拉圭	Uruguay	0.783	77.0	15.5	8.5
49	帕 劳	Palau	0.782	71.8	14.7	12.1
50	罗马尼亚	Romania	0.781	74.0	14.9	10.4
51	古 巴	Cuba	0.776	79.1	17.5	9.9
52	塞舌尔	Seychelles	0.773	73.6	13.3	9.4
53	巴哈马	Bahamas	0.771	75.6	12.0	8.5
54	黑 山	Montenegro	0.771	74.6	13.7	10.6
55	保加利亚	Bulgaria	0.771	73.4	13.7	10.6
56	沙特阿拉伯	Saudi Arabia	0.770	73.9	13.7	7.8
57	墨西哥	Mexico	0.770	77.0	13.9	8.5
58	巴拿马	Panama	0.768	76.1	13.2	9.4
59	塞尔维亚	Serbia	0.766	74.5	13.7	10.2
60	安提瓜和巴布达	Antigua and Barbuda	0.764	72.6	14.0	8.9
61	马来西亚	Malaysia	0.761	74.2	12.6	9.5
62	特立尼达和多巴哥	Trinidad and Tobago	0.760	70.1	12.3	9.2
63	科威特	Kuwait	0.760	74.6	12.3	6.1
64	利比亚	Libya	0.760	74.8	16.6	7.3
65	白俄罗斯	Belarus	0.756	70.3	14.6	9.3
66	俄罗斯联邦	Russian Fed.	0.755	68.8	14.1	9.8
67	格林纳达	Grenada	0.748	76.0	16.0	8.6
68	哈萨克斯坦	Kazakhstan	0.745	67.0	15.1	10.4
69	哥斯达黎加	Costa Rica	0.744	79.3	11.7	8.3
70	阿尔巴尼亚	Albania	0.739	76.9	11.3	10.4
71	黎巴嫩	Lebanon	0.739	72.6	13.8	7.9
72	圣基茨和尼维斯	Saint Kitts and Nevis	0.735	73.1	12.9	8.4
73	委内瑞拉	Venezuela	0.735	74.4	14.2	7.6
74	波 黑	Bosnia and Herzegovinian	0.733	75.7	13.6	8.7
75	格鲁吉亚	Georgia	0.733	73.7	13.1	12.1
76	乌克兰	Ukraine	0.729	68.5	14.7	11.3
77	毛里求斯	Mauritius	0.728	73.4	13.6	7.2
78	前南马其顿	Macedonia, FYR	0.728	74.8	13.3	8.2
79	牙买加	Jamaica	0.727	73.1	13.8	9.6
80	秘 鲁	Peru	0.725	74.0	12.9	8.7
81	多米尼克	Dominica	0.724	77.5	13.2	7.7
82	圣卢西亚	Saint Lucia	0.723	74.6	13.1	8.3
83	厄瓜多尔	Ecuador	0.720	75.6	14.0	7.6
84	巴 西	Brazil	0.718	73.5	13.8	7.2
85	圣文森特和格林纳丁斯	Saint Vincent and the Grenadines	0.717	72.3	13.2	8.6
86	亚美尼亚	Armenia	0.716	74.2	12.0	10.8
87	哥伦比亚	Colombia	0.710	73.7	13.6	7.3
88	伊 朗	Iran	0.707	73.0	12.7	7.3
89	阿 曼	Oman	0.705	73.0	11.8	5.5
90	汤 加	Tonga	0.704	72.3	13.7	10.3

17-1 续表 3 continued

人文发展指数排名 HDI Rank	国家和地区	Country or Area	教育指数 Education Index	收入指数 Income Index	健康指数 Health Index	性别不平等指数 Gender Inequality Index
43	拉脱维亚	Latvia	0.873	0.711	0.841	0.216
44	智　利	Chile	0.797	0.701	0.932	0.374
45	阿根廷	Argentina	0.806	0.713	0.882	0.372
46	克罗地亚	Croatia	0.778	0.724	0.893	0.170
47	巴巴多斯	Barbados	0.747	0.743	0.896	0.364
高人文发展国家		**High Human Development**				
48	乌拉圭	Uruguay	0.763	0.700	0.899	0.352
49	帕　劳	Palau	0.890	0.656	0.817	
50	罗马尼亚	Romania	0.831	0.674	0.851	0.333
51	古　巴	Cuba	0.876	0.572	0.933	0.337
52	塞舌尔	Seychelles	0.747	0.733	0.845	
53	巴哈马	Bahamas	0.671	0.779	0.877	0.332
54	黑　山	Montenegro	0.802	0.665	0.861	
55	保加利亚	Bulgaria	0.802	0.678	0.842	0.245
56	沙特阿拉伯	Saudi Arabia	0.689	0.781	0.850	0.646
57	墨西哥	Mexico	0.726	0.700	0.898	0.448
58	巴拿马	Panama	0.743	0.690	0.885	0.492
59	塞尔维亚	Serbia	0.790	0.663	0.860	
60	安提瓜和巴布达	Antigua and Barbuda	0.744	0.723	0.830	
61	马来西亚	Malaysia	0.730	0.704	0.855	0.286
62	特立尼达和多巴哥	Trinidad and Tobago	0.712	0.782	0.791	0.331
63	科威特	Kuwait	0.577	0.884	0.861	0.229
64	利比亚	Libya	0.731	0.693	0.864	0.314
65	白俄罗斯	Belarus	0.776	0.702	0.794	
66	俄罗斯联邦	Russian Fed.	0.784	0.713	0.770	0.338
67	格林纳达	Grenada	0.779	0.608	0.883	
68	哈萨克斯坦	Kazakhstan	0.834	0.668	0.742	0.334
69	哥斯达黎加	Costa Rica	0.659	0.667	0.936	0.361
70	阿尔巴尼亚	Albania	0.721	0.624	0.898	0.271
71	黎巴嫩	Lebanon	0.695	0.698	0.830	0.440
72	圣基茨和尼维斯	Saint Kitts and Nevis	0.693	0.684	0.838	
73	委内瑞拉	Venezuela	0.692	0.669	0.858	0.447
74	波　黑	Bosnia and Herzegovinian	0.723	0.621	0.878	
75	格鲁吉亚	Georgia	0.839	0.554	0.848	0.418
76	乌克兰	Ukraine	0.858	0.591	0.765	0.335
77	毛里求斯	Mauritius	0.659	0.696	0.842	0.353
78	前南马其顿	Macedonia, FYR	0.696	0.641	0.865	0.151
79	牙买加	Jamaica	0.768	0.598	0.838	0.450
80	秘　鲁	Peru	0.704	0.634	0.852	0.415
81	多米尼克	Dominica	0.670	0.626	0.907	
82	圣卢西亚	Saint Lucia	0.693	0.632	0.862	
83	厄瓜多尔	Ecuador	0.686	0.620	0.877	0.469
84	巴　西	Brazil	0.663	0.662	0.844	0.449
85	圣文森特和格林纳丁斯	Saint Vincent and the Grenadines	0.712	0.628	0.825	
86	亚美尼亚	Armenia	0.760	0.566	0.856	0.343
87	哥伦比亚	Colombia	0.667	0.633	0.847	0.482
88	伊　朗	Iran	0.640	0.662	0.836	0.485
89	阿　曼	Oman	0.539	0.778	0.836	0.309
90	汤　加	Tonga	0.790	0.535	0.825	

17-1 续表 4 continued

人文发展指数排名 HDI Rank	国家和地区	Country or Area	人文发展指数 Human Development Index (HDI)	出生时预期寿命 Life Expectancy at Birth	预期受教育年限 Expected Years of Schooling	平均受教育年限 Mean Years of Schooling (years)
91	阿塞拜疆	Azerbaijan	0.700	70.7	11.8	8.6
92	土耳其	Turkey	0.699	74.0	11.8	6.5
93	伯利兹	Belize	0.699	76.1	12.4	8.0
94	突尼斯	Tunisia	0.698	74.5	14.5	6.5
中等人文发展国家		**Medium Human Development**				
95	约 旦	Jordan	0.698	73.4	13.1	8.6
96	阿尔及利亚	Algeria	0.698	73.1	13.6	7.0
97	斯里兰卡	Sri Lanka	0.691	74.9	12.7	8.2
98	多米尼加	Dominican Rep.	0.689	73.4	11.9	7.2
99	萨摩亚	Samoa	0.688	72.4	12.3	10.3
100	斐 济	Fiji	0.688	69.2	13.0	10.7
101	中 国	China	0.687	73.5	11.6	7.5
102	土库曼斯坦	Turkmenistan	0.686	65.0	12.5	9.9
103	泰 国	Thailand	0.682	74.1	12.3	6.6
104	苏里南	Suriname	0.680	70.6	12.6	7.2
105	萨尔瓦多	El Salvador	0.674	72.2	12.1	7.5
106	加 蓬	Gabon	0.674	62.7	13.1	7.5
107	巴拉圭	Paraguay	0.665	72.5	12.1	7.7
108	玻利维亚	Bolivia	0.663	66.6	13.7	9.2
109	马尔代夫	Maldives	0.661	76.8	12.4	5.8
110	蒙 古	Mongolia	0.653	68.5	14.1	8.3
111	摩尔多瓦	Moldova	0.649	69.3	11.9	9.7
112	菲律宾	Philippines	0.644	68.7	11.9	8.9
113	埃 及	Egypt	0.644	73.2	11.0	6.4
114	巴勒斯坦占领区	Occupied Palestinian Territory	0.641	72.8	12.7	8.0
115	乌兹别克斯坦	Uzbekistan	0.641	68.3	11.4	10.0
116	密克罗尼西亚	Micronesia, Fed.	0.636	69.0	12.1	8.8
117	圭亚那	Guyana	0.633	69.9	11.9	8.0
118	博茨瓦纳	Botswana	0.633	53.2	12.2	8.9
119	叙利亚	Syrian Arab Republic	0.632	75.8	11.3	5.7
120	纳米比亚	Namibia	0.625	62.5	11.6	7.4
121	洪都拉斯	Honduras	0.625	73.1	11.4	6.5
122	基里巴斯	Kiribati	0.624	68.1	12.1	7.8
123	南 非	South Africa	0.619	52.8	13.1	8.5
124	印度尼西亚	Indonesia	0.617	69.4	13.2	5.8
125	瓦努阿图	Vanuatu	0.617	71.0	10.4	6.7
126	吉尔吉斯斯坦	Kyrgyzstan	0.615	67.7	12.5	9.3
127	塔吉克斯坦	Tajikistan	0.607	67.5	11.4	9.8
128	越 南	Viet Nam	0.593	75.2	10.4	5.5
129	尼加拉瓜	Nicaragua	0.589	74.0	10.8	5.8
130	摩洛哥	Morocco	0.582	72.2	10.3	4.4
131	危地马拉	Guatemala	0.574	71.2	10.6	4.1
132	伊拉克	Iraq	0.573	69.0	9.8	5.6
133	佛得角	Cape Verde	0.568	74.2	11.6	3.5
134	印 度	India	0.547	65.4	10.3	4.4
135	加 纳	Ghana	0.541	64.2	10.5	7.1
136	赤道几内亚	Equatorial Guinea	0.537	51.1	7.7	5.4
137	刚果(布)	Congo, Rep.	0.533	57.4	10.5	5.9
138	老 挝	Laos	0.524	67.5	9.2	4.6
139	柬埔寨	Cambodia	0.523	63.1	9.8	5.8

17-1 续表 5 continued

人文发展指数排名 HDI Rank	国家和地区	Country or Area	教育指数 Education Index	收入指数 Income Index	健康指数 Health Index	性别不平等指数 Gender Inequality Index
91	阿塞拜疆	Azerbaijan	0.671	0.639	0.800	0.314
92	土耳其	Turkey	0.583	0.689	0.851	0.443
93	伯利兹	Belize	0.663	0.582	0.884	0.493
94	突尼斯	Tunisia	0.645	0.614	0.860	0.293
中等人文发展国家		**Medium Human Development**				
95	约旦	Jordan	0.710	0.569	0.842	0.456
96	阿尔及利亚	Algeria	0.652	0.621	0.838	0.412
97	斯里兰卡	Sri Lanka	0.680	0.559	0.867	0.419
98	多米尼加	Dominican Rep.	0.616	0.629	0.842	0.480
99	萨摩亚	Samoa	0.750	0.526	0.827	
100	斐济	Fiji	0.786	0.533	0.777	
101	中国	China	0.623	0.618	0.843	0.209
102	土库曼斯坦	Turkmenistan	0.739	0.615	0.710	
103	泰国	Thailand	0.597	0.622	0.854	0.382
104	苏里南	Suriname	0.636	0.619	0.798	
105	萨尔瓦多	El Salvador	0.637	0.585	0.823	0.487
106	加蓬	Gabon	0.660	0.689	0.674	0.509
107	巴拉圭	Paraguay	0.643	0.552	0.828	0.476
108	玻利维亚	Bolivia	0.749	0.530	0.735	0.476
109	马尔代夫	Maldives	0.568	0.568	0.897	0.320
110	蒙古	Mongolia	0.722	0.505	0.765	0.410
111	摩尔多瓦	Moldova	0.716	0.490	0.778	0.298
112	菲律宾	Philippines	0.684	0.508	0.769	0.427
113	埃及	Egypt	0.560	0.568	0.840	
114	巴勒斯坦占领区	Occupied Palestinian Territory	0.674	0.470	0.833	
115	乌兹别克斯坦	Uzbekistan	0.711	0.486	0.762	
116	密克罗尼西亚	Micronesia, Fed.	0.689	0.484	0.773	
117	圭亚那	Guyana	0.650	0.496	0.787	0.511
118	博茨瓦纳	Botswana	0.693	0.698	0.523	0.507
119	叙利亚	Syrian Arab Republic	0.534	0.537	0.881	0.474
120	纳米比亚	Namibia	0.617	0.591	0.670	0.466
121	洪都拉斯	Honduras	0.574	0.507	0.838	0.511
122	基里巴斯	Kiribati	0.647	0.494	0.759	
123	南非	South Africa	0.705	0.652	0.517	0.490
124	印度尼西亚	Indonesia	0.584	0.518	0.779	0.505
125	瓦努阿图	Vanuatu	0.554	0.527	0.805	
126	吉尔吉斯斯坦	Kyrgyzstan	0.716	0.432	0.753	0.370
127	塔吉克斯坦	Tajikistan	0.704	0.425	0.750	0.347
128	越南	Viet Nam	0.503	0.478	0.870	0.305
129	尼加拉瓜	Nicaragua	0.525	0.457	0.852	0.506
130	摩洛哥	Morocco	0.447	0.535	0.823	0.510
131	危地马拉	Guatemala	0.438	0.534	0.807	0.542
132	伊拉克	Iraq	0.491	0.495	0.774	0.579
133	佛得角	Cape Verde	0.425	0.505	0.854	
134	印度	India	0.450	0.508	0.717	0.617
135	加纳	Ghana	0.574	0.396	0.698	0.598
136	赤道几内亚	Equatorial Guinea	0.427	0.741	0.490	
137	刚果(布)	Congo, Rep.	0.523	0.490	0.590	0.628
138	老挝	Laos	0.432	0.445	0.749	0.513
139	柬埔寨	Cambodia	0.502	0.418	0.680	0.500

17-1 续表 6 continued

人文发展指数排名 HDI Rank	国家和地区	Country or Area	人文发展指数 Human Development Index (HDI)	出生时预期寿命 Life Expectancy at Birth	预期受教育年限 Expected Years of Schooling	平均受教育年限 Mean Years of Schooling (years)
140	斯威士兰	Swaziland	0.522	48.7	10.6	7.1
141	不　丹	Bhutan	0.522	67.2	11.0	2.3
低人文发展国家		**Low Human Development**				
142	所罗门群岛	Solomon Islands	0.510	67.9	9.1	4.5
143	肯尼亚	Kenya	0.509	57.1	11.0	7.0
144	圣多美和普林西比	Sao Tome and Principe	0.509	64.7	10.8	4.2
145	巴基斯坦	Pakistan	0.504	65.4	6.9	4.9
146	孟加拉国	Bangladesh	0.500	68.9	8.1	4.8
147	东帝汶	Timor-Leste	0.495	62.5	11.2	2.8
148	安哥拉	Angola	0.486	51.1	9.1	4.4
149	缅　甸	Myanmar	0.483	65.2	9.2	4.0
150	喀麦隆	Cameroon	0.482	51.6	10.3	5.9
151	马达加斯加	Madagascar	0.480	66.7	10.7	5.2
152	坦桑尼亚	Tanzania	0.466	58.2	9.1	5.1
153	巴布亚新几内亚	Papua New Guinea	0.466	62.8	5.8	4.3
154	也　门	Yemen	0.462	65.5	8.6	2.5
155	塞内加尔	Senegal	0.459	59.3	7.5	4.5
156	尼日利亚	Nigeria	0.459	51.9	8.9	5.0
157	尼泊尔	Nepal	0.458	68.8	8.8	3.2
158	海　地	Haiti	0.454	62.1	7.6	4.9
159	毛里塔尼亚	Mauritania	0.453	58.6	8.1	3.7
160	莱索托	Lesotho	0.450	48.2	9.9	5.9
161	乌干达	Uganda	0.446	54.1	10.8	4.7
162	多　哥	Togo	0.435	57.1	9.6	5.3
163	科摩罗	Comoros	0.433	61.1	10.7	2.8
164	赞比亚	Zambia	0.430	49.0	7.9	6.5
165	吉布提	Djibouti	0.430	57.9	5.1	3.8
166	卢旺达	Rwanda	0.429	55.4	11.1	3.3
167	贝　宁	Benin	0.427	56.1	9.2	3.3
168	冈比亚	Gambia	0.420	58.5	9.0	2.8
169	苏　丹	Sudan	0.408	61.5	4.4	3.1
170	科特迪瓦	Cote D'Ivoire	0.400	55.4	6.3	3.3
171	马拉维	Malawi	0.400	54.2	8.9	4.2
172	阿富汗	Afghanistan	0.398	48.7	9.1	3.3
173	津巴布韦	Zimbabwe	0.376	51.4	9.9	7.2
174	埃塞俄比亚	Ethiopia	0.363	59.3	8.5	1.5
175	马　里	Mali	0.359	51.4	8.3	2.0
176	几内亚比绍	Guinea-Bissau	0.353	48.1	9.1	2.3
177	厄立特里亚	Eritrea	0.349	61.6	4.8	3.4
178	几内亚	Guinea	0.344	54.1	8.6	1.6
179	中　非	Central African Rep.	0.343	48.4	6.6	3.5
180	塞拉利昂	Sierra Leone	0.336	47.8	7.2	2.9
181	布基纳法索	Burkina Faso	0.331	55.4	6.3	1.3
182	利比里亚	Liberia	0.329	56.8	11.0	3.9
183	乍　得	Chad	0.328	49.6	7.2	1.5
184	莫桑比克	Mozambique	0.322	50.2	9.2	1.2
185	布隆迪	Burundi	0.316	50.4	10.5	2.7
186	尼日尔	Niger	0.295	54.7	4.9	1.4
187	刚果(金)	Congo, Dem. Rep.	0.286	48.4	8.2	3.5

17-1 续表 7 continued

人文发展指数排名 HDI Rank	国家和地区	Country or Area	教育指数 Education Index	收入指数 Income Index	健康指数 Health Index	性别不平等指数 Gender Inequality Index
140	斯威士兰	Swaziland	0.578	0.545	0.453	0.546
141	不　丹	Bhutan	0.336	0.568	0.744	0.495
低人文发展国家		**Low Human Development**				
142	所罗门群岛	Solomon Islands	0.427	0.413	0.755	
143	肯尼亚	Kenya	0.582	0.387	0.586	0.627
144	圣多美和普林西比	Sao Tome and Principe	0.452	0.413	0.705	
145	巴基斯坦	Pakistan	0.386	0.464	0.717	0.573
146	孟加拉国	Bangladesh	0.415	0.391	0.772	0.550
147	东帝汶	Timor-Leste	0.371	0.487	0.670	
148	安哥拉	Angola	0.422	0.557	0.490	
149	缅　甸	Myanmar	0.404	0.391	0.713	0.492
150	喀麦隆	Cameroon	0.520	0.431	0.499	0.639
151	马达加斯加	Madagascar	0.497	0.302	0.737	
152	坦桑尼亚	Tanzania	0.454	0.370	0.603	0.590
153	巴布亚新几内亚	Papua New Guinea	0.335	0.447	0.675	0.674
154	也　门	Yemen	0.310	0.444	0.718	0.769
155	塞内加尔	Senegal	0.385	0.406	0.620	0.566
156	尼日利亚	Nigeria	0.442	0.434	0.503	
157	尼泊尔	Nepal	0.356	0.351	0.770	0.558
158	海　地	Haiti	0.406	0.346	0.664	0.599
159	毛里塔尼亚	Mauritania	0.366	0.419	0.609	0.605
160	莱索托	Lesotho	0.507	0.403	0.445	0.532
161	乌干达	Uganda	0.475	0.347	0.538	0.577
162	多　哥	Togo	0.473	0.297	0.585	0.602
163	科摩罗	Comoros	0.368	0.341	0.648	
164	赞比亚	Zambia	0.480	0.362	0.458	0.627
165	吉布提	Djibouti	0.294	0.451	0.598	
166	卢旺达	Rwanda	0.407	0.348	0.559	0.453
167	贝　宁	Benin	0.365	0.374	0.569	0.634
168	冈比亚	Gambia	0.334	0.365	0.607	0.610
169	苏　丹	Sudan	0.247	0.421	0.654	0.611
170	科特迪瓦	Cote D'Ivoire	0.304	0.377	0.558	0.655
171	马拉维	Malawi	0.410	0.289	0.540	0.594
172	阿富汗	Afghanistan	0.367	0.380	0.452	0.707
173	津巴布韦	Zimbabwe	0.566	0.190	0.495	0.583
174	埃塞俄比亚	Ethiopia	0.237	0.326	0.619	
175	马　里	Mali	0.270	0.346	0.496	0.712
176	几内亚比绍	Guinea-Bissau	0.302	0.329	0.444	
177	厄立特里亚	Eritrea	0.271	0.240	0.656	
178	几内亚	Guinea	0.246	0.309	0.538	
179	中　非	Central African Rep.	0.321	0.280	0.448	0.669
180	塞拉利昂	Sierra Leone	0.304	0.286	0.438	0.662
181	布基纳法索	Burkina Faso	0.187	0.349	0.559	0.596
182	利比里亚	Liberia	0.439	0.140	0.580	0.671
183	乍　得	Chad	0.219	0.344	0.466	0.735
184	莫桑比克	Mozambique	0.222	0.314	0.477	0.602
185	布隆迪	Burundi	0.353	0.186	0.480	0.478
186	尼日尔	Niger	0.177	0.266	0.547	0.724
187	刚果(金)	Congo, Dem. Rep.	0.356	0.147	0.448	0.710

17-2 世界主要国家和地区全球化指数排名(2012年)

资料来源：KOF瑞士经济学会。
Source: KOF Swiss Economic Institute.

排名	全球化指数 Globalization Index			经济全球化 Economic Globalization		
Rank	国家和地区	Country or Area	数值 Score	国家和地区	Country or Area	数值 Score
1	比利时	Belgium	92.76	新加坡	Singapore	97.39
2	爱尔兰	Ireland	91.95	卢森堡	Luxembourg	94.63
3	荷兰	Netherlands	90.94	爱尔兰	Ireland	93.27
4	奥地利	Austria	90.55	马耳他	Malta	92.23
5	新加坡	Singapore	89.18	比利时	Belgium	92.15
6	瑞典	Sweden	88.23	荷兰	Netherlands	91.91
7	丹麦	Denmark	88.11	匈牙利	Hungary	90.50
8	匈牙利	Hungary	87.38	瑞典	Sweden	88.98
9	葡萄牙	Portugal	86.73	巴林	Bahrain	88.96
10	瑞士	Switzerland	86.64	阿联酋	United Arab Emirates	88.74
11	塞浦路斯	Cyprus	86.59	爱沙尼亚	Estonia	88.39
12	卢森堡	Luxembourg	86.02	捷克	Czech Republic	86.32
13	捷克	Czech Republic	85.76	丹麦	Denmark	86.00
14	联合王国	United Kingdom	85.54	奥地利	Austria	85.98
15	加拿大	Canada	85.53	塞浦路斯	Cyprus	85.84
16	西班牙	Spain	84.36	斯洛伐克	Slovak Republic	84.06
17	芬兰	Finland	84.34	葡萄牙	Portugal	83.54
18	法国	France	84.12	芬兰	Finland	83.27
19	斯洛伐克	Slovak Republic	83.83	智利	Chile	83.26
20	挪威	Norway	83.19	黑山	Montenegro	82.54
21	澳大利亚	Australia	81.60	巴拿马	Panama	81.31
22	德国	Germany	81.53	新西兰	New Zealand	80.79
23	希腊	Greece	81.30	以色列	Israel	78.99
24	意大利	Italy	81.02	西班牙	Spain	78.74
25	波兰	Poland	80.81	瑞士	Switzerland	78.39
26	爱沙尼亚	Estonia	79.34	联合王国	United Kingdom	77.73
27	新西兰	New Zealand	78.31	斯洛文尼亚	Slovenia	77.47
28	斯洛文尼亚	Slovenia	77.67	挪威	Norway	77.02
29	马来西亚	Malaysia	77.43	格鲁吉亚	Georgia	76.72
30	以色列	Israel	77.23	马来西亚	Malaysia	76.38
31	马耳他	Malta	76.39	阿曼	Oman	76.32
32	克罗地亚	Croatia	75.88	澳大利亚	Australia	76.26
33	阿联酋	United Arab Emirates	75.69	冰岛	Iceland	76.25
34	罗马尼亚	Romania	74.94	特里尼达和多巴哥	Trinidad and Tobago	76.16
35	美国	United States	74.88	加拿大	Canada	76.05
36	智利	Chile	73.31	毛里求斯	Mauritius	75.80
37	冰岛	Iceland	72.96	意大利	Italy	75.18
38	保加利亚	Bulgaria	72.50	保加利亚	Bulgaria	75.18
39	科威特	Kuwait	71.42	希腊	Greece	74.02
40	约旦	Jordan	70.48	波兰	Poland	73.96
41	土耳其	Turkey	69.99	秘鲁	Peru	73.28
42	巴林	Bahrain	68.83	克罗地亚	Croatia	72.87
43	黑山	Montenegro	68.67	蒙古	Mongolia	72.80
44	乌克兰	Ukraine	68.48	德国	Germany	72.52
45	塞尔维亚	Serbia	68.39	法国	France	72.41
46	巴拿马	Panama	68.24	巴布亚新几内亚	Papua New Guinea	70.89
47	俄罗斯联邦	Russian Federation	67.35	立陶宛	Lithuania	70.83
48	立陶宛	Lithuania	66.56	泰国	Thailand	69.56
49	卡塔尔	Qatar	66.53	哈萨克斯坦	Kazakhstan	69.47
50	拉脱维亚	Latvia	66.27	刚果(布)	Congo, Rep.	69.28

The Ranking of Globalization Index in 2012

排名	社会全球化 Social Globalization			政治全球化 Political Globalization		
Rank	国家和地区	Country or Area	数值 Score	国家和地区	Country or Area	数值 Score
1	塞浦路斯	Cyprus	91.76	意大利	Italy	98.43
2	爱尔兰	Ireland	91.43	法国	France	98.21
3	新加坡	Singapore	91.04	比利时	Belgium	97.91
4	奥地利	Austria	90.28	奥地利	Austria	97.31
5	比利时	Belgium	89.75	西班牙	Spain	96.68
6	瑞士	Switzerland	89.43	英国	United Kingdom	96.43
7	加拿大	Canada	88.72	瑞典	Sweden	95.86
8	荷兰	Netherlands	87.87	波兰	Poland	95.17
9	丹麦	Denmark	86.19	葡萄牙	Portugal	94.36
10	法国	France	85.65	加拿大	Canada	94.16
11	联合王国	United Kingdom	85.50	瑞士	Switzerland	94.12
12	葡萄牙	Portugal	84.50	巴西	Brazil	94.02
13	捷克	Czech Republic	83.33	埃及	Egypt	94.02
14	斯洛伐克	Slovak Republic	82.33	荷兰	Netherlands	93.99
15	挪威	Norway	82.28	丹麦	Denmark	93.76
16	德国	Germany	82.16	土耳其	Turkey	93.21
17	瑞典	Sweden	82.13	德国	Germany	93.15
18	西班牙	Spain	81.20	阿根廷	Argentina	93.09
19	科威特	Kuwait	81.19	挪威	Norway	93.07
20	卢森堡	Luxembourg	81.14	希腊	Greece	92.81
21	芬兰	Finland	80.78	匈牙利	Hungary	92.71
22	匈牙利	Hungary	80.59	美国	United States	92.47
23	希腊	Greece	80.33	印度	India	91.98
24	澳大利亚	Australia	79.65	罗马尼亚	Romania	91.80
25	阿联酋	United Arab Emirates	77.91	澳大利亚	Australia	91.77
26	波兰	Poland	77.42	尼日利亚	Nigeria	90.90
27	列支敦士登	Liechtenstein	76.40	芬兰	Finland	90.90
28	安道尔	Andorra	76.27	爱尔兰	Ireland	90.86
29	美国	United States	76.24	智利	Chile	90.18
30	马耳他	Malta	75.91	巴基斯坦	Pakistan	89.87
31	意大利	Italy	74.50	摩洛哥	Morocco	89.51
32	斯洛文尼亚	Slovenia	73.77	韩国	Korea, Rep.	89.20
33	爱沙尼亚	Estonia	73.69	日本	Japan	88.91
34	马来西亚	Malaysia	73.11	捷克	Czech Republic	88.44
35	新西兰	New Zealand	72.77	塞内加尔	Senegal	88.42
36	新喀里多尼亚	New Caledonia	72.43	南非	South Africa	87.52
37	以色列	Israel	71.89	突尼斯	Tunisia	87.47
38	阿鲁巴	Aruba	71.34	约旦	Jordan	87.33
39	克罗地亚	Croatia	71.21	印度尼西亚	Indonesia	87.10
40	波多黎各	Puerto Rico	69.38	克罗地亚	Croatia	86.72
41	沙特阿拉伯	Saudi Arabia	69.37	中国	China	86.70
42	拉脱维亚	Latvia	68.96	保加利亚	Bulgaria	86.46
43	冰岛	Iceland	68.96	乌克兰	Ukraine	86.33
44	罗马尼亚	Romania	68.71	乌拉圭	Uruguay	85.82
45	法属波利尼西亚	French Polynesia	67.17	秘鲁	Peru	85.76
46	俄罗斯联邦	Russian Federation	66.96	俄罗斯联邦	Russian Federation	85.69
47	塞尔维亚	Serbia	66.19	斯洛伐克	Slovak Republic	85.66
48	中国澳门	Macao, China	65.99	阿尔及利亚	Algeria	85.46
49	立陶宛	Lithuania	65.55	加纳	Ghana	85.41
50	塞浦路斯	Cyprus	65.01	肯尼亚	Kenya	85.27

17-2 续表 1

资料来源：KOF瑞士经济学会。
Source: KOF Swiss Economic Institute.

排名 Rank	全球化指数 Globalization Index 国家和地区	Country or Area	数值 Score	经济全球化 Economic Globalization 国家和地区	Country or Area	数值 Score
51	乌拉圭	Uruguay	65.71	罗马尼亚	Romania	69.19
52	秘鲁	Peru	64.53	巴巴多斯	Barbados	68.79
53	南非	South Africa	64.42	拉脱维亚	Latvia	68.59
54	泰国	Thailand	64.15	牙买加	Jamaica	68.57
55	日本	Japan	64.13	斯威士兰	Swaziland	68.40
56	黎巴嫩	Lebanon	64.11	洪都拉斯	Honduras	68.40
57	萨尔瓦多	El Salvador	63.71	圭亚那	Guyana	68.23
58	毛里求斯	Mauritius	63.39	科威特	Kuwait	68.22
59	哥斯达黎加	Costa Rica	63.09	哥斯达黎加	Costa Rica	67.72
60	韩国	Korea, Rep.	62.39	尼日利亚	Nigeria	67.51
61	沙特阿拉伯	Saudi Arabia	62.34	乌克兰	Ukraine	67.39
62	波黑	Bosnia and Herzegovina	61.86	乌拉圭	Uruguay	66.27
63	阿曼	Oman	61.80	安哥拉	Angola	65.85
64	洪都拉斯	Honduras	61.44	南非	South Africa	65.81
65	牙买加	Jamaica	61.34	亚美尼亚	Armenia	65.79
66	摩洛哥	Morocco	60.99	摩尔多瓦	Moldova	65.51
67	摩尔多瓦	Moldova	60.94	阿尔巴尼亚	Albania	65.44
68	危地马拉	Guatemala	60.86	约旦	Jordan	64.89
69	格鲁吉亚	Georgia	60.57	萨尔瓦多	El Salvador	64.64
70	墨西哥	Mexico	59.96	博茨瓦纳	Botswana	62.33
71	马其顿	Macedonia, FYR	59.72	马其顿	Macedonia, FYR	62.23
72	突尼斯	Tunisia	59.52	越南	Vietnam	61.91
73	中国	China	59.37	吉尔吉斯斯坦	Kyrgyz Republic	61.71
74	巴西	Brazil	59.36	波黑	Bosnia and Herzegovina	61.50
75	埃及	Egypt, Arab Rep.	59.35	赞比亚	Zambia	61.49
76	哈萨克斯坦	Kazakhstan	59.12	印尼	Indonesia	60.96
77	阿根廷	Argentina	58.94	瓦努阿图	Vanuatu	60.93
78	阿尔巴尼亚	Albania	58.43	纳米比亚	Namibia	60.90
79	特里尼达和多巴哥	Trinidad and Tobago	58.34	美国	United States	60.83
80	文莱	Brunei Darussalam	58.04	柬埔寨	Cambodia	60.78
81	尼日利亚	Nigeria	58.01	阿塞拜疆	Azerbaijan	60.67
82	巴拉圭	Paraguay	57.53	塞尔维亚	Serbia	60.42
83	阿塞拜疆	Azerbaijan	56.92	尼加拉瓜	Nicaragua	60.36
84	菲律宾	Philippines	56.70	韩国	Korea, Rep.	60.13
85	巴巴多斯	Barbados	56.55	毛里塔尼亚	Mauritania	60.08
86	哥伦比亚	Colombia	56.32	危地马拉	Guatemala	59.94
87	印尼	Indonesia	56.26	突尼斯	Tunisia	59.76
88	吉尔吉斯斯坦	Kyrgyz Republic	56.12	墨西哥	Mexico	59.74
89	纳米比亚	Namibia	55.70	土耳其	Turkey	59.26
90	加蓬	Gabon	55.54	玻利维亚	Bolivia	57.46
91	尼加拉瓜	Nicaragua	55.11	多米尼加	Dominican Republic	57.05
92	多米尼加	Dominican Republic	55.07	巴拉圭	Paraguay	56.88
93	蒙古	Mongolia	54.98	伯利兹	Belize	56.85
94	加纳	Ghana	54.94	莱索托	Lesotho	56.15
95	阿尔及利亚	Algeria	54.88	加蓬	Gabon	55.74
96	塞内加尔	Senegal	54.48	佛得角	Cape Verde	55.65
97	亚美尼亚	Armenia	54.27	菲律宾	Philippines	55.41
98	厄瓜多尔	Ecuador	54.16	俄罗斯联邦	Russian Federation	54.56
99	格林纳达	Grenada	54.02	莫桑比克	Mozambique	54.26
100	斐济	Fiji	53.90	巴西	Brazil	53.54

continued

排名	社会全球化 Social Globalization			政治全球化 Political Globalization		
Rank	国家和地区	Country or Area	数值 Score	国家和地区	Country or Area	数值 Score
51	日本	Japan	64.57	马来西亚	Malaysia	85.05
52	土耳其	Turkey	64.16	菲律宾	Philippines	85.03
53	约旦	Jordan	64.09	斯洛文尼亚	Slovenia	83.50
54	安提瓜和巴布达	Antigua and Barbuda	63.66	危地马拉	Guatemala	83.07
55	马其顿	Macedonia, FYR	63.58	埃塞俄比亚	Ethiopia	82.96
56	毛里求斯	Mauritius	63.45	新西兰	New Zealand	82.73
57	巴林	Bahrain	63.36	塞尔维亚	Serbia	82.60
58	巴哈马	Bahamas	63.27	以色列	Israel	82.40
59	卡塔尔	Qatar	61.00	厄瓜多尔	Ecuador	82.02
60	白俄罗斯	Belarus	60.92	泰国	Thailand	81.60
61	文莱	Brunei Darussalam	60.77	哥伦比亚	Colombia	81.59
62	保加利亚	Bulgaria	60.09	卢森堡	Luxembourg	81.00
63	哥斯达黎加	Costa Rica	59.73	塞浦路斯	Cyprus	80.28
64	巴拿马	Panama	59.53	萨尔瓦多	El Salvador	79.70
65	摩尔多瓦	Moldova	59.43	玻利维亚	Bolivia	78.41
66	百慕大	Bermuda	59.31	巴拉圭	Paraguay	78.29
67	黑山	Montenegro	59.10	赞比亚	Zambia	78.02
68	阿曼	Oman	58.35	孟加拉国	Bangladesh	77.42
69	乌克兰	Ukraine	57.02	波黑	Bosnia and Herzegovina	77.24
70	萨摩亚	Samoa	55.26	斯里兰卡	Sri Lanka	77.02
71	巴巴多斯	Barbados	54.63	利比亚	Libya	76.61
72	塞舌尔	Seychelles	54.17	几内亚	Guinea	75.65
73	格林纳达	Grenada	53.99	马里	Mali	75.50
74	苏里南	Suriname	53.91	新加坡	Singapore	75.10
75	开曼群岛	Cayman Islands	53.51	贝宁	Benin	75.01
76	阿塞拜疆	Azerbaijan	52.60	爱沙尼亚	Estonia	74.81
77	法罗群岛	Faeroe Islands	52.29	布基纳法索	Burkina Faso	74.78
78	智利	Chile	51.75	阿尔巴尼亚	Albania	74.69
79	萨尔瓦多	El Salvador	51.57	卡塔尔	Qatar	74.39
80	波黑	Bosnia and Herzegovina	51.41	乌干达	Uganda	74.34
81	圣卢西亚	St. Lucia	51.29	多哥	Togo	74.20
82	摩洛哥	Morocco	51.24	冰岛	Iceland	74.09
83	墨西哥	Mexico	51.11	加蓬	Gabon	73.77
84	斐济	Fiji	51.04	津巴布韦	Zimbabwe	73.55
85	乌拉圭	Uruguay	51.04	尼日尔	Niger	73.45
86	约旦河西岸和加沙	West Bank and Gaza	50.85	喀麦隆	Cameroon	73.26
87	圣基茨和尼维斯	St. Kitts and Nevis	50.84	墨西哥	Mexico	72.86
88	格鲁吉亚	Georgia	50.79	牙买加	Jamaica	72.37
89	多米尼加	Dominican Republic	50.41	洪都拉斯	Honduras	71.39
90	帕劳	Palau	50.07	蒙古	Mongolia	71.03
91	阿根廷	Argentina	49.12	伊朗	Iran, Islamic Rep.	70.93
92	委内瑞拉	Venezuela, RB	48.62	尼泊尔	Nepal	70.91
93	中国	China	48.09	卢旺达	Rwanda	69.57
94	洪都拉斯	Honduras	47.67	哈萨克斯坦	Kazakhstan	69.35
95	尼加拉瓜	Nicaragua	47.40	斐济	Fiji	68.70
96	马尔代夫	Maldives	47.29	委内瑞拉	Venezuela, RB	68.66
97	圣文森特和格林纳丁斯	St. Vincent and the Grenac	47.11	马达加斯加	Madagascar	68.48
98	南非	South Africa	46.83	莫桑比克	Mozambique	68.07
99	泰国	Thailand	46.63	也门	Yemen, Rep.	67.95
100	牙买加	Jamaica	46.52	吉尔吉斯斯坦	Kyrgyz Republic	67.76

17-2 续表 2

资料来源：KOF瑞士经济学会。
Source: KOF Swiss Economic Institute.

排名	全球化指数 Globalization Index			经济全球化 Economic Globalization		
Rank	国家和地区	Country or Area	数值 Score	国家和地区	Country or Area	数值 Score
101	玻利维亚	Bolivia	53.79	加纳	Ghana	53.02
102	赞比亚	Zambia	53.78	乌干达	Uganda	52.75
103	圭亚那	Guyana	53.19	科特迪瓦	Cote d'Ivoire	52.50
104	萨摩亚	Samoa	53.13	阿尔及利亚	Algeria	52.36
105	白俄罗斯	Belarus	52.68	津巴布韦	Zimbabwe	52.15
106	利比亚	Libya	52.50	也门	Yemen, Rep.	51.86
107	博茨瓦纳	Botswana	52.22	中国	China	51.25
108	巴基斯坦	Pakistan	52.18	缅甸	Myanmar	50.96
109	冈比亚	Gambia	51.94	哥伦比亚	Colombia	50.90
110	印度	India	51.88	多哥	Togo	50.89
111	斯威士兰	Swaziland	51.72	摩洛哥	Morocco	50.46
112	刚果(布)	Congo, Rep.	51.49	马里	Mali	49.92
113	巴哈马	Bahamas	51.47	埃及	Egypt, Arab Rep.	48.80
114	安提瓜和巴布达	Antigua and Barbuda	51.21	马达加斯加	Madagascar	48.30
115	委内瑞拉	Venezuela, RB	50.90	几内亚比绍	Guinea-Bissau	48.16
116	津巴布韦	Zimbabwe	50.89	几内亚	Guinea	47.95
117	吉布提	Djibouti	50.17	白俄罗斯	Belarus	46.67
118	斯里兰卡	Sri Lanka	50.15	斐济	Fiji	46.18
119	肯尼亚	Kenya	49.39	塞内加尔	Senegal	46.12
120	毛里塔尼亚	Mauritania	49.25	日本	Japan	45.84
121	莫桑比克	Mozambique	48.98	马尔代夫	Maldives	45.83
122	古巴	Cuba	48.65	厄瓜多尔	Ecuador	45.53
123	伯利兹	Belize	48.25	马拉维	Malawi	45.46
124	多哥	Togo	47.94	喀麦隆	Cameroon	45.38
125	塞舌尔	Seychelles	47.90	乍得	Chad	44.80
126	科特迪瓦	Cote d'Ivoire	47.87	阿根廷	Argentina	44.42
127	苏里南	Suriname	47.78	肯尼亚	Kenya	44.26
128	乌干达	Uganda	47.62	海地	Haiti	44.08
129	瓦努阿图	Vanuatu	47.62	印度	India	43.73
130	越南	Vietnam	46.99	坦桑尼亚	Tanzania	43.46
131	柬埔寨	Cambodia	46.82	布基纳法索	Burkina Faso	42.32
132	巴布亚新几内亚	Papua New Guinea	46.67	巴哈马	Bahamas, The	41.74
133	也门	Yemen, Rep.	46.66	叙利亚	Syrian Arab Republic	41.57
134	马里	Mali	46.52	巴基斯坦	Pakistan	41.14
135	圣卢西亚	St. Lucia	46.31	塞拉利昂	Sierra Leone	41.08
136	佛得角	Cape Verde	46.10	委内瑞拉	Venezuela, RB	40.45
137	喀麦隆	Cameroon	45.81	斯里兰卡	Sri Lanka	40.34
138	几内亚	Guinea	45.73	苏丹	Sudan	39.92
139	帕劳	Palau	45.72	贝宁	Benin	39.74
140	布基纳法索	Burkina Faso	44.88	刚果(金)	Congo, Dem. Rep.	36.48
141	安哥拉	Angola	44.42	中非共和国	Central African Republic	34.82
142	贝宁	Benin	44.28	尼日尔	Niger	34.60
143	阿鲁巴	Aruba	44.14	孟加拉国	Bangladesh	34.49
144	新喀里多尼亚	New Caledonia	44.09	卢旺达	Rwanda	29.15
145	马达加斯加	Madagascar	43.87	布隆迪	Burundi	29.09
146	几内亚比绍	Guinea-Bissau	43.47	伊朗	Iran, Islamic Rep.	28.94
147	叙利亚	Syrian Arab Republic	42.78	尼泊尔	Nepal	27.60
148	莱索托	Lesotho	41.99	埃塞俄比亚	Ethiopia	26.62
149	圣基茨和尼维斯	St. Kitts and Nevis	41.32	阿鲁巴	Aruba	.
150	马尔代夫	Maldives	41.24	安道尔	Andorra	.

continued

排名 Rank	社会全球化 Social Globalization			政治全球化 Political Globalization		
	国家和地区	Country or Area	数值 Score	国家和地区	Country or Area	数值 Score
101	危地马拉	Guatemala	46.17	冈比亚	Gambia, The	67.44
102	特里尼达和多巴哥	Trinidad and Tobago	46.09	吉布提	Djibouti	66.67
103	韩国	Korea, Rep.	45.75	纳米比亚	Namibia	66.14
104	斯威士兰	Swaziland	45.49	刚果(金)	Congo, Dem. Rep.	65.60
105	埃及	Egypt, Arab Rep.	45.31	毛里塔尼亚	Mauritania	65.26
106	多米尼加	Dominica	44.89	乍得	Chad	64.98
107	亚美尼亚	Armenia	44.82	几内亚比绍	Guinea-Bissau	64.78
108	哥伦比亚	Colombia	43.88	中非	Central African Republic	64.32
109	巴拉圭	Paraguay	43.58	古巴	Cuba	64.00
110	格陵兰	Greenland	43.53	塞拉利昂	Sierra Leone	63.99
111	纳米比亚	Namibia	43.28	黑山	Montenegro	63.00
112	厄瓜多尔	Ecuador	43.02	黎巴嫩	Lebanon	62.83
113	圭亚那	Guyana	42.78	布隆迪	Burundi	62.52
114	加蓬	Gabon	42.54	巴拿马	Panama	62.49
115	吉尔吉斯斯坦	Kyrgyz Republic	42.48	塔吉克斯坦	Tajikistan	62.22
116	哈萨克斯坦	Kazakhstan	41.82	立陶宛	Lithuania	62.07
117	伯利兹	Belize	41.58	科威特	Kuwait	61.98
118	佛得角	Cape Verde	41.16	刚果(布)	Congo, Rep.	61.94
119	秘鲁	Peru	41.07	哥斯达黎加	Costa Rica	61.46
120	冈比亚	Gambia, The	41.05	柬埔寨	Cambodia	61.03
121	斯里兰卡	Sri Lanka	40.86	博茨瓦纳	Botswana	59.75
122	巴西	Brazil	40.69	拉脱维亚	Latvia	59.19
123	阿尔巴尼亚	Albania	40.15	多米尼加	Dominican Republic	58.94
124	突尼斯	Tunisia	39.63	坦桑尼亚	Tanzania	58.90
125	塞内加尔	Senegal	38.81	科特迪瓦	Cote d'Ivoire	58.87
126	吉布提	Djibouti	38.59	尼加拉瓜	Nicaragua	58.80
127	菲律宾	Philippines	38.06	叙利亚	Syrian Arab Republic	58.64
128	古巴	Cuba	37.86	阿塞拜疆	Azerbaijan	57.85
129	博茨瓦纳	Botswana	37.08	苏丹	Sudan	56.84
130	巴基斯坦	Pakistan	36.47	摩尔多瓦	Moldova	56.74
131	阿尔及利亚	Algeria	35.85	越南	Vietnam	56.12
132	科特迪瓦	Cote d'Ivoire	35.63	伊拉克	Iraq	55.50
133	利比亚	Libya	35.57	马耳他	Malta	55.06
134	加纳	Ghana	35.40	马拉维	Malawi	54.76
135	土库曼斯坦	Turkmenistan	34.71	阿联酋	United Arab Emirates	54.40
136	津巴布韦	Zimbabwe	33.74	文莱	Brunei Darussalam	54.16
137	瓦努阿图	Vanuatu	33.65	格林纳达	Grenada	54.07
138	圣多美和普林西比	Sao Tome and Principe	33.16	沙特阿拉伯	Saudi Arabia	52.33
139	玻利维亚	Bolivia	32.92	格鲁吉亚	Georgia	52.05
140	叙利亚	Syrian Arab Republic	32.81	亚美尼亚	Armenia	51.73
141	不丹	Bhutan	31.79	特里尼达和多巴哥	Trinidad and Tobago	51.01
142	印度	India	31.67	马其顿	Macedonia, FYR	50.72
143	莱索托	Lesotho	31.25	安哥拉	Angola	50.50
144	伊朗	Iran, Islamic Rep.	30.92	萨摩亚	Samoa	50.09
145	莫桑比克	Mozambique	30.42	白俄罗斯	Belarus	49.31
146	印尼	Indonesia	30.01	瓦努阿图	Vanuatu	49.00
147	乌兹别克斯坦	Uzbekistan	29.30	巴林	Bahrain	48.65
148	赞比亚	Zambia	29.22	巴哈马	Bahamas, The	48.20
149	肯尼亚	Kenya	29.19	海地	Haiti	47.60
150	卢旺达	Rwanda	28.60	乌兹别克斯坦	Uzbekistan	47.29

17-3 世界主要国家和地区全球竞争力指数排名(2012年)
The Ranking of the Global Competitiveness Index in 2012

资料来源：世界经济论坛《全球竞争力报告2012-2013》。
Source: World Economic Forun The Global Competitiveness Report 2012-2013.

国家和地区	Country or Area	总指数 Overall Index		分类指数 Subindexes					
				基础设施 Basic Requirements		效率增强 Efficiency Enhancers		创新与成熟度 Innovation and Sophistication Factors	
		排名 Rank	数值 Score	排名 Rank	数值 Score	排名 Rank	数值 Score	排名 Rank	数值 Score
瑞士	Switzerland	1	5.72	2	6.22	5	5.48	1	5.79
新加坡	Singapore	2	5.67	1	6.34	1	5.65	11	5.27
芬兰	Finland	3	5.55	4	6.03	9	5.30	3	5.62
瑞典	Sweden	4	5.53	6	6.01	8	5.32	5	5.56
荷兰	Netherlands	5	5.50	10	5.92	7	5.35	6	5.47
德国	Germany	6	5.48	11	5.86	10	5.27	4	5.57
美国	United States	7	5.47	33	5.12	2	5.63	7	5.42
英国	United Kingdom	8	5.45	24	5.51	4	5.50	9	5.32
中国香港	Hong Kong SAR	9	5.41	3	6.14	3	5.54	22	4.73
日本	Japan	10	5.40	29	5.30	11	5.27	2	5.67
卡塔尔	Qatar	11	5.38	7	5.96	22	4.93	15	5.02
丹麦	Denmark	12	5.29	16	5.68	15	5.15	12	5.24
中国台湾	Taiwan, China	13	5.28	17	5.67	12	5.24	14	5.08
加拿大	Canada	14	5.27	14	5.71	6	5.41	21	4.74
挪威	Norway	15	5.27	9	5.95	16	5.15	16	5.00
奥地利	Austria	16	5.22	20	5.63	19	5.01	10	5.30
比利时	Belgium	17	5.21	22	5.52	17	5.09	13	5.21
沙特阿拉伯	Saudi Arabia	18	5.19	13	5.74	26	4.84	29	4.47
韩国	Korea, Rep.	19	5.12	18	5.66	20	5.00	17	4.96
澳大利亚	Australia	20	5.12	12	5.75	13	5.20	28	4.56
法国	France	21	5.11	23	5.52	18	5.04	18	4.96
卢森堡	Luxembourg	22	5.09	8	5.96	24	4.87	19	4.89
新西兰	New Zealand	23	5.09	19	5.65	14	5.16	27	4.60
阿联酋	United Arab Emirates	24	5.07	5	6.03	21	4.94	25	4.64
马来西亚	Malaysia	25	5.06	27	5.38	23	4.89	23	4.70
以色列	Israel	26	5.02	37	5.10	27	4.79	8	5.33
爱尔兰	Ireland	27	4.91	35	5.11	25	4.85	20	4.87
文莱	Brunei Darussalam	28	4.87	21	5.56	68	4.05	62	3.64
中国	China	29	4.83	31	5.25	30	4.64	34	4.05
冰岛	Iceland	30	4.74	30	5.27	36	4.54	24	4.69
波多黎各	Puerto Rico	31	4.67	48	4.86	33	4.61	26	4.64
阿曼	Oman	32	4.65	15	5.69	45	4.40	44	3.91
智利	Chile	33	4.65	28	5.35	32	4.63	45	3.87
爱沙尼亚	Estonia	34	4.64	26	5.47	31	4.63	33	4.06
巴林	Bahrain	35	4.63	25	5.47	35	4.58	53	3.74
西班牙	Spain	36	4.60	36	5.11	29	4.67	31	4.14

17-3 续表 1 continued

国家和地区	Country or Area	总指数 Overall Index		分类指数 Subindexes					
				基础设施 Basic Requirements		效率增强 Efficiency Enhancers		创新与成熟度 Innovation and Sophistication Factors	
		排名 Rank	数值 Score	排名 Rank	数值 Score	排名 Rank	数值 Score	排名 Rank	数值 Score
科威特	Kuwait	37	4.56	32	5.21	75	3.98	86	3.36
泰国	Thailand	38	4.52	45	4.89	47	4.38	55	3.72
捷克	Czech Republic	39	4.51	44	4.89	34	4.59	32	4.13
巴拿马	Panama	40	4.49	50	4.83	50	4.36	48	3.83
波兰	Poland	41	4.46	61	4.66	28	4.69	61	3.66
意大利	Italy	42	4.46	51	4.81	41	4.44	30	4.24
土耳其	Turkey	43	4.45	57	4.75	42	4.42	50	3.79
巴巴多斯	Barbados	44	4.42	38	5.09	49	4.37	38	3.97
立陶宛	Lithuania	45	4.41	49	4.84	46	4.38	47	3.83
阿塞拜疆	Azerbaijan	46	4.41	56	4.76	67	4.05	57	3.68
马耳他	Malta	47	4.41	34	5.12	40	4.46	46	3.85
巴西	Brazil	48	4.40	73	4.49	38	4.52	39	3.97
葡萄牙	Portugal	49	4.40	40	4.96	44	4.40	37	4.01
印度尼西亚	Indonesia	50	4.40	58	4.74	58	4.20	40	3.96
哈萨克斯坦	Kazakhstan	51	4.38	47	4.86	56	4.24	104	3.25
南非	South Africa	52	4.37	84	4.28	37	4.53	42	3.94
墨西哥	Mexico	53	4.36	63	4.64	53	4.31	49	3.79
毛里求斯	Mauritius	54	4.35	52	4.80	62	4.14	63	3.63
拉脱维亚	Latvia	55	4.35	54	4.79	48	4.37	68	3.57
斯洛文尼亚	Slovenia	56	4.34	39	5.05	55	4.25	36	4.02
哥斯达黎加	Costa Rica	57	4.34	67	4.61	60	4.18	35	4.04
塞浦路斯	Cyprus	58	4.32	42	4.94	43	4.41	51	3.77
印度	India	59	4.32	85	4.26	39	4.48	43	3.94
匈牙利	Hungary	60	4.30	55	4.78	52	4.32	58	3.68
秘鲁	Peru	61	4.28	69	4.57	57	4.23	94	3.31
保加利亚	Bulgaria	62	4.27	65	4.63	59	4.18	97	3.30
卢旺达	Rwanda	63	4.24	70	4.56	94	3.77	60	3.66
约旦	Jordan	64	4.23	66	4.61	70	4.03	52	3.74
菲律宾	Philippines	65	4.23	80	4.35	61	4.17	64	3.60
伊朗	Iran, Islamic Rep.	66	4.22	59	4.69	90	3.81	77	3.46
俄罗斯联邦	Russian Federation	67	4.20	53	4.79	54	4.26	108	3.16
斯里兰卡	Sri Lanka	68	4.19	72	4.50	77	3.96	41	3.96
哥伦比亚	Colombia	69	4.18	77	4.40	63	4.13	66	3.58
摩洛哥	Morocco	70	4.15	68	4.60	79	3.94	84	3.38
斯洛伐克	Slovak Republic	71	4.14	62	4.64	51	4.33	74	3.50
黑山	Montenegro	72	4.14	74	4.49	74	3.99	69	3.57
乌克兰	Ukraine	73	4.14	79	4.35	65	4.11	79	3.43

17-3 续表 2 continued

国家和地区	Country or Area	总指数 Overall Index		分类指数 Subindexes 基础设施 Basic Requirements		效率增强 Efficiency Enhancers		创新与成熟度 Innovation and Sophistication Factors	
		排名 Rank	数值 Score	排名 Rank	数值 Score	排名 Rank	数值 Score	排名 Rank	数值 Score
乌拉圭	Uruguay	74	4.13	43	4.91	73	4.00	78	3.46
越南	Vietnam	75	4.11	91	4.22	71	4.02	90	3.32
塞舌尔	Seychelles	76	4.10	46	4.86	91	3.81	87	3.36
格鲁吉亚	Georgia	77	4.07	64	4.63	87	3.84	120	3.00
罗马尼亚	Romania	78	4.07	90	4.22	64	4.12	106	3.20
博茨瓦纳	Botswana	79	4.06	78	4.38	89	3.82	82	3.40
马其顿	Macedonia, FYR	80	4.04	71	4.52	84	3.85	110	3.13
克罗地亚	Croatia	81	4.04	60	4.68	72	4.01	83	3.39
亚美尼亚	Armenia	82	4.02	76	4.41	82	3.86	98	3.29
危地马拉	Guatemala	83	4.01	88	4.23	81	3.92	70	3.56
特里尼达和多巴哥	Trinidad and Tobago	84	4.01	41	4.95	83	3.85	89	3.33
柬埔寨	Cambodia	85	4.01	97	4.14	85	3.84	72	3.53
厄瓜多尔	Ecuador	86	3.94	75	4.42	100	3.68	93	3.32
摩尔多瓦	Moldova	87	3.94	93	4.16	99	3.71	131	2.85
波黑	Bosnia and Herzegovina	88	3.93	81	4.33	97	3.75	99	3.28
阿尔巴尼亚	Albania	89	3.91	87	4.24	92	3.80	113	3.11
洪都拉斯	Honduras	90	3.88	101	4.08	102	3.66	91	3.32
黎巴嫩	Lebanon	91	3.88	116	3.79	66	4.06	81	3.41
纳米比亚	Namibia	92	3.88	82	4.33	105	3.64	103	3.25
蒙古	Mongolia	93	3.87	92	4.17	96	3.76	112	3.11
阿根廷	Argentina	94	3.87	96	4.15	86	3.84	88	3.35
塞尔维亚	Serbia	95	3.87	95	4.15	88	3.83	124	2.96
希腊	Greece	96	3.86	98	4.13	69	4.05	85	3.37
牙买加	Jamaica	97	3.84	114	3.82	80	3.93	80	3.41
冈比亚	Gambia	98	3.83	103	4.01	114	3.54	54	3.74
加蓬	Gabon	99	3.82	86	4.25	116	3.52	139	2.64
塔吉克斯坦	Tajikistan	100	3.80	105	3.97	112	3.56	76	3.46
萨尔瓦多	El Salvador	101	3.80	99	4.13	103	3.66	107	3.16
赞比亚	Zambia	102	3.80	108	3.92	108	3.61	67	3.57
加纳	Ghana	103	3.79	112	3.85	95	3.77	102	3.27
玻利维亚	Bolivia	104	3.78	94	4.15	122	3.35	100	3.28
多米尼加	Dominican Republic	105	3.77	111	3.88	93	3.79	105	3.25
肯尼亚	Kenya	106	3.75	123	3.62	76	3.97	56	3.68
埃及	Egypt	107	3.73	110	3.91	101	3.67	96	3.31
尼加拉瓜	Nicaragua	108	3.73	104	3.99	119	3.38	116	3.05
圭亚那	Guyana	109	3.73	107	3.93	109	3.61	71	3.54

17-3 续表 3 continued

国家和地区	Country or Area	总指数 Overall Index		分类指数 Subindexes					
				基础设施 Basic Requirements		效率增强 Efficiency Enhancers		创新与成熟度 Innovation and Sophistication Factors	
		排名 Rank	数值 Score	排名 Rank	数值 Score	排名 Rank	数值 Score	排名 Rank	数值 Score
阿尔及利亚	Algeria	110	3.72	89	4.22	136	3.08	144	2.31
利比里亚	Liberia	111	3.71	109	3.92	121	3.36	59	3.67
喀麦隆	Cameroon	112	3.69	115	3.80	111	3.57	95	3.31
利比亚	Libya	113	3.68	102	4.06	131	3.19	127	2.92
苏里南	Suriname	114	3.68	83	4.29	124	3.32	117	3.01
尼日利亚	Nigeria	115	3.67	130	3.52	78	3.96	73	3.53
巴拉圭	Paraguay	116	3.67	106	3.94	110	3.59	123	2.97
塞内加尔	Senegal	117	3.66	120	3.68	106	3.63	65	3.59
孟加拉国	Bangladesh	118	3.65	119	3.72	107	3.62	122	2.98
贝宁	Benin	119	3.61	113	3.83	125	3.31	111	3.12
坦桑尼亚	Tanzania	120	3.60	122	3.65	113	3.55	92	3.32
埃塞俄比亚	Ethiopia	121	3.55	118	3.74	123	3.33	125	2.96
佛得角	Cape Verde	122	3.55	100	4.08	128	3.22	119	3.01
乌干达	Uganda	123	3.53	132	3.48	104	3.66	101	3.27
巴基斯坦	Pakistan	124	3.52	134	3.41	98	3.71	75	3.47
尼泊尔	Nepal	125	3.49	121	3.65	126	3.30	133	2.82
委内瑞拉	Venezuela	126	3.46	126	3.54	117	3.46	135	2.78
吉尔吉斯斯坦	Kyrgyz Republic	127	3.44	128	3.52	118	3.40	140	2.63
马里	Mali	128	3.43	125	3.55	127	3.26	114	3.11
马拉维	Malawi	129	3.38	135	3.40	120	3.37	109	3.16
马达加斯加	Madagascar	130	3.38	129	3.52	132	3.18	115	3.08
科特迪瓦	C te d'Ivoire	131	3.36	137	3.29	115	3.53	121	2.99
津巴布韦	Zimbabwe	132	3.34	127	3.53	135	3.08	128	2.90
布基纳法索	Burkina Faso	133	3.34	133	3.45	129	3.22	126	2.94
毛里塔尼亚	Mauritania	134	3.32	124	3.60	142	2.88	118	3.01
斯威士兰	Swaziland	135	3.28	131	3.49	130	3.21	134	2.80
东帝汶	Timor-Leste	136	3.27	117	3.78	138	2.97	136	2.73
莱索托	Lesotho	137	3.19	136	3.32	137	3.05	137	2.72
莫桑比克	Mozambique	138	3.17	138	3.22	133	3.10	130	2.89
乍得	Chad	139	3.05	139	3.15	141	2.91	129	2.89
也门	Yemen	140	2.97	141	3.01	139	2.95	141	2.50
几内亚	Guinea	141	2.90	143	2.80	134	3.10	132	2.82
海地	Haiti	142	2.90	140	3.02	143	2.76	143	2.41
塞拉利昂	Sierra Leone	143	2.82	144	2.77	140	2.94	138	2.69
布隆迪	Burundi	144	2.78	142	2.94	144	2.56	142	2.42

17-4 世界主要国家和地区信息化发展指数(IDI)排名(2011年)

资料来源：国际电信联盟《衡量信息社会发展》2012年。
Source: International Telecommunication Union - Mesuring the Information Society 2012.

排名 Rank	总指数 IDI			接入 Access		
	国家和地区	Country or Area	数值 Score	国家和地区	Country or Area	数值 Score
1	韩国	Korea(Rep.)	8.56	中国香港	Hong Kong, China	9.21
2	瑞典	Sweden	8.34	瑞士	Switzerland	8.89
3	丹麦	Denmark	8.29	卢森堡	Luxembourg	8.87
4	冰岛	Iceland	8.17	冰岛	Iceland	8.81
5	芬兰	Finland	8.04	德国	Germany	8.66
6	荷兰	Netherlands	7.82	瑞典	Sweden	8.50
7	卢森堡	Luxembourg	7.76	英国	United Kingdom	8.47
8	日本	Japan	7.76	新加坡	Singapore	8.38
9	英国	United Kingdom	7.75	丹麦	Denmark	8.37
10	瑞士	Switzerland	7.68	荷兰	Netherlands	8.34
11	中国香港	Hong Kong, China	7.68	韩国	Korea	8.30
12	新加坡	Singapore	7.66	挪威	Norway	8.28
13	挪威	Norway	7.52	中国澳门	Macao, China	7.96
14	中国澳门	Macao, China	7.51	法国	France	7.92
15	美国	United States	7.48	马耳他	Malta	7.90
16	德国	Germany	7.39	奥地利	Austria	7.88
17	新西兰	New Zealand	7.34	日本	Japan	7.81
18	法国	France	7.30	芬兰	Finland	7.74
19	奥地利	Austria	7.10	比利时	Belgium	7.72
20	爱尔兰	Ireland	7.09	澳大利亚	Australia	7.66
21	澳大利亚	Australia	7.05	爱尔兰	Ireland	7.64
22	加拿大	Canada	7.04	新西兰	New Zealand	7.61
23	比利时	Belgium	6.89	加拿大	Canada	7.54
24	爱沙尼亚	Estonia	6.81	美国	United States	7.50
25	斯洛文尼亚	Slovenia	6.70	以色列	Israel	7.34
26	马耳他	Malta	6.69	斯洛文尼亚	Slovenia	7.29
27	以色列	Israel	6.62	爱沙尼亚	Estonia	7.20
28	西班牙	Spain	6.62	巴巴多斯	Barbados	7.15
29	意大利	Italy	6.28	西班牙	Spain	7.12
30	卡塔尔	Qatar	6.24	意大利	Italy	7.11
31	波兰	Poland	6.19	安提瓜和巴布达	Antigua & Barbuda	6.99
32	捷克	Czech Republic	6.17	葡萄牙	Portugal	6.94
33	希腊	Greece	6.14	巴林	Bahrain	6.94
34	巴巴多斯	Barbados	6.07	卡塔尔	Qatar	6.90
35	立陶宛	Lithuania	6.06	阿联酋	United Arab Emirates	6.89
36	拉脱维亚	Latvia	6.06	俄罗斯联邦	Russian Federation	6.69
37	葡萄牙	Portugal	6.05	克罗地亚	Croatia	6.67
38	俄罗斯联邦	Russian Federation	6.00	沙特阿拉伯	Saudi Arabia	6.63
39	斯洛伐克	Slovakia	5.86	立陶宛	Lithuania	6.60
40	巴林	Bahrain	5.85	希腊	Greece	6.56
41	匈牙利	Hungary	5.77	捷克	Czech Republic	6.53
42	克罗地亚	Croatia	5.75	匈牙利	Hungary	6.48
43	安提瓜和巴布达	Antigua & Barbuda	5.74	波兰	Poland	6.46
44	塞浦路斯	Cyprus	5.73	文莱	Brunei Darussalam	6.46
45	阿联酋	United Arab Emirates	5.64	塞浦路斯	Cyprus	6.46
46	白俄罗斯	Belarus	5.57	塞尔维亚	Serbia	6.37
47	沙特阿拉伯	Saudi Arabia	5.43	斯洛伐克	Slovakia	6.32
48	塞尔维亚	Serbia	5.40	乌拉圭	Uruguay	6.15
49	哈萨克斯坦	Kazakhstan	5.27	拉脱维亚	Latvia	6.13
50	乌拉圭	Uruguay	5.24	白俄罗斯	Belarus	6.13

The Ranking of Information Communication Technology Development Index(IDI)in 2011

排名 Rank	使用 Use			技术 Skill		
	国家和地区	Country or Area	数值 Score	国家和地区	Country or Area	数值 Score
1	韩国	Korea (Rep.)	8.17	韩国	Korea (Rep.)	9.86
2	瑞典	Sweden	7.84	芬兰	Finland	9.68
3	丹麦	Denmark	7.79	美国	United States	9.65
4	芬兰	Finland	7.51	希腊	Greece	9.54
5	日本	Japan	7.29	古巴	Cuba	9.47
6	新加坡	Singapore	7.24	斯洛文尼亚	Slovenia	9.45
7	卢森堡	Luxembourg	7.07	新西兰	New Zealand	9.38
8	冰岛	Iceland	7.07	白俄罗斯	Belarus	9.28
9	荷兰	Netherlands	6.86	立陶宛	Lithuania	9.16
10	中国澳门	Macao, China	6.63	澳大利亚	Australia	9.15
11	英国	United Kingdom	6.62	乌克兰	Ukraine	9.15
12	美国	United States	6.37	丹麦	Denmark	9.10
13	瑞士	Switzerland	6.21	冰岛	Iceland	9.09
14	法国	France	6.12	挪威	Norway	9.08
15	新西兰	New Zealand	6.06	西班牙	Spain	9.02
16	挪威	Norway	5.97	瑞典	Sweden	8.98
17	中国香港	Hong Kong, China	5.96	波兰	Poland	8.89
18	爱尔兰	Ireland	5.76	比利时	Belgium	8.87
19	德国	Germany	5.73	加拿大	Canada	8.85
20	加拿大	Canada	5.64	巴巴多斯	Barbados	8.82
21	奥地利	Austria	5.57	俄罗斯联邦	Russian Federation	8.79
22	爱沙尼亚	Estonia	5.45	意大利	Italy	8.79
23	澳大利亚	Australia	5.39	爱沙尼亚	Estonia	8.74
24	卡塔尔	Qatar	5.38	荷兰	Netherlands	8.71
25	比利时	Belgium	5.07	爱尔兰	Ireland	8.66
26	马耳他	Malta	5.06	匈牙利	Hungary	8.64
27	以色列	Israel	5.02	奥地利	Austria	8.62
28	西班牙	Spain	4.92	日本	Japan	8.59
29	拉脱维亚	Latvia	4.77	英国	United Kingdom	8.58
30	斯洛文尼亚	Slovenia	4.75	阿根廷	Argentina	8.57
31	捷克	Czech Republic	4.73	葡萄牙	Portugal	8.56
32	波兰	Poland	4.57	罗马尼亚	Romania	8.54
33	斯洛伐克	Slovakia	4.30	委内瑞拉	Venezuela	8.52
34	意大利	Italy	4.20	拉脱维亚	Latvia	8.49
35	希腊	Greece	4.02	法国	France	8.44
36	立陶宛	Lithuania	3.97	以色列	Israel	8.41
37	葡萄牙	Portugal	3.92	乌拉圭	Uruguay	8.38
38	俄罗斯联邦	Russian Federation	3.90	中国澳门	Macao, China	8.35
39	安提瓜和巴布达	Antigua & Barbuda	3.76	捷克	Czech Republic	8.33
40	塞浦路斯	Cyprus	3.73	塞浦路斯	Cyprus	8.27
41	阿联酋	United Arab Emirates	3.66	瑞士	Switzerland	8.18
42	克罗地亚	Croatia	3.66	智利	Chile	8.18
43	巴林	Bahrain	3.65	德国	Germany	8.17
44	匈牙利	Hungary	3.63	蒙古	Mongolia	8.11
45	阿曼	Oman	3.63	克罗地亚	Croatia	8.10
46	巴巴多斯	Barbados	3.62	斯洛伐克	Slovakia	8.08
47	沙特阿拉伯	Saudi Arabia	3.24	巴林	Bahrain	8.08
48	马其顿	Macedonia	3.24	中国香港	Hong Kong, China	8.05
49	哈萨克斯坦	Kazakhstan	3.19	哈萨克斯坦	Kazakhstan	8.00
50	白俄罗斯	Belarus	3.17	保加利亚	Bulgaria	7.97

17-4 续表 1

排名 Rank	总指数 IDI			接入 Access		
	国家和地区	Country or Area	数值 Score	国家和地区	Country or Area	数值 Score
51	保加利亚	Bulgaria	5.20	圣文森特和格林纳丁斯	St. Vincent and the G.	6.09
52	罗马尼亚	Romania	5.13	保加利亚	Bulgaria	5.97
53	阿曼	Oman	5.10	哈萨克斯坦	Kazakhstan	5.97
54	马其顿	Macedonia	5.05	马来西亚	Malaysia	5.85
55	智利	Chile	5.01	罗马尼亚	Romania	5.75
56	阿根廷	Argentina	5.00	马其顿	Macedonia	5.73
57	文莱	Brunei Darussalam	4.95	圣卢西亚	Saint Lucia	5.72
58	马来西亚	Malaysia	4.82	摩尔多瓦	Moldova	5.69
59	圣文森特和格林纳丁斯	St. Vincent and the G.	4.74	阿根廷	Argentina	5.66
60	巴西	Brazil	4.72	塞舌尔	Seychelles	5.61
61	特里尼达和多巴哥	Trinidad & Tobago	4.57	阿曼	Oman	5.60
62	摩尔多瓦	Moldova	4.55	特里尼达和多巴哥	Trinidad & Tobago	5.59
63	波黑	Bosnia and Herzegovina	4.53	马尔代夫	Maldives	5.53
64	圣卢西亚	Saint Lucia	4.49	黎巴嫩	Lebanon	5.44
65	黎巴嫩	Lebanon	4.48	智利	Chile	5.42
66	巴拿马	Panama	4.41	巴西	Brazil	5.35
67	乌克兰	Ukraine	4.40	哥斯达黎加	Costa Rica	5.28
68	阿塞拜疆	Azerbaijan	4.39	巴拿马	Panama	5.16
69	土耳其	Turkey	4.38	土耳其	Turkey	5.12
70	塞舌尔	Seychelles	4.37	毛里求斯	Mauritius	5.01
71	哥斯达黎加	Costa Rica	4.37	乌克兰	Ukraine	4.86
72	马尔代夫	Maldives	4.30	波黑	Bosnia and Herzegovina	4.67
73	格鲁吉亚	Georgia	4.20	约旦	Jordan	4.64
74	毛里求斯	Mauritius	4.18	阿塞拜疆	Azerbaijan	4.63
75	约旦	Jordan	3.95	格鲁吉亚	Georgia	4.61
76	哥伦比亚	Colombia	3.93	摩洛哥	Morocco	4.49
77	委内瑞拉	Venezuela	3.92	伊朗	Iran (I.R.)	4.47
78	中国	China	3.88	叙利亚	Syria	4.19
79	墨西哥	Mexico	3.79	埃及	Egypt	4.18
80	阿尔巴尼亚	Albania	3.78	哥伦比亚	Colombia	4.17
81	越南	Viet Nam	3.68	厄瓜多尔	Ecuador	4.16
82	厄瓜多尔	Ecuador	3.68	中国	China	4.12
83	埃及	Egypt	3.66	墨西哥	Mexico	4.08
84	蒙古	Mongolia	3.63	委内瑞拉	Venezuela	4.01
85	突尼斯	Tunisia	3.58	越南	Viet Nam	4.00
86	秘鲁	Peru	3.57	牙买加	Jamaica	3.96
87	伊朗	Iran (I.R.)	3.53	突尼斯	Tunisia	3.91
88	斐济	Fiji	3.50	秘鲁	Peru	3.87
89	牙买加	Jamaica	3.49	斐济	Fiji	3.85
90	摩洛哥	Morocco	3.46	南非	South Africa	3.79
91	南非	South Africa	3.42	泰国	Thailand	3.78
92	泰国	Thailand	3.41	蒙古	Mongolia	3.76
93	多米尼加	Dominican Rep.	3.34	萨尔瓦多	El Salvador	3.72
94	菲律宾	Philippines	3.19	阿尔巴尼亚	Albania	3.59
95	印度尼西亚	Indonesia	3.19	巴拉圭	Paraguay	3.55
96	叙利亚	Syria	3.15	阿尔及利亚	Algeria	3.53
97	巴拉圭	Paraguay	3.14	博茨瓦纳	Botswana	3.50
98	玻利维亚	Bolivia	3.13	多米尼加	Dominican Rep.	3.37
99	圭亚那	Guyana	3.12	印度尼西亚	Indonesia	3.37
100	汤加	Tonga	3.12	加蓬	Gabon	3.35

continued

排名 Rank	使用 Use			技术 Skill		
	国家和地区	Country or Area	数值 Score	国家和地区	Country or Area	数值 Score
51	塞尔维亚	Serbia	3.15	塞尔维亚	Serbia	7.93
52	保加利亚	Bulgaria	3.04	哥伦比亚	Colombia	7.62
53	智利	Chile	3.01	巴西	Brazil	7.53
54	阿塞拜疆	Azerbaijan	2.98	马耳他	Malta	7.52
55	波黑	Bosnia and Herzegovina	2.94	约旦	Jordan	7.50
56	马来西亚	Malaysia	2.85	黎巴嫩	Lebanon	7.49
57	罗马尼亚	Romania	2.79	摩尔多瓦	Moldova	7.48
58	乌拉圭	Uruguay	2.76	波黑	Bosnia and Herzegovina	7.43
59	巴西	Brazil	2.67	沙特阿拉伯	Saudi Arabia	7.42
60	阿根廷	Argentina	2.56	阿尔巴尼亚	Albania	7.38
61	特里尼达和多巴哥	Trinidad & Tobago	2.52	哥斯达黎加	Costa Rica	7.37
62	文莱	Brunei Darussalam	2.38	泰国	Thailand	7.34
63	巴拿马	Panama	2.34	马其顿	Macedonia	7.34
64	格鲁吉亚	Georgia	2.32	圣文森特和格林纳丁斯	St. Vincent and the G.	7.23
65	土耳其	Turkey	2.26	秘鲁	Peru	7.20
66	中国	China	2.24	安提瓜和巴布达	Antigua & Barbuda	7.17
67	阿尔巴尼亚	Albania	2.17	汤加	Tonga	7.17
68	圣文森特和格林纳丁斯	St. Vincent and the G.	2.15	土耳其	Turkey	7.13
69	塞舌尔	Seychelles	2.09	格鲁吉亚	Georgia	7.13
70	毛里求斯	Mauritius	2.07	阿联酋	United Arab Emirates	7.08
71	圣卢西亚	Saint Lucia	2.07	新加坡	Singapore	7.08
72	摩洛哥	Morocco	2.07	文莱	Brunei Darussalam	7.08
73	马尔代夫	Maldives	2.06	巴拿马	Panama	7.07
74	黎巴嫩	Lebanon	2.02	伊朗	Iran (I.R.)	7.04
75	埃及	Egypt	2.01	阿曼	Oman	7.03
76	越南	Viet Nam	2.01	玻利维亚	Bolivia	6.98
77	哥斯达黎加	Costa Rica	1.95	菲律宾	Philippines	6.96
78	墨西哥	Mexico	1.95	乌兹别克斯坦	Uzbekistan	6.93
79	摩尔多瓦	Moldova	1.93	牙买加	Jamaica	6.93
80	哥伦比亚	Colombia	1.85	墨西哥	Mexico	6.91
81	突尼斯	Tunisia	1.67	卢森堡	Luxembourg	6.90
82	多米尼加	Dominican Rep.	1.66	圣卢西亚	Saint Lucia	6.87
83	乌兹别克斯坦	Uzbekistan	1.65	土库曼斯坦	Turkmenistan	6.87
84	厄瓜多尔	Ecuador	1.62	厄瓜多尔	Ecuador	6.81
85	斐济	Fiji	1.60	阿塞拜疆	Azerbaijan	6.77
86	乌克兰	Ukraine	1.56	突尼斯	Tunisia	6.74
87	委内瑞拉	Venezuela	1.53	毛里求斯	Mauritius	6.73
88	约旦	Jordan	1.50	圭亚那	Guyana	6.72
89	南非	South Africa	1.46	中国	China	6.70
90	秘鲁	Peru	1.46	马来西亚	Malaysia	6.69
91	佛得角	Cape Verde	1.41	特里尼达和多巴哥	Trinidad & Tobago	6.67
92	印度尼西亚	Indonesia	1.40	多米尼加	Dominican Rep.	6.62
93	牙买加	Jamaica	1.31	卡塔尔	Qatar	6.61
94	图瓦卢	Tuvalu	1.25	南非	South Africa	6.61
95	加纳	Ghana	1.25	阿尔及利亚	Algeria	6.60
96	蒙古	Mongolia	1.25	巴拉圭	Paraguay	6.60
97	圭亚那	Guyana	1.20	斐济	Fiji	6.59
98	菲律宾	Philippines	1.18	斯里兰卡	Sri Lanka	6.45
99	玻利维亚	Bolivia	1.10	塞舌尔	Seychelles	6.45
100	泰国	Thailand	1.09	印度尼西亚	Indonesia	6.41

17-4 续表 2

排名 Rank	总指数 IDI			接入 Access		
	国家和地区	Country or Area	数值 Score	国家和地区	Country or Area	数值 Score
101	佛得角	Cape Verde	3.08	菲律宾	Philippines	3.32
102	乌兹别克斯坦	Uzbekistan	3.05	汤加	Tonga	3.30
103	萨尔瓦多	El Salvador	2.99	斯里兰卡	Sri Lanka	3.30
104	阿尔及利亚	Algeria	2.98	圭亚那	Guyana	3.23
105	斯里兰卡	Sri Lanka	2.88	玻利维亚	Bolivia	3.23
106	古巴	Cuba	2.77	洪都拉斯	Honduras	3.21
107	洪都拉斯	Honduras	2.72	佛得角	Cape Verde	3.13
108	博茨瓦纳	Botswana	2.67	纳米比亚	Namibia	3.03
109	纳米比亚	Namibia	2.51	尼加拉瓜	Nicaragua	2.83
110	土库曼斯坦	Turkmenistan	2.49	图瓦卢	Tuvalu	2.68
111	加蓬	Gabon	2.47	土库曼斯坦	Turkmenistan	2.62
112	图瓦卢	Tuvalu	2.46	科特迪瓦	C te d'Ivoire	2.59
113	尼加拉瓜	Nicaragua	2.44	柬埔寨	Cambodia	2.53
114	肯尼亚	Kenya	2.32	乌兹别克斯坦	Uzbekistan	2.52
115	津巴布韦	Zimbabwe	2.24	毛里塔尼亚	Mauritania	2.50
116	斯威士兰	Swaziland	2.24	印度	India	2.48
117	加纳	Ghana	2.23	斯威士兰	Swaziland	2.47
118	不丹	Bhutan	2.13	冈比亚	Gambia	2.47
119	印度	India	2.10	巴基斯坦	Pakistan	2.46
120	老挝	Lao P.D.R.	1.99	老挝	Lao P.D.R.	2.45
121	柬埔寨	Cambodia	1.96	不丹	Bhutan	2.44
122	尼日利亚	Nigeria	1.93	塞内加尔	Senegal	2.36
123	索罗门群岛	Solomon Islands	1.85	贝宁	Benin	2.36
124	塞内加尔	Senegal	1.85	肯尼亚	Kenya	2.34
125	冈比亚	Gambia	1.84	津巴布韦	Zimbabwe	2.25
126	也门	Yemen	1.76	马里	Mali	2.19
127	巴基斯坦	Pakistan	1.75	多哥	Togo	2.18
128	吉布提	Djibouti	1.74	吉布提	Djibouti	2.14
129	科特迪瓦	C te d'Ivoire	1.69	加纳	Ghana	2.10
130	科摩罗	Comoros	1.68	索罗门群岛	Solomon Islands	2.04
131	缅甸	Myanmar	1.67	刚果(布)	Congo (Rep.)	1.93
132	乌干达	Uganda	1.67	也门	Yemen	1.92
133	卢旺达	Rwanda	1.66	乌干达	Uganda	1.91
134	多哥	Togo	1.65	卢旺达	Rwanda	1.90
135	赞比亚	Zambia	1.65	巴布亚新几内亚	Papua New Guinea	1.89
136	毛里塔尼亚	Mauritania	1.64	科摩罗	Comoros	1.88
137	尼泊尔	Nepal	1.63	马达加斯加	Madagascar	1.87
138	喀麦隆	Cameroon	1.60	尼泊尔	Nepal	1.87
139	坦桑尼亚	Tanzania	1.60	尼日利亚	Nigeria	1.86
140	刚果(布)	Congo (Rep.)	1.60	坦桑尼亚	Tanzania	1.85
141	贝宁	Benin	1.55	布基纳法索	Burkina Faso	1.82
142	巴布亚新几内亚	Papua New Guinea	1.44	喀麦隆	Cameroon	1.77
143	马达加斯加	Madagascar	1.44	赞比亚	Zambia	1.74
144	马拉维	Malawi	1.42	几内亚	Guinea	1.71
145	马里	Mali	1.38	莫桑比克	Mozambique	1.66
146	刚果(金)	Congo (Dem. Rep.)	1.30	埃塞俄比亚	Ethiopia	1.64
147	莫桑比克	Mozambique	1.28	利比里亚	Liberia	1.59
148	几内亚	Guinea	1.28	马拉维	Malawi	1.55
149	利比里亚	Liberia	1.26	缅甸	Myanmar	1.52
150	埃塞俄比亚	Ethiopia	1.15	尼日尔	Niger	1.44
151	布基纳法索	Burkina Faso	1.14	古巴	Cuba	1.43
152	厄立特里亚	Eritrea	1.09	刚果(金)	Congo (Dem. Rep.)	1.37
153	中非	Central African Rep.	0.97	乍得	Chad	1.28
154	乍得	Chad	0.94	中非	Central African Rep.	1.19
155	尼日尔	Niger	0.88	厄立特里亚	Eritrea	0.85

Continued

排名 Rank	使用 Use			技术 Skill		
	国家和地区	Country or Area	数值 Score	国家和地区	Country or Area	数值 Score
101	尼日利亚	Nigeria	1.05	越南	Viet Nam	6.40
102	津巴布韦	Zimbabwe	1.03	马尔代夫	Maldives	6.34
103	巴拉圭	Paraguay	1.00	佛得角	Cape Verde	6.33
104	肯尼亚	Kenya	0.95	埃及	Egypt	5.90
105	汤加	Tonga	0.90	洪都拉斯	Honduras	5.86
106	萨尔瓦多	El Salvador	0.89	萨尔瓦多	El Salvador	5.75
107	伊朗	Iran (I.R.)	0.83	叙利亚	Syria	5.74
108	不丹	Bhutan	0.83	博茨瓦纳	Botswana	5.71
109	叙利亚	Syria	0.81	尼加拉瓜	Nicaragua	5.56
110	古巴	Cuba	0.78	纳米比亚	Namibia	5.38
111	塞内加尔	Senegal	0.67	缅甸	Myanmar	5.24
112	斯里兰卡	Sri Lanka	0.67	加蓬	Gabon	5.08
113	洪都拉斯	Honduras	0.65	肯尼亚	Kenya	5.04
114	斯威士兰	Swaziland	0.64	斯威士兰	Swaziland	4.98
115	阿尔及利亚	Algeria	0.62	印度	India	4.63
116	纳米比亚	Namibia	0.56	津巴布韦	Zimbabwe	4.63
117	乌干达	Uganda	0.54	索罗门群岛	Solomon Islands	4.45
118	也门	Yemen	0.52	图瓦卢	Tuvalu	4.45
119	尼加拉瓜	Nicaragua	0.49	加纳	Ghana	4.45
120	印度	India	0.45	柬埔寨	Cambodia	4.38
121	卢旺达	Rwanda	0.45	老挝	Lao P.D.R.	4.35
122	坦桑尼亚	Tanzania	0.44	科摩罗	Comoros	4.28
123	赞比亚	Zambia	0.40	摩洛哥	Morocco	4.18
124	冈比亚	Gambia	0.38	喀麦隆	Cameroon	4.14
125	老挝	Lao P.D.R.	0.36	不丹	Bhutan	4.11
126	索罗门群岛	Solomon Islands	0.35	赞比亚	Zambia	3.96
127	巴基斯坦	Pakistan	0.33	也门	Yemen	3.89
128	博茨瓦纳	Botswana	0.33	尼日利亚	Nigeria	3.83
129	尼泊尔	Nepal	0.32	吉布提	Djibouti	3.80
130	吉布提	Djibouti	0.30	尼泊尔	Nepal	3.76
131	加蓬	Gabon	0.28	刚果(金)	Congo (Dem. Rep.)	3.69
132	刚果(布)	Congo (Rep.)	0.23	刚果(布)	Congo (Rep.)	3.66
133	马拉维	Malawi	0.22	卢旺达	Rwanda	3.61
134	厄立特里亚	Eritrea	0.21	多哥	Togo	3.61
135	柬埔寨	Cambodia	0.19	马拉维	Malawi	3.55
136	科摩罗	Comoros	0.18	冈比亚	Gambia	3.49
137	莫桑比克	Mozambique	0.18	乌干达	Uganda	3.45
138	毛里塔尼亚	Mauritania	0.18	坦桑尼亚	Tanzania	3.41
139	土库曼斯坦	Turkmenistan	0.17	厄立特里亚	Eritrea	3.35
140	喀麦隆	Cameroon	0.17	马达加斯加	Madagascar	3.31
141	多哥	Togo	0.14	巴布亚新几内亚	Papua New Guinea	3.27
142	贝宁	Benin	0.12	巴基斯坦	Pakistan	3.17
143	利比里亚	Liberia	0.11	塞内加尔	Senegal	3.16
144	布基纳法索	Burkina Faso	0.10	科特迪瓦	C te d'Ivoire	3.13
145	马里	Mali	0.08	利比里亚	Liberia	2.93
146	科特迪瓦	C te d'Ivoire	0.08	几内亚	Guinea	2.90
147	中非	Central African Rep.	0.07	毛里塔尼亚	Mauritania	2.87
148	巴布亚新几内亚	Papua New Guinea	0.07	贝宁	Benin	2.82
149	马达加斯加	Madagascar	0.07	莫桑比克	Mozambique	2.73
150	乍得	Chad	0.06	马里	Mali	2.38
151	埃塞俄比亚	Ethiopia	0.05	埃塞俄比亚	Ethiopia	2.36
152	尼日尔	Niger	0.04	中非	Central African Rep.	2.34
153	几内亚	Guinea	0.04	乍得	Chad	2.05
154	刚果(金)	Congo (Dem. Rep.)	0.04	布基纳法索	Burkina Faso	1.82
155	缅甸	Myanmar	0.04	尼日尔	Niger	1.45

17-5 世界主要国家和地区知识经济指数排名(2012年)
The Ranking of the Knowledge Economy Index (KEI) index in 2012

资料来源：世界银行。
Source: World Bank.

排名 Rank	国家	Country	知识经济指数 KEI	分类指数 Sub-indices 经济激励机制 Economic Incentive Regime	创新 Innovation	教育 Education	信息和通信技术 ICT
1	瑞典	Sweden	9.43	9.58	9.74	8.92	9.49
2	芬兰	Finland	9.33	9.65	9.66	8.77	9.22
3	丹麦	Denmark	9.16	9.63	9.49	8.63	8.88
4	荷兰	Netherlands	9.11	8.79	9.46	8.75	9.45
5	挪威	Norway	9.11	9.47	9.01	9.43	8.53
6	新西兰	New Zealand	8.97	9.09	8.66	9.81	8.30
7	加拿大	Canada	8.92	9.52	9.32	8.61	8.23
8	德国	Germany	8.90	9.10	9.11	8.20	9.17
9	澳大利亚	Australia	8.88	8.56	8.92	9.71	8.32
10	瑞士	Switzerland	8.87	9.54	9.86	6.90	9.20
11	爱尔兰	Ireland	8.86	9.26	9.11	8.87	8.21
12	美国	United States	8.77	8.41	9.46	8.70	8.51
13	中国台湾	Taiwan, China	8.77	7.77	9.38	8.87	9.06
14	英国	United Kingdom	8.76	9.20	9.12	7.27	9.45
15	比利时	Belgium	8.71	8.79	9.06	8.57	8.42
16	冰岛	Iceland	8.62	8.86	8.00	8.91	8.72
17	奥地利	Austria	8.61	9.26	8.87	7.33	8.97
18	中国香港	Hong Kong, China	8.52	9.57	9.10	6.38	9.04
19	爱沙尼亚	Estonia	8.40	8.81	7.75	8.60	8.44
20	卢森堡	Luxembourg	8.37	9.45	8.94	5.61	9.47
21	西班牙	Spain	8.35	8.63	8.23	8.82	7.73
22	日本	Japan	8.28	7.55	9.08	8.43	8.07
23	新加坡	Singapore	8.26	9.66	9.49	5.09	8.78
24	法国	France	8.21	7.76	8.66	8.26	8.16
25	以色列	Israel	8.14	8.33	9.39	7.47	7.36
26	捷克	Czech Republic	8.14	8.53	7.90	8.15	7.96
27	匈牙利	Hungary	8.02	8.28	8.15	8.42	7.23
28	斯洛文尼亚	Slovenia	8.01	8.31	8.50	7.42	7.80
29	韩国	Korea, Rep.	7.97	5.93	8.80	9.09	8.05
30	意大利	Italy	7.89	7.76	8.01	7.58	8.21
31	马耳他	Malta	7.88	8.94	7.94	6.86	7.80
32	立陶宛	Lithuania	7.80	8.15	6.82	8.64	7.59
33	斯洛伐克	Slovak Republic	7.64	8.17	7.30	7.42	7.68
34	葡萄牙	Portugal	7.61	8.42	7.62	6.99	7.41
35	塞浦路斯	Cyprus	7.56	7.71	7.71	7.23	7.57
36	希腊	Greece	7.51	6.80	7.83	8.96	6.43

17-5 续表 1 continued

排名 Rank	国家	Country	知识经济指数 KEI	分类指数 Sub-indices 经济激励机制 Economic Incentive Regime	创新 Innovation	教育 Education	信息和通信技术 ICT
37	拉脱维亚	Latvia	7.41	8.21	6.56	7.73	7.16
38	波兰	Poland	7.41	8.01	7.16	7.76	6.70
39	克罗地亚	Croatia	7.29	7.35	7.66	6.15	8.00
40	智利	Chile	7.21	9.01	6.93	6.83	6.05
41	巴巴多斯	Barbados	7.18	4.96	7.62	7.27	8.87
42	阿联酋	United Arab Emirates	6.94	6.50	6.60	5.80	8.88
43	巴林	Bahrain	6.90	6.69	4.61	6.78	9.54
44	罗马尼亚	Romania	6.82	7.39	6.14	7.55	6.19
45	保加利亚	Bulgaria	6.80	7.35	6.94	6.25	6.66
46	乌拉圭	Uruguay	6.39	6.60	5.94	5.99	7.02
47	阿曼	Oman	6.14	6.96	5.88	5.23	6.49
48	马来西亚	Malaysia	6.10	5.67	6.91	5.22	6.61
49	塞尔维亚	Serbia	6.02	4.23	6.47	5.98	7.39
50	沙特阿拉伯	Saudi Arabia	5.96	5.68	4.14	5.65	8.37
51	哥斯达黎加	Costa Rica	5.93	6.76	6.19	5.43	5.34
52	特里尼达和多巴哥	Trinidad and Tobago	5.91	5.84	6.36	4.84	6.59
53	阿鲁巴	Aruba	5.89	8.63	3.52	5.96	5.44
54	卡塔尔	Qatar	5.84	6.87	6.42	3.41	6.65
55	俄罗斯联邦	Russian Federation	5.78	2.23	6.93	6.79	7.16
56	乌克兰	Ukraine	5.73	3.95	5.76	8.26	4.96
57	马其顿	Macedonia, FYR	5.65	5.73	4.99	5.15	6.74
58	牙买加	Jamaica	5.65	4.08	5.68	5.58	7.27
59	白俄罗斯	Belarus	5.59	2.50	5.70	7.37	6.79
60	巴西	Brazil	5.58	4.17	6.31	5.61	6.24
61	多米尼加	Dominica	5.56	5.73	4.38	4.87	7.25
62	毛里求斯	Mauritius	5.52	8.22	4.41	4.33	5.11
63	阿根廷	Argentina	5.43	2.09	6.90	6.36	6.38
64	科威特	Kuwait	5.33	5.86	5.22	3.70	6.53
65	巴拿马	Panama	5.30	5.26	5.13	5.16	5.67
66	泰国	Thailand	5.21	5.12	5.95	4.23	5.55
67	南非	South Africa	5.21	5.49	6.89	4.87	3.58
68	格鲁吉亚	Georgia	5.19	7.28	5.15	4.61	3.72
69	土耳其	Turkey	5.16	6.19	5.83	4.11	4.50
70	波黑	Bosnia and Herzegovina	5.12	5.55	4.38	5.77	4.77
71	亚美尼亚	Armenia	5.08	5.80	4.21	6.96	3.35
72	墨西哥	Mexico	5.07	4.88	5.59	5.16	4.65
73	哈萨克斯坦	Kazakhstan	5.04	3.96	3.97	6.91	5.32

17-5 续表 2 continued

排名 Rank	国家	Country	知识经济指数 KEI	分类指数 Sub-indices 经济激励机制 Economic Incentive Regime	创新 Innovation	教育 Education	信息和通信技术 ICT
74	秘鲁	Peru	5.01	5.48	4.11	5.25	5.18
75	约旦	Jordan	4.95	5.65	4.05	5.55	4.54
76	哥伦比亚	Colombia	4.94	4.25	4.68	5.28	5.57
77	摩尔多瓦	Moldova	4.92	4.44	4.16	5.79	5.28
78	圭亚那	Guyana	4.67	2.62	4.77	5.43	5.84
79	阿塞拜疆	Azerbaijan	4.56	3.36	4.01	5.95	4.93
80	突尼斯	Tunisia	4.56	3.81	4.97	4.55	4.89
81	黎巴嫩	Lebanon	4.56	4.28	4.86	5.51	3.58
82	阿尔巴尼亚	Albania	4.53	4.69	3.37	4.81	5.26
83	蒙古	Mongolia	4.42	4.30	2.91	5.83	4.63
84	中国	China	4.37	3.79	5.99	3.93	3.79
85	博茨瓦纳	Botswana	4.31	5.82	4.26	3.92	3.23
86	委内瑞拉	Venezuela, RB	4.20	0.42	5.33	5.36	5.71
87	古巴	Cuba	4.19	1.44	5.05	7.93	2.34
88	萨尔瓦多	El Salvador	4.17	5.05	3.10	3.53	5.00
89	纳米比亚	Namibia	4.10	6.26	3.72	2.71	3.71
90	多米尼加共和国	Dominican Republic	4.05	3.96	3.56	3.89	4.79
91	巴拉圭	Paraguay	3.95	3.58	4.07	4.26	3.90
92	菲律宾	Philippines	3.94	4.32	3.77	4.64	3.03
93	斐济	Fiji	3.94	1.96	4.65	5.27	3.87
94	伊朗	Iran, Islamic Rep.	3.91	0.73	5.02	4.61	5.28
95	吉尔吉斯斯坦	Kyrgyz Rep.	3.82	1.58	3.12	5.32	5.27
96	阿尔及利亚	Algeria	3.79	2.33	3.54	5.27	4.04
97	埃及	Egypt, Arab Rep.	3.78	4.50	4.11	3.37	3.12
98	厄瓜多尔	Ecuador	3.72	1.74	3.95	4.47	4.72
99	危地马拉	Guatemala	3.70	4.16	3.61	2.26	4.79
100	玻利维亚	Bolivia	3.68	2.11	3.31	5.49	3.80
101	斯里兰卡	Sri Lanka	3.63	4.04	3.06	4.61	2.80
102	摩洛哥	Morocco	3.61	4.66	3.67	2.07	4.02
103	佛得角	Cape Verde	3.59	4.30	1.76	3.49	4.79
104	越南	Vietnam	3.40	2.80	2.75	2.99	5.05
105	乌兹别克斯坦	Uzbekistan	3.14	0.92	3.13	5.65	2.87
106	塔吉克斯坦	Tajikistan	3.13	2.55	2.18	4.66	3.14
107	斯威士兰	Swaziland	3.13	3.55	4.36	2.27	2.34
108	印度尼西亚	Indonesia	3.11	3.47	3.24	3.20	2.52
109	洪都拉斯	Honduras	3.08	3.34	2.63	3.13	3.24
110	印度	India	3.06	3.57	4.50	2.26	1.90

17-5 续表 3 continued

排名 Rank	国家	Country	知识经济指数 KEI	分类指数 Sub-indices 经济激励机制 Economic Incentive Regime	创新 Innovation	教育 Education	信息和通信技术 ICT
111	肯尼亚	Kenya	2.88	2.78	3.72	2.10	2.91
112	叙利亚	Syrian Arab Republic	2.77	2.04	3.07	2.40	3.55
113	加纳	Ghana	2.72	4.05	2.24	2.68	1.93
114	塞内加尔	Senegal	2.70	3.97	2.83	1.32	2.68
115	尼加拉瓜	Nicaragua	2.61	3.93	1.67	2.98	1.88
116	赞比亚	Zambia	2.56	4.15	2.09	2.08	1.93
117	巴基斯坦	Pakistan	2.45	1.93	2.84	1.44	3.60
118	乌干达	Uganda	2.37	3.97	2.54	1.09	1.88
119	尼日利亚	Nigeria	2.20	1.26	2.56	1.62	3.35
120	津巴布韦	Zimbabwe	2.17	0.12	3.99	1.99	2.59
121	莱索托	Lesotho	1.95	2.72	1.82	1.71	1.54
122	也门	Yemen, Rep.	1.92	2.91	1.96	1.62	1.17
123	马拉维	Malawi	1.92	3.33	2.65	0.54	1.15
124	布基纳法索	Burkina Faso	1.91	4.46	2.14	0.28	0.76
125	贝宁	Benin	1.88	2.15	2.80	1.10	1.47
126	马里	Mali	1.86	3.49	1.82	1.05	1.05
127	卢旺达	Rwanda	1.83	3.89	1.73	0.77	0.92
128	坦桑尼亚	Tanzania	1.79	3.07	1.98	0.83	1.26
129	马达加斯加	Madagascar	1.77	2.79	2.37	0.84	1.10
130	莫桑比克	Mozambique	1.76	4.05	1.76	0.17	1.05
131	老挝	Lao PDR	1.75	1.45	1.69	2.01	1.84
132	柬埔寨	Cambodia	1.71	2.28	2.13	1.70	0.74
133	喀麦隆	Cameroon	1.69	1.21	2.61	1.39	1.56
134	毛里塔尼亚	Mauritania	1.65	2.05	1.68	0.71	2.18
135	尼泊尔	Nepal	1.58	1.33	2.23	1.73	1.01
136	科特迪瓦	Cote d'Ivoire	1.54	1.53	1.62	0.91	2.09
137	孟加拉国	Bangladesh	1.49	1.51	1.69	1.75	1.01
138	苏丹	Sudan	1.48	0.48	1.44	0.84	3.16
139	吉布提	Djibouti	1.34	1.85	1.44	0.73	1.33
140	埃塞俄比亚	Ethiopia	1.27	1.56	1.85	1.05	0.62
141	几内亚	Guinea	1.22	0.53	1.32	1.75	1.26
142	厄立特里亚	Eritrea	1.14	0.93	1.89	0.69	1.05
143	安哥拉	Angola	1.08	1.48	1.17	0.32	1.38
144	塞拉利昂	Sierra Leone	0.97	1.38	1.63	0.57	0.32
145	缅甸	Myanmar	0.96	0.17	1.30	1.88	0.48
146	海地	Haiti		1.85	1.66		2.36

17-6 按营业额排序的世界最大500家企业(2011年)

资料来源：美国《财富》杂志2012年。
Source: United States Fortune, 2012.

排名 Rank		企业名称	Company Name	国家	Country
2011	2010				
1	2	荷兰皇家壳牌石油公司	Royal Dutch Shell	荷兰	Netherlands
2	3	埃克森美孚	Exxon Mobil	美国	U.S.
3	1	沃尔玛	Wal-Mart Stores	美国	U.S.
4	4	英国石油公司	BP	英国	Britain
5	5	中国石油化工集团公司	Sinopec Group	中国	China
6	6	中国石油天然气集团公司	China National Petroleum	中国	China
7	7	国家电网公司	State Grid	中国	China
8	10	雪佛龙	Chevron	美国	U.S.
9	12	康菲石油公司	Conocophillips	美国	U.S.
10	8	丰田汽车公司	Toyota Motor	日本	Japan
11	11	道达尔公司	Total	法国	France
12	13	大众公司	Volkswagen	德国	Germany
13	9	日本邮政控股公司	Japan Post Holdings	日本	Japan
14	18	嘉能可国际	Glencore International	瑞士	Switzerland
15	35	俄罗斯天然气工业股份公司	Gazprom	俄罗斯	Russia
16	29	意昂集团	E.On	德国	Germany
17	23	埃尼石油公司	Eni	意大利	Italy
18	17	荷兰国际集团	Ing Group	荷兰	Netherlands
19	20	通用汽车公司	General Motors	美国	U.S.
20	22	三星电子	Samsung Electronics	韩国	South Korea
21	24	戴姆勒股份公司	Daimler	德国	Germany
22	16	通用电气公司	General Electric	美国	U.S.
23	34	巴西国家石油公司	Petrobras	巴西	Brazil
24	19	伯克希尔-哈撒韦公司	Berkshire Hathaway	美国	U.S.
25	14	安盛	Axa	法国	France
26	15	房利美	Fannie Mae	美国	U.S.
27	25	福特汽车公司	Ford Motor	美国	U.S.
28	27	安联保险集团	Allianz	德国	Germany
29	31	日本电报电话公司	Nippon Telegraph & Telephone	日本	Japan
30	26	法国巴黎银行	Bnp Paribas	法国	France
31	28	惠普	Hewlett-Packard	美国	U.S.
32	30	美国电话电报公司	At&T	美国	U.S.
33	38	苏伊士集团	Gdf Suez	法国	France
34	49	墨西哥石油公司	Pemex	墨西哥	Mexico
35	70	瓦莱罗能源公司	Valero Energy	美国	U.S.
36	66	委内瑞拉国家石油公司	Pdvsa	委内瑞拉	Venezuela
37	37	麦克森公司	Mckesson	美国	U.S.
38	40	日立	Hitachi	日本	Japan
39	32	家乐福	Carrefour	法国	France
40	67	挪威国家石油公司	Statoil	挪威	Norway
41	58	JX控股公司	Jx Holdings	日本	Japan
42	48	日产汽车	Nissan Motor	日本	Japan
43	60	鸿海精密工业股份有限公司	Hon Hai Precision Industry	中国台湾	TaiWan
44	51	西班牙国家银行	Banco Santander	西班牙	Spain
45	83	EXOR集团	Exor Group	意大利	Italy
46	21	美国银行	Bank Of America Corp.	美国	U.S.
47	47	西门子	Siemens	德国	Germany
48	33	意大利忠利保险公司	Assicurazioni Generali	意大利	Italy
49	69	卢克石油公司	Lukoil	俄罗斯	Russia
50	41	威瑞森电信	Verizon Communications	美国	U.S.

The 500 Largest Companies in the World Sorted by Revenue in 2011

营业额 Revenues		利润额 Profits		资产额 (百万美元) Assets (mil.USD)	雇员人数 (人) Employees (person)
百万美元 (mil.USD)	比上年增长% % Change from 2010	百万美元 (mil.USD)	比上年增长% % Change from 2010		
484489.0	28.1	30918.0	53.6	345257.0	90000
452926.0	27.7	41060.0	34.8	331025.0	99100
446950.0	6.0	15699.0	-4.2	193406.0	2200000
386463.0	25.1	25700.0	-	293068.0	83400
375214.0	37.2	9452.9	23.9	277297.0	1021979
352338.0	46.7	16317.0	13.6	481073.5	1668072
259141.8	14.5	5678.1	-24.6	351380.8	1583000
245621.0	25.1	26895.0	41.4	209474.0	61189
237272.0	28.3	12436.0	9.5	153230.0	29800
235364.0	6.1	3591.3	24.6	372520.2	325905
231579.8	24.5	17069.2	21.9	212984.8	96104
221550.5	31.8	21425.5	136.7	329282.6	501956
211018.9	3.5	5938.8	21.4	3550395.7	237000
186152.0	28.4	4048.0	213.6	86156.0	58000
157830.5	33.0	44459.6	39.4	339448.2	401000
157057.1	25.6	-3085.4	-139.8	198473.7	78889
153675.5	16.6	9538.5	14.0	185585.5	78686
150570.7	2.4	6590.7	79.2	1653488.7	104419
150276.0	10.8	9190.0	48.9	144603.0	207000
148944.4	11.3	12059.1	-11.8	135131.8	221726
148138.8	14.4	7879.7	32.3	192319.7	271370
147616.0	-2.6	14151.0	21.5	717242.0	301000
145915.0	21.5	20121.0	4.9	319410.0	81918
143688.0	5.5	10254.0	-20.9	392647.0	270858
142711.8	-12.0	6012.3	65.1	947869.2	96999
137451.0	-10.6	-16855.0	-	3211484.0	7000
136264.0	5.7	20213.0	208.1	178348.0	164000
134167.5	5.3	3538.7	-47.1	832823.0	141938
133076.9	10.6	5923.5	-0.4	235655.1	224239
127460.0	-1.0	8412.2	-19.0	2551526.6	198423
127245.0	1.0	7074.0	-19.3	129517.0	349600
126723.0	1.7	3944.0	-80.1	270344.0	256420
126076.5	12.7	5566.0	-9.0	277070.2	240303
125344.1	23.5	-7358.0	-	109884.9	150884
125095.0	45.4	2090.0	545.1	42783.0	21942
124754.0	31.4	2640.0	14.3	182154.0	91949
122734.0	9.5	1403.0	16.7	33093.0	37700
122419.4	12.6	4397.1	57.7	114469.2	323540
121734.1	-0.4	515.9	-10.0	62228.8	412443
119560.5	36.4	14055.1	123.0	128837.7	31715
119258.1	24.3	2160.6	-40.6	81312.8	24236
119166.3	16.3	4324.3	16.0	134565.5	157000
117514.4	23.5	2777.0	13.3	57166.4	961000
117408.4	17.0	7440.3	-31.3	1624856.0	193349
117297.1	50.1	700.8	286.2	159729.8	273460
115074.0	-14.2	1446.0	-	2129046.0	281791
113348.9	10.4	8561.9	62.5	139883.7	360000
112627.6	-6.3	1190.4	-47.2	549255.1	81997
111433.0	29.5	10357.0	15.0	91192.0	150000
110875.0	4.0	2404.0	-5.7	230461.0	193900

17-6 续表 1

排名 Rank		企业名称	Company Name	国家	Country
2011	2010				
51	36	摩根大通	J.P. Morgan Chase & Co.	美国	U.S.
52	56	意大利国家电力公司	Enel	意大利	Italy
53	46	汇丰银行控股公司	Hsbc Holdings	英国	Britain
54	77	中国工商银行	Industrial & Commercial Bank Of China	中国	China
55	111	苹果公司	Apple	美国	U.S.
56	57	CVS Caremark公司	Cvs Caremark	美国	U.S.
57	52	国际商业机器公司	International Business Machines	美国	U.S.
58	43	法国农业信贷银行	CR DIT AGRICOLE	法国	France
59	61	乐购	Tesco	英国	Britain
60	39	花旗集团	Citigroup	美国	U.S.
61	53	康德乐	Cardinal Health	美国	U.S.
62	71	巴斯夫公司	Basf	德国	Germany
63	62	联合健康集团	Unitedhealth Group	美国	U.S.
64	45	本田汽车	Honda Motor	日本	Japan
65	82	SK集团	Sk Holdings	韩国	South Korea
66	50	松下	Panasonic	日本	Japan
67	72	法国兴业银行	SOCI T G N RALE	法国	France
68	86	马来西亚国家石油公司	Petronas	马来西亚	Malaysia
69	79	宝马	Bmw	德国	Germany
70	74	安赛乐米塔尔	Arcelormittal	卢森堡	Luxembourg
71	42	雀巢公司	NESTL	瑞士	Switzerland
72	65	麦德龙	Metro	德国	Germany
73	68	法国电力公司	LECTRICIT DE FRANCE	法国	France
74	81	日本生命保险公司	Nippon Life Insurance	日本	Japan
75	76	克罗格	Kroger	美国	U.S.
76	88	慕尼黑再保险公司	Munich Re Group	德国	Germany
77	108	中国建设银行	China Construction Bank	中国	China
78	85	好市多	Costco Wholesale	美国	U.S.
79	54	房地美	Freddie Mac	美国	U.S.
80	63	美国富国银行	Wells Fargo	美国	U.S.
81	87	中国移动通信集团公司	China Mobile Communications	中国	China
82	78	西班牙电话公司	TELEF NICA	西班牙	Spain
83	98	印度石油公司	Indian Oil	印度	India
84	127	中国农业银行	Agricultural Bank Of China	中国	China
85	90	标致	Peugeot	法国	France
86	80	宝洁公司	Procter & Gamble	美国	U.S.
87	73	索尼	Sony	日本	Japan
88	117	巴西银行	Banco Do Brasil	巴西	Brazil
89	75	德国电信	Deutsche Telekom	德国	Germany
90	94	雷普索尔YPF公司	Repsol Ypf	西班牙	Spain
91	139	来宝集团	Noble Group	中国	China
92	122	ADM公司	Archer Daniels Midland	美国	U.S.
93	132	中国银行	Bank Of China	中国	China
94	84	美源伯根公司	Amerisourcebergen	美国	U.S.
95	128	泰国国家石油有限公司	Ptt	泰国	Thailand
96	141	日本明治安田生命保险公司	Meiji Yasuda Life Insurance	日本	Japan
97	89	东芝	Toshiba	日本	Japan
98	93	德国邮政	Deutsche Post	德国	Germany
99	134	信实工业公司	Reliance Industries	印度	India
100	—	中国建筑工程总公司	China State Construction Engineering Corporation	中国	China

continued

营业额 Revenues		利润额 Profits		资产额 (百万美元) Assets (mil.USD)	雇员人数 (人) Employees (person)
百万美元 (mil.USD)	比上年增长% % Change from 2010	百万美元 (mil.USD)	比上年增长% % Change from 2010		
110838.0	-4.0	18976.0	9.2	2265792.0	260157
110560.4	13.8	5767.6	-0.8	220457.8	75360
110141.0	7.3	16797.0	27.6	2555579.0	305984
109039.6	35.5	32214.1	32.0	2458987.7	408859
108249.0	66.0	25922.0	85.0	116371.0	63300
107750.0	11.8	3461.0	1.0	64543.0	163000
106916.0	7.1	15855.0	6.9	116433.0	433362
105155.7	0.1	-2044.0	-222.2	2237760.0	87451
103839.3	10.3	4484.4	9.3	81132.8	406088
102939.0	-7.3	11067.0	4.4	1873878.0	266000
102644.2	4.1	959.0	49.3	22845.9	31900
102194.1	20.8	8604.1	42.6	79423.5	111141
101862.0	8.2	5142.0	11.0	67889.0	99000
100663.5	-3.5	2678.4	-57.0	143178.9	187094
100394.4	28.0	1510.3	165.0	80241.3	58287
99373.2	-2.1	-9779.6	-1231.7	80226.7	330767
98463.5	16.7	3316.2	-36.1	1533775.1	159616
97355.4	26.6	21915.3	25.4	157377.2	43860
95692.3	19.5	6786.8	59.2	160247.8	100306
94444.0	13.2	2263.0	-22.4	121880.0	260523
94405.4	-10.3	10691.5	-67.4	122048.6	328000
92745.9	4.1	877.4	-22.1	44125.3	249953
90806.2	5.2	4185.3	209.8	300825.2	156168
90782.5	15.5	2848.4	8.3	621863.3	72822
90374.0	10.0	602.0	-46.1	23476.0	339000
90137.4	18.3	976.1	-69.6	321433.1	47206
89648.2	33.6	26180.6	31.4	1951356.0	329438
88915.0	14.1	1462.0	12.2	26761.0	128000
88262.0	-10.3	-5266.0	-	2147216.0	4890
87597.0	-6.1	15869.0	28.4	1313867.0	264200
87543.7	14.2	11702.5	20.2	184821.1	216677
87371.8	8.6	7512.6	-44.2	168289.5	291027
86105.7	25.0	882.0	-48.7	43154.2	36198
84802.7	40.1	18859.5	34.6	1855350.7	447401
83304.8	12.2	817.6	-45.6	89571.0	209019
82559.0	3.6	11797.0	-7.4	138354.0	129000
82237.2	-1.9	-5783.6	-	161590.5	162700
81886.7	30.2	7577.0	18.1	518543.1	113810
81554.2	-1.4	774.5	-65.5	159096.3	235132
81121.8	15.1	3049.3	-50.9	92123.5	46575
80732.1	42.4	431.3	-28.8	19830.3	14000
80676.0	30.8	2036.0	5.5	42193.0	30700
80230.4	35.5	19208.3	24.5	1879578.4	289951
80217.6	2.9	706.6	11.0	14982.7	9850
79689.6	33.0	3455.7	31.9	44492.8	18240
77463.4	37.6	2187.8	42.7	361300.0	38176
77260.5	3.4	933.5	-42.0	69655.4	210000
76306.6	7.3	1617.1	-52.0	49865.1	423502
76119.0	29,2	4116.8	-2.8	64230.7	23166
76023.6	36.2	1108.0	64.7	82362.3	188480

17-6 续表 2

排名 Rank		企业名称	Company Name	国家	Country
2011	2010				
101	162	中国海洋石油总公司	China National Offshore Oil	中国	China
102	176	国际资产控股公司	Intl Fcstone	美国	U.S.
103	97	法国BPCE银行集团	Groupe Bpce	法国	France
104	146	德意志银行	Deutsche Bank	德国	Germany
105	92	沃达丰集团	Vodafone Group	英国	Britain
106	-	马拉松原油公司	Marathon Petroleum	美国	U.S.
107	104	沃尔格林公司	Walgreen	美国	U.S.
108	159	必和必拓	Bhp Billiton	澳大利亚	Australia
109	44	美国国际集团	American International Group	美国	U.S.
110	119	博世公司	Robert Bosch	德国	Germany
111	-	中国铁道建筑总公司	China Railway Construction	中国	China
112	95	中国中铁股份有限公司	China Railway Group	中国	China
113	168	中国中化集团公司	Sinochem Group	中国	China
114	160	大都会人寿	Metlife	美国	U.S.
115	125	三菱商事株式会社	Mitsubishi	日本	Japan
116	101	家得宝	Home Depot	美国	U.S.
117	55	现代汽车	Hyundai Motor	韩国	SourthKorea
118	110	美可保健公司	Medco Health Solutions	美国	U.S.
119	120	微软	Microsoft	美国	U.S.
120	106	塔吉特公司	Target	美国	U.S.
121	115	巴克莱	Barclays	英国	Britain
122	138	蒂森克虏伯	Thyssenkrupp	德国	Germany
123	114	波音	Boeing	美国	U.S.
124	107	莱茵集团	Rwe	德国	Germany
125	126	欧洲宇航防务集团	Eads	荷兰	Netherlands
126	103	辉瑞制药有限公司	Pfizer	美国	U.S.
127	118	东京电力公司	Tokyo Electric Power	日本	Japan
128	464	德国巴登-符腾堡州银行	Landesbank Baden-W rttemberg	德国	Germany
129	113	中国人寿保险(集团)公司	China Life Insurance	中国	China
130	-	上海汽车集团股份有限公司	Saic Motor	中国	China
131	59	英国劳埃德银行集团	Lloyds Banking Group	英国	Britain
132	148	三井物产株式会社	Mitsui	日本	Japan
133	137	百事公司	Pepsico	美国	U.S.
134	133	日本永旺集团	Aeon	日本	Japan
135	109	美国邮政	U.S. Postal Service	美国	U.S.
136	156	巴西布拉德斯科银行	Banco Bradesco	巴西	Brazil
137	179	俄罗斯石油公司	Rosneft Oil	俄罗斯	Russia
138	123	强生	Johnson & Johnson	美国	U.S.
139	136	联合利华	Unilever	英国/荷兰	Britain/ Netherlands
140	116	州立农业保险公司	State Farm Insurance Cos.	美国	U.S.
141	121	法国电信	France T 1 com	法国	France
142	145	东风汽车集团	Dongfeng Motor Group	中国	China
143	100	苏格兰皇家银行集团	Royal Bank Of Scotland Group	英国	Britain
144	157	三菱日联金融集团	Mitsubishi Ufj Financial Group	日本	Japan
145	153	日本第一生命保险	Dai-Ichi Life Insurance	日本	Japan
146	161	韩国浦项制铁公司	Posco	韩国	Sourth Korea
147	124	戴尔	Dell	美国	U.S.
148	64	英杰华集团	Aviva	英国	Britain
149	142	欧尚集团	Groupe Auchan	法国	France
150	135	Wellpoint公司	Wellpoint	美国	U.S.

continued

营业额 Revenues		利润额 Profits		资产额 (百万美元) Assets (mil.USD)	雇员人数 (人) Employees (person)
百万美元 (mil.USD)	比上年增长% % Change from 2010	百万美元 (mil.USD)	比上年增长% % Change from 2010		
75513.8	44.1	8836.0	22.1	114161.7	98750
75497.6	60.8	37.3	590.7	2635.7	904
75081.6	8.3	3733.4	-22.6	1477978.0	117381
74425.3	25.6	5745.3	87.8	2809654.5	100996
74051.0	3.8	11098.8	-10.4	223042.4	86373
73654.0	-	2389.0	-	25745.0	24210
72184.0	7.1	2714.0	29.8	27454.0	211500
71739.0	35.9	23648.0	85.9	102891.0	40757
71730.0	-31.3	17798.0	128.6	555773.0	57000
71599.9	14.4	2427.7	-22.9	70907.9	302519
71443.4	-	489.3	-	68963.0	291598
71263.4	1.8	1034.8	-6.5	74472,9	294761
70990.1	43.3	1177.5	47.6	41021.4	47545
70641.0	34.0	6981.0	150.2	799625.0	67000
70491.9	16.0	5748.0	6.3	152996.0	63058
70395.0	3.5	3883.0	16.3	40518.0	263145
70226.9	-27.9	6910.8	46.8	95059.5	57105
70063.3	6.2	1455.7	2.0	16962.8	22650
69943.0	11.9	23150.0	23.4	108704.0	90000
69865.0	3.7	2929.0	0.3	46630.0	365000
68949.5	8.3	4820.9	-12.4	2430189.0	149700
68790.7	19.5	-1798.8	-261.6	58510.9	180050
68735.0	6.9	4018.0	21.5	79986.0	171700
68344.9	1.7	2511.2	-42.7	120295.3	72068
68310.1	12.7	1436.3	96.1	114868.4	133115
67932.0	0.2	10009.0	21.2	188002.0	103700
67751.3	8.1	-9899.6	-	188824.2	52046
67431.4	209.8	122.4	-	484342.4	12231
67274.0	4.1	1048.3	-70.1	311031.2	133783
67254.8	-	3127.9	-	50624.9	115932
67048.1	-29.9	-723.1	-	1508519.0	98538
66512.1	21.7	5503.0	28.1	109526.3	44937
66504.0	15.0	6443.0	1.9	72882.0	297000
65989.1	11.9	846.1	22.5	50036.3	266130
65711.0	-2.0	-5067.0	-	23413.0	601601
65136.7	22.9	6547.1	19.3	387282.0	86053
65093.0	40.6	12452.0	19.7	105968.0	160837
65030.0	5.6	9672.0	-27.5	113644.0	117900
64610.1	10.2	5912.2	5.2	61684.8	169000
64305.1	1.8	845.0	-52.1	196543.0	65395
62955.5	1.6	5415.8	-16.2	124744.5	171949
62910.8	12.8	1321.1	39.0	36869.8	161377
62797.9	-7.8	-3201.6	-	2342122.4	148600
62706.1	18.6	12428.7	82.6	2659961.3	83491
62461.5	17.0	257.8	15.4	406765.6	60305
62229.9	18.6	3293.1	-9.0	68081.0	34936
62071.0	0.9	3492.0	32.5	44533.0	108050
61754.3	-31.5	360.7	-84.0	485525.8	36562
61698.5	9.6	1126.3	20.6	36974.3	269188
60710.7	3.2	2646.7	-8.3	52018.8	37700

17-6 续表 3

排名 Rank		企业名称	Company Name	国家	Country
2011	2010				
151	131	Seven & I 控股公司	Seven & I Holdings	日本	Japan
152	149	中国南方电网有限责任公司	China Southern Power Grid	中国	China
153	140	力拓集团	Rio Tinto Group	英国	Britain
154	144	马士基集团	A.P. M ller-Mærsk Group	丹麦	Denmark
155	202	卡特彼勒	Caterpillar	美国	U.S.
156	152	陶氏化学	Dow Chemical	美国	U.S.
157	164	诺华公司	Novartis	瑞士	Switzerland
158	163	雷诺	Renault	法国	Britain
159	186	巴西淡水河谷公司	Vale	巴西	Brazil
160	182	邦吉公司	Bunge	美国	U.S.
161	155	圣戈班集团	Saint-Gobain	法国	France
162	91	英国保诚集团	Prudential	英国	Britain
163	150	联合技术公司	United Technologies	美国	U.S.
164	154	联合信贷集团	Unicredit Group	意大利	Italy
165	197	中国第一汽车集团公司	China Faw Group	中国	China
166	158	富士通	Fujitsu	日本	Japan
167	228	美国康卡斯特电信公司	Comcast	美国	U.S.
168	199	丸红株式会社	Marubeni	日本	Japan
169	229	中国五矿集团公司	China Minmetals	中国	China
170	167	卡夫食品	Kraft Foods	美国	U.S.
171	183	西农	Wesfarmers	澳大利亚	Australia
172	201	日本伊藤忠商事株式会社	Itochu	日本	Japan
173	195	英特尔公司	Intel	美国	U.S.
174	143	诺基亚	Nokia	芬兰	finland
175	184	澳大利亚伍尔沃斯公司	Woolworths	澳大利亚	Australia
176	172	美洲电信	Am rica M vil	墨西哥	Mexico
177	166	联合包裹速递服务公司	United Parcel Service	美国	U.S.
178	102	苏黎世保险集团	Zurich Insurance Group	瑞士	Switzerland
179	185	德国联邦铁路公司	Deutsche Bahn	德国	Germany
180	173	新日本制铁株式会社	Nippon Steel	日本	Japan
181	240	宏利金融	Manulife Financial	加拿大	Canada
182	130	法国国家人寿保险公司	Cnp Assurances	法国	France
183	192	万喜集团	Vinci	法国	France
184	165	百思买	Best Buy	美国	U.S.
185	207	利安德巴塞尔工业公司	Lyondellbasell Industries	荷兰	Netherlands
186	196	西班牙对外银行	Banco Bilbao Vizcaya Argentaria	西班牙	Spain
187	178	拜耳集团	Bayer	德国	Germany
188	210	沙特基础工业公司	Sabic	沙特阿拉伯	Saudi Arabia
189	193	南苏格兰电力	Sse	英国	Britain
190	169	美国劳氏公司	Lowes	美国	U.S.
191	189	日本三井住友金融集团	Sumitomo Mitsui Financial Group	日本	Japan
192	174	瑞士罗氏公司	Roche Group	瑞士	Switzerland
193	191	意大利联合圣保罗银行	Intesa Sanpaolo	意大利	Italy
194	221	中国中信集团有限公司	Citic Group	中国	China
195	223	保德信金融集团	Prudential Financial	美国	U.S.
196	171	LG电子	Lg Electronics	韩国	SouthKorea
197	212	宝钢集团有限公司	Baosteel Group	中国	China
198	235	俄罗斯秋明英国石油控股公司	Tnk-Bp International	俄罗斯	Russia
199	233	日本出光兴产株式会社	Idemitsu Kosan	日本	Japan
200	217	法切莱公司	Fonci re Euris	法国	France

continued

营业额 Revenues		利润额 Profits		资产额 (百万美元) Assets (mil.USD)	雇员人数 (人) Employees (person)
百万美元 (mil.USD)	比上年增长% % Change from 2010	百万美元 (mil.USD)	比上年增长% % Change from 2010		
60668.2	2.4	1645.7	27.0	48064.2	51888
60538.3	11.2	755.4	-26.3	83090.8	301539
60537.0	7.0	5826.0	-59.3	119545.0	67930
60193.6	7.1	2834.8	-39.8	70704.9	117080
60138.0	41.2	4928.0	82.5	81446.0	125099
59985.0	11.8	2742.0	18.7	69224.0	51705
59375.0	15.2	9113.0	-7.0	117496.0	123686
59272.2	14.8	2908.8	-35.8	94690.2	128322
58990.0	30.2	22885.0	32.6	128728.0	79646
58743.0	28.5	942.0	-60.0	23275.0	34000
58560.3	10.2	1785.3	19.4	60025.6	194658
58527.0	-20.5	2388.8	8.1	425225.2	22896
58190.0	7.1	4979.0	13.9	61452.0	199900
57213.1	7.3	-12801.1	-830.4	1203223.7	160562
57002.9	31.2	2297.4	8.1	34034.7	91014
56582.3	7.0	540.9	-15.9	35798.6	173000
55842.0	47.2	4160.0	14.4	157818.0	126000
55604.3	29.3	2180.0	36.7	62346.7	32445
54509.1	45.1	753.7	44.1	36636.6	115137
54365.0	9.7	3527.0	-14.3	93837.0	126000
54146.7	18.6	1896.5	37.6	43703.6	200000
54093.3	26.9	3805.9	102.5	79086.9	70639
53999.0	23.8	12942.0	12.9	71119.0	100100
53753.5	-4.4	-1618.5	-166.1	47004.9	130050
53559.1	17.4	2095.8	17.7	22588.0	190000
53510.1	11.2	6663.9	-7.6	67766.2	158694
53105.0	7.2	3804.0	9.1	34701.0	310010
52983.0	-21.9	3766.0	9.7	385869.0	52648
52808.0	15.9	1834.0	33.3	67240.2	284319
51812.1	8.0	740.5	-31.9	59853.1	60508
51547.8	41.1	220.4	-	453931.4	26000
51521.1	-13.1	1212.3	-12.8	416768.0	4800
51385.4	16.2	2647.8	12.6	78644.8	183320
51116.0	1.7	-1231.0	-196.4	16005.0	167000
51035.0	24.0	2147.0	-	22839.0	14000
51021.2	17.4	4176.9	-31.5	775978.2	111306
50790.4	9.3	3434.4	99.3	68504.8	111800
50638.8	25.0	7797.7	35.8	88742.3	33000
50610.5	14.9	315.6	-86.5	31456.6	19489
50208.0	2.9	1839.0	-8.5	33559.0	204767
49967.4	11.3	6567.3	18.2	1738462.2	64225
49713.6	5.4	10529.2	26.6	65870.8	80129
49472.3	11.7	-11387.8	-417.9	829900.5	100118
49338.7	26.6	5648.2	14.6	520663.0	155333
49045.0	27.7	3666.0	14.7	624521.0	50104
48976.5	1.5	-423.9	-139.9	28356.7	91045
48916.3	21.3	1866.7	-16.3	75281.2	104463
48909.0	32.6	8981.0	54.4	37072.0	50000
48828.1	31.3	815.3	15.1	32597.7	8243
48747.9	23.6	-13.9	-170.0	41792.3	227996

17-6 续表 4

排名 Rank 2011	2010	企业名称	Company Name	国家	Country
201	187	赛诺菲	Sanofi	法国	France
202	175	法国威立雅环境集团	Veolia Environnement	法国	France
203	220	韩国现代重工集团	Hyundai Heavy Industries	韩国	SouthKorea
204	170	瑞士信贷	Credit Suisse Group	瑞士	Switzerland
205	250	中国兵器工业集团公司	China North Industries Group	中国	China
206	270	亚马逊	Amazon.Com	美国	U.S.
207	180	默沙东	Merck	美国	U.S.
208	237	沃尔沃汽车公司	Volvo	瑞典	Sweden
209	216	MS&AD保险集团控股有限公司	Ms&Ad Insurance Group Holdings	日本	Japan
210	312	奥地利石油天然气集团	Omv Group	奥地利	Austria
211	177	洛克希德-马丁	Lockheed Martin	美国	U.S.
212	256	可口可乐公司	Coca-Cola	美国	U.S.
213	188	美国快捷药方控股公司	Express Scripts Holding	美国	U.S.
214	203	三菱电机股份有限公司	Mitsubishi Electric	日本	Japan
215	190	瑞士联合银行	Ubs	瑞士	Switzerland
216	211	中国交通建设股份有限公司	China Communications Construction	中国	China
217	252	美国太阳石油公司	Sunoco	美国	U.S.
218	206	法国布伊格集团	Bouygues	法国	France
219	209	法国国营铁路公司	Sncf	法国	France
220	214	日本KDDI电信公司	Kddi	日本	Japan
221	222	中国电信集团公司	China Telecommunications	中国	China
222	248	KOC集团	Ko Holding	土耳其	Turkey
223	317	丰益国际	Wilmar International	新加坡	Singapore
224	204	佳能	Canon	日本	Japan
225	272	巴拉特石油公司	Bharat Petroleum	印度	India
226	275	ENTERPRISE PRODUCTS PART	Enterprise Products Partners	美国	U.S.
227	249	澳洲联邦银行	Commonwealth Bank Of Australia	澳大利亚	Australia
228	112	荷兰全球保险集团	Aegon	荷兰	Netherlands
229	254	西太平洋银行	Westpac Banking	澳大利亚	Australia
230	213	Iberdrola公司	Iberdrola	西班牙	Spain
231	194	英国葛兰素史克公司	Glaxosmithkline	英国	Britain
232	208	美国西夫韦公司	Safeway	美国	U.S.
233	346	中国华润总公司	China Resources National	中国	China
234	293	神华集团	Shenhua Group	中国	China
235	-	GS加德士	Gs Caltex	韩国	SouthKorea
236	224	东京海上日动火灾保险公司	Tokio Marine Holdings	日本	Japan
237	215	思科公司	Cisco Systems	美国	U.S.
238	227	中国南方工业集团公司	China South Industries Group	中国	China
239	200	住友生命保险公司	Sumitomo Life Insurance	日本	Japan
240	451	西班牙ACS集团	Acs	西班牙	Spain
241	265	德国大陆集团	Continental	德国	Germany
242	328	中国平安保险(集团)股份有限公司	Ping An Insurance	中国	China
243	219	荷兰皇家阿霍德集团	Royal Ahold	荷兰	Netherlands
244	236	意大利电信	Telecom Italia	意大利	Italy
245	198	西尔斯控股	Sears Holdings	美国	U.S.
246	276	中国华能集团公司	China Huaneng Group	中国	China
247	244	住友商事	Sumitomo	日本	Japan
248	245	汉莎集团	Lufthansa Group	德国	Germany
249	226	华特迪士尼公司	Walt Disney	美国	U.S.
250	311	中国航空工业集团公司	Aviation Industry Corp. Of China	中国	China

continued

营业额 Revenues		利润额 Profits		资产额 (百万美元) Assets (mil.USD)	雇员人数 (人) Employees (person)
百万美元 (mil.USD)	比上年增长% % Change from 2010	百万美元 (mil.USD)	比上年增长% % Change from 2010		
48746.5	8.2	7915.8	9.3	130044.2	1137719
48485.9	2.8	-681.0	-188.5	65441.6	258400
48484.7	24.3	2310.0	-28.7	42546.5	34976
48227.1	-0.2	2201.0	-55.0	1122341.7	49700
48153.9	35.2	597.8	12.0	41621.0	279563
48077.0	40.6	631.0	-45.2	25278.0	56200
48047.0	4.5	6272.0	628.5	105128.0	86000
47813.7	30.1	2734.6	81.3	51543.6	98162
47684.0	19.9	-2146.3	-3491.8	176679.7	36929
47349.3	53.3	1478.7	21.3	36889.1	29800
46692.0	-0.4	2655.0	-9.3	37908.0	123000
46542.0	32.5	8572.0	-27.4	79974.0	146200
46128.3	2.5	1275.8	8.0	15607.0	13120
46094.3	8.3	1419.3	-2.4	41220.8	117314
45977.7	2.6	4687.0	-35.2	1518145.1	64820
45958.7	13.7	1220.6	-12.4	59175.8	101257
45765.0	29.1	-1684.0	-819.7	11982.0	10483
45669.4	9.9	1487.8	4.9	45339.2	130827
45587.4	12.4	173.8	-81.2	54609.1	245090
45241.0	12.8	3021.9	1.5	48663.2	19680
45169.8	17.4	556.9	25.6	103883.2	491447
45097.6	26.3	1265.0	9.9	52227.4	80987
44710.0	47.2	1600.8	20.9	39639.8	90000
44630.8	5.6	3119.3	11.0	51101.5	198307
44581.7	30.7	163.0	-54.6	15275.5	14154
44313.0	31.3	2046.9	538.1	34125.1	6900
44306.0	24.1	6309.1	26.4	715186.1	46060
44196.9	-32.1	1208.3	-48.1	448662.6	25288
44112.3	25.0	7169.3	25.6	651528.5	37806
44005.1	9.2	3899.6	2.6	125811.4	31855
43907.3	0.1	8434.5	234.2	63850.6	97389
43630.2	6.3	516.7	-12.4	15073.6	178000
43439.5	56.1	1881.7	16.1	94169.5	350524
43355.9	33.6	5671.7	33.3	99604.2	176500
43280.3	41.7	1121.0	49.9	22174.7	4991
43263.8	12.7	76.0	-90.9	198571.5	30831
43218.0	7.9	6490.0	-16.4	87095.0	71825
43159.5	13.6	176.1	-21.7	41484.0	232134
43085.9	0.6	1367.8	7.5	292094.9	42953
42654.9	97.9	1337.6	-23.1	62302.8	162262
42415.6	23.0	1727.2	126.4	33805.7	163788
42110.3	45.6	3012.4	17.8	363111.6	175136
42090.4	7.6	1414.1	25.2	19448.5	121000
42069.5	14.2	-6571.3	-259.0	108874.1	84154
41567.0	-4.1	-3140.0	-2460.9	21381.0	293000
41480.6	23.2	25.5	-10.9	119667.7	142370
41300.9	14.0	3174.7	34.1	87831.4	72087
41219.9	13.9	-18.1	-101.2	36457.6	120055
40893.0	7.4	4807.0	21.3	72124.0	156000
40834.9	31.7	930.4	32.1	81946.0	480147

17-6 续表 5

排名 Rank		企业名称	Company Name	国家	Country
2011	2010				
251	267	江森自控有限公司	Johnson Controls	美国	U.S.
252	234	三菱化学控股	Mitsubishi Chemical Holdings	日本	Japan
253	257	软银	(Softbank)	日本	Japan
254	266	澳大利亚国民银行	National Australia Bank	澳大利亚	Australia
255	268	森科能源公司	Suncor Energy	加拿大	Canada
256	231	日本钢铁工程控股公司	Jfe Holdings	日本	Japan
257	225	法国维旺迪集团	Vivendi	法国	France
258	343	中国邮政集团公司	China Post Group	中国	China
259	239	电装公司	Denso	日本	Japan
260	351	斯伦贝谢公司	Schlumberger	美国	U.S.
261	218	摩根士丹利	Morgan Stanley	美国	U.S.
262	232	西斯科公司	Sysco	美国	U.S.
263	261	联邦快递	Fedex	美国	U.S.
264	271	韩国电力公司	Korea Electric Power	韩国	SouthKorea
265	243	安海斯-布希英博	Anheuser-Busch Inbev	比利时	Belgium
266	-	起亚汽车	Kia Motors	韩国	SouthKorea
267	336	印度斯坦石油公司	Hindustan Petroleum	印度	India
268	255	雅培公司	Abbott Laboratories	美国	U.S.
269	279	河北钢铁集团	Hebei Iron & Steel Group	中国	China
270	285	杜邦公司	Dupont	美国	U.S.
271	241	日本电气公司	Nec	日本	Japan
272	242	弗朗茨海涅尔公司	Franz Haniel	德国	Germany
273	304	瑞士ABB集团	Abb	瑞士	Switzerland
274	300	联合博姿	Alliance Boots	瑞士	Switzerland
275	320	怡和集团	Jardine Matheson	中国	China
276	287	普利司通	Bridgestone	日本	Japan
277	325	谷歌	Google	美国	U.S.
278	263	美国阿美拉达赫斯公司	Hess	美国	U.S.
279	247	广达电脑	Quanta Computer	中国台湾	TaiWan
280	297	中国冶金科工集团有限公司	China Metallurgical Group	中国	China
281	286	荷兰合作银行	Rabobank Group	荷兰	Netherlands
282	262	加拿大皇家银行	Royal Bank Of Canada	加拿大	Canada
283	417	美国联合大陆控股有限公司	United Continental Holdings	美国	U.S.
284	280	霍尼韦尔国际公司	Honeywell International	美国	U.S.
285	292	印度国家银行	State Bank Of India	印度	India
286	307	巴西JBS公司	Jbs	巴西	Brazil
287	384	CHS公司	Chs	美国	U.S.
288	251	英国森特理克集团	Centrica	英国	Britain
289	274	哈门那公司	Humana	美国	U.S.
290	181	高盛	Goldman Sachs Group	美国	U.S.
291	338	澳新银行集团	Australia & New Zealand Banking Group	澳大利亚	Australia
292	289	中国人民保险集团股份有限公司	People'S Insurance Co. Of China	中国	China
293	327	贺利氏控股集团	Heraeus Holding	德国	Germany
294	264	美国英格雷姆麦克罗公司	Ingram Micro	美国	U.S.
295	326	首钢集团	Shougang Group	中国	China
296	230	美国超价商店公司	Supervalu	美国	U.S.
297	347	波兰国营石油公司	Pkn Orlen Group	波兰	Poland
298	331	中国铝业公司	Aluminum Corp. Of China	中国	China
299	273	日本三菱重工业股份有限公司	Mitsubishi Heavy Industries	日本	Japan
300	364	甲骨文公司	Oracle	美国	U.S.

continued

营业额 Revenues 百万美元 (mil.USD)	营业额 Revenues 比上年增长% % Change from 2010	利润额 Profits 百万美元 (mil.USD)	利润额 Profits 比上年增长% % Change from 2010	资产额 (百万美元) Assets (mil.USD)	雇员人数 (人) Employees (person)
40833.0	19.0	1624.0	8.9	29676.0	162000
40631.8	9.9	449.4	-53.9	38575.2	53979
40559.2	15.6	3973.7	79.4	59549.2	22710
40520.9	18.0	5352.1	40.8	732727.1	44645
40230.8	17.5	4351.7	25.5	73454.8	13026
40104.2	7.5	-464.0	-167.8	48702.8	54133
40063.1	4.7	3727.8	28.1	72340.0	58138
40023.3	42.5	3084.7	136.0	676889.7	889307
39953.7	9.3	1131.0	-32.3	43846.6	126036
39540.0	44.1	4997.0	17.1	55201.0	113000
39376.0	0.1	4110.0	-12.6	749898.0	61899
39323.5	5.6	1152.0	-2.4	11385.6	46000
39304.0	13.2	1452.0	22.6	27385.0	255573
39295.9	15.2	-3042.5	-	118492.5	42413
39046.0	7.6	5855.0	45.4	112427.0	116278
38987.8	25.8	3083.2	32.9	26270.0	45312
38885.4	36.0	36.2	-90.3	16799.5	11226
38851.3	10.5	4728.4	2.2	60276.9	91922
38722.4	15.4	198.3	18.3	50236.6	131977
38719.0	18.3	3474.0	14.6	48492.0	70000
38461.9	5.7	-1396.5	-	31083.7	109102
38023.3	4.7	292.0	-30.9	21689.4	46688
37990.0	20.3	3168.0	23.7	39648.0	133600
37977.1	18.7	877.4	-5.2	30924.5	74410
37967.0	26.3	3449.0	11.8	58297.0	330000
37942.9	16.3	1291.8	14.6	34806.9	143124
37905.0	29.3	9737.0	14.5	72574.0	32467
37871.0	9.4	1703.0	-19.9	39136.0	14350
37770.3	5.7	784.6	32.9	22165.6	108872
37612.6	17.3	-399.6	-234.6	57229.0	160399
37577.0	15.0	3544.3	-0.2	949920.5	59670
37233.0	7.2	4917.5	-2.3	757001.0	68480
37110.0	59.8	840.0	232.0	37988.0	87000
37059.0	11.1	2067.0	2.2	39808.0	132000
36950.2	13.9	3202.4	36.6	359237.7	292215
36921.4	18.0	-45.2	-	25428.2	128036
36915.8	46.1	961.4	91.4	12217.0	8922
36859.5	3.7	675.0	-77.4	30416.1	39432
36832.0	8.8	1419.0	29.1	17708.0	40000
36793.0	-20.0	4442.0	-46.8	923225.0	33300
36730.6	29.9	5491.6	35.6	577901.7	48938
36549.1	12.2	802.0	39.8	92969.8	98609
36405.9	24.8	429.0	27.1	5287.8	13323
36328.7	5.0	244.2	-23.2	9146.5	15500
36117.1	23.8	212.8	-10.7	58414.2	120371
36100.0	-3.8	-1040.0	-	12053.0	130000
36099.6	30.3	797.6	1.4	17113.4	22380
35839.2	24.1	76.4	-	63015.6	183301
35727.4	5.4	310.8	-11.6	48176.8	68887
35622.0	32.8	8547.0	39.3	73535.0	108000

17-6 续表 6

排名 Rank		企业名称	Company Name	国家	Country
2011	2010				
301	295	关西电力	Kansai Electric Power	日本	Japan
302	283	森宝利	J. Sainsbury	英国	Britain
303	445	哥伦比亚国家石油公司	Ecopetrol	哥伦比亚	Colombia
304	298	俄罗斯联邦储蓄银行	Sberbank	俄罗斯	Russia
305	–	国际石油投资公司	International Petroleum Investment	阿拉伯联合酋长国	UAE
306	314	日本NKSJ控股	Nksj Holdings	日本	Japan
307	277	皇家飞利浦电子公司	Royal Philips Electronics	荷兰	Netherlands
308	302	达美航空	Delta Air Lines	美国	U.S.
309	339	爱立信	L.M. Ericsson	瑞典	Sweden
310	309	Medipal控股公司	Medipal Holdings	日本	Japan
311	360	巴西伊塔乌投资银行	Itaúsa-Investimentos Itaú	巴西	Brazil
312	282	美国利宝互助保险集团	Liberty Mutual Insurance Group	美国	U.S.
313	–	全球燃料服务公司	World Fuel Services	美国	U.S.
314	359	印度塔塔汽车公司	Tata Motors	印度	India
315	342	俄罗斯Sistema公司	Sistema	俄罗斯	Russia
316	303	日本瑞穗金融集团	Mizuho Financial Group	日本	Japan
317	258	美国纽约人寿保险公司	New York Life Insurance	美国	U.S.
318	431	中国航空油料集团公司	China National Aviation Fuel Group	中国	China
319	376	Plains All American Pipeline公司	Plains All American Pipeline	美国	U.S.
320	306	法国邮政	La Poste	法国	France
321	341	武汉钢铁(集团)公司	Wuhan Iron & Steel	中国	China
322	344	迪奥	Christian Dior	法国	France
323	296	美国教师退休基金会	Tiaa-Cref	美国	U.S.
324	308	法国航空-荷兰皇家航空集团	Air France-Klm Group	法国	France
325	315	斯特拉塔	Xstrata	瑞士	Switzerland
326	398	交通银行	Bank Of Communications	中国	China
327	269	安泰保险	Aetna	美国	U.S.
328	290	斯普林特Nextel公司	Sprint Nextel	美国	U.S.
329	358	科斯莫石油	Cosmo Oil	日本	Japan
330	458	冀中能源集团	Jizhong Energy Group	中国	China
331	281	阿斯利康	Astrazeneca	英国	Britain
332	284	新闻集团	News Corp.	美国	U.S.
333	371	中国联合网络通信股份有限公司	China United Network Communications	中国	China
334	278	德国中央合作银行	Dz Bank	德国	Germany
335	299	加拿大鲍尔集团	Power Corp. Of Canada	加拿大	Canada
336	318	英力士集团控股有限公司	Ineos Group Holdings	卢森堡	Luxembourg
337	350	台湾中油股份有限公司	Cpc	中国台湾	TaiWan
338	310	加拿大乔治威斯顿公司	George Weston	加拿大	Canada
339	291	通用动力	General Dynamics	美国	U.S.
340	305	好事达	Allstate	美国	U.S.
341	405	中国国电集团公司	China Guodian	中国	China
342	324	德国艾德卡公司	Edeka Zentrale	德国	Germany
343	313	HCA公司	Hca Holdings	美国	U.S.
344	319	美国运通公司	American Express	美国	U.S.
345	337	泰森食品	Tyson Foods	美国	U.S.
346	367	江苏沙钢集团	Jiangsu Shagang Group	中国	China
347	323	东日本旅客铁道株式会社	East Japan Railway	日本	Japan
348	372	迪尔公司	Deere	美国	U.S.
349	430	中国铁路物资股份有限公司	China Railway Materials	中国	China
350		铃木汽车	Suzuki Motor	日本	Japan

continued

营业额 Revenues		利润额 Profits		资产额 (百万美元) Assets (mil.USD)	雇员人数 (人) Employees (person)
百万美元 (mil.USD)	比上年增长% % Change from 2010	百万美元 (mil.USD)	比上年增长% % Change from 2010		
35607.0	10.1	-3068.2	-313.4	91411.7	32961
35566.6	8.4	954.0	-4.1	19719.3	101900
35520.3	63.4	8347.6	97.8	47651.6	7303
35501.6	10.7	10755.7	79.3	337405.5	266187
35495.4	131.0	-140.2	-111.3	65263.9	20300
35342.7	15.5	-1168.5	-	108086.8	35764
35152.0	4.4	-1800.6	-194.0	37606.6	125241
35115.0	10.6	854.0	44.0	43499.0	78392
34958.4	23.9	1878.6	21.4	40907.2	104525
34832.0	12.0	147.5	641.6	15488.7	11194
34701.4	26.9	2889.8	15.2	167338.2	122000
34671.0	4.5	365.0	-78.2	117131.0	45000
34622.9	81.0	194.0	32.1	3697.2	1798
34575.4	27.8	2821.2	38.6	28540.0	59759
34516.5	22.8	218.0	-76.3	43902.0	150000
34394.3	8.4	6136.5	27.2	2009729.0	56109
34393.5	-1.6	557.3	-48.9	213280.2	13658
34352.4	51.8	170.5	19.0	5855.9	9326
34275.0	32.4	966.0	91.3	15381.0	3800
34267.7	9.2	664.6	-8.8	259753.4	268822
34259.5	21.6	664.4	191.7	35311.3	129805
34244.1	22.4	1778.4	6.5	66482.0	84497
34079.0	5.8	2388.4	69.9	420069.8	7699
34001.4	9.0	-1114.1	-237.6	36443.4	101222
33877.0	11.1	5713.0	21.9	74832.0	40391
33871.6	39.6	7847.6	36.1	732630.6	90149
33779.8	-1.4	1985.7	12.4	38593.1	33300
33679.0	3.4	-2890.0	-	49383.0	40000
33671.8	24.2	-115.0	-134.1	20358.2	8247
33660.8	58.4	132.1	-3.4	19160.2	137524
33591.0	1.0	9983.0	24.0	52830.0	57200
33405.0	1.9	2739.0	7.9	61980.0	51000
33336.1	28.1	218.4	20.5	72850.9	215954
33279.1	-1.0	535.3	-53.4	527013.7	27825
33276.6	3.9	1128.4	28.1	250978.5	32616
33159.8	9.3	523.4	-	12058.5	7942
32768.9	18.9	-1104.5	-317.6	26562.2	15219
32734.7	5.3	642.0	46.3	20946.0	142000
32677.0	0.6	2526.0	-3.7	34883.0	95100
32654.0	4.0	788.0	-15.1	125563.0	37300
32580.0	35.7	-91.5	-180.2	105403.1	139109
32530.7	10.7	195.9	2.6	8069.5	306000
32506.0	5.9	2465.0	104.2	26898.0	174500
32282.0	6.7	4935.0	21.6	153337.0	62500
32266.0	13.5	750.0	-3.8	11071.0	115000
32096.8	21.6	483.7	22.0	27118.9	44927
32070.2	8.3	1377.2	54.7	85809.5	71729
32012.5	23.1	2799.9	50.1	48207.4	61300
31991.1	41.4	155.5	44.9	10067.9	9114
31817.1	4.5	682.5	29.4	27983.0	54484

17-6 续表 7

排名 Rank		企业名称	Company Name	国家	Country
2011	2010				
351	352	华为投资控股有限公司	Huawei Investment & Holding	中国	China
352	415	墨非石油公司	Murphy Oil	美国	U.S.
353	374	施耐德电气	Schneider Electric	法国	France
354	253	夏普	Sharp	日本	Japan
355	356	菲利普-莫里斯国际公司	Philip Morris International	美国	U.S.
356	355	日本中部电力	Chubu Electric Power	日本	Japan
357	361	印度石油天然气公司	Oil & Natural Gas	印度	India
358	301	英国电信集团	Bt Group	英国	Britain
359	481	美国全国保险公司	Nationwide	美国	U.S.
360	345	英美资源集团	Anglo American	英国	Britain
361	329	意大利邮政集团	Poste Italiane	意大利	Italy
362	362	和记黄埔有限公司	Hutchison Whampoa	中国	China
363	335	PHOENIX PHARMAHANDEL公司	Phoenix Pharmahandel	德国	Germany
364	_	Coop集团	Coop Group	瑞士	Switzenland
365	485	中国建筑材料集团有限公司	China National Building Materials Group	中国	China
366	482	Tesoro公司	Tesoro	美国	U.S.
367	435	中国机械工业集团有限公司	Sinomach	中国	China
368	365	3M公司	3m	美国	U.S.
369	375	中国大唐集团公司	China Datang	中国	China
370	450	联想集团	Lenovo Group	中国	China
371	381	阿弗瑞萨控股公司	Alfresa Holdings	日本	Japan
372	334	伟创力	Flextronics International	新加坡	Singapore
373	129	英国法通保险公司	Legal & General Group	英国	Britain
374	349	德尔海兹集团	Delhaize Group	比利时	Belgium
375	379	荷兰GasTerra能源公司	Gasterra	荷兰	Netherlands
376	373	西班牙天然气公司	Gas Natural Fenosa	西班牙	Spain
377	294	德国商业银行	Commerzbank	德国	Germany
378	395	曼弗雷集团	Mapfre Group	西班牙	Spain
379	368	爱信精机	Aisin Seiki	日本	Japan
380	400	Ultrapar控股公司	Ultrapar Holdings	巴西	Brazil
381	363	时代华纳	Time Warner	美国	U.S.
382	411	米其林公司	Michelin	法国	France
383	_	S-OIL公司	S-Oil	韩国	SouthKorea
384	399	中国远洋运输(集团)总公司	China Ocean Shipping	中国	China
385	401	麦格纳国际	Magna International	加拿大	Canada
386	288	BAE系统公司	Bae Systems	英国	Britain
387	391	德科集团	Adecco Group	瑞士	Netherlands
388	96	德克夏银行集团	Dexia Group	比利时	Belgium
389	499	昭和壳牌石油公司	Showa Shell Sekiyu	日本	Japan
390	_	中国电力建设集团有限公司	Power China	中国	China
391	378	欧莱雅	L’Or al	法国	France
392	382	威廉莫里森超市连锁公司	Wm. Morrison Supermarkets	英国	Britain
393	366	中粮集团有限公司	Cofco	中国	China
394	332	瑞士再保险股份有限公司	Swiss Re	瑞士	Switzenland
395	260	美国诺斯洛普格拉曼公司	Northrop Grumman	美国	U.S.
396	404	Migros集团	Migros Group	瑞士	Switzenland
397	446	河南煤业化工集团有限责任公司	Henan Coal & Chemical	中国	China
398	322	Vattenfall公司	Vattenfall	瑞典	Sweden
399	_	Brazilian Distribution公司	Brazilian Distribution	巴西	Brazil
400	377	富士胶片控股株式会社	Fujifilm Holdings	日本	Japan

continued

营业额 Revenues		利润额 Profits		资产额 (百万美元) Assets (mil.USD)	雇员人数 (人) Employees (person)
百万美元 (mil.USD)	比上年增长% % Change from 2010	百万美元 (mil.USD)	比上年增长% % Change from 2010		
31543.4	15.3	1815.3	-48.3	30709.1	140000
31446.3	34.7	872.7	9.4	14138.1	5893
31128.0	20.0	2530.6	11.1	46590.8	137535
31103.6	-11.8	-4763.0	-2202.7	31771.2	56800
31097.0	14.3	8591.0	18.3	35488.0	78100
31020.4	14.0	-1167.7	-218.2	68633.6	30194
30745.8	14.1	5874.1	19.2	45475.0	32862
30734.3	-3.3	3193.9	36.8	38268.9	89015
30697.8	10.6	-793.1	-163.0	141250.4	32096
30580.0	9.4	6169.0	-5.7	72442.0	100000
30163.7	4.3	1176.9	-12.7	128578.0	146363
30022.9	11.5	7196.6	179.0	92777.1	250000
30022.7	4.8	306.8	59.7	9702.5	23850
30022.2	65.0	486.8	8.0	17642.3	64507
30021.9	50.1	656.5	109.6	32969.6	126385
29927.0	47.8	546.0	-	9892.0	5374
29846.3	32.7	630.6	15.5	26794.0	96356
29611.0	11.1	4283.0	4.8	31616.0	84198
29603.2	14.2	-132.5	-	96207.0	102876
29574.4	37.0	473.0	73.1	15860.7	27000
29550.9	15.9	83.6	8.8	13094.0	10713
29470.3	2.8	488.8	-18.0	11033.8	159000
29366.1	-50.5	1163.9	-8.1	507819.1	9138
29365.0	6.3	660.5	-13.1	15893.8	122000
29331.6	20.6	50.1	5.0	5350.2	197
29305.2	12.7	1842.3	15.8	60373.5	17769
29235.6	-9.8	887.1	-53.2	859166.8	49215
29223.6	19.8	1338.9	8.3	71219.1	34390
29182.5	10.7	702.9	-13.6	25204.6	78212
29073.4	20.5	507.1	16.6	7370.7	9055
28974.0	7.8	2886.0	11.9	67801.0	34000
28808.8	21.6	2032.8	46.5	27118.9	108340
28808.1	61.1	1075.1	76.2	11463.7	2622
28796.5	18.7	-651.8	-156.1	52229.4	72897
28748.0	19.3	1018.0	4.6	14679.0	108275
28623.8	-12.2	1988.0	22.3	35905.9	87000
28566.8	15.6	721.6	28.8	12144.3	32826
28540.4	-58.9	-16183.5	-1790.0	535884.9	22461
28496.7	45.7	289.9	59.4	15710.4	5947
28288.6	-	354.4	-	38535.9	200309
28286.1	9.5	3390.5	14.3	34869.2	68886
28276.4	11.3	1104.6	13.4	15560.5	94114
28189.7	6.5	728.5	-9.0	41264.0	98300
28083.0	-2.6	2626.0	204.3	225899.0	10788
28058.0	-19.3	2118.0	3.2	25411.0	72500
28014.9	16.6	744.5	-12.9	59030.2	86393
27919.2	28.6	223.4	-31.4	27370.3	203732
27890.2	-5.9	1707.4	-5.4	76540.9	34685
27838.6	52.7	429.1	4.6	18111.6	149070
27803.6	7.4	554.2	-25.7	33296.9	81691

17-6 续表 8

排名 Rank		企业名称	Company Name	国家	Country
2011	2010				
401	370	塔塔钢铁	Tata Steel	印度	India
402	475	中国化工集团公司	Chemchina	中国	China
403	393	多伦多道明银行	Toronto-Dominion Bank	加拿大	Canada
404	348	阿尔斯通	Alstom	法国	France
405	422	埃森哲	Accenture	爱尔兰	Ireland
406	401	DirecTV公司	Directv	美国	U.S.
407	383	大众超级市场公司	Publix Super Markets	美国	U.S.
408	410	台塑石化股份有限公司	Formosa Petrochemical	中国台湾	TaiWan
409	425	加拿大丰业银行	Bank Of Nova Scotia	加拿大	Canada
410	403	麦当劳	Mcdonald'S	美国	U.S.
411	433	达能	Danone	法国	France
412	469	匈牙利油气公司	Mol Hungarian Oil & Gas	匈牙利	Hungary
413	416	T&D控股	T&D Holdings	日本	Japan
414	_	安富利公司	Avnet	美国	U.S.
415	396	Tech Data公司	Tech Data	美国	U.S.
416	_	天津市物资集团总公司	Tewoo Group	中国	China
417	390	梅西百货	Macy'S	美国	U.S.
418	307	株式会社Maruhan	Maruhan	日本	Japan
419	412	Onex公司	Onex	加拿大	Canada
420	418	巴登-符滕堡州能源公司	Energie Baden-W rttemberg	德国	Germany
421	385	来德爱	Rite Aid	美国	U.S.
422	409	住友电工	Sumitomo Electric Industries	日本	Japan
423	394	KBC集团	Kbc Group	比利时	Belgium
424	387	国际纸业	International Paper	美国	U.S.
425	408	中国电子信息产业集团有限公司	China Electronics	中国	China
426	484	浙江物产集团	Zhejiang Materials Industry Group	中国	China
427	426	日本烟草	Japan Tobacco	日本	Japan
428	357	马自达汽车株式会社	Mazda Motor	日本	Japan
429	498	韩国天然气公司	Korea Gas	韩国	SouthKorea
430	496	Surgutneftegas公司	Surgutneftegas	俄罗斯	Russia
431	389	Travelers Cos。公司	Travelers Cos.	美国	U.S.
432	432	金巴斯集团	Compass Group	英国	Britain
433	_	中国华电集团公司	China Huadian	中国	China
434	463	中国船舶重工集团公司	China Shipbuilding Industry	中国	China
435	428	CRH公司	Crh	爱尔兰	Ireland
436	453	小松集团	Komatsu	日本	Japan
437	392	史泰博	Staples	美国	U.S.
438	441	澳大利亚电信	Telstra	澳大利亚	Australia
439	465	美铝公司	Alcoa	美国	U.S.
440	_	山东魏桥创业集团有限公司	Shandong Weiqiao Pioneering Group	中国	China
441	414	西北互助人寿保险公司	Northwestern Mutual	美国	U.S.
442	386	雷神公司	Raytheon	美国	U.S.
443	380	芬梅卡尼卡	Finmeccanica	意大利	Italy
444	_	哈里伯顿公司	Halliburton	美国	U.S.
445	424	英美烟草集团	British American Tobacco	英国	Britain
446	419	住友化学	Sumitomo Chemical	日本	Japan
447	_	山西煤炭运销集团有限公司	Shanxi Coal Transportation & Sales Group	中国	China
448	456	渣打集团	Standard Chartered Group	英国	Britain
449	_	韩国友利金融控股公司	Woori Finance Holdings	韩国	SouthKorea
450	467	中国太平洋保险(集团)股份有限公司	China Pacific Insurance (Group)	中国	China

continued

营业额 Revenues		利润额 Profits		资产额 (百万美元) Assets (mil.USD)	雇员人数 (人) Employees (person)
百万美元 (mil.USD)	比上年增长% % Change from 2010	百万美元 (mil.USD)	比上年增长% % Change from 2010		
27738.8	6.4	1125.0	-42.9	28904.6	81622
27706.7	33.8	100.1	531.3	39355.0	138553
27589.5	12.7	5968.5	33.4	691198.4	75631
27417.3	-0.8	1006.8	65.0	41351.5	85449
27352.9	18.4	2277.7	27.9	15731.5	236000
27226.0	13.0	2609.0	18.7	18423.0	26350
27178.8	7.3	1492.0	11.5	11268.2	111500
27178.6	14.5	765.8	-41.1	15256.3	6426
27090.9	18.2	5244.9	28.4	579311.2	75362
27006.0	12.2	5503.1	11.3	32989.9	420000
26860.8	19.2	2323.4	-6.2	36905.5	101885
26698.2	28.4	764.3	52.9	20603.8	31471
26648.7	14.5	339.0	21.6	156308.5	20982
26534.4	38.5	669.1	63.0	9905.6	17600
26488.1	8.7	206.4	-3.7	5785.4	8283
26410.9	38.4	25.4	15.7	11981.0	6164
26405.0	5.6	1256.0	48.3	22095.0	171000
26333.0	10.6	314.9	22.2	4080.7	12427
26168.0	10.6	1327.0	-	29446.0	246000
26126.2	12.7	-1205.9	-177.8	46506.0	20959
26121.2	3.6	368.6	-	7364.3	70650
26081.8	9.8	745.5	-9.6	25183.1	194734
26057.1	6.5	18.1	-99.3	370511.4	47530
26034.0	3.4	1341.0	108.2	26993.0	61500
26022.5	9.5	203.0	51.6	23003.3	127822
25833.1	29.2	96.1	4.9	8298.9	17401
25758.6	12.8	4064.0	140.1	44567.4	48529
25748.9	-5.2	-1364.5	-	23285.6	37617
25720.8	31.5	157.7	-11.6	31267.3	2815
25662.8	30.6	7931.1	87.6	51486.4	99842
25446.0	1.4	1426.0	-55.7	104602.0	30600
25417.6	12.8	1168.7	11.2	14660.8	471108
25270.0	31.4	-21.6	-125.2	83549.7	109280
25144.5	19.4	836.7	9.7	55693.3	170361
25140.8	10.5	820.4	43.4	27766.7	76433
25099.2	16.6	2115.6	20.2	28202.8	44206
25022.2	1.9	984.7	11.6	13430.6	69662
24968.2	13.2	3188.1	-6.8	40597.2	35790
24951.0	18.7	611.0	140.6	40120.0	61000
24905.5	46.6	1127.6	17.6	13000.3	141299
24861.0	4.6	645.1	-14.7	189644.8	4842
24857.0	-1.3	1866.0	1.4	25854.0	71000
24848.8	-2.9	-3260.6	-599.4	39718.9	70474
24829.0	38.1	2839.0	54.7	23677.0	68000
24687.9	7.4	4962.0	11.6	42151.0	56265
24670.2	6.6	70.8	-75.2	28402.4	29839
24533.4	43.3	224.2	-43.0	17686.2	103745
24488.0	14.4	4849.0	11.9	599070.0	86865
24435.3	67.6	1928.9	73.9	271591.3	24655
24429.0	17.0	1285.8	1.7	90659.7	82456

17-6 续表 9

排名 Rank		企业名称	Company Name	国家	Country
2011	2010				
451	_	中国电力投资集团公司	China Power Investment	中国	China
452	413	帝国烟草公司	Imperial Tobacco Group	英国	Britain
453	439	途易	Tui	德国	Germany
454	423	美国礼来公司	Eli Lilly	美国	U.S.
455	_	Marquard & Bahls公司	Marquard & Bahls	德国	Germany
456	443	艾默生电气	Emerson Electric	美国	U.S.
457	379	万通互惠理财	Massachusetts Mutual Life Insurance	美国	U.S.
458	491	西方石油公司	Occidental Petroleum	美国	U.S.
459	460	荷兰SHV公司	Shv Holdings	荷兰	Netherlands
460	_	山东能源集团有限公司	Shandong Energy Group	中国	China
461	429	理光集团	Ricoh	日本	Japan
462	_	鞍钢集团公司	Ansteel Group	中国	China
463	438	美国航空	Amr	美国	U.S.
464	448	喜力控股公司	Heineken Holding	荷兰	Netherlands
465	_	现代摩比斯公司	Hyundai Mobis	韩国	SouthKorea
466	_	赫斯基能源公司	Husky Energy	加拿大	Canada
467	447	神钢集团	Kobe Steel	日本	Japan
468	340	仁宝电脑	Compal Electronics	中国台湾	Taiwan
469	478	Suzuken公司	Suzuken	日本	Japan
470	483	CFE公司	Cfe	墨西哥	Mexico
471	_	野村控股	Nomura Holdings	日本	Japan
472	495	大和房建	Daiwa House Industry	日本	Japan
473	468	福陆公司	Fluor	美国	U.S.
474	471	霍尔希姆公司	Holcim	瑞士	Switzerland
475	_	浙江吉利控股集团	Zhejiang Geely Holding Group	中国	China
476	_	北欧联合银行	Nordea Bank	瑞典	Sweden
477	388	山田电机	Yamada Denki	日本	Japan
478	442	TJX公司	Tjx	美国	U.S.
479	462	费森尤斯集团	Fresenius	德国	Germany
480	455	拉法基集团	Lafarge	法国	France
481	434	日本邮船	Nippon Yusen Kabushiki Kaisha	日本	Japan
482	457	三菱汽车	Mitsubishi Motors	日本	Japan
483	_	绿地控股集团有限公司	Greenland Holding Group	中国	China
484	_	新兴际华集团	Xinxing Cathay International Group	中国	China
485	406	加拿大永明金融集团	Sun Life Financial	加拿大	Canada
486	_	加德士澳大利亚	Caltex Australia	澳大利亚	Australia
487	_	美国固特异轮胎橡胶有限公司	Goodyear Tire & Rubber	美国	U.S.
488	449	施乐公司	Xerox	美国	U.S.
489	-	任仕达控股公司	Randstad Holding	荷兰	Netherlands
490	_	开滦集团	Kailuan Group	中国	China
491	497	德国复兴信贷银行	Kfw Bankengruppe	德国	Germany
492	444	贝塔斯曼集团	Bertelsmann	德国	Germany
493	500	纬创集团	Wistron	中国台湾	Taiwan
494	_	国际航空集团	International Airlines Group	英国	Britain
495	470	索迪斯	Sodexo	法国	France
496	-	东京煤气公司	Tokyo Gas	日本	Japan
497	473	美国家庭人寿保险公司	Aflac	美国	U.S.
498	-	招商银行	China Merchants Bank	中国	China
499	437	英国国家电网	National Grid	英国	Britain
500	_	万宝盛华	Manpower	美国	U.S.

continued

营业额 Revenues 百万美元 (mil.USD)	营业额 Revenues 比上年增长% % Change from 2010	利润额 Profits 百万美元 (mil.USD)	利润额 Profits 比上年增长% % Change from 2010	资产额 (百万美元) Assets (mil.USD)	雇员人数 (人) Employees (person)
24399.8	30.0	-118.8	-151.9	79921.5	121716
24378.9	4.2	2883.2	23.0	47623.4	38200
24355.6	10.3	33.3	-75.8	18104.8	73707
24286.5	5.2	4347.7	-14.2	33659.8	38080
24258.4	43.3	40.3	-75.1	5251.3	4214
24234.0	10.8	2480.0	14.6	23861.0	133200
24226.4	-5.5	877.4	239.8	195380.5	9500
24216.0	22.0	6771.0	49.5	60044.0	11300
24141.4	13.9	1087.9	36.2	13208.9	54700
24131.3	38.1	1558.5	30.0	28444.0	270791
24107.7	6.3	-564.4	-346.0	27824.0	109241
24089.0	7.6	247.3	-35.7	43169.7	227887
23979.0	8.2	-1979.0	-	23848.0	80100
23897.7	10.2	997.0	4.5	35219.0	64252
23735.7	23.9	2728.8	26.0	19602.0	18333
23622.8	33.9	2248.6	97.5	31852.7	4726
23616.5	8.8	-180.5	-129.2	26245.9	35496
23591.0	-16.3	374.9	-49.3	9212.6	62357
23556.0	15.2	102.0	-9.3	11814.2	15155
23480.6	16.6	-1380.9	-2255.7	64956.6	97363
23452.7	45.0	146.7	-56.2	433851.6	35764
23415.2	18.7	420.5	32.1	25353.6	27130
23381.4	12.1	593.7	66.1	8270.3	43087
23377.7	12.5	309.9	-72.7	45522.0	80967
23355.7	125.9	90.0	-91.1	16718.6	37800
23258.1	19.8	3652.7	3.8	929847.5	33068
23246.2	-7.5	737.6	-10.7	11398.2	14006
23191.5	5.7	1496.1	11.4	8281.6	168000
22973.0	8.6	959.4	16.5	34172.5	149351
22970.3	7.3	824.5	-24.7	52865.5	60925
22896.2	1.7	-922.3	-200.6	25792.8	28498
22889.6	7.2	303.1	66.2	16058.7	30777
22872.9	63.4	965.8	42.9	29895.4	27816
22832.3	92.3	242.6	52.6	10194.1	77512
22831.2	-4.6	-202.2	-112.4	214172.0	15000
22810.2	33.1	-736.3	-353.1	4984.5	3550
22767.0	20.9	343.0	-	17629.0	73000
22626.0	4.6	1295.0	113.7	30116.0	139650
22559.9	20.1	248.6	-34.8	10093.6	28700
22519.3	63.4	107.2	67.3	9175.4	71987
22496.1	14.1	2875.5	-17.5	642422.1	4765
22426.6	2.9	646.6	2.1	23561.5	100626
22408.0	14.7	308.5	-19.2	8408.2	61518
22390.4	75.7	742.5	-	25645.3	56791
22262.4	7.1	625.7	12.2	16429.0	391148
22217.9	24.0	583.4	-47.7	22653.0	16528
22171.0	6.9	1964.0	-16.2	117102.0	8562
22093.8	49.2	5588.4	46.8	444069.1	45344
22066.8	-1.1	3248.1	-3.2	75641.3	25645
22006.0	16.6	251.6	-	6899.7	31000

主要统计指标解释

人文发展指数 是人类发展的一项综合指标，它测量了人类发展的三个方面的平均成就：寿命，教育程度以及体面的生活。人文发展指数是对这三个方面的指标标准化后的几何平均值。

期望受教育年限 是指在现有入学率保持不变的情况下适龄儿童预期获得的受教育年限。

平均受教育年限 是指25岁及以上人口已经获得的文化程度转换成理论教育年限的平均值。

KOF 全球化指数 包括经济，社会和政治三个方面的全球化，是 23 个具体指标标准化后的加权平均值。全球化被定义为突破国家的界限，融合国家的经济、文化、技术和管理，并产生相互依存的复杂关系的过程。经济全球化是指商品、资本和服务以及伴随着市场交流的信息与观念的长途流动；政治全球化是指政府政策的扩散；社会全球化是指思想、信息、图像和人的传播。

全球竞争力指数（GCI），通过测算一个国家的经济、社会、政治、文化教育等各方面情况来评价国家竞争力。全球竞争力的指标体系由三个层次构成：第一层次包括基本条件、效率增强及创新与成熟度三大板块；第二层次是 12 个竞争力“支柱”，包括制度、基础设施、宏观经济环境、健康与初等教育、高等教育与培训、商品市场效率、劳动力市场效率、金融市场发展、技术就绪度、市场规模、商业成熟度和创新等；第三层次是具体指标

ICT 发展指数（IDI） 是衡量和跟踪各国在迈向信息社会的过程中所取得总体进展的有用工具，是一项由涵盖 ICT 获取、使用和技能三个方面的 11 个指标组成的综合指数，旨在根据发达国家和发展中国家的情况来衡量长期以来 ICT 发展的水平和变化。ICT 发展指数包括的具体指标有：每百人固定电话用户数、每百人移动电话用户数、互联网用户的平均带宽、拥有计算机家庭所占百分比、接入互联网家庭所占百分比、使用互联网个人所占百分比、每百人固定宽带用户数、每百人移动宽带用户、成人识字率、中等教育和高等教育综合入学率。

知识经济指数（KEI） 是表示一个国家或地区知识经济领域整体发展水平的综合指数，用来评价环境是否有助于知识在经济发展中起到有效的作用。KEI 由知识型经济的四大支柱指标构成：经济激励机制和体制、教育和人力资源、创新体系以及信息通信技术，它是这四个指标的得分进行标准化处理后的平均值。

Explanatory Notes on Main Statistical Indicators

The Human Development Index (HDI) is a summary measure of human development. It measures the average achievements in a country in three basic dimensions of human development: a long and healthy life, access to knowledge and a decent standard of living. The HDI is the geometric mean of normalized indices measuring achievements in each dimension.

Expected years of schooling Number of years of schooling that a child of school entrance age can expect to receive if prevailing patterns of age-specific enrolment rates were to stay the same throughout the child' s life.

Mean years of schooling Average number of years of education received by people ages 25 and older in their lifetime based on education attainment levels of the population converted into years of schooling based on theoretical durations of each level of education attended.

The KOF Index of Globalization covers the economic, social and political dimensions of globalization and is the weighted average value of standardized twenty-three indicators. Globalization is conceptualized as a process that erodes national boundaries, integrates national economies, cultures, technologies and governance and produces complex relations of mutual interdependence. economic globalization, characterized as long distance flows of goods, capital and services as well as information and perceptions that accompany market exchanges; political globalization, characterized by a diffusion of government policies; and social globalization, expressed as the spread of ideas, information, images and people

Global Competitiveness Index (GCI) assess national competitiveness by measuring a country's economic, social, political, cultural, educational and other aspects. GCI system consists of three layers: The first level includes three plates of Basic requirements, Efficiency enhancers and Innovation and sophistication factors; The second level is the competitiveness of 12 major "pillars", including Institutions, Infrastructure, Macroeconomic environment, Health and primary education, Higher education and training, Goods market efficiency, Labor market efficiency, Financial market development, Technological readiness, Market size, Business sophistication, and Innovation; The third level is the specific indicators.

The ICT Development Index (IDI) is a useful tool to benchmark and track the overall progress countries are making towards becoming information societies. The IDI is a composite index made up of 11 indicators covering ICT access, use and skills. It has been constructed to measure the level and evolution over time of ICT developments, taking into consideration the situations of both developed and developing countries. IDI includes the following indicators: Fixed-telephone subscriptions per 100 inhabitants, Mobile-cellular telephone subscriptions per 100 inhabitants, International Internet bandwidth (bit/s) per Internet user, Percentage of households with a computer, Percentage of households with Internet access at home, Percentage of individuals using the Internet, Fixed (wired)-broadband Internet subscriptions per 100 inhabitants, Active mobile-broadband subscriptions per 100 inhabitants, Adult literacy rate, Gross enrolment ratio of secondary and tertiary level.

The Knowledge Economy Index (KEI) is an aggregate index that represents the overall level of development of a country or region towards the Knowledge Economy. It takes into account whether the environment is conducive for knowledge to be used effectively for economic development. The KEI is calculated based on the average of the normalized performance scores of a country or region on all 4 pillars related to the knowledge economy - economic incentive and institutional regime, education and human resources, the innovation system and ICT.

附 录

Appendix

附录1 主要国际组织及缩写

一、主要国际组织及其组成成员

西方七国（G7）：包括美国、日本、英国、德国、法国、意大利和加拿大。

经济合作与发展组织（经合组织，OECD），成员国有34个：澳大利亚、奥地利、比利时、冰岛、丹麦、德国、法国、芬兰、加拿大、荷兰、卢森堡、美国、葡萄牙、日本、挪威、瑞典、瑞士、爱尔兰、西班牙、希腊、意大利、新西兰、土耳其、英国、墨西哥、捷克、匈牙利、波兰、韩国、斯洛伐克、以色列（2010）、斯洛文尼亚、智利（2010）、爱沙尼亚（2010）。

欧洲联盟（欧盟，EU），成员国有27个：法国、德国、意大利、荷兰、比利时、卢森堡、丹麦、爱尔兰、英国、希腊、西班牙、葡萄牙、奥地利、芬兰、瑞典、塞浦路斯、捷克、爱沙尼亚、匈牙利、拉脱维亚、立陶宛、马耳他、波兰、斯洛伐克、斯洛文尼亚、保加利亚和罗马尼亚。

欧洲货币联盟（欧元区，Euro Area），成员国有17个：德国、比利时、奥地利、荷兰、法国、意大利、西班牙、葡萄牙、卢森堡、爱尔兰、芬兰、希腊、斯洛文尼亚、塞浦路斯、马耳他、斯洛伐克和爱沙尼亚（2011.1.1）。2002年1月1日起，欧元现钞正式取代各成员国原货币全面流通。

东南亚国家联盟（东盟，ASEAN），成员国有10个：菲律宾、马来西亚、泰国、新加坡、印度尼西亚、文莱（1984年）、越南（1995年）、缅甸（1997年）、老挝（1997年）和柬埔寨（1999年）。

北美自由贸易区（NAFTA）：成立于1994年1月1日，成员国有3个，加拿大、墨西哥和美国。

二、主要国家(地区)分类

按收入分组国家：按照世界银行2011年分组标准，高收入国家指按图表集法计算的人均国民总收入12476美元及以上的国家，中等偏上收入国家指人均国民总收入4036美元至12475美元的国家，中等偏下收入国家指人均国民总收入1026美元至4035美元的国家，低收入国家指人均国民总收入1025美元及以下的国家。

发达国家与发展中国家：联合国统计司对“发达国家”及“发展中国家”没有一个明确的划分标准。通常是把亚洲的日本、北美的加拿大和美国、大洋洲的澳大利亚和新西兰、欧洲（除前南斯拉夫、东欧、独联体外）都列入发达国家。在国际贸易统计中，南部非洲关税联盟和以色列被认为是发达地区和国家；前南斯拉夫为发展中国家，东欧国家和在欧洲的独联体国家既不是发达国家，也不是发展中国家。

国际货币基金组织指出“发达经济体”包括34个国家或地区，他们是：澳大利亚、奥地利、比利时、加拿大、塞浦路斯、捷克、丹麦、爱沙尼亚、芬兰、法国、德国、希腊、中国香港、冰岛、爱尔兰、以色列、意大利、日本、韩国、卢森堡、马耳他、荷兰、新西兰、挪威、葡萄牙、圣马力诺、新加坡、斯洛伐克、斯洛文尼亚、西班牙、瑞典、瑞士、中国台湾、英国及美国。其他为新兴市场及发展中经济体。

三、本年鉴中使用的缩写及含义如下：

sq.km（square kilometer）＝平方公里
ha（hectare）＝公顷
kwh（kilowatt-hour）＝千瓦时
g（gram）＝克
kg（kilogram）＝千克
TJ （terojoule）＝1012焦耳
TCE（ ton of standard coal equivalent）＝吨标准煤当量
TOE（ton of standard oil equivalent）＝吨标准油当量
UNSD（Statistics Division of the United Nations）＝联合国统计司
IMF（International Monetary Fund）＝国际货币基金组织
FAO（Food and Agriculture Organization of the United Nations）＝联合国粮食及农业组织
UNCTAD（United Nations Conference on Trade and Development）＝联合国贸易和发展会议
UNDP（United Nations Development Program）＝联合国开发计划署
ILO （International Labor Organization）＝国际劳工组织
WHO（World Health Organization）＝世界卫生组织

Appendix1 International Organizations and Abbreviations

I.Some international organizations and the members included are as following,

Group 7, includes the United States, Japan, the United Kingdom, Germany, France, Italy and Canada.

Organization for Economic Co-operation and Development (OECD), has 34 members, i.e., Australia, Austria, Belgium, Iceland, Denmark, Germany, France, Finland, Canada, Netherlands, Luxembourg, United States, Portugal, Japan, Norway, Sweden, Switzerland, Ireland, Spain, Greece, Italy, New Zealand, Turkey, United Kingdom, Mexico, Czech Republic, Hungary, Poland, Korea, Slovakia, Israel (2010), Slovenia, Chile (2010), Estonia (2010).

European Union (EU), it expanded to 27 members, i.e., France, Germany, Italy, Netherlands, Belgium, Luxembourg, Denmark, Ireland, United Kingdom, Greece, Spain, Portugal, Austria, Finland, Sweden, Cyprus, the Czech Republic, Estonia, Hungary, Latvia, Lithuania, Malta, Poland, Slovakia and Slovenia, Bulgaria, Romania.

European Monetary Union (Euro Area), member countries are Germany, Belgium, Austria, Netherlands, France, Italy, Spain, Portugal, Luxembourg, Ireland, Finland, Greece, Slovenia, Cyprus, Malta、Slovak and Estonia (Jan.1.2011), has 17 members. Since January 1, 2002, the euro has formally substitute the former local currencies of the member countries.

Association of South East Asian Countries (ASEAN), it has 10 members, i.e., the Philippines, Malaysia, Thailand, Singapore, Indonesia, Brunei Darussalam (1984), Viet Nam (1995), Myanmar (1997), Lao People's Democratic Republic (1997) and Cambodia (1999).

North American Free Trade Area(NAFTA), was founded on January 1, 1994, with members unchanged hitherto, i.e., Canada, Mexico and the United States.

II. Countries (territory) groups and their meanings are as following,

Countries by Income Group According to the criteria by the World Bank, countries and territories (referred to as economies) are classified into high income (higher than $12276), higher middle income (between $3976 and $12275), lower middle income (between $1006 and $3975) and low income ($1005 and below) groups by their per capita GNI (calculated by Atlas method)in the year 2010.

Developed and Developing Countries There is no established convention for the designation of "developed" and "developing" countries or areas in the United Nations system. In common practice, Japan in Asia, Canada and the United States in northern America, Australia and New Zealand in Oceania, and Europe are considered "developed" regions or areas. In international trade statistics, the Southern African Customs Union is also treated as a developed region and Israel as a developed country; countries emerging from the former Yugoslavia are treated as developing countries; and countries of eastern Europe and of the Commonwealth of Independent States in Europe are not included under either developed or developing regions.

Advanced economies in International Monetary Fund (IMF) are composed of 35 countries: Australia, Austria, Belgium, Canada, Cyprus, Czech Republic, Denmark, Estonia, Finland, France, Germany, Greece, Hong Kong SAR, Iceland, Ireland, Israel, Italy, Japan, Korea, Luxembourg, Malta, Netherlands, New Zealand, Norway, Portugal, San Marino, Singapore, Slovak Republic, Slovenia, Spain, Sweden, Switzerland, Taiwan Province of China, United Kingdom, and United States. Others are emerging market and developing economies.

III. The abbreviations used in this book and their meanings are as following,

Sq.km=square kilometer
ha = hectare
kwh = kilowatt-hour
g = gram
kg = kilogram
TJ = terojoule (1012 joule)
TCE = ton of standard coal equivalent
TOE = ton of standard oil equivalent
UNSD = Statistics Division of the United Nations
IMF = International Monetary Funds
FAO = Food and Agriculture Organization of the United Nations
UNCTAD = United Nations Conference on Trade and Development
UNDP = United Nations Development Program
ILO = International Labor Organization
WHO = World Health Organization

附录2　各国(地区)货币单位①

Appendix1 Local Currency Units of Countries or Area①

资料来源：德国《国外统计年鉴》2006年；世界知识出版社《世界知识年鉴》2008年；国际货币基金组织《国际金融统计月报》。
Source: Statistical Yearbook 2006 for Foreign Countries of Germany; World Knowledge Publishing House World Knowledge Yearbook 2008; IMF International Financial Statistics Dec.

国家和地区	Country or Area	货币	Local Currency	国际标准组织编码 ISO-Code
亚　洲	**Asia**			
中　国	China	1元=10角=100分	1 Chinese Yuan=10 Jiao=100 Fen	CNY
中国香港	Hong Kong, China	1港元=100仙	1 Hongkong Dollar=100 Cents	HKD
中国澳门	Macao, China	1澳门元=100分	1 Macao Pataca=100 Aves	MOP
阿富汗	Afghanistan	1阿尼(新)=1000阿尼(旧)	1 Afghani(new)=1000Afghani(old	AFA
亚美尼亚	Armenia	1德拉姆=100鲁马	1 Dram=100 Luma	AMD
阿塞拜疆	Azerbaijan	1马纳特=100开比克	1 Azerbaijan Manat=100 Gepik	AZM
巴　林	Bahrain	1巴林第纳尔=1000费尔斯	1 Bahrain Dinar=1000 Fils	BHD
孟加拉国	Bangladesh	1塔卡=100波依夏	1 Taka=100 Poisha	BDT
不　丹	Bhutan	1努扎姆=100吉扎姆	1 Ngultrum=100 Chhetrum	BTN
文　莱	Brunei Darussalam	1文莱元=100分	1 Brunei Dollar=100 Cents	BND
柬埔寨	Cambodia	1瑞尔=10角=100仙	1 Riel=10 Kak=100 Sen	KHR
塞浦路斯	Cyprus	1塞浦路斯镑=1000米尔	1 Cyprus Pound=1000 Mils	CYP
格鲁吉亚	Georgia	1拉里=100 秦特勒	1 Lari=100 Tetri	GEL
印　度	India	1印度卢比=100 派萨	1 Indian Rupie=100 Paise	INR
印度尼西亚	Indonesia	1印度尼西亚盾=100分	1 Rupiah=100 Sen	IDR
伊　朗	Iran	1里亚尔=100第纳尔	1 Rial=100 Dinars	IRR
伊拉克	Iraq	1伊拉克第纳尔=1000非尔斯	1 Iraq Dinar=1000 Fils	JOD
以色列	Israel	新谢克尔	New Shekel	ILS
日　本	Japan	1日元=100钱	1 Yen=100 Sen	JPY
约　旦	Jordan	1约旦第纳尔=1000费尔斯	1 Jordan Dinar=1000 Fils	JOD
哈萨克斯坦	Kazakhstan	1坚戈=100特因	1 Tenge=100 Tiin	KZT
朝　鲜	Korea, Dem.	1朝鲜元=100钱	1 Won=100 Chon	KPW
韩　国	Korea, Rep.	1韩圆=100钱	1 Won=100 Chon	KRW
科威特	Kuwait	1科威特第纳尔=1000非尔斯	1 Kuwaiti Dinar=1000 Fils	KWD
吉尔吉斯斯坦	Kyrgyzstan	1索姆=100特因	1 Kyrgyz Som=100 Tyin	KGS
老　挝	Laos	1基普=100阿特	1 Kip=100 Ats	LAK
黎巴嫩	Lebanon	1黎巴嫩镑=100比索	1 Lebanese Pound=100 Piastres	LBP
马来西亚	Malaysia	1林吉特=100分	1 Ringgit=100 Sen	MYR
马尔代夫	Maldives	1拉菲亚=100拉里	1 Rufiyaa=100 Laari	MVR
蒙　古	Mongolia	1图格里克=100蒙戈	1 Togrog=100 Mongo	MNT
缅　甸	Myanmar	1缅元=100分	1 Kyat=100 Pyas	MMK
尼泊尔	Nepal	1尼泊尔卢比=100派萨=2摩赫	1 Rupee=100 Paisa=2 Mohur	NPR
阿　曼	Oman	1里亚尔=1000比索	1 Rial Omani=100 Baizas	OMR

附录2 续表 1 continued

国家和地区	Country or Area	货币	Local Currency	国际标准组织编码 ISO-Code
巴基斯坦	Pakistan	1巴基斯坦卢比=100派萨	1 Pakistani Rupee=100 Paisa	PKR
菲律宾	Philippines	1比索=100分	1 Philippine Peso=100 Centavos	PHP
卡塔尔	Qatar	1卡塔尔里亚尔=100迪姆拉	1 Qatar Riyal=100 Dirhams	QAR
留尼汪	Reunion	1欧元=6.5596法郎,	1 Euro=6.5596 Franc	EUR
		1法郎=100 生丁	1 Franc=100 Centimes	FRF
沙特阿拉伯	Saudi Arabia	1沙特里亚尔=100哈拉拉	1 Saudi Arabian Riyal=100 Hallalas	SAR
新加坡	Singapore	1新加坡元=100分	1 Singapore Dollar=100 Cents	SGD
斯里兰卡	Sri Lanka	1卢比=100分	1 Sri Lanka Rupee =100 Sri Lanka Cents	LKR
叙利亚	Syrian Arab Rep.	1叙利亚镑=100比索	1 Syrian Pound=100 Piastres	SYP
塔吉克斯坦	Tajikistan	索莫尼	Somoni	TJS
泰国	Thailand	1铢=100萨当	1 Baht=100 Satang	THB
土耳其	Turkey	1土耳其里拉=100库鲁	1 Turkish Lira=100 Kurus	TRL
土库曼斯坦	Turkmenistan	1马纳特=100坚戈	1 Turkmenistan Manat =100 Tenge	TMM
阿联酋	United Arab Emirates	1迪尔汗=100菲尔斯	1 Dirham=100 Fils	AED
乌兹别克斯坦	Uzbekistan	1苏姆=100蒂因	1 Usbekistan Sum=100 Tijin	UZS
越南	Vietnam	1越南盾=10角=100分	1 Dong=10 Hao=100 Xu	VND
也门	Yemen	1里亚尔=100费尔斯	1 Yemeni Rial=100 Fils	YER
非洲	**Africa**			
阿尔及利亚	Algeria	1阿尔及利亚第纳尔=100生丁	1 Algerian Dinar=100 Centines	DZD
安哥拉	Angola	宽扎	Kwanza	AOA
贝宁	Benin	非洲法郎	CFA Franc	XOF
博茨瓦纳	Botswana	1普拉=100生丁	1 Pula=100 Centimes	DZD
布基纳法索	Burkina Faso	非洲法郎	CFA Franc	XOF
布隆迪	Burundi	1布隆迪法郎=100生丁	1 Burundi Franc=100 Centimes	BIF
喀麦隆	Cameroon	非洲法郎	CFA Franc	XOF
佛得角	Cape Verde	1埃斯库多=100分	1 Cape Verde Escudo=100 Centavo	CVE
中非共和国	Central African Rep.	非洲法郎	CFA Franc	XOF
乍得	Chad	非洲法郎	CFA Franc	XOF
科摩罗	Comoros	科摩罗法郎	Comoran Franc	KMF
刚果(金)	Congo, Dem. Rep.	刚果法郎	Congo Franc	GNF
刚果(布)	Congo	非洲法郎	CFA Franc	XOF
科特迪瓦	Cote D`Ivoire	非洲法郎	CFA Franc	XOF
吉布提	Djibouti	吉布提法郎	Djibouti Franc	DJF
埃及	Egypt	1埃及镑=100比索=1000米利姆	1 Egypt Pound=100 Piasters=1000 Millien	EGP
赤道几内亚	Equatorial Guinea	非洲法郎	CFA Franc	XOF
厄里特尼亚	Eritrea	1纳克法=100分	1 Nakfa=100 Cents	ERN
埃塞俄比亚	Ethiopia	1埃塞俄比亚比尔=100分	1 Birr=100 Cents	ETB
加蓬	Gabon	非洲法郎	CFA Franc	XOF
冈比亚	Gambia	1达拉西=布图	1 Dalasi=Bututs	GMD

附录2　续表 2　continued

国家和地区	Country or Area	货币	Local Currency	国际标准组织编码 ISO-Code
加　纳	Ghana	1塞地=100比塞瓦	1 Cedi=100 Pesewas	GHC
几内亚	Guinea	几内亚法郎	Guinean Franc	GNF
几内亚比绍	Guinea-Bissau	非洲法郎	CFA Franc	XOF
肯尼亚	Kenya	1肯尼亚先令=100分	1 Kenya Shilling=100 Cents	KES
莱索托	Lesotho	1洛蒂(复数为马洛蒂)=100分	1 Loti(Pl.:Maloti)=100 Lisente	LSL
利比里亚	Liberia	1利比里亚元=100分	1 Liberian Dollar=100 Cents	LRD
利比亚	Libya	1第纳尔=1000迪拉姆	1 Dinar=1000 Dirhams	LYD
马达加斯加	Madagascar	1马达加斯加法郎=100生丁	1 Madagascar Franc=100 Centi	MGF
马拉维	Malawi	1马拉维克瓦查=100塔姆巴拉	1 Malawi Kwacha=100 Tambal	MWK
马　里	Mali	非洲法郎	CFA Franc	XOF
毛里塔尼亚	Mauritania	1乌吉亚=5库姆斯	1 Ouguiya=5 Khoums	MRO
毛里求斯	Mauritius	卢比	Rupee	MUR
摩洛哥	Morocco	迪拉姆	Dirham	MAD
莫桑比克	Mozambique	1梅蒂卡尔=100分	1 Metical=100 Centavos	MZM
纳米比亚	Namibia	1纳米比亚元=100分	1 Namibia Dollar=100 Cents	NAD
尼日尔	Niger	非洲法郎	CFA Franc	XOF
尼日利亚	Nigeria	1奈拉=100克布	1 Naria=100 Kobo	NGN
卢旺达	Rwanda	1卢旺达法郎=100生丁	1 Rwanda Franc=100 Centimes	RWF
圣多美和普林西比	Sao Tome & Principe	1多布拉=100分	1 Dobra=100 Centimos	STD
塞内加尔	Senegal	非洲法郎	CFA Franc	XOF
塞舌尔	Seychelles	1塞舌尔卢比=100分	1 Seychelles Rupee =100 Cents	SCR
塞拉利昂	Sierra Leone	1利昂=100分	1 Leone=100 Cents	SLL
索马里	Somali	1索马里先令=100分	1 Somali Shilling=100 Centesin	SOS
南　非	South Africa	1兰特=100分	1 Rand=100 Cents	ZAR
圣赫勒拿	St Helena	1圣赫勒拿镑=100便士	1 St Helena Pound=100 Pennies	SHP
苏　丹	Sudan	1第纳尔=100比索	1 Sudanese Dinar=100 Piastres	SDD
斯威士兰	Swaziland	1埃马兰吉尼=100分	1 Lilangeni=100 Cents	ZAR
坦桑尼亚	Tanzania	1坦桑尼亚先令=100分	1 Tanzanian Shilling=100 Cents	TZS
多　哥	Togo	非洲法郎	CFA Franc	XOF
突尼斯	Tunisia	1第纳尔=1000米利姆	1 Dinar=1000 Millimes	TND
乌干达	Uganda	乌干达先令	Uganda Shilling	UGX
赞比亚	Zambia	1克瓦查=100恩韦	1 Kwacha=100 Ngwee	ZMK
津巴布韦	Zimbabwe	1津巴布韦元=100分	1 Zimbabwe Dollar=100 Cents	ZWD
美　洲	**America**			
阿根廷	Argentina	1比索=100分	1 Argentine Peso=100 Centavos	ARS
阿鲁巴	Aruba	1阿鲁巴弗罗林=100分	1 Aruba Florin=100 Cents	AWG
安圭拉	Anguilla	1东加勒比元=100分	1 East Caribbean Dollar =100 C	XCD
安提瓜和巴布达	Antigua And Barbuda	1东加勒比元=100分	1 East Caribbean Dollar =100 C	XCD
巴　西	Brazil	1雷亚尔=100分	1 Real=100 Centavos	BRL
巴哈马	Bahamas	1巴哈马元=100分	1 Bahamian Dollar=100 Cents	BSD

附录2　续表 3　continued

国家和地区	Country or Area	货币	Local Currency	国际标准组织编码 ISO-Code
巴 拉 圭	Paraguay	1瓜拉尼=100分	1 Guarani=100 Centimos	PYG
巴 拿 马	Panama	1巴波亚=100分	1 Balboa=100 Centesimos	PAB
巴巴多斯	Barbados	1巴巴多斯元=100分	1 Barbados Dollar=100 Cents	BBD
百 慕 大	Bermuda	1百慕大元=100分	1 Bermuda Dollar=100 Cents	BMD
波多黎各	Porto rico	1美元=100分	1 Dollar=100 Cents	USD
玻利维亚	Bolivia	1玻利维亚诺=100分	1 Bolivariano=100 Centavos	BOB
伯 利 兹	Belize	1伯利兹元=100分	1 Belize Dollar=100 Cents	BZD
多米尼加	Dominican Rep.	1比索=100分	1 Peso=100 Centavos	DOP
多米尼克	Dominica	1东加勒比元=100分	1 East Caribbean Dollar =100	XCD
厄瓜多尔	Ecuador	1美元=100分	1 Dollar=100 Cents	USD
法属圭亚那	Guayane Francaise	1欧元=6.5596法郎	1 Euro=6.5596 Franc	EUR
		1法国法郎=100生丁	1 Franc=100 Centimes	FRF
哥伦比亚	Colombia	1比索=100分	1 Peso=100 Centavos	COP
哥斯达黎加	Costa Rica	1科朗=100分	1 Colon=100 Centimos	CRC
格 陵 兰	Greenland	1丹麦克朗=100欧尔	1 Danish Kroon=100 Ore	DKK
格林纳达	Grenada	1东加勒比元=100分	1 East Caribbean Dollar =100	XCD
古　　巴	Cuba	1可兑换比索=100分	1 Peso convertible=100 Centa	CUP
瓜德罗普	Guadeloupe	1法国法郎=100生丁	1 Franc=100 Centimes	FRF
圭 亚 那	Guyana	1圭亚那元=100分	1 Guyana Dollar=100 Cents	GYD
海　　地	Haiti	1古德=100生丁	1 Gourde=100 Centimes	HTG
荷属安的列斯	The Netherlands Antilles	荷属安的列斯盾或弗罗林，1盾=100分	Netherlands Antilles Guildar / 1 Guildar=100 Cents	ANG
洪都拉斯	Honduras	1伦皮拉=100分	1 Lempira=100 Centavos	HNL
加 拿 大	Canada	1加拿大元=100分	1 Canadian Dollar=100 Cents	CAD
开曼群岛	The Cayman Islands	1开曼元=100分	1 Cayman Dollar=100 Cents	KYD
马提尼克	Martinique	1欧元=6.5596法郎	1 Euro=6.5596 Franc	EUR
		1法国法郎=100生丁	1 Franc=100 Centimes	FRF
美　　国	United States	1美元=100分	1 Dollar=100 Cents	USD
蒙特塞拉特	Montserrat	1东加勒比元=100分	1 East Caribbean Dollar=100 (	XCD
秘　　鲁	The Rep. of Peru	1新索尔=100分	1 New Sol=100 Centimos	PEN
墨 西 哥	Mexico	1比索=100分	1 Mexican Peso=100 Centavo:	MXN
尼加拉瓜	Nicaragua	1科多巴=100分	1 Cordoba=100 Centavos	NIO
萨尔瓦多	El Salvador	1科朗=100分	1 El Salvadoran Colon=100 C	SVC
圣基茨和尼维斯	St. Kitts And Nevis	1东加勒比元=100分	1 East Caribbean Dollar=100 (	XCD
圣卢西亚	St. Lucia	1东加勒比元=100分	1 East Caribbean Dollar=100 (	XCD
圣文森特和格林纳丁斯	St. Vincent & Grens.	1东加勒比元=100分	1 East Caribbean Dollar=100 (	XCD
苏 里 南	Suriname	1苏里南盾=100分	1 Suriname Guilder=100 Cent	SRG
特克斯和凯科斯群岛	The Turks and Caicos Islands	1美元=100分	1 Dollar=100 Cents	USD
特立尼达和多巴哥	Trinidad And Tobago	1特立尼达和多巴哥元=100分	1 Trinidad And Tobago Dollar	TTD

附录2　续表 4　continued

国家和地区	Country or Area	货币	Local Currency	国际标准组织编码 ISO-Code
危地马拉	Guatemala	1格查尔=100分	1 Quetzal=100 Centavos	GTQ
委内瑞拉	Venezuela	1玻利瓦尔=100分	1 Bolivar=100 Centimos	VEB
乌 拉 圭	Uruguay	1乌拉圭比索=100分	1 Uruguayan Peso=100 Centesimos	UYU
牙 买 加	Jamaica	1牙买加元=100分	1 Jamaica Dollar=100 Cents	JMD
英属维尔京群岛	The British Virgin Islands	1美元=100分	1 Dollar=100 Cents	USD
智　　利	Chile	1比索=100分	1 Peso=100 Centavos	CLP
欧　　洲	**Europe**			
阿尔巴尼亚	Albania	1列克=100昆塔	1 Lek=100 Qindarka	ALL
奥 地 利	Austria	1欧元=13.7603奥地利先令,	1 Euro=13.7603 Austrian Schillings	EUR
		1奥地利先令=100格罗申	1 Schilling=100 Groschen	ATS
白俄罗斯	Belarus	1白俄罗斯卢布=100戈比	1 Belarus Ruble=100 Kopeken	
比 利 时	Belgium	1欧元=40.3399比利时法郎,	1 Euro=40.3399 Belgian Francs,	EUR
		1比利时法郎=100生丁	1 Belgian Franc=100 Centimes	BEF
波　　黑	Bosnia And Hercegovinia	1可兑换马克=100芬尼	1 Konvertible Mark=100 Fening	BAM
保加利亚	Bulgaria	1列弗=100斯托丁卡	1 Lev=100 St tinki	BGN
克罗地亚	Croatia	1库纳=100利珀	1 Kuna=100 Lipa	HRK
捷　　克	Czech Republic	1捷克克郎=100哈莱士	1 Czech Krouna=100 Hellers	CZK
丹　　麦	Denmark	1丹麦克郎=100欧尔	1 Danish Krone=100 Ore	DKK
爱沙尼亚	Estonia	1爱沙尼亚克郎=100 分	1 Estonian Kroon =100 Cents	EEK
芬　　兰	Finland	1欧元=5.94873芬兰马克,	1 Euro=5.94873 Finnish Markka,	EUR
		1芬兰马克=100分	1 Finnish Markka=100 Pennies	FIM
法　　国	France	1欧元=6.5596法郎,	1 Euro=6.5596 Franc,	EUR
		1法郎=100生丁	1 Franc=100 Centimes	FRF
德　　国	Germany	1欧元=1.95583德国马克,	1 Euro=1.95583 Deutsche Mark,	EUR
		1德国马克=100芬尼	1 Deutsche Mark=100 Deutsche Pfennig	
希　　腊	Greece	1欧元=340.75德拉克马,	1 Euro= 340.75 Drachma,	EUR
		1德拉克马=100雷普塔	1 Drachma=100 Lepta	GRD
匈 牙 利	Hungary	1福林=100非列	1 Forint=100 Fill r	
冰　　岛	Iceland	1冰岛克郎=100分	1 Icelandic Krona=100 Cents	ISK
爱 尔 兰	Ireland	1欧元=0.787564爱尔兰镑,	1 Euro=0.787564 Irish Pounds,	EUR
		1爱尔兰镑=100便士	1 Irish Pound=100 Pennies	IEP
意 大 利	Italy	1欧元=1936.27里拉,	1 Euro=1936.27 Italian Lire Italian Lir	EUR
		1里拉=100分	1 Italian Lire=100 Centesimi	ITL
拉脱维亚	Latvia	1拉特=100拉分	1 Lats=100 Centas	LVL
立 陶 宛	Lithuania	1立特=100立分	1 Litas=100 Centas	LTL
卢 森 堡	Luxembourg	1欧元= 40.3399卢森堡法郎,	1 Euro= 40.3399 LUF,	EUR
		1卢森堡法郎(卢郎)=100分	1 Luxemburg Franc=100 Cents	LUF
马 其 顿	Macedonia	1代纳尔=100代尼	1 Denar=100Deni	MKD
马 耳 他	Malta	1马耳他镑=100分=1000米尔	1 Malta Lira=100 Cents=1000 Mils	MTL
摩尔多瓦	Moldova	1摩尔多瓦列伊=100巴尼	1 Moldova Leu=100 Bani	MDL

附录2　续表 5　continued

国家和地区	Country or Area	货币	Local Currency	国际标准组织编码 ISO-Code
摩 纳 哥	Monaco	1欧元=6.5596法国法郎，	1 Euro=6.5596 Franc,	EUR
		1法国法郎=100生丁	1 Franc=100 Centimes	FRF
荷　　兰	Netherlands	1欧元=2.2037荷兰盾，	1 Euro=2.2037 Dutch Guilders,	EUR
		1荷兰盾=100分	1 Dutch Guilder=100 Cents	NLG
挪　　威	Norway	1挪威克郎=100欧尔	1 Norwegian Krone =100 Ore	NOK
波　　兰	Poland	1兹罗提=100格罗什	1 Zloty=100 Gloszes	PLN
葡 萄 牙	Portugal	1欧元=200.482埃斯库多，	1 Euro=200.482 Portugal Escudos,	EUR
		1埃斯库多=100分	1 Escudo=100 Centavos	PTE
罗马尼亚	Romania	1列伊=100班尼	1 Leu=100 Bani	ROL
俄罗斯联邦	Russian Federation	1卢布=100戈比	1 Ruble=100 Kopeken	RUB
圣马力诺	San Marino	1欧元=1936.27意大利里拉	1 Euro=1936.27 Italian Lire	ITL
斯洛伐克	Slovak Rep.	1斯洛伐克克郎=100哈莱士	1 Slovak Koruna=100 Helles	SKK
斯洛文尼亚	Slovenia	1托拉尔=100斯托丁	1 Tolar=100 Stotin	SIT
西 班 牙	Spain	1欧元=166.386比赛塔，	1 Euro=166.386 Spanish,	EUR
		1比赛塔=100分	1 Pecetas=100 Centimos	ESP
瑞　　典	Sweden	瑞典克朗	Swedish Krona	SEK
瑞　　士	Switzerland	1瑞士法郎=100生丁	1 Switzerland Franc=100 Centimes	CHF
列支敦示登	Liechtenstein	1瑞士法郎=100生丁	1 Switzerland Franc=100 Centimes	CHF
乌 克 兰	Ukraine	1格里夫尼亚=100戈比	1 Hryvnia=100 Kopeken	UAH
英　　国	United Kingdom	1英镑=100便士	1 Pound=100 Pennies	GBP
大 洋 洲	**Oceania**			
澳大利亚	Australia	1澳元=100分	1 Australian Dollar=100 Cents	AUD
斐　　济	Fiji	1斐济元=100分	1 Fiji Dollar=100 Cents	FJD
法属波利尼西亚	French Polynesia	1欧元=119.33太平洋法郎	1 Euro=119.33 Franc CFP	EUR
基里巴斯	Kiribati	1澳元/吉布提=100分	1 Australian Dollar/Kiribati=100 Cents	AUD
马绍尔群岛	Marshall Islands	1美元=100分	1 Dollar=100 Cents	USD
密克罗尼西亚	Micronesia, Fed States of	1美元=100分	1 Dollar=100 Cents	USD
新喀里多尼亚	New Caledonia	1欧元=119.33太平洋法郎	1 Euro=119.33 CFP	EUR
新 西 兰	New Zealand	1新西兰元=100分	1 New Zealand Dollar=100 Cents	NZD
巴布亚新几内亚	Papua New Guinea	1基那=100托伊	1 Kina=100 Toea	PGK
萨 摩 亚	Samoa	1塔拉=100分	1 Tala=100 Sene	WST
所罗门群岛	Solomon Islands	1所罗门群岛元=100分	1 Solomon Islands Dollar=100 Cents	SBD
汤　　加	Tonga	1潘加=100分	1 Pa'anga=100 Senti	TOP
图 瓦 卢	Tuvalu	1澳元=100分	1 Australian Dollar=100 Cents	AUD
瓦努阿图	Vanuatu	瓦图	Vatu	VUV
瓦利斯和富图纳	Wallis and Futuna	太平洋法郎	Franc CFP	XPF

注：①对于欧元区成员国，为方便用户，除了列示欧元以外，同时列示了相应国家原货币单位。

Note: ①For the member countries of Euro Area, the original currencies of the relevant countries have been recorded besides the euro to facilitate the readers to use the materials.

附录3 索引

Appendix 3 Index